Henri Troyat wurde 1911 in Moskau geboren. 1920 emigrierte seine Familie nach Paris, wo Troyat studierte und in den Verwaltungsdienst ging. Seit 1941 ist er freier Schriftsteller und seit 1959 Mitglied der Académie Française. Bekannt wurde Troyat im deutschsprachigen Raum vor allem durch seine Biographien von Puschkin, Dostojewski und Tolstoi. Für seine Biographie Katharinas der Großen erhielt er 1978 den Prix des Ambassadeurs.

Vollständige Taschenbuchausgabe
Droemersche Verlagsanstalt Th. Knaur Nachf., München
Lizenzausgabe mit freundlicher Genehmigung der
Paul List Verlag GmbH & Co. KG, München

Titel der Originalausgabe »Catherine la Grande«
Aus dem Französischen von Hans Krieger
Umschlaggestaltung Atelier Blaumeiser, München
Umschlagfoto Bildarchiv Preußischer Kulturbesitz, Berlin
Gesamtherstellung Clausen & Bosse, Leck
Printed in Germany 6 5 4 3
ISBN 3-426-02309-1

Henri Troyat:
Die große Katharina

Knaur®

ISBN 3-426-02309-1 1180

Inhalt

1. KAPITEL
Figchen

Auf einen Sohn hatten sie gehofft. Aber es wurde ein Mädchen. Die spätere Zarin Katharina II. von Rußland wird am 21. April 1729 in Stettin in Pommern geboren und erhält die Vornamen Sophie Friederike Augusta. Die junge Mutter, Johanna Elisabeth, ist untröstlich, daß es ihr nicht gelungen ist, einen Knaben zur Welt zu bringen, und zeigt wenig Zärtlichkeit an der Wiege. Sie hegt im übrigen die Überzeugung, daß ihre Schönheit und ihre Lebensart sie eigentlich für eine bedeutendere Rolle bestimmt hätten. Ist sie als eine geborene Holstein-Gottorp nicht mit dem Herzogshaus von Holstein verwandt, dessen ältere Linie Anspruch auf die Krone von Schweden erheben kann?[1] Doch anstelle des glanzvollen Aufstiegs, von dem sie träumte, hat sie sich mit einer bescheidenen Partie begnügen müssen. Ihre Familie hat die Heirat arrangiert, ohne sie auch nur zu fragen. Mit fünfzehn Jahren hat sie den Fürsten Christian August von Anhalt-Zerbst geehelicht, der siebenundzwanzig Jahre älter ist als sie. Das ist im Grunde eine ziemlich unbedeutende Figur, einer jener mittellosen Duodezfürsten, an denen das politisch zersplitterte Deutschland des 18. Jahrhunderts so reich ist. Dieser wackere Mann, Generalmajor in der preußischen Armee, liebt die Ordnung, die Sparsamkeit und die Religion und hegt für seine junge Frau eine zärtliche Aufmerksamkeit, die ihr niemals genug sein kann. Sie begeistert sich für die Intrigen der großen Welt und ist erbittert über ihren bescheidenen Rang in der Gesellschaft. Das Leben in der Garnisonstadt in der hintersten Provinz hat für sie eine demütigende Monotonie. Zum Glück kann die Familie schon bald nach der Geburt von Sophie im Fort von Stettin Wohnung beziehen. Das ist doch eine Art Aufstieg. Und noch ein erfreuliches Ereignis: im Jahr darauf gebiert Johanna endlich einen Sohn. Gott hat sie erhört! Dem Neugeborenen wendet sie die ganze stolze Liebe zu, die sie für ihre Tochter nicht aufbringen kann. Diese, noch ganz klein, leidet bitter unter der Zurücksetzung.[2]

Die beiden Kinder werden erst Ammen anvertraut und kommen dann bald in die Hände von Gouvernanten. Es fehlt an Laken im Schloß, aber in den wesentlichen Dingen versteht man den Rang zu wahren. Die Familie umgibt sich mit Hofmeistern, Tanzlehrern, Musiklehrern, mit Hofdamen und Kammerherren und mit Domestiken, deren Funktionen nicht sehr klar sind. Da die Anhalt-Zerbst fürstlichen Geblüts sind, müssen sie trotz ihrer Armut und Unbedeutendheit Wert darauf legen, daß die jüngsten Vertreter des Hauses in die Lebensart der großen Höfe Europas eingeführt werden. Sobald sie in der Lage sind, sich zu bewegen, ohne sich ständig in ihrem Staat zu verfangen, bringt man ihnen bei, die Aufwartung zu machen und den Respektspersonen ehrerbietig den Rockschoß zu küssen. Sehr zeitig läßt Johanna ihre Tochter Sophie die Luft der Salons schnuppern. Sie schleppt sie zu den Bällen, Banketten und Maskeraden, die bei den vornehmen Familien der Gegend hin und wieder gegeben werden. Nach der Mode der Zeit trotz ihres zarten Alters schon wie eine erwachsene Frau gekleidet, setzt »Figchen« (wie Sophie im vertrauten Kreis genannt wird) ihre Umgebung bereits durch ihre schlagfertigen Antworten in Erstaunen. In Reifrock und großem Decolleté auf flacher Brust, mit Spitzenärmeln um die mageren Handgelenke steht sie eines Tages in der Audienz Friedrich Wilhelm von Preußen gegenüber; völlig unbeeindruckt, weigert sie sich, den Saum des königlichen Rockes mit den Lippen zu berühren. »Er hat einen so kurzen Rock, daß ich nicht hingelangen kann«, schreit sie zu ihrer Rechtfertigung. Der König bemerkt tadelnd: »Das kleine Mädchen ist ungezogen.« Sie ist damals vier Jahre alt. Johanna zieht aus diesem Vorfall den Schluß, daß ihre Tochter von stolzer, herrischer Art ist und sich niemals einschüchtern lassen wird. Das ist, so meint sie, ein Charakterzug, den man unbedingt bekämpfen muß bei einem Kind, dessen Zukunftschancen man sich nur in der Heirat, mit anderen Worten in der Unterwerfung vorzustellen vermag. Also wird sie immer strenger und unnachsichtiger mit Figchen, während sie ihrem Sohn verdoppelte Liebe zuwendet. »Was mich angeht«, schreibt Katharina später in ihren Memoiren, »so war ich nur geduldet, und man überschüttete mich oft mit Heftigkeit und Zorn, nicht immer mit Gerechtigkeit.«[3] Und weiter: »Mein Vater, den ich nicht so oft sah, hielt mich für einen Engel; meine Mutter kümmerte sich nicht viel um mich.«

Die Kälte ihrer Mutter und die Unnahbarkeit ihres Vaters, der so würdevoll, so streng und immer so beschäftigt war, haben in ihr das Verlangen, geliebt zu werden, so mächtig werden lassen. Dieser Hunger nach schmeichelnder Zuwendung ist um so lebhafter, als sie sich für häßlich hält. In der frühen Kindheit hat sie an einem Hautausschlag gelitten, und man mußte ihr mehrmals die Haare abschneiden, um den Grind zu entfernen. Als sie sieben war, hätte eine Brustfellentzündung ihr beinahe das Leben gekostet. Als sie wieder aufstehen konnte, stellte man eine Verkrümmung der Wirbelsäule fest. »Meine rechte Schulter hing höher als die linke, das Rückgrat lief im Zickzack, und auf der linken Seite hatte ich eine Vertiefung.« Da die Ärzte sich dieser geheimnisvollen Verformung gegenüber für machtlos erklären, zieht man einen Knocheneinrenker zu Rate – es ist niemand anderes als der Scharfrichter von Stettin. Ohne lange zu überlegen, ordnet dieser furchteinflößende Mann an, daß jeden Morgen um sechs Uhr ein Mädchen, das noch nicht gegessen haben darf, Rücken und Schultern des Kindes mit Spucke einreiben soll. Und dann macht er ihr ein Korsett, das sie Tag und Nacht tragen muß und nur zum Wäschewechseln ablegen darf. Diese Qual dauert fast vier Jahre. Endlich aber, als Sophie elf Jahre alt geworden ist, wird ihr Rücken wieder gerade, ihr Gesundheitszustand bessert sich, und sie fühlt wieder Kraft und Lebensfreude in sich wachsen.

Aber wenn sich auch ihre körperliche Verfassung gebessert hat, so bleibt doch ihr Gesicht unschön: lange Nase, spitzes Kinn, mager wie eine Vogelscheuche. Schon weiß sie, daß diese körperlichen Mängel ihr auf der Heiratsbörse zum Nachteil ausschlagen. Abert sie hat auch bemerkt, daß ihr feuriges Auge und ihr lebhafter Witz die Gesprächspartner bezaubern, vielleicht sogar mehr, als ebenmäßige Gesichtszüge es könnten. Diese Beobachtung spornt sie an, sich mit höchstem Eifer dem Studium und der Lektüre zu widmen. In dieser Hinsicht hat der Einfluß ihrer Gouvernante Elisabeth (oder Babet) Cardel entscheidende Bedeutung. Diese Französin, Tochter eines Hugenotten, der nach der Widerrufung des Edikts von Nantes nach Deutschland geflüchtet war, »hatte nichts gelernt und wußte doch alles«; so drückte das Kind es aus. Sophie hat Babet Cardel in ihren Memoiren mit Lob überschüttet: »Sie war ein Muster an Tugend und Sittsamkeit; sie hatte eine von Natur aus edle Seele, einen wohlgebildeten Geist und ein gutes Herz; sie war geduldig, sanftmütig, fröhlich, gerecht, beständig . . .« Ihre Begeisterung für Babet bleibt so groß, daß sie sogar in vorgerücktem Alter in ihrem Briefwechsel mit Voltaire noch stolz darauf ist, »Schülerin von Mademoiselle Cardel« gewesen zu sein. Tatsächlich ist der Unterricht bei Mademoiselle Cardel sehr abwechslungsreich. So empfiehlt sie Sophie zwischen zwei Diktaten, immer darauf zu achten, ihr Kinn einzuziehen. »Sie fand, daß das Kinn bei mir dermaßen spitz war, daß jeder sich daran stieße, der mir begegnete, wenn ich es vorstreckte.« Und den Geist ihrer Schülerin bildet Elisabeth Cardel mühelos, indem sie sie dazu anhält, Corneille, Racine, Molière und La Fontaine zu lesen. Tag für Tag pflanzte sie ihr die Liebe zur französischen Sprache ein, ohne die eine Person von Stand zur damaligen Zeit nicht auskommen konnte. Und zugleich damit die Freude an der schlagfertigen Replik, am sprühenden Witz, an der geistreichen Gewandtheit im geschriebenen und gesprochenen Wort. Ihr Einfluß auf Figchen ist so groß, daß das kleine Mädchen seinen Deutschlehrer, den gravitätischen und pedantischen Wagner, daneben nicht mehr ausstehen kann. Manchmal scheint es ihr, Paris und nicht Stettin sei ihre sprachliche Heimat. Natürlich hat sie noch eine ganze Reihe anderer Hauslehrer, darunter einen lutherischen Pastor namens Dowe, der sie in der Religion unterweist und ihr die Anfangsgründe der Theologie erklärt. Aber anstatt die Lektion einfach hinzunehmen, verlangt das Kind, zu verstehen, und stellt unangenehme Fragen. Wieso werden so tugendhafte Männer wie Titus oder Marc Aurel verdammt, nur weil sie von der Offenbarung nichts gewußt haben? Was genau ist eigentlich das Chaos am Anfang der Dinge gewesen? Was versteht man unter Beschneidung? Wie läßt sich die unermeßliche Güte Gottes mit der grausamen Strafe des Jüngsten Gerichtes vereinbaren? Der Pastor wird ärgerlich, verweigert die Antwort, droht seiner Schülerin mit der Rute, und Babet Cardel muß sich eilig einschalten, um das Unwetter abzuwenden. Was dem Gottesmann am meisten Sorge macht, ist die Neigung des Mädchens, bei den heiligen Dogmen nach rationalen Erklärungen zu suchen. Darin sieht er das Anzeichen geistigen Dünkels. Von diesem Fehler abgesehen, muß er aber einräumen, daß seine Schülerin brav und fleißig ist, begabt mit einem ungewöhnlichen Gedächtnis und bereit, alles menschliche Wissen unterschiedslos in sich hineinzuschlingen. Nur einer ist enttäuscht von all den Lehrern, die in der Erziehung Figchens wetteifern: der Musikmeister. Sie hat überhaupt kein Gehör, und auch die sanftesten Melodien machen ihr keine Freude. Diese betrübliche Abneigung behält sie bis an ihr Lebensende. »Selten ist Musik anderes als Lärm für mein Ohr«, wird sie später schreiben.

Wenn sie mit Mademoiselle Cardel fleißig gearbeitet hat, verspürt sie das unwiderstehliche Bedürfnis, ihren Überschuß an Kräften auszutoben. Anders als sonst die Mädchen ihres Alters verschmäht sie das Spielen mit Puppen. Das Getue um ein Baby aus bemaltem Holz ist ihr zuwider. Sie fühlt sich überhaupt nicht dazu aufgelegt, vor einer Miniaturwiege die kleine Mama zu mimen. Sie hat nur Interesse für Bewegung und Aktion. Trotz ihres fürstlichen Standes erlauben ihre Eltern ihr, die Kinder des gehobenen Bürgertums der Stadt einzuladen. Dann hallen Lachen und fröhliches Gekreische durch den Hof des strengen Stettiner Schlosses. Manchmal strömt das ganze Kroppzeug auch einfach hinaus auf die Straße. Figchen liebt die leidenschaftlichen Spiele. Geht sie nicht sogar so weit, auf Vögel zu schießen? Ein jungenhafter Wildfang, dem immer etwas einfällt, führt sie gern das Kommando über die kleine Schar, die sie umschwärmt. Ihre Spielkameraden erkennen ihre Anführer-Natur bereitwillig an.

Aber mehr noch als diese kindlichen Spiele liebt sie das Reisen. Ihre Mutter sehnt sich nach den Vergnügungen der großen Welt und findet Stettin dermaßen anödend, daß jeder Vorwand ihr recht ist, mit Mann und Kindern dieser Langeweile zu entrinnen. Es gibt in Deutschland ja so viele Familien, die mit den Anhalt-Zerbst oder den Holstein-Gottorp verwandt sind. Von allen Seiten regnet es Einladungen. Man zieht von Schloß zu Schloß, nach Zerbst, nach Hamburg, nach Braunschweig, nach Eutin, nach Kiel und sogar nach Berlin. Überall findet man wohlgeneigte Verwandte, ein Mindestmaß an Bequemlichkeit und eine Atmosphäre von Hofklatsch. Allein aus den zufälligen Gesprächen lernt Figchen nach und nach die Genealogie aller Könige und Fürsten Europas. Sie hat das Gefühl, in die Geheimnisse einer weltumspannenden Sippschaft einzudringen, deren Blutsbande über Ländergrenzen hinausgreifen. Als kleine deutsche Prinzessin steht sie einem schwedischen Prinzen, den sie überhaupt nicht kennt, viel näher als den Bürgerkindern aus ihrer unmittelbaren Umgebung. Noch ehe sie den leisesten Wink des Schicksals erhalten hat, fühlt sie sich schon berufen, zu denen zu gehören, die befehlen, und nicht zu denen, die gehorchen. Die Berufung zeigt sich weitaus früher als die Gelegenheit, ihr zu folgen. Im Jahr 1739 nehmen ihre Eltern sie nach Kiel mit, wo ein Vetter ihrer Mutter, Adolf Friedrich von Holstein-Gottorp, der spätere schwedische König, ein Fest gibt. Johanna ist stolz darauf, einer der bedeutendsten Familien Deutschlands zu entstammen, und jedesmal, wenn sie wieder unter den *Ihren* ist, leidet sie doppelt darunter, einen so mediokren Mann zu haben. Eitel und oberflächlich wie sie ist, sieht sie nicht ohne mächtiges Herzklopfen ihre zehnjährige Tochter ein paar Worte mit dem jungen Peter Ulrich von Holstein wechseln, von dem es heißt, daß er einer der möglichen Anwärter auf den schwedischen Königsthron oder den russischen Zarenthron ist.

Dieser Junge, ein Jahr älter als Figchen, ist klein, schwächlich und mißwüchsig. Das Gespräch mit ihm ist enttäuschend. Er hat nichts gelesen und interessiert sich nur für militärische Übungen. Aber er ist der Enkel Peters des Großen, und dieser Umstand verschafft ihm einen gewissen Nimbus. Jedenfalls betrachten ihn die Mütter zu verheiratender Töchter mit hingebungsvoller Begehrlichkeit – unter ihnen auch Johanna. Figchen erlauscht verständnisinniges Getuschel: schon schätzen diese Damen insgeheim die Chancen eines künftigen Verlöbnisses der beiden Kinder ab. Sind sie durch die Holstein nicht sogar Vettern dritten Grades? Sogar Figchen selbst beginnt in Träumen zu schwelgen. Ihre Abkunft und das Gesetz der Familie verbieten ihr eine Mesalliance mit irgendeinem hübschen jungen Mann ohne aussreichenden Stammbaum. Ihre Häßlichkeit und Armut könnten ernsthafte Bewerber abschrecken. Schließlich gibt es Prinzessinnen genug in Europa; da findet sich etwas für jeden Geschmack und jede politische Ambition. Figchen stellt kaltblütig fest, daß sie für diesen stummen Wettlauf um die Fürstenthrone wenig Trümpfe in der Hand hat. Aber dennoch vertraut sie ihrem Stern. Wenn man Charakter hat, so scheint ihr, dann braucht man etwas nur ganz leidenschaftlich zu begehren, um es eines Tages auch zu erlangen. Das gilt sogar für die körperliche Anmut. Jawohl, man kann schön werden allein durch Willenskraft. Nach dem Abschied von Peter Ulrich fühlt sie sich wie neugeboren. Und tatsächlich zeigt ihr der Spiegel von Monat zu Monat ein angenehmeres Äußeres. Zuweilen ertappt sie sich sogar dabei, sich hübsch zu finden. »Die ausgeprägte Häßlichkeit, die mir eigen war, fiel von mir ab«, wird sie schreiben. Im dreizehnten Lebensjahr ist sie schlank und wohlgebaut, und ihre dunkelblauen Augen haben solchen Glanz, daß jeder die lange Nase und das spitze Kinn darüber vergißt. Eines Tages hört sie den Verwalter ihres Vaters über die Heirat der Prinzessin Augusta von Sachsen-Gotha mit dem Prinzen von Wales sagen: »Nun, im Grunde ist diese Prinzessin lange nicht so gut erzogen wie die unsere, und schön ist sie auch nicht, und doch ist es ihr bestimmt, Königin von England zu werden; wer weiß, was unsere noch werden mag!« Ein andermal behauptet bei der Herzoginwitwe in Braunschweig ein hellseherischer Kanonikus, der die Chiromantie betreibt, in Figchens Hand drei Kronen zu sehen. Das Mädchen nimmt diese Weissagung sehr ernst. »So klein ich noch war«, schreibt sie später, »der Titel einer Königin schmeichelte meinem Ohr. Von dieser Zeit an neckten mich die Leute am Hof mit ihm (dem jungen Prinzen Peter Ulrich von Holstein), und nach und nach gewöhnte ich mich an den Gedanken, daß wir füreinander bestimmt seien.«

Und so beherrscht der Gedanke an Rußland von Monat zu Monat mehr und mehr die Vorstellungswelt von Mutter und Tochter. Ihre gleichsinnige Träumerei gründet sich auf die verwandtschaftlichen Bande zwischen dem Hause Holstein, dem auch Johanna sich zugehörig fühlt, und der russischen Zarenfamilie. Die älteste Tochter Peters des Großen, Anna, hat den Herzog Karl Friedrich von Holstein-Gottorp geheiratet, und der Sohn beider ist eben jener junge Peter Ulrich, den Figchen in Kiel kennengelernt hat. Die zweite Tochter Peters des Großen aber, Elisabeth, ist mit einem der Brüder Johannas, dem charmanten jungen Karl-August von Holstein-Gottorp, verlobt gewesen. Er starb kurz nach der Verlobungsfeier an den Pocken, und man sagt, daß Elisabeth sich von dem Schmerz über diesen vorzeitigen Tod niemals erholt habe. Die amourösen Ausschweifungen, in die sie sich seitdem stürzte, sind nur ein Versuch, sich zu betäuben. Nachdem der junge Fürst ihr entrissen wurde, dem sie ihr Leben weihen wollte, bleibt sie unverheitatet, und immer noch unterhält sie zärtliche Beziehungen zur Familie des Verstorbenen.

Plötzlich dann am 6. Dezember 1741 ein Donnerschlag: die untröstliche Verlobte Karl-Augusts hat mit einer jener in Rußland so häufigen Palastrevolutionen der Herrschaft des kleinen

Iwan aus Braunschweig und der Regentschaft seiner Mutter ein Ende gemacht. Elisabeth I., die Tochter Peters des Großen, besteigt den russischen Thron. Ein Schwindelgefühl packt Johanna: ohne diese verdammten Pocken, die ihren Bruder hinweggerafft haben, wäre sie jetzt Schwägerin einer Kaiserin. Sogleich schreibt sie an die Zarin, um ihr ihre Glückwünsche zu übermitteln und sie ihrer Ergebenheit zu versichern. Man antwortet wohlwollend. Neue Überraschung im folgenden Monat: die Kaiserin läßt den jungen Peter-Ulrich aus Kiel nach Petersburg holen und erklärt ihn zu ihrem Thronerben. Mit einem Schlag ist Rußland dem kleinen Stettin ein Stück näher gerückt. Das ist ein Triumph auch für die Familie von Figchens eigener Mutter. Figchen selbst interessiert sich lebhaft für die fernen Ereignisse. Manchmal scheint es ihr, daß hinter ihrem Rücken dunkle Mächte am Werk sind.

Ist es eine zufällige Koinzidenz, ist es Folge einer geheimnisvollen Gewichtsverschiebung im Kräftespiel Europas? Im Juli 1741 verleiht der Preußenkönig Friedrich dem Vater Figchens die Würde eines Feldmarschalls. Im September erhält Figchens Mutter aus der Hand eines Sekretärs der russischen Gesandtschaft ein Bildnis der Zarin in diamantenbesetztem Rahmen. Zum Jahresende sitzt Figchen in Berlin, wohin ihre Mutter sie begleitet hat, dem ausgezeichneten französischen Maler Antoine Pesne. Der Künstler hat den Auftrag, sich um Ähnlichkeit zu bemühen und dem Porträt zugleich soviel Anmut zu geben, wie sein Pinsel vermag. Denn das geschönte Bildnis soll die Kaiserin Elisabeth mit den körperlichen Vorzügen des jungen Mädchens bekannt machen. Es wird auf die Reise nach Sankt Petersburg geschickt, während das Modell nach Stettin zurückkehrt. Inzwischen haben der General Korff und ein anderer Edelmann vom russischen Hof, der Graf Sievers, die kleine Prinzessin zu sehen verlangt, um höheren Ortes zu berichten. Mit einem zweiten Porträt in ihrem Gepäck reisen sie wieder ab. All diese Geschäftigkeit regt Figchen nicht wenig auf. Immer deutlicher wird ihr bewußt, daß sie der ziemlich gefährdete Einsatz in einem gewaltigen diplomatischen Spiel ist: »Das setzte mir einen Floh ins Ohr, und ich für meinen Teil entschied mich ganz für ihn (Peter Ulrich), weil er von allen in Frage kommenden Partien die glänzendste war.« Um sich in Geduld zu üben, sagt sie sich immer wieder, daß sie ganz gewiß zahllose Rivalinnen hat und daß von überall her eifrige

Gesandte die Bildnisse der vornehmsten heiratsfähigen jungen Damen Europas nach Sankt Petersburg schicken. Sie stellt sich vor, wie die Zarin zögernd eine Galerie von Gemälden abschreitet, auf denen fünfzig um die Wette lächeln. Aber in ihren Träumen ist die Weissagung des Kanonikus stets überzeugender als alle gegenteiligen Beobachtungen. Wie um sie in ihren optimistischen Erwartungen zu bestärken, stirbt die ältere Linie der Anhalt aus, und ihr Vater und ihr Bruder werden gleichzeitig regierende Fürsten. Das verbessert die Chancen der Familie im Wettlauf um die Krone. An diese Krone denkt Figchen zwar Tag und Nacht, aber was darunter ist, kümmert sie wenig. Daß Peter Ulrich häßlich und dumm ist, macht ihr wenig aus. In ihren Zukunftsrechnungen zählt die Liebe überhaupt nicht. Der Thron interessiert sie, nicht das Bett.

Trotzdem zeigt sie mit dreizehn Jahren bereits eine sehr ausgeprägte Sinnlichkeit. Obwohl weder Babet Cardel noch ihre Mutter noch sonst irgend jemand aus ihrer Umgebung sie in die Geheimnisse der fleischlichen Beziehungen eingeweiht hat, empfindet sie oft ein plötzliches Aufflammen von Begierde, eine Woge unbestimmter Zärtlichkeit, ein Verlangen nach körperlicher Berührung, das sie sich nicht erklären kann. Nachts vor allem erfaßt sie dieser Taumel. Dann nimmt sie ihr Kopfkissen zwischen die Beine und »galoppiert«, wie sie später schreibt, in ihrem Bett »bis zur vollen Erschöpfung« ihrer Kräfte. Diese nächtlichen Ritte stillen den Sturm und beruhigen die Nerven. Ist der Taumel der Begierde vorüber, dann wird sie wieder ein braves Kind, das an seine Karriere denkt und nicht an Liebe. Das ist durchaus auch eine gewisse Leistung, denn einer ihrer Onkel, Georg Ludwig, hat begonnen, ihr den Hof zu machen, verführt von der Unberührtheit dieses kaum den Kinderschuhen entwachsenen Mädchens. Zehn Jahre ist er älter als sie; er überschüttet sie mit leidenschaftlichen Erklärungen, lockt sie aus dem Blickfeld ihrer Eltern, um ihr kleine Küßchen zu rauben, und Figchen, geschmeichelt, läßt es geschehen. Ist das nicht der Beweis, daß auch andere Männer Gefallen an ihr finden können, nicht nur ihr Vater? Warum sollte der kleine Vetter Peter Ulrich anspruchsvoller sein als Onkel Georg Ludwig? Aber die Wochen gehen dahin, und der Zarenhof läßt nichts von sich hören. Georg Ludwig seinerseits macht ihr eines Tages, durch die Sprödigkeit des Mädchens zum Äußersten getrieben, Hals über Kopf einen

Heiratsantrag. Daß sie Onkel und Nichte sind, muß kein Hinderungsgrund sein; Verbindungen dieser Art sind im europäischen Hochadel gar nicht selten. Aber Figchen zögert, den russischen Traum gegen deutsche Realität einzutauschen. »Papa und Mama werden es nicht wollen«, sagt sie. Schließlich gibt sie vor einzuwilligen »unter der Bedingung, daß mein Vater und meine Mutter nichts dagegen haben«. Sogleich werden die Küsse des Onkels leidenschaftlicher. »Aber«, so beteuert sie, »von ein paar Küssen abgesehen, blieb alles ganz unschuldig.« Georg Ludwig nahm sich zusammen in der Hoffnung, daß die Zeit für ihn arbeiten werde, und Figchen machte diese Spiele in der Hoffnung mit, daß es bald vorüber wäre und der heiß ersehnte Ruf aus dem Norden endlich einträfe.

Am 1. Januar 1744 sitzt die ganze Familie in Zerbst am Tisch und feiert das neue Jahr mit einem fröhlichen Mahl, als eine Stafette aus Berlin eintrifft und Prinz Christian August ein Paket Briefe überreicht. Der Fürst sortiert die Briefschaften und überreicht seiner Frau einen Umschlag mit folgender Aufschrift: »Persönlich! Sehr dringend! An die hoch und wohlgeborene Prinzessin Johanna Elisabeth von Anhalt-Zerbst in ihrem Schloß in Zerbst.«

Johanna erbricht das Siegel, beginnt zu lesen und wird von einem wohligen Schauer ergriffen. Der Brief ist von der Hand Brümmers, des Großmarschalls am Hof des Großfürsten Peter Ulrich in Sankt Petersburg: »Auf ausdrücklichen Befehl Ihrer Kaiserlichen Majestät, der Zarin Elisabeth Petrowna, habe ich Ihnen, Madame, den Wunsch dieser erhabenen Fürstin zu übermitteln, daß Ihre Hoheit sich in Begleitung der Prinzessin Dero ältester Tocher so rasch wie möglich und ohne den geringsten Aufschub in unser Land begeben, in die Stadt, in der der kaiserliche Hof sich befindet . . . Ihre Hoheit ist zu klug, um nicht den wahren Grund zu erkennen, den Ihre Majestät haben könnte, Sie und ebenso die Prinzessin Ihre Tochter, von der das Gerücht so viel Schönes zu melden weiß, bald hier sehen zu wollen . . .«

Der Brief ist sehr lang; er schreibt vor, daß Johanna sich unter gar keinen Umständen von ihrem Gatten begleiten lassen darf und daß ihr Gefolge nur aus einer Hofdame, zwei Kammerzofen, einem Offizier, einer Köchin und drei bis vier Lakaien bestehen darf. Außerdem wird ihr befohlen, das Reiseziel geheimzuhalten. Die Reisekosten trägt selbstverständlich die Zarin; ein Wechsel über zweitausend Rubel auf einen Bankier in Berlin liegt dem Schreiben übrigens bei. Das ist nicht viel, aber, sagt Brümmer, es ist wichtig, daß die Abreise möglichst wenig Aufsehen erregt und nicht die Neugier von Leuten mit bösen Absichten weckt. Wenn die Fürstin und ihre Tochter erst einmal in Rußland sind, werden sie mit all der Aufmerksamkeit behandelt werden, die ihrem Range gebührt.

Johanna ist bei der Lektüre so sichtlich aufgeregt, daß Figchen, die neben ihr sitzt, verstohlen einen Blick auf den Brief wirft. Die Worte »in Begleitung der Prinzessin, Ihrer ältesten Tochter«, springen ihr in die Augen. Sie begreift auf der Stelle, daß es jetzt um ihr Schicksal geht. Aber Johanna hat nicht die Absicht, ihre Tochter ins Vertrauen zu ziehen. Sie verläßt die Tafel und zieht sich mit ihrem Mann zu einer Unterredung unter vier Augen zurück. Noch keine zwei Stunden sind vergangen, als mit verhängtem Zügel der zweite Eilbote eintrifft, diesmal mit einem Brief des Preußenkönigs Friedrich. Wenn Brümmer die Hintergründe der kaiserlichen Einladung nicht klar ausgesprochen hat, so wird Friedrich deutlicher:

»Ich will Ihnen nicht verhehlen, daß ich, da ich für Sie wie für die Prinzessin, Ihre Tochter, eine besondere Hochschätzung hege, immer den Wunsch hatte, ihr die Wege zu einem außerordentlichen Glück zu ebnen. So habe ich mich gefragt, ob es nicht möglich wäre, sie mit ihrem Vetter dritten Grades, dem Großfürsten von Rußland, zu vermählen . . .«

Zehnmal liest Johanna diesen Satz, um sein Gewicht voll zu ermessen. Unbändiger Stolz läßt ihr Herz höher schlagen, und doch ist sie besorgt. Alles in allem handelt es sich im Augenblick noch um nicht mehr als einen Wunsch Friedrichs. Die Kaiserin selbst hat keinen förmlichen Heiratsantrag ausgesprochen, sondern lediglich eine Einladung, sie zu besuchen. Man zitiert Figchen an den Zarenhof, um sie auf die Probe zu stellen. Fällt die Prüfung nicht nach Wunsch aus, so schickt man sie wieder heim nach Deutschland, und die Schande der fehlgeschlagenen Verlobung fällt auf die ganze Familie zurück. Die Befürchtungen von Figchens Vater gehen noch weiter. Angenommen, Figchen findet Gnade, so wird sie gewiß, um den Großfürsten heiraten zu können, zum russisch orthodoxen Glauben übertreten müssen. Das aber kommt für Christian August als überzeugten Lutheraner überhaupt nicht in Frage. Und selbst wenn sie wider Erwarten ihre Religion behalten kann: welcher Art wird ihr Leben in diesem weit entfernten, barbarischen Land sein? Wie soll man der Kaiserin Elisabeth vertrauen können, nachdem sie gerade erst eine deutsche Prinzessin, Anna von Braunschweig, und ihren Sohn, den kleinen Zaren Iwan, ins Gefängnis geworfen hat? Läuft Figchen nicht Gefahr, in tragische Verwicklungen zu geraten, wenn sie die Schwiegertochter dieser allmächtigen, unberechenbaren und schamlosen Herrscherin wird? Was man so über die Sitten am russischen Hof erzählt, meint Christian August, ist dazu angetan, auch Eltern, die ganz versessen darauf sind, ihre Tochter an den Mann zu bringen, voller Abscheu zurückschrecken zu lassen. Johanna räumt ein, daß es da einiges zu bedenken gebe. Aber, erwidert sie: hat man das Recht, wenn man eine Prinzessin von Anhalt-Zerbst ist, eine Heirat auszuschlagen, die den Interessen des Landes nützt? Wenn sie die Schwiegermutter des Großfürsten geworden ist, wird sie in den Kulissen an einer Annäherung Rußlands an Preußen zu arbeiten wissen. Schon sieht sie eine politische Zukunft vor sich, die sich ihr durch die zarte Person eines vierzehnjährigen Kindes eröffnet. Sie, die so sehr an der Bedeutungslosigkeit ihres Lebens in diesem Provinznest gelitten hat, wird endlich ihre diplomatischen Künste spielen lassen können! Das gibt ihr auch Friedrich von Preußen mit seinem Brief zu verstehen, denn er wendet sich an sie und nicht an Christian August. Sie also betrachtet er als das eigentliche Familienoberhaupt. Hin und her gerissen zwischen Enthusiasmus und Furcht, treffen sich Figchens Eltern immer wieder zu geheimen Beratungen, die zu keinem Ergebnis führen. Das junge Mädchen, das von diesen Diskussionen ausgeschlossen bleibt, aber sehr wohl ahnt, worum es geht, ist aufgebracht darüber, in einer sie so unmittelbar betreffenden Angelegenheit nicht nach ihrer Meinung gefragt zu werden. Drei Tage lang sieht sie dem aufgeregten Treiben zu, vernimmt heimliches Getuschel und forscht in den Gesichtern, um zu erfahren, woher der Wind weht. Dann aber reißt ihr die Geduld; sie geht zu ihrer Mutter und sagt ihr, die Geheimnistuerei um den Brief sei absurd und sie wisse wohl, welches Blatt gespielt werde. »Nun wohl, Mademoiselle«, sagt ihre Mutter, »da Sie so gescheit sind, erraten Sie doch auch den restlichen Inhalt dieses diplomatischen Schreibens von zwölf Seiten.« Am Nachmittag übergibt Figchen ihrer Mutter ein Blatt Papier, auf das sie geschrieben hat:

»Die Zeichen stimmen überein:
Peter der Dritte wird dein Gatte sein.«

Johanna erschauert; die Bewunderung, mit der sie ihre Tochter nun betrachtet, ist mit Furcht gemischt, und um ihr Gewissen zu beruhigen, erzählt sie ihr von der Verwilderung der Sitten in Rußland. Auf nichts kann man sich dort verlassen, keiner steht so hoch, daß er nicht fürchten müßte, im Handumdrehen im Gefängnis oder in Sibirien zu landen, die Politik taumelt von Staatsstreich zu Staatsstreich und von Blutvergießen zu Blutvergießen. Figchen antwortet mit Festigkeit. Dieses Chaos macht ihr keine Angst, und Gott wird ihr schon beistehen auf ihrem Weg. Wenn sie sich etwas in den Kopf gesetzt hat, dann läßt sie sich durch nichts in der Welt davon abschrecken. »Mein Herz sagt mir, daß alles gutgehen wird«, meint sie abschließend. Verlegen murmelte ihre Mutter: »Was aber wird mein Bruder Georg dazu sagen?« Also weiß sie von der Idylle zwischen Figchen und ihrem Onkel! Zum ersten Mal spielt sie vor ihrer Tochter darauf an. Figchen fühlt sich ertappt; sie wird rot und antwortet: »Wie sollte er mir etwas anderes wünschen als Glück und Erfolg?« Keinen Augenblick denkt sie daran, diesen zaghaften Verehrer als ernsthafte Alternative zu Großfürst Peter in Erwägung zu ziehen. Die Aussicht, eines Tages über zwanzig Millionen Untertanen zu herrschen, ist es schon wert, daß man ihr eine kindliche Liebelei opfert. Das sagt sie ganz kalt ihrer Mutter, und diese weiß nichts mehr zu erwidern, sondern bittet sie nur, niemandem etwas von dieser Unterredung zu erzählen.

Jetzt gilt es noch Christian August umzustimmen, der von der Möglichkeit eines Religionswechsels seiner Tochter weiterhin nichts hören will. Johanna wird das Gefecht führen. Und tatsächlich argumentiert sie so geschickt, daß ihr Gatte schließlich nachgibt. Er behält sich allerdings vor, Figchen genaue Anweisungen zu geben, wie sie sich in Rußland in Angelegenheiten des Hofes und der Religion zu verhalten hat. Nachdem Johanna ihrem Gatten die Zustimmung abgerungen hat, drängt sie ihn, sofort einen Brief zu schreiben, mit dem die Einladung in aller Form angenommen wird, und übergibt das Schreiben einer Stafette mit dem Auftrag, es so schnell wie möglich nach Berlin zu bringen. Dann wendet sie sich den Reisevorbereitungen zu. Für alle Welt im Schloß und in der Umgebung handelt es sich nur um eine ganz gewöhnliche Vergnügungsreise. Aber das Hin und Her der Boten, die feierlichen Mienen der Herrschaft und der Umfang des Gepäcks – alles das weckt natürlich die Neugier der Dienerschaft. Man ahnt, daß ein Heiratsversprechen in der Luft liegt. Gehört auch die treue Mademoiselle Cardel zur Reisegesellschaft? Nein, sie muß in Zerbst bleiben. Nur Herr von Lattdorf, Fräulein von Kayn, vier Zofen, ein Kammerdiener, ein Koch und mehrere Bedienstete werden mitgenommen. Tief bekümmert fleht Babet Cardel ihre Schülerin an, ihr wenigstens das Reiseziel zu verraten. Aber Figchen bleibt hart und läßt sich durch die Tränen dieser so innig geliebten Gouvernante nicht erweichen. Als künftige Gattin eines Großfürsten, so scheint es ihr, muß sie unter allen Umständen fähig sein, ihre Zunge in Zaum zu halten. Indem sie Babet Cardel gegenüber schweigt, glaubt sie schon ihre Lehrzeit als Trägerin von Staatsgeheimnissen zu beginnen. Und als ihre Gouvernante, der Tränen müde, nun fuchsteufelswild wird und ihr vorwirft, kein Vertrauen zu ihr zu haben, erwidert sie hoheitsvoll, daß sie ihr Wort gegeben habe und sich niemals von Gefühlen dazu hinreißen lassen werde, ihre Grundsätze zu brechen.

Am 10. Januar 1744, neun Tage nach dem Eintreffen der Einladung, machen sich Fürst Christian August, Johanna und Figchen auf den Weg. Tief gekränkt in seinem väterlichen Stolz, hat der Fürst darauf bestanden, Frau und Tochter wenigstens bis nach Berlin zu begleiten, wenn er schon nicht mit nach Rußland eingeladen ist. Dort, in Berlin, wird man einen kurzen Aufenthalt einlegen, wie der König von Preußen es wünscht. Als der heimliche Drahtzieher dieser Heiratsaffäre möchte Friedrich II. die künftige Braut des Großfürsten sehen, um sich eine Meinung über ihre Chance zu bilden, und ihre Mutter, um ihr Instruktionen über die Rolle zu geben, die sie insgeheim am russischen Zarenhof zu spielen hat. Die Aussicht, dank ihrer Schönheit und ihrer Geschicklichkeit eines Tages die Fäden der europäischen Politik ziehen zu dürfen, begeistert Johanna so sehr, daß sie nahe daran ist, sich selbst für die Hauptperson des Trios zu halten. Was ihr im Augenblick noch Angst macht, ist die Frage der Garderobe. Mit dem ihm eigenen Geiz hat Christian August es abgelehnt, sich für den Putz der Damen in Unkosten zu stürzen. Außerdem hätte die Zeit gar nicht gereicht, die Reisenden mit einer angemessenen Ausstattung zu versehen. Ganze zwei Staatskleider besitzt Johanna. Das ist einfach lächerlich! Und Figchen selbst gar geht einem märchenhaften Schicksal entgegen ohne ein einziges Festgewand im Reisegepäck. »Zwei oder drei Kleider, ein Dutzend Hemden, ebenso viel Strümpfe und Taschentücher« – mehr nimmt die angehende Braut des Großherzogs nicht mit. Allerdings sagt man der Zarin nach, sie sei sehr freigiebig. In Sankt Petersburg wird es Mutter und Tochter an nichts fehlen. Aber wie sollen sie sich in Berlin zeigen, ohne einen ungünstigen Eindruck zu machen? Christian August, dem diese Probleme weiblicher Eitelkeit völlig fremd sind, hat eine Leichenbittermiene aufgesetzt. Seine Tochter steigt zum Zenith empor, und er kaut an seiner Angst und seinem Gefühl der Demütigung. Ehe sie in die Berline eingestiegen sind, hat er Figchen feierlich den Traktat von Heineccius wider die Irrtümer der griechisch-orthodoxen Religion überreicht und dazu noch ein eigenhändig geschriebenes Heft mit dem Titel *Pro Memoria*. In diesem Text, den er etwas eilig für das Kind abgefaßt hat, das ihn jetzt vielleicht für immer verläßt, stellt er die Frage, ob sie nicht »durch irgendeine Art Arrangement« die Gattin des Großfürsten Peter Ulrich werden könnte, ohne dem lutherischen Glauben abzuschwören. Im übrigen empfiehlt er ihr, den einflußreichen Persönlichkeiten ihres neuen Vaterlandes fügsam und ergeben zu begegnen, ihrem fürstlichen Gemahl in allen Dingen zu Willen zu sein, keine der Damen ihres Hofstaates zu ihrer Vertrauten zu machen und sich nicht in Regierungsangelegenheiten einzumischen, »um den Senat nicht zu erzürnen«. Diese Verhaltensregeln hat er ihr schon mehrmals mündlich eingeschärft, und Figchen hat sie zunächst einmal für vernünftig befunden. Wird sie sich aber auch daran halten, wenn sie sich in der neuen Umgebung praktisch bewähren muß? Das weiß sie nicht, und sie will jetzt auch gar nicht daran denken. Alles, was mit ihr geschieht, hat etwas Traumhaftes. Eingezwängt im Reisewagen zwischen dem finster blickenden Vater und der exaltierten Mutter, kann sie noch gar nicht recht daran glauben, daß sie wirklich und tatsächlich Babet Cardel, ihre Schulhefte, ihre Spielkameraden und ihre ganze Kindheit hinter sich gelassen hat und nun auf holprigen Wegen einer Zukunft entgegenrollt, wie sie sich sie schon lange erträumt hat: einem Leben der politischen Intrigen, des Ruhmes und der Machtausübung.

2. KAPITEL
Unterwegs

König Friedrich II. von Preußen hat vier Jahre zuvor nach dem Tod seines Vaters Friedrich Wilhelm I., des berüchtigten »Soldatenkönigs«, der die Armee reorganisierte, den Thron bestiegen. Mit seinen zweiunddreißig Jahren hat der neue Herrscher durch seine hohe Bildung und aufgeklärte Geistesart, durch seine Energie und seine politische Urteilskraft rasch die Hochachtung der deutschen Fürsten gewonnen. Im klaren Bewußtsein der Drohung, die Rußland im Norden und Österreich im Osten für sein Land darstellen, bemüht er sich hartnäckig um eine Verständigung mit Rußland. Aber unter dem Einfluß des Kanzlers Bestuschew hat die Zarin Elisabeth zunächst einmal eine offen antipreußische Haltung eingenommen. Als die Frage anstand, eine Braut für den Großfürsten Peter Ulrich zu finden, war der ganze Hof der Zarin in heftigem Aufruhr. Die Anhänger Bestuschews bestanden darauf, daß die Kaiserin sich für eine sächsische Prinzessin, für Marianne, die zweite Tochter des Königs von Polen, entscheiden solle; das hätte die Möglichkeit geboten, Rußland, Sachsen, Österreich, England, Holland, kurz drei Viertel Europas gegen Preußen und Frankreich zu vereinen. Die Gegenpartei, die französische Partei, die Friedrich von Preußen aus der Ferne dirigierte, versuchte, diesen Plan zu Fall zu bringen. Natürlich hätte Friedrich II. einfach seine eigene Schwester vorschlagen können, die Prinzessin Ulrike, eine sehr ansehnliche Partie. Aber ein solcher Opfergang kommt für ihn nicht in Frage. »Nichts wäre unnatürlicher erschienen«, schreibt er, »als eine preußische Prinzessin von königlichem Geblüt zu opfern, um eine Sächsin aus dem Feld zu schlagen.« Dagegen scheint ihm die kleine Prinzessin Sophie von Anhalt-Zerbst eine gute Kandidatin. Weder allzu aufsehenerregend noch gar zu unbedeutend. Mit Eltern, die kaum lästig werden können. Also hat er sie auf den Markt geworfen. Der Deutsche Brümmer, der Hauslehrer des Großfürsten, und der Franzose Lestocq, der Leibarzt, haben die Aufgabe übernommen, der Zarin die Vorteile einer solchen Lösung anzupreisen.

Elisabeth muß einräumen, daß Sophie, die einem zweitrangigen Haus angehört, gewiß fügsamer sein wird als eine Frau von königlichem Geblüt. Das Bildnis von der Hand Antoine Pesnes zeigt ein gesundes und anmutiges junges Mädchen. Und schließlich entstammt sie jener Linie der Holstein, die der Zarin seit dem Tod ihres Verlobten Karl August teuer ist. Ohne diesen tragischen Verlust wäre Sophie heute ihre Nichte, und Peter Ulrich ist ihr Neffe. Man bleibt also in der Familie. Sie befiehlt Brümmer, eine Einladung an Johanna und ihre Tochter zu schicken. Friedrich II. hat die erste Runde gewonnen. Aber damit ist die Sache keineswegs entschieden. Ist diese kleine Sophie es wirklich wert, daß alle Hoffnungen Preußens auf ihr ruhen? Kaum sind die Reisenden eingetroffen, verlangt der König das Kind zu sehen. Erschrocken läßt Johanna antworten, Sophie sei krank. Gleiche Antwort am zweiten und dritten Tag. Aber der König wird ungeduldig und läßt die Entschuldigung nicht gelten. Warum zeigt man ihm seine »Kandidatin« nicht? Ist sie häßlich? Oder dumm? Von Fragen bedrängt, gesteht Johanna schließlich, warum sie ihre Tochter nicht vorstellen kann: sie besitzt kein Hofkleid. Sofort läßt ihr der König ein Kleid von einer seiner Schwestern schicken. Zitternd zieht Figchen es an und eilt zum Schloß, wo schon alle geladenen Gäste auf ihr Eintreffen warten. Gewiß ist sie kein Neuling in den Salons, aber diesmal steht so viel auf dem Spiel, daß sie ihr heftig pochendes Herz kaum beruhigen kann. Friedrich II. empfängt sie im Vorzimmer, und sein Gesicht hellt sich auf beim Anblick dieses feingliedrigen Kindes mit den staunenden Augen, das seinen Knicks vor ihm macht. Sie ist sehr eingeschüchtert, und diese Verlegenheit läßt sie noch anmutiger erscheinen. Und nachdem er ein paar Worte mit ihr gewechselt hat, ist Friedrich II. überzeugt, die richtige Wahl getroffen zu haben. Das Essen dauert lange. Als man sich erhebt, erfährt Sophie von Ferdinand von Braunschweig, dem Bruder der Königin, daß sie für den gleichen Abend zum Souper eingeladen ist und am Tisch des Königs sitzen soll. Das sagt sie sogleich ihrer Mutter, die verärgert erwidert: »Das ist sonderbar, denn ich bin an den Tisch der Königin geladen!« Daß bei dieser Sachlage der König sich mehr für ihre Tochter als für sie selbst interessiert, vermag Johanna nicht zu verstehen. Schließlich ist doch sie das Gehirn und Figchen nur ein Bauer auf dem Schachbrett. Noch größer ist ihre Bestürzung, als sie sieht, daß Figchen nicht nur am Tisch des Königs sitzen darf, sondern sogar unmittelbar neben Seiner Majestät. Anfangs fühlt sich Figchen durch die Erhabenheit ihres Tischnachbarn wie gelähmt, aber rasch gewinnt sie Mut und behauptet sich in der Konversation mit Lebhaftigkeit und Takt. Friedrich II. stellt viele Fragen, um ihr über ihre Verlegenheit hinwegzuhelfen. »Er fragte nach tausenderlei Dingen, sprach von der Oper und der Komödie, von Versen und vom Tanz und was weiß ich noch alles, kurz er unterhielt mich mit tausend Dingen, über die man mit einem vierzehnjährigen Mädchen reden kann . . . Die Gesellschaft machte große Augen, daß Seine Majestät mit einem Kind Konversation machte.« Ganz aufgeblüht in dem geliehenen schönen Kleid, mit rosigen Wangen und klopfendem Herzen, fühlt Figchen die Blicke aller Anwesenden auf sich gerichtet. Wie um ihren Triumph zu krönen, bittet der König sie, einem Edelmann, der gerade hinter ihrem Stuhl steht, einen Teller mit Konfitüre zu reichen, und sagt laut zu dem Höfling: »Empfangen Sie dies aus der Hand der Venus und der Grazien!« Figchen ist ganz außer sich vor Freude über dieses Kompliment, das der König von Preußen ihr in aller Öffentlichkeit gemacht hat. Noch dreißig Jahre danach erinnert sie sich an jedes Wort. Sie hat wahrhaftig den Eindruck, das Märchen von Aschenputtel zu erleben, das aus seiner Verborgenheit ins helle Licht des Ballsaals kommt und alle Herzen gewinnt, das des Prinzen als erstes. Morgen muß sie das Kleid wieder zurückgeben. Aber jenseits der Grenze wartet neuer Festglanz auf sie, dessen ist sie sich ganz sicher.

Ein paar Tage danach geht die Reise weiter. In Schwedt an der Oder nimmt Figchen Abschied von ihrem Vater, der nicht nach Rußland eingeladen ist und nach Stettin zurückkehren muß. Trotz all der Aufregung der Reise wühlt die Trennung sie im Tiefsten auf. Sie hat das Gefühl, daß sie diesen schlichten und gütigen Mann niemals wiedersehen wird. Damit wird sie recht behalten. Er aber sagt ihr tiefbewegt und weinend immer wieder: »Bleibe deiner Religion treu, mein Kind! Und vergiß nicht, meine Instruktionen zu lesen!« Unter Strömen von Tränen verspricht sie ihm alles. Johanna ist die einzige, die einen kühlen Kopf behält.

Um die Winkelzüge der gegnerischen Partei in Rußland zu vereiteln, hat man beschlossen, unter falschem Namen zu reisen. Die Papiere Johannas lauten auf eine »Gräfin von Reinbeck«. Diese Mystifikation, so meint sie, gibt der ganzen Unternehmung ein wenig Würze. Die vier schweren Kutschen, die Mutter, Tochter, Gefolge und Gepäck befördern, sind unbequem und schlecht gefedert. Im übrigen ist die Jahreszeit für solche Reisen nicht eben günstig. Zwar schneit es noch nicht, aber die Kälte ist trotz des kleinen Kohlebeckens im Wagen empfindlich zu spüren. Eingemummt in Pelze, die Gesichter mit Tüchern verhüllt, um Nase und Wangen zu wärmen, dösen die Frauen apathisch vor sich hin. Immer wieder spüren sie die Stöße des Wagens schmerzhaft im Kreuz. Sie seufzen. Man ist in einem Schlammloch steckengeblieben. Der Kutscher flucht. Warten im eisigen Wind, dann geht es wieder weiter. Die Tagesreisen sind endlos, monoton und erschöpfend. Und man kann nicht wie in den preußischen Posthäusern damit rechnen, ein bequemes Lager und gute Küche zu finden. »Da die Zimmer nicht geheizt waren«, schreibt Johanna, »mußten wir im Raum des Posthalters selber Unterschlupf suchen, der einem Schweinestall sehr ähnlich sah: da schliefen durcheinander in Wiegen und Betten, hinter dem Ofen und auf Matratzen der Mann, die Frau, der Wachhund, die Hühner und die Kinder.« Figchen leidet an einer Verdauungsstörung, weil sie zu viel Bier getrunken hat. Hinter Memel wird alles noch schwieriger. Man hat die Posthäuser verflucht, aber hier gibt es nicht einmal mehr diese, und jetzt vermißt man sie. Wenn man die Pferde wechseln will, muß man sich an die Bauern wenden. Vierundzwanzig braucht man für den ganzen Zug. Das bedeutet jedesmal ein Verhandeln und Feilschen, das Johanna sehr erregt. Hinten hat man Schlitten an die Wagen gebunden, denn man muß mit Schnee rechnen.

In Mitau, das die Reisenden schließlich völlig entkräftet erreichen, liegt eine russische Garnison. Der Standortkommandant, Oberst Woyeikow, stellt sich Johanna unter großen Höflichkeitsbekundungen vor, überbringt ihr die Huldigung der Stadt und teilt ihr mit, daß er den Auftrag hat, sie bis Riga zu geleiten. Als sie sich am Tag darauf Riga nähern, fahren Figchen und Johanna in ihrer Berline erschrocken zusammen: eine Reihe von Detonationen läßt die Luft erzittern. Woyeikow erklärt ihnen den Grund des Geböllers: man schießt Salven ihnen zu Ehren. Der Wagenzug hält an. Fürst Simon Kirillowitsch Naryschkin, Großmarschall am Hof und ehemaliger Botschafter in London, und Fürst Dolgoruki, der Vize-Gouverneur, machen den beiden deutschen Prinzessinnen ihre Aufwartung, begrüßen sie mit tiefen Bücklingen, überreichen ihnen im Namen der Zarin Mäntel aus Zobelpelz und bitten sie, einen Prunkschlitten zu besteigen, der sie in rascher Fahrt zum Schloß bringt. Dort führen livrierte Diener sie gemessenen Schrittes zu ihren Zimmern.

Noch ganz benommen von der plötzlichen Wendung, ziehen Johanna und Figchen sich eilig um und mischen sich unter die aufgeputzte Gesellschaft, die in den Salons auf sie wartet. Angesichts all dieser ehrerbietig gesenkten Köpfe fühlt Johanna sich auf dem Gipfel des Triumphes. Nach den Grobheiten der Postmeister sind ihr die Aufmerksamkeiten, die man ihr hier erweist, eine Entschädigung für die erlittenen Strapazen. »Wenn ich zu Tisch gehe«, schreibt sie, »dann gibt es einen Tusch mit Trompeten im Haus und draußen den Trommeln, Flöten und Oboen der Wache . . . Ich kann es noch gar nicht recht glauben, daß das alles meiner geringen Person gelten soll, für die man sonst allenfalls die kleine Trommel rührte und oft nicht einmal das.« Figchen ihrerseits erkundet wißbegierig diese neue Welt. Französisch und deutsch hört sie sprechen, und doch ist sie in Rußland. In jenem Rußland, das einmal das Land Peters des Großen war und eines Tages vielleicht ihr Land sein wird. Endlich beginnt für sie der Ernst des Lebens, von nun an muß sie auf jeden Schritt genau achten. Kein einziges Mal darf sie straucheln.

Nachdem die Reisenden Riga besichtigt haben, machen sie sich unter der Führung von Naryschkin wieder auf den Weg. Jetzt geht es nach Sankt Petersburg; die Zarin hat angeordnet, daß ihre Gäste sich dort ein wenig ausruhen und ihre Garderobe vervollständigen, ehe sie nach Moskau weiterfahren, wo der Hof sich zur Zeit befindet. Die Art, wie der Reisezug organisiert ist, erfüllt Johanna mit Genugtuung. Zu ihrer Begleitung gehören mehrere Offiziere, ein Stallmeister, ein Haushofmeister, ein Zuckerbäcker, einige Köche, ein Kellermeister und sein Gehilfe, ein Kaffeekoch, acht Lakaien, zwei Grenadiere und zwei Furiere. Eine Schwadron Kürassiere reitet voraus. Den Hauptwagen umschwärmt eine Eskorte aus dem livländischen Regiment. Der Schlitten, den die Kaiserin ihren Gästen zur Verfügung gestellt hat, ist sehr geräumig; er ist mit silberbetreßtem rotem Tuch ausgeschlagen und ausgestattet mit einem Federbett, mit damastenen Kissen und mit Decken aus Seide und kostbaren Pelzen. Der Schnee, die Sonne, das Geklingel der Glöckchen – alles das gibt den beiden Prinzessinnen ein wohliges Gefühl märchenhafter Irrealität. Kurz hinter Riga begegnet der pompöse Zug ein paar ärmlichen schwarzen Schlitten mit verhängten Fenstern, eskortiert von Soldaten. Sophie will wissen, wer die unsichtbaren Reisenden sind. Naryschkin wird verlegen und antwortet ausweichend, daß es sich wohl um die Familie des Herzogs Anton Ulrich von Braunschweig handeln werde. Später erfährt Sophie, daß der abgesetzte kleine Zar Iwan VI. und seine Mutter, die Ex-Regentin Anna, tatsächlich an diesem Tag von Riga nach Oranienburg gebracht und dort in einer Festung eingekerkert wurden. Während sie also von der edelmütigen Zarin träumt, die sie in Moskau erwartet, um sie vielleicht zum höchsten Glück zu erheben, fahren auf der verschneiten Straße, nur wenige Schritt von ihr entfernt, die unschuldigen Opfer der gleichen Frau im Schlitten an ihr vorüber, bewacht von Soldaten. Der Weg des Ruhmes kreuzt den des Unglücks. Das Schicksal gefällt sich darin, dem, den es erhöht, die Tragödie dessen zu zeigen, den es in den Abgrund gestürzt hat.

Am 3. Februar (im übrigen Europa ist es der 14., aber jetzt muß nach dem julianischen Kalender gerechnet werden, der hinter dem gregorischen um elf Tage zurück ist), am 3. Februar erreicht der Zug Sankt Petersburg und hält vor der Freitreppe des Winterpalastes[1] an. Es ist zwölf Uhr mittags; es herrscht klirrender Frost, aber die Sonne scheint, und von den Kuppeln der Kirchen bis zur vereisten Newa ist alles ein Gefunkel. Als die beiden Prinzessinnen, die jetzt schon seit mehr als einem Monat unterwegs sind, aus dem Schlitten steigen, begrüßen sie von jenseits des Flusses Artilleriesalven aus der Festung St. Peter und Paul. Am Fuß der Treppe drängen sich die Höflinge und Diplomaten, die nicht mit der Zarin nach Moskau gegangen sind. Vier Ehrendamen umringen Sophie. Johanna schreibt an ihren Gatten: »In meinem Appartement stellte man mir tausend Leute vor. Die Zunge klebte mir am Gaumen vor Kälte. Ich speise allein mit den Damen und Herren, die ihre Kaiserliche Majestät mir zugeteilt hat; man bedient mich wie eine Königin.«

Und sogleich stürzt sie sich mit Hochgenuß in die diplomatische Intrige. Der französische Botschafter, der Marquis de La Chétardie, der einmal der Geliebte der Zarin war und im stillen die französische Partei lenkt, die eine Heirat des Thronfolgers mit Sophie von Anhalt-Zerbst begünstigt, ist in Sankt-Petersburg geblieben. Er überschüttet Johanna mit Komplimenten und versichert ihr, daß ihr beim Abschluß der Allianzen eine wichtige Rolle zufallen wird. Man muß, sagt er, den schrecklichen Bestuschew zu Fall bringen, der ein fanatischer Anhänger der Annäherung an Österreich ist. Und dafür muß man schnellstens den Vorteil nutzen, den die Ankunft der künftigen Braut des Thronerben in Rußland darstellt. Der 10. Februar ist der Geburtstag des Großfürsten. Wenn man aus den Pferden das Letzte herausholt, könnte man es schaffen, bis dahin in Moskau zu sein. Die Zarin wäre für eine solche Aufmerksamkeit gewiß empfänglich. Was zählt da die Strapaze! Johanna ist elektrisiert und bittet Naryschkin, die Reisevorbereitungen zu beschleunigen. Um Figchen schert sie sich wenig bei diesem Unternehmen. An ihren Gatten aber schreibt sie in einem sonderbaren Kauderwelsch aus Deutsch und Französisch: »Figchen southeniert die fatige besser als ich.« Und an den König Friedrich II. von Preußen: »Meine Tochter erträgt die Strapazen mit bewundernswertem Anstand; wie ein junger Soldat, der die Gefahr verachtet, weil er sie nicht kennt, genießt sie den Glanz, der sie umgibt.« Ihre Hauptsorge ist, daß Figchen sich den Anstrengungen gewachsen zeigt und nicht krank wird, denn die geringste Unpäßlichkeit der Verlobten des Großfürsten könnte von den Gegnern der preußischen Partei zu ihrem Nachteil ausgenützt werden. Eine gesundheitlich anfällige Schwiegertocter wird die Zarin niemals akzeptieren. Es kommt also nicht nur auf Schnelligkeit an, sondern auch auf Wohlbefinden.

Vor der Abreise hat Sophie noch Zeit, mit ihren Hofdamen die Stadt zu besichtigen. Sie hat den Höhepunkt des Karnevals erwischt. Um die Jahrmarktsbuden drängen sich träge und fröhlich die Menschenmassen. Aber nicht die buntbemalten Schaukeln und auch nicht die Tanzbären locken das junge Mädchen an. Am tiefsten bewegt ist sie vor den Kasernen der Garde; das ist ein geschichtsträchtiger Ort, denn von hier aus hat Elisabeth vor drei Jahren den Thron an sich gerissen. Sophie sieht die grimmigen Grenardiere des Regiments Preobraschenskij, die die Zarin in der Nacht vom 5. auf den 6. Dezember 1741 begleitet haben, und sie läßt sich den Weg zeigen, den sie von hier mit dem Ruf »Es lebe unser Mütterchen Elisabeth!« zum Winterpalais zurückgelegt haben. Was sie ihr über diesen Staatsstreich erzählen, reißt sie hin in einem begeisterten Vorgefühl kommender Dinge. Ungern kehrt sie zurück zu den Forderungen der Gegenwart. Ihre Mutter wird schon ungeduldig, alles ist fertig zur Abreise. Es ist Nacht, als man aufbricht. In der Morgendämmerung dann verliert sich die weißverschneite Straße im Weiß des Himmels, und wieder ist Sophie ergriffen von der unermeßlichen Weite der russischen Ebene. Alles ist maßlos in diesem Land: die Entfernungen, die Kälte und die politischen Leidenschaften. Johanna wimmert leise vor sich hin. Seit ein paar Minuten hat sie das Gefühl, daß ihre Augen gefrieren und ihre Nase starr vor Eis geworden ist. Zum Glück erinnert sie die neben dem Schlitten galoppierende russische Eskorte daran, wer sie ist: die Mutter der angehenden Braut des Großfürsten, die Tante des russischen Thronerben, die Geheimagentin des Preußenkönigs Friedrich und die Vertraute und Bundesgenossin des französischen Botschafters. Die Schlitten scheinen über den unberührten Schnee dahin zu fliegen. Man fährt ohne Unterbrechung Tag und Nacht. Siebzig Werst vor Moskau werden sechzehn Pferde vor den Schlitten der beiden Prinzessinnen gespannt. Bei der Durchfahrt durch einen Weiler in gestrecktem Galopp streift das Gefährt die Ecke eines alten Hauses; eine große Eisenstange löst sich vom Dach und trifft Johanna an Kopf und Schulter. Sie schreit auf, und schon meint sie, um ihre Mission sei es geschehen. Denn wie soll sie mit einer Beule am Kopf und schmerzender Schulter gegen Bestuschew kämpfen? Aber Sophie beruhigt sie: man sieht nichts, nicht einmal einen blauen Fleck. Dafür liegen zwei Grenadiere vom Regiment Preobraschenksij mit blutigen Köpfen im Schnee. Sie hatten sich zwischen Schlitten und Hauswand befunden und haben den Stoß abgefangen. Bauern drängen sich um den stehengebliebenen Zug und flüstern: »Das ist dem Großherzog seine Zukünftige.« Woyeikow befiehlt ihnen, sich um die Verletzten zu kümmern. Der Kutscher drischt auf die Pferde ein.

Am 9./20. Februar gegen acht Uhr abends trifft der Zug endlich in Moskau ein und hält vor dem Kreml, genau vor der hölzernen Treppe des Palastes der Zarin. Fünfzig Tage sind vergangen, seit Johanna in Zerbst die Einladung Elisabeths von Rußland erhalten hat. Jetzt wird sie dieser Frau gegenüberstehen, vor der ein ganzes Reich zittert. Beim letzten Halt haben sie und Figchen die Staatskleider angelegt, die ihnen die Zarin geschenkt hat. »Ich erinnere mich, daß ich ein enganliegendes

Kleid ohne Reifrock trug«, schreibt Katharina in ihren Memoiren; »es war aus Moiré und rosenfarben mit Silber.« Der Prinz von Hessen-Homburg führt die beiden Prinzessinnen in ihre Appartements; und sie haben kaum Zeit gehabt, sich ein wenig frisch zu machen, als schon der Großfürst Peter Ulrich herbeigeeilt kommt. Sein Anblick gibt Figchen einen Stich ins Herz. Langgezogenes Gesicht, hervorquellende Augen, schlaffer Mund – die Physiognomie eines Degenerierten. In ihrer Erinnerung hatte er weniger häßlich und kränklich ausgesehen. Hat er sich verändert, seit sie sich zum letzten Mal sahen? Oder hat sie ihn in ihren Träumen unbewußt idealisiert? Jedenfalls zeigt er sich sehr erfreut über den Besuch seiner Tante und seiner Cousine. Nachdem er sie auf deutsch begrüßt und willkommen geheißen hat, lädt er sie ein, sich zu Ihrer kaiserlichen Majestät zu begeben.

Mit ihrem Gefolge durchqueren die Prinzessinnen eine lange Flucht von Sälen voller Würdenträger in blitzenden Uniformen und Hofdamen in Roben, wie man sie auch in Versailles nicht eleganter sehen kann und die Johanna vor Neid erblassen lassen. Am Arm des Großfürsten Peter geht sie wie auf Wolken. Figchen geht hinter ihr, geführt vom Prinzen von Hessen-Homburg. Als die Spitze des Zuges den Audienzsaal der Zarin erreicht hat, öffnen sich die beiden Flügel der gegenüberliegenden Tür, und Elisabeth von Rußland erscheint: eine große schöne Frau von 35 Jahren, stark und korpulent, mit rosigem Teint, eingezwängt in ein silberglänzendes, mit goldenen Borten besetztes Reifrockkleid. Man sagt, sie sei sehr kokett und besitze fünfzehntausend Kleider im französischen Stil und fünftausend Paar Schuhe. »Auf dem Kopf trug sie seitlich eine aufrecht stehende schwarze Feder, und die Frisur war voller Diamanten«, notiert Sophie. Das junge Mädchen muß ihre ganze Seelenstärke aufbieten, um vor dieser göttlichen Erscheinung, die aufgeputzt ist wie ein Reliqienschrein, nicht ohnmächtig hinzusinken. Aber schnell wird sie ihrer Verwirrung Herr. Das Bewußtsein der Rolle, die sie zu spielen hat, hält sie aufrecht. Sie verneigt sich und beugt das Knie nach französischer Art zur anmutigsten Reverenz. Johanna neben ihr ist ganz geblendet; sie stammelt ein Kompliment, dankt der Zarin für ihre Huld und küßt ihr die Hand. Elisabeth ist derlei Huldigungen zwar gewöhnt, aber ihrerseits dennoch sehr gerührt. In Johannas Gesicht erkennt sie die Züge ihres verstorbenen Verlobten wieder. Und wenn sie Sophie betrachtet, ist sie beeindruckt von der Frische, dem Anstand und der Intelligenz dieses Kindes. Auf den ersten Blick jedenfalls scheint dies eine ausgezeichnete Wahl zu sein. Peter, der Dummkopf, wird etwas Königliches im Bett haben. Wird er das Mädchen glücklich machen können? Darauf kommt es nicht an. Während dieser langen ersten Begegnung, die erst im Audienzsaal und dann im Schlafgemach der Zarin stattfindet, hat Sophie das Gefühl, als würde sie von einer vorsichtigen Käuferin, die die Ware rundum gründlich prüft, entkleidet, abgetastet und gewogen. Sie war darauf gefaßt; das gehört zu den Dingen, die eine Prinzessin, die verheiratet werden soll, über sich ergehen lassen muß. Rundum Höflinge und Diplomaten, die die Szene beobachten. Der Ausdruck sichtlicher Zufriedenheit auf dem stolzen Gesicht Elisabeths bestärkt die preußisch-französische Partei – an der Spitze der Koalition stehen der preußische Botschafter Mardefeldt, der Marquis de La Chétardie und der kaiserliche Leibarzt Lestocq – in ihrem Optimismus. Der Vizekanzler Bestuschew dagegen, der auf der Seite Österreichs, Englands und Sachsens steht, versucht seinen Ärger hinter einem gezwungenen Lächeln zu verbergen.

Am folgenden Tag, dem 10./21. Februar, dem Geburtstag des Großfürsten, zeigt sich die Zarin der Menge ihrer Höflinge in einem silberbestickten braunen Gewand, Kopf, Hals und Brust mit Edelsteinen bedeckt. Ihr folgt der Oberjägermeister Graf Alexis Rasumowski; auf einem goldenen Teller trägt er die Attribute des Sankt-Katharinen-Ordens. Er ist seit mehreren Jahren der offizielle Geliebte der Zarin; man hat ihm den Spitznamen »der Nachtkaiser« gegeben. »Das war einer der schönsten Männer, die ich jemals gesehen habe«, schreibt Katharina in ihren Memoiren. Dieser »schöne Mann« war ursprünglich ein ukrainischer Bauer, den Elisabeth seiner auffallenden Stimme wegen als Vorsänger in ihrer privaten Kapelle beschäftigt hatte, ehe sie ihn sich ins Bett holte. Die nächtlichen Dienstleistungen des Sängers sind mit allen möglichen Ehren und Würden einschließlich des Grafentitels belohnt worden. Man munkelt sogar von einer heimlichen Eheschließung. Das Ungewöhnliche ist, daß er seinen Einfluß auf die Zarin nicht ausnützt, um in der Politik mitzumischen. Ehrerbietig und verwundert betrachtet Figchen diese stattliche Erscheinung: ein reifer Mann von regelmäßigen Zügen mit Verführeraugen unter der gepuderten Perücke. Sie weiß zwar nicht genau, worin die Funktionen des Favoriten bestehen, aber sie sieht in ihm einen geheimnisvollen Diener kaiserlicher Lüste, eine Art riesiges wandelndes Naschwerk. Wenn er dem Geschmack der Zarin entspricht, muß er wohl, meint sie, sublime, übernatürliche Qualitäten besitzen. Fasziniert von diesem Hof, ist sie bereit, alles hinzunehmen, und denkt noch nicht daran, Kritik zu üben. Sie versucht zu lernen. Die Kaiserin scheint an diesem Tag bei bester Laune zu sein. Feierlich und dabei lächelnd geht sie auf Figchen und ihre Mutter zu und überreicht ihnen den Sankt-Katharinen-Orden. Frau Tschoglokow und Frau Wosonzow, beides »Bildnisdamen«[2] der Zarin, heften den deutschen Prinzessinnen die Auszeichnung in Form eines Sternes an die Brust. Rund um sie scheint alles in Rührung zu schwimmen. »Wir leben wie die Königinnen, meine Tochter und ich«, schreibt Johanna an ihren Gatten. In Gedanken sieht sie Figchen schon als Gemahlin des Großfürsten, sich selbst zum Wohle Preußens als Ratgeberin der Zarin, und Bestuschew in Ungnade.

3. KAPITEL
Auf den Stufen zum Thron

Die Kaiserin wird nicht müde, die beiden deutschen Prinzessinnen mit Wohltaten zu überschütten. Johanna kann es noch nicht fassen, daß sie über einen Kammerherrn und über Hofdamen und Pagen verfügen kann, die ausschließlich zu ihren Diensten sind. Das Leben in Moskau besteht aus einer endlosen Folge von Festen, Bällen und Banketten von einer Üppigkeit, die sie schwindeln macht. Sophie dagegen betrachtet das Karussell der Gesichter und Namen, das sich um sie herum dreht, nüchtern und mit klarem Blick. Einen Augenblick war sie geblendet, dann fängt sie an zu beobachten, sich zu informieren. Von jedem versucht sie soviel wie nur möglich in Erfahrung zu bringen. Wenn sie sich in dieser Welt des trügerischen Glanzes eines Tages frei und sicher bewegen will, dann, das hat sie sofort begriffen, muß sie unbedingt mit den Geheimnissen des Hofes vertraut werden. In Stettin träumte sie vor dem Porträt der Zarin, die so großartig aussah mit der gewölbten Brust, den schwarzblauen Augen und der prunkenden Staatsrobe. Um sie auf ein mögliches »russisches Schicksal« vorzubereiten, hat ihre Mutter sie dazu angehalten, diese mächtige und großherzige Herrscherin zu verehren. Die Wirklichkeit freilich ist anders. Das lernt Sophie nach und nach aus den vertraulichen Mitteilungen, die man ihr zuflüstert. Welches ist die wahre Elisabeth von Rußland? Sie ist schön, naschhaft, sinnlich und träge; in jungen Jahren hat sie ihren Verlobten (den Bruder Johannas) zärtlich geliebt, und als er tot war, stürzte sie sich in die banalsten galanten Abenteuer. Sie nahm einen Liebhaber nach dem anderen; Würdenträger des Hofes, Botschafter, Kutscher, Lakaien, Gardeoffiziere folgten einander in ihrem Bett, und jeder war ihr recht. Als Peter II., der Enkel Peters des Großen, im Jahre 1730 starb, hätte sich ihr die Gelegenheit geboten, den Thron zu besteigen, da sie nach dem Tod ihrer Schwester Anna der einzige direkte Abkömmling des Zaren war. Ihre Liebschaften nahmen sie aber so in Anspruch, daß sie es vorzog, zugunsten einer Nichte Peters des Großen[1], einer anderen Anna, der Witwe des Herzogs von Kurland, zu verzichten. Die war kinderlos und kam daher auf den Gedanken, sich den Sohn ihrer Nichte, einer dritten An-

na, der Herzogin von Mecklenburg, als Thronerben auszusuchen. Als die Zarin Anna 1740 starb, wurde dieser »Erbe«, der erst wenige Monate alt war, als Iwan VI. zum Kaiser ausgerufen, und seine junge Mutter Anna von Mecklenburg übernahm, von lauter deutschen Ratgebern umgeben, die Regentschaft. Die russische Partei am Hof, die von den Abgesandten Frankreichs entschieden unterstützt wurde, empörte sich darüber, daß ein Urenkel Peters des Großen die Macht innehaben sollte, während Elisabeth, die legitime Tochter Peters des Großen und Katharinas I., übergangen wurde. Der französische Botschafter, der Marquis de La Chétardie, und der Arzt Lestocq, beides ehemalige Liebhaber Elisabeths, redeten ihr ein, daß die Regentin Anna von Mecklenburg sie festnehmen und in ein Kloster stecken würde, wenn sie ihr nicht durch rasches Handeln zuvorkomme. Elisabeth bekam es mit der Angst zu tun und ließ sich schließlich überreden, die Initiative zu ergreifen. Die Offiziere des Regiments Preobraschenskij waren ihr ergeben. Im Handumdrehen waren der kleine Zar Iwan VI., die Regentin Anna und ihr Gatte, der Herzog von Braunschweig, verhaftet und in einer Festung eingekerkert.
In ihrer neuen Rolle als Zarin legte Elisabeth eine bizarre Mischung aus Faulheit und Halsstarrigkeit, aus Koketterie und Grausamkeit, aus Frömmigkeit und Schamlosigkeit an den Tag. Ihre amourösen Ausschweifungen, ihre Vorliebe für Orgien und ihre zwanghafte Passion für aufwendige Toiletten hinderten sie durchaus nicht, gottesfürchtig zu sein und die Ikonen zu verehren. Sie färbte ihre Haare und Augenbrauen schwarz, behängte sich mit Edelsteinen und duldete nicht, daß andere Frauen neben ihr zu glänzen versuchten. Sie sprach zwar fließend französisch, italienisch und deutsch, war sonst aber wenig gebildet und ziemlich schlecht erzogen. Einerseits hatte sie nach ihrer Thronbesteigung aus purer Herzensgüte die Todesstrafe abgeschafft, andererseits hatte sie mehrere hohe Würdenträger zum Schein zum Tode verurteilt, ehe sie sie nach Sibirien schickte, und den Gräfinnen Lopuchin und Bestuschew, die in eine Verschwörung verwickelt waren, hatte sie die Zunge herausschneiden lassen. »Ihre Majestät hat eine ausgeprägte Vorliebe für starke Liköre«, schreibt der Chevalier d'Eon, ein Geheimagent Ludwigs XV. »Es kommt vor, daß sie aus Unpäßlichkeit in Ohnmacht fällt; dann muß man ihr das Kleid und das Korsett aufschneiden. Sie schlägt ihre Diener

und ihre Hofdamen.« Sie war eitel, empfindlich und nachtragend, und den Staatsgeschäften widmete sie sich nur unregelmäßig, wenn es ihr gerade paßte. Aber ihre Minister zitterten vor ihr, denn sie wußten, daß sie fähig war, sie aus einer Laune heraus direkt vom Schreibtisch weg in eine Festung zu werfen. In den zwei Jahren ihrer Herrschaft hatte ihr zugleich autoritärer und wankelmütiger Charakter sich bereits so deutlich gezeigt, daß sie bei den ausländischen Diplomaten als der Mensch galt, der am schwersten zu verstehen und am schwersten hinters Licht zu führen war. Bei aller Leichtfertigkeit ihrer persönlichen Lebensführung zweifelte sie keinen Augenblick an der gleichsam gottgegebenen Rechtmäßigkeit ihrer Herrschaft über das russische Volk. Darum schien es ihr von Anfang an unabdingbar, für ihre Nachfolge zu sorgen. Da sie kinderlos war und keine Kinder haben konnte, dachte sie an ihren Neffen Karl Peter Ulrich von Holstein, den Sohn ihrer verstorbenen Schwester Anna und Enkel Peters des Großen. Das schwächliche, fast zurückgebliebene Kind wird in Kiel von holsteinischen Offizieren erzogen. Frühzeitig militärisch abgerichtet, exerzierte er schon als Siebenjähriger mit Gewehr und Degen, stand Wache und lernte den Kasernenhofton. Als er neun war, stand er, inzwischen schon zum Unteroffizier befördert, mit geschultertem Gewehr an der Saaltür, während sein Vater mit Freunden ein Bankett hielt. Soviel leckere Speisen wurden an ihm vorübergetragen, daß ihm vor Gier fast die Tränen kamen. Endlich ließ sein Vater ihn ablösen, verlieh ihm öffentlich den Leutnantsrang und hieß ihn sich zu den Gästen setzen. Jetzt war das Kind so überwältigt vor Glück, daß es den Appetit verlor und keinen Bissen herunterbrachte. Später wird Peter einmal sagen, daß dies der schönste Tag seines Lebens gewesen sei. Als 1739 sein Vater starb, wurde der Holsteiner Brümmer, Großmarschall am Herzogshof, sein Erzieher. Das war ein bornierter und brutaler Pedant, ein »Rossebändiger«. Ohne Rücksicht auf die anfällige Konstitution seines Schülers entzog er ihm zur Strafe das Essen oder zwang ihn, auf getrockneten Erbsen zu knien, so daß seine Knie, wie Stehlin, ein anderer seiner Lehrer, berichtet, rot wurden und dick anschwollen. Einmal mußte Stehlin eingreifen, um Brümmer daran zu hindern, den Prinzen mit Faustschlägen zu traktieren. In seiner Not rief Peter Ulrich die Wache zu Hilfe. Manchmal erbrach das Kind Gallensaft aus Angst vor Brümmer. Diese Art der Erziehung machte ihn ängstlich, verschlossen, verlogen, hinterlistig. Als die Zarin Elisabeth ihn im Februar 1742 nach Moskau holte, war sie enttäuscht von dem physisch wie psychisch mißratenen 14jährigen Knaben, den Brümmer ihr vorstellte. Sie, die die Vollblutmänner liebte, fragte sich erschrocken, ob dieses klägliche menschliche Wrack sich auf einem Thron behaupten könnte. Deutsch war die einzige Sprache, die er fließend sprach. Er gehörte dem lutherischen Glauben an. Er hatte nicht im geringsten das Zeug zum Herrscher über ein großes Land. Daran war nun nichts zu ändern; man mußte aus dem, was man hatte, das Beste machen. Mußte vor allem die Zukunft der Dynastie der Romanow sichern. Der Neffe der Kaiserin wurde nach orthodoxem Ritus auf den Namen Pjotr Fedorowitsch getauft und zum Großfürsten und russischen Thronfolger ernannt. Er allerdings verachtete seine neue Religion, machte sich über die Popen lustig, sträubte sich, russisch zu lernen, und sehnte sich in seine frühere Heimat zurück. Da hatte Elisabeth also die Familie von Mecklenburg aus dem Weg geräumt, die für das Volk den deutschen Einfluß symbolisierte, und was tat sie dann? Sie suchte sich seltsamerweise als Nachfolger wiederum einen Deutschen aus! Und gab ihm auch noch eine Deutsche zur Braut!

Diese Verlobte hat trotz ihres zarten Alters schon ein sicheres Urteil. Der Großfürst hat sie freudig empfangen, und gewiß ist sie empfänglich für die Sympathie, die er ihr entgegenbringt, aber sie findet, daß er kindisches Zeug redet und daß man sich auf seine Gefühle nicht verlassen kann. Ihn freut an dieser Begegnung vor allem, daß er endlich einen gleichaltrigen Kameraden hat, mit dem er plaudern kann. In ihren Memoiren schreibt Katharina: »In dieser kurzen Zeit sah und begriff ich, daß er sich wenig aus der Nation machte, über die er einmal herrschen sollte, daß er am Luthertum hing, seine neue Umgebung nicht mochte und ziemlich kindlich geblieben war.«

Das höfliche Interesse, das Sophie an der Unterhaltung mit ihm zu zeigen scheint, macht ihn vertrauensselig, und so gesteht er ihr, daß er sie als Verwandte sehr nett findet, aber eine andere liebt, ein Fräulein Lopuchin, das leider den Hof hatte verlassen müssen; ihre Mutter hatte man einer politischen Intrige überführt, ihr die Zunge abgeschnitten und sie nach Sibirien verbannt. In aller Unschuld fügt er hinzu, daß er dieses junge Mädchen gerne geheiratet hätte, aber sich damit abgefunden hat, sie, Sophie, zu heiraten, »weil seine Tante es so will«. »Errötend folgte ich diesem Gespräch unter Verwandten«, schreibt Katharina. »Ich war ihm dankbar für seine Offenherzigkeit, aber im Grunde meines Herzens war ich verwundert, daß er so unvorsichtig war und so unverständig in vieler Hinsicht.« Sie weiß also jetzt, woran sie ist. Was die Gefühle angeht, so braucht sie mit keiner freudigen Überraschung zu rechnen. Das hat sie schon beim Antritt der Reise dunkel geahnt. Und sie ist ja auch nicht hergekommen, um die große Liebe zu erleben, sondern um ein politisches Werk zu vollbringen. Noch keine fünfzehn Jahre ist sie alt, aber statt sich mit ihrer Mutter in den Glanz des Gesellschaftslebens zu stürzen, arbeitet sie in der Stille zäh und eifrig an ihrer Zukunft. Von Anfang an hat sie begriffen, daß sie so russisch werden muß, als wäre sie in diesem Land geboren, wenn sie der Zarin gefallen, die Mächtigen für sich einnehmen und die Sympathie des Volkes gewinnen will. Während also der tölpelhafte Großfürst, ihr Vetter Peter, seine Umgebung mit seinem betont deutschen Gehabe vor den Kopf stößt, widmet sie sich mit großem Fleiß dem Studium der russischen Sprache und der orthodoxen Religion. Ihr Lehrer in der religiösen Unterweisung ist Simeon Teodorski, ein feinsinniger, gebildeter und toleranter Priester. Er spricht fließend deutsch und macht Sophie klar, daß der orthodoxe Glaube vom Luthertum gar nicht so weit entfernt ist, wie man sagt, daß sie also auch das Versprechen, das sie ihrem Vater gegeben hat, nicht bricht, wenn sie die Konfession wechselt. Das junge Mädchen ist nur zu bereit, sich überzeugen zu lassen. Gott, meint sie, kann ihr nicht zürnen, weil sie den Glauben wechselt, wenn dabei das russische Reich auf dem Spiel steht. Um ihren Vater behutsam vorzubereiten, schreibt sie ihm, daß es zwischen den beiden Religionen keine fundamentalen Unterschiede gebe. Nur die Äußerlichkeiten des Kultes seien verschieden. Diese »Äußerlichkeiten« verwirren sie allerdings ein wenig durch die orientalische Prunkentfaltung. In lutherischer Strenge erzogen, sieht sie in diesem Ensemble aus Gold, Weihrauch, Ikonen, Kerzen, Kniefällen und mystischen Gesängen eine Inszenierung, die »das Volk in seiner Roheit«, wie sie selber es nennt, nötig hat. Worauf es wirklich ankommt, das ist die Andacht des Herzens und nicht der Ritus, in dem sie Ausdruck findet. Christian August ist verwundert über die rasche Sinnesänderung, aber so eindringlich er seine Tochter auch ermahnt, ihr Herz sorgsam zu erforschen, sie hat ihre Wahl schon getroffen.

Ihr Verlangen, russisch zu werden, ist so stark, daß ihr Russischlehrer Adodurow nicht müde wird, den Fleiß seiner Schülerin zu loben. Sie bittet ihn, die Lektionen über die festgesetzte Zeit hinaus zu verlängern. Um ihre Sprachkenntnisse zu vertiefen, steht sie nachts auf, setzt sich barfüßig im Hemd an ihre Hefte und lernt lange Listen von Wörtern auswendig. Dabei erkältet sie sich. Ihre Mutter schilt sie zunächst »wehleidig« und befiehlt ihr, ihr Unwohlsein vor dem Hof zu verbergen, der nur zu begierig auf die kleinste Schwäche der Verlobten des Großfürsten lauert. Sie gehorcht, aber das Fieber steigt; sie fällt in Ohnmacht, und die Ärzte diagnostizieren eine akute Lungenentzündung. Die Prinzessin schwebt in Lebensgefahr. Sogleich schöpft die antifranzösische Partei um Bestuschew wieder Hoffnung. Falls Sophie stirbt, kann man eine andere Kandidatin ins Spiel bringen, durch die das Bündnis mit England und Österreich begünstigt wird. Die Zarin allerdings erklärt, daß sie von einer sächsischen Prinzessin nichts wissen will, was auch immer geschieht. Und Brümmer vertraut dem französischen Gesandten La Chétardie an, daß er für den »schlimmsten Fall, auf den man gefaßt sein muß«, schon vorgesorgt und für den Fall, daß die Prinzessin von Zerbst nicht reüssiere, Erkundigungen über eine Darmstädter Prinzessin »von angenehmer Erscheinung« eingezogen hat, die der König von Preußen vorgeschlagen hatte.

Während man also schon nach einer Nachfolgerin für sie sucht, liegt Sophie zähneklappernd und schweißgebadet im Bett, klagt über Schmerzen in der Seite und muß das Gezänk ihrer Mutter über sich ergehen lassen, die sich mit den Ärzten herumstreitet. Sie wollen sie zur Ader lassen, aber Johanna will es nicht zulassen. Damit, sagt sie, hat man schon ihren Bruder umgebracht, den Verlobten der Zarin. Man beschließt, die Entscheidung Elisabeths anzurufen. Die verrichtet gerade ihre Andacht im Kloster von Troitza. Nach fünf Tagen erscheint sie mit ihrem Faktotum Lestocq, faucht Johanna an, weil sie es gewagt hat, den Sachverständigen zu widersprechen, und befiehlt den Aderlaß. Als das Blut fließt, verliert Sophie das Bewußtsein. Sie erwacht in den Armen der Kaiserin. Obwohl sie extrem geschwächt ist, erfaßt sie sofort ihre Chance. Jetzt hat sie auf einmal eine Mutter, und diese heißt Elisabeth von Rußland. Zum Lohn für ihre Tapferkeit schenkt Elisabeth ihr ein Diamentencollier und ein Paar Ohrringe. Johanna schätzt beides zusammen auf zwanzigtausend Rubel. Aber in ihrer Ungeduld, das junge Mädchen wieder gesund zu sehen, verordnet Elisabeth einen Aderlaß nach dem anderen: mehr als sechzehn innerhalb von siebenundzwanzig Tagen. Johanna protestiert; die Zarin verbannt sie in ihre Zimmer.

Am Hof aber wissen alle, daß die junge Prinzessin sich die Krankheit beim nächtlichen Russischlernen geholt hat. Innerhalb weniger Tage haben alle diejenigen sie ins Herz geschlossen, denen die teutonischen Allüren des Großfürsten Peter zuwider sind. Als ihr Zustand gar nicht besser wird, will ihre Mutter einen lutherischen Pastor an ihr Krankenbett holen. Sophie aber, vom Fieber verzehrt und entkräftet vom Fasten und vom Blutverlust, nimmt ihren ganzen Willen zusammen und murmelt: »Wozu das? Rufen Sie lieber Simeon Teodorski. Mit ihm würde ich gerne sprechen.« Und tatsächlich kommt Teodorski und bringt der zarten lutherischen Braut des Großfürsten die Tröstungen der orthodoxen Religion. Die Zarin ist zu Tränen gerührt, und in der ganzen Stadt erzählt man sich, was Sophie gesagt hat.

Je mehr sich Sophie die Herzen ihrer Umgebung erobert, zieht ihre Mutter sich durch ihre Ungeschicklichkeit Anfeindungen zu. Kam sie nicht sogar auf den Gedanken, von ihrem sterbenden Kind einen gewissen blaßblauen Stoff mit silbernen Blumem zu verlangen, ein Geschenk von Onkel Georg Ludwig? Widerwillig gibt Sophie ihn ihr. Und jeder ist gerührt über ihre Folgsamkeit und empört über den Egoismus Johannas. Um das Mädchen über den Verlust zu trösten, läßt die Zarin ihr einen Ballen noch viel schönerer Stoffe bringen. Diese Zeichen der Zuneigung bestärken Sophie in der Überzeugung, daß man sie nicht nach Zerbst zurückschicken wird, wenn sie wieder gesund wird. Und so schwach sie auch ist, so bemüht sie sich doch weiter, sich alles zunutze zu machen, was sie zu sehen und zu hören bekommt. Oft hält sie die Augen geschlossen und stellt sich schlafend, um die Unterhaltung der Damen zu belauschen, die die Kaiserin beauftragt hat, auf sie aufzupassen. »Sie sagten einander, was sie auf dem Herzen hatten, und so erfuhr ich eine Menge Dinge.«

Nach und nach aber kommt Sophie trotz all der Arzneien

und der vielen Aderlässe wieder zu Kräften. Das Übel ist endlich gebannt; sie wird den Kampf wieder aufnehmen können. Am 21. April 1744, ihrem fünfzehnten Geburtstag, erscheint sie wieder in der Öffentlichkeit. »Ich war mager geworden wie ein Gerippe«, schreibt sie, »ich war gewachsen, aber mein Gesicht war hager geworden; ich war bleich wie der Tod, und die Haare gingen mir aus. Ich fand mich selber zum Fürchten häßlich und erkannte meine Physiognomie nicht wieder. Die Zarin schickte mir an diesem Tage ein Töpfchen Rouge und befahl mir, davon aufzulegen.«

Ein paar Tage später, mit Zähigkeit das Ziel ansteuernd, das sie sich gesetzt hat, schreibt sie an ihren Vater und teilt ihm ihre Absicht mit, bald zur orthodoxen Konfession zu konvertieren: »Da ich zwischen dem orthodoxen und dem lutherischen Glauben fast keinen Unterschied sehe, habe ich mich (nach einem Blick in die gnädigen Unterweisungen Ihrer Hoheit) entschlossen, die Religion zu wechseln, und werde ihr bei erster Gelegenheit mein Glaubensbekenntnis übersenden. Ich darf mir mit der Hoffnung schmeicheln, daß Ihre Hoheit zufrieden sein werden.«

Während sie diese gedrechselten Sätze niederschreibt, weiß sie ganz genau, daß ihr Vater sie mit tiefem Kummer lesen wird. Aber Zerbst ist für sie jetzt weit weg, und ihre deutsche Vergangenheit scheint ihr gar nicht mehr zu ihr zu gehören; sie hat sich ganz ihrer neuen Familie und ihrer neuen Heimat zugewandt. Wenn nur ihre Mutter, die nicht stillhalten kann, die immer intrigieren und Komplotte schmieden muß, nicht alles wieder verdirbt! Gerade empfängt Johanna in ihrem Salon die schlimmsten Feinde des Vizekanzlers Bestuschew: Lestocq, La Chétardie, Mardefeldt, Brümmer . . . Sie ist noch aufgeregter und geschwätziger als sonst. Sie hält sich für einen politischen Kopf. Daß die Zarin sie schon seit einiger Zeit ausgesprochen kühl behandelt, merkt sie gar nicht.

Im Mai begibt sich Elisabeth noch einmal mit ihrem Hofstaat nach Troitza ins Kloster. Sophie, Johanna und der Großfürst Peter erhalten den Befehl, sich dort Ihrer Majestät anzuschließen. Kaum sind sie angekommen, beordert die Zarin Johanna in ihr Zimmer; Lestocq folgt ihnen. Während die drei hinter verschlossenen Türen diskutieren, sitzen Sophie und Peter mit baumelnden Beinen auf einer Fensterbank und plaudern vergnügt. Sophie ist durch die Krankheit reifer geworden und fühlt sich der Welt der Erwachsenen näher als der kindlichen Sphäre, in der ihr Vetter noch zu Hause ist, der gern mit Bleisoldaten spielt und den Klatsch der Dienerschaft weitererzählt. Dieser schlecht erzogene und wenig geliebte Junge mit dem losen Mundwerk betrachtet sie nicht als seine Braut, ja überhaupt nicht als ein Mädchen. Er erweist ihr keinerlei Aufmerksamkeit, und doch sucht er ihre Gesellschaft. Während sie also über die Albernheiten lacht, die er ihr auftischt, geht plötzlich die Tür auf; Lestocq, der Arzt und Ratgeber der Zarin, kommt mit finsterer Miene hereingestürmt und herrscht Sophie an: »Das Lachen wird Ihnen gleich vergehen. Sie können schon Ihre Sachen packen, denn Sie müssen sofort abreisen und nach Hause zurückkehren!« Der unverschämte Ton verschlägt Sophie den Atem; sie sagt kein Wort. Der Großfürst aber verlangt eine Erklärung. »Das werden Sie bald erfahren!« erwidert Lestocq und geht mit wichtigtuerischer Miene hinaus. Ihre Mutter muß einen Fauxpas begangen haben, denkt Sophie sofort. »Aber wenn Ihre Mutter im Unrecht ist, sind Sie es doch nicht«, sagt der Großfürst. »Meine Pflicht gebietet mir, meiner Mutter zu folgen und zu tun, was sie befiehlt«, erwidert sie. Im stillen hofft sie, daß der Großfürst sie bitten wird, zu bleiben, aber der denkt gar nicht daran. Sie oder eine andere . . . »Ich sah ganz klar, daß er mich ohne Bedauern hätte ziehen lassen«, schreibt sie in ihren Memoiren. »Was mich angeht, so war er mir, so wie er beschaffen war, ziemlich gleichgültig, aber die russische Krone war mir nicht gleichgültig.« Ist ihr Traum ausgeträumt, wird sie gesenkten Hauptes zurückkehren müssen nach Zerbst? Sophie ist von Ängsten geplagt; sie ahnt, daß jetzt in dieser Minute hinter den Türen, durch die ihre Mutter und die Zarin verschwanden, ihr Schicksal sich entscheidet. Schließlich kommt die Zarin wieder heraus, feuerrot im Gesicht, mit gereizter Miene und zornigem Blick. Hinter ihr Johanna, ganz geknickt, mit »rot verweinten Augen«. Instinktiv springen die beiden jungen Leute von der Fensterbank herunter, auf der sie kauerten. Dieser kindliche Eifer scheint den Zorn der Kaiserin ein wenig zu besänftigen; sie lächelt über die beiden und umarmt sie. Das gibt Sophie wieder Hoffnung. Wenn Elisabeth zwischen der Schuld der Mutter und der Unschuld der Tochter einen Unterschied macht, dann ist noch nicht alles verloren.

Nachdem die Zarin gegangen ist, erfährt Sophie endlich von

ihrer ganz in Tränen aufgelösten Mutter, wie es zu diesem Eklat gekommen ist. Während Johanna mit den Freunden Frankreichs und Preußens Komplotte zum Sturz des Vizekanzlers Bestuschew schmiedete, ließ dieser geheime Briefe von La Chétardie abfangen und dechiffrieren, der offiziell zwar beurlaubt war, aber noch alle Vorrechte eines Botschafters genoß. Diese Briefe waren für die Kaiserin wenig schmeichelhaft; La Chétardie kritisierte ihre Faulheit, ihre Leichtlebigkeit und maßlose Eitelkeit, berief sich dabei auch auf Äußerungen Johannas und stellte sie als Geheimagentin des Preußenkönigs Friedrich dar. Nachdem Bestuschew genügend Beweise gegen seine Feinde gesammelt hatte, legte er die Dokumente der Zarin vor. Diese ist außer sich vor Wut; sie befiehlt, La Chétardie innerhalb von 24 Stunden des Landes zu verweisen, beordert Johanna zu sich und läßt eine wahre Flut von Beschimpfungen auf sie niederprasseln. Damit ist der Kredit der Prinzessin von Anhalt-Zerbst am Hofe verspielt. Sie hat sich mit ihren eigenen Intrigen ausmanövriert. Mit einem Schlage ist sie völlig isoliert. Niemand wagt sich mehr in ihren Salon. Allerdings, an die Grenze gebracht wird sie nicht; aus Rücksicht auf ihre Tochter läßt man sie in ihren Zimmern dahinvegetieren. Sie ist außer sich über den Sieg ihres Erzfeindes Bestuschew, der jetzt zum Kanzler aufgestiegen ist. Ihre Wut ist so groß, daß sie sie an Sophie ausläßt, deren Gleichmut sie aufreizend findet. Sie überschüttet sie mit Sarkasmen und Beleidigungen und macht sie für ihrer beider Mißgeschick verantwortlich. Mit stoischer Ruhe versucht Sophie den Faden wiederaufzunehmen, den Johanna so ungeschickt zerrissen hat: neu anknüpfen, Fehler gutmachen, Sympathien zurückgewinnen. Sie ist ganz auf sich selbst angewiesen an diesem fremden Hof inmitten eines Landes, dessen Sitten sie nicht kennt und dessen Sprache sie kaum versteht; sie hat weder Freunde noch Ratgeber, ist von Fußangeln umgeben und dazu noch belastet mit einer zudringlichen und eitlen Mutter, aber den Weg, den zu gehen sie sich vorgenommen hat, verliert sie nicht aus den Augen: die Zarin verführen, da gar nicht daran zu denken ist, Peter zu verführen; den schrecklichen Bestuschew erweichen, da es unmöglich ist, ihn zu stürzen. Und nachdem der erste Schrecken vorüber ist, scheint ihr, daß diese Krise, die Johanna in Ungnade stürzt, für sie selbst im Grunde vorteilhaft ausgegangen ist: als ließen die Schliche und Ränke der Mutter die Arglosigkeit der

Tochter in den Augen der Kaiserin nur noch rührender erscheinen. In dem sicheren Bewußtsein, daß die Sache jetzt für sie auf gutem Wege ist, studiert Sophie mit doppeltem Eifer die russische Sprache und die orthodoxe Religion. Und das Gewitter verzieht sich. Schon spricht man wieder von ihrer Konversion und von Verlobung. Die Daten werden vorverlegt. Man beredet mit großem Ernst den Ablauf der beiden Zeremonien. Sophie gibt sich Mühe, den armen bleichgesichtigen, scheeläugigen und hohlbrüstigen Peter freundlich anzublikken. Wird zwischen ihnen beiden doch noch der Funke überspringen? Nein, der Großfürst geht seiner Verehelichung mit einer Gleichgültigkeit entgegen, als schicke er sich lediglich an, den Rock zu wechseln. »Das Herz verhieß mir nichts Gutes«, schreibt Katharina in ihren Memoiren, »und nur der Ehrgeiz gab mir Mut. Irgend etwas in meinem Herzen hat mich nie auch nur für einen Augenblick zweifeln lassen, daß es mir aus eigener Kraft gelingen würde, Kaiserin von Rußland zu werden.«

4. KAPITEL
Verlobung

Auf Befehl der Zarin wird die Konversion Sophies zum orthodoxen Glauben auf den 28. Juni 1744 festgesetzt. Am folgenden Tag, am 29. Juni, also an Peter und Paul, soll die Verlobung der Frischbekehrten mit dem Großfürsten Peter gefeiert werden. Das Herannahen dieser beiden feierlichen Ereignisse erfüllt Sophie mit einer Mischung aus Hochgefühl und Angst. So nahe am Ziel ihrer Wünsche fragt sie sich plötzlich, ob sie nicht doch auf dem falschen Wege ist. Was wird der Preis sein für die höhere Ehre? Doch läßt sie von der inneren Unruhe nichts nach außen dringen. »Sie schläft sehr gut die ganze Nacht durch«, schreibt ihre Mutter, »das ist ein sicheres Zeichen für ihre Seelenruhe.«

Eine große Menschenmenge drängt sich in der kaiserlichen Kapelle, als Sophie in einem weitgeschnittenen Kleid ähnlich dem der Kaiserin aus rotem Grosgrain mit silbernen Borten erscheint, ein weißes Band um das ungepuderte Haar geschlungen. »Ich muß sagen, daß ich sie schön fand«, notiert ihre Mutter. Alle Anwesenden sind beeindruckt von der Eleganz dieses braunhaarigen, blauäugigen Mädchens mit dem blassen Teint und der vornehmen Bescheidenheit des Auftretens. Sie liest in russischer Sprache mit starkem deutschen Akzent »fünfzig Quart-Blätter« und rezitiert auswendig mit fester Stimme und ohne bei einem einzigen Wort zu stocken das Glaubensbekenntnis ihrer neuen Religion. Die Zarin weint vor Rührung, und die Höflinge können nicht umhin, ebenfalls ein paar Tränen zu vergießen. Inmitten der allgemeinen Ergriffenheit möchte Sophie glücklich, heiter und stark erscheinen: »Ich für meinen Teil hielt stand, und man lobte mich dafür.« Sie erhält an diesem Tag einen neuen Vornamen. Natürlich hätte sie auch nach orthodoxem Ritus auf den Namen Sophie getauft werden können, der in Rußland durchaus gebräuchlich ist. Aber die Zarin ist dagegen; der Name erinnert fatal an die gefürchtete Regentin Sophie, die Halbschwester Peters des Großen und Tante Elisabeths, die man ins Kloster stecken mußte, um ihre Machtgier zu zähmen. Katharina dagegen ist der Name der Mutter der Zarin. Kann man sich eine bessere Wahl vorstellen? Doch trägt in Rußland jedermann zum Vornamen auch noch den Vaternamen. Der Vater der neuen Katharina heißt Christian August; Katharina Christianowna hätte aber ebenso wie Katharina Augustowna einen fremdländischen Beiklang, der unliebsame Erinnerungen an die Regentin Anna Leopoldowna, die Muter des von Elisabeth abgesetzten kleinen Zaren Iwan VI., wecken würde. Also wird die Verlobte des Großfürsten eben Katharina Alexejewna heißen; Katharina, Tochter des Alexej; da muß jedes slawisch empfindende Gemüt zufrieden sein. Sophies Vater, zum Fest nicht geladen, ist also bei ihrer Einsegnung nicht einmal mehr symbolisch im Namen präsent. Sophie selbst ist ihres Namens entkleidet und neu getauft, entwurzelt und verpflanzt, russifiziert – ein gänzlich neues Wesen. So jedenfalls scheint es. In Wirklichkeit fühlt sie zwischen der Sophie, die sie war, und der Katharina, die sie nun wurde, keinen entscheidenden Unterschied. Sie hat eine Strecke des Weges zurückgelegt, den sie sich vorgenommen hat – das ist alles. Beim Verlassen der Kirche empfängt sie von der Zarin ein Collier und eine Brosche aus Brillanten. Aber sie ist so erschöpft von der Zeremonie, daß sie um die Erlaubnis bittet, nicht zum Essen erscheinen zu müssen. Sie muß um jeden Preis Kräfte sammeln für die freudigen Ereignisse, die ihr noch bevorstehen.

Am nächsten Morgen, am Tag der Verlobung, hat sie kaum die Augen geöffnet, als ihr ein Bildnis der Zarin und eines des Großfürsten gebracht werden, beide reich verziert mit Brillanten. Sobald sie angezogen ist, begibt sie sich zu Elisabeth, die sie im kaiserlichen Mantel und mit der Krone auf dem Haupt empfängt. Man ordnet sich zum Festzug. Voran schreitet die Kaiserin unter einem von acht Generalmajoren getragenen Baldachin aus massivem Silber, dicht gefolgt von Katharina und dem Großfürsten. Danach kommen Johanna, die Prinzessin von Homburg und die Hofdamen »jede nach ihrem Rang«. Die Prozession steigt langsam die Stufen des Krasnoje krilzo hinab, schreitet durch das Spalier der Garderegimenter, überquert den Platz und begibt sich in die Kathedrale, wo bärtige, mit Gold behängte Geistliche ihre Herrscherin ehrerbietig begrüßen. Elisabeth führt das junge Paar auf eine mit Samt ausgeschlagene Estrade mitten in der Kirche. Der Erzbischof Ambrosius von Nowgorod zelebriert die Verlobung. Vier Stunden dauert die Feierlichkeit, und so lange müssen alle stehen. Katharina fühlt sich zum Umfallen müde, die Beine schlafen ihr ein. Endlich werden die Ringe gewechselt. »Der Ring, den er mir gab, war zwölftausend Rubel wert«, schreibt Katharina, »und der, den er von mir empfing, sogar vierzehntausend.« Danach werden Böllerschüsse abgegeben, und in ganz Moskau läuten die Glocken. Aus der kleinen Prinzessin von Anhalt-Zerbst ist eine »Großfürstin von Rußland« geworden, eine »Kaiserliche Hoheit«. Sie nimmt diese Rangerhöhung mit heiterer Gelassenheit, mit würdiger Bescheidenheit hin. Johanna dagegen schwillt der Kopf. Immer hat sie das Gefühl, daß man sie nicht mit dem Respekt behandelt, der der Mutter der russischen »Thronerbin« zukommt. Beim Verlobungsmahl verlangt sie, mit dem großfürstlichen Paar neben der Zarin zu sitzen. Ihr Platz kann nicht bei den übrigen Damen des Hofes sein, sagt sie. Die Kaiserin wird ärgerlich über die Anmaßung, Katharina leidet stumm unter dem neuerlichen Fauxpas ihrer Mutter, und der Zeremonienmeister weiß nicht, wo ihm der Kopf steht. Schließlich bekommt Johanna ihren eigenen Tisch in einem kleinen Kabinett, von dem aus sie durch eine Glasscheibe den Thron sehen kann. Dort speist sie »in einer Art Inkognito«.

Am Abend beim Ball wird sie entschädigt: es wird ihr erlaubt, auf dem Teppich vor dem Thron zu tanzen, den eigentlich nur die Zarin, Katharina und die Prinzessin von Hessen während des Menuetts betreten dürfen. Die Kavaliere der Damen sind der Großfürst Peter, die Botschafter Englands und Holsteins und der Prinz von Hessen. Alle übrigen Höflinge drehen sich außerhalb dieses geheiligten Kreises. Der Ball findet im Granovitaja palata, dem Facettensaal statt, dessen skulptierte Wände an die Innenseite eines Granatapfels erinnern. Ein mächtiger Mittelpfeiler stützt die niedrige Decke. An den Türen stehen Diener in Livreen im französischen Stil, mit gepuderten Perücken und weißen Strümpfen. Die Musik ist ohrenbetäubend. Man verneigt sich vor Johanna, man küßt ihr die Hand, und am Ende hat sie vor lauter Handküssen, schreibt sie, einen roten Fleck von der Größe eines Talers auf der rechten Hand. Katharina ihrerseits notiert, man sei wegen der Hitze und der vielen Menschen fast erstickt.

Nach dem Fest verdoppelt die Zarin die Beweise ihrer Gunst. Sie schenkt der neuen Großfürstin Juwelen und kostbare Stoffe, aber auch dreißigtausend Rubel[1] für ihre täglichen Ausgaben. Katharina ist ganz geblendet von der Höhe dieser

Summe, denn bis dahin hat sie nie ein Taschengeld gehabt. Sofort schickt sie einen Betrag an ihren Vater, damit er ihren kranken Bruder behandeln lassen kann. Sie hat jetzt ihren eigenen Hof mit Kammerherren und Kammerjunkern, Hofdamen und Ehrenjungfern; alle, von der Zarin sorgfältig ausgewählt zur Zerstreuung Katharinas, sind jung und lebenslustig, und keiner gehört zu dem Klüngel, der sich um Johanna geschart hatte. Sogar der Sohn des Kanzlers Bestuschew ist dabei. Wenn die Prinzessin von Anhalt-Zerbst jetzt ihre Tochter zu sprechen wünscht, muß sie sich anmelden lassen, und oft ist ein Kammerherr bei der Unterredung dabei. Vor kurzem noch hätte sie sie ohne zu zögern für irgendeine Unart geohrfeigt, und jetzt verlangt die Etikette, daß sie ihr mit Ehrerbietung begegnet. Johanna fühlt sich gedemütigt durch diese Umkehrung der Rangordnung und hat nun an allem etwas auszusetzen. Besonders mißfällt ihr der kleine Hof Katharinas, an dem es für ihre Begriffe viel zu frivol und lustig zugeht. In den Räumen des Großfürsten und der Großfürstin versteht man, sich an Kleinigkeiten zu amüsieren; man tanzt und springt, tollt umher, spielt Blindekuh, benutzt den Deckel eines Cembalos als Rutschbahn. Katharina versucht die Zuneigung ihres künftigen Gatten zu gewinnen, indem sie sich an diesen kindischen Spielereien beteiligt. Die Zarin versteht sie und ermuntert sie zu dieser Art von Verführung. Anderer Meinung ist Brümmer, der Lehrer des Großfürsten. Er verlangt von Katharina, sie solle ihm helfen, den Charakter seines Zöglings zu festigen. Das lehnt sie ab.. »Ich sagte ihm, daß ich das unmöglich tun könnte und daß ich ihm dadurch nur ebenso verhaßt werden würde, wie alle anderen es schon waren.« Instinktiv hat sie begriffen, daß sie Peter nur für sich gewinnen kann, wenn sie sich von seinen Erziehern entschieden absetzt. Er sucht eine Freundin, und wenn er an ihr eine Gouvernante findet, ist alles verloren. Während Katharina so die Voraussetzungen für ein Eheglück zu schaffen versucht, an das sie selbst nicht recht glaubt, gewinnt die unermüdliche Johanna sich neue Freunde. Aber wieder einmal hat sie schlecht gewählt. Die Leute, die sich um sie scharen, mißfallen der Zarin. In den Kammerherrn Iwan Betzkoj, den sie schon länger kennt, hat sie sich so offensichtlich vernarrt, daß die bösen Zungen am Hof von einer Liaison tuscheln. Das hinterbringt man Katharina, aber sie hat keine Möglichkeit, ihre Mutter zur Raison zu bringen, denn Zurückhaltung und Bescheidenheit sind für Johanna etwas, was eine Frau von Stand als unter ihrer Würde betrachtet.

Nachdem die Zarin sich an Festen, Bällen und Banketten gesättigt hat, rüstet sie zum Aufbruch in die heilige Stadt Kiew. Die gewissenhafte Erfüllung der religiösen Pflichten verträgt sich bei ihr von jeher ausgezeichnet mit der Vorliebe für weltliche Zerstreuungen. Das Vergnügen stimmt sie zum Gebet, und das Gebet animiert sie zu neuen Vergnügungen. Natürlich sollen der Großfürst, die Großfürstin und Johanna sie begleiten. Katharina sieht der Reise mit gemischten Gefühlen entgegen; einerseits ist sie voll freudiger Erregung, Neues zu sehen, andererseits fürchtet sie, daß ihre Mutter eine Dummheit begehen könnte, die ihr bei der Kaiserin schadet.

Von Moskau nach Kiew sind es ungefähr tausend Werst. Die gewaltige Karawane aus Prunkkarossen für die Reisenden und Karren für das Gepäck schleppt sich dahin auf den staubigen Straßen. Es ist Juli. Die Tage vergehen, Dörfer und immer neue Dörfer verschwinden am Horizont, der sich in unendlichen Weiten verliert. Und immer noch ist man in Rußland; Elisabeths Reich scheint grenzenlos zu sein. Da sitzt Katharina mit ihrer Mutter und ihrem Bräutigam in der Kutsche, verschlingt durchs Wagenfenster die Landschaft mit den Augen und saugt sich voll mit einem Gefühl von Unermeßlichkeit und Kraft. Sicher gibt es auf der ganzen Welt nichts Größeres als dieses Land, das jetzt das ihre sein wird. Die Zarin folgt mit einigen Tagesreisen Abstand. Es heißt, sie sei schlechter Laune und habe mehrere Leute aus ihrem Gefolge in die Verbannung geschickt. Achthundert Pferde stehen an jedem Haltepunkt bereit. In Koseletz zerbricht der Großfürst aus Unachtsamkeit – »er sprang herum, um mich zum Lachen zu bringen«, schreibt Katharina – den Deckel von Johannas Schatulle. Diese ist außer sich und schilt ihn einen »ungezogenen Jungen«. Er antwortet, sie führe sich auf wie eine »Furie«. Katharina versucht, ihre Mutter zu besänftigen, und wird von ihr so barsch abgewiesen, daß sie in Tränen ausbricht. »Von diesem Augenblick an hatte der Großfürst etwas gegen meine Mutter«, schreibt sie; »er hat diesen Streit nie vergessen, und auch meine Mutter blieb ihm gram . . . Sosehr ich mich auch bemühte, beide sanfter zu stimmen, es gelang mir immer nur für Augenblicke. Beide hatten immer boshafte Bemerkungen füreinander parat, waren stets bereit, zu sticheln, und meine Lage wurde so von Tag zu Tag dornenvoller.« Trotz der geringen Zuneigung zu ihrem Verlobten fühlt Katharina sich ihm doch näher als ihrer Mutter. Er und das gewaltige Rußland – schließlich ist doch das ihre Zukunft und nicht Johanna und das winzige Fürstentum Anhalt-Zerbst.

Schließlich trifft auch die Zarin in Koseletz ein, und die Festlichkeiten beginnen von neuem. Man spielt Karten und tanzt bis zur Bewußtlosigkeit. An manchen Abenden werden an den Spieltischen bis zu fünfzigtausend Rubel verspielt. Die Damen wetteifern in aufwendigen Garderoben, wohnen aber beengt. Katharina und ihre Mutter schlafen im gleichen Zimmer und ihr Gefolge alles durcheinander im Vestibül.

Dann begibt sich der ganze Hof mit großem Pomp nach Kiew. Und hier ist Katharina noch stärker als in Moskau beeindruckt von der erhabenen Schönheit der religiösen Zeremonien. Und ebenso von der Glaubensinbrunst des Volkes, das sich niederwirft, wenn die Prozession vorüberzieht. Dem Goldprunk der Ikonen und Meßgewänder steht das Grau-in-Grau der zerlumpten Bauern, der verzückten Pilger und der psalmensingenden Bettler gegenüber, und der Kontrast zwischen dem Reichtum der Kirche und der Armut der Gläubigen setzt die kleine deutsche Prinzessin, die an die nüchterne Strenge der lutherischen Gotteshäuser gewöhnt ist, in großes Erstaunen. Eine unbekannte Welt steigt vor ihren Augen auf, die Welt der Tiefe. Mit einem Schlag entdeckt sie hinter dem zweifachen Prunk von Thron und Altar das namenlose Elend einer unermeßlich großen Natiion versklavter Untertanen. Während sie gemessenen Schrittes neben dem Großfürsten hinter den heiligen Fahnen einherschreitet, wirft sie immer wieder verstohlene Blicke auf die Menge und fühlt den schreienden Widerspruch zwischen der Fülle des Glanzes auf der einen und der grenzenlosen Erniedrigung auf der anderen Seite. Noch ist das nicht mehr als gewöhnliche Neugier wie beim Anblick wilder Tiere. Zugleich aber empfindet sie ein Unbehagen. Ohne es zu wissen, lernt sie jetzt, hier in Kiew, zum ersten Mal wirklich russisch. Doch schon nimmt das wirbelnde Hofleben sie wieder gefangen. Nachdem die Türen der Salons sich hinter ihr geschlossen haben, scheint es ihr, als sei dieses Eintauchen in das undurchdringliche Dunkel dieses Landes nur ein Traum gewesen. Plötzlich aber wird die Zarin von Unruhe erfaßt. Eben noch hat sie zu ihrem Namenstag einen Ball gegeben, jetzt drängt sie zum Aufbruch. Alles ödet sie an, sie braucht eine andere Umgebung. Kiew ade mit deinen Kirchen und Klöstern, deinen Popen, deinen Katakomben. Ihre Majestät hat nur noch den einen Gedanken, so schnell wie möglich nach Moskau zurückzukehren, nachdem sie sich ein wenig der Illusion hingegeben hat, ihre Seele durch eine Wallfahrt geläutert zu haben.

In Moskau ist Katharina wieder in der Welt des Dünkels, der Leichtlebigkeit, der Intrigen und der Verleumdung, wo man einander Sand in die Augen streut und Fallen stellt. »Man nahm mich noch für ein Kind«, schreibt sie später in ihren Memoiren. »Ich hatte große Furcht, Mißfallen zu erregen, und tat was ich nur konnte, um diejenigen für mich zu gewinnen, mit denen ich künftig leben sollte. Vor der Zarin empfand ich grenzenlosen Respekt und Dankbarkeit; ich betrachtete sie als eine Art Gottheit, die frei war von jedem Makel. Und auch sie sagte, daß sie mich mehr liebe als den Großfürsten.« Tatsächlich schätzt die Kaiserin an der neuen Großfürstin die Mischung aus Ernst und Heiterkeit, aus Willenskraft und Ergebenheit. In dieser Zeit, in der sie lernt, ihre Rolle als eine Persönlichkeit im Rampenlicht der Öffentlichkeit zu spielen, hat Katharina eine große Leidenschaft für den Tanz. Jeden Morgen kommt schon um sieben Uhr der französische Tanzmeister Landé mit seiner Viertelgeige zu ihr, um ihr die Schritte beizubringen, die in Frankreich gerade neueste Mode sind. Nachmittags um vier kommt er noch einmal. Und am Abend setzt Katharina den Hof bei Bällen und Maskeraden durch die Anmut ihrer Bewegungen in Erstaunen.

Einige dieser Maskenbälle sind übrigens von zweifelhaftem Geschmack. So hat die Zarin zum Beispiel zur Regel gemacht, daß sich jeden Dienstag die Männer als Frauen und die Frauen als Männer verkleiden. Die Männer wirken plump und grotesk in ihren großen Reifröcken und verfluchen insgeheim die Laune ihrer Herrscherin; die Frauen aber sind untröstlich, in den engen Männerkleidern unvorteilhaft auszusehen. Die Kaiserin aber ist begeistert, denn sie weiß, daß diese Art Verkleidung ihr vorzüglich steht. »Wirklich gut sah nur die Zarin selbst aus, der das Männergewand trefflich zu Gesicht stand«, schreibt Katharina; »sie war sehr schön in diesem Aufzug.« In Wirklichkeit ist diese Vermummung nur der Vorwand für allerlei

Unfug und Schabernack. Tänzer und Tänzerinnen verfangen sich in den ungewohnten Gewändern und purzeln übereinander. Eines Abends wird Katharina mitten in einer Tanzfigur umgeworfen; sie landet auf allen vieren unter dem Reifrock des Kammerherrn Sievers, und ihr jugendlich unbekümmertes Lachen amüsiert die ganze Gesellschaft. Aber schon wenige Tage danach bekommt sie ganz plötzlich den Frosthauch kaiserlicher Ungnade zu spüren. Im Theater unterhält sich Elisabeth während der Pause mit ihrem Berater Lestocq und wirft dabei immer wieder durchdringende zornige Blicke in die Richtung der Loge, in der Katharina, Johanna und der Großfürst sitzen. Kurz darauf erscheint Lestocq und meldet Katharina in barschem Ton, daß die Kaiserin wütend auf sie ist, weil sie zu viel Schulden gemacht hat. Ihre Majestät selbst war, solange sie eine einfache Prinzessin war, sehr darauf bedacht, sich sparsam zu erweisen, denn, so betont sarkastisch der Abgesandte der Zarin, »sie wußte genau, daß niemand für sie zahlen würde«. Katharina ist tief getroffen und bricht in Tränen aus; der Großfürst, statt sie zu trösten, gibt der Kaiserin recht, und Johanna schimpft, dahin komme es, wenn man einem Mädchen von fünfzehn Jahren zu viel Freiheit lasse.

Am folgenden Tag läßt Katharina sich die Abrechnung vorlegen und stellt fest, daß sie tatsächlich siebzehntausend Rubel Schulden hat. Unerfahren wie sie ist, hat sie geglaubt, daß die Mittel, die die Zarin ihr zur Verfügung gestellt hat, unerschöpflich seien. Gewiß, sie hat das Geld mit leichter Hand ausgegeben, aber hatte sie eine andere Wahl? Mit vier Kleidern im Koffer ist sie nach Rußland gekommen, aber am Hof zieht man sich dreimal am Tag um. Anfangs hat sie ohne zu murren die Bettwäsche ihrer Mutter benutzt. Aber sobald sie die Mittel dazu hatte, wollte sie ihren eigenen Haushalt aufbauen. Und dazu hat sie rasch begriffen, daß sie in dieser Gesellschaft, die ihr fremd und feindlich gesinnt ist, kleine Geschenke machen muß, um einflußreiche Menschen als Freunde zu gewinnen. Also hat sie alle in ihrer Umgebung mit Präsenten überschüttet. Auch ihre Mutter übrigens, um ihre zänkische Laune zu besänftigen, und den Großfürsten, um ihn sicherer an sich zu binden. In dem Vorwurf der Verschwendung sieht sie einen Schachzug des unerbittlichen Bestuschew, der immer wieder etwas aushecken muß, um sie bei der Kaiserin anzuschwärzen. Gestern noch hielt sie sich für Elisabeths »Liebling«, ihre geistige Tochter gewissermaßen, und jetzt muß sie von ihrer Gönnerin einen Vorwurf hinnehmen, der ihre Ehre kränkt und ihre Zukunft gefährdet. Naiv, wie sie ist, wundert sie sich, daß eine so bedeutende Herrscherin Gefallen daran finden kann, sie zu demütigen. Jetzt erkennt sie auf einmal das Doppelgesicht der Kaiserin, die in jähem Wechsel Glück und Schrecken verbreiten kann, und sie versteht die Angst der Minister und Höflinge, deren Schicksal von einer Laune der Majestät abhängt. Nach und nach bemüht sie sich, durch Freundlichkeit und geschickte Diplomatie die Gunst der Zarin wiederzuerlangen, und diese besänftigt allmählich ihren Zorn und vergißt den Vorfall wieder.

Und dann bekommt der Großfürst die Masern. »Sein Leib wuchs während der Krankheit beträchtlich«, schreibt Katharina, »aber sein Geist blieb immer noch sehr kindlich.« Während der Rekonvalenszenz amüsiert er sich damit, seine Kammerdiener, seine Zwerge und sogar Katharina, der er einen militärischen Rang in seiner Privatarmee verliehen hat, vor seinem Bett exerzieren zu lassen. Seine Erzieher schelten ihn für sein unüberlegtes Betragen, und er beschimpft sie und jagt sie davon. Sein Charakter wird immer rebellischer und argwöhnischer. Der Vorrechte seines Ranges und auch seines Alters bewußt (er ist sechzehn), weigert er sich plötzlich, sich etwas sagen zu lassen. »Ich war die Komplizin seiner kindlichen Streiche«, schreibt Katharina, »und es war nicht meine Sache, ihn zu erziehen; ich ließ ihn tun und sagen, was er wollte.« Durch ihre übergroße Sanftmut fühlt Peter sich entwaffnet. Sexuelles Begehren empfindet er keine Spur für sie, aber er fühlt sich wohl in ihrer Gesellschaft, und vielleicht ist sie auch die einzige, mit der er frei und offen zu reden wagt. Sie ihrerseits durchschaut ihn zwar mit gnadenlosem Scharfblick, muß aber erkennen, daß sie sich an diesem ihr so fremden Hof bei ihm immer noch am sichersten fühlt. Es gibt so viele Dinge, die sie verbinden! Sie sind gleichaltrig, sie sprechen beide deutsch, sie sind beide wie Verirrte in diesem Land, das sie kaum kennen, und sie müssen beide unter der strengen Aufsicht der Zarin ihre Lehrzeit als künftige Herrscher absolvieren.

Sobald der Großfürst wieder auf den Beinen ist, verläßt der Hof Moskau und geht nach Sankt Petersburg. Man reist in Schlitten; es ist viel Schnee gefallen und bitter kalt. In Chotilowo bekommt der Großfürst Schüttelfrost. Das Fieber steigt rasch, das Gesicht wird fleckig. Brümmer verbietet den Prinzessinnen, sein Zimmer zu betreten, denn schon zeigt der Kranke alle Symptome der Pocken. Das war in der damaligen Zeit eine überaus gefährliche Seuche. Johannas eigener Bruder, der unersetzliche Bräutigam der Zarin, ist daran gestorben. Um Katharina vor Ansteckung zu schützen, beschließt ihre Mutter, mit ihr weiterzureisen und den Großfürsten in der Obhut seines eigenen Hofes zurückzulassen. Zugleich schickt sie einen Kurier zur Kaiserin. Diese ist schon in Sankt Petersburg angekommen und macht sich in aller Eile wieder auf nach Chotilowo. Mitten in der Nacht begegnen die Prinzessinnen auf der verschneiten Straße ihrem Schlitten. Elisabeth befragt sie über den Zustand ihres Neffen und fährt weiter, ohne irgendwo anzuhalten. Kaum in Chotilowo angelangt, setzt sie sich an das Bett des Kranken und beansprucht, selbst die Pflege zu übernehmen. Diese Frau, die sich sonst so häufig leichtfertig, grausam und egoistisch gezeigt hat, scheut sich diesmal nicht, sich aus purem Pflichgefühl in Lebensgefahr zu bringen. Alles Zureden ihres Gefolges kann sie von ihrem Vorsatz nicht abbringen. Sie, die so stolz ist auf ihre Schönheit, läßt sich nicht einmal durch die Warnung beirren, ihr Gesicht könnte entstellt werden. Sechs Wochen lang harrt sie am Bett des vom Fieber geschüttelten Großfürsten aus.

Man spricht so viel von dem Mut der Kaiserin, daß Katharina es ein wenig bereut, aus kindlichem Gehorsam ihrer Mutter gefolgt zu sein, statt in Chotilowo zu bleiben. In Sankt Petersburg hat sie schon den Eindruck, daß einige Höflinge, die mit dem Tod des Großfürsten rechnen, sich von ihr abwenden. Falls Peter stirbt, ist sie ein Niemand. Weit von hier, in einer schwülen Kammer, entscheidet sich zwischen Medizinflaschen ihr Schicksal. Sie ist machtlos und ohne Einfluß auf den Lauf der Dinge; sie kann nur zu Gott beten und zärtlich ergebene Briefe an die Zarin schicken, in denen sie sich nach dem Befinden ihres Bräutigams erkundigt. Diese Briefe schreibt sie auf russisch. Genauer gesagt: sie kopiert den schwülstigen und konventionellen Text, den ihr Russischlehrer Adodurow ihr aufsetzt. Gewiß durchschaut die Kaiserin das Spiel, aber gerührt ist sie doch über die Aufmerksamkeiten dieses Kindes, das sich so sehr bemüht, seine deutsche Herkunft zu vergessen.

Der Hof, ohne die Zarin in die Hauptstadt zurückgekehrt, ist erfüllt von Geschäftigkeit und Intrigen. Johanna glaubt schon ihre Hoffnungen zerstört und sucht bei jeder Gelegenheit Streit mit ihrer Tochter. Katharina sucht die Unruhe des Wartens zu vergessen, indem sie die Ratschläge des schwedischen Gesandten Graf Gyllenborg[3] befolgt. Sie ist ihm schon in Hamburg begegnet und hat den jungen Diplomaten (er ist erst zweiunddreißig Jahre alt) in wenigen Minuten durch ihre Klugheit für sich eingenommen. Jetzt tadelt er sie, daß sie sich dem Luxus und den Zerstreuungen ergeben habe. »Sie denken ja nur noch an Kleider«, sagt er ihr. »Kehren Sie wieder zu der Haltung zurück, die für Ihren Geist die natürliche ist. Sie haben das Genie zu großen Taten und geben sich mit Kindereien zufrieden. Ich möchte wetten, daß Sie noch kein einziges Buch in der Hand hatten, seit Sie in Rußland sind!« Er empfiehlt ihr, schleunigst das Leben Ciceros, Plutarch und die *Considérations sur les causes de la grandeur des Romains et de leur décadence* von Montesquieu zu lesen. Sie stürzt sich mit Feuereifer auf diese gewichtige Prosa, und im Umgang mit erlauchten Geistern auf den Geschmack gekommen, beschließt sie, einen Essay über sich selbst zu schreiben mit dem Titel *Porträt eines fünfzehnjährigen Philosophen.* Der Graf Gyllenborg ist ganz entzückt, als er den Text zu lesen bekommt, und fügt zwölf Seiten mit Kommentaren und Ratschlägen hinzu, die die Seele des jungen Mädchens erheben und stärken sollen.[4] Sie ist sehr glücklich, in ihrer Einsamkeit und Hilflosigkeit einen so trefflichen Mentor gefunden zu haben. Immer wieder liest sie seine Empfehlungen, sie saugt sich ganz voll damit, so wie sie es seinerzeit auch mit den Anweisungen ihres Vaters getan hat. Und während sie noch in Ungewißheit schwebt, ob der Großfürst von der Krankheit genesen wird, träumt sie schon davon, die Welt durch ihren Verstand und ihre Bildung in Erstaunen zu versetzen.

Der Großfürst aber wird gesund. Elisabeth schreibt auf russisch an Katharina: »Ihre Hoheit, meine vielgeliebte Nichte! ich bin Ihrer Hoheit unendlich verpflichtet für Ihre angenehmen Botschaften. Ich habe mit der Antwort bis jetzt gezögert, weil ich Sie über den Gesundheitszustand Seiner Hoheit des Großfürsten noch nicht beruhigen konnte. Heute aber kann ich Ihnen versichern, daß er mit Gottes Hilfe und zu unser aller Freude uns wiedergeschenkt ist.«

Ende Januar 1745 verläßt die Kaiserin Chotilowo und kehrt

mit ihrem Neffen nach St. Petersburg zurück. Die lange Trennung und die Sorge um ihn haben das Bild Peters in der Erinnerung Katharinas verklärt. Gewiß, er ist kleinwüchsig und knochig, seine Lider sind schwer, und sein Lächeln wirkt bald tückisch, bald albern, aber sie findet ihn doch liebenswert, wie er ist, und wartet mit Ungeduld darauf, ihn wiederzusehen. Kaum sind die Reisenden zwischen vier und fünf Uhr nachmittags im Winterpalast angelangt, wird sie in einen großen Saal geführt, in dem ihr Verlobter sie erwartet. Mit Schrecken erblickt sie im Halbdunkel ein Wesen, das aussieht wie eine Vogelscheuche. Peter ist stark gewachsen; sein Gesicht ist von Pockennarben entstellt und wirkt mit den tief eingesunkenen Augen wie ein Totenschädel. »Alle seine Züge waren vergröbert«, schreibt Katharina; »das Gesicht war noch ganz verschwollen, und man sah, daß er ohne Zweifel von dieser Krankheit gezeichnet bleiben würde; da man ihm die Haare abgeschnitten hatte, trug er eine riesige Perücke, die ihn noch mehr entstellte. Er kam auf mich zu und fragte mich, ob ich nicht Mühe hätte, ihn wiederzuerkennen. Stammelnd gratulierte ich ihm zur Genesung, aber er sah tatsächlich jetzt gräßlich aus.«

Die kurze Begegnung hat Katharina erschüttert. Sie stürzt hinaus, eilt auf ihr Zimmer und fällt in den Armen ihrer Mutter in Ohnmacht.

Am 10. Februar, dem Geburtstag des Großfürsten (er wird sechzehn), zeigt die Zarin ihn lieber nicht der Öffentlichkeit; gar zu sehr haben die Pocken ihn häßlich gemacht. Statt dessen lädt sie Katharina ein, allein mit ihr »auf dem Thron« zu speisen. Aus Sorge, das junge Mädchen könne sich von dem unansehnlichen Bräutigam abwenden und das Verlöbnis Hals über Kopf auflösen, behandelt sie es jetzt mit doppelter Liebenswürdigkeit. Sie schwärmt von Katharinas russischen Briefen, heißt sie in dieser Sprache reden und lobt ihre Aussprache; sie spricht begeistert von ihrer Schönheit, die sich in wenigen Wochen voll enfaltet habe. Der Hof hat Katharina in letzter Zeit reserviert behandelt; bei Gelegenheit dieses Essens kann er feststellen, daß die Beziehungen zwischen der Großfürstin und der Zarin wieder wärmer werden, und sogleich schlägt die Stimmung um. Aufs neue sieht Katharina sich umschmeichelt und umworben. Sie ist darüber sehr glücklich. In Wirklichkeit hat sie trotz des Widerwillens gegen ihren Verlobten keinen

Augenblick daran gedacht, ihr Wort zurückzunehmen. Schließlich heiratet sie nicht ein Gesicht, sondern ein Land. »Ich folgte dem Prinzip, denen gefallen zu wollen, mit denen ich leben mußte, und so machte ich mir ihre Lebensart und Sitte zu eigen; ich wollte russisch werden, damit die Russen mich lieben.« Und weiter: »Ich ließ nie eine Vorliebe für eine bestimmte Partei erkennen und mischte mich in nichts ein, setzte immer eine gleichmütige Miene auf und behandelte jedermann zuvorkommend, artig und höflich . . . Ich erwies meiner Mutter großen Respekt, der Zarin grenzenlose Ergebenheit und dem Großfürsten die entschiedenste Hochachtung und bemühte mich mit großem Eifer, die Liebe des Volkes zu erlangen.«

Der Großfürst hingegen leidet darunter, in den Augen seiner Braut physisch entstellt zu sein. Je schöner, liebenswürdiger, fröhlicher und unbefangener er sie sieht, desto tiefer versinkt er in dem Bewußtsein seiner Häßlichkeit. Manchmal bereitet es ihm schon eine Art perverser Lust, auf sie abstoßend zu wirken. Ihre freundschaftlichen Gefühle für ihn scheinen ihm bloßer Konvention oder gar kaltblütiger Berechnung zu entspringen. Er nimmt es ihr übel, daß sie sich als Frau entfaltet, während er sich neben ihr noch so gar nicht recht als Mann fühlt. Während sie sich Mühe gibt, russisch zu lernen und regelmäßig den orthodoxen Gottesdienst zu besuchen, hat er sich in den Kopf gesetzt, deutsch und lutherisch zu bleiben. Wohl fühlt er sich nur bei seinen Dienern, die in einer derben Sprache mit ihm reden. Romberg, ein ehemals schwedischer Dragoner, bringt ihm bei, daß in einer Ehe die Frau zu schweigen und vor den Entscheidungen ihres Mannes zu zittern hat. Da der Großfürst nach den Worten Katharinas »so verschwiegen wie ein Kanonenschuß« ist, erzählt er das seiner Braut und gibt ihr zugleich zu verstehen, daß er sie später streng zu behandeln gedenkt. Sie ist weder überrascht noch gekränkt, sondern läßt ihn reden. Ihre Lieblingsunterhaltung sind jetzt die Pferde. Sie lernt reiten in der Kaserne des Regiments Ismailowsky. Und um sich zu kräftigen, trinkt sie nach dem Rat der Ärzte jeden Morgen Milch und Selterswasser.

Einen Umzug – die Zarin und ihr Neffe sind in das Sommerpalais übergesiedelt – benutzt Peter als Vorwand, Katharina durch einen Diener ausrichten zu lassen, daß er zu weit entfernt wohne, um sie häufig zu besuchen. »Damit waren alle

Aufmerksamkeiten des Großfürsten für mich zu Ende«, schreibt sie. »Ich fühlte deutlich, wie wenig ihm an mir lag, wie gering seine Liebe war. Meine Eigenliebe und meine Eitelkeit seufzten ganz leise, aber ich war zu stolz, mich laut zu beklagen; ich hätte mich entehrt gefühlt, wenn man mir ein Interesse bekundet hätte, das ich für Mitleid hätte halten können. Wenn ich jedoch alleine war, vergoß ich ganz heimlich Tränen, und nachdem ich sie getrocknet hatte, ging ich mit meinen Frauen Scherz treiben.«

Die Zarin ahnt die fortschreitende Entfremdung zwischen den Verlobten und will deshalb den Hochzeitstermin vorverlegen. Für sie kommt es vor allem darauf an, die Thronfolge zu sichern. Die Hofärzte raten ihr ehrerbietig, noch zuzuwarten. Ihrer Ansicht nach ist der Großfürst zum Heiraten noch nicht reif; er ist, so wie es um ihn steht, nicht zeugungsfähig. Man muß ihm Zeit lassen, im vollen Sinne des Wortes ein Mann zu werden. Die Zarin aber läßt sich nicht umstimmen. Wenn Peter unempfänglich ist für die Reize seiner Braut, dann liegt das nur daran, daß er zuviel trinkt. Man muß ihm nur den Alkohol verbieten, und er wird geil wie ein Gockel. Die Ärzte beugen sich vor der überlegenen Fachkompetenz der Kaiserin auf diesem Gebiet. Mit dem Kalender in der Hand wird der Zeitpunkt für die Feierlichkeiten erörtert.

Voller Entsetzen blickt Katharina jetzt einem Ereignis entgegen, das sie vor kurzem noch inbrünstig herbeigesehnt hat. Seit eineinhalb Jahren ist sie in Rußland. »Je näher der Tag meiner Hochzeit heranrückt, desto trauriger wurde ich«, schreibt sie, »und sehr oft geschah es mir, daß ich weinte, ohne recht zu wissen, warum.« Die Vorstellung, mit diesem häßlichen und hirnlosen Tölpel ihr Leben teilen zu müssen, erfüllt sie plötzlich mit Abscheu. Mit Widerwillen denkt sie an nächtliche Annäherungen, an Intimitäten, die willig zu erdulden das Sakrament der Ehe sie verpflichtet. Sie ist von solcher Unschuld, daß sie noch am Vorabend der Eheschließung nicht genau weiß, worin der Unterschied zwischen den Geschlechtern besteht und was für eine geheimnisvolle Sache Mann und Frau im Bett miteinander treiben. Voll Unruhe befragt sie ihre Ehrenjungfern. Diese Mädchen wissen zwar über alle Liebeshändel am Hof ganz genau Bescheid, aber den körperlichen Akt, der, wie es heißt, auf die Leidenschaft der Seele folgt, können sie ihr auch nicht erklären. Naiv und überspannt zugleich, beginnen sie zu diskutieren, um Katharinas Bett gruppiert; jede bringt ihre Hypothese vor oder erzählt errötend, was sie von einer älteren Schwester erfahren hat. Aber das alles ist so lükkenhaft und widersprüchlich, daß Katharina beschließt, ihre Mutter zu fragen und dann ihre Gespielinnen aufzuklären. Doch bei der ersten Frage schon wird Johanna ärgerlich; sie verweigert die Antwort und schilt ihre Tochter für ihre schamlose Neugier.

Auch der Großfürst versucht in Erfahrung zu bringen, was er zu tun hat, wenn er verheiratet ist. Die Lakaien, die er zu seinen Vertrauten gemacht hat, schildern ihm in rohen Worten den Mechanismus der körperlichen Vereinigung. Sie reden mit ihm wie mit einem ausgepichten Lebemann. Er aber ist im Grunde noch ein Kind. Statt ihm Lust zu machen, schüchtern sie ihn ein. Er hört zu und kichert und hat doch Angst dabei.

Rund um diese beiden verwirrten Kinder nimmt der Hof leidenschaftlichen Anteil an den Festvorbereitungen. Enttäuscht von der Bitterkeit, Launenhaftigkeit und Nervosität ihrer Mutter, hofft Katharina wider alle Vernunft, daß ihr Vater zur Hochzeit eingeladen wird. Er wenigstens, meint sie, könnte ihr mit seiner schlichten, rauhen Art Rat und Hilfe bieten. Seit Monaten schreibt er Brief um Brief an Johanna, bestürmt sie, von der Zarin die Einladung zu erbitten, die ihm ganz offensichtlich zusteht. Aber die Zarin fürchtet, das Schauspiel der orthodoxen Hochzeitsfeierlichkeiten könnte diesen bornierten Lutheraner schockieren, und zieht es vor, das Ereignis ohne ihn zu begehen. Der Fürst Christian August bleibt also in Zerbst. Im übrigen hat auch Johanna sich den Unwillen der Herrscherin zugezogen und wird im Gefolge ihrer Tochter nur eben geduldet. Sie kann noch von Glück reden, daß man sie nicht wie eine wegen Frechheit entlassene Zofe noch vor dem großen Tag nach Hause schickt. Zum erstenmal erlebt Rußland eine Zeremonie dieser Art. Da es an Vorbildern in der Vergangenheit fehlt und da sie die Vermählung ihres Neffen mit internationalem Glanz begehen will, informiert sich die Kaiserin an den Höfen von Paris und Dresden, wo man die Hochzeit des Dauphin und die Augusts III. von Sachsen, des Sohnes des Königs von Polen, erlebt hat. Die Spezialisten des Protokolls sind Feuer und Flamme. Von überallher schickt man diplomatische Memoranden, detaillierte Beschreibungen, Muster von Samtstoffen und Bändern und Skizzen über Einzelheiten der französischen und sächsischen Feierlichkeiten nach Sankt Petersburg. Elisabeth vergleicht, überschlägt, kalkuliert, sie ahmt nach und erfindet neu. Alle Nationen, die mit Rußland rivalisieren, will sie durch Feinheiten der Etikette und durch die Pracht der Gewänder in den Schatten stellen. Sobald das Eis auf der Newa gebrochen ist, treffen englische, deutsche und französische Schiffe in Sankt Petersburg ein und laden ab, was an Kutschen, Stoffen, Möbeln, Livreen und kostbarem Geschirr aus ganz Europa zusammenbestellt worden ist. Aus Zerbst schickt Christian August erlesene Stoffe, obwohl er zur Hochzeit seiner Tochter nicht eingeladen ist. Englands Beitrag ist die Lieferung jener Seidenstoffe mit goldenem und silbernem Rankenwerk auf hellem Grund, die die Zarin so sehr liebt.

Mehrmals verschoben, wird der Hochzeitstermin schließlich auf den 21. August 1745 festgesetzt Vom 15. bis 18. August ziehen Wappenherolde im Panzerhemd, begleitet von berittenen Garden und Dragonern, durch die Straßen und verkünden unter Paukenwirbeln das Datum der Feierlichkeiten. Auf dem Admiralsplatz drängt sich die Menge, um zuzuschauen, wie Bänke und Tische aufgeschlagen und die Brunnen mit Wein errichtet werden für das Freßgelage des Volkes; ebenso vor der Kathedrale der heiligen Mutter von Kasan, in der Hunderte von Arbeitern mit der Dekoration beschäftigt sind. Am 19. August geht ein Geschwader von Galeeren vor dem Winterpalast vor Anker. Am 20. dröhnen Artilleriesalven und Glockengeläut durch die Stadt. Am Abend dieses Tages empfindet Johanna plötzlich Gewissensbisse und Angst. Sie geht zu Katharina, spricht in Andeutung von der Prüfung, die auf sie warte, von ihren »künftigen Pflichten«, und bricht mitten im Reden in Tränen aus. Aber worüber eigentlich weint sie? Weint sie über das Scheitern ihrer diplomatischen Ambitionen am russischen Hof oder über das ungewisse Schicksal ihrer Tochter, auf die die höchsten Ehren und schlimme Gefahren warten? »Wir weinten ein wenig und nahmen sehr zärtlich voneinander Abschied«, notiert Katharina in ihren Memoiren.

5. KAPITEL

Hochzeit

Am 21. August 1745 steht Katharina um sechs Uhr in der Frühe auf, und während sie badet, erscheint die Zarin, um die künftige Trägerin der dynastischen Hoffnungen Rußlands noch einmal in ihrer ungeschminkten Nacktheit zu prüfen. Die Inspektion fällt zur Zufriedenheit aus. Katharina wird für tauglich befunden und den Kammerfrauen übergeben. Während sie mit feierlicher Langsamkeit angekleidet wird, kommt es zu einer Auseinandersetzung zwischen der Zarin und dem Friseur; die Zarin besteht darauf, daß die Braut das Stirnhaar glatt trägt, während der Friseur es kräuseln möchte. Schließlich wird, in der Hoffnung, daß sie den Sitz der Krone nicht beeinträchtigt, für die Kräuselung entschieden. Das Festkleid mit weitem Rock, enganliegendem Mieder und kurzen Ärmeln ist aus Silberbrokat, Nähte, Säume und Schleppe sind mit silbernen Rosen bestickt, ein Umhang aus silberner Spitze ist an die Schultern geheftet, und das Ganze ist so schwer, daß Katharina sich nur mühsam darin bewegen kann. Der ganze Juwelenschatz des kaiserlichen Hofes wird vor ihr ausgebreitet, und auf Geheiß der Zarin überlädt sie sich mit Armreifen, Ohrgehängen, Ringen, Broschen und Plaketten, denn die Menge soll ganz geblendet sein, wenn sie vorübergeht. Als sie sich im Spiegel betrachtet, kommt sie sich selber wie ein wandelndes Sternbild vor. Vor Angst wird ihr eng ums Herz, und sie ist so blaß, daß man ihr Rouge aufträgt. »Noch nie war ihr Teint so schön wie jetzt«, notiert ihre Mutter. »Ihr Haar ist fast schwarz und glänzend, das hebt das Jugendliche ihrer Erscheinung hervor und fügt zu dem Reiz der Dunkelhaarigen noch den der Sanftmut der Blonden.« Auf die dunklen und nur leicht gekräuselten Haare Katharinas drückt die Kaiserin schließlich die Krone der Großfürstinnen. Sie ist sehr schwer; Katharina muß sich anstrengen, um den Kopf gerade zu halten. Um zwölf Uhr trifft der Großfürst ein, auch er in Silberstoff gehüllt und mit Juwelen behängt. Der prunkvolle Aufzug läßt ihn nur noch äffischer aussehen als sonst.

Um drei Uhr setzt sich der Zug von einhundertzwanzig Staatskarossen in Bewegung und bringt das junge Paar zur Kathedrale der heiligen Mutter von Kasan. Beim Anblick des von acht Schimmeln gezogenen berühmten Gefährts mit den vergoldeten Schnitzereien, in dem die Zarin und das Brautpaar sitzen, fällt das Volk in die Knie. Schildknappen führen das Gespann; voraus fahren im offenen Wagen, umgeben von Würdenträgern zu Pferde, der Zeremonienmeister und der Oberhofmarschall. »Etwas Großartigeres und Prächtigeres kann man wohl kaum zu sehen bekommen«, notiert der französische Geschäftsträger d'Allion.

Während der Predigt vor der Einsegnung des Paares flüstert eine der Hofdamen, die Gräfin Tschernytschew, die hinter den Brautleuten steht, dem Großfürsten ins Ohr, er müsse unbedingt ständig den Priester anschauen, denn wer von ihnen beiden als erster den Blick abwende, werde nach altem Aberglauben zuerst sterben. Peter zuckt die Schultern und brummt: »Lassen Sie mich in Ruhe! So etwas Verrücktes!« Katharina, der er sogleich davon erzählt, mißt der Sache keine Bedeutung bei. Sie nimmt jetzt alle Energie zusammen, um inmitten dieses tanzenden Nebels aus Kerzenlichtern, Gold und aufgereihten Köpfen gerade und aufrecht wie eine Statue zu stehen.

Die religiöse Feier dauert mehrere Stunden. Darauf folgt noch ein Souper und ein Ball. Katharina ist mit ihren Kräften am Ende. Die Krone lastet zentnerschwer. Sie bittet, sie für einen Augenblick absetzen zu dürfen. Das würde Unglück bringen, sagt man ihr. Dann darf sie doch mit Erlaubnis der Zarin den drückenden Kopfschmuck ablegen, muß ihn aber sogleich wieder ausetzen, um ein paar Polonaisen zu tanzen. Zum Glück kürzt die Kaiserin mit einer plötzlichen Entscheidung den Abend ab, denn sie kann es nicht erwarten, daß die Jungvermählten zu Bett gebracht werden.

Schon um neun Uhr führt Ihre kaiserliche Majestät Katharina und Peter zu den Hochzeitsgemächern; die höchsten Würdenträger des Hofes, Ehrendamen und Ehrenjungfern, einige Günstlinge und Johanna begleiten sie. Dort werden die Gatten zunächst getrennt; Peter zieht sich zurück, um sich in einem Nebenzimmer umzuziehen, während die Frauen Katharina beim Entkleiden helfen. Die Zarin nimmt ihr die Krone ab, die Prinzessin von Hessen zieht ihr das Hemd an, die Oberhofmeisterin reicht ihr das Negligé. »Von dieser Zeremonie abgesehen sind hier viel weniger Leute beim Auskleiden der Neuvermählten dabei als bei uns«, schreibt Johanna. »Sobald der Bräutigam sich für die Nacht ankleidet, wagt kein Mann mehr einzutreten. Man tanzt keinen Reigen und treibt keinen Scherz mit dem Strumpfband.« Des drückenden Putzes ledig, kann Katharina sich wieder frei bewegen, aber ihr Herz zieht sich angstvoll zusammen. Sie betrachtet das Prunkgewand, in dem das Opfer gebracht werden muß: die Wände bespannt mit silberdurchwirktem hochrotem Samt, das Bett mit Baldachin und goldbestickten roten Samtdecken, überall brennende Kandelaber. Und Dutzende von neugierigen, belustigten, lüsternen, spöttischen oder mitleidigen Blicken, von denen sie sich durchbohrt fühlt. Endlich aber ziehen alle sich zurück und lassen sie allein im Bett mit ihrer Angst. Sie fühlt sich angepflockt wie die Ziege für den Wolf. Vage hat ihre Mutter ihr in extremis noch ein paar Andeutungen gemacht. Jetzt wartet sie in dem rosa Hemd aus Paris auf den Schock, auf den Sturm, der sie zerreißen wird, auf die Offenbarung. Unverwandt schaut sie auf die Tür, durch die das furchtbare Wesen hereinkommen wird, dem sie nicht entrinnen kann: ihr Gatte. Doch die Zeit vergeht, und die Tür bleibt zu. Nach zwei Stunden wird sie unruhig. »Soll ich wieder aufstehen?« schreibt sie. »oder soll ich liegenbleiben? Ich weiß überhaupt nichts.« Gegen Mitternacht kommt Madame Kruse, die neue Kammerfrau, »sehr vergnügt« zu ihr und teilt ihr mit, der Großfürst habe sich ein Abendessen servieren lassen. Während sie die Minuten zählte, zechte er mit seinen Lieblingsdienern. Endlich, nachdem er genug gegessen und getrunken hat, erscheint er bei ihr, angeheitert und zänkisch. »Meinen Dienern würde es großen Spaß machen, uns zusammen im Bett zu sehen«, sagt er, legt sich hin und schläft sogleich wie ein Klotz. Neben ihm liegt seine junge Frau, starrt in die Dunkelheit und fragt sich, ob sie nun froh sein soll oder beunruhigt, daß er sie verschmäht.

Auch die folgenden Nächte verlaufen nicht anders. Resigniert richtet Katharina sich darauf ein, an der Seite eines gleichgültigen und unerfahrenen Gatten jungfräulich zu bleiben. Dieser heimlichen Niederlage steht die offizielle Fröhlichkeit gegenüber, die die Zarin meisterlich zu instrumentieren weiß. In der fahnengeschmückten Hauptstadt gibt es Bälle und Maskeraden, Feuerwerke und Schauspiele in pausenloser Folge.

Am 30. August begibt sich Elisabeth in das Kloster Alexander Newsky, wo in einem Schuppen die berühmte »Djeduschka« aufbewahrt wird, der »Ahnherr der russischen Flotte«, das

Schiff, das einst Peter der Große mit eigener Hand gebaut hat. Sie läßt das wurmstichige Boot, das nicht mehr seetüchtig ist, auf einen Kahn heben und am Mast ein Bildnis des Schöpfers des modernen Rußland befestigen. In der Uniform eines Marineoffiziers (immer noch diese Vorliebe für maskuline Verkleidung!) geht Elisabeth an Bord und küßt unter dem Gedröhn von Artilleriesalven das Bild ihres Vaters. Die Prozession setzt sich in Bewegung. Dem »Ahnherrn der russischen Flotte« folgt auf der Newa ein Schwarm prächtig verzierter Boote mit den Höflingen, denen der Wind die Frisuren zerzaust und die schrillen Trompetenstöße und Trommelwirbel in den Ohren dröhnen. Noch einmal macht Peter der Große, geführt von seiner geliebten Tochter, die Runde um die Stadt, die er dem Sumpf abgetrotzt hat – eine neuartige Stadt, halb auf dem Wasser, halb auf dem Land erbaut, von Kanälen durchzogen, deren Ufer mit Pfahlreihen befestigt sind, mit ein paar Steinhäusern und vielen Holzhäusern, mit ein paar gepflasterten Straßen und viel unwegsamem Gelände.»Es gab keine steinernen Gebäude als an der Millionaja, der Lugowaja und am Newa Kai«, schreibt Katharina; »zusammen bildeten sie sozusagen einen Vorhang, hinter dem sich die häßlichsten Baracken verbargen, die man sich nur denken kann. Häuser, deren Wände mit Damast bespannt waren, gab es überhaupt nur ein einziges, nämlich das der Prinzessin von Hessen; bei allen anderen waren die Mauern entweder bloß geweißt oder mit schlechten Tapeten aus Papier oder farbigem Leinen beklebt.«

Trotzdem ist Elisabeth stolz auf ihre Hauptstadt. Und mit dieser Rundfahrt auf dem Wasser unter dem Patronat Peters des Großen bringt sie vor aller Welt zum Ausdruck, daß sie die Mannestugenden ihres Vaters geerbt hat. Während Johanna begeistert ist von der wohlgeordneten Üppigkeit des Zuges (in ihren Briefen beschreibt sie ihn sehr genau), beginnt Katharina der endlosen Feste überdrüssig zu werden. Vor allem von den Bällen ist sie enttäuscht, weil praktisch keine Jugend dabei ist. Endlose Quadrillen muß sie tanzen mit über sechzigjährigen Kavalieren, »die meistens hinken, die Gicht haben oder altersschwach sind«. Gerne würde sie dem Großfürsten näherkommen, aber, schreibt sie, »mein teurer Gatte kümmerte sich nicht im mindesten um mich; ständig war er mit seinen Dienern zusammen und spielte Soldat, ließ sie in seinem Zimmer exerzieren oder wechselte zwanzigmal am Tag die Uniform;

ich gähnte, langweilte mich, hatte niemand, mit dem ich reden konnte, oder mußte repräsentieren.« Madame Kruse, die neue erste Kammerfrau, terrorisiert die jungen Zofen, deren Geplauder Katharina früher etwas Abwechslung verschafft hat. Jetzt ist es ihnen verboten, sich flüsternd mit der Großfürstin zu unterhalten und mit ihr »Schabernack« zu treiben.

Mit dem Ende der Festlichkeiten ist auch Johannas Zeit in Rußland vorüber. In zwanzig Monaten ist es ihr gelungen, ihre Tochter zu verheiraten und sich zugleich bei der Zarin um ihren guten Ruf zu bringen. Erst ihre politischen Machenschaften und dann ihre Liaison mit dem Grafen Iwan Betzkoi werden am Hofe streng verurteilt. Man munkelt, sie sei schwanger von diesem Herrn und die Großfürstin werde bald ein Brüderchen oder Schwesterchen bekommen. Vor Katharina können diese Gerüchte nicht verborgen bleiben; ihr Stolz leidet darunter. Aber sie verurteilt nicht nur die Leichtfertigkeit ihrer Mutter; daß sie so hart getadelt und gedemütigt wird, tut ihr auch leid, und so wagt sie nicht, ihr Vorwürfe zu machen. Die Zarin hingegen, schon entschlossen, die Intrigantin nach Hause zu schicken, legt Wert darauf, großzügig zu erscheinen, und bewilligt Johanna sechzigtausend Rubel, damit sie ihre Schulden bezahlen kann. Als jedoch die ersten Gläubiger ausgezahlt sind, stellt Johanna fest, daß sie noch immer siebzigtausend Rubel schuldet. Katharina ist entsetzt über die Höhe der Schulden, verspricht aber, sie nach und nach für ihre Mutter abzuzahlen; sie wird sich das Geld an ihrer persönlichen Apanage von dreißigtausend Rubel im Jahr absparen.

Nachdem Johanna ihre Koffer gepackt hat, bittet sie um eine Audienz bei der Kaiserin, fällt ihr zu Füßen und bittet sie um Verzeihung für all die Verdrießlichkeiten, die sie ihr bereitet haben mag. Unempfänglich für die Reue, antwortet ihr Elisabeth, es sei zu spät, davon zu sprechen, doch »wenn die Prinzessin stets so demütig gewesen wäre, dann wäre das für alle besser gewesen«. In ihrem Bericht über diese Szene betont Johanna, wie »liebenswürdig« die Zarin sich gezeigt habe. Der Euphemismus für Christian August kann freilich nicht verbergen, daß sie total in Ungnade gefallen ist. Der französische Geschäftsträger d'Allion deutet an, der Grund sei gewesen, daß sie weiter eine Geheimkorrespondenz mit Friedrich II. führte und ihre Briefe regelmäßig »durchleuchtet«, mit anderen Worten vom schwarzen Kabinett dechiffriert wurden.

Um ihrer Tochter den Abschiedsschmerz zu ersparen, bricht Johanna in der Morgenfrühe auf, ohne sich von ihr zu verabschieden. In Berlin angelangt, erhält sie eine Botschaft Elisabeths mit der Aufforderung, sie möge Friedrich II. bitten, seinen Botschafter Mardefeldt zurückbeordern, da er am russischen Hofe unerwünscht sei. Die Arme erhält also den Befehl, höchstpersönlich dem preußischen König das Scheitern ihrer geheimen Mission mitzuteilen.

Katharina aber bricht in Tränen aus, als sie im Zarskoje Selo die Zimmer ihrer Mutter leer findet. Diese Frau, die sie so hart kritisiert hat, fehlt ihr nun plötzlich. Trotz all ihrer Fehler war sie ihre beste Freundin. Ohne sie wird das Klima am Hof unerträglich. Noch nie hat Katharina sich so allein gefühlt. Seitdem Peter das Recht hat, sich ihr zu nähern, meidet er jede Gelegenheit der Zweisamkeit. Hat er Angst vor ihr? Findet er sie häßlich? Sie versteht nicht. »Ich hätte meinen jungen Gatten schon geliebt, wenn er nur liebenswürdig hätte sein wollen oder können«, schreibt sie in ihren Memoiren. »Aber in den ersten Tagen meiner Ehe stellte ich eine grausame Überlegung über ihn an. Ich sagte mir: ‚Wenn du diesen Mann liebst, wirst du das unglücklichste Geschöpf auf Erden sein; bei deiner Wesensart wirst du Gegenliebe erwarten, aber dieser Mensch sieht dich gleichsam überhaupt nicht, er spricht nur von Spielzeug oder dergleichen und beachtet jede andere Frau mehr als dich; du bist zu stolz, um dich darüber zu beklagen; also zügle dich bitte, was zärtliche Neigungen diesem Herrn gegenüber anlangt; denken Sie an sich selbst, Madame!‘ Dieser erste Eindruck, den ich mit einem Herzen aus Wachs empfing, ist mir geblieben, und jener Gedanke ging mir nie aus dem Kopf.«

Die Entfremdung zwischen Katharina und Peter wächst rasch. Nachts enttäuscht er sie, am Tag bringt er sie auf. In seiner körperlichen Entwicklung zurückgeblieben infolge der zahlreichen Krankheiten, die er als Kind hatte, leidet der Großfürst seelisch daran, daß er seine junge Frau nicht befriedigen kann, und rächt sich, indem er so tut, als gelte seine Neigung anderen Frauen. In ihrer jungfräulichen Naivität bildet Katharina sich ein, ihr Gatte finde anderswo die Lust, die sie nicht fähig sei, ihm zu geben, und gibt aus Stolz nun vor, die Untreue des Großfürsten zu ignorieren. Ihre Gleichgültigkeit stachelt seinen Zynismus noch an, und sie, von so viel Roheit tief verletzt, entfernt sich noch ein wenig mehr von einem Mann, der, wie sie meint, jede beliebige Frau der seinen vorzieht. Wußte sie überhaupt, daß er noch unberührt war?

Der Zarin geht dieses kindliche Paar, das sie anfangs rührend fand, allmählich auf die Nerven. Um die Zukunft der Dynastie zu sichern, hatte sie es nicht erwarten können, sie verheiratet zu sehen; nun aber, da sie mit den vollen Vorrechten der Thronerben ausgestattet sind, betrachtet sie sie argwöhnisch und fast feindselig. Durchdrungen vom Gefühl ihrer Allmacht, erträgt sie es schwer, einen »Nachfolger« vor Augen zu haben, als ob es ungehörig sei, daß das Volk nach ihr noch jemand verehren könne. Aus ihren Kindern, die sie eben noch in Peter und Katharina zu sehen glaubte, sind auf einmal Rivalen geworden, vor deren Schlichen sie auf der Hut sein muß. Werden sie nicht mit ihren Freunden gegen sie intrigieren, um vielleicht vorzeitig an die Macht zu kommen? Wer dem Großfürsten und der Großfürstin seine Achtung bezeugt, läßt es an Ehrerbietung gegenüber der Zarin fehlen. Sie beschließt, dem jungen Paar Zügel anzulegen. Auf die Zeit der Freundlichkeiten folgt die der Nadelstiche. Als erstes verbannt die Kaiserin eine der Kammerfrauen Katharinas, Maria Schukow, vom Hofe; ihr einziges Verbrechen besteht darin, ihrer Herrin zu sehr ergeben zu sein. Bald muß Katharina sich auch von ihrem ersten Kammerherrn, Sachar Tschernytschew trennen, der in diplomatischer Mission nach Regensburg geschickt wird. Grund: »Man fürchtet, er könnte sich in die Großfürstin verlieben; er sieht sie immerzu an.« Andere Höflinge, die im Verdacht stehen, Katharina wohlgesonnen zu sein, werden unter verschiedenen Vorwänden entfernt. Ihre Majestät duldet nur zuverlässige Leute, nur *ihre* Leute in der Umgebung des großfürstlichen Paares. »Das heißt, mir grundlos und aus purer Laune Leid antun, ohne die geringste Ursache«, schreibt Katharina.

Trotz dieser zunehmenden Strenge ihr gegenüber beträgt Katharina sich weiter wie eine echte Großfürstin, lernt russisch und besucht regelmäßig den orthodoxen Gottesdienst. Von Anfang an hat sie begriffen, daß für sie das Heil nur in der ständigen Bemühung um Naturalisierung, um Akklimatisierung, um politisch-religiöse Identifizierung mit ihrer neuen Heimat liegen kann. Und wenn sie einmal eine Verhaltensregel gewählt hat, dann läßt sie sich durch nichts davon abbringen. Der Großfürst spottet über ihre Frömmigkeit. Warum hält sie sich nicht wie er fern von all diesem mystischen Getue? Seine Leidenschaft gilt im Augenblick dem Marionettentheater. Er läßt sich für seinen persönlichen Gebrauch eines in einem Zimmer neben den Räumen der Kaiserin aufschlagen. Eines Tages hört er Geräusche hinter der Wand; sogleich holt er einen Drehbohrer und bohrt in eine Tapetentür mehrere Löcher. Als er das Gesicht gegen die Öffnung preßt, blickt er in das intime Speisezimmer der Zarin; Elisabeth sitzt mit ihrem offiziellen Geliebten Rasumowski zu Tisch, der einen Schlafrock aus Brokat trägt, umgeben von einem Dutzend ihrer engsten Vertrauten. Peter ist entzückt, seine Tante in so galanter Runde ertappt zu haben; er ruft seine Freunde zusammen, stellt Tische und Bänke vor die Löcher und geht Katharina holen, damit auch sie ihren Spaß an dem Schauspiel habe. Katharina aber ist entsetzt über seine Keckheit; er sei verrückt geworden, schreit sie ihn an, mindestens zwanzig Personen habe er eingeweiht, und diese Kinderei könne sie teuer zu stehen kommen. Peter, ganz kleinlaut, insistiert nicht weiter und kehrt zu seinen Marionetten zurück.

Wie nicht anders zu erwarten, erfährt aber die Zarin bald, was vorgefallen ist; sie entdeckt die Löcher in der Tür, stürmt in Katharinas Zimmer und läßt ihren Neffen holen, der im Schlafrock hereinkommt, die Nachtmütze in der Hand. Außer sich vor Wut wettert sie gegen den armen Tropf, brüllt ihn an, er habe wohl vergessen, was er ihr verdankt; nur noch einen »Undankbaren« könne sie in ihm sehen; auch ihr Vater, Peter der Große, habe in Alexej einen undankbaren Sohn gehabt, und den habe er gezüchtigt, »indem er ihn enterbte«; sie selbst habe es unter der Kaiserin Anna nie an dem Respekt fehlen lassen, »den man einem gekrönten Haupte schuldet«; in früheren Zeiten habe man ein solches Verbrechen der Majestätsbeleidigung mit Festung bestraft! Das Beunruhigendste an dem ganzen Wortschwall sind die Anspielungen auf das Schicksal des Zarewitsch Alexej, den Peter der Große nicht nur »enterbte«, sondern zu Tode foltern ließ. Peter versucht, sich zu rechtfertigen, aber Elisabeth gebietet ihm, zu schweigen, überschüttet ihn mit Schimpfworten und zeigt ihm »ebensoviel Verachtung wie Wut«. Die Heftigkeit des Ausbruchs treibt Katharina die Tränen in die Augen. Die Kaiserin beruhigt sie. »Was ich sage, gilt nicht Ihnen«, murmelt sie. »Ich weiß, Sie sind nicht mitschuldig an seiner Tat, Sie wollten nicht durch die Tür schauen und haben es nicht getan.«

Und doch bricht schon bald danach das Unglück über Katharina herein. Neun Monate sind seit der Hochzeit vergangen, und immer noch ist sie nicht schwanger. Die Kaiserin betrachtet diese Unfruchtbarkeit als einen persönlichen Affront. Schuld daran, meint sie, ist einzig und allein die Großfürstin, die es nicht versteht, ihren Gatten zu verführen. Sie zitiert Katharina zu sich und schleudert ihr den Vorwurf mit voller Wucht ins Gesicht. »Sie sagte . . . daß ich allein die Schuld daran trage, daß meine Ehe noch nicht vollzogen sei.« Katharina wehrt sich mit dem naiven Einwand, eine Frau könne doch unmöglich für ein solches Mißgeschick verantwortlich sein, aber die Zarin fährt ihr über den Mund; sie hat schließlich Erfahrung genug, um es besser zu wissen! Und sie fährt fort mit ihrer Strafpredigt, indem sie einen noch schärferen Ton anschlägt. »Sie sagte, wenn ich den Großfürsten nicht liebe, sei das nicht ihre Schuld, sie habe mich schließlich zu dieser Ehe nicht gezwungen, sie wisse ganz genau, daß ich einen anderen liebe, kurz, tausend Scheußlichkeiten, von denen ich die Hälfte vergessen habe.« Fortgerissen von der Woge des Zornes geht die Kaiserin dann von den ehelichen Unstimmigkeiten zu politischen Vorwürfen über. Schon nach den ersten Worten hat Katharina begriffen, daß die Zarin, gewiß unter dem Einfluß des Kanzlers Bestuschew, des geschworenen Feindes der preußisch-französischen Partei, sie verdächtigt, den Vorstellungen ihrer Mutter anzuhängen. Das ist ganz abwegig, denn seit ihrer Ankunft am Hofe hat das junge Mädchen es sich zur eisernen Regel gemacht, sich in Staatsgeschäfte nicht einzumischen. In ihrer Korrespondenz (die überwacht wird) hat man nichts finden können, das einen solchen Argwohn rechtfertigen würde. Aber der Zarin ist das einerlei. Alles, was mit Johanna zusammenhängt, weckt ihr Mißtrauen und ihren Haß. Die Mutter hat sie weggeschickt, jetzt hält sie sich an die Tochter. »Sie kanzelte mich ab, fragte mich, ob meine Mutter mir befohlen habe, mich so zu benehmen, wie ich es tue, und sagte, sie kenne meine Arglist und meine Schliche und wisse alles . . .«

Diesmal können Katharinas Tränen die tobende Zarin nicht mehr besänftigen. Elisabeth brüllt, stampft mit den Füßen, hebt die Fäuste. Das Gesicht ist rot angelaufen, die Augen blitzen. »Ich sah schon den Augenblick kommen, wo sie mich schlagen würde . . .; ich wußte, daß sie im Zorn ihre Kammerfrauen, ihr Gefolge und manchmal sogar ihre Kavaliere schlug. Durch Flucht konnte ich mich dem nicht entziehen, denn ich stand mit dem Rücken zur Tür und sie genau vor mir.«

Das unerwartete Eintreten des Großfürsten rettet die Situation. Elisabeth wendet sich zähneknirschend ab; Katharina wankt halbtot vor Angst in ihre Gemächer, läßt sich Blut abzapfen, geht zu Bett und weint bis zum Abend.

Von diesem Tag an macht die Kaiserin unter dem Einfluß von Bestuschew den beiden jungen Leuten bewußt das Leben schwer. Man muß ihnen Zügel anlegen, muß sie isolieren, muß sie politisch neutralisieren. Bestuschew höchst persönlich schreibt im Namen der Zarin die Instruktionen für die beiden »Personen von Stand«, die als Hofmeister und Hofmeisterin künftig auf die kaiserlichen Hoheiten aufpassen sollen. Die »Person von Stand«, die dem Großfürsten zugewiesen wird, hat dem Schriftstück zufolge dafür Sorge zu tragen, daß seine Kaiserliche Hoheit »gewisse unschickliche Angewohnheiten« ablegt, wie zum Beispiel »bei Tisch den Inhalt seines Glases den Bediensteten über den Kopf zu gießen, diejenigen, die die Ehre haben, sich ihm zu nähern, mit unflätigen Worten und unanständigen Witzen anzureden oder in aller Öffentlichkeit Grimassen zu schneiden und seinen Leib durch Verrenkungen aller seiner Glieder zu entstellen«. Die »Person von Stand«, die der Großfürstin beigesellt wird, hat sie zu eifrigem Praktizieren der orthodoxen Religion anzuhalten, sie zu hindern, sich in die Staatsgeschäfte einzumischen, und ihr jegliche Vertraulichkeit mit den jungen Höflingen, den Kammerherren, Pagen und Dienern zu untersagen. Und zugleich wird die neue Duenna die Großfürstin ermuntern, im Ehebett etwas mehr guten Willen zu zeigen. »Ihre Kaiserliche Hoheit wurde dazu ausersehen, die würdige Gemahlin unseres geliebten Neffen, seiner Kaiserlichen Hoheit des Großfürsten und Thronerben des Reiches zu sein, und die genannte (Katharina) wurde zu ihrem gegenwärtigen Rang einer Kaiserlichen Hoheit zu keinem anderen Ziel und Zweck erhoben als diesem: daß Ihre Kaiserliche Hoheit (Katharina) durch ihr kluges Betragen, ihren Geist und ihre Vorzüge in Seiner Kaiserlichen Hoheit (dem Großfürsten) eine aufrichtige Liebe erwecke, sein Herz gewinne und daß so der heiß ersehnte Erbe des Reiches und ein neuer Sproß unseres erhabenen Hauses gezeugt werden möge.« Letzter Punkt: Katharina darf künftig an niemanden mehr schreiben; jeder Briefwechsel geht über das Außenamt. Die Briefe, die sie ihrem Vater und ihrer Mutter schreiben möchte, muß sie Wort für Wort von einem Muster abschreiben, das ihr die Kanzlei vorlegt. Sie hat nicht einmal das Recht, dem Schreiber anzugeben, was sie ihren Eltern gern sagen möchte, denn grundsätzlich weiß das Amt das viel besser als sie. Nach und nach wird der Palast für sie zum Gefängnis. Sie ist nicht Gefangene im eigentlichen Sinne, aber ihr Freiheitsspielraum ist fast auf Null reduziert.

Mehr als je aber verlangt es sie nach Unterhaltung. Zu den Vertrauten des Großfürsten gehören drei schöne, elegante und lebenslustige junge Männer: die Tschernytschews, zwei Brüder und ihr Vetter. Andrej, der älteste, ist Peters Liebling, und Katharina geht es bald ebenso. Schon während der Verlobungszeit hat sie sich mit ihm auf eine Art galantes Florettfechten eingelassen, an dem sie beide ihren Spaß haben. Peter, immer erpicht auf zweideutige Situationen, ermuntert seine Braut noch zu dem ungesunden Spiel. Andrej gegenüber nennt er Katharina zum Scherz »Ihre Zukünftige«. Nach der Hochzeit redet die Großfürstin ihren Kavalier mit »Synok« (Söhnchen) an, während er sie »Matuschka« (Mütterchen) nennt. Am Hofe bleibt diese von Koketterie nicht freie Freundschaft natürlich nicht unbemerkt. Katharinas treuer Kammerdiener Timofej Jevreinow fürchtet einen Skandal und bittet sie, vorsichtig zu sein. Als sie ihre Unschuld beteuert und ihm versichert, es handle sich um bloße Freundschaft und Anhänglichkeit, erwidert er: »Was Sie Freundschaft und Anhänglichkeit nennen, weil dieser Mann Ihnen treu ergeben ist, das nennen Ihre Leute Liebe!«[2] Dieser Ausspruch beeindruckt sie; sie prüft sich selbst und erkennt halb bangend, halb dankbar, daß sie unbewußt ein sehr zärtliches Gefühl entwickelt hat. Um die Großfürstin nicht zu kompromittieren, schützt Andrej Tschernytschew Krankheit vor und bittet um Urlaub. Ein paar Wochen später, im April 1746, erscheint er wieder am Hofe. Während eines Konzerts im Sommerpalast verläßt Katharina, von der Musik gelangweilt, ihren Sessel und schleicht auf Zehenspitzen hinaus. Niemand folgt ihr. Ihr Gatte spielt im Orchester die Geige, die Zarin ist verreist, ihre Ehrendamen sind anderweitig beschäftigt. Sie zieht sich in ihr Zimmer zurück, das neben dem großen Saal liegt, dessen Decke gerade von Malern auf Gerüsten kauernd neu gestrichen wird. Plötzlich krampft sich Katharinas Herz zusammen: im Hintergrund des Saales hat sie Andrej Tschernytschew entdeckt. Sie kann sich nicht beherrschen und gibt ihm ein Zeichen, näher zu kommen. Er fleht sie an, ihn in ihr Zimmer einzulassen. Aber so gern sie auch nachgäbe, sagt sie doch nein. Während sie sich flüsternd mit ihm durch die halbgeöffnete Tür unterhält, hört sie hinter sich ein leichtes Geräusch, dreht sich um und erblickt in der anderen Tür des Zimmers den Kammerherrn Graf Devier, der sie beobachtet. »Der Großfürst erwartet sie, Madame«, sagt er mit einer Verbeugung.

Am Tag darauf werden die drei Tschernytschews als Leutnants zu Regimentern in der Gegend von Orenburg versetzt. Und am Nachmittag des gleichen Tages tritt auf Befehl Bestuschews die »Person von Stand«, die Katharina zu überwachen hat, ihr Amt an. Es handelt sich um Maria Semenowna Tschoglokow, eine Kusine der Kaiserin. Sie ist vierundzwanzig Jahre alt, hübsch und engstirnig, unerschütterlich tugendhaft und vor Pflichtgefühl steif bis in die Knochen. Sie vergöttert ihren Mann, der zur Zeit in diplomatischer Mission in Wien ist, sie hat Kinder, sie ist fromm, sie schwört nur auf Bestuschew und die Zarin, mit einem Wort, sie wird, so hofft man, für die Großfürstin, die so sehr der Führung bedarf, das richtige Vorbild abgeben. Entsetzt öffnet Katharina dieser Spionin mit den eiskalten Augen die Tür. Sie findet sie »äußerst einfältig, boshaft, launisch und eigennützig«. Bei dem geringsten Scherzwort schreit die Tschoglokow: »Solche Reden würden Ihrer Majestät mißfallen« oder: »Die Kaiserin könnte so etwas nicht gutheißen«. Auch der Großfürst sieht um sich herum lauter neue Gesichter. Als Erzieher gibt man ihm den Prinzen Basil Repnin. Schließlich wird dem jungen Paar die Weisung erteilt, zu Simon Teodorski, der inzwischen Bischof von Pskow geworden ist, zur Beichte zu gehen. Getrennt fragt er beide über ihre Beziehungen zu den Tschernytschews aus. Angesichts ihrer Unschuldsbeteuerungen ruft der Priester aus: »Aber wie ist es nur möglich, daß man Ihrer Majestät das Gegenteil gesagt hat?« Obwohl der heilige Mann unter Bruch des Beichtgeheimnisses der Kaiserin einen positiven Bericht abstattet, wird die strenge Überwachung Katharinas und Peters nicht gelockert. Außerhalb ihres Zimmers dürfen sie keinen Schritt tun, ohne ausdrücklich um Erlaubnis gefragt zu haben. Kein Tag vergeht ohne Demütigung. Manchmal scheint es Katharina, als sei sie in die Rolle der geschworenen Feindin der Zarin geraten, ohne recht zu wissen, wie und warum.

6. KAPITEL

Die nicht vollzogene Ehe

So wie Katharina nach und nach hinter dem Idealbild der großherzigen Zarin das schreckliche Gesicht Elisabeths entdeckt hat, so entdeckt sie nun auch allmählich hinter einem Schein von Kultur das wahre, das barbarische, elende und grausame Rußland. Hier ist alles nur Augentrug. Peters des Großen Versuche, das Land zu »europäisieren«, haben in der Tiefe nichts verändert. Seit den Ukassen des »Zimmermanns« trägt man keinen Bart mehr, setzt Perücken auf, kleidet sich nach französischer Mode, schnupft Tabak und tanzt die gleichen Tänze wie in Wien oder Versailles, und dennoch haben diese Männer und Frauen, die sich für fortschrittlich und aufgeklärt halten, von der wahren abendländischen Kultur keine Ahnung. Mit seiner Verdammung der russischen Tradition, der archaischen religiösen Bräuche und der rauhen patriarchalischen Moral hat der Zar der Aristokratie die Orientierung genommen. Die Aufforderung, den Westen nachzuäffen, verstehen die Höflinge auf ihre Weise: sie ergeben sich der Ausschweifung. Die Sittenlosigkeit in der Umgebung Elisabeths spiegelt nur die Zügellosigkeit der Zarin wieder. Und anders als an andren europäischen Höfen wird dieser lockere Lebenswandel nicht durch ein Minimum an intellektuellem Raffinement geadelt. Die Hofdamen wetteifern zwar in der Eleganz ihrer Garderobe, aber die meisten können nicht einmal lesen. Sie haben nur Intrigen, Tanz und Koketterie im Kopf. Sie reden unflätig mit ihrer Dienerschaft und geziert mit ihren Kavalieren. Und ihre Männer, Gardeoffiziere oder hohe Beamte, zieht es ebensowenig zu den Büchern. Sie vertreiben sich die Zeit am liebsten mit Galanterie, mit Spielen und mit Trinken. Vor der Flasche und den Spielkarten bewährt sich der Mann und nicht vor Schreibzeug und Buch. Französische und deutsche Werke kann man sich trotz der Öffnung nach Westen in St. Petersburg nur schwer beschaffen. Und was Werke in russischer Sprache angeht: es gibt sie so gut wie überhaupt nicht. Die eigene Nationalliteratur hat noch kaum zu stammeln begonnen. Niemand interessiert sich dafür – trotz der zaghaften Förderung durch die neue Akademie der Schönen Künste. Im übrigen sind die Höflinge Elisabeths überwiegend von gemeiner Abkunft, denn Peter I.

hat den alten Geburtsadel durch einen Dienstadel ersetzt. Sie sind keine Bojaren mehr, sondern Funktionäre. Die »Rangtabelle« weist jedem innerhalb der gewaltigen Hierarchie der russischen Administration seinen Platz zu. Den eifrigsten Dienern des Reiches wird der Titel eines Grafen, Barons oder sogar Fürsten verliehen. Der Graf Alexej Rasumowski ist ein ganz gewöhnlicher ukrainischer Bauer, und der einstige Stallknecht Biron wurde Herzog von Kurland. Die großen Familien des echten alten Adels, die Trubetzkoj, Wolkonski, Repnin, Golitzin, Obolenski oder Dolgoruki betrachten diese reichen und arroganten Emporkömmlinge mit Verachtung. Und auch Katharina, die nach der Etikette des alten deutschen Adels erzogen wurde, ist entsetzt über die Roheit des Gefolges der Zarin. Da ist nur ein bißchen Firnis drüber, aber das Holz ist weder gehobelt noch poliert. »Es scheint, als seien das zwei verschiedene Völker«, schreibt ein scharfsinniger Zeitgenosse, der Chevalier de Corberon, »zwei Nationen im gleichen Land. Man ist hier gleichzeitig im 14. und im 18. Jahrhundert. Aber auch der zivilisierte Teil ist nur oberflächlich zivilisiert. Dies ist ein Volk von bekleideten Wilden, von Leuten, die hübsche Manschetten, aber keine Hemden tragen, von Früchten, die noch grün, aber schon verfault sind, weil man den Fehler machte, ihnen die Zeit zum Reifen nicht zu lassen. Immer zählt die Form mehr als der Inhalt, man liebt nur den äußeren Schein und denkt kaum an das Wesentliche.« Und in der Tat: Zwar ist bei den Empfängen am Hof der gewaltigste Aufwand zur Gewohnheit geworden, zwar hat Elisabeth das zahlreichste und glänzendste Gefolge in ganz Europa, zwar sind in den Prunksalons die ausländischen Besucher ganz geblendet von den Vergoldungen, den vielen Spiegeln und den Wandgemälden, doch in den Wohngemächern fehlt der elementarste Komfort. In diesen eilig errichteten Palästen schließen die Türen nicht gut, die Fenster sind undicht und lassen Zugluft herein, die Wände schwitzen Feuchtigkeit aus, die Treppen wakkeln und die Kamine rauchen. Im Winter riecht es so beißend nach Ruß, daß man kaum atmen kann, und bei dem schlechten Zustand der Öfen herrscht ständig Brandgefahr. Da die Häuser meist aus Holz sind, werden sie innerhalb weniger Stunden ein Raub der Flammen. An diese Art Katastrophen sind die Russen gewöhnt; ein Dach ist für sie immer ein Provisorium. Wenn die Flammen gelöscht sind, verstreut man die

Asche und baut von neuem. So vernichtet das Feuer innerhalb von drei Stunden den Palast Elisabeths in Moskau. Sie befiehlt, ihn in sechs Wochen wiederaufzubauen. Während der Bauarbeiten logiert Katharina im »Haus des Bischofs«, das seinerseits dreimal in Flammen aufgeht. »Noch nie war ein Jahr so reich an Bränden«, schreibt sie. »Es kam vor, daß ich es an zwei, drei, vier, gar fünf Stellen in verschiedenen Gegenden Moskaus zur gleichen Zeit brennen sah.« In den Gemächern, die ihr zugewiesen sind, kann sie sich nur selten wohl fühlen. Im Sommerpalast in St. Petersburg hat sie vor ihren Fenstern auf der einen Seite die Fotanka, die damals nur ein stinkender schlammiger Tümpel ist, und auf der anderen Seite einen winzigen Innenhof. In Moskau wimmelt es von Ungeziefer, und aus der Wandtäfelung rieselt das Wasser. Die siebzehn Ehrendamen und Ehrenjungfern der Großfürstin schlafen alle in dem gleichen Zimmer; es liegt neben dem ihren und dient ihr zugleich als Ankleideraum. Da die Posthäuser der Zarin vorbehalten sind, muß Katharina unterwegs oft in der Bedientenstube oder im Zelt übernachten. »Ich erinnere mich«, schreibt sie, »daß ich mich eines Morgens beim Ofen anzog, in dem man gerade das Brot gebacken hatte, und ein andermal stand in dem Zelt, in dem man mein Bett aufgeschlagen hatte, das Wasser bis zum Knöchel, als ich eintrat.« Möbel gibt es nur wenige, und da sie nicht einem festen Standort zugewiesen sind, werden sie mitgenommen, wenn der Hof seinen Sitz verlegt. Wie Nomaden, die ihre Zelte abbrechen, schleppt man alles mit sich. Teppiche, Spiegel, Betten, Tische, Stühle, Sessel und Geschirr werden hinter der Zarin her vom Winterpalast zum Sommerpalast oder von Peterhof nach Moskau gekarrt. »Beim Transport ging viel davon zu Bruch«, schreibt Katharina, »und diese beschädigten Stücke schenkte man uns, so daß kaum etwas damit anzufangen war.« So werden also Kostbarkeiten der französischen Kunstschreinerei herumgestoßen und landen, aus dem Leim gegangen und vom Regen ausgewaschen, in großen Palästen, wo niemand sie beachtet. Noch gerädert von der Reise, schlüpfen die Höflinge in ihre schönsten Gewänder und dinieren in riesigen Sälen aus goldenem Geschirr an wackeligen Tischen, die man eilig mit einem Holzscheit gestützt hat. Sie tragen Perücken, sind gepudert, die Damen haben ein Schönheitspflästerchen im Mundwinkel, die Männer benutzen Parfüm, aber in der Nacht schlafen die meisten von ihnen auf Strohlagern, weil es an Bettwäsche fehlt.

In dieser Mischung aus Luxus und Mangel sieht Katharina das hervorstechende Merkmal der russischen Gesellschaft. »Nicht selten«, schreibt sie, »sieht man aus einem riesigen Hof voller Kot und Unrat, der zu einer elenden Baracke aus morschem Holz gehört, eine überaus prächtig gekleidete, mit Juwelen behängte Dame kommen; den prunkvollen Wagen ziehen jämmerliche Mähren in verlottertem Geschirr, und die schlecht gekämmten Diener tragen feine Livreen, die nicht zu ihrem linkischen Gehabe passen . . . Die Neigung zur Tyrannei wird an keinem anderen Platz der bewohnten Erde so kultuviert wie hier; schon in zartem Alter wird sie durch die Grausamkeit eingepflanzt, mit der die Kinder ihre Eltern mit den Domestiken umgehen sehen, denn wo wäre das Haus, in dem es nicht Halseisen, Ketten, Peitschen und anderes Folterwerkzeug gäbe, um diejenigen zu züchtigen, die in jene elende Klasse geboren wurden, die ihre Fesseln nicht abschütteln kann, ohne ein Verbrechen zu begehen.« Dieses Volk, das sie in den Bedientenstuben und auf dem Land zu sehen bekommt, kennt sie kaum, aber sie ahnt seine Not. Es sind die gleichen Menschen, die sie so oft beiderseits der Straße sich niederwerfen sah, wenn die Zarin mit ihrem Gefolge vorüberzog. Sie weiß, daß ihre Lage sich seit Jahrhunderten nicht verändert hat, ja daß das Los der Leibeigenen seit den Reformen Peters des Großen noch schlimmer wurde. Sie sind die eigentliche Lebenskraft des Landes; auf ihnen ruht alles, und nichts kann ohne sie geschehen, und doch sind sie nicht Herr über ihr Leben, können sie über sich selbst nicht bestimmen. Der Grundherr, dessen Reichtum sie sind, behandelt sie bestenfalls wie Vieh. Und niemand wundert sich darüber. Wie viele sind es eigentlich? Unmöglich, sie zu zählen; ein wahrer Ameisenhaufen. Manche behaupten, daß die Bauern neunzig bis fünfundneunzig Prozent der Gesamtbevölkerung ausmachen. Es scheint, als sei Masse ein spezifisch russischer Begriff. Katharina wird sich schließlich bewußt, daß sie sich allem Anschein zum Trotz nicht in Europa, sondern in Asien befindet oder aber um zwei Jahrhunderte in die Vergangenheit zurückgegangen ist. Und in einem Anfall von Panik fängt sie an, sich nach Stettin zu ihrer deutschen Familie, zu ihren Freunden, zu Babet Cardel zurückzusehnen.

Dies ist ihr Gefühlszustand, als sie aus Zerbst die Nachricht vom Tod ihres Vaters erhält. Mehr als je verflucht sie die Entscheidung der Zarin, ihr den freien Briefverkehr mit ihren Eltern unmöglich zu machen. Wie gerne würde sie in einem intimen, persönlichen, warmherzigen Brief ihre Trauer zum Ausdruck bringen; statt dessen muß sie ein fades Kondolenzschreiben unterzeichnen, das die Kanzlei aufgesetzt hat. Der Schlag trifft sie so hart, daß sie sich in ihr Zimmer einschließt und weint. Nach einer Woche sagt ihr Madame Tschoglokow im Namen der Zarin, sie solle aufhören zu weinen, denn ihr Vater sei »kein König«. »Ich erwiderte ihr, daß er zwar wirklich kein König, aber immerhin mein Vater gewesen sei. Worauf sie zurückgab, daß es sich für eine Großfürstin nicht schicke, einen Vater zu beweinen, der nicht König war.«[1] Schließlich, als eine Art Almosen, gewährt die Kaiserin ihr die Erlaubnis, sechs Wochen lang Trauer zu tragen.

Danach nimmt das Hofleben wieder seinen gewohnten Gang, monoton und absurd, mit Reisen und Banketten, Maskeraden, Flottenparaden und Gottesdiensten. Katharina spielt beim »Pharao« mit hohem Einsatz, um sich zu betäuben, sie verrichtet ihre Gebete, um der Kaiserin zu Willen zu sein, sie reitet, liest, plaudert und beklagt sich über die Langeweile des gesellschaftlichen Lebens. »Der Ball ist sehr kläglich, sehr schlecht arrangiert, die Männer strotzen nur so von schlechter Laune«, schreibt sie. Und weiter: »Am Hof . . . gab es keinerlei Konversation, man hatte einen herzhaften Haß füreinander, die Verleumdung mußte für Witz herhalten, und das kleinste ernsthafte Wort galt schon als Majestätsbeleidigung. Man bemühte sich nicht, über Kunst und Wissenschaft zu sprechen, denn alle waren ungebildet. Man konnte wetten, daß die Hälfte der Gesellschaft nicht lesen konnte, und ich bin nicht sicher, daß wenigstens jeder dritte schreiben konnte.«

Hin und wieder bringt eine Laune der Zarin diese Welt der Eitelkeit und der Kriecherei durcheinander. Plötzlich beschließt sie eine Reise, die allen ungelegen kommt, dem höchsten Würdenträger ebenso wie dem geringsten der Diener. Oder sie ändert den Zeitplan für die Mahlzeiten. Oder sie leidet an Schlaflosigkeit, und ihre Gefolgsleute müssen ihr die ganze Nacht Gesellschaft leisten, obwohl sie umfallen vor Müdigkeit. Im Winter 1747 befiehlt sie eines Tages, daß alle Hofdamen sich das Kopfhaar abrasieren, und schickt ihnen »schlecht frisierte schwarze Perücken«, die sie tragen müssen, bis das Haar nachgewachsen ist. Jung und alt beugt sich dem

Willen der Zarin und opfert die Mähne; ein Konzert von Seufzern ertönt aus den Gemächern, in denen die Friseure ihr Werk tun. Die Damen aus der Stadt sind zwar nicht verpflichtet, sich ebenfalls scheren zu lassen, aber in den Salons dürfen sie nur mit der gleichen schwarzen Perücke erscheinen, die sie über den eigenen Haaren tragen. Diese zweistöckige Frisur läßt sie »noch lächerlicher aufgetakelt als die Hofdamen« erscheinen. Der Grund für diese neue Haarordnung: die Zarin hat ihre Haare schwarz färben lassen, weil das Puder sich nicht entfernen ließ, und als auch die schwarze Farbe nicht mehr weggehen wollte, blieb ihr nichts übrig, als sich den Kopf rasieren zu lassen. Wie sollte sie es da dulden können, daß die Damen ihres Gefolges noch stolze Mähnen schütteln? Nein, braven Untertanen kommt es zu, in allem dem Beispiel ihrer Herrin zu folgen. Für Katharina macht Elisabeth jedoch eine Ausnahme, denn ihr Haar, das sie während einer Krankheit verloren hat, fängt gerade erst an, wieder zu wachsen. So großzügig ist die Majestät nicht immer: als Katharina ein paar Monate später, am Alexanderstag, »in einem weißen Kleid mit breiter Goldstickerei an den Nähten« am Hofe erscheint, läßt die Kaiserin ihr bestellen, sie habe das Gewand sofort abzulegen, da es zu sehr an die Ritter des St.-Alexander-Newsky-Ordens erinnere. In Wirklichkeit besteht zwischen beiden Kleidungsstücken keinerlei Ähnlichkeit. »Es kann sein«, schreibt Katharina, »daß die Zarin mein Kleid ganz einfach hübscher fand als das ihre und daß das der wahre Grund war, warum sie mir befehlen ließ, ich solle das meine ausziehen. In solchen Dingen war meine geliebte Tante sehr empfindlich – nicht nur mir, sondern auch allen anderen Damen gegenüber, und vor allem diejenigen, die jünger waren als sie, waren ständig ihren Eifersüchteleien ausgesetzt.« Und sie erwähnt den Fall der schönen Frau Naryschkin, deren stattliche und elegante Erscheinung die Kaiserin dermaßen ärgert, daß sie sich eines Abends während eines Empfangs auf die Unglückliche stürzt und ihr mit der Schere ein paar Bänder aus dem Kopfputz schneidet. Ein andermal fällt sie über zwei ihrer Ehrenjungfern her und stutzt ihnen die Lockenpracht wüst zusammen. »Die Demoisellen behaupteten, Ihre Majestät habe mitsamt den Haaren auch etwas Haut abgerissen«, schreibt Katharina.

Ihrem Plan entsprechend hält die Zarin weiterhin alle Menschen von Katharina und Peter fern, deren Freundschaft die

Einsamkeit erträglicher für sie machen könnte. Drei Pagen, die dem Großfürsten sehr nahestehen, werden verhaftet und in eine Festung geworfen. Sein Onkel, der Fürstbischof von Lübeck, wird nach Hause geschickt, ebenso alle holsteinischen Edelleute aus seinem Gefolge. Sein Haushofmeister Kramer, »ein milder und gesetzter Mann, der dem Fürsten seit seiner Geburt dient«, wird seines Postens enthoben. Ein anderer Kammerdiener, Rombach, wird ins Gefängnis gesteckt. Katharina ihrerseits muß sich auf Geheiß der Zarin von einem kleinen Kalmücken trennen, den sie gern mag und der sie jeden Morgen frisiert, ferner von mehreren Dienerinnen und von dem treuen Jewreinow. Solche Schläge, die sich endlos wiederholen, meint Katharina, wenn sie schreibt, bei einem Leben, wie sie es führen müsse, »wären zehn andere verrückt geworden und zwanzig andere vor Gram gestorben«.

Von der Kaiserin drangsaliert, kommen die beiden jungen Leute in der Gemeinsamkeit des Mißgeschicks einander tatsächlich näher. Peter ist von einer unersättlichen Redseligkeit, und bei Katharina weiß er, daß er nicht fürchten muß, daß seine Worte der Zarin hinterbracht werden. Heftig gestikulierend schwatzt er über nichtige Dinge, und sie hört ihm halb traurig, halb mitleidig zu. »Oft langweilten und ermüdeten mich seine stundenlangen Besuche sehr, denn niemals setzte er sich, und ich mußte die ganze Zeit mit ihm im Zimmer auf und ab laufen. Er ging schnell und nahm große Schritte, und es war gar nicht leicht für mich, mitzuhalten und obendrein auch noch höchst eingehende Erörterungen von militärischen Dingen über mich ergehen zu lassen. Von denen sprach er gern und konnte nie ein Ende finden, wenn er einmal angefangen hatte.« Diese beiden Wesen, die an die gleiche Kette gelegt wurden, haben keinerlei gemeinsame Interessen. »Niemals waren zwei Seelen einander unähnlicher als die unseren«, notiert Katharina. Versucht sie, ihm von ihrer Lektüre zu erzählen, dann macht er große Augen. Die einzigen Bücher, mit denen er etwas anfangen kann, sind Räubergeschichten. »Trotzdem gab es Augenblicke, wo er mir zuhörte«, fügt Katharina hinzu, »aber das war immer dann, wenn er bedrückt war, denn er hatte ein furchtsames Herz und einen schwachen Kopf.« Ja, wenn ihm die Angst im Nacken sitzt, dann sucht Peter Rat bei Katharina. Seine Tante flößt ihm Entsetzen ein, nachts verfolgt ihn der Gedanke an die Festung, das Schicksal des Zarewitsch

Alexej, den sein Vater opferte, und des kleinen Zaren Iwan VI., den Elisabeth einkerkerte, steht ihm immer vor Augen; überall wittert er Verrat, er denkt an Folterung, sieht Blut auf seinem Weg und schlottert vor Angst. Katharina unterdrückt ihre eigene Furcht und versucht, ihn zu beruhigen. Sie versichert ihm, daß die Kaiserin bei allen Härten ihres Charakters doch kein Ungeheuer ist; daß sie niemals Hand an ihren Neffen legen würde und Zornesworte das Ärgste sind, was er zu befürchten hat. So schnell er in Panik gerät, so schnell läßt Peter sich auch wieder beschwichtigen. Beruhigt kehrt er zu seinen kindlichen Spielen zurück. Mit seinen achtzehn Jahren ist er immer noch unempfänglich für fleischliche Verlockungen und hat wie in früher Kindheit seine Freude daran, mit hölzernen Soldaten, Miniaturkanonen und Festungsmodellen zu spielen. Madame Kruse, die erste Kammerfrau, verschafft ihm hinter dem Rücken von Frau Tschoglokow davon so viel, wie er will. Tagsüber bleibt das ganze Zubehör unter dem Bett versteckt. Nach dem Abendessen aber, wenn das Paar zu Bett gegangen ist, schließt Madame Kruse die Zimmertür, und das Fest kann beginnen. Neben ihm liegt, für die Nacht herausgeputzt, frisch und lächelnd seine junge und noch immer unberührte Frau im Bett; Peter aber läßt mit leuchtenden Augen und heißen Wangen Regimenter von hölzernen Soldaten auf der Bettdecke aufmarschieren, ahmt mit der Stimme den Kanonendonner nach, erteilt brüllend Befehle und ermuntert Katharina, sich an der Schlacht zu beteiligen. Bis zwei Uhr in der Frühe dauert das Spiel. »Oft lachte ich, aber häufiger wurde es mir zuviel, denn das ganze Bett war über und über voll mit Puppen und ziemlich schwerem Spielzeug.« Eines Nachts klopft Frau Tschoglokow an die Tür, aufmerksam geworden durch den Lärm, der bis nach draußen zu hören ist. Ehe sie öffnen, lassen der Großfürst und die Großfürstin das Spielzeug eilig unter der Decke verschwinden. Die Duenna tritt ein, inspiziert mit argwöhnischem Blick das Zimmer, erklärt, Ihre Majestät werde unwillig sein, wenn sie erfahre, daß die jungen Leute noch nicht schlafen, und geht wieder. »Kaum war sie hinaus«, schreibt Katharina, »machte er weiter mit seinem Spiel, bis er schläfrig wurde.«

Sicher kann sie sich schwer damit abfinden, daß sie im Bett für ihren jungen Gatten weniger anziehend ist als ein Sortiment Holzsoldaten. Aber sie läßt sich ihre Ungeduld nicht anmerken. Die Keuschheit fällt ihr noch nicht schwer. Peter seinerseits wurde darauf aufmerksam gemacht, daß ein kleiner körperlicher Fehler ihn an der Erfüllung seiner ehelichen Pflichten hindert. Eine kleine und äußerst harmlose Operation könnte ihn davon befreien. Aber er hat Angst vor dem Messer. Alles in allem bleibt er lieber in der Kindheit, lebt er lieber fern der Welt mit seinen Spielsachen und seinen Träumen.

Peter verfällt einer neuen Leidenschaft: er hat sich in den Kopf gesetzt, Pudel zur Jagd abzurichten. Bald drängt sich ein Dutzend Tiere im Zimmer. Sie schlafen zusammengezwängt in einem Alkoven hinter einer dünnen Zwischenwand aus Holz. Durch ihr ständiges Gebell und ihren Geruch fühlt Katharina sich gestört. »In diesem Gestank also schliefen wir beide«, schreibt sie. Aber so heftig sie auch protestiert – der Großfürst weigert sich, sich von seiner Meute zu trennen. Er berauscht sich an der grenzenlosen Macht über seine Hunde. Unter dem Vorwand, ihnen das Gehorchen beibringen zu wollen, brüllt er ihnen Befehle zu und prügelt sie mit Stock und Peitsche. Eines Tages überrascht ihn Katharina dabei, wie er auf einen winzigen King Charles, den einer seiner Diener am Schwanz hochhält, aus Leibeskräften eindrischt. Sie weint und bittet ihn, einzuhalten, aber »er schlug nur noch grausamer zu«. »Im allgemeinen«, bemerkt sie, »versetzte Weinen und Schluchzen den Großfürsten in Wut, anstatt sein Herz zu rühren; das Mitleid war ein Gefühl, das er verabscheute, ja unerträglich fand.« Wenn er genug hat vom Quälen seiner Hunde, dann greift er zur Violine und streicht stundenlang mit Macht die Saiten, wobei er im Zimmer auf und ab geht. »Er kannte keine Noten«, schreibt Katharina, »hatte aber ein gutes Gehör, und die Schönheit der Musik bestand für ihn in der Kraft und Heftigkeit, mit der er dem Instrument die Töne entriß.« Trotzdem zieht sie das Gekrächz der Fidel bei weitem den Schimpfkanonaden vor, die der Großfürst ausstößt, wenn er mit seinen Domestiken getrunken hat. Ein paar Jahre später notiert sie: »Fast ständig ging jetzt schon ein Gestank von Wein und Rauchtabak von ihm aus, der denen, die ihm nahe kamen, buchstäblich unerträglich war.« Einen ganzen Winter lang setzt er Katharina mit einer neuen Marotte zu: er möchte ein Lustschloß bauen, das wie ein Kapuzinerkloster aussieht, die Höflinge sind als Mönche verkleidet, jeder bekommt einen Esel, und so gehen sie ihrer Beschäftigung nach. Er lacht sich tot beim Ausmalen der Einzelheiten seines Projektes. Ihm zuliebe muß seine Frau hundertmal die Pläne dieses Phantasiegebäudes zeichnen. Sie hat es satt. »War er endlich draußen«, schreibt sie, »dann schien noch das langweiligste Buch eine köstliche Zerstreuung.«

Von ihrem Gatten verschmäht, muß sie sich gut zureden, um den Glauben an ihre Attraktivität nicht zu verlieren. Der Spiegel, in den sie immer öfter blickt, zeigt ihr ein alles in allem recht schmeichelhaftes Bild. »Ich wurde zusehends schöner«, schreibt sie. »Ich war groß und gut gewachsen[2], und der einzige Fehler war meine Magerkeit; ich hätte etwas molliger sein dürfen. Ich ging gern ungepudert; mein dichtes und kräftiges Haar war von einem sehr schönen Braun.« Im übrigen fehlt es ihr am Hof nicht an männlichen Verehrern. Kyrill Rasumowski, der Bruder des Liebhabers der Zarin, flüstert ihr Komplimente zu, von denen sie sich nicht einzugestehen wagt, daß es Liebeserklärungen sind. Der schwedische Botschafter ist von ihrer Schönheit so beeindruckt, daß er Madame Lestocq beauftragt, es ihr zu sagen. Katharina ist geschmeichelt, fühlt sich aber, »sei es aus Bescheidenheit, sei es aus Koketterie«, jedesmal verlegen, wenn sie dem Diplomaten begegnet.

Diese harmlosen Galanterien können natürlich die Bedürfnisse eines leidenschaftlichen Temperaments nicht befriedigen. Verheiratet und doch ohne Mann, sucht Katharina Entspannung in körperlicher Betätigung. Im Sommer steht sie im Morgengrauen auf, zieht Männerkleider an und geht in Begleitung eines alten Dieners auf die Entenjagd, »im Schilf, das beiderseits des Kanals von Oranienbaum das Meer säumt«. Mehr noch als die Jagd hilft jedoch das Reiten ihr über die Trostlosigkeit ihres Zustandes hinweg. Im gestrecktem Galopp genießt sie die wilde Lust der Verschmelzung mit dem Tier, der gebändigten Geschwindigkeit und der Freiheit in der Anspannung der Kräfte. Manchmal reitet sie bis zu dreizehn Stunden am Tag. Unterricht nimmt sie bei einem deutschen Stallmeister, der im Kadettenkorps Ausbilder ist, und sie macht so rasche Fortschritte, daß sie sich die silbernen »Ehrensporen« verdient. Noch einen Sieg erringt sie, und zwar beim Tanzen: eines Abends wettet sie mit Madame Arnheim, der Frau des sächsischen Ministers, wer am längsten herumwirbeln kann, ohne außer Atem zu geraten; sie gewinnt die Wette und ist nicht wenig stolz darauf. Bei einem anderen Empfang nähert sich ihr der Chevalier Sacrosomo, der eben aus St. Petersburg gekommen ist, küßt ihr die Hand, schiebt ihr verstohlen ein Billett zu und flüstert: »Das ist von Ihrer Frau Mutter.« Voll lähmender Angst, jemand könnte sie dabei beobachtet haben, versteckt sie den Zettel in ihrem Handschuh, und erst später, als sie allein in ihrem Zimmer ist, liest sie die Botschaft ihrer Mutter, die aus einer ganz anderen Welt kommt. Sie liest sie wieder und wieder, wird vom Gefühl überwältigt, bricht in Tränen aus und beschließt, auf dem gleichen Wege zu antworten, auch auf die Gefahr hin, entdeckt zu werden. Von Sacrosomo erhält sie die Instruktionen, ihren Brief beim nächsten Konzert einem Cellisten zu übergeben. An dem festgesetzten Tag geht sie zum Orchester, findet den Mann und bleibt hinter seinem Stuhl stehen. Sogleich stellt er sich, als suche er überall nach seinem Taschentuch, so daß die Tasche seines Rockes sich weit öffnet. Sie läßt das Papier hineingleiten. Niemand hat sie beobachtet; sie atmet auf. Wie viele Jahre wird sie noch vor den Spionen der Zarin zittern müssen? Sie kann sich noch so bemühen, dieser Frau zu Willen zu sein, sie erntet doch nur Haß, Verachtung und Argwohn. Impulsiv und unberechenbar, wie Elisabeth ist, kann sie sehr wohl jederzeit die nicht vollzogene Ehe kirchlich für nichtig erklären lassen und Katharina nach Hause schicken. Und letztlich weiß Katharina schon nicht mehr recht, ob sie diese äußerste Möglichkeit wirklich fürchten, sie nicht eher herbeiwünschen soll. Der Kammerherr Afzin erzählt ihr unter vier Augen, die Zarin habe gerade bei Tisch geäußert, daß die Großfürstin zu viel Schulden mache und alle ihre Handlungen »den Stempel der Torheit trügen«, daß sie sich wohl für gescheit halte, aber niemand darauf hereinfalle, daß man sie im Auge behalten müsse, denn sie sei gefährlich . . . Schließlich fügt er hinzu, er habe ausdrücklichen Befehl, ihr das Wort für Wort zu hinterbringen. Katharina schluckt ihren Schmerz und ihre Scham hinunter und erwartet resigniert den nächsten Schlag.

Gyllenborg hat einst die Liebe zur Literatur in ihr geweckt. Mehr denn je sucht sie in Büchern Trost und Belehrung. Sie beginnt mit Romanen, liest La Calprenède, das Fräulein von Scudéry, die *Astrée* von Honoré d'Urfé und *Clovis* von Desmarets. Doch werden ihr diese bis zur Abgeschmacktheit idealisierten Geschichten bald langweilig. Sie wendet sich den Werken von Brantôme zu, die sie amüsant, aber ziemlich frivol findet. Vor allem aber haben die Briefe der Madame de Sévigné es ihr angetan. Sie wünschte sich, ebenfalls eine so scharfe Feder zu führen, mit der gleichen Mischung von genauer Beobachtung und Ironie, von Scharfsinn und Eleganz schreiben zu können. Ihr Leben lang wird ihr beim Schreiben dieses unvergleichliche Vorbild vor Augen stehen. Mit löblicher Mühe liest sie auch jede Woche einen Band der *Histoire générale d'Allemagne* des Paters Basse und der *Histoire d'Henri le Grand* des Paters Péréfixe. Von der stolzen Erscheinung Heinrichs IV. ist sie begeistert. Wenn sie eines Tages regieren kann, dann, so denkt sie, wird sie ihn zum Vorbild wählen. Aber im Grunde glaubt sie immer weniger an diese ruhmreiche Möglichkeit. Ein wenig später entdeckt sie Voltaire und ist ganz hingerissen. Schließlich stürzt sie sich auf die vier Bände des *Dictionnaire* von Bayle und schlingt begierig die kühnen Gedanken dieses Vorläufers der Enzyklopädisten in sich hinein.

Das Erwachen nach diesen Genüssen ist bitter. Statt im Garten der großen Geister zu wandeln, hat sie Peter, die Zarin und das Ehepaar Tschoglokow vor sich. Frau Tschoglokow ist noch immer Katharinas Aufseherin, und ihr Mann hat den Fürsten Repnin abgelöst und die gleiche Funktion bei Peter übernommen. Die Zarin hält die Tschoglokows nämlich für ein musterhaftes Paar und hofft, ihr Einfluß werde die jungen Leute dazu bringen, sich endlich zu lieben und Kinder zu kriegen. Von Anfang an hat Katharina etwas gegen Tschoglokow. »Er war blond und geckenhaft, ziemlich dick und geistig so verfettet wie körperlich«, schreibt sie. »Er war aller Welt verhaßt wie eine Kröte, und man konnte auch nichts Liebenswertes an ihm finden. Auch der Eifersucht seiner Frau, ihrer Bosheit und Tücke ging man besser aus dem Wege, vor allem ich, die ich mich auf nichts in der Welt stützen konnte als auf mein eigenes Verdienst, falls ich es besaß.« Nun aber passiert es ausgerechnet diesem angeblichen Muster ehelicher Treue, diesem aufgeblasenen Schwachkopf, daß er Fräulein Koschelew, eine der Ehrenjungfern der Kaiserin, verführt und schwängert. Die Zarin ist wütend und droht, den Verführer vom Hof zu verbannen. Tränen der Frau, die das Verhalten ihres Gatten zwar scharf verurteilt, aber doch bereit ist zu vergeben. Zusammen gehen sie zu Elisabeth und flehen auf Knien im Namen ihrer sechs Kinder, sie nicht mit Schimpf und Schande davonzujagen. Ihre Majestät trifft eine erstaunliche Entscheidung: die Tschoglokows behalten ihre Funktionen beim Großfürsten und der Großfürstin, dafür wird die Ehrenjungfer entlassen. Immerhin sind die beiden Aufseher nach diesem Mißgeschick nicht mehr ganz so arrogant wie zuvor. Tschoglokow wird sogar so sanftmütig, daß er es wagt, Katharina verliebte Blicke zuzuwerfen. Hofft er, daß sie ihn wie Fräulein Koschelew erhören wird? Sie ist außer sich über seine Annäherungsversuche, vermeidet es aber, ihn vor den Kopf zu stoßen, um kein Aufsehen zu erregen. Madame Tschoglokow, die die galanten Abenteuer ihres untreuen Mannes aufmerksam beobachtet, ist Katharina dankbar dafür, daß sie ihn so diskret abblitzen läßt. Übrigens wird sie ihm bald in gleicher Münze heimzahlen, indem sie ihn ganz ungeniert betrügt.

Inmitten dieser skandalträchtigen Verwicklungen bemüht Katharina sich, ihr Gleichgewicht zu wahren und einen klaren Kopf zu behalten. Sie weiß, daß sie sich keine Schwäche gestatten darf: was bei den anderen geduldet wird, würde ihr bitteren Tadel eintragen. Jeder scheint an diesem Hofe außereheliche Affären zu haben. Nur sie nicht. Die Zarin gibt mit ihren Liebhabern selbst das Beispiel eines unsittlichen Lebenswandels, wacht aber mit Argusaugen über der Tugend der Großfürstin. Als Katharina sich endlich an ihre erste Kammerfrau, Madame Kruse, gewöhnt hat, wird sie ihr plötzlich weggenommen und durch Praskowia Wladislawa ersetzt. Ausnahmsweise macht Katharina einmal einen guten Tausch. Frau Kruse war Deutsche, die Wladislawa ist aus ganzem Herzen Russin. Sie ist klug, gebildet, von fröhlichem Temperament und eine lebende Chronik der Vergangenheit. Über die großen Familien weiß sie schlechthin alles: Verwandtschaften, Heiraten, Vermögensverhältnisse, Vorleben, Eigenheiten, heimliche Laster. Wenn Katharina ihr zuhört, hat sie den Eindruck, in die bestgehüteten Häuser einzudringen. Aber Frau Wladislawa ist sehr fromm, und das kann ihr der Großfürst nicht verzeihen. Er macht sich über sie lustig, weil sie die Ikonen verehrt. Immer mehr widersteht ihm alles, was slawisch ist. Er hat so großes Heimweh nach seinem Heimatland, daß er versichert, seine Stadt Kiel sei ihm lieber als das ganze russische Reich. Trotz des Druckes, den die Zarin, Bestuschew und einige ausländische Diplomaten auf ihn ausüben, weigert er sich hartnäckig, das jämmerliche kleine Herzogtum, das er von seinem Vater geerbt hat, gegen die Grafschaft Oldenburg und Delmenhorst einzutauschen. Er fühlt sich mit Holstein verwachsen und kann Katharina auf dem Weg der Russifizierung nicht folgen. Sein Ideal ist Friedrich II. von Preußen, der für ihn, obwohl er ihn nie gesehen hat, die Verkörperung deutschen Adels, deutscher Gelehrsamkeit und deutscher Strenge ist. Daß Elisabeth und Bestuschew diesen großen König als Feind betrachten, schmerzt ihn. Wäre er an ihrer Stelle, würde er alle preußischen Forderungen unterschreiben, und das sagt er jedem, der es hören will.

Katharina ihrerseits hat nicht vergessen, was sie Friedrich II. verdankt. Die Begegnung in Berlin hat ihr einen tiefen Eindruck gemacht, aber aus Furcht vor Repressalien hütet sie sich, ihre Meinung offen zu sagen. Am 11. November 1748 findet sie sich in den Gemächern Ihrer Majestät, wo es hoch hergeht, zufällig neben Lestocq, dem engsten Ratgeber und Leibarzt der Zarin, einem durchtriebenen Mann, der es ihr gegenüber schon mehrfach an Achtung hat fehlen lassen. Als sie ihn anredet, flüstert er mit bestürzter Miene: »Kommen Sie mir nicht zu nahe . . . Ich sage Ihnen, lassen Sie mich in Ruhe!« Sie glaubt, er ist betrunken, und läßt ihn stehen. Zwei Tage später erfährt sie, daß Lestocq zu Festungshaft verurteilt wurde. Man wirft ihm vor, zum Schaden Rußlands einen geheimen, chiffrierten Briefwechsel mit dem preußischen Botschafter zu unterhalten. Eine Sonderkommission, die aus dem Grafen Bestuschew selber, dem General Apraxin und dem Grafen Alexander Schuwalow besteht, führt die Ermittlung. Man munkelt, daß in einigen Briefen von den Sympathien der Großfürstin für Preußen die Rede sei. Unter der Folter bleibt Lestocq standhaft; er legt kein Geständnis ab, verrät niemanden und nimmt es tapfer hin, daß er ohne Beweise zur Verbannung und zum Einzug seiner Güter verurteilt wird. »Die Kaiserin besaß nicht Kraft genug, einem Unschuldigen Gerechtigkeit widerfahren zu lassen«, notiert Katharina. »Sie hätte den Groll eines solchen Menschen gefürchtet, und deshalb ist in der ganzen Zeit ihrer Herrschaft niemand, ob schuldig oder unschuldig, aus der Festungshaft entlassen worden, ohne zumindest verbannt zu werden.«

Erstaunlicherweise ist Katharina in diese Hochverratsaffäre nicht unmittelbar hineingezogen worden. Aber sie hat für einen Augenblick den kalten Hauch des Kerkers gespürt und lebt hinfort in der Angst vor einem Komplott, das ihr das bißchen Freiheit raubt, das sie noch besitzt.

Im Jahr darauf, 1749, neue Aufregung: mitten im Karneval wird die Zarin von einer »Kolik der Konstipation« befallen und hat so heftige Schmerzen, daß man für ihr Leben fürchtet. In ihren Räumen, die sie ohne Erlaubnis nicht verlassen dürfen, erfahren Katharina und Peter von ihren Domestiken und Frau Wladislawa, daß Graf Bestuschew, General Apraxin und ein paar andere dem großfürstlichen Paar feindlich gesinnte Würdenträger häufig »streng geheim Zusammenkünfte hinter verschlossenen Türen« haben.[3] Rechnen sie vielleicht mit dem Tod der Kaiserin und bereiten einen Staatsstreich vor, der Peter von der Thronfolge ausschließt und den abgesetzten Iwan VI., der jetzt im Fort Schlüsselburg schmachtet, wieder zum Zaren erhebt? Der Gedanke an die Verbannung oder gar das Gefängnis jagt dem Großfürsten kalte Schauer über den Rükken, und Katharina, obwohl selbst voller Angst, versucht ihn zu beruhigen; sie sagt, im Falle der Gefahr werde sie die Flucht organisieren: »Unsere Räume lagen im Erdgeschoß, und die Fenster waren niedrig genug angebracht, um notfalls auf die Straße zu springen.«

Die Zarin wird wieder gesund, aber der Großfürst kommt von der Furcht vor einer Palastrevolution nicht los. Während einer Jagdpartie nutzt Leutnant Baturin vom Regiment Butirski einen Augenblick, wo er mit Peter allein ist, um vor ihm niederzuknien und ihm zu schwören, daß er niemals einen anderen Herren als den Großfürsten anerkennen und alles tun werde, um seiner Sache zu dienen; der Großfürst aber ist über diesen Eid so erschrocken, daß er seinem Pferd die Sporen gibt und vor seinem in der Lichtung knienden Verehrer Reißaus nimmt, um sich bei Katharina Rat zu holen. Bald darauf wird Baturin verhaftet, von der Geheimkanzlei verhört, gefoltert und für schuldig befunden, er habe geplant, »die Kaiserin zu ermorden, den Palast anzuzünden und durch diesen Schrekken und Aufruhr den Großfürsten auf den Thron zu erheben«.[4] Der Großfürst selber aber beruhigt sich nach der ersten Angst bald wieder, als er bemerkt, daß die Geheimkanzlei ihn in dieser Angelegenheit nicht einmal als Zeugen vernimmt. Katharina argwöhnt, daß er sogar stolz darauf ist, so treue Anhänger wie Baturin in der Armee zu haben. Auch wenn er viel zu hasenfüßig ist, um sich als Haupt einer Parteirichtung mit Verantwortung zu beladen, schmeicheln ihm doch die Sympathien, die sich an seinen Namen heften. »Von dieser Zeit an sah ich im Gemüt des Großfürsten den Machthunger wachsen«, schreibt Katharina; »er war ganz krank vor Gier, tat aber nicht das Geringste, um sich zum Herrschen würdig zu machen.« Bei jeder Gelegenheit bemüht er sich, seine Unabhängigkeit zu beweisen. Als 1750 gegen Ende des Karnevals Katharina sich anschickte, ins Bad zu gehen, überbrachte Frau Tschoglokow dem Großfürsten den Befehl der Zarin, ebenfalls ein Bad zu nehmen. Nun ist ihm aber von allen russischen Sitten die des Dampfbades am verhaßtesten; er hat die Baderei immer abgelehnt und hält sie für »widernatürlich«. Er schreit, daß er keine Lust habe, »sich den Tod zu holen«, um einer Laune seiner Tante zu gehorchen, daß sein Leben ihm »mehr wert sei als alles andere« und daß er im übrigen vor Repressalien keine Angst habe. »Ich werde einmal sehen, was sie mir tun kann«, sagt er zum Schluß. »Ich bin kein Kind mehr.« Die Tschoglokow droht ihm mit Festung. Er weint und stampft mit dem Fuß, gibt aber nicht nach. Als Frau Tschoglokow wiederkommt, wird der Kampf auf einem anderen Schlachtfeld fortgesetzt. Jetzt geht es nicht mehr ums Baden, sondern um Nachkommenschaft. Die Zarin, sagt Frau Tschoglokow, ist sehr verärgert, daß das großfürstliche Paar noch immer keine Kinder hat; sie wünscht zu wissen, »wer daran schuld ist«, und wird demnächst eine Hebamme zu Katharina und einen Arzt zu Peter schicken. Peter explodiert, Katharina senkt den Kopf, die Tschogolokow geht. Doch die Zarin vergißt ihre Drohung. Wie bisher kommt Peter nur zu Katharina ins Bett, um Soldaten zu spielen oder zu schlafen. Und wie bisher versucht er sein Versagen zu verbergen, indem er sich vor ihr mit angeblichen Erfolgen bei anderen Frauen brüstet. »Er machte sozusagen allen Frauen den Hof«, notiert Katharina. »Seine eigene Frau war die einzige, der er seine Aufmerksamkeit versagte.«

In Wirklichkeit flattert er nur von der einen zur anderen, ohne daß etwas Ernsthaftes geschieht. Als geschlechtsloser Verführer begnügt der Dreiundzwanzigjährige sich immer noch mit phantasierten Eroberungen. Aber er nennt Namen, erzählt Details. Und Katharina fühlt sich in ihrem Stolz verletzt. In ihren eigenen Herzensangelegenheiten ist zur Zeit Ruhe. Gewiß denkt sie von Zeit zu Zeit noch an den schönen Andrej Tschernytschew, der versetzt wurde, weil er ihr zu sehr gefiel, und dessen jetzigen Aufenthaltsort sie ausfindig gemacht hat. Sie steht mit ihm in einem heimlichen Briefwechsel, den eine finnische Garderobière besorgt. Sie kann mit diesem Mädchen nur dann offen sprechen, wenn sie auf ihrem Nachtstuhl sitzt. Katharina läßt die Briefe ihres Verehrers in ihre Tasche gleiten, versteckt sie im Strumpf oder im Hüftgürtel und benutzt die seltenen Augenblicke des Alleinseins, um heimlich zu antworten. Das sind Zeilen einer innigen Freundschaft, nicht mehr; Katharina schreibt sie mit einer silbernen Feder, die sie eigens dafür gekauft hat.

Später ist es wieder ein Tschernytschew, der sie ein wenig in Verwirrung bringt. Graf Sachar Tschernytschew ist für das gleiche Verbrechen allzu großer Sympathie für die Großfürstin verbannt gewesen; 1751 erscheint er wieder am Hofe und ist bei der Wiederbegegnung mit Katharina geblendet von der Veränderung, die mit ihr vorgegangen ist. Als er sie verließ, war sie ein ungelenkes sechzehnjähriges Mädchen; jetzt findet er eine voll erblühte junge Frau von einundzwanzig Jahren. Hingerissen, hat er die Kühnheit, ihr zuzuraunen, sie sei »noch viel schöner geworden«. »Noch nie in meinem Leben hatte mir jemand so etwas gesagt«, notiert sie. »Ich fand ihn gar nicht übel. Mehr noch, ich war so gutmütig, zu glauben, daß er die Wahrheit sagte.« Bei jedem Ball tauschen Katharina und Sachar jetzt »Devisen« aus, kleine Zettelchen, mit elegischen Versen bedruckt, wie sie die Zuckerbäcker zum Einwikkeln der Bonbons verwenden. Auf die fertigen »Devisen« folgen bald handgeschriebene Liebesbriefe, die man sich zwischen zwei Menuetten zuschiebt. Katharina ist entzückt von dieser empfindsamen Korrespondenz, aber Sachar will mehr. Während einer Maskerade fleht er sie an, ihm eine »Audienz« in ihrem Zimmer zu gewähren. Notfalls wird er sich als Diener verkleiden, um zu ihr zu gelangen. Sie ist gerührt von seiner Hartnäckigkeit, lehnt aber trotzdem ab. Wider Willen kehren die beiden jungen Luete wieder zu geschriebenen Liebesbeteuerungen zurück. Und als der Karneval vorüber ist, muß Sachar zu seinem Regiment zurück. »Man muß schon zugeben, daß sich das Karussell der Koketterie am Hofe ziemlich lebhaft drehte«, schreibt Katharina. Wie durch ein Wunder hat die Zarin von der Schwäche der Großfürstin für einen übermütigen Revenant nichts bemerkt – oder nichts bemerken wollen. Hin und wieder zeigt sie sogar eine gewisse Milde gegenüber dieser jungen Frau, deren entscheidender Fehler in ihren Augen darin besteht, daß sie sich bisher unfähig zeigte, einen Thronerben zur Welt zu bringen. Bei einem der berühmten Bälle, zu denen die Männer als Frauen und die Frauen als Männer verkleidet erscheinen, macht Katharina der Zarin aus purer Schmeichelei ein Kompliment, mit welchem Anstand sie das männliche Gewand trage, und behauptet, wenn Ihre Majestät tatsächlich ein Mann wäre, würde sie gar mancher den Kopf verdrehen. Elisabeth fühlt sich geschmeichelt und erwidert, falls sie ein Mann wäre, würde sie Katharina und keiner anderen »den Apfel reichen«. »Ich beugte mich nieder, um ihr für dieses so unerwartete Kompliment die Hand zu küssen«, schreibt Katharina.

Für einen anderen Ball hat sie sich in den Kopf gesetzt, die Hofdamen, von denen sie weiß, daß sie in prunkendem Aufputz kommen, dadurch zu verblüffen, daß sie in einem ganz schlichten weißen Kleid »mit sehr kleinem Reifrock« erscheint. »Ich hatte damals eine überaus schlanke Taille«, schreibt sie. Als einzigen Schmuck trägt sie im schlicht nach hinten gebundenen Haar »eine einzige Rose mit Knospe und Blättern, die täuschend echt der Natur nachgebildet war«, eine zweite am Mieder und um den Hals eine Krause aus weißem Tüll. »Mein Gott, wie einfach!« ruft die Kaiserin aus, als sie sie erblickt, »nicht einmal ein Schönheitspflästerchen!« und rasch zieht sie aus einer kleinen Dose ein Schönheitpflästerchen »von bescheidener Größe« hervor und heftet es der jungen Frau eigenhändig ins Gesicht.

Dieses kaiserliche Schönheitspflästerchen zeigt Katharina voller Stolz den Höflingen, die sie sogleich umringen. »Ich kann mich nicht erinnern, jemals in meinem Leben so viele Huldigungen von aller Welt empfangen zu haben wie an diesem Tage. Man sagte mir, ich sei schön wie der Tag und von unvergleichlichem Glanz; um die Wahrheit zu sagen, habe ich mich zwar niemals für ungewöhnlich schön gehalten, aber ich gefiel, und darin lag meine Stärke.«[5]

7. KAPITEL
Liebe und Mutterschaft

»Er war schön wie die Sonne, und weder am großen Hofe noch gar an dem unseren hatte er seinesgleichen. Es fehlte ihm weder an Geist noch an jener mit Kenntnissen und feinen Manieren gepaarten Gewandtheit, die man in der großen Welt und vor allem am Hofe erwirbt. Er was sechsundzwanzig Jahre alt; alles in allem war er durch Herkunft und sonstige Vorzüge ein vollendeter Kavalier, und seine Fehler wußte er zu verbergen; seine größten waren ein Hang zum Intrigieren und ein Mangel an Grundsätzen, aber damals habe ich sie noch nicht bemerkt.«

So zeichnet Katharina in reifen Jahren das Porträt des Mannes, der einen so tiefen Eindruck auf sie gemacht hat, als sie jung war. Er heißt Sergej Saltykow und gehört zusammen mit seinem Bruder Peter zu den Kammerherren am großfürstlichen Hofe. Die Familie Saltykow zählt zu den ältesten und vornehmsten Adelsgeschlechtern Rußlands. Sergejs Vater ist Adjutant der Zarin, seine Mutter dagegen, eine geborene Fürstin Golitzin, ist für ihren leichtfertigen Lebenswandel bekannt; die Prinzessin von Anhalt sagt ihr nach, »die dreihundert Grenadiere Ihrer Majestät Elisabeth« seien ihre Liebhaber gewesen.[1] Als Sergej Saltykow Katharina im Jahre 1752 zum ersten Mal auffällt, ist er seit zwei Jahren mit Matrjona Pawlowna Balk, einer Hofdame der Kaiserin, verheiratet; er hat sich in sie verliebt, als er sie auf einer Schaukel sah, doch ist diese Verliebtheit so rasch erloschen, wie sie aufgeflammt war, und Sergej Saltykow hat sich anderen Abenteuern zugewandt. Er ist zwar weder so schön noch so bedeutend, wie Katharina behauptet, aber er hat Charme, ein fröhliches Temperament und ein flinkes Mundwerk. Er ist mittelgroß, dunkelhaarig, gewandt und wohlgebaut, ein Mann, der den Frauen gefällt, und das weiß er. Nichts liebt er so sehr, als Herzen zu erobern, eine spröde Schöne so lange zu bestürmen, bis sie sich ergibt. Er sieht, wie einsam Katharina ist, und das macht ihm Mut, sich ihr zu nähern. Daß sie so streng bewacht wird, reizt ihn nur noch mehr. »Für eine schöne Intrige riskierte er ohne weiteres die Verbannung nach Sibirien«, schreibt der jüngere Champeaux nach Paris. Als erstes bemüht sich Saltykow, das Vertrauen der beiden »Zerberusse« zu gewinnen. Nachdem dies geglückt ist, besucht er sie mit seinem Freund, dem Hofnarren, dem »geborenen Harlekin« Leo Naryschkin, und trifft dort Katharina mit ihrer Freundin, der Prinzessin Gagarin. Frau Tschoglokow ist wieder einmal »schwanger und häufig unpäßlich« und zeigt sich weniger wachsam als gewöhnlich. Im übrigen ist sie seit ihren eigenen ehelichen Zerwürfnissen nicht mehr ganz so hochmütig und Katharina immer noch ein wenig dankbar für die Noblesse, mit der sie die Angelegenheit behandelt hat. Um aber Tschoglokow abzulenken, der selber in Katharina verliebt ist, haben die beiden jungen Leute rasch ein probates Mittel gefunden. Saltykow redet ihm ein, daß er großes Talent zum Dichten habe, ermuntert ihn zum Schreiben und stellt ihm Themen für Lieder; der brave Mann ist geschmeichelt und zieht sich bereitwillig »in die Ofenecke« zurück, um zu reimen. Sobald er fertig ist, stürzt sich Naryschkin auf das Manuskript, setzt die Verse in Musik und singt das Lied zusammen mit dem Autor. »Inzwischen konnten wir uns ungestört nach Herzenslust im Zimmer unterhalten«, schreibt Katharina. Bei einem dieser musikalischen Intermezzi wagt Sergej es schließlich, Katharina zuzuflüstern, daß er bis über beide Ohren in sie verliebt ist. Sie ist gerührt und durchaus nicht geneigt, ihn abzuweisen, aber als er hartnäckig bleibt, murmelt sie: »Und was wird Ihre Frau dazu sagen? Sie haben sie doch aus Leidenschaft geheiratet, vor zwei Jahren, und es heißt, daß Sie sie immer noch lieben?« Diesen Einwand fegt er ungestüm beiseite. Seine Frau liebt er nicht mehr, sie ist in seinem Leben nur noch eine Last. »Es ist nicht alles Gold, was glänzt«, sagt er noch und daß er »für einen Augenblick der Verblendung teuer zahlen« müsse.[2] Katharina ist nur allzu bereit, sich überzeugen zu lassen; schon tut ihr dieser unglücklich verheiratete junge Mann leid, der nach einer unerreichbaren Großfürstin schmachtet. Sie sieht ihn »fast jeden Tag« und lauscht seinen Worten mit zunehmender Lust. Dann wieder wehrt sie sich gegen den Taumel, der sie längst erfaßt hat. »Was wissen denn Sie? Vielleicht ist mein Herz anderweitig gebunden«, sagt sie, aber dieser Ausruf eines unerfahrenen jungen Mädchens, ein unbeholfener Versuch, ihn loszuwerden, schreckt ihn nicht ab, sondern spornt ihn nur noch mehr an, seinen Vorteil auszunützen. Um den Großfürsten, dessen Gleichgültigkeit allgemein bekannt ist, kümmern sich weder sie noch er. Als kluger

Stratege wartet Sergej geduldig auf die Gelegenheit, aufs Ganze zu gehen. Während einer Jagdpartie, die Tschoglokow auf einer Newa-Insel veranstaltet, läßt Sergej die anderen Gäste den Hasen nachjagen, zieht Katharina beiseite, spricht abermals von seiner Leidenschaft, sagt ihr, wie glücklich sie beide wären, wenn sie ihn erhörte, und fleht sie an, ihm zu sagen, ob er wirklich der »Auserwählte« ist. Sie wehrt sich lachend, um ihre Schwäche nicht zu verraten, und nach eineinhalb Stunden zärtlichen Geplauders heißt sie ihn gehen, um sie nicht zu kompromittieren. Aber er weigert sich, sie alleine zu lassen, falls sie ihm nicht auf der Stelle gesteht, daß sie ihn gern hat. »Ja, ja«, sagt sie, »aber gehen Sie endlich!« Er schwingt sich auf sein Pferd und gibt ihm die Sporen. Zum Spaß ruft sie ihm nach: »Nein, nein!« – »Ja, ja«, gibt er zurück und galoppiert davon.

Am Abend trifft sich die ganze Gesellschaft in dem Haus, das die Tschoglokows auf der Insel besitzen. Während des Soupers kommt ein Sturm auf; die Newa schwillt rasch an; schon steht die Treppe des Hauses unter Wasser, und die Wogen klatschen gegen die Mauern. Unmöglich, die Boote zu nehmen und hinüber aufs Festland zu fahren, denn der Strom ist sehr breit an dieser Stelle. Wenn der Orkan am Dach rüttelt, fallen die Rangunterschiede. Im Halbdunkel des Hauses, in dem hie und da eine Kerze aufflackert, drängt sich alles mit aufgeregtem Lachen durcheinander. Katharina findet ihren Kavalier neben sich. »Sergej Saltykow sagte mir, heute sei sogar der Himmel selber ihm günstig, denn er gebe ihm die Möglichkeit, mich länger zu sehen, und tausend Dinge dieser Art.«[3] Der Sturm und dieser Mann: beides macht ihr Angst. Er bestürmt sie, und sie wehrt sich immer halbherziger. Sie ist »unzufrieden« mit sich selbst. »Ich hatte mir eingebildet, ihn und mich lenken und beherrschen zu können, und nun sah ich, daß das eine wie das andere schwer wenn nicht unmöglich war.« Um drei Uhr in der Frühe legt sich endlich der Sturm, und die Wogen glätten sich. Aufgelöst begibt die Gesellschaft sich an Bord, alles ist durchfroren und gerädert. Katharina hat eine Wandlung erfahren. Noch hat sie Sergej nicht erhört, aber sie ist fest entschlossen, es zu tun. Und das wird schon sehr bald geschehen.

Dreiundzwanzig Jahre ist sie jetzt alt. Nach acht Jahren Keuschheit in der Ehe ist die Lust des Körpers eine große Entdeckung für sie. Ihr erster Liebhaber macht sie glücklich, und sie empfindet überhaupt keine Gewissensbisse in seinen Armen. Im Vergleich mit dem jämmerlichen Großfürsten hat Sergej in ihren Augen alle Vorzüge: Kraft, Kühnheit und Anmut. Aber sie fürchtet, daß ihre geheime Liaison entdeckt wird. Bressan, der französische Kammerdiener des Großfürsten, hat Sergej einen beunruhigenden Ausspruch Seiner Hoheit hinterbracht: »Sergej Saltykow und meine Frau führen Tschoglokow an der Nase herum; er glaubt ihnen alles, was sie sagen, und sie machen sich über ihn lustig.« Eifersucht ist da nicht im Spiel. Peter nimmt Katharinas Faible für Saltykow nicht weiter tragisch. Er sieht darin bloß ein galantes Gesellschaftsspiel. Hat er nicht selbst behauptet, in Martha Schafirow, eine Ehrenjungfer der Großfürstin, wahnsinnig verliebt zu sein, obwohl außer ein bißchen Zublinzeln und ein paar zweideutigen Bemerkungen nichts zwischen ihnen gewesen ist? Sergej allerdings, der nach Katharinas Worten »im Intrigieren ein wahrer Dämon« ist, sieht klar das Risiko für ihn, der Liebhaber einer Frau zu sein, von der alle Welt weiß, daß ihr Mann sie noch nicht berührt hat. Auf wen fällt der Verdacht, wenn sie schwanger wird? Um diese Gefahr zu bannen, wagt es der junge Kammerherr sogar, mit der Zarin über die physische Behinderung zu sprechen, die »dem Glück des Großfürsten« im Wege steht, und er macht sich anheischig, Seine Hoheit zur Einwilligung in die Operation zu überreden. Der Zarin gefällt der Plan, sie stimmt zu und ermuntert ihn. Bei einem fröhlichen Souper, bei dem der Großfürst viel getrunken und gelacht hat, wird das Gespräch auf die Freuden der Liebe gelenkt. »Der Fürst«, schreibt der Diplomat J. Castéra, »ließ ein paar Worte des Bedauerns fallen, daß es ihm nicht vergönnt sei, diese Freuden zu genießen. Da warfen sich alle, die zugegen waren, ihm zu Füßen und beschworen ihn, auf den Rat Saltykows zu hören. Der Großfürst schien wankend zu werden. Er stammelte ein paar Worte, die man als Einwilligung nahm. Alles war schon vorbereitet. Man holte den berühmten Arzt Boerhave und einen geschickten Chirurgen. Der Großfürst konnte sich nicht weiter wehren, und die Operation verlief sehr glücklich.«[4]

Um ganz sicher zu sein, daß der Großfürst durch die Operation wirklich zum Mann geworden ist, beauftragt die Zarin Frau Tschoglokow, eine Initiatorin für ihn zu suchen. Frau

Tschoglokow gibt sich »viel Mühe«, den Auftrag Ihrer Majestät zu erfüllen, und macht schließlich mit Hilfe des Kammerdieners Bressan eine gewisse Frau Groot ausfindig, »die hübsche Witwe eines Malers«, die bereit ist, den jungen Mann einzuweihen. »Sie (Frau Tschoglokow) erwartete sich eine hohe Belohnung für ihre Mühe, aber in diesem Punkt täuschte sie sich, denn man gab ihr nichts; sie jedoch sagte, das Reich sei deshalb in ihrer Schuld.«[5]

Damit ist Peter also frei von seiner Behinderung. Wenn dieses auftrumpfende Männchen zu ihr kommt, erinnert Katharina sich mit Wehmut an die Zeit, als sie von ihm noch keine Liebkosungen zu fürchten hatte. Denn jetzt liebt sie einen anderen, muß aber zur Sicherheit für sie und ihre Beziehung zu Saltykow die Umarmung des Großfürsten über sich ergehen lassen, obwohl sie einen Widerwillen dagegen hat. Im Vergleich zu dem Rausch, den sie bei Sergej empfindet, ist der erste Verkehr mit ihrem Gatten eine jämmerliche Turnerei. Er liebt sie übrigens nicht, hat kein Verlangen nach ihr, sondern erfüllt nur eine Pflicht, wenn er mit ihr schläft. Am Tag nach dieser verspäteten Hochzeitsnacht läßt er der Kaiserin auf Anraten Saltykows ein versiegeltes Kästchen mit dem angeblichen Beweis der Jungfräulichkeit der Großfürstin bringen. »Elisabeth«, schreibt J. Castéra, »schien von der Echtheit überzeugt. Einige Leute haben gewiß im stillen darüber gelacht, aber alle Welt beeilt sich, dem Fürsten laut zu seinem Glück zu gratuliern.«

Sergej Saltykow dagegen stieß einen Seufzer der Erleichterung aus. Katharina ist in diesem Augenblick bereits schwanger von ihm. Es wird Zeit, daß der Ehemann in Erscheinung tritt und die Vaterschaft des Kindes auf sich nehmen kann. Sie wiederum macht sich weniger Sorgen wegen der bevorstehenden Geburt als wegen des sonderbaren Verhaltens Saltykows ihr gegenüber. Jagdpartien führen sie noch in Peterhof zusammen. Alles ist hier unwirklich, einschließlich der Kostüme, denn Elisabeth hat allen das gleiche Gewand verordnet: »oben grau, sonst blau und mit einem Kragen aus schwarzem Samt«. So ist es leicht für ein Paar, sich abzusondern, denn aus der Ferne kann man sie nicht identifizieren. Diese bezaubernden Augenblicke der Zweisamkeit sind die letzten Reste eines welkenden Glücks.

Aus Überdruß oder aus Vorsicht bemüht Saltykow sich immer weniger um Katharina. »Er wurde zerstreut, manchmal geckenhaft, arrogant, leichtsinnig, und ich war darüber ärgerlich«, schreibt Katharina. Plötzlich fassen Sergej und sein Freund Leo Naryschkin den Entschluß, aufs Land zu ziehen. Eine Vorsichtsmaßregel, behauptet Sergej, um jeden Verdacht zu zerstreuen. Aber hat er nicht ganz einfach das Bedürfnis, eine Mätresse, die ihm lästig wird, für einige Zeit loszuwerden? Katharina ist verzweifelt. Der Hof soll wieder nach Moskau reisen, aber Sergej ist immer noch nicht zurück. Das großfürstliche Paar macht sich am 14. Dezember 1752 auf den Weg. Während der Reise hat Katharina plötzlich »schneidende Schmerzen«. Eine Fehlgeburt, gelobt sei Gott! Ihrer Bürde ledig, wartet sie mit Ungeduld auf die Rückkehr Sergejs aus dem selbstgewählten Exil.

Als sie ihn endlich wiedersieht, ist sie so aufgewühlt, daß sie sich bereit fühlt zu allem, um nur ihre Beziehung zu retten. Sergej jedoch gibt sich immer verschlossener und distanzierter. Er fürchtet, irgendein Spion könnte ihre Liaison der Zarin melden, sagt er zu Katharina. Sie verfällt auf die Idee, einen Vorstoß bei ihrem geschworenen Feind Bestuschew zu unternehmen, um sein Wohlwollen, zumindest aber seine Neutralität zu gewinnen. Ein gewisser Bremse, der sowohl am »kleinen Hof« wie im Hause des Kanzlers ein und aus geht, soll ihn namens der Großfürstin aufsuchen und ihm ausrichten, sie stehe ihm »nicht mehr so fern wie früher«. Der Kanzler ist entzückt von diesem Akt der Unterwerfung und zweifelt nicht mehr, nun alle Trumpfkarten in der Hand zu haben. Am folgenden Tag empfängt er Sergej Saltykow überaus freundschaftlich. »Er sprach von mir und meiner Lage nicht anders, als wenn er selbst in meinem Zimmer gelebt hätte«, schreibt Katharina. Da Bestuschew wegen des Ehebruchs, über den er offenbar ganz genau Bescheid weiß, nicht empört ist, folgert Katharina, daß er ihre Beziehung zu Sergej begünstigt. Der Kanzler, milde gestimmt, geht sogar so weit, vor seinem Besucher auszurufen: »Sie (Katharina) wird schon noch sehen, daß ich gar nicht so ein reißender Wolf bin, wie man mich ihr geschildert hat!« Sergej berichtet Katharina von diesem Ausspruch, und sie beglückwünscht sich, einen so mächtigen Verbündeten in der Hinterhand zu haben, ohne daß »irgendeine lebende Seele etwas davon ahnt«. Trotzdem ist sie sich noch nicht so recht klar über die Gründe, die einen Mann, der die Tugend der Großfürstin durch zwei Zerberusse so streng bewachen ließ, plötzlich veranlassen können, die Aktivitäten ihres Liebhabers »durch mehrere ebenso kluge wie nützliche Ratschläge« auch noch zu unterstützen.

Ein paar Tage später zeigen auch die Zerberusse selber eine veränderte Einstellung. Aus Wachhunden werden Liebesboten. Frau Tschoglokow, die, wie Katharina sagt, »immer ihren Lieblingsplan im Kopfe hatte, für die Thronfolge zu sorgen«, verwickelt die Großfürstin in ein sonderbares Gespräch. Mit ernster Miene und leiser Stimme erklärt sie ihr, daß im allgemeinen Leben eine Frau zwar zur ehelichen Treue verpflichtet sei, daß es aber auch Fälle gebe, in denen die Staatsraison einen Seitensprung gestatte, vor allem wenn es darum gehe, die Thronfolge zu sichern. Katharina ist zunächst einmal sprachlos und läßt sie reden, »denn ich wußte ja nicht, worauf sie hinauswollte, und war mir nicht klar, ob sie mir eine Falle stellte oder ob sie es ehrlich meinte«. Eine dritte Möglichkeit gibt es nicht: entweder sind Bestuschew und die Zarin wegen der Unfruchtbarkeit des Großfürsten dermaßen beunruhigt, daß sie so schnell wie möglich jemand haben wollen, der ihn im Bett vertritt, oder aber sie sind entschlossen, Katharinas Untreue zu entlarven und sie zu vernichten. Vorsichtshalber tut Katharina, als verstehe sie nicht, was Frau Tschoglokow ihr mit geheimnisvoller Miene ins Ohr flüstert. Da läßt diese die Maske fallen und sagt: »Sie werden sehen, daß ich mein Land liebe und wie ehrlich ich es meine. Ganz gewiß haben Sie ein Auge auf jemand geworfen, den Sie besonders gern haben. Ich lasse Ihnen die Wahl: Sergej Saltykow oder Leo Naryschkin. Wenn ich nicht irre, ist es Saltykow.« Katharina schreit auf: »Aber nein, überhaupt nicht!« Triumphierend gibt Frau Tschoglokow zurück: »Nun gut, dann ist es eben der andere. Der muß es dann sein!« Und sie fährt fort: »Sie werden sehen, daß ich die letzte bin, die Ihnen Schwierigkeiten bereiten würde.« – »Ich stellte mich so entschieden dumm, daß sie mich dafür schalt, und zwar mehrmals, sowohl in der Stadt wie auf dem Land«, schreibt Katharina.[6] Bestuschew seinerseits nimmt Saltykow ins Gebet. Der aber ist im Grunde schon dabei, sich von der Großfürstin zu lösen. Schon hält er Ausschau nach Neuem. Mit ungeschickten Worten wirft Katharina ihm seine Unbeständigkeit vor. Er verteidigt sich mit Scheinargumenten, und sie läßt sich abspeisen: »Er gab mir so gute und einleuchtende Gründe, daß alle meine Sorgen in diesem Punkte zerstreut waren, sobald ich ihn nur sah und sprechen konnte.« Einstweilen entfaltet sie alle Künste der Koketterie, um ihn hin und wieder doch in ihr Bett zu locken, wobei es ihr selbstverständlich nur auf die Lust ankommt; Frau Tschoglokow und Graf Bestuschew hingegen und mit ihnen die Zarin hoffen darauf, daß der Geliebte sie auch zu schwängern weiß.

Im Mai 1753 stellt sie »neuerliche Anzeichen der Schwangerschaft« an sich fest. Trotz ihrer Müdigkeit reist sie mit dem Hof umher, nimmt im offenen Cabriolet an Ausflügen und Jagdpartien teil und schläft dabei im Zelt. Nach der Rückkehr nach Moskau hat sie im Anschluß an einen Ball mit Souper zum zweiten Mal eine Fehlgeburt mit starken Schmerzen. »Dreizehn Tage lang schwebte ich in höchster Gefahr, denn es bestand der Verdacht, daß ein Teil der Nachgeburt zurückgeblieben war . . . Endlich am dreizehnten Tage ging er von alleine ab. Sechs Wochen lang mußte ich dieses Zufalls wegen bei unerträglicher Hitze in meinem Zimmer bleiben.« Die Zarin besucht sie und scheint »sehr betroffen«. Mit gutem Grund, denn sie hatte große Hoffnungen auf ein Arrangement gesetzt, das dem Bastard Katharinas einen Anschein von Legitimität sichern sollte. Saltykow seinerseits sagt sich, daß das Mißgeschick ihn verpflichtet, den ihm auferlegten Dienst an einer Dame, die er kaum noch liebt, weiter zu versehen. Solange er seine Aufgabe als Deckhengst nicht erfüllt hat, kommt er nicht los. Und der Großfürst? Hat er ernstlich geglaubt, er würde Vater werden? Das darf wohl bezweifelt werden. Abgesehen davon, daß die seltenen Augenblicke der Intimität mit seiner Gattin äußerst enttäuschend für ihn waren, weiß er viel zu gut, wie verliebt sie in Sergej Saltykow ist, um nicht Verdacht zu schöpfen, sie sei von diesem Mann schwanger. Er muß die Rolle des gutwilligen Hahnreis spielen und darf sich noch nicht einmal beklagen, da die Kaiserin selbst den Betrug deckt. Ein chirurgischer Eingriff hat ihn zur Liebe frei gemacht, Frau Groot hat ihn in die Geheimnisse des Bettes eingeweiht, aber noch immer ist er in seiner Unschuld ein halbes Kind. Er haßt seine Frau und schert sich den Teufel darum, ob sie ihn betrügt; er ist voller Wut und grinst dabei. Er möchte dieser Erwachsenenwelt entfliehen und sucht wie üblich Vergessen beim Spiel und beim Wein. Sein Lieblingsdiener, ein Ukrainer, versorgt ihn mit scharfen Schnäpsen. Er besäuft sich mit seinen Domestiken, und wenn diese im Rausch den Respekt vergessen, den sie einem Großfürsten schulden, dann schlägt er sie mit dem Stock oder dem flachen Degen. Als Katharina eines Tages in sein Zimmer tritt, sieht sie eine große Ratte, die der Großfürst »mit der ganzen Umständlichkeit einer Hinrichtung« aufgehängt hat. Auf die Frage, was das zu bedeuten habe, erwidert er, die Ratte sei schuldig, zwei Soldaten aus Stärkemehl aufgefressen zu haben; deshalb habe sie nach dem Kriegsrecht zum Tode verurteilt werden müssen, vor dem Hängen habe ihr ein Hund die Knochen gebrochen, und nun bleibe sie drei Tage lang zur Abschreckung am Galgen. Katharina hält das für einen Scherz und bricht in Lachen aus, worauf Peter finster wird. Wenn seine Frau nicht mehr bereit ist, an seinen Spielen teilzunehmen, was hat er dann noch von ihr?

Die Sache mit der gehenkten Ratte hat auf Katharina einen tiefen Eindruck gemacht. Andere Ratten fallen ihr wieder ein, als sie später an die vergangenen Zeiten zurückdenkt. Zum Beispiel jene, die sie zu Beginn des Winters beim Brand von Schloß Annenhof in Moskau gesehen hat. »Ich habe damals etwas sehr Sonderbares gesehen, nämlich die unglaubliche Menge von Ratten und Mäusen, die ohne Hast hintereinander die Treppe herabkamen«, schreibt sie. Sämtliche Kleider der Kaiserin – immerhin nicht weniger als viertausend – wurden ein Raub der Flammen, aber Katharinas Bücher sind wie durch ein Wunder gerettet worden. Sie ist froh darüber, denn in Rußland sind Bücher eine Kostbarkeit, die schwerer wiederzubeschaffen ist als Garderobe. Das großfürstliche Paar hat kein Dach mehr über dem Kopf und findet vorerst im Hause Tschoglokow eine Bleibe: »Der Wind pfiff überall durch, Türen und Fenster waren vermodert, die Risse im Fußboden waren drei bis vier Finger breit, und außerdem wimmelte es von Ungeziefer.«

Im Februar 1754, vier Monate nach ihrer zweiten Fehlgeburt, stellt Katharina fest, daß sie abermals schwanger ist. Diesmal erwartet die Kaiserin, daß das Kind ausgetragen wird; Sergej Saltykow hegt die gleiche Hoffnung, denn er liebt das flüchtige Abenteuer und fühlt sich durch diese langdauernde, quasi offizielle Liaison beengt. Katharina errät seine Gedanken und wird traurig. »Langeweile, Kränklichkeit und die körperlichen und geistigen Unzuträglichkeiten meiner Lage hatten mich ganz hypochondrisch gemacht«, schreibt sie. Im zugigen

Quartier bei den Tschoglokows harrt sie fröstelnd der Besuche ihres Liebhabers, der sich inzwischen anderswo vergnügt. Frau Tschoglokow sitzt ihr gegenüber und klagt ihrerseits, daß ihr Mann mit Freunden auswärts diniert. »So läßt man uns also im Stich!« seufzt sie, und Katharina muß zustimmen: sie sind beide wirklich nicht zu beneiden. »Alles das versetzte mich in eine sehr elende Laune.« Frau Tschoglokow, die sich so sehr über die Seitensprünge ihres Mannes entrüstet, verliebt sich übrigens bald darauf leidenschaftlich in den Fürsten Repnin und zeigt Katharina die feurigen Briefe ihres Liebhabers. Unterdessen stirbt Tschoglokow an einer »trockenen Kolik«, und da die Zarin der Ansicht ist, für eine Witwe schicke es sich nicht, am gesellschaftlichen Leben teilzunehmen, wird Frau Tschoglokow ihrer Funktionen bei der Großfürstin entkleidet. Katharina ist darüber sehr unglücklich, denn ihre einstige Feindin ist inzwischen zur Komplizin geworden. Ihre Enttäuschung verwandelt sich in Entsetzen, als sie erfährt, wer sie künftig überwachen soll: Alexander Schuwalow, der Onkel des neuen Liebhabers der Zarin und Chef der geheimen politischen Polizei. Diese gefürchtete Persönlichkeit ist mit einem Tick behaftet: von Zeit zu Zeit zuckt die ganze rechte Gesichtshälfte vom Kinn bis zum Auge krampfhaft zusammen. »Es ist unglaublich, daß man diesen so häßlich grimassierenden Mann dafür auswählen konnte, ständig einer schwangeren jungen Frau gegenüberzusitzen; wenn ich ein Kind zur Welt gebracht hätte, das diesen unseligen Tick hat, dann hätte sich die Kaiserin wohl sehr darüber geärgert.«

Ende Mai 1754 trifft der ganze Hof Vorbereitungen für die Übersiedelung von Moskau nach St. Petersburg. Das bedeutet eine Reise von neunundzwanzig Tagen. Nach ihrem eigenen Wort stirbt Katharina vor Angst bei dem Gedanken, Sergej Saltykow könnte vielleicht nicht mitkommen. Jetzt hat er sie ja geschwängert und ist daher für die großen Strategen rund um den Thron nicht mehr von Interesse. Aber nein, die Zarin entscheidet anders. Gewiß mit Rücksicht auf die zarten Nerven der werdenden Mutter wird ihr Liebhaber in ihr Gefolge aufgenommen. Allerdings hat er »wegen Zwanges und der ständigen Gegenwart Schuwalows« kaum Gelegenheit, sich ihr zu nähern. »Ich langweilte mich im Wagen wie ein Hund und weinte immerzu«, schreibt Katharina.

In St. Petersburg logiert das großfürstliche Paar wieder im

Sommerpalast. Peter veranstaltet dort Konzerte und gibt sich alle Mühe, als Geiger im Orchester mitzuhalten. Katharina, durch die Schwangerschaft unförmig geworden, nutzt die Gelegenheit, um sich heimlich aus dem Saal zu stehlen und zwischen Tür und Angel ein paar zärtliche Worte mit ihrem Liebhaber zu wechseln. Je näher der Termin der Niederkunft rückt, desto tiefer ist sie überzeugt, daß an höchster Stelle ein Komplott gegen ihr Glück geschmiedet wird. »Immer hatte ich Tränen im Auge, und tausend Ängste gingen mir durch den Kopf; mit einem Wort, ich wurde den Gedanken nicht los, daß alles darauf hinauslief, Sergej Saltykow zu entfernen.« In dem Augenblick, da sie Mutter werden soll, richten sich ihre Gedanken also nicht auf das Kind, das sie gebären wird, sondern auf den Mann, der sie die Fleischeslust lehrte. Als Alexander Schuwalow ihr das Appartement zeigt, das eigens für die Wöchnerin vorbereitet ist, fühlt sie sich »fast tödlich getroffen«: es liegt unmittelbar neben den persönlichen Gemächern der Zarin. Sie wohnt in Hörweite der Kaiserin, wird Sergej also nicht empfangen können, wie sie gerne möchte. Sie ist abgeriegelt, eingesperrt und »todunglücklich«. Niedergeschlagen inspiziert sie die beiden mit karmesinrotem Damast ausgeschlagenen und spärlich möblierten Zimmer, in denen der Erbe des russischen Thrones geboren werden soll. Und wenn es gar kein Thronerbe ist, wenn sie ein Mädchen gebiert? Wie wird die Kaiserin auf eine solche Enttäuschung reagieren? Wird sie sich rächen, indem sie Sergej endgültig vom Hofe verbannt, oder wird sie ihn für einen nochmaligen Versuch behalten?

In der Nacht vom 19. auf den 20. September 1754, neun Jahre nach ihrer Hochzeit, wird Katharina von heftigen Schmerzen geschüttelt. Von der Hebamme alarmiert, eilen der Großfürst, Graf Alexander Schuwalow und die Kaiserin herbei, um der Geburt beizuwohnen. Gegen Mittag schwenkt die Hebamme in ihren blutigen Händen ein brüllendes Fleischpaket: es ist ein Junge, Peter Paul. Die Zarin frohlockt. Kaum ist das Neugeborene gewaschen, in Windeln gewickelt und von einem Priester mit der Nottaufe versehen, läßt sie es durch die Hebamme in ihre Räume bringen. Dort wird sie es so lange in ihrer Obhut behalten, wie es ihr notwendig dünkt. Kaum hat Katharina das Kind zur Welt gebracht, hat sie auch schon alle Rechte an ihm verloren. Sie war nur der Bauch, dem man nun seinen

Inhalt weggenommen hat, und interessiert niemanden mehr. Im Handumdrehen ist sie völlig verlassen in ihrem Zimmer. Das Wochenbett steht zwischen der Tür und zwei schlecht schließenden großen Fenstern. Ein eisiger Luftzug weht durch den Raum.

»Ich hatte viel geschwitzt; ich bat Frau Wladislaw, mir frische Wäsche anzuziehen und mich zu Bett zu bringen, aber sie antwortete, daß sie nicht wage, das zu tun. Einige Male schickte sie nach der Hebamme, aber sie kam nicht; ich verlangte zu trinken, aber wieder erhielt ich die gleiche Antwort. Endlich kam nach drei Stunden die Gräfin Schuwalow in großem Aufputz. Als sie mich noch an der gleichen Stelle sah, an der sie mich verlassen hatte, schrie sie auf und meinte, ich hätte mir ja den Tod holen können. Das war ein schöner Trost für mich, die ich schon in Tränen schwamm, seit ich niedergekommen war, zumal der völligen Verlassenheit wegen, in der ich mich fand: nach einer schweren und schmerzhaften Geburt war ich schlecht und unbequem gebettet, niemand wagte, mich in mein Bett zu tragen, und ich hatte nicht die Kraft mich hinüber zu schleppen, obwohl es nur zwei Schritte entfernt war. Frau Schuwalow ging sogleich wieder, und ich denke, sie ließ die Hebamme rufen, denn diese erschien eine halbe Stunde danach und sagte, die Kaiserin sei so stark mit dem Kinde beschäftigt, daß sie sie nicht für einen Augenblick habe gehen lassen wollen. An mich dachte niemand . . . Ich konnte inzwischen verhungern und verdursten. Endlich brachte man mich ins Bett, und dann bekam ich für den Rest des Tages keine Menschenseele mehr zu sehen; man schickte nicht einmal jemanden, um sich nach mir zu erkundigen. Der Großfürst hatte nichts besseres zu tun als mit jedem, den er traf, zu trinken, und die Kaiserin war ganz mit dem Kind beschäftigt.«[7]

Kaum einer der Zeitgenossen hat dieses Kind als den Sohn des Thronfolgers betrachtet. Zwar entwickelt Paul, je mehr er heranwächst, eine gewisse Ähnlichkeit mit Peter: er wird ebenso häßlich. Aber wenn man ihre Bildnisse als erwachsene Menschen nebeneinanderhält, springt die Unähnlichkeit ins Auge. Pauls breite Bulldogschnauze hat nichts gemein mit dem langgezogenen Mondgesicht von Katharinas Gatten. Was ihren Charakter angeht, so sind zwar beide wankelmütig, ängstlich und grausam, aber diese verwandten Züge lassen sich durch die Erziehung erklären, die sie beide im drückenden

Schatten Elisabeths empfangen haben. Übrigens läßt Katharina in ihren Memoiren recht deutlich durchblicken, daß Sergej Saltykow der Vater des Kindes war. Und die Zarin zeigt durch ihr Verhalten, indem sie den Säugling sofort nach der Geburt in ihre eigene Obhut nimmt, daß sie nicht nur auf die Mutter wenig Rücksicht nimmt, sondern sich genausowenig um den Vater schert. An dem Kind aber nimmt sie ein so lebhaftes Interesse, daß einige in ihren Vermutungen noch weiter gehen. Sie hat die Wiege Pauls in ihr Zimmer stellen lassen. »Kaum ließ er einen Schrei hören, war sie sogleich selbst zur Stelle und erstickte ihn buchstäblich mit ihrer Fürsorge.« In den Depeschen des Marquis de l'Hopital, eines französichen Diplomaten, an den Hof von Versailles, spiegeln sich die sonderbaren Gerüchte, die in St. Petersburg in Umlauf sind. »Man sagt«, schreibt er, »dieses Kind sei das der Zarin selber, die es mit dem Sohn des Großfürsten vertauscht habe.« Das ist gewiß bloßes Salongeschwätz, zeigt aber deutlich, daß die Herkunft des kleinen Paul Petrowitsch damals für viele Leute alles andere als eindeutig war.[8]

Alleingelassen mit ihrer Verzweiflung und ihrem Fieber, läßt Katharina dennoch kein Wort der Klage über ihre Lippen kommen. »Dazu war ich viel zu stolz, und der bloße Gedanke, unglücklich zu sein, war mir unerträglich.« Ebenso vermeidet sie es, sich nach ihrem Sohn zu erkundigen, den sie immer noch nicht zu Gesicht bekommt. Eine derartige Neugier wäre als Zweifel aufgefaßt worden, ob die Kaiserin auch richtig für das Kind sorge, und wäre entsprechend »übel aufgenommen« worden. Für eine junge Mutter, der man so brutal das Neugeborene weggenommen hat, ist das schon ein merkwürdiger Skrupel. Können denn die Forderungen der Etikette die natürlichen Regungen der Mütterlichkeit so total ersticken? Tatsächlich aber macht sich Katharina weit mehr Sorgen um ihre Zukunft als um die Zukunft ihres Kindes. Dennoch bekommt sie es eines Tages für einen Augenblick zu sehen und ist sogleich beunruhigt. »Man hatte ihn in einen sehr heißen Raum gelegt, in Flanell gehüllt und in eine Wiege, die mit schwarzem Fuchsfell ausgeschlagen war; zugedeckt war er mit einer wattegefütterten Steppdecke aus Seide, und darüber breitete man noch eine Decke aus rosenfarbenem Samt, die mit schwarzem Fuchspelz ausgefüttert war. Ich selbst habe ihn später oft so liegen sehen; der Schweiß lief ihm über das Gesicht und den ganzen

Körper herab, und das ist auch der Grund, warum er, als er größer wurde, sich beim geringsten Luftzug erkältete und krank wurde. Außerdem war eine große Zahl alter Frauen um ihn, die wenig gesunden Menschenverstand hatten und ihm mit schlecht verstandener Pflege körperlich und geistig mehr geschadet als Gutes getan haben.«

Am Tag der Taufe bringt die Kaiserin Katharina unmittelbar nach der Feier auf einem goldenen Tablett eine Schenkungsurkunde über 100 000 Rubel und eine Kassette mit ein paar Juwelen: der Mutterlohn für eine Großfürstin. Das Geld ist ihr willkommen, denn sie hat, wie sie selber gesteht, »keinen Pfennig mehr« und ist »bis über beide Ohren verschuldet«. Von den Juwelen aber ist sie enttäuscht. »Es war ein ziemlich jämmerliches Collier mit Ohrgehänge und zwei Ringe, die ich mich geschämt hätte meinen Kammerfrauen zu schenken. In dem ganzen Kästchen war kein Stein, der auch nur hundert Rubel wert gewesen wäre.« Fünf Tage danach, sie ist noch beim Plänemachen, wie sie das Geld am besten verwendet, kommt Baron Tscherkassow, der Kabinettssektretär der Zarin, und bittet sie, auf das Geld zu verzichten, da die Kassen Ihrer Majestät leer seien. Katharina schickt das Geld zurück – drei Monate später erhält sie es wieder – und erfährt bald darauf, daß ihr Mann die 100 000 Rubel genommen hat, die man ihr wieder nahm. Und in der Tat hat Peter verlangt, für diese Geburt, für die er höchstwahrscheinlich nichts kann, ein mindestens gleichwertiges Geschenk zu erhalten wie seine Frau. Vielleicht soll das ein Ausgleich sein für sein notorisches eheliches Mißgeschick.

Von den Festen und Bällen, den Banketten und Feuerwerken, mit denen die Geburt jubelnd gefeiert wird, dringt nur ein fernes Echo in Katharinas Alkoven. Und siebzehn Tage nach der Niederkunft trifft sie ein harter Schlag: die Kaiserin hat beschlossen, Sergej Saltykow an den schwedischen Hof zu entsenden, um die Nachricht von der Geburt des kleinen Paul Petrowitsch offiziell zu überbringen. Ausgerechnet derjenige, den alle Welt für den illegitimen Vater hält, wird also die Glückwünsche entgegenzunehmen haben, die dem rechtmäßigen Vater gelten. Die Mission, mit der er betraut wird, sieht sehr nach einer Strafexpedition aus. Er spürt, wie sehr sie ihn der Lächerlichkeit preisgibt, und macht sich auf den Weg. Katharina bleibt mit ihrem Kummer allein. »Ich tat so, als hätte ich wieder starke Schmerzen im Bein und könnte deshalb nicht aufstehen, aber in Wahrheit war ich einfach so tief betrübt, daß ich niemanden sehen konnte noch wollte.«[9]

Am vierzigsten Tage, zum Fest des ersten Kirchgangs der Wöchnerin, erlaubte die Kaiserin endlich, daß man Katharina das Kind zeigte. »Ich fand es schön und erfreute mich ein wenig an seinem Anblick«, schreibt sie. Man läßt sie es für die Zeit der Gebete aus der Ferne betrachten und bringt es dann sogleich wieder fort.

Am 1. November 1754 plötzlich großer Aufruhr: Diener bringen eilig ein paar schöne Möbel in das Zimmer neben Katharinas Schlafgemach, und im Handumdrehen kommt Wärme und Glanz in den trostlos finsteren Raum. Man könnte meinen, im Theater zu sein, kurz bevor der Vorhang aufgeht. Als der Dekor fertig aufgebaut ist, setzt Frau Wladislawa die Großfürstin auf einen Diwan aus silberbesticktem rosa Samt, und alle Höflinge marschieren vor ihr auf, um ihr Glückwünsche darzubringen. Danach werden die Möbel wieder hinausgeschafft, und die Heldin des Festes hockt wieder allein und vergessen in ihrem Winkel.

Zum Trost stürzt sie sich wieder in die Lektüre. Mit Begeisterung verschlingt sie die *Annalen* von Tacitus, »die einen seltsamen Aufruhr in meinem Kopf verursachten«, den *Essai sur les moeurs et l'esprit des nations* von Voltaire und Montesquieus *Esprit des lois.* Von Montesquieu empfängt sie eine Lektion in Liberalismus; sie beginnt, über die Auswüchse der autokratischen Herrschaft nachzudenken, und träumt von einem Regime der Weisheit, Gerechtigkeit und Güte. Voltaire lehrt sie, wie wohltätig die Vernunft sich auf die Führung der öffentlichen Angelegenheiten auswirkt, und daß auch der Despotismus erfolgreich sein kann, wenn er nur »aufgeklärt« ist. Bei Tacitus lernt sie, die historischen Ereignisse mit dem kühlen Blick eines unbestechlichen Beobachters zu analysieren. Dazu liest sie »alle russischen Bücher, die sie sich beschaffen kann«, nicht in der Erwartung, auf Gedanken zu stoßen, die sie innerlich bereichern, sondern lediglich, um sich im Gebrauch der Sprache ihrer neuen Heimat zu üben. Denn trotz aller Demütigungen, trotz ihrer Einsamkeit und ihrer Angst vor der Zukunft glaubt sie noch immer, daß dieses ungastliche Land ihr Schicksal ist. Der Rückweg nach Deutschland ist ihr verlegt. Vorwärts muß sie gehen, es komme, was da wolle.

Feucht und kalt ist es in ihrem kleinen Zimmer, dessen Fenster der Newa zu liegen. Nebenan hört sie Tag und Nacht den Großfürsten und seine Freunde bei ihren Gelagen diskutieren und lachen; sie machen »einen Lärm wie ein Garderegiment«. Die Nachrichten aus Schweden, die sie, selten genug, auf Umwegen erreichen, sind beunruhigend. Die Kaiserin soll über das Schicksal Sergej Saltykows bereits entschieden haben: sobald er aus Stockholm zurück ist, wird sie ihn als ständigen Vertreter Rußlands nach Hamburg entsenden. Damit wird die Trennung entgültig sein. Kurz vor Ende des Karnevals taucht Saltykow wieder in St. Petersburg auf, und zitternd vor Hoffnung gibt Katharina ihm ein Rendezvous in ihrem Zimmer. Bis drei Uhr in der Frühe wartet sie »in tödlicher Spannung« – vergeblich. Am nächsten Tag läßt er ihr durch seinen Freund Naryschkin ausrichten, er sei über die verabredete Zeit hinaus in einer Freimaurerloge festgehalten worden. Aber Katharina läßt sich nicht täuschen. »Es war sonnenklar für mich, daß er aus Gleichgültigkeit und mangelndem Interesse an mir nicht gekommen war – ohne Rücksicht darauf, daß ich aus purer Neigung zu ihm so lange gelitten hatte . . . Um die Wahrheit zu sagen, fühlte ich mich dadurch sehr gekränkt.«

Sie schreibt ihm einen Brief voller Vorwürfe, und diesmal eilt er zu ihr. Sobald das Feuer seiner Augen auf sie fällt, schmilzt sie dahin wie in den ersten Tagen ihrer Beziehung. »Er hatte es nicht schwer, mich zu besänftigen, denn dazu war ich nur allzu willig«, notiert sie unbefangen. Doch schon bald ahnt sie, daß er nur noch aus Mitleid zu ihr kommt. Statt Liebesbeteuerungen hört sie Ratschläge, sie solle sich amüsieren, ausgehen, Gesellschaften besuchen, mit anderen Worten ihn vergessen. Deutlicher geht es nicht mehr: dies ist eine endgültige Trennung. Erst ist Katharina fassungslos, aber dann nimmt sie sich in einer Anwandlung von Stolz zusammen. Dieser Schlag wirft sie nicht nieder, sondern gibt ihr neue Kraft. »Ich faßte den Entschluß, diejenigen, die mir so viele Leiden zugefügt hatten, fühlen zu lassen, daß ich dafür sorgen würde, daß man mich nicht ungestraft kränkt.« Die erste Äußerung dieses jugendlichen Trotzes ist der Entschluß, am 10. Februar wieder am Hofe zu erscheinen, und zwar nicht als Opfer, sondern als Eroberin; dafür läßt sie sich eigens ein prunkvolles Kleid aus goldbesticktem blauem Samt machen. Ihr Auftritt in den Salons erregt Aufsehen; sie zieht neugierige und bewundernde Blicke auf sich. Durch die Mutterschaft ist sie noch schöner geworden. Sie ahnt, daß viele der Anwesenden ihr nicht wohlgesonnen sind, und das veranlaßt sie zu noch stolzerer Haltung und noch schärferen Sarkasmen. Mit funkelnden Augen und einem spöttischen Lächeln schreitet sie durch die Gruppen der Höflinge und läßt hin und wieder eine bissige Bemerkung fallen. Vor allem die Schuwalows sind ihre bevorzugte Zielscheibe. Ihre Bonmots machen die Runde, werden kommentiert, und man wundert sich: ist das noch die naive und fügsame Großfürstin, wie man sie in den letzten Jahren gekannt hat und über deren Liebesaffären man sich amüsierte? Eine ganz neue Katharina kommt da zum Vorschein, hat vielleicht zugleich mit ihrem Sohn das Licht der Welt erblickt: eine harte, entschlossene und mißtrauische Katharina. »Ich hielt mich sehr gerade und ging mit erhobenem Haupte eher wie der Anführer einer sehr großen Partei als wie ein gedemütigter und unterdrückter Mensch«, schreibt sie, und sie fügt hinzu, Alexander Schuwalow und dessen Freunde seien über diese Veränderung so verblüfft gewesen, daß sie »für einen Augenblick weder aus noch ein wußten«.[10]

Da allerdings wiegt sie sich in Illusionen. So überlegen sie sich auch gibt: Angst haben die Salontiger noch nicht vor ihr. Allenfalls sagt sich der eine oder andere, daß Ihre Hoheit Charakterstärke besitzt und daß man bei Ausbalancieren des politischen Kräftespiels künftig auch mit ihr zu rechnen hat. Im Frühjahr 1755 tritt Sergej Saltykow seinen neuen Posten in Hamburg an. Seine Abreise hinterläßt in Katharinas Leben eine schreckliche Leere. Aber sie verbietet es sich aus Stolz, diesem Mann nachzuweinen, der ihrer überdrüssig geworden ist. Sie wird ihn nie wiedersehen.[11]

8. KAPITEL

Erste politische Scharmützel

Der Großfürst bemerkt ebenfalls bald die Veränderung, die in Katharina vorgegangen ist. Bei einem Essen in seinem Zimmer sagt er ihr, sie beginne »unerträglich hochmütig« zu werden, lasse es an Achtung gegenüber den Schuwalows fehlen und zeige eine sehr aufrechte Haltung; das aber könne er nicht dulden. »Ich fragte ihn, ob man ihm zuliebe vielleicht den Rücken beugen müsse wie die Sklaven des Sultans«, schreibt Katharina. »Er wurde zornig und sagte, er werde mich schon zur Vernunft zu bringen wissen.« Um seinen Worten Nachdruck zu verleihen, zieht er den Degen halb aus der Scheide, aber Katharina läßt sich nicht beeindrucken; sie lacht über seine Geste, und er steckt die Waffe wieder ein und brummt, sie sei doch wirklich »entsetzlich boshaft«.

Er selbst beeilt sich übrigens ebenfalls, einem Hof gegenüber, der ihn nicht ernst nimmt, eine festere Haltung einzunehmen. Aber er wählt den genau entgegengesetzten Weg. Seine Leidenschaft für das Herzogtum Holstein, dessen Verweser er geblieben ist, hat mit den Jahren noch zugenommen. Sein Verlangen nach dem militärischen Klima Deutschlands ist so groß, daß er Alexander Schuwalow mit Verprechungen für die Zukunft überschüttet, wenn er nur jetzt keine Schwierigkeiten macht, daß ein holsteinisches Truppenkontingent nach Rußland kommt. Alexander Schuwalow sieht darin bloß eine Laune eines jungen Mannes, dem es an Betätigungsmöglichkeiten fehlt, und überredet die Zarin, den harmlosen Wunsch ihres Neffen zu erfüllen. Die Einheit, die per Schiff aus Kiel gekommen ist, wird in Oranienbaum einquartiert. Zum Empfang »seiner Landsleute« hat Peter, ganz außer sich vor Freude, die Uniform der Holsteinischen Regimenter angelegt. »Ich zitterte bei dem Gedanken, welch widerwärtigen Eindruck der Großfürst in diesem Aufzug auf die russische Öffentlichkeit und auch auf die Zarin machen mußte, deren Einstellung mir ja bekannt war«, schreibt Katharina. Und sie behält recht. Die in Oranienburg liegenden Gardeoffiziere murren: »Diese verfluchten Deutschen sind alle vom Preußenkönig gekauft, das sind lauter Verräter.« Und die einfachen Soldaten schimpfen, sie seien nur noch die »Diener« der Neuankömmlinge. Die Lakaien am Hofe beklagen sich, diesen »Sauhaufen« bedienen zu müssen. Und Katharina begreift, daß Peter sich durch sein kindisches Verhalten die Sympathien eines Teils der russischen Armee verscherzt hat. Während er voll Begeisterung für »seine Truppen« in ein Lager in der Nähe des Palastes zieht, gibt sie beflissen zu verstehen, daß sie sein Betragen mißbilligt. Bald kennt man ihre Ansichten in den Kasernen, machen ihre Worte in Zelten und an Lagerfeuern die Runde. Neben ihrem Mann, der als Verräter an Rußland gilt, wirkt sie wie die Verkörperung der nationalen Tradition. Die ausländischen Diplomaten beobachten aufmerksam das taktische Spiel und berichten ihren jeweiligen Regierungen darüber.

Im Jahre 1755 schickt England einen neuen Botschafter nach St. Petersburg; angesichts des unvermeidbar gewordenen Bruches mit Frankreich setzt London auf die Erneuerung des Bündnisvertrages mit Rußland. Sir Charles Hanbury Williams, ein weltmännischer, gefälliger und gebildeter Herr, versucht vergebens, zwischen zwei Tänzen ein ernsthaftes politisches Gespräch mit der Zarin anzuspinnen, und findet es schließlich klüger, sich um die Großfürstin zu bemühen, von der es heißt, daß sie bei Bestuschew einigen Kredit genieße. Sagt man nicht auch, Ihre Hoheit habe ein Faible für schöne Männer? Ihre galanten Abenteuer mit Saltykow haben ihr den Ruf einer großen Liebenden eingetragen. Und sie ist noch ganz verstört durch den Bruch mit ihrem Liebhaber – um so mehr, als sie soeben erfahren hat, daß Sergej in Schweden »allen Frauen, denen er begegnet war, davon erzählt hatte«.[1]

»Es ist mein Unglück, daß mein Herz ohne Liebe nicht eine Stunde zufrieden sein kann«, schreibt sie. Nun hat Sir Williams genau das zu bieten, was ein so unersättliches Herz zufriedenstellen kann. Zu alt, um selbst die Großfürstin zu verführen (er ist vierundsechzig), bringt er einen charmanten jungen Mann aus seiner Begleitung ins Spiel, den Grafen Stanislaus-August Poniatowski. Mütterlicherseits entstammt er einer der vornehmsten Familien Polens: seine Mutter ist eine Czartoryski. Er ist dreiundzwanzig Jahre alt, hat viel gelesen, spricht mehrere Sprachen, hat ein wenig Philosophie geleckt und alle Höfe Europas besucht, er verkehrt in den feinsten Salons, hat in Paris die Achtung der Madame Geoffrin gewonnen, die er »Mama« nennt, und fühlt sich überall zu Hause – mit einem Wort: dieser junge Edelmann ist ein Kosmopolit reinsten Wassers. Gewiß hat dieser Pariser Pole trotz einer angenehmen Erscheinung nicht die majestätische Schönheit eines Sergej Saltykow, aber kaum hat Katharina ihn gesehen, kaum hat sie ihn gehört, so ist sie hingerissen. In ihren Augen verkörpert er jene geistige Eleganz, die sie am russischen Hof so schmerzlich vermißt und die sie manchmal in der Stille ihres Zimmers wiederfindet, wenn sie Voltaire oder Madame de Sévigné liest. Daß dieser vollendete Kavalier in Wahrheit ein schüchterner und gefühlvoller Jüngling ist, für den die Frauen Wesen höherer Art und die Regungen des Herzens Manifestationen göttlicher Kräfte darstellen, weiß sie noch nicht, aber sie wird es bald erfahren. Obwohl er so weit gereist ist, hat er sich, wie er sagt, allen »tierischen Berührungen« entzogen, als habe er sich eigens »für jene eine bewahren wollen, die seitdem sein Schicksal regiert«.[2] Ein Neuling in der Liebe, erschauert er vor Glück in den Armen der Frau, die die einzige Leidenschaft seines Lebens bleiben wird.

»Sie war fünfundzwanzig Jahre alt«, schreibt er, »und war kaum erst von ihrer ersten Niederkunft wieder erstanden; ihre Schönheit hat jenen Grad erreicht, der für jede Frau, der es vergönnt ist, schön zu sein, den Höhepunkt darstellt. Zu ihrem schwarzen Haar hatte sie eine blendend weiße Haut, sehr lange schwarze Augenbrauen, eine griechische Nase, einen Mund, der nach Küssen zu verlangen schien, vollkommene Arme und Hände, einen schlanken, eher großen als kleinen Wuchs, einen äußerst beschwingten und dennoch höchst vornehmen Gang, eine angenehm klingende Stimme und eine fröhlich lachende Gemütsart.«[3] Doch scheut sich Poniatowski, den ersten Schritt zu tun. Was er über das traurige Los in Ungnade gefallener Günstlinge russischer Zarinnen und Großfürstinnen gehört hat, verstärkt noch seine angeborene Schüchternheit. Der lebenslustige Leo Naryschkin ist es, der dem jungen Polen Mut macht, aufs Ganze zu gehen – der gleiche Naryschkin, der schon der Liebschaft zwischen Katharina und Sergej Saltykow zu Hilfe kam. Dieser geborene Kuppler hat kein anderes Ziel im Leben als Amüsement und Ausschweifung. Ist er selbst auch Katharinas Liebhaber gewesen? Vielleicht gelegentlich einmal aus Laune und zur Zerstreuung, weil er sonst nichts zu tun hatte. Auf jeden Fall weiß er alle Geheimnisse der jungen Frau und kennt im voraus alle ihre Wünsche. Von ihm gedrängt, vegißt Stanislaus, »daß es ein Sibirien gibt«.

Katharina ist amüsiert und läßt sich leicht mitreißen. In ihrem Zimmer, in das Leo Naryschkin den ängstlichen Liebhaber trieb, werden die ersten Küsse ausgetauscht. »Ich kann mir das Vergnügen nicht versagen, auch noch die Kleidung zu notieren, in der ich sie an jenem Tage traf«, schreibt Stanislaus. »Sie trug ein schlichtes Kleid aus weißem Satin mit leichtem Spitzenbesatz und rosa Bändern als einzigem Schmuck.« Katharina führt den Jüngling in die Freuden der körperlichen Liebe ein. »Durch einen merkwürdigen Umstand konnte ich ihr, obwohl schon dreiundzwanzig, etwas bieten, was noch niemand vor ihr besessen hatte«, fügt er hinzu. Von diesem Tage an waren die nächtlichen Eskapaden, zwei bis dreimal pro Woche, zur Gewohnheit. Sobald Frau Wladislawow die junge Frau zu Bett gebracht und der Großfürst sich in sein Zimmer zurückgezogen hat (seit der Geburt schlafen sie getrennt), schleicht Leo Naryschkin sich in die Gemächer ein und maunzt wie eine Katze vor der Tür der Großfürstin. Das ist das Zeichen. Sie springt auf, richtet ihr Frisur, kleidet sich als Mann und gesellt sich zu ihrem Besucher im düsteren Vorraum. Ein Wagen bringt sie durch die schlafende Stadt zum Haus Naryschkins, wo Anna (die Schwägerin Naryschkins) und Stanislaus auf sie warten. »Der Abend verging auf die ausgelassenste Art, die man sich nur denken kann«, notiert Katharina. Manchmal holt Stanislaus sie mit dem Schlitten ab. Sie schleicht sich durch den Dienstboteneingang aus dem Palast und fliegt ihm zitternd vor Ungeduld und Angst entgegen. Er steht im Mondlicht im Schnee und schließt die schlanke junge Frau in Männerkleidern, die ihre Haarfülle unter einem breitkrempigen Hut verborgen hat, in seine Arme. »Einmal, wie ich so wartete«, schreibt Poniatowski, »strich plötzlich ein niederer Offizier um mich herum und stellte sogar ein paar Fragen an mich. Ich hatte den Kopf mit einer groben Mütze und den Leib mit einem dicken Pelz verhüllt. Ich tat, als schliefe ich, wie ein Diener, der auf seinen Herrn wartet. Ich muß gestehen, daß mir heiß wurde, obwohl es bitter kalt war. Endlich ging der Fragensteller weiter, und die Fürstin kam. Aber es war eine Nacht der Zwischenfälle. Der Schlitten stieß so heftig gegen einen Stein, daß die Fürstin hinausgeschleudert wurde und einige Schritte weiter mit dem Gesicht auf den Boden schlug. Sie blieb reglos liegen, und ich glaubte schon, sie sei tot; ich stürzte zu ihr, um sie aufzuheben; sie war mit ein paar Prellungen davongekommen, aber bei der Rückkehr stellte sich heraus, daß ihre Kammerjungfer, ich weiß nicht durch welches Mißgeschick, vergessen hatte, die Tür offenzulassen. Katharina schwebte in höchster Gefahr, bis schließlich durch einen glücklichen Zufall eine andere Person die Tür öffnete.« Damit solche Zwischenfälle sich nicht wiederholen, wird ihr Liebhaber sie künftig in ihrem Schlafgemach besuchen, das sich in unmittelbarer Nähe der Räume des Großfürsten befindet. »Wir hatten eine unvergleichliche Lust an diesen verstohlenen Begegnungen«, bekennt sie. Die »verstohlenen Begegnungen« sind so häufig, daß der kleine Kläffer, den Katharina jetzt hat, Stanislaus bereits wie einen alten Bekannten freudig begrüßt, was einen anderen Besucher, den Schweden Horn, zu spöttischen Bemerkungen veranlaßt. Das Glück steigt Stanislaus zu Kopf; er fühlt sich am Ziel all seiner Wünsche angelangt. »Mein ganzes Dasein war ihr (Katharina) mit einer ganz anderen Aufrichtigkeit geweiht, als für gewöhnlich die Leute sagen, die sich in ähnlichen Umständen befinden«, schreibt er.

Katharina ist gewiß gerührt von dieser jugendlichen Leidenschaft, aber sie erwidert sie eher maßvoll, ja fast herablassend. Ihr jüngstes Abenteuer mit Sergej Saltykow hat sie wieder zur Vernunft gebracht. Um der Lust willen, die er ihr schenkt, will sie sich gerne für einen Mann interessieren, aber ihn zum Mittelpunkt ihrer Welt zu machen, lehnt sie nunmehr ab. So naiv und verwundbar sie sich ihrem ersten Liebhaber gegenüber zeigte, so geschickt und verschlagen verfährt sie nun mit dem zweiten. Die Enttäuschungen ihrer Gefühle haben sie in gewisser Weise vermännlicht. Fortan ist sie der dominierende Partner in der Paarbeziehung. »Ich war ein freimütiger und zuverlässiger Kavalier von weitaus mehr männlichem als weiblichem Geist; dabei aber war ich durchaus kein Mannweib, sondern neben dem Verstand und Charakter eines Mannes konnte man an mir all die angenehmen Eigenschaften einer sehr liebenswerten Frau finden.«[4] Illusionslos, vorsichtig, ja zynisch geworden, beherrscht sie den um drei Jahre jüngeren Stanislaus.

Sir Williams ist deswegen nicht weniger zufrieden mit den Erfolgen seines Schützlings bei der Großfürstin. Durch ihn hofft er sie für die Sache Englands zu gewinnen. Und um ganz sicher zu gehen, bietet er der jungen Frau außer einem sympathischen Liebhaber auch noch bares Geld. Nun ist Katharina leichtsinnig, lebenslustig und verschwenderisch (ihre Spielschulden belaufen sich im Jahre 1756 auf 17 000 Rubel); sie liebt den Luxus, würde für ein Kleid den Ruin riskieren, kann nicht rechnen und weigert sich, es zu tun. Also nimmt sie den Vorschlag an. Die »Darlehen«, die sie heimlich von England erhält, machen nach und nach eine bedeutende Summe aus. So schreibt sie am 21. Juli an den Baron von Wolff, den englischen Konsul und Bankier Englands: »Nur widerstrebend wende ich mich erneut an Sie; fügen Sie den Verbindlichkeiten, die ich durch die früheren Darlehen gegen Sie habe, eine weitere hinzu und weisen Sie mir noch einmal tausend Golddukaten an.« Und vier Monate später, am 11. November 1756: »Von Herrn Baron von Wolff vierundvierzigtausend Rubel erhalten, die ich auf Anforderung an ihn selbst oder nach seiner Anweisung zurückzahlen werde.« Der Großfürst übrigens bekommt von dem englischen Manna auch seinen Teil ab. Warum auch sollte er ablehnen? England ist mit Preußen verbündet, und ein »eingefleischter Preuße« ist er nun einmal. Sein Holsteiner Regiment beschäftigt ihn immer mehr. Wenn er in seiner Residenz in Oranienbaum ist, nimmt er zehnmal am Tag die Parade seiner Truppen ab. In St. Petersburg läßt er mangels Soldaten aus Fleisch und Blut mit der gleichen Ernsthaftigkeit seine Holz-, Blei-, Stärke- und Wachssoldaten aufmarschieren. Er hält sie nicht mehr wie in der frühen Jugend unter seinem Bett versteckt, sonden stellt sie ostentatlv auf langen Tischen mitten im Zimmer auf. Diese Tische sind mit Messingbändern ausgestattet, die, wenn man sie auf eine bestimmte Weise in Bewegung versetzt, das Geknatter von Gewehrsalven imitieren. Jeden Tage nimmt er zu einer festgesetzten Zeit, von einem Tisch zum anderen gehend, die Wachablösung vor. »Er nahm in Uniform, gestiefelt und gespornt, mit Halsschild und Schärpe diese Zeremonie vor, und alle seine Domestiken, die er dieser schönen Übung für würdig befand, mußten ebenfalls daran teilnehmen«, schreibt Katharina.

Die Vorliebe für solche kindische Unterhaltungen hindert ihn nicht, ein Säufer und Schürzenjäger zu sein. Mit den harmlosen Idyllen mit Hofdamen ist es jetzt vorbei. Seit er von seiner Phimose befreit ist, hat Peter Mätressen. Nicht nur Sängerinnen und Tänzerinnnen lädt er Katharina zufolge zu seinen intimen Soupers ein, sondern auch »viele Bürgerfrauen von schlechter Lebensart, die man ihm aus Sankt Petersburg brachte«. So vollständig gleichgültig ihm seine Frau auch ist – über seine tollen Streiche hält er sie auf dem laufenden und bittet sie sogar um Rat. Er nennt sie »Frau Rettungsanker«. »Er konnte noch so böse auf mich sein – sobald er irgendwo in Schwierigkeiten war, kam er sofort wie gewohnt eilig zu mir gelaufen, um sich meinen Rat zu holen, und sobald er ihn hatte, eilte er ebenso schnell wieder davon.«[5] So fragt er Katharina zum Beispiel, wie er sein Zimmer schmücken soll, als Frau Teplow, in die er verliebt ist, ihn besucht. »Um der Dame besser zu gefallen«, schreibt Katharina, »hatte er das Gemach mit Gewehren, Grenadiermützen, Degen und Bandelieren vollgestopft, so daß es aussah, wie ein Raum in einem Zeughaus. Ich ließ ihn gewähren und ging.« Ein andermal stürzt er zu Katharina, hält ihr einen Brief von der gleichen Frau Teplow unter die Nase und schreit wütend: »Stellen Sie sich vor, sie schreibt mir einen Brief von vollen vier Seiten und bildet sich ein, daß ich das alles lesen und gar noch darauf antworten muß – und dabei mußt ich jetzt exerzieren gehen (er hatte wieder Truppen aus Holstein kommen lassen), dann essen, dann schießen, dann eine Opernprobe sehen und das Ballett, in dem die Kadetten tanzen. Ich werde ihr ganz einfach sagen, daß ich keine Zeit habe, und wenn sie wütend wird, dann sind wir eben bis zum Winter verkracht.« Katharina stimmt zu, und er zieht zufrieden ab. Frau Teplow ist für ihn übrigens nur ein kleines Intermezzo. Seine wirkliche große Leidenschaft ist seit kurzem Elisabeth Woronzow. Warum ist seine Wahl gerade auf sie gefallen? Gewiß, sie stammt aus guter Familie, denn sie ist eine Nichte des Vizekanzlers Michael Woronzow, des Rivalen Bestuschews unter den politischen Ratgebern der Zarin, aber sie ist blatternnarbig, schielt und hinkt. Durch ein feuriges Temperament macht sie diesen körperlichen Makel wett. Immer bereit, zu saufen, zu singen, sich auf dem Bett zu wälzen und zu fluchen, verführt sie den Großfürsten durch ihr vulgäres Auftreten; in ihrer Gegenwart hat er keine Minderwertigkeitsgefühle, schämt er sich nicht mehr seiner Häßlichkeit, seiner Unbildung und seiner ungehobelten Redeweise. Während Katharina ihn mit ihrer Eleganz und Klugheit einschüchtert, erregt Elisabeth Woronzow ihn durch ihre Dummheit und Ungehobeltheit. Die Lust an seiner Mätresse macht ihn erst recht nachsichtig für die Untreue seiner Frau. Nach kurzer Abwesenheit ist Stanislaus Poniatowski als Abgesandter des Königs von Polen und somit, wie es scheint, in gefestigter Position, nach St. Petersburg zurückgekehrt. Als er sich eines Tages in der Morgendämmerung aus dem Schloß Oranienburg schleicht, wo er die Nacht bei Katharina verbracht hat, wird er von berittenen Wachen des Großfürsten festgenommen. Er ist mit einer blonden Perücke und einem weiten Mantel verkleidet. Er wird Peter vorgeführt, weigert sich aber, Gründe dafür zu nennen, daß er sich in so unpassender Zeit in der Nähe des Schlosses befand. Der Großfürst fragt ihn sarkastisch, ob er der Liebhaber seiner Frau sei, und Stanislaus schwört, daß er es nicht ist. Peter hat alles durchschaut, tut aber, als glaubte er an eine Verschwörung gegen ihn und spricht ein paar Tage davon, den ausländischen Spion, der in den Gärten seiner Residenz aufgegriffen wurde, ins Gefängnis werfen zu lassen. Aus Angst vor einem Skandal nimmt Katharina es auf sich, die Mätresse ihres Mannes um Vermittlung zu bitten. Diese ist entzückt, ihren Einfluß anerkannt zu sehen, und dringt in Peter, Stanislaus Poniatowski in seinem Zimmer zu empfangen. Kaum hat man den Liebhaber seiner Frau zu ihm hereingebracht, da ruft Peter lachend: »Was für ein Narr bist du doch, daß du dich mir nicht gleich anvertraut hast. Hättest du es getan, dann wäre es zu diesem Wirbel nicht gekommen!« Und er erklärt Stanislaus, daß er überhaupt nicht eifersüchtig sei, daß die Wachen um das Schloß nur seiner persönlichen Sicherheit dienen und daß er glücklich sei, das Mißverständnis aufgelöst zu sehen. »Und da wir nun gute Freunde sind, fehlt hier nur einer noch«, sagt er schließlich. »Darauf«, erzählt Stanislaus Poniatowski, »geht er ins Zimmer seiner Frau, holt sie aus dem Bett, läßt ihr nicht einmal die Zeit, Schuhe und Strümpfe anzuziehen und ein einfaches Kleid überzustreifen, und in diesem Zustand bringt er sie zu uns, deutet auf mich und sagt: »Nun, da ist er also. Ich hoffe, man wird mit mir zufrieden sein.«[6]

Die beiden Paare speisen vergnügt zusammen zu Abend und trennen sich erst um vier Uhr in der Frühe. In den kommenden Wochen wiederholen die Zusammenkünfte des sonderbaren Vierecks sich noch oft. »Oft ging ich nach Oranienbaum«, schreibt wiederum Stanislaus Poniatowski. »Ich kam abends an und ging über eine geheime Treppe in die Gemächer der Großfürstin; dort traf ich den Großfürsten und seine Mätresse; wir soupierten zusammen; darauf führte der Großfürst seine Mätresse hinaus und sagte zu uns: ›Ach, jetzt, Kinder, braucht ihr mich wohl nicht mehr!‹ Und ich konnte bleiben, solange ich wollte.«

Anfangs ist Stanislaus schockiert über die Rohheit des Großfürsten, den er als »Vielfraß«, als »Hasenfuß« und »komische Figur« beschreibt, aber nach und nach hat er Mitleid mit ihm. Peter ist redselig und vertraut ihm gerne an, wie er sich fühlt. »Sehen Sie doch nur, wie unglücklich ich bin«, sagt er zu Stanislaus. »Ich wollte beim König von Preußen Dienst nehmen und hätte ihm nach Kräften und mit ganzem Eifer gedient; ich darf mir wohl schmeicheln, daß ich heute schon im Range eines Generalmajors oder gar Generalleutnants ein Regiment befehligen würde. Nichts davon: statt dessen haben sie mich hierhergebracht und in diesem verdammten Land zum Großfürsten gemacht!«[7] Und wenn er nicht dem Liebhaber seiner Frau so vorjammert, dann seiner Frau selber. »Immer wieder«, schreibt sie, »sagte er mir, »daß er fühle, daß er nicht für Rußland geboren sei, daß weder die Russen zu ihm paßten noch er zu den Russen und daß er in Rußland zugrunde gehen werde. Dazu sagte ich ihm, daß er sich so fatalen Gedanken nicht überlassen dürfe, sondern sein Bestes tun müsse, um von jedermann in Rußland geliebt zu werden.«[8]

Doch während sie ihn ermutigt, sich seiner Verantwortung als Kronerbe bewußt zu werden, zweifelt Katharina immer mehr daran, daß es für sie beide eine gemeinsame Zukunft gibt. Das Kind, das sie zur Welt gebracht hat und das man so hartnäckig von ihr fern hält, stellt eine Bedrohung für sie dar. Heimlich spricht man am Hof von der Möglichkeit, daß die Kaiserin den unwürdigen Neffen von der Thronfolge ausschließen und den kleinen Paul Petrowitsch als ihren Nachfolger einsetzen könnte. Welche Rolle wird dann für Katharina bleiben? Wird man sie mit ihrem Mann nach Holstein zurückschicken? Wird man ihr, wie zum Hohn, im Thronrat eine Stimme geben? Auf jeden Fall wäre das das Ende der glorreichen Hoffnungen, die sie seit dreizehn Jahren hegt. Wie viele Kröten hätte sie dann umsonst geschluckt! Damit kann sie sich nicht abfinden. Noch ist nicht alles verloren! Der Kanzler Bestuschew ist ihr aufrichtig ergeben. Sie hat die Freundschaft des Feldmarschalls Apraxin gewonnen. Alle Diplomaten sind sich darin einig, daß es in Rußland zwei Höfe gibt: den der Zarin und den des Großfürsten und der Großfürstin, den man den »jungen Hof« nennt. Katharina nimmt sich vor, diesem

»jungen Hof« einen Glanz und eine Bedeutsamkeit zu geben, die alle fortschrittshungrigen Geister anlockt. Sie möchte in den Augen der auswärtigen Gesandten und des Adels zum Inbegriff des Fortschritts, der Phantasie und der aufgeklärten Vernunft werden. Zum Marquis de L'Hopital sagt sie: »Es gibt keine kühnere Frau als mich. Ich bin von einer grenzenlosen Unerschrockenheit.« Der General Lieven ruft aus, als er sie vorübergehen sieht: »Das ist eine Frau, für die ein Edelmann ohne Schande ein paar Stockschläge einstecken könnte!«[9] Und der Chevalier d'Éon, Geheimagent und scharfsinniger Beobachter, beschreibt sie so: »Die Großfürstin ist romantisch, voll glühender Leidenschaft; ihr Auge funkelt, ihr Blick, glashell, der Blick eines wilden Tieres, bezaubert. Sie hat eine hohe Stirn, und wenn ich mich nicht täusche, steht auf dieser Stirn ein großes und furchtbares Schicksal geschrieben. Sie ist zuvorkommend und liebenswürdig, aber wenn sie sich mir nähert, zucke ich unwillkürlich zurück: sie macht mir Angst.« Das verwickelte Spiel der Politik fasziniert die junge Freu. Sie ahnt, daß jetzt nach langem Warten der entscheidende Augenblick naht. Der Gesundheitszustand der einst so blühend vitalen Zarin verschlechtert sich rasch. Noch sind das nur kleine erste Alarmzeichen, vorübergehende Schwindelanfälle, aber dem scharfen Auge Katharinas entgeht nichts. Immer wachsam und bereit, wartet sie auf ihre Stunde. Als Preis für ihren künftigen diplomatischen Beistand erhält sie weiter Zahlungen von Sir Williams. Doch 1756 kommt es zu einer Umorientierung der Bündnispolitik: Rußland verbündet sich mit Frankreich und Österreich gegen England und Preußen. Williams ist in seiner Mission gescheitert und wird nach England zurückbeordert. Katharina ist untröstlich und schickt ihm einen ziemlich kompromittierenden Brief:

»Ich habe mich entschlossen, Ihnen zu schreiben, weil ich Sie nicht mehr sehen konnte, um Ihnen Lebewohl zu sagen. Mit aufrichtigstem Bedauern sehe ich einen Mann scheiden, den ich als einen meiner besten Freunde betrachte . . . Um Ihnen in einer Weise zu danken, die der Vornehmheit Ihrer Gesinnung entspricht, will ich Ihnen sagen, was ich vorhabe: Ich werde jede nur denkbare Gelegenheit nützen, Rußland zu dem zurückzuführen, was ich als seine ureigensten Interessen betrachte, nämlich mit England eng verbündet zu sein, ihm jede nur menschenmögliche Unterstützung zu bieten und ihm zum Wohle Europas und vor allem Rußlands selbst zur Überlegenheit über Frankreich zu verhelfen, ihrem gemeinsamen Feind, dessen Größe die Schande Rußlands ist.«

Williams ist hocherfreut und antwortet: »Sie sind zum Herrschen und Regieren geboren.« Davon ist sie so innig überzeugt, daß sie ihn heimlich in ihre Pläne einweiht: »Das ist mein Traum: sobald ich von ihrem Tod (dem Tod Elisabeths) unterrichtet werde und mich überzeugt habe, daß kein Irrtum vorliegt, gehe ich sofort in das Zimmer meines Sohnes. Außerdem schicke ich einen Mann meines Vertrauens, fünf Offiziere der Garde alarmieren, auf die ich mich verlassen kann; jeder von ihnen kommt mit fünfzig Mann. Dem Kanzler, Apraxin und Lieven sende ich Order, zu mir zu eilen; inzwischen gehe ich in das Sterbezimmer, lasse den Hauptmann der Wache kommen, verlange den Eid von ihm und behalte ihn bei mir. Es scheint mir klüger und sicherer, wenn die beiden Großfürsten (Peter und Paul) zusammenbleiben und nicht nur einer bei mir ist; außerdem, daß der Treffpunkt meiner Anhänger in meinem Vorzimmer ist. Sobald ich das kleinste Anzeichen von Unruhe bemerke, versichere ich mich entweder durch meine Leute oder durch die des Hauptmanns der Wache der Schuwalows und des diensthabenden Adjutanten. Im übrigen sind die niederen Offiziere der Leibwache verläßlich . . . Möge der Himmel mir einen klaren Kopf schenken! Die Situation ist so neuartig und ich teile sie Ihnen in so großer Eile mit, daß ich meine Einbildungskraft sehr anstrengen mußte.«

Also hat Katharina schon lange vor dem Tod Elisabeths ihren Plan. Sehr klar ist er allerdings noch nicht. Sie bekundet zwar ihre Absicht, die beiden Großfürsten beieinanderzulassen, sagt aber nicht, zu welchem Zweck. Sicher nicht, um Peter zum Thron zu verhelfen. Eher, um ihn daran zu hindern, sich zum Zaren auszurufen. Die Palastrevolution soll duch die Hilfe *ihrer* Anhänger zu *ihren* Gunsten verlaufen. Und im Bewußtsein, in ihrer Vertrauensseligkeit gegenüber Sir Williams etwas zu weit gegangen zu sein, fügt sie hinzu: »Sie werden verstehen, daß all das nur für die Zukunft gilt, nach dem Ableben.«

Inzwischen dröhnen ferne von dem Sumpfloch St. Petersburg und seiner diplomatischen Betriebsamkeit die Kanonen, wird das Kriegsbanner entrollt, fallen Menschen. König Friedrich II. von Preußen marschiert mit seinem Heer in Sachsen ein. Endlich wieder ein Krieg![10] Die russischen Militärs sind zufrieden. Seit den Tagen Peters des Großen kauen sie an ihrer Ungeduld. Aber es fehlt an Geld. Die Mannschaften sind schlecht ausgerüstet. Der Marquis de L'Hopital, der neue französische Botschafter, behauptet, sie hätten weder Stiefel noch Gewehre und es seien Kalmücken darunter, die noch mit Pfeil und Bogen kämpfen. Der alte Feldmarschall Apraxin ist besorgt bei dem Gedanken an die Auseinandersetzung mit einem so überlegenen Strategen wie Friedrich II. Der häuft inzwischen Sieg auf Sieg, wirft die Sachsen bei Pirna nieder, verwüstet Böhmen, schlägt die Österreicher bei Prag. Der »junge Hof« in St. Petersburg begeistert sich für den genialen Fürsten, der so vielen verbündeten Nationen die Stirn bietet. Mit einem Blick erfaßt der Marquis de L'Hopital, daß diese jugendliche Clique trotz des Bündnisses Rußlands mit Frankreich mit den Preußen sympathisiert. Katharina ist in dieser Lage in großer Verlegenheit. Die Freigebigkeit von Sir Williams hat sie auf die Sache Englands und damit Preußens verpflichtet. Aber ihre neue Freundschaft mit dem Kanzler Bestuschew nötigt sie, dessen antibritische und antipreußische Politik zu unterstützen; sie muß taktieren, lavieren und heucheln, um zu überleben. Sie findet diese gefährliche politische Feuerprobe berauschend.

Da Apraxin sich noch immer nicht zu der Offensive entschließen kann, die ganz Rußland von ihm erwartet, fordert Bestuschew Katharina auf, ihren Einfluß auf den Feldmarschall zu nutzen, um ihn zu Taten anzuspornen. Er schätzt sie doch so sehr! Also möge sie doch ohne Wissen der Zarin an ihn schreiben. Sie fügt sich, weniger aus Überzeugung, als um guten Willen zu beweisen. Bestuschew ist zufrieden und übergibt ihr ein geheimes Memorandum zur Regelung der Thronfolge, das er ausgearbeitet hat. Nach diesem Dokument soll Peter nach dem Tod der Zarin zwar zum Kaiser ausgerufen werden, aber die Macht mit Katharina teilen, die gleichberechtigt an seiner Seite regieren soll. Neben dem neuen Kaiserpaar sichert Bestuschew sich selbst den Löwenanteil: den Oberbefehl über die Garde, das Außenministerium, das Kriegsministerium und das Marineministerium. Katharina ist zwar geschmeichelt durch das Vertrauen des Kanzlers, erkennt aber die Gefährlichkeit solcher dynastischer Spekulationen zu Lebzeiten der Kaiserin. Sie verwirft den Plan nicht gänzlich, macht den Autor aber darauf aufmerksam, daß er kaum zu verwirklichen sein dürfte. Bestuschew vespricht, ihn zu überarbeiten. »In Wirklichkeit«, schreibt sie später, »sah ich seinen ganzen Plan bloß als Geschwätz an und als einen Köder, den mir dieser Alte hinwarf, um sich immer mehr meiner Zuneigung zu versichern.« Nie wird diese von Ehrgeiz besessene Frau Wunsch und Wirklichkeit verwechseln. Auch in ihren tollkühnsten Unternehmungen zügelt noch der gesunde Menschenverstand den Flug der Imagination. Noch in der Extravaganz zeigt sie erstaunlich praktischen Sinn. Sie spürt gerne festen Boden unter den Füßen. Sie ist eine Fanatikerin der Vernunft. Hellsichtig ist sie, aber keine Visionärin.

Trotz aller Vorsichtsmaßregeln wittern die ausländischen Diplomaten das heimliche Einverständnis zwischen Bestuschew und der Großfürstin, und auch die Zarin ahnt, daß hinter ihrem Rücken etwas ausgehandelt wird. Erst siebenundvierzigjährig, ist sie durch ein ausschweifendes Leben ausgebrannt; sie leidet an Halluzinationen und Anfällen von Panik, schläft nie zwei Nächte hintereinander im gleichen Zimmer, redet flüsternd mit Heiligenbildern und hat Angst vor dem nahenden Tod. Manchmal hat sie auch Krampfzustände, nach denen sie lange in einen schlafähnlichen Stumpfsinn verfällt. »Während solcher Zeiten konnte man sie nicht ansprechen oder über irgend etwas mit ihr reden«, schreibt Katharina. Wenn die Zarin wieder zu sich kommt, hat sie den Eindruck, der Großfürst und die Großfürstin seien zwei Raubvögel, die auf der Kante ihres Bettes sitzen und darauf lauern, daß sie die Augen schließt, um sich auf sie zu stürzen. Gegen diese Obsessionen und ihre Schwächezustände gibt es nur zwei Heilmittel: den Alkohol und die Liebe. Schwerfällig, müde und kurzatmig, wie sie jetzt ist, braucht sie einen Mann im Bett dringender als je. »Ganz allmählich hatte sie die maßvolle Lust gegen Unflätigkeit vertauscht, und zugleich mit der Wollust hatte auch ihr Hang zur Frömmelei zugenommen«, schreibt J. Castéra. »Oft trank sie im Übermaß, und in ihrer Sinnengier hatte sie dann nicht die Geduld, sich entkleiden zu lassen. Ihre Kammerfrauen hefteten die Kleider, die sie ihr in der Frühe anzogen, nur leicht, um sie ihr am Abend mit ein paar raschen Schnitten mit der Schere ausziehen zu können; dann trugen sie sie in ihr Bett, wo sie versuchte, in den Armen eines neuen Athleten wieder zu Kräften zu kommen.« Von diesen »Athleten« erlangt nur einer den Rang eines offiziellen Günstlings: Iwan Schuwalow, der Nachfolger Rasumowskis. Er ist siebzehn Jahre jünger als die Kaiserin, hat ein hübsches Zieraffengesicht, ein Grübchen am Kinn und eine lange Nase über dem sinnlichen Mund. Er trägt ein Spitzenjabot und eine weiße Perücke und führt den Titel eins Präsidenten der Akademie der Schönen Künste. Elisabeth sieht alles nur noch mit seinen Augen. Er aber ist ein erklärter Feind Bestuschews.

Und dann verfällt plötzlich der ganze Hof in einen Freudentaumel: nach monatelanger Hinhaltetaktik hat sich Apraxin endlich doch zu einem energischen Schlag gegen die Preußen entschlossen. Im Juli 1757 nehmen die russischen Truppen Memel ein, und im August wird der Gegner bei Groß-Jägersdorf vernichtend geschlagen. Der Sieg wird mit einem Te Deum gefeiert. Zum Beweis für ihre vaterländische Begeisterung gibt Katharina in den Gärten von Oranienbaum ein großes Fest. Peter kann inmitten des allgemeinen Jubels seinen Ärger kaum verbergen. »Die Niederlage der preußischen Truppen, die er für unbesiegbar gehalten hatte, schmerzte ihn«, schreibt Katharina. Doch die Enttäuschung des Großfürsten währt nicht lange. Während in St. Petesburg noch »Auf nach Berlin!« geschrien wird, hat Apraxin ganz plötzlich den Rückzug angetreten, die Equipagen zurückgelassen und die Geschütze vernagelt. Ein einziger Schrei der Entrüstung über dieses unerklärliche Zurückweichen vor dem Feind geht durch Rußland. Eilig verlangt Bestuschew von Katharina, sie solle noch einmal an den Feldmarschall »als ihren Freund« schreiben und ihn beschwören, den Rückzug zu stoppen und sich dem Gegner zu stellen. Der Brief wird sofort abgeschickt, bleibt aber ohne Antwort. In der Umgebung der Zarin spricht man offen von Verschwörung und Verrat. Die einen sagen, der Feldmarschall sei über ein ernstes Unwohlsein der Zarin unterrichtet worden, habe geglaubt, sie liege im Sterben, und den Rückzug aus Unterwürfigkeit gegenüber den Thronerben angeordnet, deren Germanophilie ja allgemein bekannt ist. Andere, wie der Marquis de L'Hopital, beschuldigen Katharina und Bestuschew ganz offen, sie seien von England, dem Bündnispartner Preußens, bestochen worden, Apraxin trotz seines Sieges über Friedrich II. zum Rückzug zu veranlassen. »Diese Machenschaften haben sich vor den Augen Ihrer Majestät abgespielt«, schreibt der Marquis de L'Hopital, »aber sie war gesundheitlich zu sehr angegriffen, um sich mit etwas anderem zu beschäftigen, während der ganze Hof sich den Launen des Großfürsten und vor allem der Großfürstin beugen mußte, die der Verführung durch den geistreichen Chevalier Williams und das Gold Englands erlegen war.«

Auf Befehl der Zarin wird Feldmarschall Apraxin abberufen und auf seinen Gütern in Erwartung eines Prozesses unter Hausarrest gestellt. Sein Stellvertreter, der Deutsche Fermor, wird an seiner Stelle Oberbefehlshaber der Armee. Nach einer kurzen Untersuchung meldet Fermor, daß das Zurückverlegen der russischen Truppen ausschließlich militärische Gründe hat und vollkommen gerechtfertigt ist: die Soldaten waren ohne Sold, hatten nicht genug Waffen und Munition und waren vom Hunger bedroht, da der Troß dem raschen Vormarsch des Heeres nicht hatte folgen können. Diese einleuchtenden Argumente machen Elisabeth freilich in ihrer Überzeugung nicht wankend. Für sie steht schlicht und einfach fest, daß Apraxin unter dem Einfluß irgendeiner hochgestellten Person gehandelt hat. Und natürlich richtet sich ihr Verdacht auf Katharina. Seit dieses quecksilbrige Persönchen sich in den Kopf gesetzt hat, Politik zu machen, geht am jungen Hof alles drunter und drüber. Da muß einmal mit eisernem Besen durchgekehrt werden.

Leider kann man im Augenblick nichts gegen die Großfürstin unternehmen: sie ist wieder schwanger. Von wem, tut wenig zur Sache. Aber ihre Schwangerschaft ist eine Staatsaffäre. Der sich vorwölbende Bauch gewährt ihr Schutz. Einstweilen wird in den Salons tüchtig gelästert. Der Name des richtigen Vaters ist in aller Munde: Stanislaus Poniatowski. Der Großfürst, der es mit seiner Ehre als Ehemann doch sonst nicht so genau nimmt, sagt laut vor Zeugen: »Weiß der Himmel, wie meine Frau zu ihren Schwangerschaften kommt. Ich weiß nicht, ob dieses Kind von mir ist und ob ich es als das meine anerkennen soll!«[11] Diese beleidigenden Worte werden sofort Katharina hinterbracht, und sie wird unruhig: ist das eine verhüllte Drohung, daß er die Vaterschaft bestreiten wird? Sie geht zum Gegenangriff über und beauftragt Leo Naryschkin: »Verlangen Sie einen Eid von ihm, daß er nicht mit seiner Frau geschlafen hat, und sagen sie ihm, daß Sie sofort Alexander Schuwalow als den Großinquisitor Rußlands unterrichten werden, wenn er das schwört.«[12] Peter, so in die Enge getrieben, weigert sich zu schwören. Hat er doch einmal zwischen zwei Nächten bei Elisabeth Woronzow dem Bett Katharinas die Ehre gegeben? Wahrscheinlicher ist wohl, daß er es wegen einer so bedeutungslosen Sache nicht zum Skandal kommen lassen will. »Scheren Sie sich zum Teufel und reden Sie nicht mehr davon!« sagt er zu Leo Naryschkin.

Katharina ist erleichtert und faßt den Entschluß, künftig »ihren eigenen Weg« zu gehen, das heißt ihr Schicksal nicht an das Peters zu binden. »Ich stand vor der Wahl, entweder mit ihm oder durch ihn zugrunde zu gehen oder aber mich, meine Kinder und vielleicht sogar den Staat vor dem Ruin zu bewahren, den die geistigen und physischen Fähigkeiten dieses Fürsten befürchten ließen.«

Die Feindseligkeit, die sie in ihrer Umgebung wittert, bestärkt sie noch in ihrer Kampfbereitschaft. Nachdem der Vizekanzler Woronzow und der Günstling Iwan Schuwalow durchgesetzt haben, daß Stanislaus Poniatowski nach Polen zurückbeordert wird, wendet sie sich an Bestuschew, um einen Aufschub dieser Maßnahme zu erreichen. Man wird ihr doch nicht schon wieder ihren Liebhaber wegnehmen – jetzt, wo sie Mutter werden soll! In der Nacht vom 8. auf den 9. Dezember 1758 spürt sie die ersten Wehen. Der Großfürst, den man sofort unterrichtet, stürzt in ihr Zimmer. Er ist gestiefelt und gespornt, trägt die holsteinische Uniform, eine Schärpe um den Leib und »an der Seite einen mächtigen Degen«. Auf schwankenden Beinen, mit stierem Blick und schwerer Zunge verkündet er Katharina, daß er sie als tapferer holsteinischer Offizier gegen alle Feinde beschützen werde. »Ich begriff, daß er betrunken war, und gab ihm den Rat, er solle sich schlafen legen, damit die Zarin, wenn sie käme, nicht doppelt erzürnt würde, wenn sie ihn betrunken und bis zu den Zähnen bewaffnet erblickte, dazu in dieser holsteinischen Uniform, die sie, wie ich wußte, verabscheute.«

Einige Stunden später sitzen die Zarin und der Großfürst, der sich inzwischen umgezogen hat, vor dem »Bett der Schmerzen«, um die letzte Phase der Entbindung mitzuerleben. Diesmal bringt Katharina ein Mädchen zur Welt. Um die Zarin zu rühren, äußert sie den Wunsch, das Kind solle den Namen Elisabeth erhalten. Doch die Kaiserin zeigt sich für diese Huldigung nicht empfänglich und entscheidet sich für Anna, den Namen ihrer Schwester, der Mutter des Großfürsten.

Dann läßt sie dem Neugeborenen die Nottaufe geben und bringt es, wie schon das Erstgeborene, weg in ihre Gemächer. Katharina erhebt keinen Widerspruch; das ist hier nun einmal so üblich. Wieder empfängt sie ein Geschenk von der Kaiserin (sechzigtausend Rubel), und wieder läßt man sie allein in ihrem Zimmer, ohne sich um sie zu kümmern. Sie läßt jedoch unter dem Vorwand, sich vor Zugluft schützen zu müssen, große Wandschirme bei ihrem Alkoven aufstellen und schafft sich so eine intime Ecke, in der sie ohne Wissen der Zarin ihre engsten Freunde und vor allem Stanislaus Poniatowski empfangen kann. Er kommt stets mit der blonden Perücke, damit man ihn nicht erkennt, und wenn eine Wache ihn anruft »Halt, wer da?«, dann antwortet er unbeirrbar: »Ein Musiker des Großfürsten«. Wenn ein Außenstehender den Raum betritt und fragt, was sich hinter der Gruppe von Wandschirmen neben dem Bett verbirgt, dann antwortet Katharina: »Der Nachtstuhl«. So findet z. B. der Graf Schuwalow, den die Zarin schickt, die Großfürstin traurig und allein im Bett, während ein paar Schritte davon hinter den Paravents die Freunde »sich totlachen über die vollendete Absurdität dieser Szene«.[13]

Doch trotz der Spielerei und des Gelächters verfolgt Katharina voller Angst die Untersuchung gegen Apraxin. Der alte Feldmarschall ist nach dem ersten Verhör an einem »Schlaganfall« gestorben, doch die Ermittlungen gehen weiter. Und von Tag zu Tag scheint es unausweichlicher, daß der Kanzler Bestuschew in die Affäre hineingezogen wird. Der Vizekanzler Woronzow, der darauf brennt, ihn abzulösen, denunziert ihn ungescheut bei der Zarin als Verräter, und die Brüder Schuwalow, Oheime des Günstlings von Elisabeth, beschuldigen ihn in aller Öffentlichkeit. Nach ihrer Darstellung ist dieser harte und mächtige Mann, der fünfzehn Jahre lang die Außenpolitik Rußlands bestimmt hat, in Wahrheit nur ein Intrigant und außerdem undankbar. Statt weiter in blinder Ergebenheit der Zarin zu dienen, hat er sich heimlich dem jungen Hof angenähert, sich die Interessen der Großfürstin zu eigen gemacht und auf eine hochverräterische Weise auf das nahe Ende Ihrer Majestät spekuliert. Die Botschafter Österreichs, Graf Esterhazy, und Frankreichs, Marquis de L'Hospital, beteiligen sich an der von Woronzow und den Schuwalows inszenierten Kampagne gegen Bestuschew.

An einem Sonntag im Februar, als der junge Hof sich gerade

anschickt, eine Doppelhochzeit zu feiern (die von Leo Naryschkin und die des Grafen Buturlin), erhält Katharina ein Billet von Stanislaus Poniatowski mit der Mitteilung, daß Bestuschew am Tag zuvor verhaftet wurde und mit ihm der Juwelier Bernardi, dessen Hilfe sie oft für ihre Korrespondenz in Anspruch nahm, ihr alter Russischlehrer Adodurow und Jelagin, einer ihrer treuesten Freunde. Sofort erfaßt sie das Ausmaß der Gefahr, in der sie schwebt. Ganz sicher werden die Feinde Bestuschews sie als seine wichtigste Komplizin bezeichnen. Man wird die Papiere des abgesetzten Ministers durchsuchen. Die Briefe, die sie an Apraxin und Bestuschew geschrieben hat und der fatale Plan für die Thronfolge sind Beweis genug gegen sie. Sind das jetzt die letzten Stunden, die sie noch in Freiheit leben kann? »Den Dolch im Herzen«, geht sie zunächst einmal zur Messe. Dort spricht niemand sie auf die Ereignisse an. Aber die Gesichter wirken sorgenvoll. Nur der Großfürst, der Bestuschew nie gemocht hat, gibt sich vergnügt. Er hält demonstrativ Abstand, als wolle er zu verstehen geben, daß er nichts mit den Verbrechen zu tun hat, deren man seine Frau verdächtigt.

Nach der Feier der Doppelhochzeit muß Katharina am Abend noch zum Festbankett und zum Ball erscheinen, als ob nichts gewesen wäre. Aber sie erträgt die Ungewißheit nicht länger. Mit kaltem Mut geht sie auf den Fürsten Nikita Trubetzkoj zu, ein Mitglied der Kommission, die die Ermittlungen führt, und fragt ihn: »Haben Sie mehr Verbrechen als Verbrecher oder mehr Verbrecher als Verbrechen gefunden?« Erstaunt über soviel Verwegenheit stammelt Trubetzkoj: »Wir tun nur, was uns befohlen wurde, und was die Verbrechen angeht, so suchen wir noch. Bisher haben wir nicht viel gefunden.« Darauf richtet sie die gleiche Frage an ein anderes Kommissionsmitglied, den Marschal Buturlin, und der seufzt: »Bestuschew ist verhaftet, aber jetzt müssen wir herausfinden, warum er es ist.«[14]

Am Tag darauf überreicht der holsteinische Minister Stambke Katharina ein Billett des verhafteten Kanzlers, das sie beruhigt: er hat noch Zeit gehabt, »alles ins Feuer zu werfen«. Sie beeilt sich, seinem Beispiel zu folgen. In einer Nacht verbrennt auch sie »alles«: Papiere, Rechnungsbücher, alte Briefe, verschiedene Notizen. Sie macht reinen Tisch. Wenn man sie verhaftet, wird man keinen Beweis für ihre angeblichen politischen Machenschaften bei ihr finden. Doch inzwischen haben die Ermittler ein paar an Bestuschew gerichtete Zeilen von Poniatowski entdeckt. Das ist für Elisabeth genug, vom König von Polen die Abberufung von Stanislaus zu fordern. Der junge Mann ist entsetzt, gibt vor, krank zu sein, und igelt sich ein. »Tagsüber verbarg er sich in seinem Hotel und in der Nacht gelangte er auf mysteriöse Weise zur Großfürstin«, schreibt J. Castéra. Katharina fleht Stanislaus an, nicht so oft zu kommen. Angesichts der Erbitterung, mit der die Kaiserin ihre Freunde verfolgt, wagt sie niemanden mehr bei sich zu empfangen. Sie ist isoliert, wird wie eine Aussätzige gemieden, und man munkelt, daß es nicht lange dauern wird, bis sich der Zorn der Zarin über ihr entlädt. Was sie erwartet, ist im günstigsten Fall, in Ungnade zu fallen und nach Deutschland heimgeschickt zu werden; schlimmstenfalls hat sie Folterung, Gefängnis und Tod zu gewärtigen.

9. KAPITEL

Die große Szene

Für den letzten Tag des Karnevals 1759 bereitet das Hoftheater die Aufführung einer russischen Komödie vor. Stanislaus Poniatowski bittet Katharina inständig, in diese Galavorstellung zu gehen, um den Gerüchten ein Ende zu machen, sie sei von der Zarin unter Hausarrest gestellt. Sie befiehlt also, daß für sie und ihr Gefolge angespannt wird, aber Graf Schuwalow sagt ihr heftig grimasssierend, daß der Großfürst die Ausfahrt nicht gestatte. Sie erahnt sofort den eigentlichen Grund dieses brüsken Verbots: wenn sie ins Theater geht, müssen ihre Hofdamen sie begleiten, und darunter ist auch Peters »Lieblingssultanin« Elisabeth Woronzow, mit der er den Abend verbringen will. Während sie auf ihrer Absicht beharrt, kommt Peter herein und »schreit wie ein Adler«. Sie aber bietet ihm und Alexander Schuwalow die Stirn. Sie wird ins Theater gehen, sagt sie, und wenn es sein muß, auch zu Fuß und ganz allein. Vorher aber noch schreibt sie an die Zarin, sagt ihr, in welcher Art ihr Mann sie behandelt, und bittet um die Erlaubnis, den Hof zu verlassen und zu ihrer Familie nach Deutschland zurückzukehren. Ziemlich verlegen geht der Großfürst hinaus, gefolgt von Alexander Schuwalow, und sogleich greift Katharina zur Feder. »Ich begann meinen Brief an die Kaiserin zu schreiben, in russischer Sprache und so pathetisch, wie ich nur konnte«, erzählt sie in ihren Memoiren. »Ich begann damit, daß ich ihr für all die Güte und Huld dankte, mit der sie mich seit meiner Ankunft in Rußland überschüttet habe; dann sagte ich, der Vorfall beweise leider, daß ich das nicht verdient habe, da ich mir nur den Haß des Großfürsten und die deutliche Ungnade Ihrer Majestät zugezogen hätte, und in Anbetracht meines Unglücks und der Langeweile, zu der ich verurteilt sei, da man mir die harmlosesten Zerstreuungen nicht gönne, bäte ich sie, meinem Elend ein Ende zu machen und mich in der ihr passend erscheinenden Weise nach Hause zu schicken. Da ich meine Kinder nicht zu sehen bekäme, obwohl ich mit ihnen unter dem gleichen Dach wohnte, werde es gleichgültig für mich, ob ich mich an dem gleichen Ort befände wie sie oder ein paar hundert Meilen von ihnen entfernt; ich wisse, daß sie in einer Weise für sie sorge, die weit über das hinausgehe, was meine schwachen Kräfte ihnen zu geben vermöchten, und sei so kühn sie zu bitten, darin fortzufahren; im Vertrauen darauf würde ich den Rest meines Lebens damit verbringen, bei meinen Eltern für sie, den Großfürsten, meine Kinder und alle, die mir Gutes oder Böses getan hätten, zu beten; meine Gesundheit aber sei durch den Kummer derart angegriffen, daß ich tun müsse, was ich könne, um wenigstens mein Leben zu retten, und darum wendete ich mich an sie, damit sie mir erlaube, ein Schiff zu nehmen und zu meinen Eltern zu fahren.«

Wahrscheinlich hat sich Katharina diesen Brief schon vor langer Zeit ausgedacht. Jetzt, glaubt sie, ist der Augenblick gekommen, alles auf eine Karte zu setzen. Sie fühlt sich bedroht und antwortet mit einer Gegendrohung. Sie blufft mit erschreckender Kaltblütigkeit. Was sie zu fordern vorgibt – nämlich Rußland verlassen zu dürfen –, ist in Wirklichkeit das, was sie am allermeisten fürchtet. Wo sollte sie übrigens auch hingehen, wenn das Unglück es wollte, daß die Zarin ihrer Bitte stattgäbe? Nach Deutschland etwa? Ihr Vater ist tot, ihr einziger Bruder hat sich mit Friedrich von Preußen überworfen und kämpft auf der Seite Österreichs, ihre Mutter hat das Herzogtum von Zerbst mit allen Einkünften an Friedrich verloren, ist unter dem Namen einer Gräfin von Oldenburg nach Paris gegangen und führt dort, in politisch-amouröse Intrigen verstrickt, das armselige Leben einer Emigrantin, die auf ihre Feinde lästert und davon träumt, Zutritt in Versailles zu finden. Die Zarin möchte von dieser lästigen »Cousine« nichts mehr hören. Und die Großfürstin verfügt nicht über die Mittel, die ständigen Geldwünsche ihrer Mutter aus der eigenen Tasche zu erfüllen. 1759 ist Johanna praktisch ruiniert. Von ihrer Tochter bekommt sie, wie sie klagt, nur »ein paar Pfund Tee oder Rhabarber«. Und tatsächlich würde Katharina ihre Vergangenheit und ihre Familie am liebsten vergessen. Sie ist ein extremer Fall von selbstgewollter Entwurzelung. Jedes Lebewesen nährt sich auch im Erwachsenenalter von den noch immer sprudelnden Quellen seiner Kindheit. Nicht so Katharina. Sie hat ein für allemal die Entscheidung getroffen, daß ihr Platz in Rußland ist. Von allen Gefühlen ist der Zweifel ihr das wesensfremdeste. Sie verabscheut den Blick zurück, die Reue, die Unentschlossenheit, die Ausflüchte. Von jungen Jahren an ist Kämpfen und Gewinnen ihre Devise. Jetzt setzt sie darauf, daß die Zarin, in Zugzwang gebracht, es nicht wagen wird, sie so spektakulär zu desavouieren. Dennoch ist sie nicht frei von Furcht, als sie den Brief Alexander Schuwalow mit dem Auftrag übergibt, ihn sofort Ihrer Majestät zu überbringen. Er verspricht es und erklärt, plötzlich milder gestimmt, »mit einem Augenzwinkern«, daß die Wagen wie befohlen bereitstünden. Triumphierend verläßt Katharina den Raum und trifft im Vorzimmer den Großfürsten mit Elisabeth Woronzow beim Kartenspiel. »Als er mich sah, erhob er sich, was er noch nie getan hatte, und sie ebenfalls. Ich erwiderte mit einer tiefen Verneigung und ging meines Weges.«

Im Theater trotzt sie erhobenen Hauptes der boshaften Neugier von hundert Augenpaaren, die sich auf ihre Loge richten. Die Zarin ist nicht gekommen. »Ich denke, mein Brief war der Hinderungsgrund«, notiert sie nicht ohne Genugtuung. Ein solcher Brief, meint sie, kann nicht unbeantwortet bleiben. Doch die Tage gehen dahin, ohne daß die Kaiserin sich zeigt oder von sich hören läßt. Ihre Gleichgültigkeit scheint unerschütterlich. Hat Alexander Schuwalow ihr die Botschaft wirklich überbracht? Katharina fragt sich verwundert, warum die Zarin so streng mit ihr verfährt, obwohl sie sich kaum eines Vergehens bewußt ist, und so nachsichtig mit Peter, der eine recht unpassende Preußen-Begeisterung zur Schau trägt. Wahrscheinlich liegt es daran, daß sie die Schwiegertochter und ein Eindringling ist und daß Elisabeth keine jungen Frauen mag. Und auch daran, daß Ihre Majestät in der Großfürstin den zum Herrschen geborenen Charakter wittert, während sie den Großfürsten für einen Dummkopf hält. Die Fastenzeit hat eben begonnen. Katharina, die alles, was sie tut, genau berechnet, beschließt, täglich zur Kirche zu gehen und sehr ausgiebig in aller Öffentlichkeit ihre Andacht zu verrichten, »damit man sehe, mit welchem Eifer ich dem griechisch-orthodoxen Glauben anhänge«.[2] Doch das ist vergebliche Mühe. Die Zarin bleibt weiterhin unnahbar. Und schlimmer noch: in der dritten Fastenwoche wird die treue Frau Wladislawow auf allerhöchsten Befehl aus dem Dienst der Großfürstin entfernt. Katharina, zwischen Wut und Verzweiflung hin- und hergerissen, bricht in Tränen aus, erklärt, die Nachfolgerin der Wladislawowa habe ihrerseits »die schlimmste Behandlung bis zu Schlägen« zu gewärtigen, behauptet schließlich vor ihren weinenden Kammerfrauen, krank zu sein, und legt sich zu Bett. Alexander Schuwalow läßt Ärzte holen, die nacheinander der

Großfürstin den Puls fühlen, ihn für schwach befinden und sie behandeln wollen. Aber sie weist sie alle ab und verlangt nach dem Beichtvater. Aber nicht irgendeinen: nach dem Beichtvater der Zarin. Zufällig ist dieser Priester, Theodor Dubjanski, der Onkel einer Kammerfrau Katharinas. Indem sie ihn an ihr Krankenbett ruft, hofft sie einen salbungsvollen Mittler zwischen ihr und der gestrengen Herrscherin zu gewinnen. Und sie hat sich nicht getäuscht. Nachdem der alte Geistliche, der »beileibe nicht so dumm ist, wie man sagt«, ihre Beichte angehört hat, gibt er ihr uneingeschränkt recht, verurteilt die Bosheit ihrer Feinde und rät ihr, von ihrem Krankenlager aus ohne Unterlaß die Heimkehr nach Deutschland zu verlangen, denn nach seiner Ansicht wird die Zarin sie niemals gehen lassen. Im übrigen versichert er, er werde sogleich zu Ihrer Majestät gehen und sie überreden, die unglückselige junge Frau zu empfangen. Und er hält Wort. Alexander Schuwalow meldet Katharina, die Kaiserin erwarte sie »in der kommenden Nacht« zur Audienz. Tatsächlich verbringt Elisabeth immer mehr den Tag in einem Dämmerzustand und wird erst wach, wenn die anderen schlafen.

Am 13. April 1759 verläßt Katharina um zehn Uhr abends ihr Bett, läßt sich ankleiden und frisieren und rüstet sich zum Kampf. Ihre Nerven sind zum Zerreißen gespannt. Alexander Schuwalow hat versprochen, sie um Mitternacht abzuholen. Sie wartet, doch niemand kommt. Um sich zu zwingen, Ruhe zu bewahren, sagt sie sich: »Glück und Unglück sind im Herzen und in der Seele jedes Menschen; wenn du Unglück fühlst, dann erhebe dich über dieses Unglück und tue alles, damit dein Glück von keinem äußeren Geschehen mehr abhänge.«[3] Trotz dieser ermutigenden Gedanken ist sie so erschöpft vor Unruhe, daß sie auf einem Kanapee niedersinkt und einschläft. Gegen halb zwei Uhr in der Frühe wird sie geweckt. Alexander Schuwalow führt sie zu den Gemächern der Zarin, zieht sich aber nicht zurück, nachdem er sie bei Ihrer Majestät gemeldet hat. Auch der Großfürst ist da. Die Zwiesprache, um die sie gebeten hat, wird ihr also nicht gewährt; vielmehr hat sie vor einem Gericht zu erscheinen, dessen Richter ihr feindlich gesinnt sind. Während der ganzen Zeit ihrer vorgeblichen Krankheit hat ihr Mann sie nicht ein einziges Mal besucht. Zufällig hat sie erfahren, daß Peter noch an diesem Morgen Elisabeth Woronzow geschworen hat, er werde sie heiraten, sobald er Witwer sei. »Beide waren sehr froh über meinen Zustand.«

Der Saal, in dem Ihre Majestät die Angeklagte empfängt, ist weiträumig, eiskalt und durch ein paar vereinzelte Kandelaber nur schwach beleuchtet. Zwischen zwei Fenstern glänzen die goldenen Schüsseln, die die Kaiserin zur Toilette benutzt. In einer dieser Schüsseln erblickt Katharina ein Bündel Papiere. Sind das nicht ihre Briefe an Apraxin und Bestuschew? Doch, das sind sie. Das Beweismaterial für ihren Prozeß liegt also bereit, sie steckt in der Falle. Hinter den großen Wandschirmen, die vor den Fenstern aufgestellt sind, nimmt sie Atemzüge wahr: jemand lauert dort. Später erfährt sie, daß Elisabeths Günstling, Iwan Schuwalow, und sein Vetter, Graf Peter, hinter den Paravents versteckt ihre Aussage mithören. Das Publikum ist bereit, das Stück kann beginnen. Instinktiv entscheidet sich Katharina für die Rolle der in Tränen aufgelösten, schwachen, gebrochenen Frau. Eine gewaltige Masse, dick mit Schminke bedeckt, breithüftig und vollbusig, steht die Kaiserin vor ihr und sieht sie an mit kaltem Blick. Sie fällt auf die Knie vor diesem Standbild der unnahbaren Strenge und läßt ihre Litanei hören: sie ist völlig am Ende, niemand liebt sie, man soll sie heimkehren lassen in ihr Vaterland. Die Kaiserin, von rührseliger Natur, ist bewegt und wischt sich verstohlen das Auge. Sie fordert Katharina auf, sich zu erheben, aber Katharina weigert sich.

»Wie können Sie wünschen, daß ich Sie fortschicke? Denken Sie daran, daß Sie Kinder haben!«

»Meine Kinder sind in Ihren Händen und könnten kaum besser aufgehoben sein«, antwortet Katharina, noch immer auf den Knien liegend. »Ich hoffe, Sie werden sie nicht verlassen.«

»Aber welchen Grund soll ich der Welt sagen, daß ich Sie fortschicke?«

»Ihre Majestät wird sagen, was sie für richtig hält, und die Gründe nennen, durch die ich mir ihre Ungnade und den Haß des Großfürsten erworben habe.«

»Und wovon wollen Sie bei Ihren Verwandten leben? Ihre Mutter ist geflohen; sie war gezwungen, ihre Heimat zu verlassen, und ist nach Paris gegangen.«

»Ich weiß«, seufzt Katharina. »Man meinte, sie sei zu eng mit Rußland verbunden, und deshalb verfolgte sie der preußische König.«[4]

Johanna erscheint so als Märtyrerin der russischen Sache und mit ihr natürlich auch ihre Tochter. Elisabeth war auf eine derartige Erklärung nicht gefaßt. Sie denkt nach, ist gerührt, streckt der jungen Frau, die ihr in ihrem hübschen Kleid zu Füßen liegt, die Hand hin, nötigt sie aufzustehen und flüstert:

»Gott ist mein Zeuge, wieviel ich geweint habe, als Sie nach Ihrer Ankunft in Rußland todkrank waren, und wenn ich Sie nicht geliebt hätte, dann hätte ich Sie nicht hier behalten.«

Während Katharina überschwenglich dankt für die damalige Güte, die sie die jetzige kaiserliche Ungnade nur noch schmerzlicher empfinden lasse, tritt die Zarin noch näher an sie heran und fährt fort:

»Sie sind maßlos stolz. Erinnern Sie sich, daß ich im Sommerpalast einmal auf Sie zuging und Sie fragte, ob Sie Halsweh hätten, da ich gesehen hatte, daß Sie mich kaum grüßten und rein aus Stolz nur mit dem Kopf nickten.«

Katharina beteuert ihre treue Ergebenheit und Demut, aber die Kaiserin schneidet ihr das Wort ab:

»Sie bilden sich ein, klüger zu sein als alle anderen.«

»Wenn ich diesen Glauben wirklich hätte«, seufzt Katharina, »dann wäre nichts als meine derzeitige Lage und diese Unterredung geeigneter, ihn mir zu nehmen, da ich sehen muß, daß ich aus Dummheit bisher nicht verstanden hatte, was Sie mir vor vier Jahren zu sagen geruhten.«

Der Großfürst ist unterdessen enttäuscht von der Wendung des Gesprächs, in dem es mehr um verletzte Eigenliebe als um Politik geht. In der Ecke tuschelt er mit Alexander Schuwalow. Plötzlich sagt er mit erhobener Stimme:

»Sie ist schrecklich boshaft und sehr eigensinnig!«

»Wenn Sie von mir sprechen«, ruft Katharina aus, »dann sage ich Ihnen mit großem Vergnügen in Gegenwart Ihrer Kaiserlichen Majestät, daß ich allerding schlecht zu denen bin, die Ihnen raten, Ungerechtigkeiten zu begehen, und daß ich eigensinnig geworden bin, seitdem ich gesehen habe, daß meine Gefälligkeit mir nur Ihre Feindschaft eingetragen hat!«

Von Minute zu Minute gewinnt sie an Selbstsicherheit. Vielleicht kommt sie mit einem bloßen Tadel, einem kleinen Zank zwischen Tante und Nichte davon. Jedenfalls scheint die Zarin den Hauptanklagepunkt, den Verrat, ganz vergessen zu haben. In ihrer rauschenden Robe schreitet sie unruhig im Zimmer auf und ab. Und plötzlich greift sie frontal an. Nach dem Vorgeplänkel beginnt jetzt der eigentliche Kampf.

»Sie mischen sich in viele Dinge, die Sie nichts angehen«, sagt die Kaiserin und durchbohrt Katharina mit dem Blick. »Nie hätte ich dergleichen zur Zeit der Zarin Anna gewagt. Wie konnten Sie zum Beispiel so verwegen sein, Befehle an Feldmarschall Apraxin zu schicken?«

Katharina fährt empört auf:

»Ich? Niemals ist es mir in den Sinn gekommen, ihm Befehle zu senden!«

»Wie können Sie leugnen, ihm geschrieben zu haben? Ihre Briefe liegen dort in dem Becken!«

Sie zeigt ihr die Papiere in der goldenen Schüssel und fährt fort: »Es ist Ihnen verboten, zu schreiben!«

»Es ist wahr, daß ich dieses Gebot übertreten habe, und bitte Sie um Verzeihung dafür«, erwidert Katharina unerschüttert. »Aber da meine Briefe hier sind, können diese drei Briefe als Beweis dienen, daß ich ihm (Apraxin) niemals Befehle erteilt habe. In dem einen Brief schrieb ich ihm, was man über sein Verhalten sagte. Die beiden anderen enthielten Glückwünsche zu Neujahr und zur Geburt seines Sohnes.«

»Bestuschew sagt, daß es noch viele andere Briefe seien.«

Katharina hält dem Blick der Kaiserin stand und antwortet mit fester Stimme:

»Wenn Bestuschew das behauptet, dann lügt er.«

»Nun gut«, schreit Elisabeth, »wenn er über Sie lügt, dann werde ich ihn foltern lassen.«

Katharina läßt sich nicht beeindrucken. Über eine so plumpe Drohung kann sie nur lächeln. Jetzt ist sie sicher, daß keine ernsthaften Beweise gegen sie vorliegen. Die Kaiserin hat ihre Wut abgelassen und kommt allmählich zur Ruhe. Diesen Augenblick nutzt der Großfürst zu unbeholfenen Verwünschungen gegen seine Frau; er spürt, daß sie dabei ist, die Oberhand zu gewinnen, und versucht, die Lage umzukehren. »Es ist klar am Tage, daß er die Absicht hatte, mich aus meiner Stellung zu verdrängen, um diese, wenn es anginge, seiner jetzigen Mätresse zukommen zu lassen«, schreibt Katharina. Des Gekreisches ihres Neffen überdrüssig, beginnt die Zarin ungeduldig zu werden. Angesichts eines solchen Ehezanks, bei dem der Mann schreit und fuchtelt, während die Frau würdevoll schweigt, neigt ihre Sympathie entschieden zur Seite der Frau. Sie geht auf Katharina zu und sagt leise mit einem vielsagenden Seitenblick auf ihren Neffen:

»Ich hätte Ihnen noch vieles zu sagen, aber ich möchte Sie nicht noch mehr miteinander entzweien.«

Dieser Vertrauensbeweis unmittelbar nach einer harten Auseinandersetzung läßt Katharina das ganze Ausmaß ihres Sieges ermessen.

»Ich war tief gerührt«, schreibt sie, und zur Kaiserin sagt sie: »Auch ich kann jetzt nicht sprechen, obwohl es mein dringender Wunsch wäre, Ihnen mein Herz und meine Seele zu eröffnen.«

Wieder werden die Augen der Zarin von Tränen feucht. Um zu verbergen, wie bewegt sie ist, entläßt sie Katharina und den Großfürsten und behält nur Alexander Schuwalow bei sich. Drei Uhr morgens ist es inzwischen. Völlig erschöpft, aber freudestrahlend läßt Katharina sich von ihren Kammerfrauen entkleiden. Da klopft Alexander Schuwalow an die Tür. Er kommt im Auftrag der Zarin, die ihr ihre »Komplimente« ausrichten und versichern läßt, sie brauche keine Sorge mehr zu haben und könne auf eine zweite Unterredung, diesmal unter vier Augen, rechnen. In dieser Nacht schläft Katharina wie auf Wolken. Am nächsten Tag meldet man ihr, Ihre Kaiserliche Majestät habe zu einem Höfling gesagt: »Sie (die Großfürstin) liebt Wahrheit und Gerechtigkeit; das ist eine sehr kluge Frau, aber mein Neffe ist ein Esel.«[5]

Das sind schmeichelhafte Worte; trotzdem aber läßt die von Elisabeth versprochene zweite Unterredung auf sich warten. Hat die Kaiserin, faul und flatterhaft, wie sie ist, plötzlich ihre Haltung wieder geändert? Peter jedenfalls führt sich so unverschämt auf wie nur je, und die Woronzow fühlt sich so sicher, daß er sie heiraten wird, daß sie in den großfürstlichen Gemächern die Honneurs macht, als sei sie bereits legitime Ehefrau. Aus Angst, mit den verrinnenden Wochen den Gewinn ihres nächtlichen Kampfes wieder zu verlieren, spricht Katharina wieder von Abreise, und noch einmal hat sie mit ihrer Taktik Erfolg. Einer ihrer schlimmsten Feinde, der Vizekanzler Michael Woronzow, mit dem Großfürsten im Bunde, bittet sie weinend und keuchend (er hat »eine Art Kropf«), auf einen Plan zu verzichten, der der Zarin so viel Kummer bereite. Doch sie beharrt. Sie spricht von ihren Kindern, die ihr entzogen werden. Alles hier ist dazu angetan, ihr das Bleiben zu verleiden. Ein paar Tag später wird ihr ausgerichtet, daß sie noch am gleichen Nachmittag um drei Uhr ihren Sohn und ihre Tochter sehen darf und daß Ihre Majestät sie im Anschluß an diesen Besuch empfangen wird.

Sie findet sich pünktlich ein und steht zwei kleinen Fremdlingen gegenüber, die sie kalt und fragend anschauen: Paul ist fünf Jahre alt, Anna nur ein paar Monate. Umgeben von Ammen und Gouvernanten, die die Szene mißbilligend beobachten, spielt Katharina mit den Kindern. In Wirklichkeit empfindet sie nicht viel dabei. Diese beiden Wesen hat sie für eine andere zur Welt gebracht. Sie hat sich damit abgefunden, daß ihre Mutterschaft abstrakt bleibt, und ist mit ihren Gedanken weit mehr bei der bevorstehenden Unterredung mit der Zarin als bei diesen zarten Gesichtern vor ihren Augen. Fast ungeduldig wartet sie darauf, diese Kinder verlassen und der Frau gegenübertreten zu können, von der ihre Zukunft abhängt. Endlich meldet ihr Alexander Schuwalow, daß die Kaiserin sie erwartet. Sogleich stürzt sie zu ihr. Die Tür öffnet sich, schließt sich wieder. Sie sind beide allein. Kein einziger Paravent im Raum, der einen heimlichen Zeugen verbergen könnte. Ohne Umschweife stellt die Kaiserin eine Bedingung: »Ich verlange, daß Sie mir in allem, wonach ich Sie fragen werde, die reine Wahrheit sagen.« Katharina schwört, daß sie ihr Herz ohne Rückhalt öffnen werde. Wieder geht es um die Briefe an Apraxin, um Bestuschews Verrat, um das ungebührliche Betragen des Großfürsten . . . Und höchstwahrscheinlich – aber darüber schweigt Katharina in ihren Memoiren sich aus – wünscht die Zarin auch Näheres über die Liebschaften ihrer Nichte mit Sergej Saltykow und Stanislaus Poniatowski, über die Abkühlung ihrer Beziehung zu Peter und über den wahren Vater Pauls und Annas zu erfahren.[6]

Jedenfalls kommt es nach diesem Tête-à-Tête zu einer Art modus vivendi zwischen den beiden Frauen, zu einem lauen, aber ehrenhaften Frieden, erwachsen aus Konzessionen, Resignation und Mißtrauen. Katharina erscheint wieder bei Hofe und spricht nicht mehr davon, Rußland verlassen zu wollen. »Die Kaiserin begegnete ihr wohlwollend und erwies ihr mehr Respekt als bisher«, schreibt der Marquis de L'Hopital. Sie hat unerwartet die Erlaubnis erhalten, einmal pro Woche ihre Kinder zu sehen. Sie werden im Kaiserpalast Peterhof aufgezogen, sie selbst wohnt zwanzig Werst entfernt in Oranienbaum.

Den Wirrungen der Politik ist sie jetzt entrückt. Die Affäre Bestuschew ist übrigens ausgegangen wie das Hornberger Schießen. Der untreue Minister ist der Todesstrafe entronnen und lediglich auf seine Güter verbannt worden; seinen »Komplizen« Bernardi, Jelagin und Adodurow ergeht es ebenso. Stanislaus Poniatowski allerdings muß Rußland verlassen. Katharina hat diesen Schlag mit bitterer Ruhe hingenommen; sie hatte ihn lange schon erwartet. Im April 1759 aber, wenige Wochen nach der Abreise ihres Geliebten, verliert sie das Kind, das sie von ihm hatte, die Prinzessin Anna, und dieser plötzliche Verlust weckt wieder den Schmerz. Ein Glück noch, daß das Kind fern von ihr gestorben ist; gewiß hätte man ihr vorgeworfen, es nicht richtig gepflegt zu haben. Und im Jahr darauf stirbt in Paris ihre Mutter. Die Franzosen beschlagnahmen Johannas Korrespondenz; Katharina fürchtet, einige Briefe, die sie heimlich ihrer Mutter geschickt hatte, könnten nach Rußland gelangen und der Zarin in die Hände fallen, doch der Herzog von Choiseul weiß alles zu arrangieren: die kompromittierenden Dokumente werden verbrannt. Der Möbel der »Gräfin von Oldenburg« haben die zahlreichen Gläubiger sich bemächtigt; sie drohen, sie zu versteigern. Nur widerwillig ist die Zarin bereit, einige hunderttausend Francs zu bezahlen, um den Skandal abzuwenden. Katharina ist erleichtert, empfindet aber doch eine gähnende Leere. Sie ist isoliert, auch politisch. Solange Bestuschew die Staatsgeschäfte lenkte, wußte sie, daß er sie immer unterstützen würde, bis sie am Ziel war. Jetzt, wo er gestürzt ist, kann sie in dem unablässigen Kampf um den Thron nur noch auf sich selber zählen. Doch das macht ihr keine Angst. Ihr größter Trumpf ist, so meint sie, die Unbeliebtheit des Großfürsten. Je mehr er mit seinen Dummheiten den Hof schockiert, desto größer wird ihre Chance, an seiner Stelle zum Zuge zu kommen. Die Zarin zählt schon nicht mehr, sie ist dem Tode nahe. Der Kampf um die Nachfolge hat praktisch schon begonnen. Katharina ist dreißig Jahre alt und hat einen unbändigen Hunger nach Macht und nach Liebe. Manchmal scheint es ihr, daß sie noch gar nicht angefangen hat zu leben.

10. KAPITEL
Liebe, Finsternis, Verrat

Während Katharina sich bemüht, in den Salons ein paar Anhänger um sich zu scharen, geht weit draußen mit blutiger Heftigkeit und ungewissem Ausgang der Krieg weiter. Unter dem Oberbefehl Fermors haben die Russen schon am 28. Januar 1758 Königsberg eingenommen und am 25. August des gleichen Jahres den Preußen bei Zorndorf eine Schlacht geliefert, die so verlustreich und zugleich unentschieden ausging, daß beide Seiten sich für den Sieger hielten und ein Te Deum feiern ließen. Im Jahr darauf wird Friedrich bei Kunersdorf von den Russen geschlagen, und die Österreicher besetzen Sachsen. Er sammelt schnell neue Kräfte und gewinnt im August 1760 die Schlacht bei Liegnitz. Zwar marschieren schon zwei Monate danach Russen und Österreicher in Berlin ein, doch müssen sie die Stadt sehr bald wieder räumen. Bei Torgau dann wieder ein neuer preußischer Sieg. Diese Zähigkeit eines schon überwunden geglaubten Gegners weckt in der Umgebung der Zarin eine Mischung aus Wut und Bewunderung. Wie sollte man nicht vor dem strategischen Genie dieses Königs den Hut ziehen, der drei verbündeten Großmächten die Stirn bietet? Bei den Offizieren der mittleren Ebene allerdings, die meist adliger Herkunft und stolz auf ihre patriotische Gesinnung sind, herrscht eine ganz andere Stimmung als im Palast. Der Hof mit all den Diplomaten und ausländischen Besuchern und den Familienbeziehungen über die Grenzen hinweg ist ein Milieu, das Einflüssen von außen zugänglich ist. Hier gehört es zum guten Ton, auf Europas Stimmen zu hören; man ist stolz darauf, geistig einen weiten Horizont zu haben. In der Armee dagegen will man ganz und gar Russe sein. Viele Offiziere zeigen offen ihre Empörung über die Sympathien, die hochgestellte Persönlichkeiten mitten im Krieg für die Sache Preußens bekunden. Manche gehen so weit, den Großfürsten, dessen Bewunderung für Friedrich allgemein bekannt ist, des Verrats zu verdächtigen: er lasse dem »König, meinem Herrn«, wie er ihn nennt, Informationen zukommen. Und tatsächlich hat Peter, von seinem Idol völlig benebelt, keine andere Sorge, als ihm alles zu melden, was bei den Geheimsitzungen des Kriegsrates der Zarin gesprochen wird. Der neue englische Botschafter

Keith empfängt diese Informationen und gibt sie auf schnellstem Wege an Friedrich weiter. Auf diese Weise kennt der preußische König die vorgesehenen Truppenbewegungen des Gegners früher als die russische Armee selber. Selbstverständlich erhält der Großfürst für diese guten Dienste etwas Geld, aber zweifellos würde er ohne materiellen Lohn, nur um der noblen Geste willen, genauso gehandelt haben. Im Sommer 1759 hat es ihm ein preußischer Offizier besonders angetan, der bei der Schlacht von Zorndorf gefangengenommen wurde. Es handelt sich um den Grafen Schwerin, den Generaladjutanten des Preußenkönigs. Die Russen behandeln diesen ranghohen Gefangenen wie einen vornehmen Gast, der ihre Hauptstadt auf der Durchreise besucht. Jeder rechnet es sich zur Ehre an, ihn zu bewirten und zu feiern. »Wenn ich Kaiser wäre, dann wären Sie niemals Kriegsgefangener!« sagte Peter ihm tiefbewegt und läßt ihn in St. Petersburg in einem Haus in der Nähe des Kaiserpalastes unterbringen.

Mehr zur Gesellschaft als zur Bewachung hat man diesen ruhmreich Besiegten in die Obhut zweier russischer Offiziere gegeben. Einer von ihnen ist Grigorij Orlow, ein junger Leutnant, der sich in der Schlacht bei Zorndorf als Held erwiesen hat. Obwohl dreifach verletzt, hat er, taub für alle Bitten, sich zu schonen, nur noch verbissener in der vordersten Linie weitergekämpft. Zum Lohn und um ihm Gelegenheit zur Erholung zu geben, haben seine Vorgesetzten ihn als Leibwache des Grafen Schwerin nach St. Petersburg geschickt. »Erholung« sucht Grigorij Orlow allerdings mehr in den Spielsälen, den Wirtshäusern und in den Betten der Dirnen. Ohne übrigens die feineren Damen deshalb zu verschmähen. So verführt und entführt er zum Beispiel die schöne Helene Kurakin, die Mätresse seines Vorgesetzten General Peter Schuwalow.[1] Das Wagnis, das er aus Leidenschaft oder trotziger Verwegenheit dabei auf sich nimmt, läßt alle weiblichen Herzen höher schlagen. Seine erotischen Heldentaten geben seinen militärischen erst den rechten Glanz. Entweder hält man ihn für verrückt oder man bewundert ihn. Alle rechnen damit, daß Peter Schuwalow diesem tolldreisten Leutnant die Karriere verbauen wird. Doch der junge Mann ist unter einem glücklichen Stern geboren: ein plötzlicher Tod rafft den General hinweg, ehe er seine Ehre rächen konnte. Die Frauen sprechen von einem Wunder, die Männer verziehen das Gesicht. Für die einen ist

Grigorij Orlow eine Naturkraft, für die anderen ein Wüstling und Raufbold, dessen freches Betragen nach exemplarischer Bestrafung verlangt. Amüsiert beobachtet Katharina aus ihrer Zurückgezogenheit die Kapriolen dieses ungestümen jungen Füllens.

Fünf Brüder Orlow sind in den Garderegimentern: Iwan, Grigorij, Alexis, Feodor und Wladimir. Von den fünfen ist Grigorij, der zweite, zweifellos der verführerischste. Er ist groß gewachsen, athletisch gebaut und trägt den Kopf mit den regelmäßigen Gesichtszügen hoch erhoben. Die Sanftmut und Feinheit seines Gesichts bildet einen eigentümlichen Kontrast zu dem Eindruck von roher Kraft, der von seinem Körper ausgeht. Denn dieser imponierende Koloß hat einen samtenen Blick und ein fast weibliches Lächeln. Er ist unbestreitbar schöner als Stanislaus Poniatowski, dessen Abreise Katharina einigen Schmerz bereitet hat, und sogar schöner als Sergej Saltykow. Aber er ist nur mäßig intelligent und kaum gebildet. Seine Herkunft ist nicht eben glänzend. Der Großvater, ein einfacher Soldat, war 1689 in den Aufstand der Strelitzen verwickelt gewesen und zum Tode verurteilt worden. Als man ihn zum Richtplatz führte, stieß er den blutigen Kopf eines schon hingerichteten Kameraden mit dem Kopf beiseite und ging seelenruhig auf den Richtblock zu, und mit dieser Unbekümmertheit beeindruckte er Peter den Großen so sehr, daß er ihn begnadigte. Der Delinquent wurde in die Armee aufgenommen und diente seinem Zaren nunmehr so treu, daß er zum Offizier aufstieg. Sein Sohn Grigorij Iwanowitsch wurde Gouverneuer von Nowgorod und heiratete mit dreiundfünfzig Jahren eine adlige Dame namens Sinowjew, die ihm neun Kinder gebar, von denen fünf überlebten.

Diese fünf Sprößlinge »von heroischer Statur« sind die fünf Brüder Orlow, deren tolle Streiche Hof und Stadt in Atem halten. Sie halten zusammen wie die Finger einer Hand und bilden eien fröhliche Gemeinschaft, wo man einander für gewöhnlich vertraut und hilft. Körperlich robust und geistig beschränkt, teilen sie ein ausgeprägtes Ehrgefühl, die Liebe zu ihrem Regiment und die Lust am Wein, am Kartenspiel und an den Frauen. Wegen ihrer fast unbewußten Verwegenheit und ihres unbekümmerten Lebenswandels werden sie von ihren Soldaten vergöttert; in den Kasernen sind sie Könige, und am Hofe ziehen sie manche Blicke auf sich.

Eines Abends hat Grigorij Orlow seinen »Gefangenen«, den Grafen Schwerin, zu einem Empfang beim Großfürsten gebracht und hat Wache im Palast. Katharina hat gerade eine unangenehme Szene mit ihrem Gatten gehabt, stürzt in Tränen aufgelöst zum Fenster ihres Zimmers, um etwas frische Luft zu schöpfen, und erblickt unter sich einen Riesen mit dem Kopf eines Erzengels. Mit ehrerbietiger Bewunderung blickt er zu ihr auf. Sofort zerschmilzt sie und hat künftig keinen anderen Gedanken als den, zu diesem Tröster, den der Himmel ihr schickt, in Beziehung zu treten.[2] Natürlich ist er von zu schlichter Herkunft, um wie Sergej Saltykow, Stanislaus Poniatowski oder sogar Sachar Tschernytschew bei der Großfürstin am Hof Zutritt zu haben. Katharina weiß zu gut, daß ihre Feinde nur darauf warten, ihr etwas anzuhängen, um das Risiko einzugehen, einen Kavalier von so untergeordnetem Rang und so zweifelhaftem Ruf in den Kreis ihrer Freunde und Hofleute einzureihen. Deshalb beauftragt sie ihre Freundin Prascowia Bruce, geheime Zusammenkünfte »außerhalb«, in einem kleinen Haus auf der Newa-Insel Wassilij Ostrow, für sie zu arrangieren. Von Anfang an scheinen beide sich vollkommen zu verstehen. Wie ist es möglich, daß diese geistig so rege Frau, begeisterte Leserin Voltaires und Montesquieus, so viel Gefallen am Umgang mit einem Haudegen findet, der zwar ein prächtiges Gesicht, aber einen kindlichen Verstand hat? Sie ist dreißig Jahre alt, was für eine Frau zur damaligen Zeit den Gipfel der Reife bedeutet; er ist nur fünfundzwanzig. Jene halb sentimentalen, halb intellektuellen Gespräche, an denen sie sich sonst so gerne berauscht, kann sie mit ihm nicht haben. Womit er sie bezaubern kann, das ist die Wärme der Haut und die Kraft der Lenden. Mit ihrer herzhaften und gesunden Sinnlichkeit genießt Katharina in vollen Zügen die Umarmungen Grigorij Orlows und schreibt, in den Palast zurückgekehrt, heimlich zärtliche Briefe an Stanislaus Poniatowski, den untröstlichen Verbannten, den trauten Freund der großen Geister, der allein imstande ist, ihre Seelenzustände in allen feinen Übergängen zu verstehen. Ach, wenn sie diese Männer nur beide um sich haben könnte! Es gibt aber auch noch eine rein politische Überlegung, die Grigorij für Katharina wertvoll macht. Denn in ihren Augen verkörpern er und seine Brüder die russische Armee. Wenn sie sich an die Brust ihres Geliebten schmiegt, stützt sie sich zugleich auf die Kasernen der Garderegimenter. Wie sollte sie vergessen haben, daß die derzeitige Zarin von der Begeisterung ihrer Soldaten auf den Thron gehoben worden ist? Man behauptet sogar, sie habe sie betrunken gemacht, um sie für sich zu gewinnen! So weit wird Katharina nicht gehen. Aber sie begreift sehr schnell, daß es für sie aussichtsreicher ist, auf die Ergebenheit dieser Subalternoffiziere zu setzen, die ganz und gar russisch fühlen, als die Sympathie der den Hofintrigen ausgesetzten Oberbefehlshaber gewinnen zu wollen. Wenn sie also mit Grigorij Orlow schläft, verbindet sie das Angenehme mit dem Nützlichen: sie findet tiefe Befriedigung und bereitet sich zugleich auf einen eventuellen Staatsstreich vor. Vernunft und Lust kommen bei diesem Abenteuer im gleichen Maße zu ihrem Recht. Grigorij Orlow selber lebt wie in einem Traum. Sofort ist die Fürstin Helena Kurakin abgeschrieben. Gewiß, Katharina ist schon nicht mehr die Allerjüngste, aber der Thron, der ihr bald zufallen wird, verleiht ihr einen übernatürlichen Glanz. Ihr hoher Rang macht sie jünger und schöner und außerordentlich begehrenswert. Daß sie von einem Ehemann gedemütigt wird, der in deutschem Sold steht, macht es jedem Mann, der das Herz auf dem rechten Fleck hat, zur Pflicht, sie zu beschützen. Hundert Mal hat sie ihre Liebe zu Rußland, ihre Treue zum orthodoxen Glauben und ihren Respekt vor den Traditionen des Heeres bewiesen. Der ganze Clan der Orlows ist stolz darauf, daß diese Frau einen der ihren als ihren Favoriten gewählt hat. Die fünf Brüder sind bereit, mit ihrem Degen für sie zu kämpfen. Einstweilen machen sie bei ihren Kameraden im Offizierskorps Propaganda für sie.

Mehr noch als Grigorij ist Alexis, der dritte der Orlow-Brüder, fest entschlossen, den Feinden der Großfürstin einen tüchtigen Schlag zu versetzen. Alexis ist nicht so schön wie sein älterer Bruder; er trägt den Beinamen »das Schmarrengesicht«, weil eine gewaltige Narbe, die vom Mund bis zum Ohr reicht, seine Züge entstellt. Im Verlauf einer Wirtshausrauferei hat ihn ein Säbelhieb so gezeichnet, aber das ändert nichts daran, daß er stolz und stattlich aussieht. Er kann einen Ochsen mit einem Faustschlag niederstrecken, aber er besitzt nicht nur Muskelkraft, sondern auch Intelligenz, Zynismus und Ehrgeiz. Sein Charakter ist aus härterem Holz geschnitzt als der Grigorijs. Aber Katharina fürchtet ein wenig die Aufwallungen dieses Menschen, der sich als ein Mann der Tat wenig um politische Rücksichten kümmert. Wenn sie Erfolg haben will, muß sie sich gleichermaßen auf die List (die Verbindungen am Hofe) wie auf die Kraft (die Orlows, die Armee) verlassen. Mit dem Sturz Bestuschews ist viel für sie verlorengegangen. Dieser alte Staatsmann war mit seiner reichen politischen Erfahrung ein wertvoller Ratgeber für sie gewesen. Zum Glück steht ein Freund des abgesetzten Kanzlers noch bei der Kaiserin in Gunst: der Graf Nikita Panin. Panin, Bestuschews politischer Schüler, ist gebildet, von liberaler Gesinnung, hat feine Manieren, liebt gutes Essen und die Frauen. Vor zehn Jahren hat Bestuschew sogar daran gedacht, ihn zum Geliebten der Kaiserin Elisabeth zu machen, doch Panin schlief vor der Tür des Umkleidezimmers der Fürstin ein, statt im günstigen Moment als stolzer Hahn hineinzustürmen. Er ist dann in diplomatischer Mission in Kopenhagen und Stockholm gewesen und 1760 von Elisabeth nach Stockholm zurückbeordert worden. Die enttäuschte und gealterte Zarin denkt wohl kaum mehr an ihn als Ersatz für den unermüdlichen Iwan Schuwalow. Immerhin aber betraut sie ihn mit der Stellung eines Erziehers des Zarewitsch Paul. Sogleich versucht Katharina, Panin näherzukommen. Ihrer beider politische Ansichten stimmen in mancher Hinsicht überein. Wie sie ist auch er gegen die preußischen Neigungen des Großfürsten, und wie sie ist er der Meinung, daß man noch vor dem Tod der Kaiserin dafür sorgen müßte, daß Peter von der Thronfolge ausgeschlossen wird. Doch er möchte den kleinen Paul auf den Thron setzen und ihr nur den Vorsitz im Regentschaftsrat einräumen, während sie überhaupt keinen Grund sehen kann, ihren Sohn zum Kaiser zu machen, wo sie doch bereit ist, die Macht höchstpersönlich und ohne jede Einschränkung selber auszuüben.

Während sie so insgeheim beratschlagen, streben die Woronzows die Krone für Peter an. Er soll sich dann sofort scheiden lassen, den kleinen Paul als illegitimes Kind verstoßen und mit der Hofdame Elisabeth Woronzow eine Angehörige ihrer eigenen Familie heiraten. Der Großfürst selber ist natürlich ganz und gar für diese Lösung. Er hat zwei fixe Ideen: so schnell wie möglich dem Krieg gegen Preußen ein Ende machen und seine Mätresse heiraten. Selbstverständlich müssen Katharina und der Bastard zuvor zum Teufel geschickt werden. Über seine Absichten läßt er niemanden im unklaren. Schon benimmt sich seine bucklige und schielende Geliebte, die Katharina zum Hohn »die Pompadour« nennt, als wäre sie die legitime Gattin; sogar in den Gemächern der Großfürstin spaziert sie herum wie ein siegreicher Eroberer: die Wände, die Möbel, alles gehört ihr. Im Hinblick auf die erwarteten Umwälzungen suchen manche ihre Unterstützung. Peter, der sich einbildet, endlich doch einmal um seiner selbst willen geliebt zu werden, sieht in der Häßlichkeit und Vulgarität seiner Gefährtin zusätzliche Gründe, sie zu vergöttern und durchzusetzen. Und je mehr Fleischeslust und politisches Interesse ihn an Elisabeth Woronzow ketten, desto mehr verabscheut er Katharina, deren bloßes Vorhandensein seinem Glück im Wege steht.

Wenn er aber Katharina loswerden soll, dann muß zunächst einmal die Zarin sterben. Und Elisabeth, jetzt fünfzig Jahre alt, verbraucht und schwach geworden, klammert sich verzweifelt an das Leben. Sie ist ganz aufgeschwemmt vor lauter Fett und kurzatmig, hat geschwollene Beine und ist immer noch nicht bereit, auf sich aufzupassen, sondern ißt und trinkt ohne Maß und verbringt täglich viele Stunden im Gebet. Die Nachrichten vom Stand des Krieges rütteln sie manchmal auf; dann schwört sie, weiterzukämpfen bis zum Sieg und ihren Verbündeten treu zu bleiben. Dann verfällt sie wieder in Stumpfsinn und ist nicht dazu zu bewegen, ein Papier zu unterzeichnen. Wichtige Depeschen stapeln sich unerledigt auf ihrem Tisch. Sie fröstelt; die Zärtlichkeiten ihres jungen Liebhabers reichen nicht mehr aus, sie aufzuwärmen. Iwan Schuwalow spürt im übrigen natürlich, daß seine Tage als Favorit Elisabeths gezählt sind, und beginnt, sich eine neue Schutzherrin zu suchen. Plötzlich macht er Katharina, die er früher als Feindin behandelt hat, sehr eifrig den Hof. Es liegt auf der Hand, daß die Aussicht, das Bett der Zarin mit dem der Großfürstin zu vertauschen, für ihn erfreulich sein muß, denn was die Fleischeslust angeht, so kann er dabei nur gewinnen; im Gegensatz zu den Woronzow glaubt er aber auch, daß die junge Frau nach dem Tod Elisabeths mindestens Regentin, wenn nicht gar selber Zarin werden wird. Und Regentin für eine lange Zeit, da der kleine Paul erst sechs Jahre alt ist. Seiner ganzen Natur nach aber ist Schuwalow ein Mann, der unbedingt der Sonne nahe sein muß. Katharina durchschaut sein Spiel, amüsiert sich darüber und hütet sich, ihn zu entmutigen. Neben den Orlows und neben Panin kann auch dieser Bundesgenosse nützlich sein, um ihre Stellung gegenüber dem Großfürsten zu stärken.

Überraschender noch als die unerwartete Unterstützung Iwan Schuwalows ist eine andere Freundschaft, die sie gewinnt. Es handelt sich um Katharina Daschkowa, geborene Woronzow, die leibliche Schwester der Mätresse des Großfürsten. Diese sehr junge Frau – sie ist nur siebzehn Jahre alt und erst seit kurzem mit dem Fürsten Daschkow verheiratet – ist dem Zauber der Persönlichkeit Katharinas erlegen und bietet ihrer Familie die Stirn. Je mehr ihr Vater, ihre Schwestern und ihre Onkels die Großfürstin tadeln, desto mehr bewundert sie sie. Sie ist ungewöhnlich gebildet, spricht nur französisch, begeistert sich für Kunst, Literatur und Philosophie und macht ein wenig vorteilhaftes Äußeres durch geistige Regsamkeit wett. Diderot, der ihr ein paar Jahre später begegnet und ganz geblendet ist von der Lebhaftigkeit ihrer Konversation, hat sie so beschrieben: »Sie ist klein, hat eine große und hohe Stirn und große, aufgeblähte Backen, mittelgroße, tiefliegende Augen, schwarze Haare und Augenbrauen, eine platte Nase und einen großen Mund mit wulstigen Lippen, schlechte Zähne, einen graden und runden Hals von der Form, wie sie für ihre Nation typisch ist, eine flache Brust und keinerlei Taille; sie bewegt sich rasch, mit wenig Grazie und ohne Adel.«

Im Sommer 1761 macht Katharina jeden Sonntag nach dem Besuch bei ihrem Sohn in Peterhof auf dem Rückweg im Hause der Fürstin Daschkow halt. Anschließend fahren sie gemeinsam nach Oranienbaum und verbringen den Rest des Tages im Palast damit, ernste wissenschaftliche, künstlerische und soziale Probleme zu diskutieren. Später einmal wird diese Frau Katharina auf die Nerven gehen, weil sie so selbstgefällig, so wirrköpfig und so anspruchsvoll ist; jetzt aber findet sie in ihr eine prächtige Gesprächspartnerin, die voller angehäufter Buchweisheiten steckt, mit Leidenschaft für eine gute Sache eintritt und ihr selbst in der Art des Fühlens und Denkens nahe verwandt ist. Da sie mit dem schönen Grigorij Orlow keine ernsthafte Konversation führen kann, hält Katharina sich bei diesem jungen Mädchen schadlos. Seltsamerweise haben aber der athletische Liebhaber und die zartgebaute Freundin einen Wesenszug gemeinsam: in beiden lebt das gleiche Ungestüm, die gleiche Lust am Sturm und Wagnis, am Sprung ins Unbekannte. Beide muß Katharina, die nie die Übersicht verliert, zur Mäßigung ermahnen, um nicht durch sie kompromittiert zu werden.

In einer Winternacht im Dezember 1761 verläßt die Fürstin Daschkow ihr Bett. Sie hat erfahren, daß der Zustand der Kaiserin sich sehr verschlechtert, und obwohl sie selber an einer schlimmen Erkältung leidet, hüllt sie sich in Pelze und läßt sich, fiebernd vor Erregung, zu dem hölzernen Palast fahren, in dem die kaiserliche Familie wohnt. Sie läuft durch den Schnee zur Eingangshalle und irrt blindlings durch die finsteren Flure und fremden Säle. Als sie schon die Hoffnung aufgegeben hat, ihr Ziel zu erreichen, begegnet sie einer Hofkammerfrau, die bereit ist, sie zu den Gemächern der Großfürstin zu führen. Katharina, schon im Bett, schilt ihre nächtliche Besucherin für ihren Leichtsinn, heißt sie zu ihr ins Bett kriechen, um sich aufzuwärmen, hüllt sie in ihre Decken und schließt sie in die Arme. »Madame«, flüstert die Fürstin, vor Kälte zitternd, »beim gegenwärtigen Stand der Dinge, wo die Zarin nur noch wenige Tage, vielleicht sogar nur noch wenige Stunden zu leben hat, kann ich den Gedanken an die Ungewißheit nicht mehr ertragen, in die das nahende Ereignis Ihre Interessen stürzen wird. Haben Sie die Güte, mir zu befehlen, was ich tun soll!« Katharina ist gerührt über so viel Hingabebereitschaft, schlägt die Augen nieder, seufzt, drückt die fieberheiße Hand ihrer Freundin ans Herz und fordert sie auf, nicht den Kopf zu verlieren. Sie, die jahrelang alle nur erdenklichen Möglichkeiten geprüft und noch kürzlich an Williams eine schriftliche Darstellung ihrer Pläne gegeben hat, heuchelt nun selbstlose Demut und Schicksalsergebenheit. »Meine geliebte Fürstin«, sagt sie traurig, »meine Dankbarkeit ist größer, als ich je werde ausdrücken können. Aber ich habe keinerlei Pläne geschmiedet, ich werde nichts unternehmen und glaube, daß mir nichts übrigbleibt, als mich mutig in das zu ergeben, was über mich verhängt ist. Ich lege mein Geschick in die Hand des Allmächtigen und richte meine einzige Hoffnung auf seinen Schutz.«

»Dann müssen also Ihre Freunde für Sie handeln, Madame«, ruft die Fürstin aus. »Was mich angeht, so fühle ich Begeisterung genug, um alle zu entflammen!« Als mit allen Wassern gewaschene Schauspielerin spielt Katharina ihre Rolle frommer Ergebung weiter, küßt ihre feurige Verbündete und murmelt: »Um Himmels willen, Fürstin, setzen Sie sich keiner Gefahr aus in der Hoffnung, ein Übel abzuwenden, gegen das man in Wahrheit nichts tun kann.«[3]

Die Fürstin Daschkow ist enttäuscht von diesen besonnenen Worten. Sie wirft Katharina vor, kurz vor dem Ziel schwach zu werden. Doch Katharina schreckt nicht aus Unentschlossenheit davor zurück, etwas zu unternehmen. Im Augenblick ist sie gerade von Grigorij Orlow schwanger und zittert davor, daß der Großfürst ihren Zustand bemerken und als Vorwand benützen könnte, sie offiziell zu verstoßen. Im Falle eines solchen Skandals würde niemand wagen, ihre Partei zu ergreifen. Sie wäre dann ein für alle Male und dazu mit Schimpf und Schande von der Thronfolge ausgeschlossen. Und das wegen dieses blödsinnigen Fötusses, den sie im Leib trägt. Sie ist jetzt im fünften Monat und trägt weitgeschnittene Gewänder, um den dick werdenden Bauch zu verbergen; sie gibt vor, müde zu sein, verläßt kaum ihr Zimmer und empfängt nur wenige Menschen. Und dann kommt dieser junge Hitzkopf und verlangt, daß sie kämpfen soll! Nein, man muß auf einen günstigen Augenblick warten. Erst muß einmal die Niederkunft vorüber sein, man wird Sorge tragen, daß sie unbemerkt bleibt. Wenn nur die Zarin es noch so lange macht!

Am Hofe werden überall Intrigen geschmiedet, bei den Russen wie auch bei den Ausländern. Alle Berechnungen drehen sich um den Tod der Zarin. Die Botschafter schicken ihren Regierungen eine chiffrierte Botschaft nach der anderen. Jeder riskiert seine Prognose. Wer wird regieren, Peter, Paul oder Katharina? Wird es wieder eine Palastrevolution geben wie damals, als Elisabeth den Thron bestieg? Der französische Botschafter, Baron de Breteuil, schreibt: »Wenn ich den Haß bedenke, den das ganze Volk für den Großfürsten empfindet, und dazu all die Fehler dieses Fürsten, dann bin ich geneigt, an eine vollständige Umwälzung zu glauben; wenn ich aber die feige und niedrige Gesinnung der Leute in Rechnung stelle, die die Maske fallen lassen müßten, dann sehe ich Furcht und knechtische Unterwerfung mit der gleichen Sicherheit die Oberhand behalten wie bei der Usurpation der Kaiserin (Elisabeth).«

Am 23. Dezember 1761 hat die Zarin einen Schwächeanfall und empfängt in Gegenwart des Großfürsten und der Großfürstin die letzte Ölung. Nachdem sie zweimal flüsternd das Totengebet gesprochen hat, bittet sie alle, die um sie sind, um

Verzeihung für Kränkung und Unrecht, das sie ihnen zugefügt hat. Brennende Kerzen, Priester in Meßgewändern, ehrwürdige Mönche mit den hohen schwarzen Mützen, Trauergesänge, seufzende Höflinge und Hofdamen – inmitten dieses traurigen Trubels kniet Katharina und beweint diese rätselhafte Frau, von der sie immer noch nicht weiß, was sie von ihr halten soll. War Elisabeth ihre Feindin, war sie ihre Freundin? Der Großfürst seinerseits trägt eine steinerne Miene. Die hohen Würdenträger denken insgeheim alle nur daran, welche Auswirkungen dieser Tod für ihr eigenes Leben haben wird.

Zwei Tage später, am 25. Dezember[4], dem ersten Weihnachtsfeiertag, kommt um vier Uhr nachmittags Nikita Trubetzkoj aus dem Schlafgemach der Zarin und sagt mit ernster Miene und zitternder Stimme zu den Anwesenden, daß Ihre Majestät Kaiserin Elisabeth ihnen allen »ein langes Leben wünsche«. Das ist die traditionelle Formel, mit der in Rußland der Tod eines Menschen verkündet wird, gleichgültig, ob es sich um einen Fürsten oder einen Bauern handelt. Und dann, während noch alles über die traurige Nachricht schluchzt, proklamiert Nikita Trubetzkoj den neuen Zaren: Peter III. Sogleich verwandelt sich die Trauer in Jubel. Die Höflinge eilen auf ihren neuen Herrn zu, werfen sich ihm zu Füßen und küssen seine Hände. Um Katharina kümmert sich niemand mehr. Wahrscheinlich hat sie das Spiel schon verloren. Baron de Breteuil hat also recht behalten: bei allem Abscheu, den Peter einflößt, kann er doch der hündischen Ergebenheit eines Volkes und eines Hofes sicher sein, die Peter der Große an die Knute gewöhnt hat.

11. KAPITEL

Zar Peter der Dritte

Sechs Wochen lang liegt die tote Kaiserin aufgebahrt in einem Saal des Winterpalastes. Der massige Leib ist einbalsamiert, geschminkt, in ein Gewand aus Silberbrokat gezwängt; auf dem Haupt ruht die Krone, die Hände sind gefaltet, das Gesicht zeigt einen Ausdruck von Unnahbarkeit. Die Hofdamen und die Gardeoffiziere halten Totenwache. Dann bringt man sie für zehn Tage in die Kathedrale der heiligen Mutter von Kasan. Weinend defiliert das Volk vor dem gewaltigen Katafalk. Für die kleinen Leute ist Elisabeth die Tochter Peters des Großen; von ihrer Verschwendungssucht und ihren Untaten, ihren Ausschweifungen und ihrer politischen Ungeschicklichkeit wissen sie nichts. So viel Gold, so viele Edelsteine, so viele Kerzen um den Sarg: sie war also eine mächtige Herrscherin. Und eine echte Russin! Von ihrem Nachfolger sagt man, daß er ein Deutscher ist!

Wie es der Brauch ist, haben der Adel, die Geistlichkeit, das Heer und die Abgesandten des Bürgertums und der Zünfte den Treueeid auf den neuen Kaiser abgelegt. Peter III. empfindet nichts als Verachtung für die Nation, die zu regieren jetzt seine Aufgabe ist. Seinen Haß auf die Verstorbene und seine schamlose Freude, diese Aufpasserin los zu sein, trägt er offen zur Schau. Lange hat man dieses Wesen am Gängelband gehalten, aber jetzt endlich ist ihm alles erlaubt! Er ist wie im Taumel, die neue Freiheit steigt ihm zu Kopfe. Er pfeift auf die Trauer des Landes, als dessen Verkörperung er nun gilt, und weigert sich, bei dem Leichnam zu wachen; nähert er sich einmal dem Sarg, dann mit der bewußten Absicht, die Umstehenden zu schockieren: er redet laut, reißt Witze, schneidet Grimassen, macht sich über die Priester lustig. Die Höflinge, die es mit ihm nicht verderben wollen, müssen an den Banketten und Schauspielen teilnehmen, die er ohne die geringste Rücksicht auf das trauernde Land in seinen Gemächern organisiert. Die Farbe schwarz ist bei diesen Lustbarkeiten verpönt; wer teilnehmen will, muß festlich gewandet erscheinen. Und muß trinken, lachen und singen. Auch Katharina ist manchmal gezwungen, im großen Ballkleid an diesen Festmählern teilzunehmen. Sie gleicht es wieder aus, indem sie für den Rest der

Zeit die frommen Verpflichtungen gegenüber der Toten mit vorbildlicher Gewissenhaftigkeit einhält. Solange der Leichnam der Zarin in der Kathedrale aufgebahrt ist, findet sie sich täglich dort ein und verbringt, von Kopf bis Fuß in schwarze Schleier gehüllt, viele Stunden damit, in Weinen und Gebet versunken zu Füßen des Katafalks zu knien. Nicht aus Liebe zu der Verstorbenen erlegt sie sich dieses anstrengende Exerzitium auf, sondern aus Berechnung; sie denkt an die Wirkung auf die öffentliche Meinung. All die Menschenmassen, die in bunter Klassenmischung vorbeidefilieren, um der toten Zarin die letzte Ehre zu erweisen, all die Bürger und Bauern, Arbeiter und Händler, Soldaten, Popen und Bettler sehen inmitten von Kerzen und Ikonen auch die lebende Kaiserin, vom Schmerz gebeugt, ohne Krone, ohne Schmuck. Der Prunk der religiösen Zeremoniells verleiht Katharina in ihren Augen eine Art russischer Authentizität; in dieser knienden und sich bekreuzigenden Frau sehen sie eine der Ihren, und sie wären wohl baß erstaunt über den deutschen Akzent, wenn sie den Mund öffnete. Katharina fühlt diesen Menschenstrom, der im Halbdunkel an ihr vorüberfließt, und spürt schon fast körperlich die Sympathie, die ihre Haltung der Menge einflößt.

»Die Kaiserin gewinnt immer mehr alle Herzen«, schreibt Baron de Breteuil, der Bevollmächtigte Frankreichs. »Niemand erfüllt eifriger als sie die Pflichten gegenüber der dahingeschiedenen Zarin; gewiß lacht sie über das umständliche Zeremoniell und all den Aberglauben, aber Volk und Geistlichkeit glauben, daß sie es ehrlich meint, und sind ihr dankbar dafür. Mit einer für den, der sie kennt, bemerkenswerten Gewissenhaftigkeit hält sie sich an die Festlichkeiten, die Fastenzeiten, die mageren Tage und all diese Dinge, die der Zar mit leichter Hand abtut und die doch in diesem Lande nicht ohne Bedeutung sind. Sie ist nicht die Frau, die die Drohung verzeihen oder auch nur vergessen könnte, die der Kaiser so oft aussprach, als er noch Großfürst war: daß er ihr den Kopf kahlscheren und sie einsperren lassen werde wie einst Peter I. seine erste Frau. All das und dazu die alltäglich neuen Demütigungen müssen in einem Kopf wie dem ihren unablässig gären und nur auf eine Gelegenheit warten, sich zu entladen.«

Am Tag des Begräbnisses treibt Peter seine Ungezogenheit auf die Spitze, indem er hinter dem Sarg Fratzen schneidet. Den Würdenträgern, die die lange Schleppe seines Trauermantels tragen, enteilt er immer wieder mit großen Schritten, so daß sie loslassen müssen; der schwarze Stoff flattert im Wind hinter ihm her, und er lacht darüber. Dann wieder bleibt er stehen; die greisen Höflinge holen ihn ein, und jetzt bringt er den Trauerzug durcheinander, indem er auf der Stelle tritt. Während des Trauergottesdienstes lacht er mehrmals laut auf, streckt die Zunge heraus und fällt den Priestern mit erhobener Stimme ins Wort. Es sieht aus, als suche er mit allen Mitteln den Haß seiner Untertanen zu schüren. Hat ihm der Glaube an seine Allmacht so sehr den Kopf verdreht? Oder die Erinnerung an die Extravaganzen Peters des Großen und Elisabeths? Oder handelt es sich, wahrscheinlicher, um jene unselige Faszination durch das drohende Unheil, wie man sie am Rande eines schwindelerregenden Abgrundes erleben kann? Eine Art inneres Verhängnis scheint ihn zu treiben, sich jeden Tag ein wenig mehr über den Rand des Schlundes zu beugen, der ihn verschlingen soll. Jedes Wort, das er spricht, jede kleine Geste bringt ihn dem Untergang ein Stückchen näher.

Noch in der Nacht nach seiner Thronbesteigung schickt er Kuriere zu allen Heereseinheiten mit dem Befehl, die Feindseligkeiten einzustellen. Die Regimenter, die an der Seite der Österreicher kämpfen, werden zurückbeordert; die Besatzungstruppen in Ostpreußen, Pommern und der Mark Brandenburg haben die besetzten Territorien zu räumen, die soeben eroberte Stadt Kolberg wird aufgegeben. Zugleich versichert Peter den preußischen König in einem persönlichen Schreiben seiner Bewunderung und seiner Freundschaft. Friedrich, der sich schon verloren geglaubt hat, ist außer sich vor Freude. Für ihn wie für sein Heer kommt die Rettung unerwartet: ein Narr überreicht ihm den Sieg auf silbernem Tablett. Unter Bruch des Abkommens, keinen Separatfrieden zu schließen, unterzeichnet der Kaiser von Rußland am 24. April (5. Mai) 1762 einen Vertrag mit Friedrich II., in dem er sich nicht nur verpflichtet, alle besetzten Gebiete zurückzugeben, sondern auch noch, an der Seite der preußischen Truppen gegen die Österreicher zu kämpfen, die soeben noch seine Verbündeten gewesen sind. Am Finger trägt er, in einen Ring gefaßt, das Porträt seines Idols, das er immer wieder inbrünstig küßt. Die einzige Auszeichnung, die er trägt, ist der preußische Schwarze Adlerorden. Einmal, berichtet de Breteuil, stammelt er im Vollrausch, »unfähig, sich auf den Beinen zu halten und richtig zu sprechen«, dem preußischen Minister mit dem typischen Säuferton zu: »Trinken wir auf die Gesundheit Ihres Königs, unseres Herrn! Er hat mir die Gnade erwiesen, mir eines der Regimenter in seinen Diensten anzuvertrauen. Hoffentlich gibt er mir nicht den Abschied! Sie können ihm ausrichten, daß er nur zu befehlen braucht, und ich führe mit meinem ganzen Reich Krieg gegen die Hölle!«[1]

Der englische Botschafter meldet seiner Regierung in einem schriftlichen Bericht: »Die Freundschaft oder vielmehr Leidenschaft Ihrer kaiserlichen Majestät für den König von Preußen spottet jeder Beschreibung.«[2]

Als sei es nicht genug, sich die Armee durch diese an Verrat grenzende Kehrtwendung entfremdet zu haben, versucht Peter auch noch, ihr den preußischen Drill und sogar preußische Uniformen aufzuzwingen. Nun akzeptieren es die Offiziere der damaligen Zeit zwar bereitwillig, aus politischen Gründen den Gegner zu wechseln, aber der Korpsgeist war bei ihnen hoch entwickelt und noch mehr der Respekt vor den militärischen Traditionen. Daß der Zar seine Soldaten als Deutsche kostümierte, war eine empfindliche Kränkung. Daß er sie dem »Fritzischen« Reglement unterwarf, brachte sie auf. Unter Peters Vorgängern hatten sie es hingenommen, für ein geringfügiges Vergehen Spießruten laufen zu müssen, und waren mit zerschundenem Rücken, aber ungebrochenem Gleichmut ins Glied zurückgetreten. Jetzt murren sie, daß man sie mit dem Exerzieren von vorne beginnen läßt, weil sie sich noch nicht mit der geforderten automatenhaften Präzision bewegen. Ganz verblendet von seiner Germanophilie löst Peter das Regiment der Leibgarde auf und ersetzt es durch ein holsteinisches Regiment. Prinz Georg von Holstein ernennt er zum Oberbefehlshaber der russischen Armeen und unterstellt ihm die berittene Garde, eine Eliteeinheit, die bis dahin keinem anderen als dem Kaiser selber gehorcht hat. Um sich in der Illusion eines immerwährenden Krieges zu wiegen, läßt er dauernd Artilleriesalven abfeuern. Von früh bis spät erzittert St. Petersburg unter dem Gedröhn des Kanonendonners; den Einwohnern brummt schon der Kopf. »Mitten im Frieden herrschte in der Hauptstadt ein Lärm wie in einer belagerten Stadt«, schreibt Rulhière. »Eines Tages befahl er, man solle hundert schwere Kanonen auf einen Schlag feuern lassen, und nur durch die Vorstellung, die Stadt werde darüber in Trümmer fallen, war er von seiner Laune abzubringen. Oft stand er bei Tische auf, um mit einem Glas in der Hand vor dem Bildnis des Königs von Preußen niederzuknien. Dann rief er: ›Mein Bruder! Vereint werden wir beide das Weltall erobern!‹ Den Abgesandten dieses Fürsten hatte er auf eine eigentümliche Weise ins Herz geschlossen. Er wollte . . ., daß dieser Abgesandte alle jungen Frauen am Hofe besitzen sollte. Er sperrte sie mit ihm zusammen ein und stellte sich mit gezogenem Degen als Schildwache vor der Tür auf.«

Nachdem Peter die Armee in Aufruhr versetzt hat, legt er sich mit der Kirche an. Er hat sich zwar nach außen hin orthodox taufen lassen, ist aber im tiefsten Herzen lutherisch geblieben. Die Religion seiner Untertanen besteht in seinen Augen aus nichts als kindischen Legenden und barbarischem Aberglauben. Er als Europäer ist es sich schuldig, da einmal frischen Wind hereinzubringen. Entgegen dem dringenden Rat Friedrichs hat er sich noch nicht in Moskau zum Kaiser salben lassen und ist infolgedessen auch noch nicht offiziell das Oberhaupt der Kirche, aber das wäre ja noch schöner, daß dieses Pack in der Bischofsmütze ihm die Stirn bieten sollte! Vom Fortschrittsgeist getrieben, will er aus den Räumen der Andacht alle Heiligenbilder mit Ausnahme derer von Christus und Maria verbannen, die Soutane der Priester durch den Talar der Pastoren ersetzen und die Geistlichen zwingen, sich den Bart abzurasieren; er läßt in seinem Palast eine lutherische Kirche bauen und nimmt dort höchstpersönlich am Gottesdienst teil; er erklärt die verschiedenen Konfessionen für rechtlich gleichgestellt und erläßt Toleranzedikte zugunsten der russischen »Ketzer«; schließlich und vor allem aber wagt er es, die Einziehung von Kirchengütern anzuordnen. Das heißt sich am Allerheiligsten vergreifen. Die russische Kirche ist sehr reich und sehr mächtig. Sie hat unermeßlichen Grundbesitz, und auf ihren Gütern leben die wohl elendesten und mißhandeltsten Leibeigenen ganz Rußlands; dennoch zahlt sie keinerlei Steuern an den Staat. Ihr Einfluß auf das Volk ist so mächtig, daß noch nie ein Herrscher es gewagt hat, sie zu reizen. Wer sie herausfordert, fordert Gott heraus. Wer ihre Kasse antastet, beraubt Gott. Die Bischöfe entrüsten sich über den Ukas, der die Verstaatlichung eines Teils der Klostergüter vorsieht, und die Bischöfe geifern: der neue Zar ist ein Ketzer, ein Lutherischer, ja der Antichrist selber! Es kommt zu Aufständen auf dem Land. »Ein Aufschrei der Empörung geht durch das Volk«, schreibt Baron de Breteuil in einer Depesche vom 18. Juni 1762. Doch unter den Ukassen, die wie eine Lawine über Rußland niedergehen, sind auch einige, die günstig aufgenommen werden. So löst Peter mit einem Federstrich das Büro der politischen Polizei oder »Privatkanzlei« auf, über die Keith in seinem Bericht vom 5. Februar 1762 schreibt: »Diese abscheuliche Institution hat sich noch grausamer und tyrannischer gezeigt als die spanische Inquisition.« Viele Menschen, die dem Thron nahestehen, quittieren diese Entscheidung mit erleichtertem Aufatmen. Vor allem aber ist die Aristokratie dankbar für das »Manifest über die Freiheiten des Adels«, das die Adligen in Friedenszeiten vom Militärdienst befreit, ihnen Auslandsreisen gestattet und ihnen größere Rechte über ihre Leibeigenen gibt.

Doch die Zufriedenheit in den großen russischen Adelsfamilien ist nicht von langer Dauer. Peter hat die von Elisabeth nach Sibirien verbannten Würdenträger zurückberufen: Biron, Munnich, Lestocq, die Söhne Ostermanns. Wieder umgibt er sich mit Ratgebern deutscher Abstammung. Die meisten bedrängen ihn, sich seiner »erklärten Feinde« zu entledigen. Er zögert noch. Im Grunde fehlt ihm jene grausame Entschlossenheit des echten Autokraten, für den Folter und Mord unentbehrliche Hilfsmittel der Politik sind. Sadistisch ist er mehr im kleinen; nicht zu töten macht ihm Spaß, sondern zu demütigen, zu verletzen, lächerlich zu machen. Einmal erwägt er allen Ernstes, alle seine Würdenträger zur Scheidung zu zwingen und sie dann mit Frauen seiner Wahl neu zu verheiraten. Dann aber fällt ihm wieder etwas Neues ein, und er vergißt diesen aberwitzigen Plan. Geblendet von dem Beispiel Friedrichs von Preußen, möchte er sich jetzt wie er auf dem Schlachtfeld auszeichnen. Nach so vielen Miniaturgefechten mit Soldaten aus Stärke auf dem Tisch braucht er jetzt den richtigen Kampf mit echten Soldaten im wirklichen Gelände. Kaum hat er seine Entschlossenheit zu einem »allgemeinen Frieden« verkündet, da beschließt er, Dänemark den Krieg zu erklären, um sein Erbland Schleswig, das für Rußland natürlich völlig bedeutungslos ist, zurückzuerobern. Vergeblich versucht Friedrich, den diese Verrücktheit beunruhigt, ihn von seinem Vorhaben abzubringen. Obwohl die Staatskasse erschöpft ist und die Offiziere noch wütend sind, um den sicheren Sieg über Preußen gebracht worden zu sein, befiehlt Peter dem Heer und der Flotte, sich für einen neuen Feldzug zu rüsten.

Während er sich so an einem neuen Traum berauscht, spielt Katharina weiterhin die Rolle der Trauer und frommen Resignation. Sie hat einen guten Grund, ein zurückgezogenes Leben zu führen: ihre Schwangerschaft, die sie nach wie vor geheim hält, vor allem vor ihrem Gatten. Der glaubt sie zu demütigen, indem er sie in einen abgelegenen Flügel des neuen Winterpalastes verbannt, während er sich am anderen Ende mit Elisabeth Woronzow einrichtet. Genau damit aber verschafft er Katharina die Bewegungsfreiheit, die sie braucht. Elisabeth Woronzow fühlte sich auf dem Gipfel des Glücks, und mit ihr ihr ganzer Familienclan. Peter hat sie, »für den Anfang«, zur offiziellen Mätresse ernannt – eine Ehre, die ihr weder mehr Charme noch mehr Würde gibt. »Sie ist geistlos«, schreibt der Baron de Breteuil, »und was ihr Aussehen angeht, so ist sie das Häßlichste, was man sich denken kann. Sie gleicht in jeder Hinsicht einer schlechten Wirtshausmagd.« Der Deutsche Scherer urteilt noch härter: »Sie fluchte wie ein Soldat, schielte, stank und spuckte beim Sprechen.« Man behauptet auch, daß sie den Kaiser schlage und sich mit ihm besaufe und daß er an ihrer Heftigkeit und Liederlichkeit viel Gefallen finde. »Falls es ihm gelänge, mit seiner Mätresse einen männlichen Erben zu zeugen, so meinen viele, daß er die Mätresse zu seiner Frau und das Kind zu seinem Nachfolger machen würde«, schreibt der Baron de Breteuil am 15. Februar 1762. »Aber die Beinamen, mit denen Fräulein Woronzow ihn im Streit in aller Öffentlichkeit belegt hat, sind in dieser Hinsicht sehr beruhigend.« Nach allgemeiner Ansicht ist Peter zwar nicht impotent, aber unfruchtbar. Auf jeden Fall versäumt er keine Gelegenheit, Katharina vor der Frau lächerlich zu machen, die nach seiner Absicht bald ihre Stelle als Kaiserin einnehmen soll. Schon am 18. Januar 1762 hat Baron de Breteuil an den Herzog von Choiseul geschrieben: »Die Kaiserin befindet sich in einer höchst grausamen Lage und wird mit der ausgesuchtesten Verachtung behandelt. Ich habe Ihnen angedeutet, Monseigneur, daß sie sich mit Philosophie zu wappnen versuchte, und ich habe Ihnen gesagt, wie wenig diese Nahrung ihrem Charakter frommte. Ich weiß inzwischen zweifelsfrei, daß sie das Betragen des Kaisers ihr gegenüber und die hochmütigen Allüren des Fräulein Woronzow nur noch mit großer Ungeduld erträgt. Ich kann mir nicht vorstellen, daß im Kopf dieser Fürstin, von der ich weiß, wie kühn und leidenschaftlich sie ist, nicht früher oder später ein verwegener Plan entstehen sollte. Ich weiß, daß sie Freunde hat, die sie zu besänftigen versuchen, aber alles für sie wagen würden, sobald sie es verlangt.«

Am 10. (21.) Februar 1762 während der Feierlichkeiten zu seinem Geburtstag verlangt Peter von seiner Frau, sie solle seiner Mätresse die Insignien des St. Katharinenordens aushändigen, der den Zarinnen und den legitimen Frauen der Thronfolger vorbehalten ist. Katharina selbst hat diese Auszeichnung erst erhalten, nachdem sie offiziell als Verlobte des Großfürsten bestimmt war. Ganz eindeutig will Peter mit dieser Geste öffentlich seine Absicht bekunden, die jetzige Kaiserin zu verstoßen und Elisabeth Woronzow zur Zarin zu erheben. Katharina, die sich den Bauch fest eingeschnürt hat, um ihre Schwangerschaft zu verbergen, wird blaß, beherrscht sich aber und gehorcht ohne Murren. Sie hat gar keine Wahl, sich anders zu verhalten, denn das Kind, dessen Bewegungen sie bereits spürt, zwingt sie zu einer rein defensiven Rolle. Doch gewinnt sie mit ihrer ruhigen und vornehmen Haltung die Sympathien all derer, die die wahren Gründe nicht kennen. Ihre Hauptsorge ist jetzt, im Palast niederkommen zu können, ohne den Verdacht der Höflinge zu erregen, die stets darauf lauern, einen guten Ruf zerstören zu können. Ein allzu häufiges Kommen und Gehen, ein Schmerzenslaut, das Geschrei des Neugeborenen, das Gerede einer Dienerin – das kann schon genügen, und alles ist verloren. Als der schicksalhafte Tag näher rückt, schützt Katharina eine Verrenkung vor, um auf ihrem Zimmer zu bleiben. Sie empfängt bei sich, im Negligée oder im Bett liegend; ihr Gesicht wirkt müde, und den Fuß hat sie mit einem Verband umwickelt. Eine einzige erfahrene und verläßliche Kammerfrau sorgt für sie. Aber auch auf ihren Diener Schkurin, der ihr bis in den Tod ergeben ist, kann sie zählen. Ins Vertrauen gezogen, hat er sich einen abenteuerlichen Plan ausgedacht, um den Zaren abzulenken; wenn der Augenblick der Geburt gekommen ist, wird er in sein kleines Häuschen eilen, das ziemlich weit vom Palast entfernt ist, und wird es anzünden. Da der Kaiser eine große Vorliebe für Brände hat, wird er wie gewöhnlich mit seiner Mätresse herbeigeeilt kommen; man wird dann dafür sorgen, daß er an der Brandstelle so lange aufgehalten wird, wie es nötig ist. Katharina billigt den Plan, und sobald sie am 11. (22.) April die ersten Wehen fühlt, steckt Schkurin sein Häuschen in Brand. Rasch breitet sich das Feuer von der ärmlichen Hütte über das ganze Stadtviertel aus. Das ungewöhnliche Ereignis wird Peter und Elisabeth Woronzow gemeldet, die sich schon zur Ruhe begeben haben; sie ziehen sich in großer Eile wieder an und begeben sich, gefolgt von einer großen Schar Höflinge, an die Brandstelle, um das Schauspiel zu genießen. Und während der Zar sich ereifert, mit brüllender Stimme kommandiert und flucht und Stockschläge austeilt, gebiert Katharina, assistiert von ihrer Dienerin, einen Sohn. Kaum ist das Neugeborene gewaschen und in Windeln gewickelt, wird es seiner Mutter weggenommen; in eine Decke aus Biberpelz gewickelt bringt Schkurin es zu einer Verwandten.[3]

Wieder einmal hat Katharina ein Kind, das sie zur Welt gebracht hat, nur ganz flüchtig zu sehen bekommen. Aber sie hat es geschafft, einem Skandal zu entgehen, und die Erleichterung darüber tröstet sie über die kleine Enttäuschung hinweg. Schnell ist sie wieder auf den Beinen; die »Verrenkung« ist geheilt. Die Diplomaten gratulieren ihr zur glücklichen Genesung. Rulhière, damals bei der Französischen Botschaft beschäftigt, ist ganz geblendet. »Ihr Wuchs ist liebreich und edel«, schreibt er, »und ihr Gang stolz; ihr Wesen und ihre Haltung voller Anmut. Sie sieht aus wie eine Herrscherin. Die breite Stirn ist frei und offen; der Mund, durch die Zähne verschönt, ist lebhaft. Die Augen sind von einem sehr schönen Braun, dem der Widerschein des Lichtes einen leichten blauen Schimmer gibt. Stolz ist das eigentliche Merkmal ihrer Physiognomie. Ihre Lieblichkeit ist das Produkt eines leidenschaftlichen Bedürfnisses, zu gefallen und zu verführen.« Mercy d'Argenteau wiederum schreibt an Maria-Theresia: »Es ist kaum denkbar, daß sich hinter dem Anschein von Ruhe nicht ein geheimer Plan verbirgt.« Als er Katharina ein Kompliment für ihr glänzendes Aussehen macht, erwidert sie mit geheimnisvollem Lächeln: »Sie können sich nicht vorstellen, Monsieur, wieviel es eine Frau kostet, schön zu sein.«

Peter hat indessen nicht zurückgesteckt. Er läßt keine Gelegenheit aus, das Ansehen der Frau zu untergraben, der er es nicht verzeihen kann, noch immer an sie gebunden zu sein.

Am 9. Juni 1762 gibt er zur Feier der Ratifikation des Friedensvertrages mit Preußen ein Bankett für 400 Geladene. Er trägt zu diesem Anlaß die preußische Uniform und den schwarzen Adlerorden. Ob sie wollen oder nicht, müssen die russischen Offiziere auf den Ruhm Friedrichs II. anstoßen. Doch bevor Peter diesen Toast ausbringt, trinkt er auf das Wohl der kaiserlichen Familie. Alle Gäste erheben sich und stoßen ihre Stühle zurück; nur Katharina, die am anderen Ende der Tafel sitzt, bleibt sitzen. Kaum hat sie ihr Glas wieder hingestellt, läßt der Kaiser sie durch seinen Adjudanten Gudowitsch fragen, warum sie sich nicht wie alle anderen erhoben habe. Sie antwortet, daß sie sich nicht zu erheben brauche, da sie ja selber zur kaiserlichen Familie gehöre. Diese Abfuhr ärgert Peter; also schickt er den Offizier ein zweites Mal mit dem Auftrag, der Kaiserin auszurichten, sie sei ein »dummes Frauenzimmer«. Und wahrscheinlich aus Sorge, Gudowitsch könnte aus Respekt vor ihrer Majestät den Auftrag abmildern, brüllt er über den Tisch hinweg: »Dummes Frauenzimmer (Dura)!« und durchbohrt seine Frau mit haßerfüllten Blicken. Wie ein Peitschenhieb knallt das Wort in das lähmende Schweigen, das sich ausbreitet. Alle haben es gehört. Sogleich fügt Peter hinzu, die einzigen im Saal anwesenden Mitglieder der kaiserlichen Familie seien seines Wissens er selber und seine beiden Onkel, die Prinzen von Holstein. Das ist bereits der erste Schritt zur Verstoßung: eine Erklärung in aller Öffentlichkeit, daß er Katharina nicht mehr als seine Gattin und als Kaiserin betrachtet. Dieser maßlose Affront trifft Katharina so hart, daß sie die Tränen nicht zurückhalten kann; sie wendet sich an ihren Tischnachbarn, den Grafen Stroganow, und bittet ihn, etwas Lustiges zu erzählen. Rasumowski und Breteuil schalten sich in das Gespräch ein und bemühen sich, mit witzigen Bemerkungen das Unbehagen der Kaiserin zu zerstreuen. Schließlich faßt sie sich und lächelt wieder. Ein hörbares Aufatmen macht die Runde, nachdem alles eine Weile vor Schreck erstarrt gewesen war. In vielen Blicken, die sich auf die Zarin richten, ist Zuneigung zu der so hart Gedemütigten zu lesen; ohne es zu wollen, hat Peter ihr im Grund einen Dienst erwiesen, während er ihr zu schaden glaubte. Noch am gleichen Abend verbannt er aus Ärger den Grafen Stroganow auf seine Güter – zur Strafe dafür, daß er sich allzu beflissen um seine kaiserliche Tischnachbarin bemüht hat. Vier Tage später gibt er den Befehl, Katharina in die Festung Schlüsselburg einschließen zu lassen. Sein Onkel, Prinz Georg von Holstein, beschwört ihn, nicht auf dieser äußersten Maßnahme zu beharren, die das Heer und einen Teil des Adels gegen ihn aufbringen könne, und widerwillig gibt Peter nach. Aber Katharina hat von dem Plan erfahren und weiß nun, daß es für sie um alles oder nichts geht: entweder sie oder er, entweder der Thron oder das Gefängnis – wenn nicht gar der Tod. »Die barbarische und sinnlose Grausamkeit Peters III. ließ seine Absicht, seine Frau zu beseitigen, durchaus glaubhaft erscheinen«, schreibt Bérenger, der französische Geschäftsträger.

Je drohender die Gefahr wird, desto ernsthafter denken Katharinas Freunde über die Möglichkeit einer Palastrevolution nach. Die Fürstin Daschkow – »zwar mutig, aber denkbar unvorsichtig«, wie Bérenger sich ausdrückt – bemüht sich, einige Salonoffiziere zu gewinnen. Die Brüder Orlow werben unterdessen Anhänger bei den jungen Gardeoffizieren. Grigorij, der inzwischen Zahlmeister der Artillerie geworden ist, greift tief in die Kasse und kann damit hundert Soldaten dingen. Im Regiment Preobraschenskij schwören die Offiziere Passek und Bredichin nur noch auf Katharina. Im Regiment Ismailowski kann man auf Roslawlew und Lassunski zählen. Und dann waren da natürlich auch noch der Hetman Kyrill Rasumowskij, der gewiegte Panin und einige weitere Männer von geringerem Kaliber. Reicht das, um den Zaren, den Enkel Peters des Großen, zugunsten einer Fürstin zu stürzen, in deren Adern kein Tropfen russischen Blutes fließt? Man bräuchte viel mehr Geld, um noch viel mehr Leute zu kaufen. Um Geld läßt Katharina insgeheim den Botschafter Ludwigs XV., den Baron de Breteuil bitten. Dieser glänzende junge Diplomat ist einst in der Hoffnung nach Rußland geschickt worden, daß es ihm mit seiner noblen Erscheinung gelingen würde, Katharinas Gunst zu gewinnen. Doch als er eintrifft, findet er den Platz schon besetzt, und außerdem hat der Herzog von Choiseul ihm unklugerweise erlaubt, seine Frau mitzunehmen, die sehr hübsch ist und durchaus nicht gesonnen, sich betrügen zu lassen, und sei es auch nur aus Gründen der Politik. Die Beziehungen Breteuils zu der Kaiserin bleiben stets im Rahmen der Konvention. Doch sie ist beeindruckt von seinem Esprit und seinen feinen Manieren und vermutet, daß er mit ihr sympathisiert, und darum wendet sie sich an ihn mit der Bitte um ein sofortiges Darlehen von sechzigtausend Rubeln. Auf Anweisung des Herzogs von Choiseul weicht Breteuil ihr aus. Um Frankreich nicht in die Affäre zu verwickeln, gibt er keine klare Antwort und verläßt St. Petersburg; er fährt erst nach Warschau und dann weiter nach Wien und überläßt es seinem Geschäftsträger Bérenger, mit der Situation fertig zu werden. Katharina, enttäuscht und empört über die Verständnislosigkeit des Diplomaten, läßt Bérenger nach ein paar Tagen ein Billett mit folgendem Wortlaut übergeben: »Der Kauf, den wir vorhaben, wird gewiß bald getätigt werden, aber zu einem günstigeren Preis, so daß wir keine zusätzlichen Mittel mehr benötigen.« Bérenger ist entzückt; damit ist er eine drückende Sorge los. Denn er glaubt nicht, daß diese von ein paar Hitzköpfen ausgeheckte Verschwörung Erfolgsaussichten hat; sie scheint ihm auf zu schwachen »Strebepfeilern« zu ruhen. Doch Katharina hat sich für die Finanzierung ihres »Kaufs« inzwischen an England gewandt. Hunderttausend Rubel schießt ihr ein englischer Bankier vor. Damit ist sie mehr denn je an England gebunden und zur Feindin Frankreichs geworden – die Regierung in Versailles wird sich bald bewußt werden, daß sie einen schwerwiegenden politischen Fehler gemacht hat. »Die Herrscherin wird Ihnen nicht verzeihen, sie in einem so entscheidenden Augenblick im Stich gelassen zu haben«, schreibt de Broglie an Breteuil. In Wirklichkeit aber sind die Freunde Katharinas zwar sehr geschäftig, haben aber keinen konkreten Plan, keine genauen Vorstellungen, wie sie Katharina auf den Thron erheben wollen, wenn der Augenblick zum Handeln gekommen ist. Sie sind nur Feuer und Flamme und verlassen sich im übrigen aufs Improvisieren.

Der Gefahr unbewußt, hat Peter am 12. Juni 1762 St. Petersburg verlassen und sich in seine Sommerresidenz Oranienbaum begeben. Er will sich dort ein paar Tage ausruhen, bevor er sich an die Spitze seines in Pommern stehenden Heeres stellt, um die Dänen aufs Haupt zu schlagen und sein kostbares Herzogtum Schleswig zurückzuerobern. Doch dummerweise kann die russische Flotte nicht in See stechen: eine Epidemie hat einen Teil der Matrosen aufs Krankenlager geworfen. Aber daran darf das Unternehmen nicht scheitern: Peter unterzeichnet einen Ukas, mit dem allen Kranken befohlen wird, in kürzester Zeit wieder gesund zu sein. Unterdessen feiert er Gelage mit seiner Mätresse und läßt seine Truppen Revue passieren. So eindringlich seine engsten Ratgeber ihm auch ausmalen, wie gefährlich es für ihn ist, seine Hauptstadt und sein Reich zu verlassen, während in St. Petersburg eine entschlossene Camarilla an seinem Sturz arbeitet – er läßt sich nicht beeindrucken. Und ebensowenig hört er auf Friedrich II., der ihm durch seine Emissäre, Baron Goltz und Graf Schwerin, ausrichten läßt, daß er sich erst in Moskau krönen lassen müsse, daß die Russen viel zuviel auf Formen geben, um einen Herrscher zu respektieren, der nicht die kirchliche Weihe hat, und daß ein kluger Fürst niemals in den Krieg ziehe, ohne zuvor sein eigenes Territorium gesichert zu haben. Die einzige Vorsichtsmaßregel, zu der Peter sich bewegen läßt, betrifft Katharinas Aufenthaltsort. Er befiehlt ihr, St. Petersburg zu verlassen und sich nach Peterhof bei Oranienbaum am Finnischen Meerbusen zu begeben. Ihre Freunde wittern eine Falle, und sie ist selbst beunruhigt, will sich aber nichts anmerken lassen. Sie beschließt jedoch, alleine abzureisen; ihren Sohn Paul läßt sie in der Obhut von Panin zurück.

In Peterhof, wo sie am 19. Juni eintrifft, nimmt sie nicht im Palast selber Wohnung, sondern ein wenig abseits in dem Pavillon »Monplaisir« direkt am Wasser. Dort harrt sie der Dinge, die da kommen sollen – ebenso gefaßt darauf, die Emissäre Orlows zu empfangen wie vor den Sbirren ihres Mannes zu fliehen. Peter hat ihr ausrichten lassen, daß er am 29. Juni nach Peterhof kommen wird, um seinen Namenstag zu feiern (Peter und Paul), und daß sie Vorbereitungen zu treffen habe, ihn würdig zu empfangen. Wird er nicht das Bankett als Gelegenheit benützen, sie neuerlich zu beleidigen oder gar, schlimmer noch, sie ins Gefängnis werfen zu lassen, wie er es schon so oft angedroht hat? Die Freunde Katharinas wissen von der bevorstehenden gefährlichen Zusammenkunft und sind voller Angst; unschlüssig, was sie tun sollen, beratschlagen sie miteinander. Da kommt am 27. Juni die Nachricht, daß einer der Ihren, der Hauptmann Passek, verhaftet worden ist. Er hat in betrunkenem Zustand vor Zeugen aufrührerische Reden gegen den Zaren geführt. Die Gefahr besteht, daß er noch mehr sagen wird, wenn er gefoltert wird. Das ist der Stein, der alles ins Rollen bringt. Jetzt darf man keine Sekunde mehr zögern, sondern muß, koste es, was es wolle, zum Angriff übergehen, und zwar augenblicklich. Feodor Orlow, der jüngste Bruder Grigorijs, eilt mitten in der Nacht zu dem Hetman Kyrill Rasumowski, einem überzeugten Anhänger Katharinas. Der, Präsident der Akademie der Wissenschaften, läßt Taubert, den Direktor der Druckerei der Akademie, wecken und befiehlt ihm, sofort ein Manifest drucken zu lassen, das die Absetzung des Kaisers Peter III. und die Thronbesteigung der Zarin Katharina II. verkündet. Das ist heller Wahnsinn, denn noch hat sich kein einziger Soldat in Bewegung gesetzt, um für Katharina zu kämpfen. Taubert ist entsetzt, macht Einwendungen, sucht Ausflüchte. Doch Rasumowski schleudert ihm ins Gesicht: »Sie wissen längst zu viel! Jetzt geht es um Ihren Kopf wie um den meinen!« Taubert gibt sich geschlagen und erteilt die Anordnung, den Text zu setzen. Jetzt muß nur noch Katharina benachrichtigt werden. Diese Aufgabe übernimmt Alexis Orlow.

12. KAPITEL

Der Staatsstreich

Am 28. Juni (9. Juli) 1762 trifft Alexis Orlow in der ersten Morgendämmerung mit der Kutsche in Peterhof ein. Der Park liegt wie erstarrt im milchigen Licht der Sommernacht. Im Frühdunst verschwimmen schattenhaft die Silhouetten einiger holsteinischer Wachen. Alexis weicht ihnen aus und schleicht sich auf Zehenspitzen zwischen den Büschen hindurch zu einem Seiteneingang des Pavillons »Monplaisir«. Im Umkleideraum, den er wie ein Sturmwind durcheilt, sieht er das Staatskleid hängen, das die Kaiserin zum Empfang ihres Gatten anzulegen hat. Gleich darauf weckt die Kammerfrau Schargorodskaja Katharina aus tiefem Schlaf. Alexis Orlow sei da und wünsche Ihre Majestät ganz dringend zu sprechen, sagt sie. Im Handumdrehen ist Katharina hellwach. Im Nachthemd im Bett sitzend, empfängt sie Alexis. Sein Gesicht wirkt kampfentschlossen.

»Sie müssen aufstehen, es ist Zeit!« sagt er. »Alles ist bereit, um Sie zur Kaiserin auszurufen!«

Und er fügt hinzu:

»Passek ist verhaftet. Wir müssen handeln!«

Diesmal gibt es für Katharina keine Sekunde des Zögerns. Sie besitzt eine Art tierischer Witterung für den günstigen Augenblick; ihr Instinkt sagt ihr, wann sie sich ducken muß und wann sie zum Sprung ansetzen kann. Schon ist sie aufgestanden und kleidet sich an, »ohne Toilette zu machen«. Zitternd hilft ihr die Schargorodskaja dabei. Kaum ist der letzte Knopf zugeknöpft, so schlüpfen beide Frauen schon hinter Alexis Orlow zur Kutsche. Katharina springt in den Wagen, ihre Kammerfrau setzt sich neben sie, der treue Diener Schkurin, den sie im Vorübereilen geweckt haben, steigt zusammen mit dem Leutnant Bikikow hinten ein, Alexis schwingt sich neben den Kutscher auf dem Bock, und ab geht es im gestreckten Galopp in Richtung St. Petersburg. Von Zeit zu Zeit wendet Alexis sich um, um sich zu vergewissern, daß man sie nicht verfolgt. Das Abenteuerliche dieser Flucht im Morgennebel, die Wagenstöße, die Rufe des Kutschers, die frische Luft, die Angst, erwischt und zurückgebracht zu werden, und die Hoffnung auf einen glücklichen Ausgang – alles das mischt sich im

Kopf Katharinas zu einer Art freudiger Erregung. Plötzlich bricht sie in helles Lachen aus, weil sie bemerkt hat, daß ihre Zofe einen Schuh verloren und sie selber noch die spitzenbesetzte Nachtmütze auf hat. Unterwegs begegnen sie Michel, dem französischen Friseur Ihrer Majestät, der wie jeden Morgen auf dem Weg zu ihr ist. Er wird mitgenommen und frisiert die Kaiserin im Wagen. Die Pferde beginnen müde zu werden, sie haben schon für den Hinweg 30 Werst zurückgelegt. Eines stolpert, fällt hin und steht nur mit Mühe wieder auf. Werden sie durchhalten bis zum Ende? In der Aufregung hat Alexis Orlow vergessen, einen Pferdewechsel vorzusehen. Er ist außer sich bei dem Gedanken, durch sein Versagen könnte ein so herrlicher Plan in die Katastrophe führen. Doch da taucht ein Bauer auf, der den Pflug führt. Alexis und Schkurin halten ihn an und bitten ihn, seine frischen Pferde gegen ihre ermatteten einzutauschen. Der Bauer läßt sich überreden, und weiter geht die Fahrt im beschleunigten Tempo. Einige Werst vor St. Petersburg wartet Fürst Barjatinski in der offenen Kalesche auf Katharina. Rasch wechselt sie den Wagen. Auch Grigorij ist da; zu Pferde ist er der aus Peterhof entflohenen Kaiserin entgegengeeilt. Beim Anblick ihres schönen Geliebten, der so entschlossen wirkt, frohlockt Katharina. Eine Weile läßt er sein Pferd neben ihr tänzeln, stolz darauf, sie auf dem Weg zum Ruhm zu eskortieren. Dann gibt er die Sporen und reitet voraus, um dem Regiment Ismailowski die Ankunft der Kaiserin zu melden.

Als die Kalesche vor der Kaserne hält, ist es kurz vor sieben Uhr morgens. Die Trommeln werden gerührt, und mit bangem Herzen geht Katharina, zart und aufrecht in ihrem schwarzen Trauerkleid, auf diese Masse von Männern zu, von denen jetzt ihr Schicksal abhängt. In den Steigbügeln stehend, grüßt Grigorij sie mit großartiger Geste mit dem gezogenen Degen. Nichts hat sie zu fürchten: die Soldaten glühen vor Begeisterung; übrigens hat man ihnen versprochen, Wodka zu spendieren. Als sie sich ihnen nähert, lösen die Reihen sich auf, und aus den rauhen Gesichtern steigt ein einziger Schrei empor: »Hurra! Es lebe unser Mütterchen Katharina!« Der Kaplan des Regiments erhebt sein Kruzifix. Die Offiziere umringen die unglückliche Kaiserin, die an ihre Tapferkeit appelliert und sie um Schutz bittet. Sie knien vor ihr nieder und küssen die Schöße ihres Mantels. Graf Kyrill Rasumowski, der Regimentskommandeur, beugt seinerseits das Knie vor ihr; dann steht er wieder auf und bittet um Ruhe. Doch die Vivat-Rufe der Truppen werden nur immer lauter. Schließlich kann Kyrill Rasumowski doch den Freudentaumel übertönen, proklamiert Ihre Majestät die Kaiserin Katharina als alleinige und absolute Herrscherin aller Russen und legt im Namen seiner versammelten Soldaten den Treueeid ab.

Weiter nun zur Kaserne des Regiments Semjonowskij! Der Priester in den heiligen Gewändern, das Kruzifix hoch erhoben in den Händen, geht an der Spitze des Zuges. Zu beiden Seiten der offenen Kalesche, in der die Kaiserin sitzt, reiten Grigorij Orlow, Kyrill Rasumowski und zahlreiche andere Offiziere mit feurigen Mienen. Hinter ihnen marschiert ausgelassen in vernachlässigtem Aufzug eine Masse von Soldaten, die unablässig rufen: »Es lebe unser Mütterchen Katharina! Für sie gehen wir bis in den Tod!« Das Regiment Semjonowskij schließt sich dem Regiment Ismailowskij begeistert an, und jetzt wälzt sich der mächtiger gewordene Strom auf die anderen Kasernen zu. Überall vollzieht sich der Anschluß mit freudigem Überschwang. Nur nicht beim Regiment Preobraschenskij; hier haben die Verschwörer die Offiziere nicht überlisten können. In dieser Eliteeinheit dient Semjon Woronzow, der Bruder der Mätresse des Kaisers, als Hauptmann. Für ihn ist das Wohl des Reiches identisch mit dem seiner Schwester. Unterstützt von dem Major Wojkow, redet er auf die Männer ein, mahnt sie an die Treue, die sie dem Zaren geschworen haben, und marschiert mit ihnen den Aufständischen entgegen. Vor der Kathedrale der heiligen Mutter von Kasan treffen die Truppen aufeinander. Katharinas Anhänger haben eine eindrucksvolle zahlenmäßige Überlegenheit, aber sie sind ein ungeordneter, führerloser Haufen, und die meisten Soldaten haben keine Waffen. Demgegenüber nehmen sich die bis zu den Zähnen bewaffneten, von ihren Offizieren angeführten Preobraschenskijs als fester Block von furchteinflößender Disziplin und Kampfentschlossenheit aus. Auf die Überredungsversuche Grigorij Orlows antwortet Semjon Woronzow mit einem kategorischen Nein. Die Gewehre werden angelegt – ein schicksalsschwerer Augenblick. Wenn dieses treue Regiment das Feuer eröffnet, dann bedeutet das Panik in der Menge, die Katharina gefolgt ist, Flucht und Verfolgung, Verhaftung, Gefängnis und Tod. Da plötzlich erhebt Menschikow, der erste Major des Regiments Preobraschenskij, seine Stimme und ruft: »Hurra! Es lebe die Kaiserin!« Ein Augenblick des Zögerns, dann fallen seine Leute in den Ruf ein. Sie durchbrechen die Reihen, stürzen ihren Kameraden entgegen, umarmen sie, fallen Katharina zu Füßen und klagen ihre Offiziere an, sie getäuscht zu haben. Wojkow und Semjon Woronzow zerbrechen ihre Degen und werden verhaftet.[1]

Es ist ein klarer Sommermorgen, die Luft noch frisch, der Himmel wolkenlos. Auf dem Newskiprospekt herrscht ein solches Gedränge, daß die breite Allee völlig blockiert ist. Von überall her sind die Bürger herbeigeströmt und haben sich unter die Soldaten gemischt, um der Heldin des Tages zuzujubeln. Ein Meer freudestrahlender Gesichter umwogt die Kalesche. Und über den Köpfen tanzen die Säbel, die hoch emporgereckten Gewehre. Aus tausend Mündern ertönt der Ruf: »Katharina! Unser Mütterchen Katharina!« Nur mit Mühe kann das Gespann sich den Weg zur Kathedrale der Muttergottes von Kasan bahnen. Drei Stunden, nachdem Alexis Orlow sie aus dem Bett geholt hat, geht Katharina mit festem Schritt auf die hohen Geistlichen zu, die sie erwarten. Und sobald sie in der Kirche ist, erhält sie die Bestätigung, daß ihr öffentlich demonstrierter frommer Eifer sich auszahlt. Der Erzbischof von Nowgorod, umgeben von Priestern, begrüßt sie als alleinregierende Herrscherin und gibt ihr und ihrem anwesenden Sohn, dem »Tronerben, dem Zarewitsch Paul Petrowitsch«, seinen Segen.

Nach dieser kurzen Zeremonie begibt Katharina sich in den Winterpalast. Wieder eskortieren die Brüder Orlow und Kyrill Rasumowski ihren Wagen. Der weiträumige Platz vor dem Gebäude gleicht einem Heerlager; sechs Regimenter und die gesamte Artillerie sind hier zusammengedrängt. Priester strekken den mit gesenktem Kopf knienden Soldaten das Kreuz hin. Kaum in ihren Gemächern angelangt, verlangt Katharina nach ihrem Sohn, dem Zarewitsch. Graf Panin bringt ihn sofort. Das Kind ist eben erst aufgewacht und noch in Nachthemd und Schlafmütze. Sie nimmt ihn in die Arme und zeigt sich mit ihm am Fenster. Die Menge bricht bei ihrem Anblick in tosenden Jubel aus, der den acht Jahre alten Paul so sehr erschreckt, daß er sich krampfhaft an seine Mutter klammert. Im Augenblick kann dieses zarte, blondgelockte Kind dazu dienen, ihr Vorgehen in den Augen ihrer Untertanen zu rechtfertigen, doch darf es nicht dahin kommen, daß es sie in der Gunst der Öffentlichkeit verdrängt. Denn sie ist entschlossen, nicht nur für die Zeit der Minderjährigkeit ihres Sohnes zu regieren, sondern solange sie die Kraft dazu hat. Das Zweideutige der augenblicklichen Situation nützt ihren Zielen, ohne sie für die Zukunft zu binden. Sie läßt die anderen glauben, was sie wollen, und verfolgt unbeirrbar den Weg, den zu gehen sie sich so lange schon vorgenommen hat. Jetzt kommt auch mit aufgelösten Haaren die Fürstin Daschkow herein und stürzt in die Arme »ihrer« Kaiserin. Fröhlich herzen die beiden Frauen einander. »Gelobt sei Gott!« ruft Katharina. Auf ihre Anordnung werden die Türen des Palastes weit aufgemacht: jeder soll heute hereinkommen und der Zarin nahen dürfen. Die Mitglieder der Heiligen Synode und die Senatoren, hohe Beamte und Höflinge, Botschafter fremder Mächte, Bürger und Händler drängen sich in den Salons und versuchen, sich in die Nähe Ihrer Majestät zu boxen, um sich vor ihr niederwerfen und ihr zum Erfolg ihrer Aktion Glück wünschen zu können. Stundenlang nimmt Katharina mit einem heiteren Lächeln die Komplimente der Großen und der Kleinen entgegen. Draußen wird unterdessen das in der Nacht gedruckte Manifest verteilt und gelesen, dessen Text vermutlich von Katharina selbst entworfen und von Kyrill Rasumowski aufgesetzt wurde. Er lautet:

»Wir Katharina II,

Allen treuen Kindern unseres russischen Vaterlandes ist die Gefahr deutlich bewußt, in der der russische Staat infolge der jüngsten Ereignisse schwebt. So hat unsere griechisch-orthodoxe Kirche eine heftige Erschütterung erfahren, die sie in höchste Bedrängnis brachte, in die Gefahr nämlich, daß ein fremder Glaube an die Stelle unserer alten Religion gesetzt würde. Zweitens ist Rußlands Ehre, die der Sieg unserer ruhmreichen Armee und das vergossene Blut so hell erstrahlen ließen, durch den Abschluß des Friedensvertrages mit Unserem ärgsten Todfeind (Friedrich II.) mit Füßen getreten worden, das Vaterland wurde der völligen Unterwerfung preisgegeben, während die innere Ordnung, auf der die Einheit Unseres Vaterlandes ruht, vollkommen umgestoßen wurde. Aus diesen Gründen haben wir Uns verpflichtet gesehen, mit Gottes Hilfe und dem erklärten und aufrichtigen Wunsch Unserer treuen Untertanen entsprechend den Thron zu besteigen als alleinige und unumschränkte Herrscherin, als die wir den feierlichen Treueid Unserer getreuen Untertanen empfangen haben.«

Die ausländischen Diplomaten nehmen das Dokument zur Kenntnis, und gut die Hälfte von ihnen empfindet Genugtuung. Welch eine Kehrtwendung gleich am ersten Tag! Gewiß wird Katharina, nach den harten Worten über Friedrich II. in ihrem Manifest, das Bündnis mit Preußen aufkündigen und wieder zur Allianz mit Frankreich und Österreich zurückkehren. Der österreichische Botschafter, Mercy d'Argenteau, äußert sich erfreut der Kaiserin gegenüber, doch die hört ihn mit unbewegter Miene an und wechselt das Thema. Unmöglich, die Gedanken dieser kühnen und überlegenen Frau zu erraten, die in der Nervenanspannung des Wartens so ungezwungen mit ihren Bewunderern plaudert. Hin und wieder gibt sie mit leiser Stimme den Brüdern Orlow, Kyrill Rasumowski oder Panin einen Befehl: man muß die Wirtshäuser überwachen, damit es nicht zu Ausschreitungen kommen kann, die Tore der Hauptstadt schließen und jeden Verkehr zwischen St. Petersburg und Oranienbaum unterbinden, damit der Kaiser so spät wie möglich von dem Staatsstreich erfährt . . .

In der Tat ist ja trotz eines spektakulären Anfangserfolges die Partie noch keineswegs gewonnen. Katharina verfügt zwar über ein paar hastig zusammengetrommelte Regimenter, aber Peter kann auf die gesamten Truppen zählen, die er in Livland für den Feldzug gegen Dänemark hat aufmarschieren lassen, und dazu auf die Flotte, die bei der Festungsinsel Kronstadt vor Anker liegt. Wenn St. Petersburg gleichzeitig vom Land und von der See her entschlossen angegriffen wird, kann es kaum zwei Stunden standhalten. Um jeden Preis muß Katharina also versuchen, sich des Kaisers rasch zu bemächtigen und die Unterstützung der Marine zu gewinnen. Admiral Iwan Talysin wird auf der Stelle mit einem Schreiben, das ihm namens der Zarin Blankovollmacht erteilt, nach Kronstadt entsandt.

Am Nachmittag des gleichen Tages verläßt Peter, der noch immer nichts weiß, Oranienbaum, um nach Peterhof zu fahren und dort wie vorgesehen seinen Namenstag zu feiern. Außer seiner Mätresse Elisabeth Woronzow begleiten ihn der General Munnich, den er nach dreiundzwanzigjährigem Exil aus Sibirien zurückgerufen hat, der preußische Botschafter, Freiherr von Goltz, Fürst Trubetzkoij, der Kanzler Michael Woronzow, der Senator Roman Woronzow und siebzehn Hofdamen in großer Toilette. Vor dem Pavillon »Monplaisir« halten die Equipagen. Alles ist ruhig und still, Türen und Fenster sind verschlossen. Vergebens sucht man nach einem Domestiken. Endlich nähert sich einer der wachhabenden Offiziere und stammelt: »Die Kaiserin ist in der Morgendämmerung geflohen, das Haus ist leer!« Außer sich vor Wut stößt Peter den Offizier zur Seite, stürzt in den Pavillon und brüllt: »Katharina! Katharina!« als könne und wolle er nicht glauben, daß sie fort ist. Auf schwankenden Beinen stürmt er vom Wintergarten in das chinesische Kabinett, von dort in den Audienzsaal, weiter in das Musikzimmer. Plötzlich hört er Schritte näher kommen. Da ist sie! Sie hat sich nur versteckt, hat ihm einen Streich gespielt, wie damals in ihrer Verlobungszeit, als sie noch halbe Kinder waren. Er eilt ihr entgegen und prallt mit dem Kanzler Michael Woronzow zusammen. Eindringlich befragt, stottert der Minister, er habe soeben von einem geheimen Boten die Nachricht erhalten, daß Katharina in St. Petersburg zur Kaiserin proklamiert worden ist. Augenblicklich hat Peter seinen ganzen Hochmut und Stolz verloren. Schluchzend und heulend hängt er reglos am Halse von Michael Woronzow, während der sich bemüht, ihn wieder aufzurichten: »Nur Mut, Majestät, nur Mut! Ein einziges Wort von Ihnen, ein gebieterischer Blick genügt, und das Volk liegt vor seinem Zar im Staub! Die holsteinischen Männer sind in Bereitschaft. Wir marschieren sofort nach St. Petersburg!«

Aber Peter will sich dem offenen Kampf nicht stellen. Er sucht nach einer anderen Lösung. Er rennt aufgeregt hin und her, fällt in Ohnmacht, kommt wieder zu sich, trinkt ein Glas Burgunder nach dem anderen, diktiert Listen der Leute, die wegen Hochverrat verhaftet werden sollen, setzt zwei Manifeste auf, in denen Katharina verurteilt wird, und läßt von Hofleuten mehrere Abschriften davon machen; schließlich bittet er Michael Woronzow, an seiner Stelle nach St. Petersburg zu gehen und den meuternden Regimentern zu befehlen, sich zu ergeben, verzichtet dann aber doch wieder darauf und läßt statt dessen die in Oranienbaum zurückgebliebenen holsteinischen Truppen holen, denen er, kaum sind sie da, erklärt, daß er sie nicht brauche; endlich läßt er sich doch von Munnich dazu bewegen, nach Kronstadt zu gehen, wo Garnison und Flotte zu ihm halten. Aber sich für die Dauer der Expedition von seinen Frauen zu trennen, lehnt er ab. Er ist betrunken, wankt und heult; man muß ihn stützen, als er gegen zehn Uhr abends an Bord einer Goelette geht. Kreischend folgt ihm die ganze Schar der Damen, Elisabeth Woronzow an der Spitze.

Die Nacht ist hell, ein unwirkliches Silberlicht liegt auf dem Wasser. Um ein Uhr langt die Goelette am Hafen von Kronstadt an. Als sie sich der Hauptfestung auf Rufweite genähert hat, kündigt Munnich den Besuch des Kaisers an.

»Wir haben keinen Kaiser mehr«, antwortete der Offizier der Wache. »Kehren Sie um!«

Munnich bleibt hartnäckig. Da ruft ihm der Wachoffizier zu, daß Garnison und Flotte bereits den Eid auf die Zarin geleistet haben. Falls das Boot nicht sofort verschwindet, wird er es beschießen und versenken lassen. Talysin, Katharinas Emissär, ist also schneller gewesen als Peter. Doch Munnich mag sich noch nicht geschlagen geben und beschwört den Kaiser, anlegen zu lassen. Man wird es nicht wagen, auf ihn zu schießen; sobald er von Bord gegangen ist, werden die Kronstadter ihre Torheit bereuen und die Waffen wegwerfen. Doch Peter versteckt sich tief unten im Schiffsrumpf; der Angstschweiß steht ihm auf der Stirn, und seine Zähne klappern. Bisher hat er es immer nur mit hölzernen Spielzeugsoldaten zu tun gehabt. In Ruhe soll man ihn lassen und ihm seine Träume nicht verderben! Er weint und schluchzt aus vollem Halse. Die Frauen um ihn stoßen gellende Schreie aus. Das Schauspiel ist so erbärmlich, daß Munnich in Gelächter ausbricht und das Kommando zum Abdrehen gibt.

In der Morgendämmerung des 29. Juni legt das Boot vor der Sommerresidenz in Oranienbaum an. Munnich schlägt dem Kaiser vor, ihn sofort mit einem anderen Schiff nach Reval zu bringen. Von dort aus können sie zu der Hauptmasse der Truppen stoßen, die schon für den Krieg gegen Dänemark in Bereitschaft stehen. Mit ihrer Hilfe wird es ein leichtes Spiel sein, den Thron zurückzuerobern. »Tun Sie das, Sire, und in sechs Wochen liegen St. Petersburg und Rußland Ihnen wieder zu Füßen! Dafür bürge ich Ihnen mit meinem Kopf!« Für Peter sind diese aufmunternden Worte nur Lärm, der ihn ermüdet. Er hat es satt, dauernd Entscheidungen treffen zu sollen. Wonach es ihn verlangt, ist jetzt etwas ganz anderes: ein paar Stunden Schlaf in den Armen von Elisabeth Woronzow. Er schickt alle weg außer ihr und läßt sich auf ihr Bett sinken.

Während Peter nach Kronstadt schiffte, hat Katharina eine Uniform angezogen, die ihr ein Offizier des Regiments Semjonowskij geliehen hat. Um Männerwerk zu tun, muß sie als Mann gekleidet sein. An einer Tischecke schreibt sie hastig eine kurze Botschaft an den Senat: »Meine Herren Senatoren, an der Spitze des Heeres verlasse ich die Stadt, um dem Thron Frieden und Sicherheit zu schaffen. In vollem Vertrauen lasse ich in der Obhut des Senates meine höchste Gewalt, das Vaterland, das Volk und meinen Sohn.« Sie verläßt den Palast, steigt die große Freitreppe hinunter und schwingt sich vor den Augen der versammelten Truppen behende auf den Vollblutschimmel, den man für sie gesattelt hat. Plötzlich bemerkt sie, daß an ihrem Degen die Quaste fehlt. Ein Unteroffizier der Wache hat es gesehen, stürzt herzu, reißt die Quaste von seinem eigenen Degen und bietet sie ihr dar. Katharina nimmt sie und lächelt diesem schönen Gesicht zu, in dem Begeisterung zu lesen ist. Der Name des jungen Mannes? Ein gewisser Grigorij Potemkin. Sie wird sich an ihn erinnern. Vor den Toren der Stadt läßt sie ihre Regimenter Revue passieren. Die meisten Soldaten haben die deutschen Uniformen abgelegt, in die Peter III. sie gesteckt hatte, und die alten Uniformen aus der Zeit Peters des Großen wieder aus den Kleiderkammern hervorgeholt und angezogen. Mit dem gezogenen Degen in der Hand bändigt Katharina ihr vor Ungeduld tänzelndes Pferd. Um die mit Zobelpelz gefütterte Mütze trägt sie einen Kranz aus Eichenlaub; das lange braune Haar flattert im Wind. Voll Bewunderung richten sich alle Augen auf diese militärisch gekleidete Frau, die Kraft und Anmut, Zartheit und Entschlossenheit zugleich verkörpert. Die Zurufe übertönen die rhythmischen Signale der Pfeifen und Trommeln. Neben der Zarin reitet ihre Freundin, die Fürstin Daschkow, auch sie in Uniform. Als die letzte Kompagnie vorbeigezogen ist, ist es zehn Uhr abends, aber noch immer taghell. Vorwärts marsch! Es ist ein Ritt wie im Traum im unwirklichen Glanz der nordischen Nacht. Wohin es eigentlich geht und was sie zu tun haben, das wissen diese Männer nicht genau, aber mit grenzenloser Begeisterung stürzen sie sich in ein Abenteuer, in dem Licht und Dunkel, Pflicht und Meuterei, Wahrheit und Trug nicht voneinander zu trennen sind. An der Spitze des Zuges eine Frau, die die Göttin des Krieges sein könnte. Hinter ihr die Brüder Orlow und zahllose Offiziere, die alle wirken, als seien sie verliebt. Die Militärkapelle schmettert anspornende Melodien. Und wenn sie verstummt, dann stimmen die Soldaten die alten Marschlieder an; Pfeifentriller und Freudenschreie tönen dazwischen. Und von Zeit zu Zeit ein Ruf. Es ist immer der gleiche: »Lang lebe unser Mütterchen Katharina!« Und jedesmal, wenn sie aus diesen rauhen Kehlen ihren Namen vernimmt, durchfährt Katharina ein wohliger Schauer wie der der Liebeslust. Ja, das ist es, was sie braucht: ein Volk, das für sie wie ein einziger vielgestaltiger Liebhaber ist, stets ihr zu Willen und von nie erlahmender Glut. Um drei Uhr in der Frühe machen Katharina und ihr Generalstab in Krasni-Kabak in einer elenden Herberge halt. Die Männer, seit fast 24 Stunden auf den Beinen, brauchen Ruhe. Nicht so sie selber. Trotzdem läßt sie sich überreden, sich neben der Fürstin Daschkow auf einem schmalen und harten Strohsack auszustrecken. Schlaf freilich findet sie nicht. Sie denkt nach. Was macht Peter jetzt? Hat er seine Truppen zusammengetrommelt, um gegen die Aufständischen zu marschieren? Hat er sich in Kronstadt festgesetzt, ehe Admiral Talysin die Garnison erreicht hat? Sie wälzt sich von einer Seite auf die andere, macht sich Sorgen, daß Proviant und Munition nicht ausreichen. Um fünf Uhr morgens meldet man ihr einen Unterhändler: es ist der Vizekanzler Woronzow persönlich. Er kommt im Auftrag des Kaisers mit dem Vorschlag, sich in die Macht zu teilen. Schon nach den ersten Worten hat Katharina begriffen, daß sie die Partie gewonnen hat. Ihre Antwort besteht in einem Gelächter. Woronzow gibt sich keine weitere Mühe. Er kniet vor Katharina nieder und leistet den Treueid. Wie könnte es ihm noch schwerfallen, sich zwischen dem jämmerlichen Hampelmann, der ihn geschickt hat, und dieser selbstsicheren und überlegenen Frau zu entscheiden, die sich schon wie eine geborene Herrscherin verhält? Andere Emissäre mit ähnlichem Auftrag treffen ein, und alle sind von Katharinas Autorität so tief beeindruckt, daß sie sich wie Woronzow auf ihre Seite schlagen. Gegen sechs Uhr morgens findet sich freudestrahlend auch Admiral Talysin in Krasni-Kabak ein: »Kronstadt hat sich der Kaiserin ergeben! Die Garnison hat den Zaren nicht eingelassen!« Katharinas Herz zerspringt fast vor Wonne, aber ihre Miene bleibt unbeweglich, als habe sie das alles gar nicht anders erwartet. Jetzt geht es für sie darum, ihren Vorteil zu nutzen; keine Minute darf sie damit verlieren, ihren Triumph auszukosten. Ihre

Truppen sind bereits in Marsch gesetzt. Wird es zu einem Zusammenstoß mit den Holsteinischen kommen? Rasch zu Pferde! Ohne ein einziges Mal anzuhalten, galoppiert Katharina bis nach Peterhof. Dort findet sie ihre Soldaten; sie kampieren friedlich rund um das Schloß. Peter III. hat es nicht zum Kampf kommen lassen wollen und den Großteil seiner Truppen zurückgezogen; die paar Wachtposten, die blieben, waren leicht zu entwaffnen. Kein Tropfen Blut ist geflossen. Das ist mehr als ein Sieg, es ist ein Wunder. In »Monplaisir« diktiert Katharina die Abdankungsurkunde, die dem Kaiser zur Unterschrift vorgelegt werden soll:

»In der kurzen Zeit meiner Alleinherrschaft über das russische Reich habe ich erkannt, daß meine Kräfte nicht ausreichen, eine so schwere Bürde zu tragen . . . Deshalb erkläre ich nach reiflicher Überlegung feierlich und ohne den geringsten Zwang vor ganz Rußland und der gesamten Welt, daß ich für alle Zeit auf die Herrschaft über das genannte Reich verzichte.«

Grigorij Orlow und General Ismailow machen sich sogleich auf den Weg, das Dokument nach Oranienbaum zu bringen, wo der Kaiser praktisch gefangengehalten wird. Als sie fort sind, setzt sich Katharina, die sehr hungrig geworden ist, vergnügt mit ihren Offizieren zu Tisch zu einem kleinen Frühstück. Wie es ihre Gewohnheit ist, trinkt sie nur mäßig: ein halbes Glas Wein. Und sie hält auch die anderen zur Mäßigkeit an. Der Tag ist noch nicht zu Ende. Mitten im Lärm der rauhen Männergespräche stellt die Zarin unermüdlich weiter ihre Berechnungen an. Was soll sie tun, wenn ihr Mann sich weigert, die Abdankungserklärung zu unterschreiben und sich als Gefangener nach Peterhof führen zu lassen? Und wenn er hierher gebracht wird, was soll dann mit ihm geschehen?

Peter, völlig gebrochen, hat unterdessen in Oranienbaum das Dokument, das die Emissäre Katharinas ihm vorgelegt haben, eigenhändig abgeschrieben und unterschrieben. »Wie ein Kind, das man ins Bett schickt« – so charakterisiert Friedrich II. den Vorgang. Man heißt ihn mit seiner Mätresse und dem Generaladjutanten Gudowitsch in eine Kutsche steigen. In Peterhof angelangt, verlangt er, sofort der Kaiserin vorgeführt zu werden. Wahrscheinlich hofft er, sie milde stimmen zu können, indem er sie an all das erinnert, was sie beide noch verbindet. Sie aber lehnt es ab, ihn zu empfangen. Offiziere nehmen ihm seine Auszeichnungen, seinen Degen und seine Uniform ab und geben ihm bürgerliche Kleider. Weinend läßt er es mit sich geschehen. Nikita Panin gibt ihm zu verstehen, daß er sich künftig als Staatsgefangener zu betrachten habe und daß man ihn vorerst in dem Landhaus Ropscha[2] unweit Peterhof verwahren werde, bis über seinen endgültigen Aufenthaltsort entschieden sei. Dieser endgültige Aufenthaltsort, Peter weiß es, kann natürlich nur das furchtbare Fort Schlüsselburg sein, wo der ehemalige Zar Iwan schon seit so vielen Jahren schmachtet. Von Entsetzen gepackt, schreit und weint er nicht mehr, fällt vor dem Erzieher seines Sohnes auf die Knie, küßt ihm die Hände und fleht ihn an, ihn wenigstens nicht von seiner Mätresse zu trennen. »Ich rechne es zu den unglücklichsten Augenblicken meines Lebens, daß ich Peter in diesem Zustand sehen mußte!« schreibt Panin. Bekümmert und angewidert meldet er ihm, daß die Kaiserin es Elisabeth Woronzow nicht gestatten kann, den Gefangenen zu begleiten, denn das hieße ja, den Ehebruch zu legalisieren. Die Favoritin wird nach Moskau geschickt werden. Im übrigen hat die ganze Familie Woronzow ihr bereits den Rücken gekehrt und sich Katharina zugewandt. Mit hysterischem Gekreisch fällt Elisabeth Woronzow in das Schluchzen Peters ein. Beide rutschen vor Panin auf den Knien, doch der läßt sich nicht beeindrucken.[3] Völlig ermattet erbittet Peter schließlich die Erlaubnis, seine Geige, seinen Neger Narziß und seinen Lieblingshund Mopsi nach Ropscha mitzunehmen. Er erhält zur Antwort, daß die Kaiserin sein Gesuch zu gegebener Zeit prüfen werde. Tatsächlich wird sie ihm diese dreifache Gunst gewähren. Sie gestattet dem Gefangenen sogar, sich weiterhin von seinem Diener Bressan, an den er gewöhnt ist, bedienen zu lassen. Zunächst einmal hat er aber zu gehorchen. Er hat sie kränken und demütigen wollen, und dafür rächt sie sich jetzt. Denkt sie auch nur ein einziges Mal mit Rührung an ihre kindliche Verlobungszeit, an die verrückten Spiele von damals, die sie vor der Zarin Elisabeth verbergen mußten? Nein; die Frau und der Mann, die sie beide seitdem geworden sind, haben mit den reizenden Erinnerungsbildern ihrer Jugendzeit nichts mehr zu tun. Im Lauf der Jahre ist zwischen ihnen ein tödlicher Haß entstanden.

Am Abend hebt Alexis Orlow eine kümmerliche Figur mit schlotternden Gliedern und ganz grün vor Angst in eine Berline mit verhängten Fenstern. Bewaffnete eskortieren den Wagen. Ab nach Ropscha!

Am nächsten Morgen – es ist der 30. Juni 1762, ein Sonntag – hält Katharina ihren triumphalen Einzug in St. Petersburg, begrüßt von Glockengeläut, Artilleriefeuer und tosenden Jubelrufen. Bei den Truppen hat der Taumel der Begeisterung, angeheizt noch durch zusätzliche Wodkarationen, einen solchen Siedegrad erreicht, daß die Soldaten des Regiments Ismailowskij mitten in der Nacht die Zarin zu sehen begehren, um sich zu vergewissern, daß sie nicht etwa ermordet oder entführt worden ist. Ob sie will oder nicht – sie muß aus dem Bett, muß in ihre Uniform schlüpfen und sich ihren Männern zeigen, um sie zu beruhigen. An Poniatowski schreibt sie: »Meine Lage ist so, daß jeder einfache Gardesoldat, wenn er mich sieht, sich sagen kann: dies ist mein Werk!«[4] Zum fünften Mal also – nach den Zarinnen Katharina I. und Anna Iwanowna, nach der Regentin Anna Leopoldowna und der Kaiserin Elisabeth, hat mit Katharina II. eine Frau nach einem kurzen männlichen Zwischenspiel die Geschicke des Landes in die Hand genommen. Seit 37 Jahren sind die Russen daran gewöhnt, von einem Weiberrock regiert zu werden; die neue Herrscherin fügt sich da bereits in eine Art nationaler Tradition ein. Ihre erste Sorge ist der Dank an die Architekten ihrer neuen Machtstellung. Die Belohnungen in Form von Beförderungen oder Geldgeschenken fallen reichlich aus: innerhalb weniger Monate machen die »Geschenke« eine Summe von 800 000 Rubeln aus. Über Grigorij Orlow, die Fürstin Daschkow und alle möglichen Offiziere und klugen Ratgeber ergießt sich ein wahrer Goldregen. Allein für Wodka für die Truppen sollen 41 000 Rubel ausgegeben worden sein. Von Natur aus freigiebig, setzt Katharina ihrer Dankbarkeit keine Grenzen. Zugleich macht sie sich Sorgen, was mit ihrem Gatten geschehen soll. Der schreibt ihr aus Ropscha in fehlerhaftem Französisch erbärmliche und kaum leserliche Briefe:

»Ich bitte Ihre Majestät, meiner ganz sicher versichert zu sein und die Güte zu haben, daß man die Posten aus dem zweiten Zimmer entfernt, denn das Zimmer, wo ich bin, ist so klein, daß ich mich kaum darin bewegen kann, und da sie weiß, daß ich immer im Zimmer auf und ab gehe, werde ich davon geschwollene Beine bekommen. Auch bitte ich Sie, nicht anzuordnen, daß die Offiziere in dem gleichen Zimmer bleiben, denn da ich gewisse Bedürfnisse habe, ist das unmöglich. Im übrigen bitte ich Ihre Majestät, mich wenigstens nicht schlechter als den größten Übeltäter zu behandeln, da ich mir nicht bewußt bin, Sie jemals beleidigt zu haben. Ich empfehle mich Ihrer Großherzigkeit und bitte Sie, mich so bald wie möglich mit der besagten Person (Elisabeth Woronzow) nach Deutschland zu lassen. Gott wird es ihr gewißlich heimzahlen, und ich bin Ihr sehr ergebener Diener Peter. P.S.: Ihre Majestät kann sicher vor mir sein und daß ich weder irgend etwas tun noch denken werde, was gegen Sie oder Ihre Herrschaft gerichtet wäre.«

Oder ein andermal: »Ihre Majestät, wenn Sie einen Menschen, der so schon unglücklich genug ist, nicht unbedingt in den Tod treiben wollen, dann haben Sie doch Mitleid mit mir und lassen Sie mir meinen einzigen Trost, nämlich Elisabeth Romanowna (Elisabeth Woronzow). Damit würden Sie eines der größten Werke der Barmherzigkeit Ihrer Regierungszeit tun. Wenn Ihre Majestät mich im übrigen für einen Augenblick sehen wollten, so wäre ich überglücklich.«

Katharina hütet sich wohl, auf diese Botschaften zu antworten. Doch schickt sie ihm einen Arzt nach Ropscha, denn es heißt, Peter sei krank. Es geht ihm bald wieder besser, und sie weiß nicht recht, ob sie froh oder traurig darüber sein soll. Solange er am Leben ist, wird sie davor zittern müssen, daß ein paar unzufriedene Offiziere oder intrigensüchtige Höflinge einen Staatsstreich anzetteln könnten. Auch abgesetzt und eingekerkert stellt er eine ständige Bedrohung für den Thron dar, denn schließlich ist ja er ein Nachfahre von Peter dem Großen und nicht Katharina. Sie muß schnellstens ihre Machtstellung an der Spitze des Landes sichern. Schon am 6. Juli 1762 veröffentlicht sie ein zweites Manifest, das ihre Thronbesteigung und die Abdankung Peters III. verkündet. In diesem Dokument, das vor dem Senat verlesen wird, erklärt sie ihre Absicht, sich die Liebe ihres Volkes verdienen zu wollen, »in dessen Interesse Wir, wie Wir erkennen, auf den Thron erhoben worden sind«.

Noch am Abend des gleichen Tages bringt man ihr eine Botschaft von Alexis Orlow in den Palast. Es ist ein mit Bleistift bekrizeltes zerknittertes Papier, das sie nur mit Mühe entziffern kann. Der Text lautet: »Unser Mütterchen, barmherzige Kaiserin! Wie erklären, wie beschreiben, was vorgefallen ist? Du würdest Deinem treu ergebenen Diener nicht glauben, aber ich sage Dir die reine Wahrheit, als stünde ich vor Gott. Mütterchen, ich bin bereit zu sterben, aber ich weiß selber nicht, wie dieses Unglück geschehen ist. Wir sind verloren, wenn Du uns nicht verzeihst. Mütterchen, er ist nicht mehr. Aber keiner von uns hat es so gewollt, denn wie hätten wir es wagen können, Hand an den Kaiser zu legen? Und doch, Majestät, ist das Unheil geschehen. Er hatte beim Essen angefangen, mit dem Fürsten Feodor (Bariatinski) zu streiten, und ehe wir die beiden trennen konnten, war er nicht mehr. Wir können uns nicht einmal mehr erinnern, was wir getan haben, aber bis zum letzten Mann sind wir alle in gleicher Weise ganz und gar schuldig und haben die Todesstrafe verdient. Hab Mitleid mit mir und sei es auch nur um der Liebe zu meinem Bruder willen! Ich habe meine Schuld gebeichtet, und mehr gibt es nicht zu sagen. Vergib oder befiehl, daß man schnellstens unserem Leben ein Ende macht. Wir haben Dich beleidigt und uns für die Ewigkeit mit Schuld beladen.«[5]

Katharina ist entsetzt. Offensichtlich handelt es sich um einen Mord, um einen Mord, den ihre Freunde begangen haben, weil sie ihrer Sache damit zu dienen glaubten. Den jämmerlichen Peter ist sie also los. Aber ihr Ruf ist damit für immer befleckt. Wäre es nicht besser, mit der Angst vor einem möglichen Komplott zu leben, als mit der Gewißheit, von der öffentlichen Meinung verurteilt zu werden? Ist es nicht widersinnig, das künftige Ansehen ihrer Herrschaft für einen augenblicklichen politischen Vorteil hinzugeben? Ein Danaergeschenk hat sie da empfangen! Nach Augenzeugenberichten soll Katharina in Ohnmacht gefallen sein und, nachdem sie wieder zu sich gekommen war, unter Tränen gerufen haben: »Mein Ruhm ist dahin! Niemals wird die Nachwelt mir dieses Verbrechen, das ich nicht gewollt habe, verzeihen!«[6] Und weiter: »Mein Abscheu vor dieser Mordtat ist unbeschreiblich! Dieser Schlag vernichtet mich!« Die Fürstin Daschkow erwidert darauf: »Madame, für Ihren Ruhm und auch den meinen kommt dieser Tod zu früh.«[7] Andere Zeugen dagegen heben die heitere Gelassenheit hervor, die Katharina an diesem Abend bei Hofe zur Schau trägt. Beide Beobachtungen widersprechen einander nicht, sondern ergänzen sich. Stets hat Katharina sich in schwierigen Situationen zu beherrschen verstanden. Mag in ihrem Inneren die Verstörung noch so groß sein – niemals wird sie zulassen, daß die Clique der Diplomaten und Höflinge etwas davon zu sehen bekommt. Dieser Tod, den sie nicht befohlen, aber gewünscht hat, dieser Tod, der ihr gelegen und ungelegen zugleich kommt, ist eine Angelegenheit des Staates und nicht des Herzens. Staatsangelegenheiten aber muß man kaltblütig angehen und nicht auf dem offenen Markt erledigen. Und so verfährt Katharina auch diesmal. Sie empfindet keine Gewissensbisse, sie macht sich nur Sorgen. Sogar ihr Zorn auf die Missetäter ist nicht ganz ohne eine Beimischung von Sympathie, ja Zärtlichkeit. Sie glaubten richtig zu handeln, und ihre Ungeschicklichkeit verbürgt ihre guten Absichten. Am folgenden Tag, dem 7. Juli, veröffentlicht Katharina ein drittes Manifest. Es hat folgenden Wortlaut: »Am siebten Tag, nachdem Wir den Thron Rußlands bestiegen hatten, wurde Uns gemeldet, daß der frühere Zar Peter III. wieder einen seiner gewöhnlichen hemorrhodialen Anfälle habe und an einer heftigen Kolik leide. Im Bewußtsein unserer Christenpflicht haben wir sogleich Anweisung gegeben, ihm jede notwendige ärztliche Hilfe zukommen zu lassen. Zu Unserer großen Betrübnis haben Wir jedoch gestern abend die Nachricht empfangen, daß Gottes Wille seinem Leben ein Ende gesetzt hat. Wir haben angeordnet, daß seine sterbliche Hülle in das Newski-Kloster gebracht und dort bestattet wird. Als Kaiserin und als Mutter des Reiches bitten Wir frei von Bitterkeit für vergangene Dinge unsere treuen Untertanen, seinem Leichnam das letzte Lebewohl zu sagen und mit inbrünstiger Fürbitte vor Gott für sein Seelenheil zu beten. Wir sehen in dem unerwarteten Schlag dieses Todes das Walten der Vorsehung, die die Geschicke unseres Vaterlandes nach einem Ratschluß lenkt, den nur ihr heiliger Wille kennt.«

Im Volk löst die Todesnachricht und die offizielle Version der Todesursache keinerlei Reaktion aus. Die guten Leutchen sind noch viel zu stark mit der Freude über ihre neue Herrscherin beschäftigt, um sich durch Mutmaßungen, die dem Ansehen ihres Mütterchens abträglich sind, darin stören zu lassen. Am Hofe gibt man vor, das Unglaubliche zu glauben. In Wirklichkeit ist in der Umgebung der Kaiserin für jedermann klar, daß es sich um einen Mord handelt. Und wenn auch nur wenige ihr vorwerfen, diesen Mord befohlen zu haben, so machen viele sie doch mittelbar dafür verantwortlich. Ob sie das Verbrechen gewollt hat oder nicht – ihr jedenfalls nützt es. An ihren Händen klebt jetzt Blut. »Man weiß nicht sicher, wieweit bei diesem Vorkommnis die Kaiserin die Hand im Spiel gehabt hat«, schreibt Rulhière. Der Chevalier de Corberon notiert: »Sicher scheint zu sein, daß die Orlows eigenmächtig gehandelt haben.« Und Bérenger: »Welch ein Anblick für die ganze Nation, auch wenn man kaltherzig urteilt! Auf der einen Seite der Enkel Peters I., den man gestürzt und umgebracht hat, auf der anderen der Enkel des Zaren Iwan, der in seinen Ketten schmachtet, und die Krone ihrer beider Ahnen reißt unterdessen eine Prinzessin von Anhalt an sich und beginnt ihre Thronherrschaft mit einem Königsmord . . . Ich traue dieser Fürstin die Grausamkeit nicht zu, an der Ermordung des Zaren beteiligt gewesen zu sein . . . Aber der Verdacht und der Makel werden der Kaiserin immer anhaften.«[8] Und der Baron de Breteuil schreibt, endlich doch nach St. Petersburg zurückgekehrt: »Seit langem weiß ich und seit meiner Rückkehr hat man es mir bestätigt, daß ihre (Katharinas) Maxime lautet, daß man unbeugsam in seinen Entschlüssen sein muß, daß es besser ist, falsch zu handeln als wankend zu werden, und daß nur Tölpel unentschieden sind.«

Über den genauen Hergang der Ermordung Peters sind verschiedene Versionen in Umlauf. Die einen behaupten, man habe ihm Gift in den Wein getan, die anderen, er sei mit einem Gewehrriemen erdrosselt oder mit einer Matratze erstickt worden. Für die meisten ist Alexis Orlow der Täter. Helbig, der Sekretär der sächsischen Botschaft, schreibt, Alexis habe, als er am Abend in die Hauptstadt zurückkehrte, vor Schuldgefühl und Gewissensbissen einen »gräßlichen« Gesichtsausdruck gehabt. Und Rulhière behauptet, nach den Aussagen glaubwürdiger Zeugen sei Alexis Orlow »mit aufgelösten Haaren, zerrissenen Kleidern und mit Schweiß und Staub bedeckt« erschienen und in seinen aufgewühlten Gesichtszügen habe sich Angst und Grauen gespiegelt.

Sicher ist jedenfalls, daß die Tat Alexis Orlows nicht, wie er in seinem Brief behauptet, einfach die Folge eines ganz gewöhnlichen Streites bei Tisch und unter Alkoholeinwirkung gewesen ist. Er und seine Freunde haben mit Vorbedacht gehandelt. Als sie erfuhren, daß Peter bald nach Schlüsselburg gebracht werden sollte, fürchteten sie, in der Festung werde er ihrem Zugriff entzogen sein, und statteten ihm eiligst einen Besuch in Ropscha ab. Zunächst ließen sie durch ein paar Soldaten seinen Kammerdiener Bressan ergreifen und wegschaffen. Indem er den Gatten beseitigte, der der Zarin im Weg sein mußte, glaubte Alexis Orlow auch seinem Bruder den Weg zum Thron zu ebnen. Und warum auch sollte Katharina nicht den Mann heiraten, den sie liebte, wenn sie nur erst einmal Witwe war? Sie wäre dann doppelt am Ziel ihrer Wünsche, als Frau wie als Kaiserin. Dank des Eifers von Alexis Orlow ist Katharina nun schuldig, und ihre Schuld besteht nicht nur in einem Wunsch, sondern einer Tat.

Es wäre ihr ein leichtes gewesen, die Mörder, die sie ja alle kannte, sogleich richten zu lassen. Durch ihre Bestrafung hätte sie ihre eigene Unschuld bewiesen, mit ihrer Verurteilung hätte sie sich selber reinwaschen können. Aber konnte sie wirklich wenige Tage nach ihrer Thronbesteigung Alexis Orlow und seine Komplizen, denen sie die Krone verdankte, foltern lassen und aufs Schafott schicken? Die grenzenlose Ergebenheit dieser Männer machte es ihr zu Pflicht, sie in Schutz zu nehmen. Eine Art stillschweigendes Einverständnis, wenn nicht mit der Tat, so doch mit ihren Folgen, verband sie mit ihnen. Nur Schwächlinge bestrafen die Untergebenen, um selbst gerechtfertigt dazustehen. Sie ist aus einem anderen Holz geschnitzt. Mit der offiziellen Version eines Todes durch Krankheit deckt sie ihre Anhänger und nimmt es in Kauf, selbst verdächtigt zu werden. Zwei Tage nach der Ermordung des Zaren erscheint sie wieder in der Öffentlichkeit und stellt sich mit olympischer Gelassenheit der kriecherisch boshaften Neugier des Hofes.

Wie sie befohlen hat, wird der Leichnam des gewesenen Zaren Peter III. in das Alexander-Newskij-Kloster gebracht. Aber weiter gehen die Ehrungen nicht. Der Verstorbene ist zwar ein Enkel Peters des Großen, aber eben nur ein abgesetzter Kaiser. Die Leiche liegt ungeschmückt in einem schlichten offenen Sarg. Man hat dem Verstorbenen zur letzten Ruhe die hellblaue Uniform der holsteinischen Dragoner angezogen. Geschieht dies aus zarter Achtung vor seinen Vorlieben oder um die Menge daran zu erinnern, daß er stets ein erklärter Feind Rußlands gewesen ist? Alle, die vor dem Sarg vorbeidefilieren, sind beeindruckt von dem tieftragischen Anblick. Das Gesicht ist fast schwarz, den Hals verhüllt eine Binde, gewiß um die Spuren der Strangulierung zu verbergen, und die Hände stekken entgegen den Gepflogenheiten in Handschuhen. Doch weder im Volk noch bei den Höflingen erhebt irgend jemand die Stimme und äußert Zweifel an der offiziellen Version, Peter sei eines natürlichen Todes gestorben. Es ist bequemer und klüger zu schweigen. Zumindest für den Augenblick. Katharina wacht nicht bei der Leiche und nimmt an der Trauerfeier nicht teil. Der Senat hat sie mit allem Respekt gebeten, dieser traurigen Zeremonie fernzubleiben, »damit Ihre kaiserliche Majestät ihre Gesundheit schone und erhalte zum Wohl des russischen Vaterlandes und ihrer wahrhaft treu ergebenen Untertanen«.

13. KAPITEL

Lehrjahre der Macht

Die Machtübernahme durch die neue Kaiserin ist so schnell gegangen, daß die ausländischen Diplomaten ihre Herrschaft noch nicht für endgültig gesichert halten. Der Baron de Breteuil sieht in Katharina eine »junge Abenteurerin«, die sich in den Stürmen des politischen Lebens nicht lange wird behaupten können. Sir Robert Keith schätzt sie als geistreich, liebenswert, aber oberflächlich ein und spricht ihr die Fähigkeit ab, mit der notwendigen Autorität zu regieren. Der Preuße Solms sagt eine Revolution voraus: »Es bedarf nur eines heißen Sommers . . . Man hört derart aufsässige, waghalsige und zügellose Äußerungen gegen die Kaiserin . . . Es ist ausgemacht, daß die Herrschaft der Zarin Katharina, nicht anders als die ihres Gatten, nur eine kurze Episode der Weltgeschichte bleiben wird.«

Und tatsächlich kommt die Armee nach wenigen Tagen der Euphorie bald wieder zu sich. Gewisse Offiziere klagen, daß die Soldaten ihren Eid gegenüber dem Zaren »für ein Fäßchen Bier« gebrochen haben, wie es der französische Geschäftsträger Bérenger ausdrückt. Es wird getuschelt, daß man den unglücklichen Iwan VI. aus dem Gefängnis holen und ihm die Krone wiedergeben müßte. Die ausländischen Höfe empfehlen ihren Botschaftern äußerste Zurückhaltung gegenüber Katharina, die für sie nicht mehr als eine Usurpatorin ist. Ludwig XV. depeschiert an den Baron de Breteuil:

»Die Verstellungskunst der herrschenden Zarin (Katharina) und die Entschlußkraft, mit der sie ihren Plan ausführte, lassen eine Fürstin erkennen, die imstande ist, große Taten zu ersinnen und zu vollbringen . . . Aber als Ausländerin von Geblüt, die an Rußland keinerlei tiefere Bindungen hat, . . . wird die Kaiserin unbeugsame Kraft brauchen, um sich auf einem Thron zu halten, den sie weder der Liebe ihrer Untertanen noch ihrer Achtung vor dem Andenken ihres Vaters verdankt. Sie wissen es bereits, und ich wiederhole es noch einmal mit aller Deutlichkeit: meine Politik gegenüber Rußland besteht darin, es so weit wie nur irgend möglich von den europäischen Angelegenheiten fernzuhalten. Wenn an diesem Hofe Zwietracht herrscht, wird er weniger in der Lage sein, sich auf Pläne einzulassen, die andere Höfe ihm einflüstern könnten.«

Etwas später schreibt der Herzog von Choiseul an seinen Botschafter in St. Petersburg:

»Wir kennen die Animosität dieses Hofes (des russischen) gegen Frankreich. Der König (Ludwig XV.) verachtet die Fürstin, die in diesem Land regiert, ihre Ansichten und ihr Verhalten so gründlich, daß es nicht in unserer Absicht liegt, auch nur den kleinsten Schritt zu tun, um ihre Haltung zu ändern. Der König denkt, daß Katharinas Haß uns mehr Ehre macht als ihre Freundschaft.«

Katharina selbst ist sich deutlich bewußt, daß ihre Lage prekär ist, und bemüht sich, so rasch wie möglich das gewonnene Terrain zu sichern. Klugerweise beläßt sie die Staatsmänner, die schon unter Elisabeth und Peter III. Verantwortung trugen, auch weiterhin in ihren Ämtern. So bleibt zum Beispiel Graf Michael Woronzow Kanzler, obwohl er stets ein Gegner der jetzigen Herrscherin gewesen war. Nikita Panin, dem sie die Außenpolitik übertragen hat, ist ihr trotz einiger kleiner Meinungsverschiedenheiten aufrichtig ergeben. Im Gegensatz zu Peter III., der es aus Sorglosigkeit oder aus Geringschätzung monatelang versäumt hatte, sich durch die Kirche zum Kaiser salben zu lassen, beschließt sie, daß ihre Krönung am 22. September mit ungewöhnlichem Pomp in Moskau gefeiert werden soll; mit dem Spektakel hofft sie die Phantasie des russischen Volkes und der ausländischen Botschafter zu beeindrucken. Ihre Absicht verkündet sie schon am 7. Juni – am gleichen Tag, an dem sie bekanntgibt, daß ihr Gatte an einer »hemorrhoidalen Kolik« gestorben sei. Zweieinhalb Monate, das ist das Minimum an Vorbereitungszeit, die ein Fest von solchen Ausmaßen und solcher Bedeutung erfordert. Bis dahin muß sie sich die Sympathien der Armee sichern. Der Krieg gegen Dänemark wird also nicht erklärt, aber auch der Friedensvertrag mit Preußen wird nicht unterzeichnet. Doch werden deshalb die Feindseligkeiten gegen dieses Land, die immerhin schon sieben Jahre andauern, nicht wiederaufgenommen. Frankreich und Österreich zeigt man sich von der freundlichsten Seite. Ebenso auch England. Der Kirche aber, die unter den anti-orthodoxen Maßnahmen Peters III. so sehr zu leiden gehabt hat, erweist man die Gnade, den Ukas zur Konfiskation der Klostergüter aufzuheben. (Die Maßnahme neuerlich einzuführen, bleibt ja immer noch Zeit, wenn der Thron errst einmal gefestigt ist.)

Für die Regierung des Landes möchte Katharina sich an einige Grundsätze halten, die sie mit flinker Feder niedergeschrieben hat, als sie noch nicht an der Macht war, und in denen ihre Lektüreerfahrungen sich niederschlagen:

»Ich wünsche und erstrebe nichts anderes als das Wohl des Landes, in das Gott mich gesetzt hat . . . Der Ruhm des Landes ist auch mein Ruhm.«

»Das Kaspische Meer mit dem Schwarzen Meer und beide mit den Nordmeeren zu verbinden, den Handel mit China und Ostindien über die Tatarei zu lenken: das heißt dieses (russische) Reich zu einem Grad von Stärke emporzuheben, der es allen anderen Reichen Asiens und Europas überlegen macht. Und wer könnte der grenzenlosen Macht eines absoluten Fürsten widerstehen, der ein kriegerisches Volk regiert?«

Aber wenn Katharina auch die »grenzenlose Macht« des Fürsten und die Vorherrschaft Rußlands über die anderen Staaten predigt, so will sie doch vor allem zum Wohle des Volkes regieren. Als treue Schülerin der Aufklärer verurteilt sie die Leibeigenschaft: »Es ist gegen die christliche Religion und gegen die Gerechtigkeit, Menschen, die in Freiheit geboren werden, zu Sklaven zu machen . . .« – »Freiheit, du bist die Seele aller Dinge, und alles ist tot ohne dich. Ich will, daß man den Gesetzen gehorcht, aber ich will keine Sklaven.«

Dieses liberale Glaubensbekenntnis hindert Katharina freilich nicht, nach ihrer Thronbesteigung den wichtigsten Strategen des Staatsstreiches (den Orlows, den Rasumowskis, Panin . . .) achtzehntausend leibeigene Bauern aus dem Besitz der Krone zu schenken. Sie glaubt im übrigen auch gar nicht an die Möglichkeit, die Leibeigenen zu befreien. »Eine derartige Umwälzung (die Befreiung der Leibeigenen) wäre nicht das geeignete Mittel, die Sympathie der Grundbesitzer zu gewinnen . . .« Da dieses Übel nun einmal in Rußland existiert, kann man allenfalls – und das muß man auch – seine schlimmsten Auswüchse eindämmen. »Gehen Sie in irgendein Dorf und fragen Sie einen Bauern, wie viele Kinder er hat. Er wird Ihnen antworten, zehn, zwölf, sehr oft sogar bis zu zwanzig, das ist so die Regel. Fragen Sie aber, wie viele davon am Leben sind, wird er antworten, eins, zwei, vielleicht vier . . . Man müßte Abhilfe finden gegen diese hohe Sterblichkeit, müßte Ärzte konsultieren, sich um die Pflege der Kleinkinder kümmern . . . Sie laufen splitternackt in Eis und Schnee herum. Das kräftigste überlebt, aber neunzehn sterben dahin – welch ein Verlust für den Staat!«

Jetzt geht es darum, die Theorie mit der Praxis zu vertauschen. Als Katharina zum ersten Mal den Senat in den Sommerpalast einberuft, ist sie entsetzt über das Bild der finanziellen und sozialen Lage des Landes, das man ihr entwirft. Viele Jahre später erinnert sie sich noch mit Schrecken an den brutalen Schock dieser Berührung mit der Wirklichkeit:

»Der Hauptteil der Armee lag im Ausland und hatte seit acht Monaten keinen Sold bekommen«, schreibt sie. »Die Flotte befand sich in einem Zustand der Auflösung, das Heer war in Unordnung, die Festungen verfielen. Der Staatshaushalt war mit 17 Millionen Rubel verschuldet, der Geldumlauf betrug hundert Millionen. Niemand im ganzen Reich kannte die genaue Höhe der Staatseinkünfte. Das Budget war nicht genau festgelegt. In fast allen Handelszweigen gab es ein privates Monopol. Ungefähr 200 000 Bauern der Bergwerke und der Klöster waren in offenem Aufruhr. An vielen Orten verweigerten die Bauern den Gehorsam und die Zahlung gewisser Abgaben an die Grundherren. Die Gerichte entschieden für den Meistbietenden. Daß man für eine Kleinigkeit genauso grausam gefoltert und ebenso hart gestraft wurde wie für ein schweres Verbrechen, erbitterte die Gemüter. Überall klagte das Volk über Bestechungen, Unterschlagung öffentlicher Gelder, alle möglichen Arten von Betrügereien und Ungerechtigkeiten.«

Kaltblütig beschließt Katharina, zuerst das Haushaltsdefizit zu bekämpfen. Die Staatskassen müssen gefüllt werden. Aber wie? Die Herren Senatoren sehen sich außerstande, eine Lösung anzubieten. Sie aber erzwingt mit Entschiedenheit eine Lösung: gewisse »Monopole« aufheben und damit den Profit beschneiden, den einige hochgestellte Familien wie die Schuwalows regelmäßig aus den wichtigsten Industriezweigen ziehen. Und um der Unzufriedenheit derer zuvorzukommen, die sie eines Teils ihrer Einkünfte beraubt, verzichtet sie selber feierlich vor dem versammelten Senat auf den »Kammerfonds«, das persönliche Budget der Zaren. Es handelt sich immerhin um eine Summe, die den dreizehnten Teil des Nationaleinkommens ausmacht. Die Senatoren sind völlig verwundert über diesen Akt der Großzügigkeit; sie brechen in Hurra-Rufe aus und weinen vor Rührung. Aber etwas mehr bedarf es schon, um das Staatsschiff wieder flott zu machen. Um so mehr, als Katharina die Absicht hat, durchaus opulent zu regieren, auch wenn sie sich bemüht, neue Geldquellen den Staatsaufgaben zugutekommen zu lassen. Bald wird sie weitere Maßnahmen treffen: sie wird neue Steuern einführen, Anleihen aufnehmen und verschiedene Abgaben erhöhen, darunter auch die auf die Bärte der Muschiks. Diese Abgabe hatte Peter der Große in Form einer Maut eingeführt, die jeder Bärtige zu entrichten hatte, wenn er in die Hauptstadt eingelassen werden wollte. Natürlich hätten die Bauern sich der Zahlung entziehen können, indem sie sich das Kinn glattrasiert hätten, aber sie fürchteten sich vor den Kirchenstrafen, denn nach den Beschlüssen eines Konzils von 1551 ist »keine ketzerische Unsitte so verdammenswert wie die, sich den Bart abzurasieren . . . Wer sich den Bart abrasiert, um den Menschen zu gefallen, der ist ein Feind Gottes, der uns nach seinem Ebenbild geschaffen hat.«

Die wichtigste Maßnahme ist jedoch zweifellos die Gründung einer Notenbank, die nach den Anforderungen des kaiserlichen Schatzamtes Assignaten druckt. Während ihrer gesamten Regierungszeit läßt Katharina gewaltige Mengen an Papierrubeln in Umlauf bringen. In jedem anderen Land hätte eine solche Politik zur Inflation und schließlich zum Staatsbankrott geführt. Nicht so in Rußland; hier kann etwas Derartiges nicht passieren, und zwar deshalb, weil die Garantie, auf der das Vertrauen in die Währung beruht, nicht in einer Metalldeckung besteht, sondern in einer wertbeständigen moralischen Deckung. Diese Deckung ist nichts anderes als die grenzenlose Hochachtung der gesamten Nation vor der Person Ihrer Majestät. Dieses Vertrauen, im Innern erst einmal geschaffen, strahlt nach und nach auch nach draußen. Das blinde Zutrauen der Russen zu ihrer finanziellen Zukunft lockt ausländisches Kapital an. Ein Denker des 18. Jahrhunderts, Possoschkow, hat darüber geschrieben: »Was den Wert einer Geldmünze ausmacht, ist nicht das Gold, das Silber, das Kupfer, der mehr oder minder kostbare Stoff, aus dem sie gemacht ist . . ., sondern das Bildnis des Herrschers, das in das Metall eingeprägt ist; es ist der Wille des Herrschers, der in diesem Bildnis zum Ausdruck kommt, diesem Stück Metall soviel Wert zu geben, daß man sie ohne Zögern im Tausch gegen eine Ware von realem Wert annimmt . . . Und wenn das so ist, dann kommt es wenig darauf an, aus welcher Art von Stoff die Münze gemacht ist. Wenn es der Wille des Herrschers wäre, den gleichen Wert einem Stückchen Leder oder einem Blatt Papier zu verleihen, dann würde das vollkommen genügen und das Leder oder Papier hätte diesen Wert.«

Mit dieser massenweisen Ausgabe von Assignaten erhebt Katharina sich souverän über die Gesetze, die überall sonst das wirtschaftliche Leben bestimmen. In Frankreich war es die Erschütterung des Vertrauens, was schließlich zum Kursverfall der Assignaten und zu dem spektakulären Bankrott Laws geführt hat. In Rußland aber ist das Vertrauen durch nichts zu erschüttern. Die Fügsamkeit der Untertanen dient als Fundament der Papierwährung. Das ist im Grunde ein Taschenspielertrick, eine Art sonderbarer Alchemie, die Gold aus Luft macht. »Wenn man hierher kommt«, schreibt ein paar Jahre nach Possoschkow der Graf Louis Philippe de Ségur, »muß man alle Vorstellungen ablegen, die man sich in anderen Ländern über die Finanzgeschäfte gemacht hat. In den anderen europäischen Ländern befiehlt der Fürst, was die Leute zu tun, aber nicht, was sie zu denken haben; hier aber ist er auch Herr über die Gedanken, und die Unmenge der Banknoten, die Gewißheit, daß sie unmöglich alle eingelöst werden können, die Wertminderung der Gold- und Silbermünzen um die Hälfte, mit einem Wort: all das, was in einem anderen Staat zum Bankrott und den verhängnisvollen Umwälzungen führen würde, löst hierzulande nicht nur keinerlei Erschütterung, sondern nicht einmal die geringste Beeinträchtigung des Vertrauens aus, und ich bin sicher, daß man hier sogar Leder als Geld annehmen würde, wenn die Kaiserin es nur beföhle.«[1]

In Katharinas Umgebung löst der Eifer Erstaunen aus, mit dem diese in der praktischen Politik kaum erfahrene junge Frau alles zu sehen, alles zu verstehen, alles zu kontrollieren und alles selber zu entscheiden versucht. Die Tatsache, daß sie mit den öffentlichen Angelegenheiten nicht vertraut ist, scheint sie durchaus nicht zu lähmen, sondern ganz im Gegenteil noch anzuspornen. Nicht eine Sekunde lang zweifelt sie an ihrer Fähigkeit, dieses Land, das noch nicht einmal ihr eigenes ist, zu regieren. Es sieht fast aus, als habe sie sich ein Leben lang darauf vorbereitet. Ob es um die internationalen Beziehungen geht oder um die inneren Probleme des Landes – immer ist sie sofort beim Kern der Sache. Und sie, der politische

Neuling, glaubt in allen Situationen auch gegen die Meinung der alten Hasen recht zu haben. Sie hat die Unbekümmertheit des Autodidakten, und Unzulänglichkeitsgefühle angesichts der gewaltigen Aufgaben, die sie erwarten, kennt sie überhaupt nicht. Es gibt übrigens nichts Zweideutiges in ihrem Verhalten, nichts Unbewußtes, keine unwillkürlichen Impulse; in der Politik wie in der Liebe gibt sie sich direkt und einfach, ihre Haltung ist natürlich, gradlinig und unverstellt. Im Gegensatz zur Kaiserin Elisabeth ist sie weniger an dem äußeren Glanz der Macht interessiert als an ihrem geheimen Räderwerk. Wie Peter dem Großen, mit dem sie wetteifert, scheint ihr die Schreibtischarbeit der nach außen kaum sichtbare, aber eigentlich entscheidende Teil der Geschäfte eines Herrschers. Unermüdlich beugt sie sich über Berichte und Denkschriften, vertieft sich in das Rechnungswesen, liest den diplomatischen Schriftverkehr. Nach siebzehn Jahren erzwungener Enthaltsamkeit von den »ernsthaften Angelegenheiten« erfüllt sie jetzt mit einem wahren Heißhunger ihren Nachholbedarf. Keine Sitzung des Ministerrats oder des Senats, bei der sie nicht den Vorsitz führt, und sie stört die hohen Beamten auf durch unbequeme Fragen und wiederholte Appelle an ihre Staatstreue. Sie wagt es, diesen Männer, die sich längst im bürokratischen Schlendrian behaglich eingerichtet haben, nahezulegen, am Morgen etwas früher aufzustehen und am Nachmittag etwas länger zu tagen. Sie selber steht schon um fünf Uhr auf und arbeitet täglich ihre zwölf bis vierzehn Stunden. Sie nimmt sich kaum die Zeit zu essen, und am Abend sinkt sie, nachdem sie mit ein paar der engsten Vertrauten nur kurz getafelt hat, gegen neun Uhr völlig erschöpft und gerädert ins Bett. Ihre Projekte realisiert sie mit einem Tempo, das die Beamten nicht nur verwundert, sondern verstört. Als der Senat ihr eines Tages meldet, daß nunmehr jede russische Stadt ihren »Wojwod«, ihren Militärgouverneur hat, stellt sie die Frage, wie viele Städte es in Rußland eigentlich gibt. Betretenes Schweigen, kein Mensch weiß eine Antwort. Nun gut, sagt sie, man wird sie also auf einer Landkarte zählen. Schön und gut, aber in den Senatsarchiven findet sich keine einzige Karte von Rußland. Lächelnd gibt Katharina einem jungen Beamten fünf Rubel und schickt ihn zur Akademie der Wissenschaften, den *Atlas* von Kirilow zu kaufen. Bei ihrer Uninformiertheit und Gleichgültigkeit ertappt, beugen die Senatoren sich der

Herrscherin. Sie wird noch hundert Mal Gelegenheit haben, sie zur Ordnung zu rufen. Ihr schon in jungen Jahren an Montesquieu und Voltaire geschulter Verstand unterwirft sich mühelos diese würdevollen Nichtstuer; sie rüttelt sie auf und versetzt sie in Trab. Obwohl sie nun schon so lange an russische Verhältnisse gewöhnt ist, kann sie sich mit dem unglaublichen Durcheinander in den verschiedenen Zweigen der Verwaltung nicht abfinden. Die Vorschriften sind widersprüchlich, alles beruht auf Gewohnheit, aber auch die Gewohnheit ist in jeder Provinz wieder eine andere; Recht gesprochen wird nach Gutdünken, die Kanzleien wissen nichts voneinander, jedes Büro verfolgt seine eigene Politik, und das Land wird hin- und hergerissen. Für einen auf Klarheit bedachten Geist ist die Versuchung groß, Ordnung in dieses Chaos zu bringen. Katharina kommt mit Lampe und Besen. Die Senatoren und Minister hören ihre Kritik und ihre Vorschläge und müssen anerkennen, daß sie recht hat. Im stillen Kämmerlein aber fragen sie sich, was dieser jungen deutschen Prinzessin eigentlich das Recht gibt, den jahrhundertealten russischen Staub aufzurühren.

Und im Grunde liebt Katharina Rußland mit all seinen Fehlern, die zu beseitigen sie sich geschworen hat. Mit ihrem Scharfblick, ihrem Sinn für begriffliche Ordnung, ihrer praktischen Vernunft und ihrer unbezähmbaren Vitalität ganz und gar westlich orientiert, hat das Träumerische, Unbekümmerte, der Fatalismus und das Unberechenbare dieses Volkes, das nunmehr zu dem ihren geworden ist, für sie zugleich etwas Aufreizendes und etwas Bezauberndes. Sie findet dieses Volk groß und schön und möchte seiner würdig sein. In einer Art Rauschzustand schreibt sie:

»Nie hat das Universum ein Wesen hervorgebracht, das männlicher, gesetzter, freier, wohltätiger, menschlicher, großzügiger und dienstfertiger wäre als der Skythe (mit anderen Worten: der Russe). Kein Mensch kommt ihm gleich an Ebenmäßigkeit der Züge und Schönheit des Gesichts, an Schulterbreite, Wuchs und Größe; seine Glieder sind gewöhnlich sehr kräftig oder nervig und muskulös, sein Bart stark, seine Haare lang und dicht. Er neigt von Natur aus nicht zu List und Verstellung, deren Winkelzüge seinem graden und rechtschaffenen Wesen zuwider sind. Als Soldat in der Infanterie oder Kavallerie, als Seemann und auch als Bauer sucht er seinesgleichen auf der ganzen Erde. Kein anderer Mensch hat soviel

Zärtlichkeit für Kinder und Verwandte. Die Ergebenheit für Eltern und Vorgesetzte ist ihm angeboren. Er ist flink, gewissenhaft, folgsam und treu.«

Diese Liebeserklärung könnte an Grigorij Orlow gerichtet sein, aber in Wirklichkeit gilt sie dem ganzen Land. Zu ihren Ärzten sagt die gleiche Katharina eines Tages: »Lassen Sie mich zur Ader, bis kein einziger Tropfen deutschen Blutes mehr in mir ist, damit nur noch russisches Blut in meinen Adern fließt.« In ihrer leidenschaftlichen Liebe zu Rußland nimmt Katharina die Anrede »Mütterchen«, mit der ihre Untertanen sich an sie wenden, ungeheuer ernst. Für alle möchte sie die Wärme, die Zuflucht, die Vorsehung bedeuten. Sie schreibt: »Seien Sie milde, menschlich, zugänglich, barmherzig und freigebig. Ihre Erhabenheit darf nie ein Hinderungsgrund sein, sich mit Güte zu den Kleinen herabzulassen und sich an ihre Stelle zu versetzen, und diese Güte sollte niemals Ihre Autorität noch die Achtung Ihrer Untertanen schmälern.« Höchstpersönlich prüft sie die an sie gerichteten Bittschriften und verspricht, gegen Ungerechtigkeiten Abhilfe zu schaffen. Doch bald wächst die Flut der Briefe ihr über den Kopf, und sie läßt drei Viertel davon unbeantwortet. Wenn sie zu Fuß in die Kirche oder zum Senat geht, drängen sich die Bittsteller so zahlreich auf ihrem Weg, daß sie eines Tages von einer lebendigen Mauer vollkommen eingeschlossen ist. Die Polizei will eingreifen und ihr mit der Knute den Weg freischlagen, doch die Kaiserin breitet die Arme aus, um ihr Volk zu schützen. Mit einem Schluchzen vor dankbarer Rührung quittiert die Menge diese symbolische Geste. Tausendfach weitererzählt, vergröbert und ausgeschmückt, wird der Vorfall zur Legende zum Ruhme des »Mütterchens« Katharina. Zur Vergrößerung ihrer Popularität schafft sie die Bälle und Maskeraden ab, auf die die Zarin Elisabeth so versessen war und bei denen sie selber sich so schrecklich gelangweilt hat, als sie noch Großfürstin war. Ihre eigenen Feste kosten zwar hundertmal so viel wie die ihrer Vorgängerin, doch niemand kann ihr einen Vorwurf daraus machen, denn sie gibt das Geld nicht zum eigenen Vergnügen aus, sondern zum höheren Ruhme Rußlands. Jedes Band an ihren Kleidern, jede Perle von ihrem Schmuck, jeder Lüster ihrer Salons und noch jeder Knallfrosch ihrer Feuerwerke ist dazu bestimmt, so meint sie, ihr Ansehen und folglich auch das Ansehen Rußlands in den Augen der Weltmeinung zu erhöhen. Sparsam in ihren persönlichen Bedürfnissen, möchte sie verschwenderisch sein, wo es um andere geht. Bei ihrer Krönung wird man es erleben. Die Schneider, Stiefelmacher und Juweliere von St. Petersburg sind mit Aufträgen so überhäuft, daß sie kaum nachkommen. Die Toiletten der Zarin und ihres Hofstaates sollen, so heißt es, alles in den Schatten stellen, was man aus Anlaß einer Krönungsfeier jemals an den größten europäischen Höfen gesehen hat.

Zwischen einer Anprobe und einer Senatssitzung regelt Katharina die kurländische Angelegenheit, indem sie unter der Hand die Partei Ernst Johann von Birons stärkt, auf dessen Ergebenheit sie sich verlassen kann. Auf diese Weise, so lautet ihre Rechnung, wird zunächst einmal der russische Einfluß in Kurland verstärkt, ehe es ganz dem Reich anheimfällt. Dann wendet sie sich Polen zu, das sie ebenso wie Kurland der russischen Einflußsphäre zurechnet. Später einmal, wenn die öffentliche Meinung durch Jahre der Unordnung hinreichend auf eine Radikallösung vorbereitet ist, wird man daran denken können, dieses unglückliche Land ganz oder teilweise zu annektieren. Da der derzeitige König August III. schwerkrank ist, muß verhindert werden, daß Frankreich oder England einen ihm genehmen Nachfolger präsentiert. Rußland muß »seinen König« vorschlagen und notfalls durchsetzen können, wenn es soweit ist. Und diesen König hat Katharina schon längst erwählt: es ist ihr untröstlicher einstiger Geliebter, der schöne Stanislaus Poniatowski. Er ist noch weit von St. Petersburg in der Verbannung und ahnt nichts von der glänzenden Zukunft, die sie ihm zugedacht hat. Die Träume, die er selber hegt, sind ganz unpolitisch. Er kehrte gerne zu dieser Frau zurück, die er immer noch liebt, sehnt sich nach dem Geschmack ihrer Lippen, ihrer sanften Stimme, der Biegung ihrer Hüften. Das sagt er ihr in feurigen Episteln, ohne zu ahnen, daß sein Platz bei ihr inzwischen längst durch Grigorij Orlow besetzt ist. Als er hört, daß Peter III. tot ist, jubelt er: frei! Sie ist frei, sie wird ihn rufen, er wird zu ihr eilen, sie wird ihn vielleicht sogar heiraten! Neuerlich bestürmt er sie mit Briefen. Seine Hartnäckigkeit macht ihr Sorge. Hat er denn immer noch nicht verstandeo? Sie schreibt diesem Narren, diesem Kind, erzählt ihm mit allen Details den Hergang der Palastrevolution und beschwört ihn, ruhig zu bleiben:

»Ich bitte Sie inständig, nicht überstürzt hierher zu kommen, denn Ihre Anwesenheit wäre unter den gegenwärtigen Umständen gefährlich für Sie und brächte mir großen Schaden. Die Revolution zu meinen Gunsten, die stattgefunden hat, grenzt an ein Wunder; es ist unglaublich, mit welcher Einmütigkeit sie geschehen ist. Ich bin mit Geschäften überhäuft und könnte ihnen jetzt nicht näher berichten. Mein ganzes Leben werde ich nur bestrebt sein, Sie und Ihre Familie zu ehren und Ihnen zu dienen, aber hier ist im Augenblick alles von größter Bedeutung und voller Gefahren. Ich habe drei Nächte nicht geschlafen und in vier Tagen nur zweimal gegessen.«[2]

Ein paar Monate später schreibt sie ihm erneut:

»In allen Köpfen gärt es hier noch. Ich bitte Sie, Zurückhaltung zu üben und nicht hierher zu kommen, denn ich fürchte, das würde die Aufregung noch vermehren. Ihren Brief habe ich erhalten. Eine regelmäßige Korrespondenz wäre mit tausenderlei Unannehmlichkeiten verbunden, ich habe zehntausend Rücksichten zu nehmen und keine Zeit zum Schreiben von Liebesbriefen, die nur schaden würden. Ich kann nicht wie ich möchte . . . Ich kann Ihnen das nicht alles erzählen, aber es ist wahr . . . Ich fühle jetzt ganz die Last des Regierens. Leben Sie wohl, es gibt merkwürdige Situationen im Leben.«

Der Anfang des Briefes überrascht Stanislaus Poniatowski noch mehr als die melancholische Warnung des Schlusses. Ganz unvermittelt, als ginge es bloß um einen Korb Austern, den sie ihm schicken will, bietet sie ihm eine Krone an: »Ich schicke Ihnen unverzüglich den Grafen Kayserling als Botschafter nach Polen, in der Absicht, Sie nach dem Tode Augusts III. zum König von Polen zu machen.«

Er traut seinen Augen nicht, und statt sich zu freuen, ist er tief niedergeschlagen. Was soll er mit dem polnischen Thron anfangen? Diese Würde, nach der er nie gestrebt hat, treibt ihn nur fort von der Frau, die er liebt. Was er sich wünscht, ist nicht die Nachfolge Augusts III., sondern das Bett Katharinas. Obwohl sie ihn gebeten hat, ihr nicht mehr zu schreiben, setzt er sich hin und schreibt einen verzweifelten Brief nach dem anderen. Sie antwortet: »Dieser Briefwechsel bringt mich in tausend Gefahren. Ich werde scharf beobachtet und darf keinen Verdacht erregen. Man muß geradeaus gehen. Halten Sie sich ruhig. Alle meine inneren Geheimnisse auszusprechen wäre eine Indiskretion . . . Wenn Sie hören, daß es in den Truppen wieder unruhig wird, dann sagen Sie sich, daß das nur das

Überschäumen der Begeisterung für mich ist, die mir zur Last zu werden beginnt. Sie sterben vor Angst, daß mir das Geringste zustoßen könnte. Ich kann mein Zimmer nicht verlassen, ohne mit Akklamationen empfangen zu werden. Alles in allem: es ist ein Enthusiasmus fast wie zur Zeit Cromwells.«

Später wird sie noch deutlicher: »Wenn Sie hierher kommen, laufen Sie Gefahr, daß man uns beide umbringt.« Und weiter: »Es ist gewiß schon viel, daß ich Ihnen antworte, ich dürfte das nicht tun . . . Ich muß meine Rolle vollkommen spielen. Man erwartet Übernatürliches von mir.«

Er aber kann mit »Übernatürlichem« nichts anfangen. Sein Ziel ist ein irdisches, ein ganz gewöhnliches Glück, ohne Politik und ohne Krone. Das schreibt er Katharina, allen Verboten zum Trotz. Im Fieber der Leidenschaft redet er sie wieder mit ihrem ursprünglichen Vornamen Sophie an, auf den sie in Stettin getauft worden ist, und nicht mit dem falschen Namen einer Zarin von Rußland, der sich seit vier Jahren wie eine Barriere zwischen sie und ihn geschoben hat:

»Sie machen mich zum König, aber machen Sie mich glücklich? Sie können mir die Erinnerung an das Glück, das ich genossen habe, so wenig nehmen wie das Verlangen, es wiederzuerlangen. Man liebt nicht zweimal im Leben so, wie ich Sie geliebt habe, und was bleibt mir? Eine Leere, ein schrecklicher Abgrund in meinem Herzen, den nichts in der Welt ausfüllen kann. Ach, ich weiß nicht, wie die anderen beschaffen sind, aber ich fühle, daß der Ehrgeiz mir als etwas Dummes vorkommt, wenn nicht Friede und Zufriedenheit des Herzens dabei sind . . . Jeden Tag, jede Stunde meines Lebens fordere ich Sie vom Himmel zurück . . . Ist es denn, großer Gott, meine Schuld, daß nicht ich es gewesen bin, der Ihnen die Krone geben konnte, die Sie jetzt tragen? Ist es möglich, daß irgendein anderer Sie so vollkommen und wahrhaftig lieben kann wie ich? . . . Ach, Sophie, grausam lassen Sie mich leiden!«

Diese brieflichen Ergüsse gelangen – man weiß nicht recht, wie – zur Kenntnis der ausländischen Diplomaten. Friedrich II. gibt Katharina diskret einen Wink, daß sie ganz Europa gegen sich aufbringen würde, falls sie die Absicht haben sollte, sich Polen durch eine künftige Heirat mit Stanislaus Poniatowski einzuverleiben. Doch Katharina denkt gar nicht daran, diesen polnischen Narren zu ehelichen, der das Glück gehabt hat, ihr einmal zu gefallen und für den sie einen Rest von zarter Anteilnahme bewahrt hat. Rasch verständigt sie Kayserling in Warschau: der ungestüme Poniatowski soll so schnell wie möglich mit einer Polin verheiratet werden, und das Diplomatische Corps soll erfahren, daß die Vermählung ausdrücklich von der Kaiserin von Rußland gewünscht war. Aber Stanislaus widersetzt sich; so einfach will er nicht über seine Person verfügen lasen. Er will Junggeselle bleiben: aus Treue.

Doch nicht genug mit den Ansprüchen des ehemaligen Liebhabers, die Katharina zusetzen; auch mit den Launen ihres offiziellen Liebhabers Grigorij Orlow muß sie sich herumschlagen. Der zeigt einen feurigen Eifer, der ihr zwar schmeichelt, aber auch lästig wird. Er wirft ihr vor, daß sie zuviel arbeite, ihm den Papierkram vorziehe. Um sie ein wenig von den Regierungsgeschäften abzulenken, bringt er den jungen Potemkin zu ihr, der bei seinen Kameraden durch seine Künste als Imitator eine gewisse Berühmtheit erlangt hat. Es ist der gleiche Potemkin, der Katharina am Tage ihres Triumphzuges nach Peterhof seine Degenquaste gegeben hat, dafür hat sie ihn übrigens damit belohnt, daß sie ihn nach dem Staatsstreich in der Beförderungsliste als zweiten Oberleutnant vermerkt hat. Sie erkennt ihn sofort wieder – wie könnte man ein solches Gesicht vergessen – und bittet ihn, eins seiner Stückchen zum besten zu geben. Er ist keck genug, als erstes sie selber zu imitieren. Das war gewagt; sie hätte zornig werden können, aber sie lacht Tränen. Sogleich erhält der junge Mann Zutritt zu ihrem engeren Freundeskreis. Und damit dieser reizende Junge, der soviel Temperament besitzt und so komisch sein kann, auch einen legitimen Grund hat, in ihrer Nähe zu sein, ernennt sie ihn zum Kammerjunker. Grigorij Orlow aber fragt sich prompt, ob er nicht eine Dummheit begangen und sich einen Nebenbuhler geholt hat, als er diesen lustigen Kerl mit dem sympathischen Gesicht der Zarin vorstellte. Von Eifersucht geplagt, beklagt er sich bei seiner kaiserlichen Mätresse, und sie erlaubt ihm mit einem amüsierten Lächeln, Potemkin als Kurier nach Stockholm zu schicken.

Doch Grigorij Orlow, zur mächtigsten Persönlichkeit im ganzen russischen Reich geworden, kann sich mit seiner Rolle als Liebhaber nicht mehr zufriedengeben. Daß er in einem Palast wohnt und jährlich 120 000 Rubel bezieht, scheint ihm ein zu geringer Lohn, der seinem Wert nicht gerecht wird. Er brüstet sich nicht nur mit seiner Liaison mit der Kaiserin, sondern spricht auch davon, daß er sie heiraten werde. Seine Brüder bestärken ihn in dieser Absicht und ebenso der Vizekanzler Bestuschew, den Katharina aus dem Exil zurückgerufen hat. Sie selber ist nicht grundsätzlich gegen eine heimliche Hochzeit. Aber sie hat Angst vor der öffentlichen Meinung. Es hat Gerüchte über ihre Heiratspläne gegeben, die den Unwillen des Adels und der Offiziere erregt haben. Die Angelegenheit kommt im Staatsrat zur Sprache. Während die meisten Räte verlegen schweigen, erklärt Panin: »Die Kaiserin kann tun, was sie will, aber Frau Orlow wird niemals Kaiserin sein.« Bei diesen Worten richtet er sich trotzig auf, seine gepuderte Perücke streift dabei die Wandbespannung hinter seinem Stuhl und hinterläßt dort einen weißen Fleck. Schweigend erheben sich seine Kollegen, nähern sich dem Fleck an der Wand und reiben zum Zeichen der Zustimmung einer nach dem anderen ihren Kopf daran. Doch Bestuschew gibt sich noch nicht geschlagen. Auch die frühere Zarin Elisabeth habe mit ihrem Favoriten Alexis Rasumowski[3] eine derartige Ehe geschlossen; dies jedenfalls behaupte Rasumowski. Treffe das zu, dann gebe es einen Präzedenzfall, auf den Katharina sich berufen könne, um ihren Schritt zu rechtfertigen. Aller Wahrscheinlichkeit nach besitzt Alexis Rasumowski Unterlagen, aus denen hervorgeht, welcher Art seine Beziehungen zu der verstorbenen Zarin gewesen sind. Mit dem Auftrag, ihn zur Herausgabe des Schriftstückes zu bewegen, schickt Katharina sogleich den Kanzler Michael Woronzow zu Rasumowski. Der findet den alten Mann beim Bibellesen und fordert ihn auf, den Beweis für seine heimliche Ehe vorzulegen. Ist er dazu bereit, wird er als verwitweter Prinzgemahl auf den Titel Kaiserliche Hoheit und auf die damit verbundene beträchtliche Pension Anspruch haben. Alexis Rasumowski klappt seine Bibel zu, holt aus einer Truhe eine Ebenholzkassette mit Einlegearbeiten aus Perlmutt und Silber, entnimmt ihr ein zusammengerolltes Pergament, um das ein rosa Band geschlungen ist, drückt es an die Lippen und wirft es ins Kaminfeuer. Und als nur noch Asche übrig ist von dem Schriftstück, murmelt er: »Nein, es gibt keinerlei Beweis. Sagen Sie das unserer huldreichen Herrscherin.«

Der »Präzedenzfall« existiert also nicht mehr. Katharina gibt ihren Plan zwar nicht völlig auf, verschiebt ihn aber auf später. Zum Ausgleich macht sie ihren Liebhaber zum Grafen, weist ihm den ersten Platz neben dem Thron zu und schenkt ihm ein diamantenbesetzes herzförmiges Medaillon mit ihrem Bildnis, das er an der Brust tragen darf.

So mit Gunstbeweisen überhäuft, spreizt sich Grigorij Orlow von Tag zu Tag mehr in der Arroganz des Parvenüs. Die Fürstin Daschkow überrascht ihn dabei, wie er im Zimmer der Kaiserin, lässig auf einen Diwan gestreckt, die offiziellen Schreiben an Ihre Majestät entsiegelt. Als Katharina hereinkommt und den Befehl gibt, das Essen aufzutragen, erhebt er sich nicht etwa, sondern die Diener müssen den Tisch zu ihm rücken. Die Entdeckung, daß ihr Idol eine Liaison mit einem ungebildeten und großsprecherischen Offizier hat, ist für die junge Frau eine herbe Enttäuschung, die sie kränkt wie ein geistiger Verrat. Naiv, prüde und unberührt, wie sie ist, kann sie einfach nicht verstehen, daß ein so intelligentes und talentiertes Wesen wie Katharina den ordinären Verlockungen des Fleisches erliegen kann. Aber mehr noch als das ungehobelte Betragen dieses Mannes ärgert die Prinzessin Daschkow die Auszeichnung, mit der die Zarin ihn behandelt. Denn in ihren Augen war sie selber die Seele der »Revolution« und nicht Grigorij Orlow. Folglich hätte sie all diese Ehrungen verdient. Doch die Kaiserin hat es gar nicht eilig, die Verdienste ihrer wichtigsten Helferin öffentlich anzuerkennen. Friedrich der Große, so erzählt man, soll ihr den Spitznamen »die Wichtigtuerin« gegeben haben. Das ist zuviel für sie. Um zu demonstrieren, wie wichtig sie tatsächlich ist, fängt sie an, heimliche Besuche zu machen, trägt Salongerüchte weiter, flüstert den Botschaftern Informationen und Ratschläge zu und läßt durchblicken, daß Panin ihr ganz ergeben sei. Keith, Breteuil und Mercy d'Argenteau hören auf ihr Geschwätz und sprechen schon von einer »Regierung Daschkow«. Scheint sich da nicht bereits eine Fronde zu bilden? »Sie (die Fürstin Daschkow) hat schon an einem halben Dutzend Verschwörungen mitgewirkt«, schreibt G. Macartney. »Sie ist eine Frau von ungewöhnlicher Geistesstärke, fast männlichem Mut und einer Kühnheit, die imstande ist, Unmögliches zu vollbringen, um ihre augenblickliche Leidenschaft zu stillen: ein allzu gefährlicher Charakter in einem Land wie diesem.«

Die Betriebsamkeit ihrer jungen Freundin ärgert Katharina; sie verwehrt ihr meistens den Zutritt zu ihrem Kabinett und bittet ihre Vertrauten, ihre Zunge in acht zu nehmen, wenn diese Närrin in der Nähe ist. Um aber hart durchzugreifen, fühlt sie sich noch nicht stark genug. Den Luxus, die Zahl ihrer Feinde leichtfertig zu erhöhen, kann sie sich nicht leisten. Widerwillig verleiht sie der Fürstin die Würde einer Ehrendame und ernennt ihren Mann zum Kammerherrn. Aber wird das genügen? Eingefangen in einem Netz von Intrigen, argwöhnisch beobachtet von ausländischen Diplomaten ebenso wie von den russischen Ministern, stets im Ungewissen, ob in dem Bundesgenossen von gestern nicht der Feind von morgen steckt, von der Angst verfolgt, die Ermordung Peters III. könne einer Konterrevolution als Vorwand dienen, ihrer selbst sicher, aber ihres Volkes durchaus nicht sicher – so geht sie wie im Nebel den Krönungsfeierlichkeiten entgegen, die sie, wie sie meint, ein für allemal unverwundbar machen werden.

14. KAPITEL

Weihrauch und Blut

Zum Guß der neuen Krone, die sie am Sonntag dem 22. September 1762 in Moskau aufs Haupt zu setzen gedenkt, läßt Katharina den Goldschmieden ein Pfund Gold und zwanzig Pfund Silber übergeben. Viertausend Hermelinfelle werden gebraucht, um den Kaisermantel zu garnieren. Das Gewand für die Salbung wird überreichlich mit Edelsteinen übersät sein. Einhundertzwanzig Fäßchen werden mit den sechshunderttausend Rubeln in Silbermünzen gefüllt, die unter das Volk geworfen werden sollen. Die Festlichkeiten selber kosten allein schon fünfzigtausend Rubel. Wer wird es nach all dem noch wagen, die rechtmäßige Herrschaft dieser Zarin in Frage zu stellen?

Am 27. August schickt Katharina ihren achtjährigen Sohn Paul in Begleitung Panins und des Leibarztes Kruse nach Moskau. Sie selber, durch ihre Arbeit festgehalten, wird erst vier Tage später aufbrechen, aber sie wird keine Zwischenstation machen, und so holt sie ihr Kind auf halbem Wege ein: in einer elenden Poststation liegt es schlotternd vor Fieber im Bett. Am nächsten Tag sinkt das Fieber ein wenig. Katharina würde gerne die vollständige Heilung abwarten. Aber nein, sie muß sofort weiter, wenn nicht das ganze Programm der Festlichkeiten durcheinandergeraten soll. Ihren feierlichen Einzug in die heilige Stadt versäumt zu haben, würde das Volk ihr nicht verzeihen.

Am 13. September 1762 betritt sie die alte Stadt mit den vielfarbig schimmernden Kuppeln. Ihr Sohn ist endlich wieder wohlauf und konnte mit ihr kommen. Bleich, mit staunenden und erschrockenen Augen sitzt er ihr zur Seite. Eine milde Herbstsonne läßt den Straßenstaub golden erglänzen. Langsam rollt der Wagen dahin. Alle Glocken läuten. Die Fassaden der hölzernen Häuser sind mit Teppichen und Girlanden geschmückt, die langen Zäune mit Blumen gekrönt. Eine festlich gekleidete Menschenmenge drängt sich in den Straßen, aus allen Fenstern beugen sich Neugierige, und sogar auf den Dächern stehen sie gestikulierend in Gruppen. Man jubelt der Kaiserin und Seiner Kaiserlichen Hoheit dem Großfürsten zu. Acht Tage lang dauern die Festlichkeiten, und die ausländischen Diplomaten depeschieren an ihre Regierungen, daß sie noch nie so viele Juwelen, soviel Spitzen, Pelzwerk und Brokat auf einmal gesehen haben wie jetzt in den Moskauer Salons, wo der russische Adel paradiert.

Am Sonntag dem 22. September endlich läßt in der altehrwürdigen Himmelfahrts-Kathedrale im Herzen des Kremls die »erhabene und großmächtige Fürstin und Herrin Katharina die Zweite, Kaiserin und Alleinherrscherin über alle russischen Reiche«, jetzt dreiunddreißig Jahre alt, vor fünfundfünfzig hohen kirchlichen Würdenträgern, die sie im Halbkreis umgeben, den Hermelinmantel von den Schultern gleiten und legt den kaiserlichen Purpur an. Darauf nimmt sie von einem goldenen Kissen die schwere Krone und setzt sie sich selbst auf das Haupt, ergreift mit der rechten Hand das Szepter und mit der linken den Reichsapfel und erscheint damit nun vor aller Augen als die Inkarnation Rußlands. Während der Chor einen Jubelgesang anstimmt, fallen alle Anwesenden auf die Knie. Katharina sitzt mit der feierlichen Ruhe einer Statue auf ihrem Thron und beugt weder den Kopf unter der Last der Krone noch läßt sie die Arme unter dem Gewicht der Reichsinsignien sinken. Der Erzbischof von Nowgorod salbt sie mit dem heiligen Öl. Damit ist sie Oberhaupt der orthodoxen Kirche geworden und zelebriert nun selbst am Altar das Sakrament der heiligen Messe. Ob sie sich in diesem Augenblick wohl noch der beschwörenden Mahnung ihres Vaters erinnert, niemals den lutherischen Glauben zu verleugnen?

Nach dem Ende der Zeremonie fährt Katharina in einem goldenen Wagen zum Palast zurück, und hinter ihr recken sich tausend Hände nach den Geldstücken, die in die Menge geworfen werden. Die langen Tische, die man unter freiem Himmel für das Volk aufgeschlagen hat, biegen sich unter der Last von gebratenem Fleisch, Kuchen und Bierfässern. Und kaum ist der Zug vorüber, stürzt alles sich mit Huldigungsrufen für das »Mütterchen« auf die Speisen. Unterdessen präsidiert sie hoch auf ihrem Thron einem feierlichen Mahl im Facettensalon des Granovitaja Palata. Sie läßt den Blick über die Würdenträger schweifen, von denen sie umgeben ist: es fehlt kein einziger der großen Namen Rußlands. Nie war sie in glänzenderer Gesellschaft, aber nie auch hat sie sich so einsam gefühlt.

An den folgenden Tagen defilieren die Abgesandten aller Völker des Reiches vor ihr. Und die Abgesandten aller Gesellschaftsklassen. Und die Vertreter der Zünfte und Gewerbe. Das dauert Stunden um Stunden. Sie fühlt sich völlig entkräftet, aber danach muß sie noch beim Ball erscheinen, beim Feuerwerk und beim Gala-Diner; zehnmal muß sie sich umziehen und die Frisur richten lassen, und zwischen den Empfängen muß sie auch noch mit den Ministern arbeiten.

Dazu fühlt sie sich in Moskau bei weitem nicht so »zuhause« wie in St. Petersburg. St. Petersburg ist die Stadt der Zukunft, Moskau aber eine Stadt der Vergangenheit. »Ich liebe Moskau ganz und gar nicht«, schreibt sie in ihren französisch abgefaßten Aufzeichnungen. »Moskau ist ein Ort des Nichtstuns. Wenn ich dort bin, habe ich es mir zur Regel gemacht, niemals jemand rufen zu lassen, denn es dauert einen Tag, bis man die Antwort hat, ob der Betreffende kommt oder nicht . . . Außerdem hatte das Volk nirgendwo sonst so viele Gegenstände seines Fanatismus vor Augen! Auf Schritt und Tritt nichts als wundertätige Bilder, nichts als Pfaffen, Klöster, Frömmler, Bettler, Diebe, in den Häusern nichts als unnütze Domestiken – und was für Häuser, was für ein Schmutz in den Häusern, deren Grundstücke riesig und deren Höfe die reinsten Kloaken sind! . . . Eine Anhäufung von Pöbel jeder Art also, der stets bereit ist, gegen Gesetz und Ordnung aufzumucken, seit unvordenklichen Zeiten wegen der geringsten Kleinigkeit in Aufruhr gerät, und sich an den Erzählungen über diese Aufstände auch noch ergötzt und seine Einbildungskraft damit nährt. In jedem Haus erinnert man sich sogar noch an das Losungswort von einst . . . In Petersburg ist das Volk fügsamer, höflicher, weniger abergläubisch und besser an Ausländer gewöhnt.«

Ja, Moskau fängt an, ihr zur Last zu werden. Eine Woche nach der Krönung ist sie nahe daran, der Erschöpfung zu erliegen, und wird von einer entsetzlichen Unruhe befallen. Die geheimnisvolle Krankheit, die an ihrem Sohn zehrt, wird schlimmer. Schwäche und Fieber. Kruse weiß nicht, was für eine Arznei er verordnen soll. Der kleine Paul schwindet sichtlich dahin. Katharina ist voller Angst und bleibt Tag und Nacht an seinem Krankenbett. Sie bangt zugleich um das Leben ihres Kindes und um ihre eigene Zukunft. Rasch hat sich die Neuigkeit am Hofe verbreitet, daß der Großfürst krank ist. Stirbt er, dann wird man die Kaiserin dafür verantwortlich machen. Erst der Mann, dann der Sohn – ist das nicht vollkommen logisch?

Eigentlich wäre die Krone dem kleinen Paul zugekommen und nicht seiner Mutter. Und damit es nicht später noch einmal Verwicklungen gibt, hat sie ihn beseitigt. Ein langsam wirkendes Gift, das nicht nachzuweisen ist. So wird man reden – so redet man schon jetzt! Das gleiche Volk, das eben noch in die Knie sinkt, wenn sie vorübergeht, und ihr mit Jubelrufen huldigt, wird sie morgen beschuldigen, zum zweiten Mal zur Mörderin geworden zu sein. Priester stehen betend um das Bett. Sie verspricht ihnen, ein Krankenhaus zu gründen, wenn Gott ihr das Kind läßt. Spricht sie als Mutter oder als Herrscherin dieses pathetische Gelübde? Am achten Tag der Krankheit zeichnet sich eine Besserung ab. Das Kind ist gerettet. Sofort befiehlt Katharina, Pläne für ein großes und helles Krankenhaus zu entwerfen, das den Namen Paul tragen soll.

Trotz dieser Genesung ist die Atmosphäre in Katharinas Umgebung weiterhin elektrisch aufgeladen. Die einen werfen ihr vor, daß sie nicht ihren Sohn hat krönen lassen und sich selbst mit der Regentschaft begnügte, andere sind noch kühner und sprechen davon, den armen Zaren Iwan VI. aus dem Kerker zu holen, von dem es heißt, er führe das Leben eines Heiligen und Märtyrers. So wird die Erinnerung an diesen armseligen Gefangenen zu Katharinas Alptraum, wie er einst schon der Alptraum Elisabeths und Peters gewesen ist. Als sie nach dem Staatsstreich den Entschluß faßte, Peter in der Festung Schlüsselburg einzusperren, gab sie den Befehl, Iwan in die Festung Kexholm zu bringen. Wahrscheinlich erschien es ihr unpassend, ja im Grunde unmoralisch, zwei abgesetzte Zaren im gleichen Kerker gefangenzuhalten. Doch nachdem Peter nicht mehr am Leben ist, steht einer Rückkehr Iwans nach Schlüsselburg nichts mehr im Wege. Zwei Monate aber bleibt er zunächst noch in Kexholm, und dort besucht Katharina ihn, getrieben von einer angstvollen Neugier. Ihr gegenüber steht ein junger Mann von zweiundzwanzig Jahren, der mit der bleichen Gesichtsfarbe und den hohlen Augen ein Bild des körperlichen Verfalls ist. Er stammt in direkter Linie von dem schwachsinnigen Iwan V., dem älteren Bruder Peters des Großen ab. Im Alter von zwei Monaten wurde er zum Kaiser proklamiert, aber schon knapp zwei Jahre später entthronte ihn Elisabeth. Sein Anspruch auf die Krone ist unbestreitbar, aber seit seinem sechsten Lebensjahr hat er nur noch die nackten Mauern einer Zelle gesehen. Er weiß nicht, wer seine Eltern sind und wo sie sich jetzt befinden; er hat nie erfahren, daß seine Mutter schon vor sechzehn Jahren gestorben ist und daß sein Vater in einer anderen Festung[1] eingekerkert ist. Für seine Wächter ist Iwan nur der namenlose Gefangene oder auch der »Gefangene Nummer eins.«

Barfuß und in eine schmutzige, zerlumpte Matrosenuniform gekleidet geht er in seiner Kasematte mit vergitterten Fenstern und blinden Scheiben auf und ab und schreit von Zeit zu Zeit, daß es ihm bestimmt ist, den Thron zu besteigen. Seine Intelligenz ist bei dem Leben in einem verschlossenen Gefäß verkümmert; nur mit Mühe kann er sprechen. Gegenüber Katharina, die ihn mit kaltem Blick mustert, beteuert er erneut stammelnd seine unsinnigen Ansprüche. Nach wenigen Minuten läßt sie ihn allein. »Er gab nur ein quälendes und fast unverständliches Stottern von sich und hatte im übrigen weder Verstand noch menschliche Vernunft«, wird sie über ihn sagen. Dieses harte Urteil erspart ihr zwar eine Regung des Mitleids, aber nicht die Wachsamkeit. Auch Peter III., der ebenso wie sie eine Begegnung mit Iwan VI. gehabt hat, fand ihn schwachsinnig. Aber das ist noch kein Grund, die Drohung leichtzunehmen, die dieser Thronprätendent in seinem finsteren Verlies für sie darstellt. Denn für die kleinen Leute ist er eine Art tugendhafter und unglücklicher Märchenprinz. Schon nennen sie ihn zärtlich »Iwanuschka«. Schon immer hatte das Volk in Rußland eine Vorliebe für die Schwachen im Geist, die in ihrer Einfalt, Treuherzigkeit und Armut Gott nahe stehen. Ein Funke kann genügen, und schon erweist sich Iwan in seinem Kerker als mächtiger als Katharina in ihrem Palast. Die ausländischen Höfe sind sich dieser Gefahr bewußt. Zwei Monate nach der Thronbesteigung Katharinas schreibt Ludwig XV. an den Baron de Breteuil:

»Sie müssen sich auch um das Schicksal des Fürsten Iwan kümmern. Es ist schon viel, daß er am Leben ist. Ich weiß nicht, ob es möglich ist, daß Sie mit viel Geschick und Umsicht mit ihm in Verbindung treten, und ob diese Verbindung, wenn sie überhaupt zustande kommt, nicht für Sie und für ihn gefährlich wäre. Man nimmt an, daß er Anhänger hat; versuchen Sie, herauszufinden, wie es damit steht, ohne jedoch dabei Verdacht zu erregen.«

Vorsorglich gibt die Kaiserin den Befehl, den Gefangenen Nummer eins noch schärfer zu bewachen und ihm, falls er krank wird, keinen Arzt, sondern nur einen Beichtvater zu schicken. Sollte aber irgend jemand versuchen, sich ohne ausdrücklichen Befehl der Zarin dem Gefangenen Nummer eins zu nähern, dann sollen die Wächter »den Gefangenen töten und nicht zulassen, daß irgend jemand sich seiner lebend bemächtigen kann«. Die gleiche Anordnung hatte auch schon Elisabeth getroffen, und Peter III. hatte sie erneuert.

Schon bald kann Katharina sich überzeugen, daß sie »Iwanuschka« nicht ohne Grund fürchtet. Im Oktober 1762, kurz nach den Feierlichkeiten in Moskau, als sie sich noch schmeicheln darf, die Armee geschlossen hinter sich zu haben, erfährt sie plötzlich, daß 62 Offiziere aus den Garderegimentern eine Verschwörung angezettelt haben, deren Ziel es ist, Iwan VI. wieder auf den Thron zu erheben. Die Anführer sind ein gewisser Peter Chruschtschew und die drei Brüder Semion, Iwan und Peter Guriew. Die Untersuchung bringt zutage, daß sie tatsächlich vor ihren Kameraden Reden des Inhalts geführt haben, daß Iwan VI. der eigentlich legitime Herrscher sei und an seiner Stelle allenfalls der Großfürst Paul, nicht aber seine Mutter hätte gekrönt werden dürfen. Katharina ordnet an, die Ermittlungen still und unauffällig zu führen, sie lehnt es ab, die Verschwörer foltern zu lassen, um sie zu präziseren Aussagen zu zwingen, und beschränkt die Bestrafung auf eine Versetzung in weit abgelegene Garnisonen. Panin gibt ihr zu verstehen, daß ein so mildes Urteil ihr wohl kaum den Dank der mutmaßlichen Komplizen einbringen, sondern diese allenfalls ermutigen werde, ihre Pläne weiter zu verfolgen; sie setzt also ihr Leben aufs Spiel, um großmütig zu erscheinen. Sie aber antwortet lachend, daß sie ihrem Stern vertraue. Und dann verlangt sie, daß ihre Leibwache sich zurückzieht, und fährt allein, wie um ihr Schicksal herauszufordern, im offenen Wagen durch die ärmlichsten Straßen Moskaus. Der Jubel, der ihr entgegenschlägt, ist beruhigend. Doch die Menge ist wetterwendisch! Wem sie heute zu Füßen liegt, den verflucht sie schon morgen, und das ganz ohne einsehbaren Grund, nur eben so, aus purer Flatterhaftigkeit.

Kaum ist diese absurde Geschichte ausgestanden, so entdeckt die Polizei schon wieder ein neues Komplott. Diesmal geht es nicht um Iwan VI., sondern um Grigorij Orlow. Das Gerücht über eine bevorstehende Hochzeit der Zarin mit ihrem Favoriten hat sich auch in der Armee ausgebreitet, und ein junger adliger Offizier namens Chitrowo hat ein paar Freunde um sich geschart, um die Brüder Orlow zu ermorden und damit ihre ehrgeizigen Pläne zu durchkreuzen. Es kommt zu Unruhen in Moskau. Am hellichten Tage wird das an einem Triumphbogen aufgehängte Bildnis der Zarin heruntergerissen. Einige der Verschwörer waren an Katharinas Staatsstreich beteiligt. Leute also, die noch gestern ihre Freunde waren, ihre verläßlichsten Bundesgenossen schienen! Während der Verhöre sagt Chitrowo aus, die Heiratspläne, von denen er Kenntnis erlangt habe, seien ihm als eine Beschimpfung Rußlands erschienen, und er habe Ihre Majestät vor sich selber schützen wollen, indem er die Ermordung von Grigorij und Alexis Orlow plante. Auch diesmal wieder befiehlt Katharina, die Affäre zu vertuschen. Chitrowo wird lediglich auf seine Güter verbannt, die im Gouvernement Orel liegen. Und in den Straßen Moskaus wird unter Trommelwirbel ein Ukas verkündet, der es den Einwohnern der Stadt verbietet, »sich um Dinge zu kümmern, die sie nichts angehen«.

Fast zur gleichen Zeit muß Katharina sich auch mit Unzufriedenheit in der Kirche auseinandersetzen. Als sie den Thron bestieg, wollte sie sich das Wohlwollen der Geistlichen sichern, indem sie die von Peter III. angeordnete Säkularisierung ihrer Güter wieder aufhob. Doch im Winter 1762/63 stellt sie fest, daß die Leibeigenen der ehemaligen Klostergüter sich dagegen wehren, wieder in den Besitz dieser unbarmherzig grausamen Herren zurückzukehren. Aus Sorge vor schweren Unruhen, aber natürlich auch zur Vermehrung des Staatsschatzes zieht sie ihr Versprechen zurück und unterstellt die Kirchengüter endgültig der staatlichen Domänenverwaltung.

Die Geistlichkeit insgesamt ist zwar aufgebracht, doch sie kuscht. Der Erzbischof von Rostow aber, Matsiewitsch, erhebt sich im hellem Zorn, um die heiligen Rechte der Kirche zu verteidigen. Er belegt alle die mit dem Kirchenbann, »die Hand anlegen an die Tempel und die Stätten des Gottesdienstes und sich aneignen wollen, was einst Kinder Gottes und fromme Monarchen der Kirche geschenkt haben«. Diese Wendung zielt unmittelbar auf Katharina. Als sie erfährt, daß der Erzbischof außerdem auch noch das Volk zum Aufstand gegen »die Ausländerin« aufhetzt und von dem »glorreichen Märtyrer« Iwan VI. spricht, läßt sie ihn verhaften und nach Moskau bringen. Das ist ein kühnes Unterfangen, denn der Erzbischof nimmt im russischen Reich einen sehr hohen Rang ein. Als er zum erstenmal vor der Kaiserin erscheint, der Grigorij Orlow, der Generalprokureur Glebow und der Polizeichef Scheschkowski zur Seite stehen, bricht der Bischof in wüste Verwünschungen und biblische Flüche aus. Er redet mit so mitreißender Gewalt, daß Katharina sich die Ohren zuhält, um ihn nicht hören zu müssen. So jedenfalls wird berichtet. Die Richter sind eingeschüchtert und wagen es nicht, diesen Propheten mit dem schwarzen Bart und dem flammenden Auge zu verurteilen. Gott, meinen sie, würde es ihnen nie verzeihen, einen seiner wortgewaltigsten Diener abgeurteilt zu haben. Sie bitten Bestuschew, Fürsprache bei Ihrer Majestät einzulegen und sie zur Nachsicht zu bewegen. Aber diesmal bleibt sie hart. Hier nachzugeben, würde bedeuten, daß die Kaiserin, die doch das weltliche Oberhaupt der orthodoxen Kirche ist, sich einem ihrer Prälaten beugt. Und als Bestuschew hartnäckig bleibt, gibt sie ihm zur Antwort: »Zum Teufel! Sie sind müde! Gehen Sie zu Bett und schlafen Sie wohl!« Die Entschlossenheit der Herrscherin macht Eindruck auf die Heilige Synode; sie überläßt den Erzbischof der weltlichen Gerichtsbarkeit. Matsiewitsch wird abgesetzt und in ein Kloster gesteckt, und der Befehl lautet ausdrücklich, ihn mit den härtesten Arbeiten wie Wassertragen und Holzhacken zu beschäftigen.[2]

Auf die Kaiserin selber wirken diese ersten Stürme wie eine Abhärtung. Je mehr ihre Herrschaft angefochten wird, desto unanfechtbarer fühlt sie sich. Es hat geradezu den Anschein, als beziehe sie ihre Legitimation aus den Hindernissen, die sie überwindet. Und von Tag zu Tag fühlt sie sich stärker in der russischen Erde verwurzelt. Seit dieser Zeit hat sie ihren eigenen Regierungsstil; er besteht in einer Mischung aus Charme und Härte, aus Großzügigkeit und Mißtrauen. »Es ist eine eigene Sache, zu beobachten, welche Mühe sich die Kaiserin gibt, allen ihren Untertanen zu gefallen, wenn Empfang bei Hofe ist, und wie ungehindert und zudringlich sie sie bestürmen, um ihr ihre Angelegenheiten oder ihre Ideen vorzutragen«, schreibt der Baron de Breteuil am 9. Januar 1763. »Ich, der ich den Charakter dieser Fürstin kenne und sehe, mit welcher unvergleichlichen Sanftmut und Huld sie sich all dem widmet, kann mir wohl ausmalen, wieviel sie das kosten muß und wie stark ihr Gefühl sein muß, dazu verpflichtet zu sein.« Und einen Monat später schreibt er: »Sie (Katharina) hat mir gesagt, daß sie, seit sie russischen Boden betrat, stets von dem Gedanken besessen war, Alleinherrscherin zu werden . . . Dennoch gestand sie mir, daß sie durchaus nicht glücklich sei, daß sie Menschen zu führen habe, die unmöglich zufriedenzustellen seien, daß sie mit viel Mühe nach einem Mittel suche, ihre Untertanen glücklich zu machen, aber das Gefühl habe, daß sie Jahre brauchen würden, um sich an sie zu gewöhnen . . . Noch nie war ein Hof so in Uneinigkeit zerfallen.« Am 19. März wiederum: »Die Furcht, wieder zu verlieren, was an sich zu reißen sie die Kühnheit hatte, ist im alltäglichen Verhalten der Kaiserin so leicht zu bemerken, daß es niemand von einiger Bedeutung gibt, der ihr gegenüber nicht seine Stärke fühlte. Ihr stolzes und hochmütiges Wesen ist nur noch in den Äußerlichkeiten zu spüren.«

Im Lauf der Jahre hat Katharina ein wenig Speck angesetzt. Sie ist kaum mittelgroß, trägt den Kopf aber so hoch, daß manche sie für groß halten.

Ein englischer Beobachter, Richardson, hat sie folgendermaßen geschildert:

»Die Kaiserin von Rußland ist etwas mehr als mittelgroß (?), wohlgebaut und anmutig, neigt aber zum Enbonpoint. Sie hat einen hübschen Teint, versucht aber trotzdem wie alle Frauen dieses Landes, ihn durch Rougeauflegen noch zu verschönern. Der Mund ist wohlgeformt, und sie hat schöne Zähne; der Ausdruck der blauen Augen ist prüfend . . . Die Züge sind im großen und ganzen ebenmäßig und gewinnend. Die Erscheinung im ganzen ist so, daß man ihr zwar unrecht täte, wenn man ihr einen männlichen Zug zuspräche, aber ihr auch nicht ganz gerecht würde, wenn man sie als vollkommen weiblich bezeichnete.«[3]

Favier, ihr französischer Sekretär, beschreibt sie dagegen so: »Man kann nicht sagen, daß sie eine Schönheit wäre; sie ist von hohem und schlankem Wuchs, aber wenig biegsam, hält sich stolz, aber bewegt sich affektiert und mit wenig Anmut; die Brust ist schmal, das Gesicht länglich, vor allem die Kinnpartie, der Mund zurückweichend, auf den Lippen ein ewiges Lächeln, die Nase leicht gebogen, kleine Augen . . . Sie ist eher hübsch als häßlich, aber Leidenschaft erweckt sie nicht.«[4] Sticht Katharina also durchaus nicht alle Frauen am Hofe durch ihre Schönheit aus, so überragt sie sie doch durch ihre umfassende Bildung und die geistreiche Konversation. Lord

Buckingham, der neue englische Botschafter, versichert, auf dem Gebiet des Geistes sei sie durch einen tiefen Graben von ihren Landsleuten geschieden. »Nach allem, was ich beobachten konnte«, schreibt er an den Hof von St. James, »ist die Kaiserin an Talent, Bildung und Arbeitseifer allen in diesem Land turmhoch überlegen.«

Wenn Katharina sich einmal von ihren Akten losmachen kann, findet sie Erholung im Umgang mit distinguierten Ausländern. Sehr rasch hat sie begriffen, daß sie sich in europäischen Intellektuellenkreisen Propagandisten suchen muß, wenn ihr Ruhm über die Grenzen Rußlands hinausdringen soll. So lädt sie schon neun Tage nach ihrem Staatsstreich Diderot ein, nach St. Petersburg zu kommen und hier den Druck der Enzyklopädie zu vollenden, deren Erscheinen in Frankreich gerade verboten worden ist, nachdem die ersten sieben Bände bereits mit großem Erfolg herausgekommen waren. Doch trotz des hartnäckigen Drängens des russischen Botschafters Golitzin und des Grafen Schuwalow lehnt Diderot unter dem Vorwand ab, daß die folgenden Bände in Neuchâtel erscheinen können. In Wirklichkeit hat er nicht die geringste Lust, sein Leben und sein Werk den Launen einer Herrscherin auszuliefern, die erst vor so kurzer Zeit und auf so zweifelhafte Weise auf den Thron gelangt ist. Auch d'Alembert, dem Katharina ein Gehalt von zwanzigtausend Rubeln, einen Palast und den Rang eines Botschafters anbietet, wenn er nach Rußland kommt, um hier seine enzyklopädischen Arbeiten fortzusetzen und den Großfürsten Wissenschaft, Literatur und Philosophie zu lehren, lehnt den Vorschlag ehrerbietig ab. Das eigentliche Motiv seiner Vorsicht hat er Voltaire in einem Brief anvertraut. Unter Anspielung auf die Bekanntmachung, die den Tod Peters III. auf eine »hemorrhoidale Kolik« zurückführte, schreibt er: »Ich neige zu sehr zu Hemorrhoiden; diese sind in jenem Land allzu gefährlich, und ich möcht meine Schmerzen am Hintern lieber im Sicheren haben.«

Durch diese doppelte Ablehnung empfindlich getroffen, empfängt Katharina einen gewissen Herrn Pictet aus Genf, den Voltaire geschickt hat, nur um so liebenswürdiger. Der alte Philosoph aus Ferney ist Katharinas »Lehrmeister des Denkens«. Er hat kurz vor ihrem Staatsstreich die beiden ersten Bände seiner *Geschichte Rußlands* veröffentlicht, die eine glühende Huldigung an Peter den Großen darstellt. Man sagt auch, er habe großes Interesse für die beginnende politische Laufbahn dieser Kaiserin, die sich als Beschützerin der Künste gibt und die Enzyklopädie in ihrem Land drucken lassen will. Als der hünenhaft gebaute Pictet Katharina ein Gedicht von Voltaire überreicht, das dieser ihr gewidmet hat, wird sie nur mühsam ihrer Erregung Herr. Kann es denn wahr sein, daß die Hand des größten Schriftstellers aller Zeiten dieses Stück Papier berührt und diese regelmäßig geformten Zeilen darauf geschrieben hat? Es wird ihr schwindlig vor Glück, als sie die Verse liest:

O Gott, der du mir Aug und Ohr läßt schwinden,
gib sie mir wieder, und ich bin betört!
Glückselig, wer dies Wunder kann ergründen,
wer dich, o Katharina, sieht und hört!

Macht und Verlockung liegt in deinen Händen,
doch mehr das zweite ists, das mich entzückt.
Dein heller Geist muß selbst den Weisen blenden,
der's kaum mehr ist, wenn er dich nur erblickt.

Kaum ist Pictet gegangen, so greift Katharina zur Feder und schreibt ihre Antwort:

»Ich habe einen Haufen Bittschriften liegenlassen und das Glück nicht weniger Menschen hintangestellt, so begierig war ich darauf, Ihre Ode zu lesen. Und ich empfinde deshalb nicht einmal Reue. Kasuisten gibt es keine in meinem Reich, und bis jetzt hatte ich keinen Grund, das zu bedauern. Doch sah ich, daß es nötig sei, mich an meine Pflichten zu erinnern, und ich fand, daß es dazu kein besseres Mittel gebe, als dem Taumel nachzugeben, der mich hinwegreißt, und die Feder zu ergreifen, um Herrn von Voltaire ganz im Ernst zu bitten, er möge mich nicht wieder loben, bevor ich es nicht auch verdient habe. Seinem Rufe wie auch dem meinen wäre damit gedient. Er wird wohl sagen, daß es nur an mir liege, mich des Lobes würdig zu erweisen. Aber in den unermeßlichen Weiten Rußlands ist ein Jahr genaugenommen nur ein Tag, so wie vor dem Herrn tausend Jahre ein Tag sind. Das also ist meine Entschuldigung, daß ich all das Gute noch nicht getan habe, das ich hätte tun sollen . . . Zum ersten Mal in meinem Leben bedauere ich heute, daß ich keine Verse mache; so kann ich auf die Ihren nur in Prosa antworten, aber ich kann Ihnen versichern, daß ich mich Ihnen seit 1746, seitdem ich selber über meine Zeit verfügen kann, auf das höchste verpflichtet fühle. Zuvor las ich nur Romane, dann aber fielen durch einen Zufall Ihre Werke mir in die Hände; seitdem habe ich nicht aufgehört, sie immer wieder und wieder zu lesen und habe keine anderen Bücher mehr lesen wollen, die nicht ebenso gut geschrieben sind und aus denen nicht ebensoviel Gewinn zu ziehen ist. Aber wo sollte man solche Bücher finden?«[5]

Mit diesem Brief beginnt eine regelmäßige Korrespondenz, die fünfzehn Jahre lang bis zum Tode Voltaires fortgesetzt wird. Von Anfang an ist Katharina sich bewußt, daß sie in Voltaire den idealen dichterischen Partner gefunden hat, der ihre Vorzüge besingen kann. In wenigen Monaten wird sie für ihn die »Unvergleichliche«, das »glanzvollste Gestirn des Nordens«, die »Herrscherin meines Herzens«. Er macht es sich zur Aufgabe, noch ihre zweifelhaftesten Entscheidungen mit rhetorischen Bildern zu schmücken. Er beteuert ihr, daß ihre Prosa und ihre Verse »niemals übertroffen werden können«, daß er »katharinisch« sei und »katharinisch« sterben werde, daß er ihr seine »abgöttische Verehrung« zu Füßen lege; ihn aber solle sie als den »alten Schweizer«, den »halb französischen, halb schweizerischen alten Einzelgänger«, den »Alpengreis«, den »alten Russen aus Ferney« betrachten. In ihm verfügt Katharina im Zentrum Europas über eine Werbeagentur, deren Schlagworte sich mit Windeseile in allen Salons verbreiten.

Sie hat ganz aufrichtig den Wunsch, der Huldigungen würdig zu sein, die Voltaire an sie richtet. Mit Festigkeit regieren, aber nach liberalen Grundsätzen – ist das möglich? Als sie Moskau im Juni 1763 verläßt, steckt sie voller Projekte. Unterwegs studiert sie im Wagen mit Iwan Betzkoj, dem Präsidenten der Kommission für Gärten und Bauten, die Pläne für ein Heim für Findelkinder, eine Hebammenschule, ein Institut für Volkshygiene und eine Erziehungsanstalt für junge Mädchen aus adligen Familien. Als ihr Gesprächspartner sich Sorgen macht wegen der Kosten, bringt sie ihn mit dem Hinweis zum Schweigen, daß man ja an anderen Posten sparen könne. Ein paar Monate später ist der Grundstein für das Findelkinderheim gelegt, die Mauern der Hebammenschule wachsen bereits aus dem Boden, und die Gründung des Pensionats für Adelstöchter, das spätere berühmte Smolny-Institut, wird in Angriff genommen. Zur gleichen Zeit läßt Katharina Siedler aus Deutschland kommen, um die fruchtbaren Böden in der Ukraine und an der Wolga zu bebauen; sie stellt sie vom Wehrdienst frei, gewährt ihnen als Startkapital ein zinsloses Darlehen mit einer Laufzeit von zehn Jahren, befreit sie für dreißig Jahre von der Steuerzahlung und garantiert ihnen Religionsfreiheit. Sie hofft dabei, das Beispiel dieser Siedlungen von ehrlichen, nüchternen und strebsamen ausländischen Arbeitern auf russischem Boden werde dem Muschik als Ansporn dienen, seine Anbaumethoden und seine Lebensweise zu verbessern. Sie übersieht dabei einerseits das Beharrungsvermögen eines Volkes mit tief verwurzelten Lebensgewohnheiten und andererseits das Abhängigkeitsverhältnis des Leibeigenen gegenüber seinem Grundherren. Anstatt den deutschen Bauern, der sich neben ihm niedergelassen hat, zu bewundern, empfindet der russsische Bauer nur Neid oder gar Haß für ihn. Ebenso ruft Katharina auch Ärzte, Zahnärzte, Architekten, Ingenieure und Handwerker aus ganz Europa nach Rußland. Sie hebt die staatlichen Eingriffe in das Wirtschaftsleben auf. Wer Teer, Leinsamen, Wachs, Talg, Eisen, Hanf, Kaviar oder Pottasche exportieren will, soll durch die Verwaltung gefördert werden. Die Kaufleute erhalten die Anweisung, sich zu Korporationen zusammenzuschließen, um die Zerrüttung und Apathie des Geschäftslebens zu überwinden und die unternehmerische Initiative anzuspornen. Für die Reform und Vereinheitlichung des Münzwesens wird eine Finanzkommission geschaffen, eine andere Kommission untersucht die Möglichkeiten, die Bestechlichkeit in der Verwaltung zu bekämpfen, eine dritte Kommission befaßt sich mit der Reform der Armee, der Neuanlage von Waffenlagern und Kasernen und dem Bau militärischer Straßen. Katharina nimmt an den meisten Sitzungen persönlich teil, ergreift selber das Wort, ereifert sich und treibt ihre Ratgeber zur Eile an. So viel bleibt noch zu tun, die Zeit ist knapp bemessen, und Rußland ist so unermeßlich weit!

Während sie sich so der inneren Erneuerung des Landes widmet, verliert sie die politischen Bewegungen der westlichen Welt durchaus nicht aus dem Auge. In Polen hängt das Leben des Königs August III. nur noch an einem seidenen Faden. In den Kulissen wartet Stanislaus Poniatowski gehorsam auf die Entscheidungen »seiner« Kaiserin. Diese hat vorsichtshalber dreißigtausend Soldaten an der polnischen Grenze zusammengezogen, und weitere fünfzigtausend Mann liegen in der Reserve bereit. Welche Haltung aber wird Berlin einnehmen? Und Wien? Und welche Versailles? Und London? Sie ist sich bewußt, eine riskante Partie mit Gegnern zu spielen, die sich nicht in die Karten schauen lassen. Polen ist ein rückständiges, chaotisches Land, das von einer arroganten Aristokratie beherrscht wird. Ein paar Magnatenfamilien üben die Herrschaft über ein Bauerntum aus, das dem Namen nach zwar frei, faktisch aber so elend ist, daß sein Zustand dem der Sklaverei sehr nahe kommt. Die katholische Kirche triumphiert. Dieses eigenartige Volk wird von einem Reichstag regiert, der einen König wählt. Dieser Reichstag hat das Recht des *liberum veto,* das heißt eine einzige Neinstimme genügt, um eine Entscheidung zu verhindern. Wenn aber eine Partei, die bei der Abstimmung unterlegen ist, trotzdem ihren Willen durchsetzen will, dann bildet sie aus den Privatmilizen ihrer Mitglieder eine »Konföderation«, und wenn diese stark genug ist, dann triumphiert sie schließlich über die legale Opposition. Die Rivalität zwischen den großen polnischen Familien nährt so ein Klima der Anarchie im Lande, das Katharina als »günstig« einschätzt. Friedrich II. hat ihr kürzlich zu verstehen gegeben, daß er ihr freie Hand läßt bei der Unterstützung eines eigenen Anwärters auf den polnischen Thron, unter der einen Bedingung allerdings, daß diese Einmischung in die Angelegenheiten eines Nachbarlandes nicht wieder einen Krieg auslöst. Sie antwortet ihm: »Ich werde so geräuschlos wie möglich einen neuen König machen.« Und still und unauffällig stiftet sie weiter Allianzen mit Geld, kauft sich Parteigänger unter den mächtigsten polnischen Würdenträgern.

Eines Abends sitzt sie beim zwanglosen Gespräch mit engen Vertrauten, als Grigorij Orlow auf sie zutritt und ihr eine Nachricht ins Ohr flüstert, die sie elektrisiert. Ein Kurier ist soeben eingetroffen mit der Meldung: der König von Polen ist in Dresden gestorben. Sie schickt ihre Gäste fort und zieht sich zum Nachdenken in ihr Kabinett zurück. Noch in der Nacht empfängt sie einen zweiten Kurier; er kommt aus Berlin von Friedrich II., der in Unruhe ist und von der Zarin wissen will, was sie zu tun gedenkt. Stanislaus Poniatowski zum König machen natürlich! Er ist noch immer in Katharina verliebt und wird daher ein willfähriger Souverän sein. Wenn nur Frankreich und Österreich nicht militärisch eingreifen! In fiebriger Erregung wartet Katharina auf die Reaktionen des gegnerischen Lagers. Aber trotz der Berichte de Breteuils über die »zügellosen Ambitionen« der Zarin verhält Versailles sich abwartend. Und Wien ist durch die russischen Truppenkonzentrationen eingeschüchtert. Katharina begreift sehr schnell, daß sie ihre Gegner erfolgreich geblufft hat, indem sie so tat, als sei sie zum Äußersten entschlossen. Ausgezeichnet! Rasch greift sie zu und sammelt die Einsätze auf dem grünen Tuch ein. Am 26. August 1764 wird Stanislaus Poniatowski als Stanislaus August vom polnischen Reichstag zum König von Polen gewählt. Sogleich muß er eine polnisch-russische Allianz gegen die Türkei, eine Grenzkorrektur zugunsten Rußlands und die Zulassung orthodoxer Christen zu allen öffentlichen Ämtern akzeptieren. Damit ist es aus mit der Unabhängigkeit dieser so stolzen Nation. Polen ist an Rußland gekettet und vorbereitet für die kommenden Teilungen. Dies ist Katharinas erster außenpolitischer Erfolg.

Sie ist sich ihres »polnischen Sieges« noch nicht restlos sicher, als sie auf der Reise durch Kurland in Riga am Abend eines Tages der Festlichkeiten eine Nachricht erhält, die so schwerwiegend ist, daß sie einen Teil der Nacht wach liegt. Am nächsten Tag erscheint sie nicht in der Öffentlichkeit, sagt alle Vergnügungen ab und beschleunigt ihre Abreise. In Zarskoje-Selo angekommen, ruft sie Panin zu sich und nimmt ihn ins Verhör. Ist es denn wirklich möglich, daß Iwan VI. ermordet worden ist? Was genau ist in Schlüsselburg vorgefallen? Wer ist jener Basil Mirowitsch, von dem sie noch nie etwas gehört hat? Panin trägt ihr die ersten Ergebnisse der Ermittlungen vor. Nach seinen Unterlagen scheint Mirowitsch ein mittelloser 24jähriger Leutnant zu sein, ehrgeizig und exaltiert, ein Raufbold und Spieler und hoch verschuldet. Er stammt aus einer ukrainischen Familie, deren Güter Peter der Große wegen Beteiligung an dem Verrat Mazeppas beschlagnahmt hat. Als er nach St. Peterburg kam, hat er sich zunächst die Rückgabe seines Grundbesitzess oder doch wenigstens eine Verbesserung seiner Lage erhofft. Warum sollte er nicht wie die Orlows im Kielwasser der Kaiserin Ruhm und Vermögen gewinnen können? Aber alle seine Gesuche bleiben unbeantwortet. Man scheint höheren Ortes nicht einmal von seiner Existenz etwas wissen zu wollen. Er empfindet darüber Verbitterung und Auflehnung. Gedanken an einen Staatsstreich ziehen ihm durch den Kopf. Und dann wird er plötzlich für eine gewisse Zeit nach Schlüsselburg abkommandiert. Die Anlage dieser Festung mit ihrem inneren Mauerring unter der Aufsicht einer speziellen Wache, die nie abgelöst wird, erregt sofort seine Neugier. Zwei vereidigte Offiziere, Wlassjew und Tschekin, sind in Permanenz für die Betreuung des Gefangenen Nummer eins eingesetzt. Diese außerordentlichen Kerkermeister sind im Grunde nicht besser dran als der Gefangene, den sie bewachen. Wie er haben sie keinerlei Kontakt mit der Außenwelt, wie er sind sie lebendig eingemauert. Immer wieder bitten sie Panin, sie abzulösen: »Wir sind mit unseren Kräften am Ende.« Panin ermahnt sie zur Geduld. Und wer ist dieser Unbekannte ohne Gesicht? Mirowitsch zieht Erkundigungen ein. Nach und nach lösen sich in der Wachstube ein wenig die Zungen in seiner Gegenwart. Außer sich vor Staunen, erfährt er, daß Nummer eins wohl »Iwanuschka« ist, der Märtyrer-Zar Iwan VI., den man gekrönt hat, als er noch in der Wiege lag, und der dann schon in der frühen Kindheit ins Gefängnis geworfen wurde. Fast nackt und halbverhungert verkommt dieser Unglückselige in einer kalten und finsteren Zelle – er, der eigentlich im Glanz von Gold und Purpur über das größte Reich der Welt herrschen sollte. Man sieht ihn niemals und weiß nur, daß er dreiundzwanzig Jahre alt ist, einen roten Bart trägt und sehr mager und elend ist; daß er schwach im Geiste ist und stottert, daß er aus einem Gebetbuch lesen gelernt hat und manchmal in eine Diskussion mit seinen persönlichen Bewachern gerät, die ihn verachten und sich über ihn lustig machen, und daß er sich über ihre Sarkasmen manchmal so erregt, daß er sie beschimpft, ihnen seinen Zinkbecher an den Kopf wirft und dazu schreit, er sei der Kaiser. Und doch verlangt er nicht einmal, daß man ihn das Sonnenlicht sehen läßt. Als er im vergangenen Sommer auf Befehl Katharinas nach Kexholm verlegt wurde, hat man ihm einen Sack über den Kopf gestülpt. Im Grunde kann er sich gar nicht vorstellen, daß es eine andere Welt für ihn geben könnte als dieses steinerne Brunnenloch, dieses eng vergitterte, mit Kreide blind gemachte Fenster, diesen verbeulten Blechnapf und diese haßerfüllten Wärter. Der freie Raum, die frische Luft, der Wind, die Liebe und die Spiele, ein Ritt durch den Wald oder das Lachen eines Freundes – das alles sind Dinge, von denen er nicht einmal träumen kann. So weit er zurückdenken kann, hat er nie etwas anderes gekannt als Einsamkeit, Häßlichkeit und Grausamkeit. Der Gedanke an diesen Gefangenen läßt Mirowitsch nicht mehr los, wenn er in langen Nächten in Schlüsselburg Wache steht. Zunächst läßt er sich dabei nur von der Hoffnung auf persönlichen Vorteil leiten. Wenn sein Coup gelingt, ist er eine Art neuer Grigorij Orlow. Nach und nach aber redet er sich ein, daß Gott ihm eine heilige Pflicht aufgetragen hat. Im Taumel der Erregung vertraut er sich mit seinem Plan einem seiner Kameraden an: Apollon Uschakow. Zusammen wollen sie die Besatzung der Festung aufwiegeln, »Iwanuschka« befreien und ihn zum Zaren proklamieren lassen. Ihres Sieges sicher, legen sie in einer Kirche einen Eid ab und verfassen ein Manifest, mit dem sie ihre Tat rechtfertigen wollen. Der Augenblick ist günstig, denn die Kaiserin rüstet gerade zu einer Reise nach Kurland. Doch zufällig ertrinkt Uschakow am Vorabend des Tages, an dem sie losschlagen wollten – falls es nicht doch Selbstmord gewesen ist. Mirowitsch entschließt sich, allein auf eigene Faust zu handeln. Die Sympathie der Soldaten von Schlüsselburg, die alle eine Art mystische Zuneigung zu dem Gefangenen Nummer eins empfinden, müßte ihm, meint er, eigentlich sicher sein. In der Nacht vom 4. auf den 5. Juli 1764 – er hat Wache in der Festung – feuert er seine Leute mit einer Rede an, befiehlt ihnen, den wahren Kaiser zu befreien, läßt die Gewehre laden und eine Kanone auffahren. Durch den Lärm geweckt, erscheint der Kommandant von Schlüsselburg im Nachthemd; Mirowitsch erschlägt ihn mit dem Gewehrkolben und brüllt ihn an: »Was hältst du unsern Zar gefangen!« Dann stürzt er zu den Kasematten, wo ihm die ständige Wache entgegentritt. Auf beiden Seiten wird geschossen, doch angesichts der drohend aufgefahrenen Kanone streckt die Wache die Waffen. Damit ist der Weg frei. Auf dem Gang begegnet Mirowitsch Tschekin, packt ihn am Arm und schreit: »Wo ist der Kaiser?« Tschekin bleibt unerschütterlich. »Wir haben eine Kaiserin und keinen Kaiser«, antwortet er. Mirowitsch, außer sich vor Wut, schüttelt ihn und befiehlt ihm, die Zelle des Gefangenen Nummer eins aufzuschließen. Tschekin gehorcht. Drinnen ist es stockfinster. Eine Fackel wird gebracht. Auf dem Boden liegt in einer Blutlache ein menschlicher Körper, von Degenstichen durchsiebt. Zar Iwan VI. ist ermordet. Er regt sich noch leise und röchelt. Verzweifelt wirft sich Mirowitsch über ihn, umschlingt ihn und küßt ihm schluchzend Hände und Füße. Noch einmal ein

Aufzucken, heftiger als zuvor. Dann ist es vorüber. Iwan VI. ist nicht mehr. Wlassjew und Tschekin halten sich still und reglos im Hintergrund. Sie fühlen sich frei von Schuld. Als sie die Schüsse hörten, haben sie den Befehl ausgeführt, den schon Elisabeth gab, den Peter III. bestätigte und den Katharina erneuert hat: der Gefangene Nummer eins darf niemand lebend in die Hände fallen. Es scheint übrigens, daß Mirowitsch auf die Mörder nicht böse ist. Er beachtet sie überhaupt nicht. Der Leichnam wird auf ein Bett gelegt und in den Hof getragen. Vor den versammelten Soldaten läßt Mirowitsch die Trommeln rühren und erweist der toten Majestät die militärischen Ehren. Dann sagt er: »Seht, Brüder, das ist euer Zar Iwan Antonowitsch. Jetzt stößt man uns alle ins Unglück. Ich vor allem werde darunter zu leiden haben. Ihr seid unschuldig. Ihr habt nicht gewußt, was ich vorhatte. Ich muß für euch die ganze Verantwortung tragen und alle Strafe auf mich nehmen.«

Katharina hört die Einzelheiten des Berichtes mit sehr gemischten Gefühlen. Wie schon seinerzeit bei der Ermordung ihres Mannes empfindet sie einerseits Erleichterung, andererseits Verlegenheit. »Die Wege des Herrn sind wunderbar und unerforschlich«, sagt sie zu Panin. »Die Vorsehung hat mir deutlich ihre Huld bewiesen, indem sie diese Sache zu einem guten Ende geführt hat.«[6] Für einen »philosophischen Kopf«, auch wenn er eine Krone trägt, ist die Ermordung eines Unschuldigen natürlich immer eine sträfliche Tat. Gleichwohl, denkt Katharina, gibt es Situationen, in denen der Verstand sich über die Moral erheben muß. Der Befehl, den Gefangenen bei jedem Versuch der Entführung umzubringen, war folgerichtig, denn seine Befreiung hätte eine Gefahr für den Thron bedeutet. Mirowitsch, dieser Narr, hat mit seinem blinden Eifer den Lauf der Dinge beschleunigt und ihr damit frei Bahn geschaffen. Ihm und den beiden Wachoffizieren, die die kaiserlichen Anordnungen so strikt befolgt haben, hat sie es zu verdanken, daß sie nun freier atmen kann. Gewiß, auch diesmal wieder wird man sie für einen Tod verantwortlich machen, der für sie vorteilhaft ist. Aber sie ist in die Mordtat nicht selbst verwickelt gewesen. Sie kann sie sogar öffentlich beklagen und verurteilen. So überwiegen also in dieser Angelegenheit die Vorteile bei weitem die Nachteile. Natürlich kann für Katharina keine Rede davon sein, Mirowitsch dem Zugriff der Gerichtsbarkeit zu entziehen, wie sie es seinerzeit mit den Brüdern Orlow getan hat. Würde sie sich ein zweites Mal so milde erweisen, so würde das von der öffentlichen Meinung als ein Eingeständnis ihrer Mittäterschaft aufgefaßt werden. Mirowitsch wird von der Geheimkommission verhört, und Katharina studiert nach ihrer Rückkehr nach St. Petersburg selber die Ermittlungsakten. Sie findet darin das »Manifest«, das der Beschuldigte verfaßt hat. Dieser unerhört aggressive Text wirft ihr vor, sie sei nur eine Usurpatorin, habe ihren Gatten vergiftet, sei aus »Schwäche ihrer Natur« eine Liaison mit einem gewissenlosen Offizier, Grigorij Orlow, eingegangen und denke jetzt daran, diesen zu heiraten. Katharina ist kaum überrascht, derartige Vorwürfe zu lesen. Sie ahnt, daß ein großer Teil ihrer Untertanen ähnlich denkt. Widerwillig findet sie sich damit ab, die Bürde der Unpopularität zu tragen. Bei Gelegenheit irgendeines Festes wird sie sie schon abzuschütteln verstehen.

Mirowitsch wird zum Tode verurteilt. Das Urteil ist weder für den Hof noch für das Volk überraschend. Aber man wundert sich, daß die Rolle des Hauptkomplizen Uschakow im Verlauf der Ermittlungen überhaupt nicht geklärt worden ist. Man schöpft Verdacht, er könnte bezahlt gewesen sein, um Mirowitsch zu seiner Wahnsinnstat zu verleiten, und habe den Selbstmord nur vorgetäuscht, um rechtzeitig zu verschwinden. Er wäre dann ein Instrument des Machtapparates gewesen, ein *agent provocateur* Katharinas. Jedenfalls nimmt alle Welt an, daß der Täter im letzten Augenblick begnadigt werden wird, so wie unter der Herrschaft Elisabeths mit allen politischen Verbrechern verfahren wurde. Hatte Ostermann nicht schon den Kopf auf den Richtblock gelegt, als ihn der kaiserliche Gnadenerweis vor der Vollstreckung des Todesurteils bewahrte? Schöpft Mirowitsch vielleicht Zuversicht aus der Erinnerung an diesen Präzedenzfall? Mit der Seelenruhe eines Erleuchteten besteigt er das Schafott. Die auf dem Platz zusammengedrängte Menschenmenge wartet in ehrfürchtiger Stille auf die Ankunft des Kuriers Ihrer Majestät, der den Befehl bringt, die Strafe auszusetzen. Aber kein Kurier kommt. Der Henker hebt das Beil. Als das scharfe Eisen auf den Hals des Verurteilten niedersaust, entringt sich ein Schrei des Entsetzens allen Kehlen. Nach den Worten eines Augenzeugen, des Dichters Derschawin, soll der ganze Platz davon gebebt haben. Die Brüstungen einer Brücke stürzen unter dem Druck der

Menge ein. Der Leib des Hingerichteten wird anschließend verbrannt, damit er nie wieder auferstehen kann. Ein paar Soldaten, die sich an dem Aufstand des Leutnants beteiligt haben, werden dazu verurteilt, drei bis zehnmal Spießruten zu laufen; tausend ihrer Kameraden müssen zuschlagen, und man wählt die kräftigsten dafür aus. Katharina kennt keinen Pardon. Und von diesem Tage an ist sie für viele nicht mehr das barmherzige Mütterchen.

Wlassjew und Tschekin werden für ihre Loyalität und ihren Eifer belohnt. In einem offiziellen Bericht, der offensichtlich von der Zarin inspiriert ist, bestätigen sie, daß der Gefangene Nummer eins geistig zurückgeblieben war und nicht bis drei zählen konnte – ein menschliches Wrack, über dessen Tod niemand traurig zu sein braucht.

Die ausländischen Diplomaten sind sprachlos, zeigen aber dieser Herrscherin, die in zwei Regierungsjahren schon den zweiten Königsmord auf dem Gewissen hat, weiterhin ihr professionelles lächelndes Pokergesicht. Bérenger schreibt in seinem Bericht vom 20. Juli 1764: »Man verdächtigt die Zarin, diese Mordtat mit Vorbedacht geplant und angeordnet zu haben! . . . Was für eine Frau, Monseigneur, ist doch diese Kaiserin Katharina! Und Rußland – welch ein Schauspiel!« Und am 7. August schreibt er! »Der Zeitpunkt und die Umstände dieser Mordtat wecken den Verdacht, daß die Zarin selber sie angestiftet hat, um sich eines Gegenstandes ständiger Unruhe zu entledigen.« Der sächsische Botschafter Graf Sacken seinerseits berichtet am gleichen Tage seiner Regierung: »Das Volk redet sich ein, die ganze Komödie sei nur gespielt worden, um sich den Fürsten Iwan auf schickliche Weise vom Halse zu schaffen.«

Um der Welle von Verdächtigungen entgegenzutreten, die sich im Lande selber und jenseits der Grenzen ausbreiten, veröffentlicht Katharina am 17. (28.) August ein Manifest zu ihrer Rechtfertigung. In diesem Dokument wird behauptet, Iwan sei ein illegitimer Thronprätendent gewesen, der von früher Kindheit an »bar jeglicher Vernunft und menschlichen Urteils« gewesen sei, Mirowitsch habe einen »blutigen Volksaufstand« ausnützen wollen, um selber die höchsten Ränge der Macht zu erklimmen, und die Wächter Wlassjew und Tschekin hätten durch ihr rasches Handeln »die öffentliche Ruhe und Ordnung« gerettet.

Dieses Manifest vermag niemanden zu überzeugen. »Unter vier Augen zerpflücken die Russen den Inhalt und die Form dieses Manifestes ziemlich schonungslos«, schreibt Sacken. Und weiter: »Man versichert mir, aus dem Pöbel habe mancher für die Seele von Mirowitsch wie für die eines Märtyrers gebetet, und das sogar auf dem Hinrichtungsplatze selber.«

Madame Geoffrin erklärt gegenüber König Stanislaus: »Mir scheint, sie (Katharina) hat über den Tod Iwans Manifeste herausgegeben, die lächerlich sind. Sie hatte es überhaupt nicht nötig, irgend etwas zu sagen; der Prozeß gegen Mirowitsch war vollkommen ausreichend.«

Und an Katharina selber wagt sie zu schreiben: »Es scheint mir, daß ich, säße ich auf dem Thron, das täte, was ich für das Wohl des Volkes und mein eigenes für gut befände, und keine Manifeste über mein Tun veröffentlichen würde. Ich würde wünschen, daß meine Taten reden, und würde meiner Feder Schweigen gebieten.«

Katharina schlägt zurück: »Ich bin versucht, zu sagen, daß Sie von diesem Manifest sprechen wie ein Blinder von der Farbe. Es ist überhaupt nicht für die ausländischen Mächte verfaßt worden, sondern soll die russische Öffentlichkeit über den Tod Iwans informieren; es war notwendig, zu sagen, auf welche Weise er gestorben ist . . . Hätte ich es nicht getan, so hätte ich damit die verleumderischen Gerüchte bestätigt, die von den Botschaftern der mir feindlich gesinnten, mißgünstigen Höfe in Umlauf gesetzt werden . . . Man schwätzt über das Manifest bei Ihnen; man hat auch über den lieben Gott viel geschwätzt, und hier schwätzt man mancherlei über die Franzosen. Und es bleibt doch wahr, daß dieses Manifest und der abgeschlagene Kopf des Übeltäters alles Geschwätz zum Verstummen gebracht haben. Damit aber war das Ziel erreicht, und mein Manifest hat seinen Zweck erfüllt: ergo war es gut.«

Trotz dieser großspurigen Verteidigung werden Katharinas Freunde im Ausland nur schwer mit dem Schock der Enttäuschung fertig. Voltaire notiert, die Beseitigung Iwans sei »auf eine so gräßliche Weise ins Werk gesetzt worden, daß man schwören möchte, es sei durch die Frommen geschehen«. Und d'Alembert fügt hinzu: »Es ist schon recht fatal, sich so vieler Leute entledigen zu müssen und hinterher drucken zu lassen, es tue einem leid, aber man könne nichts dafür.« Nach und nach aber beruhigen sich die Philosophen und akzeptieren die

Staatsräson. Ihre Bewunderung für die ferne und freigiebige Katharina macht sie geneigt, eine Art resignierter Milde walten zu lassen. Um Voltaires Skrupel zu zerstreuen, zitiert d'Alembert ein Sprichwort: »Man muß den Stier bei den Hörnern pakken; wenn du den Teufel nicht erschlägst, bringt er dich um.« Und er fügt hinzu: »Ich stimme mit Ihnen darin überein, daß die Philosophie wenig Anlaß hat, auf solche Schüler stolz zu sein. Aber was wollen Sie? Man muß seine Freunde mit allen ihren Fehlern lieben.« Voltaire ist nur allzu bereit, sich überzeugen zu lassen und diese »Bagatellen« zu vergessen. »Das sind Familiengeschichten, in die ich mich nicht einmische«, sagt er. Als Horace Walpole erfährt, wie der Weise von Ferney in dieser Sache denkt, schreibt er an Madame du Deffand: »Voltaire erregt mit seiner Katharina meinen Abscheu.« Und die Herzogin von Choiseul schreibt: »Schon ist sie also wieder weiß wie der Schnee; sie ist der Liebling ihrer Untertanen, der Stolz ihres Landes, der Abgott des Weltalls, das Wunder aller Wunder.« In den Salons von Paris und London wirft man Voltaire und sein »Käthchen« in den gleichen Topf.

Mit scharfem Blick beobachtet Katharina von ihrem Palast aus die Wogen der Erregung und schätzt ihre Bedeutung ab. Bald wird der Sturm sich wieder gelegt haben, dessen ist sie sicher. Ein echter Herrscher darf den Blick nicht auf die sich kräuselnden Wellen unter seinem Bug richten, sondern muß den Horizont im Auge haben. Als Panin darüber klagt, wie böswillig die Welt sich gegen Ihre Majestät zeige, erwidert sie ihm: »Solange es nur um mich geht, ist es mir gleichgültig, was man zu erzählen beliebt. Ich errege mich erst, wenn die Ehre Rußlands auf dem Spiele steht.«[7]

Die beiden Hauptrivalen sind beseitigt, aber ein dritter ist geblieben: Katharinas eigener Sohn, der Thronerbe, Großfürst Paul. Werden sich die Hoffnungen der Feinde der Zarin nunmehr, nachdem Peter III. und Iwan VI. ermordet sind, nicht auf dieses zehnjährige Kind richten? Natürlich denkt sie nicht daran, auch ihn aus dem Weg zu räumen. Auf ihre Art liebt sie ihn, und bei jeder kleinsten Unpäßlichkeit macht sie sich ganz ehrlich große Sorgen um ihn. Aber vor der Mutter kommt bei ihr die Herrscherin. Die Ausübung der Macht ist ihr Lebensinhalt. Solange sie noch Atem in sich fühlt, darf kein anderer über Rußland herrschen. Paul muß ganz in ihrem Schatten bleiben; er soll als ein rundum gebildetes, aber vor allem folgsames Kind heranwachsen – ein möglicher Nachfolger, nicht ein heimlicher Rivale. Trotz der gewaltigen Fülle von Arbeit, die auf sie wartet, findet sie eine Möglichkeit, jeden Tag eine gewisse Zeit bei ihm auf seinem Zimmer zu verbringen. Sie schaut ihm bei Spielen zu, überwacht seine Lektüre und versucht, langsam mit ihm vertraut zu werden. Das ist allerdings nicht einfach, denn er ist schwierig, nervös, schmächtig, launenhaft, aufbrausend und bekommt Tobsuchtsanfälle. Er ist eifersüchtig auf Grigorij Orlow und sagt es seiner Mutter. Sie schilt ihn dafür aus. Im stillen leidet er an seiner Häßlichkeit. Sein Gesicht, einst noch hübsch und reizend mit der aufgeworfenen Nase und den blonden Haaren, ist zu einer garstigen Fratze mit platter Nase und wulstigen Lippen geworden. Sieht er etwa Peter III. ähnlich, dessen Sohn er doch gar nicht ist? Katharina blickt mit Sorge in die Zukunft. Denn jetzt fängt Paul auch an, seine Diener auszufragen, wie sein Vater zu Tode kam und welche Chancen er selber hat, zur Regierung zu gelangen. Bérenger, der durch den Kammerdiener des Kindes von diesen Gesprächen erfahren hat, schreibt an den Herzog von Praslin: »Dieser junge Fürst offenbart unheilvolle und gefährliche Anlagen. Es ist bekannt, daß seine Mutter ihn nicht liebt und ihm, seitdem sie an der Macht ist, auf wenig schickliche Weise all die Beweise ihrer Zärtlichkeit vorenthält, mit denen sie ihn früher verwöhnte . . . Vor wenigen Tagen fragte er, warum man seinen Vater habe sterben lassen und warum man seiner Mutter den Thron gegeben habe, der von Rechts wegen doch ihm zukomme. Und er fügte hinzu, daß er, sobald er groß wäre, schon imstande sein würde, für all das Rechenschaft zu fordern. Man munkelt, Monseigneur, daß dieses Kind sich etwas zu häufig solche Reden gestatte, als daß sie der Kaiserin verborgen bleiben könnten. Und niemand zweifelt daran, daß diese Fürstin alle nur erdenklichen Vorsichtsmaßregeln treffen wird, um zu verhindern, daß den Worten Taten folgen.«

15. KAPITEL

Die »Legislomanie«

Nachdem im Frühjahr eine Pockenepidemie das Land heimgesucht hat, plant Katharina die Schutzimpfung in Rußland einzuführen. Welch ein Triumph wäre es für sie als Herrscherin, wenn sie Frankreich zuvorkäme und diese Maßnahme bei einer Nation durchsetzte, die von vielen für rückständig gehalten wird! Sie diskutiert darüber mit dem Baron Tscherkassow, dem Präsidenten des Hygiene-Instituts, einem klugen und gebildeten Mann. Er ist wie sie überzeugt von dem Wert dieser jüngsten und wunderbaren Errungenschaft der Wissenschaft. Aber er warnt Ihre Majestät ergebenst vor der zu erwartenden Reaktion ihrer Untertanen. Auch die Aufgeklärtesten unter ihnen, so meint er, werden in Panik geraten bei dem Gedanken, ihren Organismus mit Krankheitskeimen infizieren zu lassen, um dadurch die Abwehrkraft gegen die Seuche zu erhöhen. Die Anhänger der »Inokulation« sind überall in der Welt noch eine winzige Minderheit. Nur ein paar Philosophen und Gelehrte rühmen die wohltätigen Wirkungen der »teuflischen Lanzette«. Friedrich II., dem Katharina ihr Projekt mitteilt, beschwört sie, es aufzugeben; er befürchtet eine Katastrophe. Grigorij Orlow malt ihr aus, welcher Haß ihr am Hof und aus dem Volk entgegenschlagen muß, wenn der Versuch scheitert. Wie soll sie sich rechtfertigen, wenn sie den Tod von Hunderten unschuldiger Menschen auf dem Gewissen hat? Auch den Tod der auf ganz natürliche Weise gestorbenen wird man ihr dann zur Last legen! Daraufhin entschließt Katharina sich, ganz allein mit ihren eigenen Leib ein Experiment zu wagen, das mit anderen Menschen zu riskant wäre. Tscherkassow erhält den Befehl, einen guten Spezialisten aus England kommen zu lassen. Tscherkassow aber erschrickt vor der gewaltigen Verantwortung, die ihm aufgeladen werden soll, und fleht Ihre Majestät an, den Plan noch einmal zu überdenken. Was soll aus ihm werden, wenn der Versuch tödlich endet? Oder auch nur, wenn die Zarin von häßlichen Narben entstellt bleibt? Sie lacht ihn aus. Die Gefahr kennt sie sehr genau. Seit ihrer Jugend hat sie keine andere Krankheit so sehr gefürchtet wie die Pocken. Da sich ihr nun die Chance bietet, diese Seuche zu besiegen und die anderen durch ihr persönliches Beispiel mitzureißen, muß sie mit ihrem Leben dafür einstehen. Immer und in allen Dingen will sie ganz vorne in der vordersten Linie stehen und dem Schicksal trotzen, will sie diejenige sein, auf die die Blicke aller gerichtet sind. Sie bleibt bei ihrem Entschluß. Aus Liebe zu ihrem Volk, sagen die einen; aus Ruhmsucht, sagen die anderen. Insgeheim läßt Tscherkassow aus London den berühmten Thomas Dimsdale kommen, der die Methode der Pockenimpfung propagiert. Im Oktober 1764 trifft der Arzt in St. Petersburg ein, und sogleich beginnt er mit den Vorbereitungen zu dem Eingriff. Die engsten Vertrauten der Kaiserin sind über Katharinas Entschluß informiert worden; sie sind völlig verzweifelt, weinen und beten. Eines Morgens ergreift Thomas Dimsdale die Lanzette und macht einen leichten Einschnitt in den kaiserlichen Arm. Sogleich verbreitet sich die Neuigkeit am ganzen Hofe. Hätte Ihre Majestät geschworen, in den Tod zu gehen, so könnte die Aufregung nicht größer sein. Ohne zu zögern, läßt auch Grigorij Orlow sich sofort impfen, um bis zum letzten Atemzug das Schicksal der Frau zu teilen, der er alles verdankt. In den folgenden neun Tagen ist alles in größter Sorge, verflucht den englischen Scharlatan und sieht Rußland bereits in Trauer um seine tote Herrscherin. Nur Katharina bewahrt ihren kühlen Kopf. Noch ehe die kritische Phase vorüber ist, will sie ihr Interesse an der Zukunft und am Fortschritt demonstrieren, indem sie eine nach ihren Anweisungen erweiterte Akademie der Wissenschaften gründet. In der Gründungsurkunde, deren Text sie selber entworfen hat, während sie noch auf die Ergebnisse der Pocken-»Einpflanzung« wartete, erklärt sie: »Jeder, der das notwendige Wissen erworben hat, kann Mitglied der Akademie werden, auch wenn er bisher nur ein Leibeigener gewesen ist. Wer der Akademie angehört, ob als Vollmitglied oder als Beigeordneter, soll ebenso wie seine Kinder und Kindeskinder auf ewige Zeit ein freier Mensch bleiben, und niemand soll das Recht haben, ihn oder seine Kinder und Kindeskinder neuerdings zu Leibeigenen zu machen.«

Gewiß gab es damals in Rußland auch einige Leibeigene, die sich dank der Förderung durch ihre Grundherren eine gewisse Bildung aneignen konnten und Sekretäre, Maler, Musiker, Dichter oder Schauspieler geworden sind. Aber ihre Zahl ist außerordentlich gering, und Katharinas Entscheidung, diejenigen unter ihnen, die zu Mitgliedern der Akademie ernannt werden, sollten ipso facto zu freien Menschen werden, riskiert durchaus noch nicht, die Grundfesten der gesellschaftlichen Ordnung zu erschüttern.

Mit der gleichen Mischung aus sozialem Engagement und unbewußtem Zynismus macht sie sich an die Gründung eines Heimes für Findelkinder. Das Unterrichtsprogramm umfaßt im wesentlichen die Lehre handwerklicher Tätigkeiten: »Die Knaben werden sich zunächst der Landwirtschaft und der Gartenarbeit widmen, während die Mädchen sich nach dem Beispiel der tüchtigen Frauen, die das Evangelium rühmt, und der arbeitsamen Hausfrauen, die Homer besingt, in der Küche oder mit Brotbacken usw. beschäftigen werden . . . So werden wir eine Generation von Menschen erblühen sehen, die den Müßiggang, die Nachlässigkeit und die Faulheit so wenig kennen wie die Laster, die diese Charakterfehler im Gefolge haben.« Der Ukas über die Errichtung des Heimes legt fest, daß die Zöglinge nach Abschluß ihrer Ausbildung für frei erklärt werden, daß niemand sie »zu seinem Besitz machen und versklaven« darf und daß diese »Freiheit« auch für ihre Nachkommen gilt: »Unsere Zöglinge werden also keine Sklaven sein, keine Sträflinge, die man auf die Galeeren schicken, in Bergwerke stecken oder zu ähnlichen Zwangsarbeiten gebrauchen dürfte.« Das läuft darauf hinaus, daß es für einen Leibeigenen kein geeigneteres Mittel gibt, seinen Kindern zu einem besseren Los zu verhelfen, als ihm selber zuteil wurde, als sie auszusetzen. Die Waisen haben den Vorteil der Freiheit. Entzückt über ihren Einfall, erläutert Katharina die Motive ihres Ukas folgendermaßen: »Es gibt nur zwei Stände im russischen Reich: den Adel und die Leibeigenen. Aber kraft der Privilegien, die Wir diesen Einrichtungen gewährt haben, werden die Zöglinge und ihre Nachkommen für alle Zeit frei sein und einen dritten Stand bilden.«[1] Das hindert sie freilich nicht daran, zur gleichen Zeit und mit der gleichen Seelenruhe die Leibeigenschaft auch in der Ukraine einzuführen. Die Bauern dieser Provinz haben künftig nicht mehr das Recht, ihre Scholle zu verlassen. Das Amt des Hetman der Ukraine wird abgeschafft. Überall lastet jetzt schwer das eiserne Gesetz der russischen Zentralgewalt.

Die Tage gehen dahin, ohne daß die Kaiserin nach ihrer Impfung die geringste Unpäßlichkeit empfindet. Sie stellt sich, als sei sie darüber nicht im mindesten erstaunt. Ihre Charakterstärke wird laut gepriesen, allen erscheint sie als die strahlende Verkörperung der Wissenschaft. In den Kirchen werden Dankgottesdienste gefeiert. Noch aus den entferntesten Provinzen treffen Glückwunsch- und Huldigungsadressen ein. Tscherkassow und Dimsdale werden in den höchsten Tönen gerühmt, und alle Höflinge wollen sich jetzt impfen lassen. Auf Anordnung seiner Mutter muß auch der Großfürst Paul die Prozedur über sich ergehen lassen. Dimsdale wird zum Lohn für seine Dienste in den Freiherrnstand erhoben, zum Staatsrat ernannt und mit einer Pension von fünftausend Pfund bedacht. Der siebenjährige Alexander Markow, der das Serum für die Impfung Katharinas geliefert hat, erhält den erblichen Adel und das Recht, unter dem Namen »Ospenny«[2] (was »Pockenträger« bedeutet) zu den persönlichen Schützlingen der Kaiserin gezählt zu werden.

Die Begeisterung bleibt auf Rußland nicht beschränkt, sondern breitet sich auch im Ausland aus. Auch Katharinas Gegner müssen anerkennen, daß sie Punkte sammeln konnte. Und wetterwendisch, wie die öffentliche Meinung nun einmal ist, ist man schon beinahe bereit, ihr des kleinen Einschnitts in ihren Arm wegen die Degenstiche zu verzeihen, die Iwan VI. durchbohrt haben. Voltaire schreibt triumphierend an »seine« Herrscherin:

»Oh, Madame, welch eine Lehre hat Ihre Kaiserliche Majestät unseren französischen Schulmeistern, unseren weisen Magistern von der Sorbonne, den Äskulapen unserer medizinischen Fakultät erteilt! Sie haben sich impfen lassen und weniger Aufhebens davon gemacht als eine Nonne, die sich klistieren läßt. Der kaiserliche Prinz ist ihrem Beispiel gefolgt. Graf Orlow läßt sich mit den Pocken infizieren und geht dann im Schnee auf die Jagd. Nicht anders hätte Scipio gehandelt, wenn diese aus Arabien eingeschleppte Krankheit dasmals schon bekannt gewesen wäre.«

Als auch der Gouverneur von Livland, General Brown, die Kaiserin zu ihrer Kühnheit beglückwünscht, antwortet sie mit ruhiger Bescheidenheit: »Der brave und geschickte Doktor Dimsdale, Ihr Landsmann, macht in St. Petersburg jedermann Mut zu diesem Schritt, und unter den großen Häusern ist nicht eines, in dem er nicht seine Patienten hätte.«[3]

Was noch zu tun bleibt, ist, nach der Hauptstadt auch die Provinz und nach dem Hof auch die Masse des Volkes für die neue Methode zu gewinnen. Die Berichte, die sie empfängt, stimmen Katharina optimistisch. Viel zu sehr hat das Volk unter der regelmäßigen Wiederkehr der Seuche gelitten, um die Vorzüge der Impfung nicht zu begreifen. und was Mütterchen Katharina mutig auf sich genommen hat, um sich gegen die Pocken zu schützen, darf keiner ihrer Untertanen für sich ablehnen.

Nach dem erfolgreichen Abschluß der Pockenaktion wendet Katharina sich andern Innovationen zu. Sie lechzt nach Reformen, ist begierig darauf, die träge Teigmasse Rußlands einmal tüchtig durchzukneten. Zusammen mit Iwan Betzkoj verfaßt sie ein »Generalstatut für die Erziehung der Jugend beiderlei Geschlechts«, das sich an den Gedanken Lockes und Jean-Jacques Rousseaus orientiert. Die Eltern sollen ihre Kinder der Schule überlassen und sich verpflichten, sie »unter keinem Vorwand« wieder herauszunehmen. Wo aber die nötigen Lehrer finden? Katharina beauftragt Schlözer, im Ausland alle denkenden Köpfe zusammenzutrommeln, die bereit sein könnten, ihr Wissen an kleine Russen aus guten Familien weiterzugeben. Die Zeit drängt, man muß notfalls bei der Qualität Abstriche machen. So macht Betzkoj einen ehemaligen Souffleur vom französischen Theater zum Direktor der Kadettenanstalt und einen früheren Kammerdiener der Mutter Katharinas zum Aufseher. Später einmal werden alle diese provisorischen Lehrkräfte nach England, Frankreich und Deutschland geschickt, um ihr Metier richtig zu lernen. Die neue Einrichtung, auf die Katharina nach ihren eigenen Worten ganz besonders stolz ist, ist jedoch unbestreitbar das Smolny-Institut für adlige Fräulein. Nach dem Programm, das Ihre Majestät aufgestellt hat, herrscht ein strenges Internat. Zwölf Jahre völlige Abgeschlossenheit von der Welt und fast keine Ferien. Ausgang wird nur für einen Besuch bei Hofe gewährt, wo die Kaiserin hin und wieder Zöglinge empfängt, die ihr besonders aufgefallen sind. Die Lehrerinnen sind alle aus dem Laienstand, der Einfluß der Priester wird in Grenzen gehalten. Es handelt sich also um eine Art philosophisches Kloster ohne Fenster zur Außenwelt und mit nur einer Tür, die zum Paradies des Kaiserpalastes führt. Neben den adeligen Mädchen werden auch einige Bürgertöchter aufgenommen. Und wenn alle Kleider von der gleichen Farbe tragen müssen, so weist bei einigen doch eine Schürze auf die geringere Abkunft hin.[4] Gleichheit, wie Katharina sie versteht, hat ihre Grenzen. Sie redet mehr davon, als daß sie sie praktisch verwirklicht. Ihre Briefe an Voltaire und Friedrich II., an Madame Geoffrin und Diderot sind die einer liberalen Herrscherin, aber ihre Taten sind die einer Autokratin, die sich keinen Illusionen hingibt. So ernennt sie am 11. (22.) Februar 1763 eine Kommission, die die Verordnung Peters III. über die Vorrechte des Adels genauer fassen und erweitern soll. Innerhalb eines Monats verfaßt sie einen Bericht, in dem bereits das Wesentliche des Inhaltes der Charta des Adels zusammengefaßt ist, die sie zweiundzwanzig Jahre später verkündet. All die hergebrachten Privilegien des Adels werden von der neuen Herrscherin feierlich bekräftigt und sogar noch erweitert. Eine Reihe von Verordnungen bezeugt ihre Beflissenheit gegenüber den Großen des Reiches. Einer dieser Ukasse enthält die Regelung, daß jeder Adlige, der den Dienst in der Armee quittiert, Anspruch auf den Offiziersrang hat, auch wenn er ihn noch nicht erreicht hatte, als er den Abschied nahm, und dies, »damit er sich dem gemeinen Mann gegenüber eines Vorrechtes rühmen kann«. Ein anderer setzt fest, daß die Adligen ihre Leibeigenen aus eigener Machtvollkommenheit zur Zwangsarbeit schicken können, und wieder ein anderer sichert dem Adel das Monopol des Schnapsbrennens. Am 3. (14.) Juli 1762, nach Bauernunruhen, bekräftigt Katharina in einem Ukas ihre Entschlossenheit, »die adligen Grundherren auf ihrem Land und in ihrem Eigentum energisch zu schützen«. Instinktiv hat sie schon zu Beginn ihrer Herrschaft erfaßt, daß man das Los der Leibeigenen zwar in der Theorie beklagen, in der Praxis aber sich auf die Grundherren stützen muß. Rußland ist zu weiträumig und vielgestaltig, meint sie, um anders als mit harter Hand regiert zu werden. Und sie alleine ist imstande, diese gestaltlose Masse zu halten und zu formen. Ein Monstrum an Arbeitskraft, sieht sie alles, kontrolliert sie alles, lenkt sie alles – von der Neuorganisation des Senats bis zur Erziehung des Großfürsten, von den Bauarbeiten in der Hauptstadt bis zu den Verhandlungen mit dem Bildhauer Falconet über die Errichtung eines Denkmals für Peter den Großen.

All diese vielfältigen Aktivitäten hindern sie jedoch nicht daran, die Etikette des Hoflebens strikt einzuhalten. Jeder Tag der Woche hat seine Besonderheit: sonntags ist »Hof«, montags französische Komödie, dienstags nichts, mittwochs russische Komödie, donnerstags Tragödie oder französische Oper, und anschließend begibt man sich zum Ballett von Maestro Locatelli, freitags ist Maskenball im Schloß und samstags wieder nichts. Katharina macht es sich zur Regel, keine dieser Festlichkeiten zu versäumen, doch bleibt sie nicht bis zum Ende. Da sie daran gewöhnt ist, am Morgen sehr früh aufzustehen, wünscht sie sich zeitig zur Ruhe zu legen. Manchmal entfacht sie um sechs Uhr in der Frühe selber das Feuer in dem großen Kachelofen. Als sie eines Morgens ein paar Reisigbündel anzündet, hört sie aus dem Kamin durchdringende Schreie. Rasch löscht sie die Flammen und entschuldigt sich bei einem Kaminkehrer, der rußgeschwärzt und ganz kleinlaut vor ihr erscheint. Eine Kaiserin entschuldigt sich bei einem Kaminkehrer – der kleine Vorfall wird sogleich als Beweis für die außerordentliche Güte der Herrscherin am Hofe weitererzählt. Im allgemeinen loben alle, die in ihrem Dienst stehen, ihre Schlichtheit und ihr Wohlwollen. Ihre Kammerfrauen und Kammerdiener vergöttern sie, denn sie schlägt sie nie und schilt nur selten. Als sie eines Abends vergeblich geläutet hat, geht sie im Vorzimmer nachsehen und findet ihre Domestiken beim Kartenspiel. Sie redet einen von ihnen an und bittet ihn mit sanften Worten, den Brief zu besorgen, den sie geschrieben hat; sie wird ihn unterdessen im Spiel vertreten. Einen schlechten Koch wagt sie nicht zu entlassen; wenn er für eine Woche mit dem Küchendienst an der Reihe ist, sagt sie nur zu ihren Freunden: »Wappnen wir uns mit Geduld, denn wir werden nun acht Tage fasten müssen.« Dem Baron vom Grimm vertraut sie an: »Jeden Tag geben meine Kammerdiener mir zwei frische Federn, die zu verbrauchen ich mich berechtigt fühle; sind sie aber verdorben, dann bin ich kaum je so kühn, weitere zu verlangen, sondern ich drehe und wende sie, wie ich nur kann.« Und sie fügt hinzu: »Ich kann keine frische Feder liegen sehen, ohne ihr zuzulächeln und ohne das lebhafte Bedürfnis zu empfinden, sie zu benutzen.« Beim ersten Morgenstrahl ist sie bereit zur Arbeit und zum Glück, und das eine ist für sie vom anderen nicht zu trennen. Kaum hat sie die Augen geöffnet, so springen ihre Windhunde, die auf spitzenbesetzten Seidenkissen schlafen, auf ihr Bett, lecken ihr die Hände und das Gesicht und begrüßen sie mit freudigem Gebell. Nachdem sie mit der kleinen Meute ein wenig gespielt hat, begibt sie sich in ihr Umkleidezimmer, wo schon die Kammerfrau auf sie wartet. Sie spült den Mund mit einigen Schlukken lauwarmem Wassers, reibt sich das Gesicht mit einem Stück Eis ab und geht anschließend in ihr Arbeitszimmer. Gekleidet in einen weiten Morgenmantel aus weißem Grosgrain und eine Haube aus weißem Tüll, nimmt sie dort in raschen Zügen einen so starken Kaffee zu sich, daß niemand außer ihr davon trinken könnte, ohne Herzklopfen zu bekommen. Das Rezept dafür lautet: ein ganzes Pfund Kaffee für fünf Tassen. Biskuit, Zucker und Sahne teilt sie mit ihren Hunden. Wenn die Zuckerdose leer ist, öffnet die Zarin die Tür, und die Hunde stürmen hinaus zu einem kleinen Morgenspaziergang. Ihr Leben lang muß sie die Zuneigung und die Lebenslust vierfüßiger Gefährten um sich fühlen, um ganz glücklich zu sein. Sie gibt ihnen lustige Namen, freut sich an ihren Launen und widmet ihnen in ihren Briefen seitenlange Schilderungen. »Immer habe ich die Tiere geliebt«, schreibt sie. »Tiere haben weit mehr Verstand, als man ihnen zutraut.« Und weiter: »Lady Anderson (eine kleine, fünf Monate alte Hündin) zerreißt alles, was sie findet, sie springt jeden an, der mein Zimmer betritt, und beißt ihn ins Bein; sie macht Jagd auf Vögel, Fliegen, Hirsche und alle möglichen anderen Tiere, die viermal so groß sind wie sie selber, und veranstaltet für sich allein mehr Lärm als ihre Brüder und Schwestern, Onkel und Tante, Vater und Mutter, Großvater und Urahn.« Während ihre Hunde um ihren Schreibtisch toben, liest sie Berichte, versieht Denkschriften mit ihren Anmerkungen, schreibt Anweisungen oder wirft schnell einen Liebesbrief für Grigorij Orlow aufs Papier, der selber um diese Zeit gewiß noch schläft. Bei der Arbeit schnupft sie Tabak. Aber mit Rücksicht auf ihre Umgebung immer nur mit der linken Hand. »Die Pflichten meines Berufes bringen es mit sich, daß ich mir oft die Hand küssen lassen muß«, schreibt sie. »Es wäre, wie mir scheint, nicht sehr schicklich, alle um mich her mit meinem Schnupftabak zu parfümieren.«

Um neun Uhr geht sie, noch immer in Negligé, wieder in ihr Schlafgemach und empfängt dort die hohen Beamten, die ihr die Probleme ihrer Arbeit vortragen. Wenn ein Diener flüsternd die Ankunft des Favoriten meldet, gibt sie mit dem Kopf ein Zeichen, und alle gehen hinaus. Danach nimmt die Audienz ihren Fortgang bis zwölf Uhr. Zu dieser Stunde geht Katharina wieder in ihr Umkleidezimmer und vollendet ihre

Toilette, läßt sich frisieren und ankleiden. Ihr braunes Haar ist so lang, daß es den Boden berührt, wenn sie sitzt. Sie will weder von Rouge noch von Puder, weder von schwarzer Schminke noch von Schönheitspflästerchen etwas wissen. Die engsten Vertrauten wohnen dem »kleinen Lever« Ihrer Majestät in ihrem offiziellen Umkleidezimmer bei. Die Zeremonie dauert nur wenige Minuten. Dann geht es zu Tisch. Ein frugales Mahl: gekochtes Ochsenfleisch und Salzgurken. Zu trinken gibt es Wasser mit Johannisbeersirup und zum Nachtisch Obst. Die Mahlzeit dauert kaum mehr als eine Stunde. Etwa zehn Gäste speisen mit der Zarin. Alle meckern sie insgeheim über das karge Essen. Katharina aber achtet gar nicht darauf. Für die Freuden der Tafel hat sie so wenig übrig wie für die Musik. Am Nachmittag kommen wieder die hohen Beamten, erstatten Bericht und erwarten Instruktionen. Und dann werden die Höflinge in den Salons empfangen. Man plaudert, spielt Whist oder Piquet. Wenn es kein Schauspiel gibt, zieht Ihre Majestät sich um zehn Uhr zurück; das Abendessen, das man ihr bereitet, rührt sie kaum an. In ihre Gemächer zurückgekehrt, trinkt sie noch ein großes Glas abgekochtes Wasser und legt sich zu Bett. Die einzigen Ausschweifungen, die sie sich bei dieser nüchternen, regelmäßigen und pflichtbewußten Lebensweise gestattet, die man sowohl eine philosophische als auch eine bürgerliche nennen kann, haben mit der Lust der körperlichen Liebe zu tun.

Dienstag und Samstag sind Katharinas bevorzugte Tage, und sie erwartet sie jedesmal mit Ungeduld. An diesen Tagen finden keine Empfänge statt. Die Abende sind dem heiteren und sehr freien Gespräch mit den engsten Freunden gewidmet, mit Grigorij Orlow, Panin, Naryschkin, Herrn Pictet aus Genf, der Fürstin Daschkow, Betzkoj . . .Sie liest ihnen einige der brillantesten Briefe vor, die sie aus dem Ausland bekommen hat, kommentiert die neuesten französischen Bücher, die man ihr zugeschickt hat, und begeistert sich für die Verve der *Correspondance littéraire et artistique* von Grimm und Diderot, diese handgeschriebene Zeitschrift, die sie wie die meisten regierenden Fürsten Europas zweimal im Monat aus Paris erhält. Grimm gibt darin eine detaillierte Beschreibung der Gemälde und Skulpturen, die er in den Pariser Salons bewundert hat, und wenn Katharina diese Berichte liest, dann träumt sie davon, ihre eigene Kunstgalerie zu gründen: einen Ort der

Schönheit und der Stille, an den sie sich allein oder mit wenigen auserwählten Freunden zurückziehen kann, eine »Ermitage«. Solange dieses intime Museum noch nicht gegründet ist, finden weiter in einer Atmosphäre von Freundlichkeit und schlichter Menschlichkeit die Zusammenkünfte »im kleinen Kreis« statt. Es ist in diesem Kreis verpönt, über andere zu lästern, zu lügen, unfeine Worte zu gebrauchen, in Wallung zu kommen und sogar sich zu erheben, wenn Ihre Majestät durch das Zimmer geht. Wer gegen eines dieser Verbote verstößt, zahlt eine Strafe von zehn Kopeken. Es werden Gesellschaftsspiele mit Pfändern gespielt, und zur Auslösung der Pfänder denkt man sich lustige »Bestrafungen« aus. Die Kaiserin redet sehr viel; sie treibt Schabernack und braucht nicht viel, um sich köstlich zu amüsieren. Sie glaubt, daß alle Menschen die Pflicht haben, nach Fröhlichkeit zu streben, und von früher Kindheit an hat sie sich bemüht, ihre Anlage zur Heiterkeit des Gemüts zu entwickeln. Sie macht daraus einen Grundsatz der geistigen Hygiene, ja ein System. Sobald Sorgen sie niederzudrücken drohen, wehrt sie sich dagegen mit einem Appell an ihre Lebensfreude. »Man muß fröhlich sein«, schreibt sie. »Das ist das einzige Mittel, um alles ertragen und alles überwinden zu können.« – »Jede Kleinigkeit konnte sie zum Lachen bringen«, schreibt der Fürst von Ligne, »irgendein Zitat oder ein dummer Streich . . . Der Kontrast zwischen der Schlichtheit, mit der sie in Gesellschaft sprach, und den großen Taten, die sie vollbrachte, gab ihr einen besonderen Reiz.« Trotzdem war diese so starke Frau leicht zu Tränen zu rühren. Doch diese Ergüsse sind bei ihr schnell vorüber. Im Weinen findet sie Erleichterung, und danach kehrt rasch der Sonnenschein wieder. Bald ist die »Ermitage« wieder von frohem Gelächter erfüllt. Von dezentem Gelächter natürlich, denn schlüpfrige Scherze duldet die Zarin nicht in ihrer Gegenwart. Wenn einer der Geladenen sich eine Zote gestattet, dann setzt sie eine eisige Miene auf und tadelt ihn. Die Liebe, die in ihrem Leben eine so zentrale Rolle spielt, darf ihrer Ansicht nach kein Gegenstand von Witzeleien sein. So sinnlich erregbar sie im Dämmer des Alkovens ist, so prüde gibt sie sich im hellen Licht des Salons. So stark ihre Neigung zur Wollust ist, so weiß sie sie doch gewissen Regeln der Schicklichkeit zu unterwerfen, die vielleicht noch ein Relikt ihrer protestantischen Erziehung sind. Die ausländischen Diplomaten wissen die schlichte Herzlichkeit dieser freundschaftlichen Runde zu schätzen. Nach dem steifen Prunk am Hof von Versailles ist der Baron von Breteuil ganz entzückt von der Simplizität des Umganges bei Ihrer Majestät der Zarin von Rußland. Der englische Botschafter, Sir Robert Gunning, gewöhnt an die fade Etikette von St. James, schreibt: »Es herschte dort eine Atmosphäre von solcher Harmonie und guten Laune, daß man sich in einem Paradies des Friedens wähnen konnte.«

Im Winter ist St. Petersburg der Ort, wo sie mit den Qualitäten einer guten Hausfrau zu bezaubern versucht; im Sommer aber ist es Zarskoje Selo. Einfach gekleidet und mit ungepudertem Haar geht sie mit ihren Hunden schon am frühen Morgen im Park spazieren, der noch feucht ist vom Tau. In der Hand hält sie ein Schreibbrett mit Papier und Stift, um ihre Gedanken festzuhalten. Audienz hält sie oft unter freiem Himmel im Schatten eines Baumes, in einer Laube oder auf einem Balkon ihrer Residenz. Unter ihren bevorzugten Mitarbeitern ist der junge Ökonom Jean-Jacques Sievers, der ihr bei ihrer Reise nach Kurland vorgestellt wurde, zweifellos einer der begabtesten. Sie ernennt ihn zum Gouverneur von Nowgorod. Und zum Generalprokurator, dem ranghöchsten Beamten in der Verwaltung des Reiches, macht sie gegen den Rat ihrer Mitarbeiter einen erst 35 Jahre alten Mann, den Fürsten Alexander Wjasemskij. Der Generalprokurator führt den Vorsitz im Senat und trägt die Verantwortung für die Finanzen, die Justiz und das Innenressort; er ist der Sprecher Ihrer Majestät und ihr engster Mitarbeiter. Zusammen mit der Ernennungsurkunde übergibt Katharina dem Fürsten Wjasemskij eine geheime Instruktion, in der sie ihre politischen Vorstellungen darlegt: »Das russische Reich ist so groß, daß jede andere Regierungsform als die eines absoluten Kaisers ihm schaden müßte; jede andere Regierungsform nämlich ist langsamer im Vollzug und läßt den Leidenschaften freie Bahn, die die Macht und die Kräfte des Staates verschleudern . . .« Was für andere Länder gut ist, so fährt sie fort, muß nicht notwendig auch für Rußland gut sein, und »die inneren Einrichtungen eines Landes müssen immer im Rahmen des Charakters dieses Landes bleiben«. Und wenn es noch eines weiteren Beweises für die Notwendigkeit einer unerbittlichen Zentralgewalt bedarf, so liefert ihn die Trägheit der russischen Behörden, »wo kein Mensch selbständig zu denken und zu handeln wagt«. Dagegen haben die Provinzen mit einer fremdstämmigen Bevölkerung Anspruch auf einen Sonderstatus. »Kleinrußland, Livland und Finnland werden gemäß den ihnen eingeräumten Privilegien verwaltet; es wäre höchst ungeschickt, gegen diese Privilegien zu verstoßen, und sie zu schmälern wäre nicht nur ein Fehler, sondern eine Torheit. Wir müssen diese Provinzen mit aller Sanftmut dahin bringen, daß sie uns wohlgesinnt werden und nicht mehr wie die Wölfe in einem wilden Wald leben.«

Schließlich gibt die Kaiserin dem neuen Generalprokurator auch noch ein großartiges Porträt ihrer selbst:

»Sie müssen wissen, mit wem Sie es zu tun haben. Sie werden täglich Umgang mit mir haben und dabei feststellen können, daß ich kein anderes Ziel habe als das Glück und den Ruhm meines Landes und nichts wünsche als das Wohlergehen aller meiner Untertanen, welcher Klasse sie auch angehören mögen. All mein Sinnen und Trachten geht dahin, daß im Inneren des Reiches wie auch jenseits seiner Grenzen Zufriedenheit und Ruhe herrschen soll. Ich liebe die Wahrheit, und Sie können sie mir sagen ohne Furcht. Sie können mir auch ungescheut widersprechen, wenn es allein um der Sache willen geschieht ... Ich möchte noch hinzufügen, daß ich Schmeicheleien nicht schätze und von Ihnen keine erwarte. Was ich verlange, ist Offenheit im Verkehr mit mir und Tatkraft in der Wahrnehmung Ihres Amtes.«

Diese Grundsätze für die Zusammenarbeit eines Herrschers mit seinem Premierminister bezeugen einen so ungewöhnlichen Weitblick, daß man bald in ganz Europa davon spricht. Und bald hat Katharina schon wieder Gelegenheit, die Einbildungskraft der intellektuellen Kreise zu beflügeln. Durch ihren Botschafter in Frankreich, den Fürsten Golitzin, hat sie erfahren, daß Diderot in Geldschwierigkeiten ist und seine Bibliothek für vierzehntausend Franken verkaufen will; sie bietet ihm sechzehntausend und stellt die Bedingung, daß die kostbaren Bände zu Lebzeiten des berühmten Schriftstellers in seinem Hause bleiben müssen: »Es wäre eine Grausamkeit, einem Gelehrten seine Bücher zu nehmen.« Diderot wird also Bibliothekar der Zarin, braucht dazu nicht einmal sein Haus zu verlassen und empfängt obendrein ein Gehalt von tausend Franken pro Jahr. Und um jede Verzögerung bei der Abrechnung zu vermeiden, wird er gleich für fünfzig Jahre im voraus bezahlt. Diderot ist überwältigt und schreibt an seine Wohltäterin:

»Erhabene Fürstin, ich werfe mich Ihnen zu Füßen; ich strecke meine beiden Arme nach Ihnen aus; ich möchte mit Ihnen reden können, aber mein Herz ist beklommen und mein Kopf wie gelähmt; meine Gedanken verwirren sich, ich weine vor Rührung wie ein Kind, und die Worte, die dem Gefühl, das mich erfüllt, wahrhaftigen Ausdruck geben könnten, ersterben mir auf den Lippen . . . O Katharina! Seien Sie versichert, daß Sie in St. Petersburg nicht machtvoller herrschen als hier in Paris!«

Voltaire schreibt an die Kaiserin: »Diderot, d'Alembert und ich, wir sind unser drei, um Ihnen Altäre zu errichten.« Und weiter: »Hätte man vor fünfzig Jahren zu ahnen vermocht, daß die Skythen eines Tages das Verdienst, die Gelehrsamkeit und Weisheit in Paris so edelmütig für das entschädigen würden, was das eigene Land schmählich an ihnen versäumt?«

Und Grimm: »Die Arbeit von dreißig Jahren hat Diderot nicht den geringsten Lohn eingebracht. Der Kaiserin von Rußland hat es gefallen, bei dieser Gelegenheit die Schulden Frankreichs zu zahlen.«

Ein Brief nach dem anderen erbringt Katharina den Beweis, wie gut sie ihr Geld angelegt hat. Mancher, der Rußland einst für ein rückständiges Land gehalten hat, in dem die Wölfe heulen und alles dick mit Schnee bedeckt ist, beginnt sich nun zu fragen, ob nicht gerade von dort das Licht der Menschlichkeit und Vernunft kommt. Diderot rührt die große Trommel. Sein Haus wird zu einer Agentur für stellungsuchende Schriftsteller, Gelehrte, Künstler, Handwerker, Architekten und Ingenieure; alles kommt zu ihm, um Informationen einzuholen und um eine Anstellung in St. Petersburg nachzusuchen. Er verweist sie an den Fürsten Golitzin, an Betzkoj. Katharina genießt ihren Triumph. Durch eine einzige Geste, die sie nicht viel gekostet hat, ist sie, mit den Worten Voltaires, zur »Wohltäterin Europas« geworden. Erst vor drei Jahren ist sie gekrönt worden, und schon herrscht sie nicht nur über Millionen Russen, sondern auch über die ausländischen Intellektuellen. Sie ist die Beschützerin der Wissenschaften und Künste, eine Art weltliche Madonna, die den Segen ihrer Rubel ausstreut, das mäzenatische Mütterchen von St. Petersburg, vor dem keine Grenzen gelten, sondern allein das Talent zählt.

Ihres Prestigegewinns bewußt, will Katharina sich noch stärker als denkender Kopf profilieren. Eines Tages kostet sie zum

Entsetzen aller Gäste an ihrem Tisch Kartoffeln, erklärt, daß diese »Indianerspeise« sehr wohlschmeckend sei, und erteilt Sievers den Auftrag, den Anbau der Knollen zu propagieren. Die ersten Anpflanzungen werden von bewaffneten Wachen abgeschirmt, damit nicht abergläubische Bauern das »Teufelskraut« ausreißen. Aber noch andere Bauern machen Katharina Sorge: die »Raskolniks«, die Altgläubigen, die von der Kirche als Ketzer verfolgt werden und deshalb vor kurzem den Entschluß zum Opfertod auf dem Scheiterhaufen gefaßt haben, um einer Welt zu entrinnen, in der der Böse regiert. Entsetzt läßt die Zarin durch Sievers verkünden, daß sie die Dissidenten unter ihren persönlichen Schutz stellt. Diese aber haben inzwischen am kollektiven Selbstmord Geschmack gefunden. Sie fahren fort mit den Selbstverbrennungen, nun nicht mehr, um der Gerichtsbarkeit zu entgehen, sondern um so rasch wie möglich in das Reich Gottes zu gelangen. Sievers muß die Truppen eingreifen lassen, um weitere Flammenzeichen zu verhindern. Ein Ukas wird erlassen, der den »Raskolniks« die freie Religionsausübung gestattet. Doch sie sind der Kaiserin dafür gar nicht dankbar. Denn indem sie es ihnen leichter macht, ihrem Glauben gemäß zu leben, schmälert sie auch, so fürchten sie, ihren mystischen Drang. Viele wandern in die Türkei aus, wo sie wenigstens sicher sind, nach Herzenslust Märtyrer werden zu können. Der Weg zum Himmel kann nur über das Leiden führen; die Toleranz macht die Herzen weich und schlaff, sie ist eine Falle, die der Teufel stellt. Diese zutiefst russische Vorstellung von der Erlösung durch das Leiden setzt Katharina in Erstaunen. Sie hat den Eindruck, daß die Masse des ungebildeten und schicksalsergebenen Volkes das Mißtrauen der Altgläubigen gegenüber irdischem Glück durchaus teilt. Vielleicht haben auch die Leibeigenen insgeheim Angst davor, befreit zu werden und damit den Zustand unschuldiger und willenloser Tiere mit dem von Menschen zu vertauschen, die ihrer Rechte und Pflichten bewußt sind? Vielleicht sind die liberalen Ideen, die in den Pariser Salons so elegant verfochten werden, für das finstere Reich der Skythen gar nicht geeignet? Mit äußerster Vorsicht macht sie sich an die Ausarbeitung ihres »Nakas«, ihrer Instruktion zur Verfertigung eines neuen Gesetzbuches. Sie sieht darin die große Aufgabe ihres Lebens.

Noch gilt in Rußland das verworrene und barbarische alte

Gesetzbuch, das Zar Alexis I. Michailowitsch im Jahre 1649 erlassen hat. Ein paar Retuschen unter Peter dem Großen, Katharina I., Peter II. und Anna Iwanowna haben kaum klarere Verhältnisse geschaffen. Dieses überalterte Gebäude muß gründlich entstaubt und modernisiert werden. Ganz in der Stille rüstet sich Katharina zu einer Herkulesarbeit. Nur Grigorij Orlow und Panin bekommen von Zeit zu Zeit ein paar Seiten ihres Manuskripts zu lesen. Sie sind überwältigt vor Bewunderung. »Das sind Axiome, die Mauern zum Einsturz bringen!« ruft Panin aus. Voltaire und Montesquieu sind die beiden Leuchttürme, von deren Licht sich Katharina leiten läßt, wenn sie zur Feder greift. An d'Alembert schreibt sie:

»Zum Nutzen meines Reiches habe ich den Präsidenten Montesquieu ausgeplündert, ohne seinen Namen zu nennen. Ich hoffe, er wird mir, wenn er mich von der jenseitigen Welt bei der Arbeit sieht, das Plagiat um des Wohles von zwanzig Millionen Menschen willen verzeihen. Er hat die Menschheit zu sehr geliebt, um sich darüber zu entrüsten. Sein Buch ist mein Brevier.« Und an Friedrich II.: »Ich habe gehandelt wie der Eichelhäher in der Fabel, der sich mit den Federn des Pfaues schmückt.« In Wirklichkeit hat sie sich nicht nur mit den Federn Montesquies geschmückt, sondern auch mit denen des italienischen Juristen Cesare Beccaria, dessen *Trattato dei delitti e delle pene* 1764 erschienen ist. Doch alle diese Anleihen werden in einen Zusammenhang eingebracht, der ihren Sinn verändert. Die »Instruktion« ist paradoxerweise eine autokratische Umdeutung des Liberalismus der Autoren, aus denen sie schöpft. Montesquieu und Beccaria erscheinen darin verkleidet als Potentaten, die in einer Hand die Waage der Gerechtigkeit und in der anderen die Knute halten. Es handelt sich übrigens nicht um ein Gesetzbuch, sondern um eine Aufzählung von Grundsätzen, die einen künftigen Gesetzgeber leiten sollen. Und diese in 655 Paragraphen eingeteilten Grundsätze bezeugen ein Denken, das ständig schwankt zwischen geistigem Fortschritt und Aufrechterhaltung der Traditionen, zwischen dem Verlangen nach Gleichheit und dem Respekt vor Privilegien, zwischen dem Zwang zum Absolutismus und den Segnungen der Toleranz. In jeder Zeile beschwört Katharina die Ideale der Güte und Gerechtigkeit, der Vaterlandsliebe und Vernunft. Doch in strenger Ordnung und unter der Führung eines starken Hirten soll die Herde den Weg zum Glück gehen. Sie allein weiß, was ihre Schafe brauchen: Sanftmut und Festigkeit. Doch als Meisterin der Monarchie will sie nicht der Tyrannei bezichtigt werden. Denn Alleinherrschaft bedeutet für sie nicht Despotismus, sondern Liebe. Edelmütig empfiehlt sie den Reichen, die Armen nicht zu unterdrücken, verdammt sie die Folter, verwirft sie die Todesstrafe – außer für politischen Verbrechen –, verkündet sie, daß nicht das Volk für den Herrscher da ist, sondern der Herrscher für das Volk. Aber das alles hindert sie nicht daran, die Vorrechte des Adels gutzuheißen und zu statuieren, daß Menschen nur aus triftigen Gründen zu Sklaven gemacht werden dürfen. Also keine Abschaffung der Leibeigenschaft, sondern nur die Empfehlung, die Leibeigenen menschlich zu behandeln! Ein internationaler Liberalismus, verwässert mit nationalem Empirismus. Europäische Ideen, mit russischer Sauce gewürzt. Trotz des Mangels an Folgerichtigkeit beweist diese Arbeit Katharinas, an der sie mehr als ein Jahr geschrieben hat, ihren Mut, ihre Hartnäkkigkeit und ihren ehrlichen Wunsch nach Veränderung. Ihrer »Legislomanie«, wie sie selber es nennt, fehlt durchaus nicht ein Zug von Größe.

Im Herbst 1766 legt sie selbst ihr Werk dem Senat vor und befiehlt die Bildung einer gesetzgebenden Kommission oder Großen Kommission, die die Grunsätze der »Instruktion« in Gesetzesparagraphen umgießen soll, nachdem sie die Wünsche des Volkes erforscht hat. Das Volk nach seinen Wünschen fragen! Jede Provinz, jede Gesellschaftsklasse dazu auffordern, in öffentlichen »Heften« ihre Interessen zum Ausdruck zu bringen! Die Massen an der Gesetzgebung beteiligen, und sei es auch nur ganz von ferne! Welch eine Revolution! Die Senatoren wissen nicht recht, ob sie über so viel Kühnheit erschrekken oder sich wundern sollen. Statt dessen brechen sie in Tränen aus und bringen der Zarin Ovationen dar.

Der Großen Kommission sollen nicht nur die Repräsentanten des Senats, der Synode und der Kollegien angehören, sondern auch Abgeordnete des Adels, der Bürger und Bauern – selbstverständlich nicht der leibeigenen Bauern. Der Adel wählt für jeden Bezirk einen Deputierten, wobei alle Adligen stimmberechtigt sind. Jede Stadt wählt einen Abgeordneten, aber das Wahlrecht haben nur die Hauseigentümer. Die freien Bauern wählen einen Deputierten pro Provinz. Zum Abgeordneten des Adels oder der Bürger kann gewählt werden, wer mindestens fünfundzwanzig Jahre alt ist und einen untadeligen Lebenswandel nachweisen kann. Als Abgeordneter der freien Bauern ist nur wählbar, wer mindestens fünfunddreißig Jahre alt und dazu verheiratet und Familienvater ist. Die Deputierten erhalten von ihren Wählern ein Heft mit Wünschen, das von einem fünfköpfigen Komitee zusammengestellt wird. Ihre Unkosten werden ihnen aus der Staatskasse ersetzt, und sie sind auf Lebenszeit vor der Todesstrafe, der Folter, vor körperlicher Züchtigung und der Beschlagnahme ihrer Güter sicher. Große Begeisterung weckt der Wahlvorgang jedoch nicht; es gibt zahllose Enthaltungen, und jeder fürchtet im Falle seiner Wahl nur zusätzliche Belastungen und Verantwortlichkeiten. Und dazu ist für die meisten, für Wähler wie für Kandidaten, der Weg vom Wohnort zur Bezirkshauptstadt viel zu weit! Also bleibt man lieber zu Hause, verläßt sich auf den Nachbarn und läßt den Dingen ihren Lauf. Endlich aber ist mit viel Hangen und Bangen die Große Kommission doch zustande gekommen. 1441 Wunschhefte sind die Grundlage, auf der sie sich konstituiert.

Im Frühjahr 1767 findet die erste Sitzung statt. Zunächst beraten die Deputierten darüber, mit welchem Titel die Zarin für ihre Initiative geehrt werden soll: Katharina die Große, die Weiseste, die Mutter des Vaterlandes. Die Diskussion darüber nimmt mehrere Sitzungen in Anspruch. Katharina wird ungeduldig. »Ich habe Sie einberufen, um über Gesetze zu beraten«, schreibt sie an Graf Bibikow, den Präsidenten der Versammlung, »und statt dessen beschäftigen Sie sich mit der Anatomie meiner Person.« Der Titel »Katharina die Große« findet die meiste Zustimmung. Sie gibt sich ungehalten darüber, aber im Grunde ist ihr dieser neue Kopfputz ganz recht. Nachdem sie ihre Fürstin getauft hat, geht die Kommission endlich ernsthaft an die Arbeit. Sie besteht aus 28 Repräsentanten der wichtigsten Staatsinstitutionen und aus 536 Deputierten, die von den verschiedenen Gesellschaftsklassen – mit Ausnahme der Leibeigenen – gewählt worden sind. Die Aufgabe dieser Männer von so unterschiedlicher Herkunft besteht darin, Gesetze zu finden, nach denen sowohl Christen wie Moslems, sowohl die Bewohner der tatarischen Steppen wie die der fruchtbaren Gegenden der Ukraine, sowohl Moskowiter wie Sibirier leben können. Sehr bald begreifen sie, daß dieses Unternehmen ihre Kräfte überfordert. Katharina nimmt persönlich an den meisten Sitzungen teil. Ihre erste Enttäuschung erlebt sie bei der Lektüre der »Hefte«, von denen sie sich Aufschlüsse über die Geistesverfassung ihrer Untertanen erwartet hat. Sie muß jedoch feststellen, daß so etwas wie eine öffentliche Meinung in Rußland überhaupt nicht existiert. Aus Furcht vor Repressalien wagt niemand, sich zu beklagen. Was die Regierungsgeschäfte angeht, so verläßt ein jeder sich auf die »Weisheit und mütterliche Fürsorge unserer Zarin«. Nur die Adligen wünschen ergebenst eine Erweiterung ihrer Vorrechte, und die Kaufleute erbitten das Recht, ebenso wie die Adligen Leibeigene zu besitzen – das ist alles. Die Leibeigenen selber aber haben in diesem Kreis ja keine Stimme. Um mehr Klarheit in die Angelegenheit zu bekommen, teilt die Kommission die Arbeit auf neunzehn Unterkommissionen auf, die ihre Zeit mit klugem Geschwätz verplempern. »Es ist eine Komödie«, schreibt der französische Geschäftsträger Rossignol. »Die Favoriten und Vertrauten der Kaiserin geben überall den Ton an. Sie lesen die Gesetzestexte so rasch oder mit so leiser Stimme, daß man sie kaum hört . . . Dann bitten sie die Versammlung um ihre Zustimmung, und diese hütet sich, etwas abzulehnen, was sie kaum vernommen, geschweige denn verstanden hat.«

Im Dezember 1768 nach zweihundert Sitzungen verkündet Graf Bibikow im Auftrag der Kaiserin die Auflösung dieser falschen Generalstände. Als Vorwand dient die Kriegserklärung der Türkei. In Wirklichkeit hat die Zarin die schwerfällige Langsamkeit dieser Großen Kommission satt. Als ein Delegierter wissen will, ob die Versammlung ihre Arbeit später wiederaufnehmen wird, hört man aus der Loge der Kaiserin den Lärm eines heftig umgestoßenen Stuhles. Ihre Majestät hat sich erhoben und wütend den Saal verlassen – das ist ihre ganze Antwort.

Das Scheitern ihres Unternehmens hat Katharina darüber belehrt, wie unfähig die Mandatsträger sind und wie weit ihre Ansichten über so schwerwiegende Probleme wie Leibeigenschaft, Steuern, Privilegien und Rechtswesen auseinandergehen. Sie macht sich diese bittere Erfahrung zunutze und regiert ihr Land künftig mit noch festerer Hand. Nach wenigen Monaten des Fiebertraums verfällt Rußland wieder in seinen jahrhundertealten Schlaf.

In Westeuropa dagegen hat sich die Begeisterung noch nicht

gelegt. Katharina hat ihre »Instruktion« in französisch, latein und deutsch übersetzen lassen, damit sie in allen aufgeklärten Ländern Verbreitung finden kann. Auf ihre gewohnten Weihrauchschwinger kann sie sich verlassen. Sie sind alle treu auf ihrem Posten und haben schon die Trompete angesetzt. Voltaire gibt vor zu glauben, dieses Dokument der Weisheit sei nicht nur eine Art Vorspruch, sondern ein vollständig ausgearbeitetes und auch bereits in Kraft getretenes Gesetzeswerk. Er schreibt: »In ihrem neuen Gesetzbuch, das das beste aller Gesetzeswerke ist, überträgt die Kaiserin die Gesetzgebung dem Senat, der aus den Großen des Reiches besteht.« Er rühmt das Werk als »das schönste Denkmal unseres Jahrhunderts, würdig eines Solon oder Lykurg«. »Menschlichkeit und Gerechtigkeit haben Katharina die Feder geführt: alles hat sie reformiert.« Diderot und d'Alembert stoßen in das gleiche Horn. Sogar Friedrich II. ist ergriffen. Und selbst die französischen Polizeibehörden scheinen dazu beitragen zu wollen, den Erfolg Katharinas im Ausland zu sichern: in Paris wird die »Instruktion« verboten! Katharina gibt sich empört, aber das ist Schauspielerei; im stillen triumphiert sie. Kaum je hat ein Mensch bei sich zu Hause und draußen vor der Welt so gegensätzliche Gesichter gezeigt. In Rußland ist Katharina Autokratin, hier in Frankreich aber Republikanerin. Ihre Höflinge sind einerseits Adlige, die die Leibeigenschaft rechtfertigen, und andererseits Schöngeister, die sich für die Freiheit begeistern. Und dieses Doppelspiel kostet sie keinerlei Anstrengung: sie läßt einmal ihr Herz sprechen und einmal ihren Verstand, einmal ihre Bewunderung für die westliche Ordnung und einmal ihr Faible für die Exzentrik des russischen Wesens.

16. KAPITEL

Franzosen und Türken

Aus Polen kommen Nachrichten, die wenig Gutes verheißen. In der kleinen Stadt Bar unweit der türkischen Grenze hat sich schon im Februar 1768 eine Konföderation von Patrioten gebildet, die alle miteinander geschworen haben, das russische Joch abzuschütteln und die bürgerlichen Rechte der nichtkatholischen Polen einzuschränken. Paradoxerweise ist also der russische Unterdrücker der Anwalt der religiösen Toleranz, während die unterdrückten Polen die Gleichberechtigung der unterschiedlichen Konfessionen ablehnen. Katharina ist entzückt über diese Paradoxie, die ihr erlaubt, mit gutem Gewissen durchzugreifen. Im Namen der Gewissensfreiheit kann sie die Ordnung in Polen wiederherstellen. Ihre seit langem in Alarmbereitschaft gehaltenen Truppen gehen brutal gegen die ungeordneten Haufen der Konföderation vor und werfen sie nieder. Wie gewöhnlich spendet Voltaire seinen Beifall: »Das Beispiel, das die Kaiserin von Rußland bietet, ist einzigartig in dieser Welt. Sie hat vierzigtausend Russen ausgeschickt, mit aufgepflanztem Bajonett Toleranz zu predigen . . .« Und an anderer Stelle: »Sie hat Armeen aufmarschieren lassen . . . um (die Leute) zu zwingen, einander zu ertragen.« Bloßer Strohmann, der er ist, beugt Stanislaus Poniatowski sich der Gewalt.

Katharinas Botschafter in Warschau führt sich auf wie der Gouverneur einer eroberten Provinz. In der Umgebung des Königs Ludwig XV. in Frankreich herrscht wilde Empörung, doch an ein direktes Eingreifen in die Auseinandersetzung um Polen denkt die französische Regierung nicht; Vorsicht zügelt den Zorn. Man sähe es lieber, daß andere Länder die Kastanien aus dem Feuer holen, und sucht nach einem geeigneten Werkzeug für eine Strafaktion gegen Katharina. Zwei Jahre zuvor hatte der Herzog von Choiseul an den damaligen Botschafter in Konstantinopel, Vergennes, geschrieben: »Das sicherste Mittel . . ., die Usurpatorin Katharina von ihrem angemaßten Thron zu stoßen, wäre, sie in einen Krieg zu verwickeln. Die Türken sind die einzigen, die uns diesen Dienst leisten könnten . . . Ein Krieg der Türkei gegen Rußland muß das ausschließliche Ziel Ihrer Bemühungen sein.«[1] Doch Katharina ist weit davon entfernt, diesen Krieg zu fürchten. Ganz im Gegenteil: sie wünscht ihn sich herbei. Sie vertraut auf die Stärke ihrer Armee und ihrer Flotte. Vielleicht ist es ihr vergönnt, den alten Traum Peters des Großen wahr zu machen: Annexion der reichen Krim, Zugang zum Schwarzen Meer und zu den Dardanellen, Vernichtung der türkischen Macht, Eroberung der heiligen Stadt Konstantins, der Wiege der orthodoxen Religion? Wenn ihr das gelingt, dann wird sie wirklich das Recht haben, sich Katharina die Große zu nennen. Sie betet um den Funken, der das Pulver in Brand setzt. Und im rechten Augenblick stellt der erwünschte Grenzzwischenfall sich ein. Im Verlauf eines Gefechts mit den Polen dringt eine ukrainische Einheit auf türkisches Territorium vor und bemächtigt sich Baltas, einer osmanischen Stadt in Bessarabien. Von Frankreich angestachelt, legt der Sultan Protest ein und verlangt von Rußland die Räumung Polens. Katharina kommt das sehr gelegen; sie lehnt natürlich ab. Darauf wird der russische Botschafter in Konstantinopel, Obreskow, in der Festung der Sieben Türme gefangengesetzt; die Hohe Pforte erklärt den Feinden des Propheten den Krieg.

In der Türkei wird überall beflaggt, ebenso in Rußland. Friedrich II. vermutet, daß beide Seiten unzulänglich gerüstet sind und spricht von einem »Krieg der Blinden gegen die Lahmen«. Gewiß ist die russische Armee schlecht organisiert, die Ausrüstung und das Versorgungssystem sind mangelhaft. Aber die Türken sind noch schlechter dran; Frankreich war schlecht beraten, als es auf sie setzte. Im September 1769 besiegt Peter Graf Rumjanzow die »Ungläubigen« bei Chozim, besetzt die Donauländer, erobert Asow und Taganrog und rüstet zum Einmarsch in die Krim. 1770 werden einhundertfünfzigtausend Türken am Flusse Kagul von siebzehntausend Russen niedergemacht. Im gleichen Jahr verläßt die russische Flotte unter dem Oberbefehl von Admiral Alexej Orlow, dem »Narbengesicht«, die Ostsee, durchfährt den Ärmelkanal, dringt in das Mittelmeer ein, läuft Venedig an und erscheint bald darauf im Ägäischen Meer zum Gefecht mit der türkischen Flotte. Im Verlauf einer furchtbaren Schlacht vor dem Hafen von Tschesme in der Bucht von Chio wird die türkische Flotte auseinandergetrieben, niedergebrannt und völlig vernichtet. Katharina, der so viele Siege nacheinander gemeldet werden, gesteht Panin, daß sie Angst habe, »vor Freude tot umzufallen«.

Panik erfaßt unterdessen die Fürsten Europas. Friedrich II. und Joseph II. haben eine Zusammenkunft, bei der sie nach Wegen suchen wollen, auf möglichst friedliche Weise einen Damm gegen diesen »ausgetretenen Strom« zu errichten, der »Europa zu überschwemmen« drohe. Der Herzog von Choiseul in Versailles ist außer sich vor Zorn, daß er die militärische Stärke des osmanischen Reiches überschätzt hat. Die englische Regierung vermerkt mit Bitterkeit, daß es die russische Flotte gewagt hat, den Ärmelkanal zu durchqueren, und macht sich große Sorgen wegen dieser neuen Seemacht, die die bisher gültigen Spielregeln über den Haufen wirft. In Schweden sieht man voller Angst die russische Drohung über der Ostsee und dem finnischen Meerbusen schweben. Katharina, die man anfänglich für eine politische Dilettantin gehalten hat, erscheint jetzt allen europäischen Kanzleien plötzlich als ein teuflisches Genie, eine Art Ungeheuer, das scharf kalkuliert und blitzschnell handelt. Was aber die ausländischen Höfe am allermeisten aufbringt, ist die Tatsache, daß die Zarin bei aller Gier nach Vergrößerung ihres Reiches ihre Eroberungen unter dem Deckmantel der liberalen Philosophie machen kann. Treibt sie die Kühnheit nicht so weit, die Sache der Korsen Paolis gegen Frankreich, das sie unterdrückt, mit der Feder zu vertreten? »Jeden Morgen«, schreibt sie an den Grafen Tschernytschew, ihren Botschafter in London, »bete ich: Gott, errette Korsika vor den schurkischen Franzosen!« Die Franzosen sind in ihren Augen die Türken des Westens; das Lilienbanner und den Halbmond wirft sie in einen Topf. »Die Türken und die Franzosen«, schreibt sie, »hatten zusammen den Einfall, die schlafende Katze zu wecken . . . Und siehe da, die Katze stürzt sich auf die Mäuse, und jetzt werden Sie einmal sehen, was Sie erleben werden. Und schon ist großes Geschrei über uns, denn man hat nicht geglaubt, daß wir so ein Spektakel machen könnten, und jetzt werden also die Türken geschlagen werden, und den Franzosen wird es überall so ergehen, wie es ihnen bei den Korsen ergeht.« Friedrich II. beteuert, Katharina habe »eine Art Abneigung gegen alles Französische«. Und der französische Geschäftsträger Sabatier de Cabre meldet seiner Regierung, die Zarin habe einen blinden Haß auf die Franzosen, und ihr ganzes Streben sei darauf gerichtet, »voller Haß und ohne Überlegung das Gegenteil von dem zu tun, was Frankreich wünscht«.

Doch wenn Katharina mit so ätzender Schärfe von den Franzosen spricht, so richtet sich ihr Unmut nicht gegen die Nation als Ganzes, sondern nur gegen Ludwig XV. und seine Minister. Aber auch ein paar französische Schreiberlinge verdienen es, daß man ihnen einmal gehörig auf die Finger klopft. Ein gewisser Abbé Chappe d'Auteroche, seines Zeichens Astronom und Geograph, hat es sich herausgenommen, nach der Rückkehr von einer Sibirienreise ein Buch voller Verleumdungen über Rußland zu schreiben. Er hat es gewagt, Kritik an den von der Kaiserin geschaffenen Institutionen zu üben, zu behaupten, daß die litauischen Bauern im Winter hungern, und die Lüge zu verbreiten, Sibirien sei ein Land mit spärlicher Vegetation. Um das Gegenteil zu beweisen, schickt Katharina die Früchte einer sibirischen Zeder an Voltaire. Sie ist überzeugt, daß dieses widerwärtige Pamphlet ein Schachzug des Herzogs von Choiseul ist. Sie wünscht sich, daß einer der großen französischen Schriftsteller sofort eine Entgegnung verfaßt. Aber die großen französischen Schriftsteller entziehen sich dieser Aufgabe. Also greift sie selber zur Feder. Ihre Erwiderung, in einem rachsüchtigen Ton geschrieben, trägt den Titel *Das Gegengift*. Die ersten beiden Teile werden in prächtiger Aufmachung 1771 gedruckt; eine Fortsetzung wird angekündigt, erscheint jedoch nie. Katharina hat unterdessen die Lust an ihrem Unternehmen verloren. Ganz andere Feinde hat sie jetzt zu besiegen: die Türken. Im Jahre 1773 teilt sie ihrer Freundin Madame Bielke mit, das *Gegengift* werde unvollendet bleiben müssen, da der Verfasser des Werks im Kampf gegen die Türken gefallen sei. Ihre Autorschaft hat sie nie offiziell anerkennen wollen. Weiteren Grund zur Entrüstung liefert ein ehemaliger Sekretär der französischen Botschaft in St. Petersburg: Claude Carloman de Rulhière hat in Paris eine handgeschriebene Broschüre in Umlauf gebracht, in der die Machtübernahme Katharinas geschildert wird. Sie erscheint darin als Abenteurerin und Mörderin ihres Gatten. Katharina erfährt von dem Inhalt des Buches; ihr erster Gedanke ist, sämtliche in Umlauf befindlichen Abschriften aufzukaufen, doch dann beauftragt sie ihren Botschafter Fürst Golitzin, von den französischen Behörden die Beschlagnahme zu fordern. Die Regierung zeigt Entgegenkommen und bedroht Rulhière mit der Bastille, falls er seine Unterlagen nicht herausgebe. Doch das geschieht lediglich pro forma, denn kaum ist die Drohung ergangen, so engagiert der Bruder des Königs Rulhière als Privatsekretär und stellt ihn unter seinen Schutz. Dabei bleibt es, und die Schmähschrift wird weiter öffentlich verbreitet. Um die Zarin zu besänftigen, schreibt ihr Diderot: »Wenn Sie, Madame, auf Schicklichkeit und Tugend, diesen alten Plunder Ihres Geschlechts, den größten Wert legen, dann ist dieses Werk eine Satire gegen Sie; wenn Ihnen aber mehr an kühnen Plänen, an vaterländischen Gedanken und mannhaften Taten gelegen ist, dann zeichnet der Autor Sie als eine große Herrscherin und erweist Ihnen alles in allem mehr Ehre, als daß er Ihnen schadete.«[2] Katharina läßt sich diese versöhnende Deutung gefallen und schluckt ihren Ärger hinunter. Sie vertraut darauf, daß die klarsten Köpfe des Jahrhunderts sie vor der Nachwelt reinwaschen werden: Voltaire, Grimm, d'Alembert, Diderot ... Wie immer gibt Voltaire den Panegyrikern das Zeichen zum Einsatz. Handelt er ganz uneigennützig? Katharina schickt ihm nicht nur Briefe. Auch hübsche Geldsummen werden aus St. Petersburg in diese Schweizer Gegend expediert. Ende 1770 erzählt Voltaire der Zarin von den wackeren Uhrmachern von Ferney, die sich außerordentlich geehrt fühlen würden, wenn sie Uhren bei ihnen bestellte. Sie bittet ihn, »für einige tausend Rubel« für sie zu bestellen. Er übersendet ihr eine ganze Kiste voll Uhren und dazu eine Rechnung über 39 238 Franken. Sie ist verblüfft über die Höhe der Summe, findet sich aber damit ab. Alles in allem ist der wertvollste Priester ihres Kultes damit nicht zu teuer bezahlt.

Der Krieg gegen die Hohe Pforte beflügelt die Phantasie des »alten Schwätzers aus den Alpen«. Er nennt Sultan Mustafa III. das »fette Halbmondschwein«, und er, der Gegner jeder Gewalt, predigt den erbarmungslosen Kampf. »Warum denn Frieden schließen, wenn man weiter Eroberungen machen kann?« schreibt er. »Der Krieg bringt einem Lande viel Nutzen, wenn man ihn erfolgreich an seinen Grenzen führt. Die Nation wird dann fleißiger, aktiver und gewissermaßen furchteinflößender.«

Und weiter:

»Madame, Ihre Kaiserliche Majestät erweckt mich zum Leben, indem sie die Türken tötet. Ihr Brief vom 22. September, mit dem Sie mich beehrt haben, bewirkt, daß ich mit dem Jubelruf O Allah! O Katharina! aus dem Bett springe. Ich habe also recht behalten, ich war ein besserer Prophet als Mohammed! Von Gott und Ihren Truppen bin ich also erhört worden, als ich sang:

Te Catherinam laudamus, te dominam confitemur! Der Erzengel Gabriel hat mir also die völlige Vernichtung der osmanischen Armee und die Einnahme von Chozim verkündet und mir mit dem Finger den Weg nach Iasi gewiesen. Ich bin, Madame, wahrhaftig auf dem Gipfel des Glückes; ich bin entzückt und danke Ihnen dafür.«

Er geht noch weiter; er möchte gern selbst an dem glorreichen Feldzug gegen die Türkei teilnehmen, ein paar Ungläubige abstechen, in Konstantinopel einziehen und auf die Kuppel der Hagia Sophia wieder das Kreuz pflanzen, Athen befreien und mit Katharina philosophierend über die Agora schreiten. Wie schade, daß er schon zu alt ist, um sich zu schlagen: er ist immerhin siebzig! Und doch, sagt er, kann er dem russischen Volk, das so tapfer kämpft, einen großen Dienst erweisen. Vor ein paar Jahren hat er eine Kriegsmaschine nach dem Vorbild der sichelbewehrten persischen Streitwagen ersonnen. Die Entwürfe für dieses todbringende Gefährt haben jedoch nicht den Beifall der französischen Regierung gefunden. Voltaire ist felsenfest überzeugt, daß Frankreich den Siebenjährigen Krieg gewonnen hätte, wenn Versailles seine Erfindung eingesetzt hätte. Und so bietet er sie jetzt Katharina an, damit sie die Türken schneller ausrotten kann.

»Ich betreibe nun durchaus nicht das Handwerk der Mörder«, schreibt er ihr, »aber zwei ausgezeichnete deutsche Totschläger haben mir gestern versichert, daß diese Kampfwagen beim ersten Einsatz in der Schlacht eine unfehlbare Wirkung haben würden und daß unmöglich ein Bataillon oder eine Schwadron der Wut eines so neuartigen Angriffs widerstehen könnte.«

Katharina bleibt mißtrauisch und antwortet ausweichend, daß diese Kampfwagen gewiß eine furchtbare Waffe seien, daß aber für den Augenblick der Mut ihrer Soldaten vollkommen ausreiche, um den Feind zu beeindrucken. In seiner Eigenliebe getroffen, stellt Voltaire sich, als glaube er, sein Projekt sei nicht abgelehnt, sondern werde mit der Möglichkeit eines späteren Auftrags genauerer Prüfung unterzogen. Einen um vieles härteren Affront bedeutet für ihn die Weigerung des Rates der Republik von Genf, junge Schweizerinnen nach Rußland ausreisen zu lassen, die dort Gouvernanten der Kinder vornehmer Familien werden sollen. Auf Katharinas Wunsch hat er sich höchstpersönlich um die Auswahl dieser jungen Mädchen gekümmert. Und nun wird im letzten Augenblick alles in Frage gestellt, kommt alles ins Wanken. Wie wird er vor seiner »Semiramis« dastehen? Er protestiert. Der gelehrte Tronchin antwortet ihm im Namen aller seiner Landsleute: »Herr von Voltaire, der Rat betrachtet sich als den Vater aller seiner Bürger und kann es folglich nicht dulden, daß seine Kinder sich in einem Land niederlassen, dessen Herrscherin in dem schwerwiegenden Verdacht steht, sie habe ihren Gatten ermorden lassen, und wo ungestraft die zügellosesten Sitten herrschen.«[3]

Offenbar verstehen diese Genfer weder ihre Augen noch ihre Ohren zu gebrauchen. Sie stufen die Russen als Barbaren ein, und dabei beschäftigt sich Katharina mitten im Krieg damit, in ihrer Hauptstadt ein Museum zu errichten. Ja, jetzt endlich wird ihr Traum Wirklichkeit. Der neue Winterpalast, den der Italiener Rastrelli errichtet hat, wird um einen Anbau erweitert, den der Franzose Vallin de La Mothe ausführt. Dieser elegant proportionierte Annex erhält den Namen »Ermitage«, mit dem Hauptgebäude ist er durch eine Art gedeckter Brücke verbunden. Die ersten Meisterwerke der Kunst treffen in der Galerie ein. Katharina hat Diderot, der als großer Kenner gilt, beauftragt, Gemälde, Skulpturen, Möbel und Medaillen für sie einzukaufen. Je mehr die Politik sie in Anspruch nimmt, desto stärker empfindet sie das Bedürfnis, sich ihr von Zeit zu Zeit für eine Weile zu entziehen und mit ein paar intimen Freunden in den Räumen zu verweilen, die der Schönheit der Formen und der Farben geweiht sind. Gewiß ist ihr Urteil in künstlerischen Dingen nicht sehr sicher – wie sie selber zugibt. Aber schließlich sind alle Monarchen, die sie bewundert, allen voran Ludwig XIV., mehr oder weniger ausgeprägt Kunstsammler gewesen. Und außerdem liebt sie es, zu raffen, anzuhäufen, zu besitzen. »Das ist nicht Liebe zur Kunst, sondern Gier«, sagt sie. »Ich bin kein Liebhaber, sondern ein Vielfraß.« Sie kauft überall, wo sie nur kann, manchmal sehr teuer und manchmal spottbillig, bald in großen Mengen, bald Einzelstükke. Als erstes bringt sie einen Posten Gemälde an sich, den Friedrich II. aus Sparsamkeit ausgeschlagen hat. Dann errafft sie um 180 000 Rubel die Schätze des Privatkabinetts des Grafen von Brühl, des ehemaligen Ministers des polnischen Königs.

Dank der Bemühungen Tronchins, Diderots, des Fürsten Golitzin und des Grafen Betzkoj gelingt es ihr 1772, für 438 000 Franken die 566 Meisterwerke der Malerei der Sammlung Crozat zu erwerben. Darunter sind Gemälde von Raffael und Guido, von Poussin und van Dyck, von Rembrandt und Teniers, von Veronese und Tizian, von Clouet, Watteau und Murillo ... Eine wahre Sturzflut von erstrangigen Kunstwerken der französischen, italienischen, holländischen und deutschen Schule! Diderot schreibt an Falconet: »Ach, mein Freund, wie hat sich doch alles verwandelt! Wir verkaufen unsere Bilder und Statuen mitten im Frieden, und Katharina kauft sie mitten im Krieg! Die Wissenschaften und die Künste, die Weisheit und der gute Geschmack wandern in den Norden ab, und die Barbarei mit ihrem Gefolge kommt in den Süden herunter.« Aber der Transport all dieser Wunderwerke in ihre neue Heimat bereitet Diderot Sorgen. Im vorigen Jahr erst ist die Sammlung Braancamp, die Katharina für 60 000 Taler in Holland erworben hat, mitsamt dem Schiff, das sie transportierte, in der Ostsee untergegangen. Diesmal jedoch verläuft die Reise ohne Zwischenfall. Nach mehrwöchiger Fahrt werden die siebzehn Kisten unversehrt in der Ermitage abgeliefert. Ein paar Monate später leistet Katharina sich den Luxus, die Sammlung ihres erklärten Feindes, des Herzogs von Choiseul, in einer öffentlichen Versteigerung zu erwerben. Unersättlich, wie sie ist, bringt sie außerdem sämtliche geschnittenen Steine des Herzogs von Orléans an sich, bestellt Gemälde bei Chardin und Vernet und läßt sich eine »Diana« von Houdon schicken, die für den Louvre nicht in Frage kam, weil sie zu spärlich bekleidet ist.

Zwischen diesen auf die riesigen Säle aufgeteilten Kostbarkeiten wandelt sie auf und ab und genießt den Glanz ihres Ruhmes. »Mein kleines Versteck ist so groß«, schreibt sie an Grimm, »daß ich von meinem Zimmer aus hin und zurück dreitausend Schritt zu gehen habe. Dort lustwandle ich zwischen lauter Dingen, die ich gern habe und an denen ich mich erfreue, und diese Gänge sind es im Winter, die mich auf den Beinen und bei guter Gesundheit erhalten.«[7]

Um es in der schlechten Jahreszeit noch angenehmer zu haben, läßt sie im Obergeschoß des neuen Winterpalastes ein riesiges Gewächshaus mit gläsernem Dach einrichten mit Rasenflächen darin und Bäumen, mit Blumenbeeten und Wasserspielen und umherfliegenden Vögeln. Wenn sie aufblickt, hat sie den Himmel über sich. Draußen wirbeln die Schneeflocken, die Schlittenkufen knirschen, die Newa ist dick zugefroren, die weißgepuderen Schildwachen vor dem Palast sind so eingemummt, daß sie plump wie Bären aussehen; hier drinnen aber breitet sich milde sommerliche Wärme wohltätig über die Pflanzen aus. Dem Winter ein Schnippchen schlagen – das ist ein Streich, an dem sie ihre Freude hat. Wie überhaupt alles, was menschenunmöglich erscheint, für sie eine Herausforderung darstellt. So hat sie sich in den Kopf gesetzt, einen gewaltigen Felsblock nach St. Petersburg zu schaffen, wo er als Sokkel für das Reiterstandbild Peters des Großen dienen soll, das sie bei Falconet bestellt hat. Diesen Monolith hat sie mit Falconet und Betzkoj 1768 in Finnland gesehen; man inspizierte damals das Gelände auf der Suche nach dem geeigneten Granit für die Befestigung der Newa-Ufer. Es ist ein gigantischer Steinbrocken, ungefüg und glitzernd, dessen Form an brandende Meereswogen denken läßt. Nach der Berechnung der Fachleute dürfte ein solches Ungetüm über drei Millionen Pfund wiegen.[5] Es ist zweiundzwanzig Fuß hoch, zweiundvierzig lang und vierunddreißig breit und steckt tief in der aufgeweichten Erde. Zwei Jahre lang träumt Katharina von diesem Piedestal, das in dem verlassenen Landstrich ruht, als habe es für alle Ewigkeit dort Wurzeln geschlagen. Sie muß diesen Felsen haben, auch wenn sie die Hälfte ihrer Untertanen davorspannen müßte, um ihn nach St. Petersburg zu schleppen. Peter der Große hätte sich gewiß nicht abschrecken lassen, sondern einen Versuch gewagt. Sieben Millionen Rubel werden als Belohnung ausgesetzt für den, der das geeignete Transportmittel findet. Nach mehreren Versuchen wird ein sinnreich ausgedachtes System angewendet: der Monolith rollt auf kupfernen Kugeln, die in trogartig ausgehöhlten Balken gelagert sind. Hundert Pferde sollen davorgespannt werden. Katharina überwacht höchstpersönlich die Aufstellung des Gefährts. Ein Jahr dauert der Transport, für den eigens eine besondere Straße gebaut wurde. Als der monumentale Brokken schließlich auf dem Admiralsplatz nahe beim Newa-Ufer eintrifft, ergreift ein Gefühl religiösen Schauers die Menschenmenge. Mütterchen Katharina gewinnt also nicht nur den Krieg gegen die Türken, sondern kann auch Berge versetzen.

Doch für Katharina ist es eine leichtere Aufgabe, einen Felsen der Erde zu entreißen, in der er von Urzeit an geruht hat, als den Charakter der Menschen, die ihr nahestehen, nach ihren Vorstellungen umzumodeln. Je mehr ihr Sohn, der Großfürst Paul, heranwächst, desto mehr entwickelt er ein unansehnliches Äußeres und einen zerrissenen Charakter. 1770, zur Zeit der Siege über die Türken, ist er sechzehn Jahre alt. Seine vorspringenden, wässrig blauen Augen haben einen verstörten Ausdruck. Sein grobgeschnittenes Gesicht hat die Form einer Hundeschnauze; ein nervöses Zucken verzerrt seine Züge. Er hat epileptische Anfälle und erblickt in nächtlichen Halluzinationen seinen toten Vater. Schon früh hat er unter dem Einfluß der Gerüchte am Hof seiner Mutter die Schuld an diesem Mord gegeben. Die Broschüre Rulhières, von der übelwollende Ratgeber ihm eine Abschrift zugespielt haben, hat ihn endgültig überzeugt. Er fühlt sich in der Rolle Hamlets. Ein Verlangen nach Rache für die Untat entflammt seine Phantasie. Die Liaison der Kaiserin mit Grigorij Orlow empört ihn. Von seinem Vater dagegen, den er im Grunde überhaupt nicht gekannt hat, macht er sich eine idealisierende Vorstellung. Wie er hat auch er eine Leidenschaft für militärische Übungen. Die Armee, wo es nach Leder, Waffenschmiere, Pulver und Schweiß riecht, scheint ihm der beste Ort, um der Langeweile des Daseins zu entrinnen. Am liebsten wäre ihm ein Leben, das nur aus Paraden und Geknall besteht. Zugleich quält ihn der Verfolgungswahn. Trotz der liebevollen Fürsorge seiner Mutter hat er Angst, daß sie ihn vergiften oder erdolchen wird. Ein Grabeshauch umgibt sie für ihn. Eines Tages findet er winzige Glassplitter in dem Gericht, das ein Diener ihm serviert, wird bleich vor Wut, springt von seinem Stuhl auf, rennt wild gestikulierend durch den ganzen Palast bis zur Kaiserin und schreit ihr ins Gesicht, sie habe ihn ermorden wollen. Katharina bleibt völlig ruhig, hält ihm eine Strafpredigt, und er senkt beschämt den Kopf. Doch je öfter derartige Szenen sich wiederholen, desto kühler wird sie diesem verschlagenen und haßerfüllten jungen Mann gegenüber. Sie weiß nur zu gut, daß er sie hinter ihrem Rücken in ohnmächtigem Zorn verleumdet und beschimpft. Er erinnert sie an Peter III. Sie sieht in ihm den Feind, der ihre Ruhe und vielleicht sogar ihren Thron bedroht. »Man hält ihn (den Großfürsten Paul) für rachsüchtig, verbohrt und starrsinnig«, schreibt der französische Geschäftsträger Sabatier de Cabre am 20. April 1770. »Die Gefahr ist nun, daß man, wenn man ihn zu zügeln versucht, die Keime eines trotzigen Charakters bestärkt, daß Falschheit, verstohlener Haß und vielleicht auch Feigheit überhandnehmen und daß die bessere Entwicklung, die man hätte fördern können, gänzlich an der Angst erstickt, die seine Mutter ihm von jeher einflößt . . . Seine Mutter allerdings gibt sich ihrem Sohn gegenüber keinerlei Mühe, den Schein zu wahren, auf den sie sonst in allen Dingen so großen Wert legt. Er erlebt sie in Ton und Haltung immer nur als die Herrscherin, und dazu begegnet sie ihm oft mit einer Härte und Gleichgültigkeit, die den jungen Prinzen aufbringen muß. Nie hat sie ihn wirklich wie eine Mutter behandelt. Und der Großfürst verhält sich ihr gegenüber, als stünde er vor einem Richter.«

Ihr zweiter Sohn, der kleine Graf Bobrinski, der mit mehr Zärtlichkeit aufgezogen worden ist, macht der Zarin Kummer durch seine Faulheit und Flatterhaftigkeit. Auch der Vater des Kindes, Grigorij Orlow, ist ein ruheloser, unzufriedener Mensch. Beim Ausbruch des Krieges gegen die Türkei besteht seine Liaison mit der Kaiserin bereits seit sechs Jahren. Die erste Glut der Leidenschaft ist bei beiden nach und nach einer Art wollüstiger Zärtlichkeit gewichen, die mit Phasen des Streites wechselt. Man sieht allgemein in ihnen ein Paar, dessen Liebe gealtert ist: einander müde geworden, aber unfähig, sich zu trennen. Grigorij Orlow leidet darunter, daß er für Katharina nicht mehr ist als der Spender nächtlicher Lust, und hat versucht, ihr zu beweisen, daß er geistig ebensogut mithalten kann wie im Bett. Er hat sich aufs Lesen gewofen, einen Briefwechsel mit Jean-Jacques Rousseau begonnen, sich für Malerei und Agronomie interessiert, aber jedesmal war seine Begeisterung rasch erlahmt. Faul und oberflächlich, ein Sybarit mit dem Körper eines Riesen, muß er jetzt mit Bitterkeit erkennen, daß er ohne die Gunst der Zarin ein Nichts wäre. Je größer der Schatten wird, den Katharina auf der politischen Bühne wirft, desto winziger erscheint er neben ihr. Sie sucht nur seine Liebkosungen und heißt ihn schweigen, wenn er zu den Staatsgeschäften auch einmal seine Meinung sagen will. Fast könnte man glauben, daß in diesem ungleichen Paar er das Weib ist. Ja wahrhaftig, die kleine deutsche Prinzessin hat nicht nur das Vaterland gewechselt, als sie Kaiserin von Rußland wurde, sondern auch das Geschlecht. Sie hat im doppelten Sinne ihre Heimat verloren. Denkt sie an Frauen, dann hat Katharina das Gefühl, mit dieser Menschenart, die ihr schwach, frivol und wehleidig erscheint, wenig zu tun zu haben. Nur im Unterleib hat sie manchmal die gleichen Bedürfnisse und Triebe wie ihre Schwestern. Geistig aber ist sie ein Mann voller Tatkraft und Eroberungsdrang. Grigorij Orlow, der diese Amazone besitzen darf, wundert sich, daß sie, ist sie erst einmal im Bett, sich noch als Liebende zu geben vermag. Er wird traurig, beklagt sich, möchte wenigstens auf dem Schlachtfeld Ruhm ernten wie sein Bruder Alexis. Er redet davon, in den Krieg gegen die Türken ziehen zu wollen, aber Katharina läßt ihn nicht fort. Sie behauptet, sie brauche seine Nähe und seinen Rat. Aber er weiß genau, daß sie ihn nur der Liebesdienste im Bett wegen nicht entbehren kann. Katharinas Schlafzimmer ist das einzige Schlachtfeld, auf dem er sich bewähren darf. Und dazu noch ruft sie ihn immer seltener; die Staatsgeschäft nehmen sie zu sehr in Anspruch. Vierzig Jahre ist sie jetzt alt, und er ist vierunddreißig. Auf der Suche nach Ablenkung betrügt er sie heimlich mit Zufallsbekanntschaften. Bürgersfrauen und Adlige – jede ist ihm recht. Doch diese flüchtigen Siege im Alkoven können seinen Ehrgeiz nicht befriedigen. Auch in den Armen anderer Frauen denkt er unaufhörlich an Katharina. Er möchte vor ihr glänzen und über sie triumphieren, ein für allemal. Und unverhofft bietet sich ihm eine Gelegenheit, als er schon keine Chance mehr sieht, aus seinem vergoldeten Käfig zu entrinnen: in Moskau ist die Pest ausgebrochen. Die örtlichen Behörden werden schon bald der Lage nicht mehr Herr. Das Volk mißachtet die Verbote, sich auf dem Marktplatz oder in der Kirche zu versammeln, durch die die Ansteckungsgefahr verringert werden soll. Denn da es sich um eine Geißel Gottes handelt, gibt es für die Gläubigen kein anderes Heilmittel als das Gebet. Und da will man ihnen verbieten, die wundertätigen Ikonen zu küssen! Sie begehren auf, schreien Verrat, rennen die Türen der Gotteshäuser ein. Angesichts des Aufruhrs trifft der Metropolit von Moskau die Entscheidung, die heiligen Bilder fortzuschaffen. Als er sich persönlich in den Kreml begibt, um die Ausführung seiner Anordnung zu überwachen, erkennt ihn die Menge, fällt ihn an, wirft ihn zu Boden, trampelt ihn nieder, bringt ihn um. Die ganze Stadt versinkt in Chaos und Verzweiflung, in Panik, Wahnsinn und Gewalt. Grigorij Orlow bittet Katharina um die Erlaubnis, nach Moskau zu gehen, um die aufgebrachten Massen zur Räson zu bringen. Er liebt gefährliche Aufgaben, besitzt Tatkraft und großen physischen Mut; das hat er schon bei dem Staatsstreich bewiesen, der Katharina an die Macht gebracht hat, und jetzt erbittet er die Gelegenheit, es noch einmal zu beweisen. Nach Jahren der Tatenlosigkeit und Verweichlichung hat er das Bedürfnis, sich zu rehabilitieren – sowohl vor sich selber als auch vor der Kaiserin. Katharinas Entscheidung mag überraschend erscheinen: wenn er ins Feld wollte, hat sie immer nein gesagt, aber nach Moskau läßt sie ihn ziehen. Weiß sie denn nicht, daß die Gefahr für ihn dort viel größer ist als in irgendeinem prunkvollen Stabsquartier, das schließlich vom Schauplatz der Kampfhandlungen weit genug entfernt ist? Schon munkelt man am Hof, sie schicke ihn in den Tod, weil sie seine Nichtigkeit und seine Anmaßung satt hat. Andere meinen, der Wunsch, ihn erfolgreich und ruhmgekrönt zu sehen, sei einfach so stark, daß sie jede Vorsicht vergesse. Wieder andere nennen schon den Namen eines möglichen Nachfolgers: Wysocki . . . Und tatsächlich sieht es so aus, als habe Katharina zugleich den Wunsch gehabt, einen etwas lästig gewordenen Liebhaber für ein paar Wochen los zu sein und ihm edelmütig eine Chance zu geben, etwas Großes und Wichtiges zu tun.

Grigorij Orlow ist elektrisiert. Am 2. Oktober 1771 macht er sich auf den Weg nach Moskau, und dort entfaltet er eine staunenswerte Energie, Kühnheit und Tatkraft. Er zwingt einer widerspenstigen Bevölkerung sanitäre Maßnahmen auf, begleitet die Ärzte bei ihren Krankenbesuchen, überwacht die Ausgabe von Medikamenten und hilft beim Beseitigen der Leichen, die in den Häusern und sogar auf den Straßen herumliegen. Täglich sterben etwa siebenhundert bis achthundert Menschen. Grigorij Orlow läßt die Kleider der Toten verbrennen. Er schläft kaum und ist überall gleichzeitig. Seine Autorität bezwingt die Aufsässigen und macht den Unentschlossenen Mut. Die Krankheit scheint sich seinen Befehlen zu beugen. Nach drei Monaten ist die Epidemie unter Kontrolle gebracht. Wie ein siegreicher General kehrt Grigorij Orlow nach St. Petersburg zurück. Katharina läßt ihm in Zarskoje Selo einen Triumphbogen errichten. Eine französische Bildhauerin, Mademoiselle Collot, eine Schülerin von Falconet, schafft eine Porträtbüste des Retters von Moskau. Auf einer Medaille, die aus dem gleichen Anlaß geprägt wird, erscheint das Bildnis des Favoriten der Zarin neben der Symbolfigur des römischen

Helden Curtius[6] und dazu die Inschrift: »Auch Rußland hat solche Söhne«. Doch alle diese Zeichen der Bewunderung und der Dankbarkeit können Grigorij Orlow nicht restlos beruhigen. Hat er wirklich und verläßlich wieder die Gunst Katharinas? Auch wenn sie noch so große Freude über seine Rückkehr an den Tag legt: er fühlt doch einen seltsamen Widerspruch zwischen den öffentlichen Ehrungen, mit denen sie ihn überschüttet, und der Kühle, mit der sie ihn unter vier Augen behandelt. Zwar ist er der glorreiche Held im Kampf gegen die Pest, doch würde er nun auch gerne wieder die alten Vorrechte als Liebhaber genießen. Aber die Tür zum Schlafgemach der Zarin steht ihm nur noch selten offen. Darunter leidet zwar nicht seine Sinnlichkeit, aber seine Eitelkeit. Schon längst ist seine Leidenschaft für Katharina abgeflaut, nicht aber sein Verlangen nach Glanz und Macht. Was auch immer kommen mag, er wird seinen Platz nicht kampflos räumen. Notfalls wird er den Rivalen töten, der die Stirn hat, ihn verdrängen zu wollen. Katharina weiß es und läßt den stolzen und eifersüchtigen Gesellen nicht aus dem Auge.

17. KAPITEL

Die Hochzeit des Großfürsten

Bender wird genommen und dann Ackerman, Braila und Bukarest: Rußland stürmt von Sieg zu Sieg. Friedrich II. schickt seinen Bruder Heinrich nach St. Petersburg, um Katharina zur Aufnahme von Friedensverhandlungen mit der Türkei zu überreden. Sie stellt große Ansprüche: sie muß die Moldau haben und die Walachei. Und ihre Ratgeber drängen sie, noch mehr zu fordern, da der Feind ja am Boden liegt. Unterdessen besetzen die Österreicher unter dem fadenscheinigen Vorwand, ihre Grenzen sichern zu müssen, eine Starostei in Polen. Doch Katharina ist durchaus nicht ungehalten, sondern läßt sie ruhig gewähren. Indem sie die österreichische Annexion hinnimmt, hat sie schon eine Rechtfertigung gewonnen, selber ebenfalls zuzugreifen. »Warum sollte man nicht auch etwas nehmen?« erklärt sie zynisch, nachdem Österreich zugelangt hat. Im Januar 1772 schließen sie, Friedrich II. und Joseph II. ein Geheimabkommen über eine Teilung Polens. Der schwache Stanislaus Poniatowski erfährt bald darauf, welche Verstümmelung sein Land sich nach den Beschlüssen der Großen gefallen lassen muß. Rußland annektiert Weißrußland mit den Städten Polozk, Witebsk, Orscha, Mogiljow und Mstislawl, ein Gebiet mit insgesamt 1 600 000 Einwohnern. Preußen nimmt sich das Bistum Ermland und die Pommerellen ohne Danzig mit 900 000 Einwohnern. Österreich aber schnappt sich allen frommen Beteuerungen Maria Theresias zum Trotz den Löwenanteil: Galizien mit 2 500 000 Einwohnern. Polen hat auf diese Weise ein Drittel seines Territoriums eingebüßt. Der endgültige Vertrag, der am 5. August in St. Petersburg unterzeichnet wird, rechtfertigt die Amputation in der Präambel damit, daß sie notwendig gewesen sei, »um die Ordnung im Inneren des Landes wiederherzustellen und seine politische Existenz in einer Weise zu formen, die den Interessen seiner Nachbarn besser entspricht«.

Diese frechen Entschuldigungen vermögen natürlich niemand zu täuschen. Stanislaus Poniatowski beugt sich wie gewöhnlich der Entscheidung Katharinas, doch der polnische Adel schäumt vor Wut über die Demütigung. Und überall in Westeuropa hört man Schreie der Entrüstung über die drei

»Räuber«, die über ein friedliches Volk hergefallen sind. Massenhaft werden Broschüren, Pamphlete, Karikaturen und Rachelieder produziert und finden Verbreitung in den Salons. Sogar Maria Theresia, deren eigener Sohn Joseph II. bei dem Bubenstück wacker mitgehalten hat, erklärt, die Schamröte steige ihr ins Gesicht. Verzweifelt rufen die Polen Frankreich und England zu Hilfe. Doch in Frankreich ist auf den hitzigen Herzog von Choiseul der vorsichtige Herzog von Aiguillon gefolgt, der gar nicht daran denkt »für die schönen blauen Augen« der Polen einen Krieg zu riskieren. Und auch England begnügt sich damit, sein Bedauern zu äußern, ohne einen einzigen Bauern auf dem Schachbrett zu bewegen. Bleiben die Philosophen. Werden sie gegen eine Herrscherin wettern, der sie bisher immer Weihrauch gestreut haben? Nein. Wieder einmal rechtfertigen sie diese »aufgeklärte Fürstin«, deren Truppen die polnische Grenze nur überschritten haben, »um gegen den Fanatismus zu kämpfen«.

»Alles, was dem Gemeinwohl dient, ist legitim und sittlich gut«, hatte einst Helvetius verkündet. Und Voltaire sagt von den Komplizen der Zerstückelung Polens: »Das sind mir drei hübsche und gute Köpfe unter einer Mütze.« Nach dem ersten Teilungsvertrag äußert er den Wunsch, man möge nicht auf halbem Wege stehenbleiben. Die Empörung der Polen nennt er eine »italienische Komödie«; sie sei das »Schändlichste und Feigste«, was das Jahrhundert hervorgebracht habe.[1] Und er scheut sich nicht zu schreiben: »Es ist eine sonderbare Sache und scheint ein Widerspruch zu sein, wenn man Duldsamkeit und Toleranz mit Waffengewalt erzwingt, aber die (polnische) Intoleranz ist auch wahrhaftig so widerwärtig, daß sie es wohl verdient hat, eins über die Ohren zu bekommen.« Und, an Katharina gerichtet: »Ich bin kein Totschläger, aber ich glaube, ich könnte es werden, um Ihnen zu dienen.«

Aus Ergebenheit für seine »Semiramis« wird der pazifistische Denker also zum kriegslüsternen Pamphletisten. Sie ihrerseits gesteht dem Baron von Grimm: »Ich bin vielleicht von Natur aus gut und für gewöhnlich sanftmütig, doch mein Stand verpflichtet mich, das, was ich will, mit furchtbarer Entschlossenheit zu wollen.«

Polen will sie mit dieser »furchtbaren Entschlossenheit« und sie bekommt es. Sie bekommt es stückweise. Dieser erste Erfolg berauscht sie. Mit »furchtbarer Entschlossenheit« will sie auch die Krim, den Zugang zum Kaukasus und zum Donaubecken und die freie Schiffahrt auf dem Schwarzen Meer. Und dafür muß sie die Türken in die Knie zwingen. Im Frühjahr 1772 scheinen sie hinreichend außer Atem, um sich als willfährige Verhandlungspartner zu erweisen. In dem Städtchen Focsani im Fürstentum Moldau können die Friedensgespräche beginnen. Die Zarin beschließt, ihren Favoriten Grigorij Orlow, der sich im Kampf gegen die Pest in Moskau mit Ruhm bedeckt hat, als ihren Vertreter zu diesem Kongreß zu entsenden. Soll dies ein neuerlicher und noch deutlicherer Beweis ihrer Hochschätzung sein, oder will sie ihn abermals für ein paar Monate aus ihrer Nähe verbannen?

Mit großem Pomp reist er ab. Sein Gefolge ist so aufwendig wie das eines Königs. Katharina hat ihm einen Rock geschenkt, der an allen Nähten mit Diamanten bestickt ist, und darin sieht er so schön aus, daß sie beim Abschied ganz hingerissen ist. Für einen Augenblick entdeckt sie in ihrer Seele noch einmal die leidenschaftlichen Regungen der Jugend. An ihre Freundin Madame de Bielke schreibt sie: »Meine Friedensengel (die Bevollmächtigten) sitzen jetzt wohl schon den abscheulichen Türken mit ihren Bärten gegenüber. Graf Orlow, der ohne Übertreibung der schönste Mann unserer Zeit ist, muß im Vergleich mit diesen rohen Kerlen tatsächlich wie ein Engel wirken. Sein Gefolge ist erlesen und glänzend . . . Ich möchte aber wetten, daß er mit seiner Person alles um ihn herum in den Schatten stellt. Dieser mein Botschafter ist ein ganz einzigartiger Mensch; die Natur hat ihn an Gestalt und Geist, an Herz und Seele so verschwenderisch reich bedacht.«

In Focsani eingetroffen, paradiert Grigorij mit seinem Reichtum und seiner Arroganz vor Russen und Türken, die ganz geblendet sind. Die Ernennung zum Bevollmächtigten der Kaiserin ist ihm zu Kopfe gestiegen; er hält sich schon nicht mehr für den Favoriten, sondern für den Zaren selber. Er spreizt sich und schlägt sein Rad wie ein Pfau, verbreitet sich in hohlem Gerede und will mit dem Aplomb der aufgeblasenen Inkompetenz über alles entscheiden. Sein Auftrag lautet, den Friedensschluß anzubahnen, doch er träumt davon, den Krieg neu zu beginnen und auf dem Schlachtfeld alle anderen russischen Feldherren zu übertrumpfen; er beansprucht den Oberbefehl über die Armee, legt sich vor der ganzen Versammlung mit dem General Rumjanzow an, dem er mit dem Galgen droht, falls er sich weiter unterstehe, ihm zu widersprechen; er kümmert sich überhaupt nicht um die Instruktionen, die Panin ihm schickt, plant einen Handstreich gegen Konstantinopel, verwirrt die Verhandlungen durch unangebrachte Bemerkungen und bricht sie schließlich plötzlich ganz ab, um sich nur noch mit einer Reihe sagenhafter Festlichkeiten zu beschäftigen, bei denen er das berüchtigte diamantenglitzernde Gewand trägt.

Die Berichte, die Katharina aus Focsani über ihren exzentrischen »Botschafter« erhält, klingen beunruhigend. Noch beunruhigender klingen die Gerüchte, die in der Hauptstadt über ihn in Umlauf sind. Die Feinde des Favoriten beeilen sich, Ihre Majestät über die außerkaiserlichen Eskapaden des Grafen Orlow ins Bild zu setzen. Katharina hat nun die Gewißheit, betrogen worden zu sein, doch bezähmt sie die Aufwallung der gekränkten Eigenliebe. Den untreuen Grigorij zurückbeorden, um ihn zu bestrafen oder zumindest zur Rechenschaft zu ziehen, kommt nicht in Frage. Schon lange ist ihre Liaison nur noch Gewohnheitssache. Die Schönheit und Kraft ihres Gelieten bewundert sie noch immer, aber die leidenschaftliche Lust der ersten Begegnung findet sie längst nicht mehr bei ihm. Das Beste wäre, nach einem Nachfolger für ihn zu suchen. Und zwar schnell. Kandidaten gibt es genug. Katharina läßt sie prüfend vor dem inneren Auge vorüberziehen. Natürlich gäbe es da diesen Potemkin, den edlen, armen und geistreichen jungen Offizier, der ihr bei dem entscheidenden Ritt nach Peterhof seine Degenquaste gegeben hat. Er hat inzwischen sehr verständig und kenntnisreich in der Großen Kommission mitgearbeitet. Katharina hat ihn ausgezeichnet und in den Kreis der engeren Vertrauten aufgenommen, die zu den intimen Zusammenkünften in der Ermitage Zutritt haben, und dort war er auch schon der Eifersucht der Orlows ausgesetzt. Der hünenhafte und brutale Alexis hat bei einer Billardpartie Streit mit ihm bekommen und ihm im Verlauf der Auseinandersetzungen ein Auge ausgeschlagen. Jetzt ist er einäugig, und das verbliebene Auge schielt, und dennoch findet die Zarin ihn noch immer interessant. Er strahlt einen zugleich virilen und intellektuellen Charme aus. Das ist eine Mischung, die Katharina besonders liebt. Sie kümmert sich intensiv um die Karriere ihres Schützlings, sorgt dafür, daß er über die Arbeit des Senats auf dem laufenden gehalten wird, gibt ihm einen französischen Lehrer und drängt ihn, wieder Dienst in der Armee zu nehmen. In der Schlacht bei Chozin hat Potemkin großen Mut bewiesen, der ihm hohe Auszeichnungen und den Grad eines Generalmajors einbringt. Je mehr Grigorij Orlow Katharina durch seine Kaprizen aufbringt, desto mehr denkt sie an »den anderen«. Leider ist dieser »andere« weit in der Ferne und durch die militärischen Operationen in Anspruch genommen. Also muß sie sich anderwärts umsehen, denn warten kann sie nicht. Nikita Panin rühmt die Vorzüge eines gewissen Alexander Wassiltschikow. Das ist ein junger Mann von achtundzwanzig Jahren, Kornett bei der berittenen Garde. Er stammt aus einer berühmten russischen Familie, hat ein hübsches Gesicht und ist kräftig gebaut. Seine Intelligenz allerdings ist bescheiden, aber schließlich soll er ja nicht zur geistreichen Konversation dienen. In Zarskoje Selo hat Katharina Gelegenheit, ihn in der Eskorte zu beobachten, die zu Pferde ihren Wagen umtänzelt. Ein Blick genügt, um das Angebot zu prüfen. Noch am gleichen Abend speist Wassiltschikow am Tisch Ihrer Majestät. Als sie Zarskoje Selo verläßt und nach Peterhof zurückkehrt, läßt sie ihm eine goldene Tabaksdose mit der Inschrift überreichen: »Für die vorbildliche Haltung der Leibwache«. Bald folgen weitere Geschenke und schließlich auch das kostbarste: der Platz im Bett der Kaiserin.

Der Interimsliebhaber erfüllt seine Aufgabe so hervorragend, daß Katharina ihn begeistert zum Kammerjunker ernennt, mit dem Alexander-Newski-Orden dekoriert und vorläufig in den Gemächern Grigorij Orlows wohnen läßt. Mit ihren dreiundvierzig Jahren könnte sie fast die Mutter dieses jungen Mannes sein, der im Bett so leidenschaftlich und im Salon so schüchtern ist. Sie fühlt sich von jugendlichen Körpern angezogen. Um nicht enttäuscht zu werden, wird sie künftig – das weiß sie schon jetzt – immer nur Männer wählen, die wesentlich jünger sind als sie selber. Dieser hier weckt aufs neue ihre Lebensgeister.

Am Hof herrscht größte Verwirrung. Man hatte sich an die Fehler Grigorij Orlows gewöhnt. Seit zehn Jahren war er gewissermaßen zu einer Institution geworden. Wird man künftig vor diesem hübschen kleinen Offizier im Staub liegen müssen, den eine Laune der Zarin aus der Menge herausgehoben hat und den sie mit schamloser Unbekümmertheit allen Höflingen vor die Nase setzt? Die ausländischen Diplomaten werden unruhig. »Im allgemeinen mißbilligen alle, die zum Hofe gehören, diese Affäre«, schreibt der Baron Solms an Friedrich II. »Sie löst unter den Höflingen, den Verwandten und Freunden des Grafen Orlow und den Kammerdienern, Kammerfrauen und Domestiken große Aufregung aus. Sie sehen niedergeschlagen, nachdenklich und unzufrieden aus . . .« Der englische Botschafter Gunning urteilt noch strenger: »Der Nachfolger, den man (für Orlow) ausgesucht hat, ist wohl das auffälligste Zeichen von Schwäche und der schlimmste Schandfleck auf dem Charakter Ihrer Kaiserlichen Majestät.« Katharina aber kümmert sich nicht um das Gerede, sondern verwöhnt ihren neuen Favoriten nach Herzenslust. Sie schenkt ihm ein Palais, ein Gut mit siebentausend Leibeigenen, Juwelen, Gemälde und allerlei Kleinigkeiten, weil es ihr Freude macht, ihn Dankesworte stammeln zu hören. »Ich war wie ein ausgehaltenes Mädchen, mehr nicht«, sagt Wassiltschikow später, »und so hat man mich auch behandelt.« Zunächst einmal aber genießt er die Situation mit kindlicher Naivität.

Natürlich dauert es nicht lange, bis Grigorij Orlow durch seine Petersburger Freunde erfahren hat, daß er in Ungnade gefallen ist. Der Schock bringt ihn momentan um seinen Verstand. Zum Teufel mit den Friedensverhandlungen! Er läßt die sprachlosen russischen und türkischen Delegierten einfach sitzen und reitet mit verhängtem Zügel davon nach St. Petersburg. Die schnellste Stafette braucht sechzehn Tage für den Weg vom Süden in den Norden des Reiches. Grigorij Orlow bleibt pausenlos im Sattel, reitet ein Pferd nach dem anderen zuschanden und schafft es in vierzehn Tagen bis zur Hauptstadt. Doch man hat seine Absicht der Kaiserin inzwischen gemeldet. Sie ist zugleich wütend und besorgt. Bei diesem Hitzkopf Grigorij kann man sich auf das Schlimmste gefaßt machen. Vorsichtshalber läßt sie die Straßen nach St. Petersburg militärisch überwachen und an den Gemächern des neuen Favoriten die Schlösser auswechseln. Dann übermittelt sie Grigorij Orlow durch einen Emissär den Befehl, sich in sein Schloß in Gatschina zurückzuziehen und dort abzuwarten, bis sie über sein weiteres Geschick befunden hat. Er läßt sich die Quarantäne willig auferlegen, und sie ist ihm dankbar dafür, daß er sich offensichtlich mit seinem Schicksal abfindet. Obwohl sie ihm vorwerfen muß, seine Pflichten als Bevollmächtigter verletzt zu haben, kann sie sich bei dem Gedanken, daß er es im Grunde aus Liebe zu ihr getan hat, eines Gefühls der

Rührung nicht erwehren. Als Kaiserin muß sie ihn verurteilen, doch als Frau spricht sie ihn frei. Am Hof will sie ihn nicht mehr sehen, doch nacheinander schickt sie Betzkoj, Tschernytschew und Alsufiew zu ihm, um ihn ihrer fortdauernden Hochachtung zu versichern. Sie fordert, daß er freiwillig alle Ämter und Funktionen niederlegt, aber sie schreibt ihm jeden Tag. Ihre Bindung an den neuen Liebhaber trägt sie offen zur Schau, aber sie erkundigt sich, was der frühere tut, was er ißt und trinkt und ob er auch genügend Wäsche hat. Und sie überhäuft ihn mit Abschiedsgeschenken: ein paar tausend leibeigene Bauern, ein silbernes Tafelgeschirr und ein weiteres »für den täglichen Gebrauch«, Möbel und all die schönen Dinge, mit denen Orlows Gemächer im kaiserlichen Palast geschmückt gewesen waren . . . Ihre Minister machen sich schon Sorge, daß sie die Staatsgeschäfte venachlässigt. In einem Anfall von plötzlicher Entschlossenheit schickt sie eines Tages Panin nach Gatschina: er soll von Grigorij Orlow das mit Diamanten besetzte kleine Bildnis der Zarin zurückfordern, das sie ihm geschenkt hat und das er ständig auf der Brust trägt. Voller Stolz übergibt der abgehalfterte Liebhaber dem Abgesandten den Diamantschmuck, weigert sich aber, sich von dem Bildnis selber zu trennen. Und den Ukas, der ihn für abgesetzt erklärt und ihm »erlaubt«, »seiner Gesundheit zuliebe« auf Reisen zu gehen, quittiert er mit rauhem Gelächter: es geht ihm ausgezeichnet, und die einzige Reise, nach der er Lust hat, wäre die nach St. Petersburg. Um etwas Balsam auf die Wunden dieses Narren zu gießen, erläßt Katharina am 4. Oktober 1772 einen weiteren Ukas, durch den Grigorij Orlow der Fürstentitel verliehen wird.

Und schon glaubt er, sie habe ihm verziehen, und erscheint eines Abends wieder bei Hofe. Katharina sitzt gerade beim Spiel. Sie empfängt ihn eisig, schickt ihn aber nicht fort. Alle finden ihn eigentümlich verändert: fahrige Gesten, stechender Blick, abgerissene Sprechweise. Der französische Geschäftsträger Sabatier de Cabre schreibt, Orlow führe sich auf »wie ein Mensch, der es darauf anlegt, entweder seinen früheren Status wiederzuerlangen oder sich einsperren zu lassen«. In einem lichten Moment erklärt er dem gleichen Sabatier de Cabre, »daß er ja seine Tage im Wirtshaus verbringen könne, ohne der vergangenen Größe nachzutrauern, daß es ihn aber betrübe, zu sehen, wie sich die Kaiserin ganz Europa zur Schau stelle«. Und er fügt hinzu, die Zarin schreibe an Wassiltschikow die leidenschaftlichsten Liebesbriefe und mache ihm unentwegt maßlose Geschenke.[2] Aber auf Wassiltschikow, der ihn in der Gunst der Kaiserin abgelöst hat, ist er gar nicht böse; er faßt vielmehr eine Zuneigung zu ihm und scherzt in aller Öffentlichkeit über seine eigene Abhalfterung. Dieses unedle Kokettieren mit dem Unglück irritiert sogar seine Freunde. Man trifft ihn in Salons wie in Spelunken; er flirtet mit den Hofdamen und schläft mit den Dirnen; er frißt sich voll und besäuft sich, hält wirre Reden und macht auf alle den Eindruck eines Menschen, der sein Heil in der Erniedrigung sucht. Der neue französische Bevollmächtigte Minister Durand de Distroff schreibt: »Die Natur hat nicht mehr als einen russischen Bauern aus ihm (Grigorij Orlow) gemacht, und das wird er bis an sein Ende bleiben . . . Von früh bis spät ist er hinter den Schönen vom Hofe her, die noch im Schloß geblieben sind. Er ißt dort zu Mittag und zu Abend, aber die Tafel ist ungepflegt und die Gerichte abscheulich, und an einem solchen Leben hat dieser Fürst sein Behagen. Um sein ineres Leben ist es nicht besser bestellt. Er freut sich an Kindereien; wie sein Geschmack, so ist auch seine Seele, und alles ist ihm recht. Er liebt wie er ißt; mit einer Kalmückin oder Finnin nimmt er genauso vorlieb wie mit der hübschesten Dame am Hofe, und da habt ihr den ganzen ›Burlak‹ wie er leibt und lebt.« Endlich aber ist der »Burlak« doch bereit, auf Reisen zu gehen. Er schweift durch Europa, setzt die Menge durch den Luxus seiner Equipage in Erstaunen, spielt mit großem Einsatz an allen Spieltischen und begegnet ein paar bedeutenden Männern wie Diderot, der über ihn sagt, er sei »ein Topf, in dem es immerzu siedet, aber nie gar wird«. Als er zurückkommt, macht die Zarin ihm einen Marmorpalast zum Geschenk. Um nicht hinter ihr zurückzustehen, schenkt er ihr dafür zu St. Kathrein einen riesigen blauen Diamanten im Wert von 460 000 Rubeln, den »Nadir-Schah«, der später als »der Orlow« berühmt wurde. Obwohl Katharina Grigorij Orlow nicht mehr physisch liebt, fühlt sie sich durch so viel gemeinsame Erinnerungen mit ihm verbunden, daß sie sich mit zarter Nachsicht gefallen läßt, was sie einem anderen nicht verzeihen würde. »Sein Kopf«, schreibt sie an Melchior Grimm, »ist von natürlicher Art und geht einfach geradeaus, und der meine folgt ihm.«

Dieser so »natürlich« geartete Kopf fängt plötzlich wieder

Feuer. Mit 43 Jahren entflammt Grigorij Orlow für ein reizendes junges Mädchen. Katharina Sinowjew ist seine Cousine und erst fühfzehn Jahre alt. Ihre Jugend läßt den alten Wüstling die Zarin vergessen. Er ist aufs neue verliebt, und diesmal hat er keinen anderen Ehrgeiz als den, zu gefallen. Katharina Sinowjew ist von diesem Fürsten, der vor ihr schon so viele Frauen verführt hat, so verzaubert, daß sie leichtfertig in eine Ehe einwilligt. Die Verbindung wird durch eine Verfügung des Senats für nichtig erklärt, da Heiraten zwischen Verwandten nach staatlichem wie kirchlichem Recht verboten sind. Doch da greift die Zarin ein. Sie ist auf den Geliebten von einst nicht mehr eifersüchtig. Großmütig annulliert sie den Senatsbeschluß. Mit Geschenken überhäuft, brechen die Jungvermählten zur Hochzeitsreise ins Ausland auf.

Es war unbestreitbar die Schuld Grigorij Orlows, daß die Verhandlungen in Focsani abgebrochen wurden. Katharina läßt ihren »außerordentlichen Gesandten« nicht dafür büßen. Durch andere Unterhändler werden die Friedensgespräche in Bukarest wiederaufgenommen. Doch die Türken zeigen sich unzugänglich. Während weiter gekämpft wird, schreibt Katharina an den russischen Gesandten Obreskow, der aus den Sieben Türmen entlassen worden ist und jetzt die Verhandlungen führt: »Wenn wir weder die Unabhängigkeit für die Tataren erlangen noch die freie Schiffahrt auf dem Schwarzen Meer noch einige Stützpunkte zwischen dem Asowschen und dem Schwarzen Meer, dann haben wir allen unseren Siegen zum Trotz nicht einen roten Heller gewonnen.« Unterdessen hat Rumjanzow die Donau überschritten und die Türken bei Schlumla geschlagen.

Von Zarskoje Selo aus gibt Katharina Anweisungen für die Aushebung neuer Rekruten, sie kümmert sich um die Finanzierung der militärischen Operationen, sie plant den Bau von Invalidenhäusern und einer Spar- und Darlehenskasse für Kriegswitwen und -waisen, sie studiert die Berichte der Provinzregierungen, und zu ihrem eigenen Vergnügen überwacht sie daneben noch die Umbauarbeiten in Park und Schloß. »Ich liebe jetzt über alles die englischen Gärten«, schreibt sie an Voltaire, »diese geschwungenen Linien, die sanften Hänge, die Teiche in Form von Seen mit kleinen Inselgruppen, und ich verachte gründlich die geraden Linien, die mit dem Lineal gezogenen Alleen. Ich hasse die Springbrunnen, die dem Wasser

Gewalt antun und es gegen seine Natur aufwärts steigen lassen; alle Statuen sind in die Galerien und Vorzimmer verbannt; mit einem Wort, in meiner Plantomanie herrscht die Anglomanie. Inmitten all dieser Beschäftigungen warte ich gelassen auf den Frieden.«

Eine andere »Beschäftigung«, die sie oft ganz in Anspruch nimmt, ist in dem Brief nicht erwähnt: die Sorge um die Zukunft ihres Sohnes, dessen finsterer und unsteter Charakter mit der Zeit immer schlimmer wird. Wie soll man den Großfürsten Paul, der jetzt bald neunzehn Jahre alt wird, ins Gleichgewicht bringen und seinen Interessen eine bestimmte Richtung geben? Nikita Panin macht den Vorschlag, ihn mit einem gesunden jungen Mädchen von angenehmem Äußeren zu verheiraten. Nur die Verbindung mit einem vornehmen Wesen kann, so meint er, diesen Spätentwickler zur Räson bringen. Und außerdem gibt das Ihrer Majestät die Möglichkeit, einen Enkel zu bekommen, den sie dann nach ihren eigenen Grundsätzen aufziehen kann. Der Vorschlag gefällt Katharina. An wen aber soll sie sich wenden, um die ideale Braut zu finden? Natürlich an Friedrich II! Hat er nicht schon einmal guten Geschmack bewiesen, als er Katharina für Peter aussuchte? Er wird für Paul schon eine zweite Katharina finden – dreißig Jahre danach. Als man Friedrich II. meldet, welche Art von Dienst von ihm erwartet wird, denkt dieser große »Heiratsvermittler« sogleich an eine der Töchter der Landgräfin von Hessen-Darmstadt. Vielleicht läßt sich auf diese Weise das Einvernehmen des Deutschen Fürstenbundes mit Rußland festigen. Die beiden ältesten Töchter der Landgräfin von Hessen-Darmstadt sind bereits verheiratet, aber die drei jüngsten, Wilhelmine, Amalie und Luise, sind noch frei. Da er sich nicht entscheiden kann, welche der drei Prinzessinen am würdigsten ist, die Gemahlin des künftigen Kaisers von Rußland zu werden, bietet Friedrich sie alle drei zur Wahl. Katharina lädt also die Mutter und das Trio der Kandidatinnen ein, zu ihr nach St. Petersburg zu kommen. Wie schon seinerzeit bei ihr selber soll der Vater nicht mit von der Partie sein. Nichts ist bei Heiratsverhandlungen störender als diese Art von Leuten, die voller protestantischer Grundsätze stecken und nur an das Glück ihrer Kinder denken wollen! In aller Eile verbessern die drei jungen Damen ihre Französischkenntnisse, lernen besser tanzen, üben sich in tiefen Verbeugungen und ergänzen ihre Garderobe. Zunächst wird in Berlin Station gemacht, wo der Preußenkönig die »Ware« prüft, wie er es damals bei Figchen getan hat. Er ist zufrieden und überreicht der Landgräfin 10 000 Thaler für kleine Einkäufe. Katharina hat eine kleine Flotille von vier Schiffen geschickt, die die Anwärterinnen abholen soll. Der beste Freund des Großfürsten Paul, der junge Andrej Rasumowski[4], ist Kapitän der Fregatte, die die drei Prinzessinnen und ihre Mutter an Bord nimmt. Er ist sofort bezaubert von diesen reizenden Passagieren, die einer Märchenhochzeit entgegenfahren. Vor allem Wilhelmine erregt sein Interesse. Obwohl sie gute Aussichten hat, Zarin zu werden, bleibt sie für die Aufmerksamkeiten ihres Reisebegleiters nicht unempfänglich. Das Wetter ist herrlich und die See ruhig. Die Kabinen sind luxuriös eingerichtet. Und am Ende dieses Traumes aus Wogen, Salzluft und Sonne steht die Kaiserin aller Reußen. Als sie die drei jungen Mädchen empfängt, die ihr eine nach der anderen die Hand küssen, fühlt Katharina sich in Gedanken zurückversetzt in jenen Februartag des Jahres 1744, als sie selbst ihren ersten Knicks vor der Kaiserin Elisabeth machte. Doch hat sie einen Grad an Macht und Ruhm erreicht, der es ihr nicht erlaubt, in der Erinnerung an ihre Jungmädchengefühle weich zu werden. Der Erfolg duldet keine Sentimentalität. Sie empfängt die eingeschüchterten Heiratskandidatinnen wohlwollend und gibt sich Mühe, ihnen über ihre Verlegenheit hinwegzuhelfen.

Zwei Tage nach der Ankunft der Prinzessinnen hat der Großfürst sich entschieden. Seine Auserwählte ist die älteste der drei, Wilhelmine. Sie ist hübsch, fröhlich, ausgelassen. Und Andrej Rasumowski gefällt sie auch so sehr! In ihrer Gegenwart kann Paul sich gehen lassen und ertappt sich sogar dabei, über Nichtigkeiten zu lachen. Was aber soll Wilhelmine von diesem stumpfnasigen Tölpel halten, der bald ihr Gatte sein wird? Katharina ahnt, welche Enttäuschung Paul für das junge Mädchen sein muß, und vergleicht damit ihre eigene Enttäuschung, die sie bei der ersten Begegnung mit Peter empfand. Am gleichen Ort geschieht das gleiche noch einmal, nur mit anderen Personen. Mit bezeichnender Zurückhaltung schreibt die Landgräfin über die Gefühle ihrer Tochter: »Die Auszeichnung, die der Thronerbe ihr erweist, scheint iihr nicht unangenehm zu sein.« Das ist alles, was sie dazu zu sagen hat. Die Verlobung wird mit großem Prunk gefeiert. Wilhelmine ist jetzt Großfürstin. Wie einst Figchen muß sie die Religion wechseln und einen neuen Namen annehmen. Sie heißt jetzt Natalie. Ihre Mutter beschwört sie, sich niemals dem Willen der Zarin zu widersetzen. Für sie hat Katharina unvergleichliche Größe, sie ist »ein historisches Ereignis«. Paul lacht still in sich hinein, wenn er die Bedeutung seiner Mutter derart rühmen hört.

Die Kaiserin ihrerseits behandelt die Landgräfin von Hessen-Darmstadt mit großer Hochachtung. Diese Frau mit ihrem energischen und vernünftigen Wesen bringt für sie einen Hauch ihrer Heimat mit. Sie führen lange Gespräche in deutscher Sprache, die Katharina mit dem rauhen Akzent der Stettiner Gegend spricht. Auf deutsch erklärt sie ihrer Besucherin, die mit offenem Mund zuhört, die Geheimnisse Rußlands. Grenzenlos ist die russische Seele wie eine Steppe, deren Horizont in den Himmel übergeht; bald ist sie still wie im Schlaf, bald fegt ein wilder Sturm über sie hinweg. Das Volk, das sonst so von frommen Gefühlen durchdrungen ist, läßt sich manchmal von bestialischen Instinkten hinreißen. Die gleichen Menschen, die sich vor den Ikonen niederwerfen, sind imstande, einen Metropoliten in Stücke zu reißen oder einen Grundherrn abzuschlachten. Im Guten wie im Bösen kennt der Russe weder Maß noch Ziel. Das sagt Katharina, aber hinter der Kritik ist eine glühende Liebe zu spüren. Sie ist nicht nur stolz darauf, dieses große Land zu regieren, sondern auch stolz, Russin geworden zu sein. Sie will, daß alle Ausländer die Wunderwerke ihrer Hauptstadt bestaunen. Als der Präsident Moser, Grimm und Ludwig, der älteste Sohn der Markgräfin, in St. Petersburg eintreffen, um an der Hochzeitsfeier teilzunehmen, besteht sie darauf, ihnen persönlich die neuen Gemälde in der Ermitage und die »hängenden Gärten« im Winterpalast zu zeigen, das Institut für die adligen Fräulein, wo ein Schwarm uniformierter junger Damen Ihre Majestät in stiller Verehrung umlagert, und die Räume, in denen sie einige Findlingskinder aufziehen läßt: einen kleinen Türken, den man verlassen in einem zerstörten Dorf gefunden hat, einen Tscherkessenknaben, der seine Eltern verloren hat, ein Russenkind, das man halbnackt im Schnee aufgelesen hat . . . Sie hat jetzt eine richtige Leidenschaft für Kinder entwickelt, für die sie sich in jüngeren Jahren kaum interessiert hatte. Sie ist noch immer eine glühende und sinnliche Liebende und träumt schon davon, Großmutter zu werden. Mit stiller Rührung betrachtet sie die zarte Gestalt ihrer Schwiegertochter und hofft, daß der Leib sich bald runden möge. Die deutschen Besucher sind begeistert von der Güte, dem Geschmack und der Bildung ihrer kaiserlichen Gastgeberin. Grimm, der sie seit nun fast zehn Jahren zu den Abonnenten seiner *Correspondance littéraire* rechnen darf, überschüttet sie mit bombastischen Lobeshymnen, verzichtet aber auf die Ehre, sich für immer in Rußland niederzulassen. Er behauptet, dem Kult Katharinas in Paris nützlicher sein zu können als in St. Petersburg. In Wirklichkeit fürchtet er sich vor den Intrigen an diesem Hofe, dessen Prunk und feine Art er zu bewundern vorgibt.

In Zarskoje Selo folgt ein Fest auf das andere: Bankette, Bälle, Landpartien. Man feiert zugleich das Glück der Verlobten und neue Siege über die Türken. Die gesundheitlich anfällige Landgräfin durchsteht diese Häufung von Vergnügungen nur mit Mühe. Sie leidet an Magenverstimmungen, an »Vapeurs«, an Fieberanfällen. Der Arzt, den Friedrich II. ihr für die Reise zur Verfügung gestellt hat, eilt an ihr Krankenlager und verordnet Aderlasse und stärkende Tränke. Katharina lacht über die kleinen Unpäßlichkeiten ihrer neuen Freundin. Sie selber hat diese Art Unwohlsein nie ernst genommen. Hat sie sich den Magen verdorben, so wird eben gefastet; hat sie sich erkältet, so veranstaltet sie einen Ball mit ein paar hundert Gästen, um in dem Gedränge ordentlich zu schwitzen und so die Infektion auszutreiben. Am Nachmittag eines glühend heißen Sommertages fordert sie die Landgräfin auf, mit ihr und den Damen des Hofes in ein Becken voll kalten Wassers zu steigen. Die Badenden tragen Hemden aus Barchent mit Pelerinen darüber und haben sich Hals und Kopf in weiße Tücher gehüllt. Sie tauchen bis zum Kinn ins Wasser, planschen herum und bespritzen einander mit hellem Gekicher. Die Kaiserin und ihre Hofdamen müssen wirklich eine eiserne Gesundheit haben, denkt die Landgräfin; sie selber, die sich nicht einmal in lauwarmes Wasser traut, wird dieses Abenteuer gewiß nicht überstehen. Doch läßt sie sich mit ins Bad ziehen und ist nach einem ersten Schauder ganz entzückt von dieser neuen russischen Erfindung.

Als der Hochzeitstermin näher rückt, tauchen Schwierigkeiten auf, die Katharina auf eigentümliche Weise an ihre eigenen Anfänge in diesem Land erinnern. Wie einst ihr eigener Vater, so ist auch der Vater Wilhelmines, die jetzt Natalie heißt, überzeugter Protestant und widersetzt sich einem Religionswechsel seiner Tochter. Katharina aber, Anhängerin des orthodoxen Glaubens wie seinerzeit Elisabeth, zeigt sich in diesem Punkt unnachgiebig. Es kommt zu Verhandlungen. Von seiner Frau läßt der Landgraf sich schließlich bereden, seinen Widerstand widerwillig aufzugeben. Aber an der Feier wird er nicht teilnehmen.

Am 29. September (10. Oktober) 1773 wird die Hochzeit mit allem erdenklichen Pomp gefeiert. Paul fühlt sich im siebten Himmel. Natalie tröstet sich mit der Aussicht auf eine ruhmreiche Zukunft darüber hinweg, daß ihre Herzensbedürfnisse unerfüllt bleiben. Katharina beobachtet das Paar mit einer Mischung aus Hoffnung und Mißtrauen. Abermals gibt es neben dem alten Hof, in dessen Mittelpunkt sie selber steht, einen jungen Hof, dessen Lebenszentrum die Lebenslust und unbekümmerte Fröhlichkeit der Großfürstin ist. Die Gegenwart folgt den Spuren der Vergangenheit, äfft sie manchmal geradezu nach. Katharina ist ein wenig traurig. Die Landgräfin rüstet zur Heimreise mit den beiden übriggebliebenen Töchtern. Ihr Sohn Ludwig wird als Brigadegeneral in russische Dienste treten. Er brennt vor Begierde, am Frühlingsfeldzug gegen die Türken teilzunehmen. In St. Petersburg fällt der erste Schnee.

18. KAPITEL
Diderot und Pugatschew

Noch sind die Landgräfin von Hessen-Darmstadt, ihre Töchter, ihr Gefolge und Melchior Grimm in St.Petersburg, als ein anderer hoher Gast sich in die Runde von Schöngeistern reiht, die Katharina umgibt: Denis Diderot. Lange hat er gezögert, und nun, mit sechzig Jahren, hat der alte Philosoph, der sonst ein Stubenhocker ist, die Zugluft fürchtet und bisher noch nie gereist ist außer von Paris nach Montmorency zu Madame d'Epinay, sich endlich doch entschlossen, die weite Fahrt nach Rußland anzutreten. Er möchte seiner Wohltäterin danken und mit ihr über die Finanzierung eines Planes reden: einer neuen *Enzyklopädie*, die neben das Lexikon der Sachbegriffe ein Inventar der Ideen stellen soll, ein gewaltiges philosophisches Wörterbuch, das die Gesamtheit des menschlichen Denkens von den ersten Schöpfungstagen an umfaßt. Im Grunde läßt ein derart kühnes Unternehmen ihn weit weniger zagen als der Gedanke, halb Europa zu durchqueren, um in das winterliche und barbarische Land zu gelangen, in dem die Kaiserin seines Herzens regiert. Er leidet an Magenkrämpfen, fürchtet die russischen Eßgewohnheiten und ebenso die Zugluft. Aber sei's drum; im März 1773 macht er sich auf den Weg. Ziemlich mitgenommen, hustend und spuckend gelangt er in Den Haag an, und dort bleibt er ein paar Monate bei dem Fürsten Golitzin, um sich auszuruhen. Und dann, als der Herbst naht, macht er sich trotz heftiger »Koliken« wieder auf den Weg und reist in Begleitung des Grafen Naryschkin nach St. Petersburg weiter. Er drückt sich tief in den Fond des Postwagens und hofft, noch vor Einbruch des Winters sein Reiseziel zu erreichen. Doch als die Equipage den Schlagbaum passiert, schneit es in der Hauptstadt. Ganz verstört, will Diderot sogleich zu Falconet eilen, um bei ihm wenigstens ein wenig vertraute französische Atmosphäre zu finden. Aber er wird wenig freundlich empfangen. Falconet hat keinen Platz, um seinen Landsmann bei sich aufzunehmen, und ist viel zu sehr mit seinen eigenen Sorgen beschäftigt, um sich auch noch für die anderer Menschen zu interessieren. Nachdem der Bildhauer ihn hinauskomplimentiert hat, nimmt Diderot die Gastfreundschaft Naryschkins an. Am Tag nach seiner Ankunft wecken ihn Glockengeläut und Kanonendonner: die Hochzeit des Großfürsten Paul und der Prinzessin Wilhelmine, jetzt Natalie. Die Festlichkeiten nach der Heiratszeremonie dauern zwei volle Wochen. Diderot läßt sich durch das fröhliche Treiben nicht abhalten und macht der Kaiserin einen Besuch. Inmitten der buntschillernden Hofgewänder wirkt sein schlichter schwarzer Rock schockierend ärmlich. Katharina empfängt ihn mit freundschaftlichen Gefühlen und großer Hochachtung, und sofort nimmt die Natürlichkeit dieser Herrscherin ihn gefangen. Jeden Tag darf er sie nun in ihrem Arbeitszimmer besuchen, um »ein Stündchen« mit ihr zu diskutieren. Oft dauert dieses »Stündchen« bis zum Abendessen. Diderot gibt sich ganz ungezwungen, schwadroniert mit kreischender Stimme und heftigen Gesten drauflos, und die Kaiserin lacht über sein sprudelndes Ungestüm und seine Vertraulichkeiten. »Er faßt sie an den Händen«, schreibt Grimm, »schüttelt sie an der Schulter, haut auf den Tisch – ganz so, als befände er sich in der Synagoge der Rue Royale.«[1] Katharina selbst erzählt Madame Geoffrin, sie sorge immer dafür, einen Tisch zwischen sich und ihrem Gesprächspartner zu haben, denn sie habe nach diesen Gesprächen sonst »zerschundene Knie und blaue Flecken auf den Schenkeln«. Manchmal reißt er sich in der Hitze der Debatte die Perücke vom Kopf und schleudert sie in die Ecke. Die Zarin hebt sie auf und reicht sie ihm mit einem nachsichtigen Lächeln. Er schreit »danke!«, stopft das Haarbüschel in die Tasche und fährt fort in seinen heftigen Tiraden. In erster Linie kommt es ihm darauf an, seine Ansichten über die Erziehung des Großfürsten Paul darzulegen. Der junge Mann soll zunächst in den verschiedenen Zweigen der Verwaltung eine Art Lehrzeit als Staatsmann absolvieren und anschließend in Begleitung von Geologen, Juristen und Ökonomen Rußland bereisen, um die vielfältigen Probleme des Landes genauer kennenzulernen. Danach soll er, sobald er seiner Frau ein Kind gemacht und damit die Thronfolge gesichert hat, Deutschland, England, Italien und Frankreich besuchen.

Hätte Diderot es bei diesen klugen Vorschlägen bewenden lassen, so wäre Katharina gewiß entzückt gewesen. Aber nicht nur in Fragen der Erziehung hält er sich für einen unentbehrlichen Ratgeber. Er will die Kaiserin auch darüber aufklären, wie sie ihr Volk am besten regiert. Hat er nicht einen Auftrag als Sendbote der freiheitlichen Philosophie bei ihr zu erfüllen?

Ganz durchdrungen von seiner Rolle, legt er Ihrer Majestät einen Fragebogen mit 88 Punkten vor, der sich ebenso mit der Menge an Teer befaßt, die jede einzelne Provinz liefert, wie mit der Organisation der Veterinärschulen, mit der Zahl der Juden, die im Reich leben, ebenso wie mit dem Verhältnis zwischen »Herr und Sklave«. Pikiert erwidert Katharina, daß es in Rußland keine »Sklaven« gebe, sondern nur an die Scholle gebundene Bauern. Diese Leibeigenen, so behauptet sie, sind frei im Geist, mögen sie körperlich auch einen gewissen Zwang erdulden. Das ist ein sonderbarer Euphemismus! Glaubt sie denn im Ernst, daß sie die Tausende von Muschiks, die sie einem Favoriten schenkt, damit zu freien Menschen macht? Diderot widerspricht ihr, nennt sie »meine gute Frau«, zitiert Griechen und Römer und beschwört Katharina, die Institutionen zu reformieren, solange es noch Zeit sei. Dann räumt er zwar ein, daß es auch »gute Despoten« geben könne, fügt aber hinzu, »daß wenn zwei oder drei gute Despoten aufeinander folgen, das Volk darüber den Wert der Opposition und des freien Austausches der Meinungen vergißt«. Sie zuckt die Schultern. Offenbar hat ihr lieber Philosoph keinerlei Ahnung von der russischen Realität. »Herr Diderot«, sagt sie zu ihm, »ich habe mit dem größten Vergnügen alles angehört, was Ihr glänzender Geist Ihnen eingegeben hat, aber mit all Ihren hohen Prinzipien, die ich sehr wohl verstehe, macht man schöne Bücher und schlechte Arbeit. Bei all Ihren Reformplänen vergessen Sie den Unterschied der Stellung, der uns beide trennt: Sie arbeiten nur auf dem Papier, das sich alles gefallen läßt und, glatt und schmiegsam, wie es ist, weder Ihrer Phantasie noch Ihrer Feder Schwierigkeiten macht; ich aber, als arme Kaiserin, arbeite auf Menschenhaut, und die ist ganz unvergleichlich reizbarer und kitzeliger.« Er aber hört nicht auf, ihr aufs Geratewohl alle möglichen Ratschläge zu erteilen: über das Unterrichtsprogramm in den Schulen, über die Auswahl der Theaterstücke, die man die Schüler spielen lassen soll, und sogar über die Außenpolitik der Regierung. Durand de Distroff hat ihm aufgetragen, seinen Einfluß geltend zu machen, um die Kaiserin zum Friedensschluß mit den Türken und zur Wiederannäherung an Frankreich zu bewegen; sie aber sagt dem Diplomaten ganz unverblümt, daß ihr Diderot für solche Zwischenträgerdienste zugleich zu alt und zu jung erscheine, da er in gewisser Hinsicht wie ein Hundertjähriger und in anderer wie ein Zehnjähriger wirke. Und als Diderot ihr gegenüber gegen die Hofleute loslegt, deren Speichelleckerei die schlimmsten Höllenstrafen verdiene, unterbricht sie ihn plötzlich mit der Frage: »Wollen Sie mir erzählen, was in Paris über den Tod meines Gatten geredet wird?« Das verschlägt Diderot die Sprache; er versucht, das Thema zu wechseln, aber sie läßt nicht locker und sagt: »Mir scheint, Sie sind da auf dem Weg zur Hölle oder doch wenigstens zum Fegefeuer.«

Er ist gekommen, um die Saat des Guten auf dieses brachliegende Feld zu säen, doch nach und nach bemerkt Diderot, daß die Kaiserin durchaus nicht gesonnen ist, die schönen Theorien, die er ihr tagelang vorträgt, in absehbarer Zukunft in die Tat umzusetzen. Sie stimmt ihm zu, sie lächelt, aber in Rußland bleibt alles beim alten. Trotzdem hält er seine Ratschläge für die Zarin unter dem Titel *Mélanges philosophiques et historiques* auch schriftlich fest. Sie nimmt das Dokument bewegt und mit Interesse entgegen und verschließt es in einer Kassette, um es desto besser vergessen zu können. Als der Winter sich dem Ende zuneigt, denkt Diderot, bezaubert von Katharina und zugleich enttäuscht, wieder an die Heimreise. Man hält ihn nicht. Die Kaiserin schenkt ihm einen Ring, einen Pelz, ihren eigenen Wagen und »drei Säcke mit je tausend Rubeln«. An seine Frau aber schreibt er: »Wenn ich von dieser Summe den Wert einer Emailletafel und zweier Gemälde abziehe, die ich der Kaiserin geschenkt habe, ferner die Kosten meiner Heimreise und die Geschenke, die wir anstandshalber den Naryschkin machen müssen . . ., dann bleiben uns fünf oder sechstausend Franken, vielleicht sogar etwas weniger.«

Katharina hat hinsichtlich der Veröffentlichung der neuen Enzyklopädie keine eindeutige Verpflichtung übernommen. Aber was macht das schon: für Diderot vereinigt sie »die Seelenstärke eines Brutus mit den Reizen der Kleopatra«. Der Abschied im März 1774 ist von Schwermut überschattet. Diderot fürchtet sich vor der Rückreise, und seine Sorge ist nicht ganz unberechtigt: beim Überqueren der Duna bricht die Eisdecke des Flusses, rundum quillt Wasser empor, und langsam versinkt der Wagen. Im letzten Augenblick ziehen Diener den alten Mann noch aus dem Gefährt, die Pferde aber ertrinken. Der Philosoph ist noch einmal mit dem Schrecken davongekommen, muß sich aber mit einem tüchtigen Fieber und Koliken zu Bett legen. Drei Viertel seines Gepäcks sind verlorengegangen. In Den Haag angekommen, findet er trotzdem Kraft genug, um die *Observations sur l'Instruction de Sa Majesté Impériale aux députés pour la confection des lois* zu schreiben. Als Katharina diese ungeschminkt aufrichtige Botschaft empfängt, kann sie sich ihres Unmuts nicht erwehren. In den Gesprächen mehrerer Monate ist sie sich klargeworden, daß er ein Phantast, ein Traumtänzer, ein Schwätzer ist. Und jetzt also nimmt er sich heraus, ihren »Nakaz« zu kritisieren! »Dieser Text (die *Observations*) ist pures Geschwätz; man findet darin weder Sachkenntnis noch Urteilskraft noch Scharfblick«, schreibt sie nach Diderots Tod an Grimm. »Wäre meine Instruktion nach Diderots Geschmack gewesen, dann würde sie nur dazu taugen, alles auf den Kopf zu stellen.«

Kaum in Paris zurück, schreibt Diderot jedoch einen Brief voll überströmender Dankbarkeit an seine Wohltäterin: »Im Schoße meiner Familie habe ich die Ehre, an Ihre Majestät zu schreiben. Väter und Mütter, Brüder und Schwestern, Kinder und Enkel, Freunde und Bekannte werfen sich ihr zu Füßen, um ihr zu danken für all die Güte, mit der sie mich an ihrem Hofe ausgezeichnet hat. Nun stehen Sie also an der Seite Cäsars, Ihres Freundes, und etwas über Friedrich, Ihrem gefährlichen Nachbarn. Der Platz an der Seite Lykurgs und Solons ist noch zu erobern, und dort wird Ihre Majestät sich niederlassen. Dies ist der Wunsch, mit dem vor Sie zu treten der gallorussische Philosoph die Kühnheit besitzt.«

Ein anderer »gallo-russischer Philosoph« beobachtet mißgünstig den Rivalen im Wettstreit um die Gunst der Zarin. Die Erzählungen und Anekdoten Diderots von seinem langen Aufenthalt an der Newa verärgern Voltaire dermaßen, daß er vor Eifersucht krank wird. Seit Monaten hat der alte Einsiedler von Ferney keinen Brief aus St. Petersburg mehr bekommen! Hat Katharina sich am Ende von ihm abgewandt und einen anderen ins Herz geschlossen? Er hält es nicht mehr aus und schreibt am 9. August 1774 in seine »Semiramis des Nordens«:

»Madame, ich bin wirklich an Ihrem Hofe in Ungnade gefallen. Ihre Kaiserliche Majestät haben mich abserviert für Diderot oder Grimm oder irgendeinen anderen Günstling. Sie haben keine Rücksicht auf mein hohes Alter genommen. Das ginge noch an, wenn Sie eine französische Kokotte wären; wie aber kann eine Gesetzgeberin und siegreiche Kaiserin so flatterhaft sein? . . . Ich denke darüber nach, mit welchen Vergehen ich Ihre Ungnade verdient haben könnte. Ich sehe ein, daß es keine Leidenschaft gibt, die nicht einmal ein Ende nimmt. Ich könnte bei dieser Vorstellung sterben vor Gram, wenn ich nicht ohnehin aus Altersschwäche dem Tode nahe wäre.« Und er unterzeichnet: »Ihr Bewunderer, Ihr hilflos Verlassener, Ihr alter Russe aus Ferney.«

Katharina antwortet ihm in dem gleichen scherzhaften Ton: »Bleiben Sie am Leben, Monsieur, und vertragen wir uns wieder, denn es besteht kein Grund, daß wir uns verzanken ... Sie sind ein so guter Russe, daß Sie niemals der Feind Katharinas sein können.«

Voltaire ist zufrieden und beteuert, daß er die Waffen strecke und geduldig wieder »seine Ketten« tragen werde. Er träumt jetzt davon, seine Tage an der Newa zu beschließen, aber offenbar glaubt er selber nicht so recht an diese Möglichkeit: »Warum sollte es mir nicht vergönnt sein, in irgendeiner Ecke von St. Petersburg begraben zu werden, wo ich Sie, mit Lorbeer und Ölzweigen gekrönt, unter Ihren Triumphbögen hin und wider schreiten sehen könnte?« Ein Wettstreit der Huldigungen entspinnt sich zwischen Diderot und ihm: wer schwingt das Weihrauchfaß am höchsten? Sehnt Voltaire sich danach, in Rußland zu sterben, so schmerzt es Diderot angeblich, dort nicht leben zu können, denn nur dort und sonst nirgends hat er sich in der Ausarbeitung seiner Gedanken ganz frei gefühlt. »Ich erinnere mich«, schreibt er, »Ihrer Majestät gesagt zu haben, daß ich in jenen Ländern, die man frei nennt, eine Sklavenseele hatte und mir das Herz eines freien Mannes im Lande jener gewann, die man Sklaven schilt. Das war nicht die Schmeichelrede eines Höflings, sondern reine Wahrheit, und ich spüre es, seit ich wieder hier bin.«

In Wirklichkeit ist Katharina sehr erleichtert, daß die Landgräfin mit ihrem Gefolge und Diderot wieder fort sind. Wochenlang hat sie sich bei den Festlichkeiten am Hof und den unnützen Unterhaltungen mit ihrem Philosophen zusammennehmen müssen, um die Sorgen zu verbergen, die an ihr nagen. Man braucht schon eiserne Nerven, um zu dem Gefasel eines närrischen Franzosen über das Glück der Leibeigenen zu lächeln, wenn gleichzeitig ein vom Ural ausgehender Volksaufstand das Reich in seinen Grundfesten zu erschüttern droht! Schon macht der Name des Anführers der Rebellen in den Salons die Runde: Emilian Pugatschew. Wer ist das? Ein gewöhnlicher Donkosake, der im Siebenjährigen Krieg und im Krieg gegen die Türken in der Armee gedient hat, dann desertierte, verurteilt wurde, aus dem Gefängnis floh, wieder aufgegriffen wurde, abermals entwich, sich als Mönch der Sekte der Altgläubigen ausgab und schließlich behauptete, er sei Peter III. und auf wunderbare Weise seinen Mördern entgangen. Schon vier falsche Zaren, die sich alle als Peter III. ausgaben, sind in den Jahren 1762 bis 1770 in den südwestlichen Provinzen aufgetreten: Bogomolow, Kremenew, Aslanbekow, Jewdokimow; der fünfte ist vielleicht der richtige! Für das Volk schließen die Gräber der Großen sich nie endgültig. Wer sonst, wenn nicht ein Zar, könnte ein Weiterleben nach dem Tode beanspruchen? Gewiß, Pugatschew sieht Peter III. überhaupt nicht ähnlich. Der Kaiser war hochgewachsen, hatte schmale Schultern und sprach überwiegend deutsch; der Rebellenführer dagegen ist nur mittelgroß und vierschrötig, trägt einen schwarzen Bart und redet fließend russisch. Aber wer wird schon so kleinlich sein, mit einem Revenant über Details zu rechten? Man hat einen Retter viel zu dringend nötig, um an diesen da nicht unbesehen zu glauben. Das Land leidet Not. Katharina hat so viele Güter verschenkt, daß die Zahl der Leibeigenen rasch angewachsen ist. Der Krieg gegen Polen und die Türkei hatte Steuererhöhungen zur Folge, die vor allem die Ärmsten hart zu spüren bekommen. Allen Versprechungen der Zarin zum Trotz werden die Altgläubigen unnachsichtig verfolgt. In den Waffenfabriken und den Bergwerken im Ural wird unter unmenschlichen Bedingungen gearbeitet, und häufig müssen die Truppen eingreifen, um Meutereien zu erstikken. Die Kosaken, deren Unabhängigkeit durch einen Ukas eingeschränkt wurde, finden sich nur schwer mit der neuen Lage ab. Diese stolzen, freien und tapferen Menschen bilden inmitten der grauen und amorphen Masse des großen russischen Volkes ein abenteuerliches kleines Volk für sich; sie haben ihre eigenen Sitten und Gesetze und eigene Oberhäupter. Und nun taucht also im Jaik, einer Gegend im Süden des Ural, ein Mann auf, der sich als Peter III. ausgibt und in flammenden Reden zum Aufstand aufruft. Mit seinen Proklamationen wendet Pugatschew sich an den Bodensatz der Unzufriedenen, an die an die Scholle oder an die Fabriken gebundenen Leibeigenen, an die enteigneten islamischen Baschkiren und Kirgisen und an die Kosaken jeglicher Provenienz. Allen verspricht er

Freiheit und Wohlstand. Die Jaik-Kosaken vor allem bekommen zu hören, daß der Fluß Jaik[2] in seiner ganzen Länge ihnen gehören soll, daß sie einen Sold erhalten werden und außerdem Weizen, Silber und Blei. Wie ein Lauffeuer breitet die Nachricht sich aus: Peter III. ist wiedergekehrt; elf Jahre ist er fort gewesen, und nun wird er sein Volk vom Joch der Sklaverei befreien. Deshalb hat ja auch seine Gemahlin versucht, ihn umzubringen: weil er das Wohl seiner Untertanen wollte. Jetzt ist die Stunde gekommen, »die Deutsche«, die »Tochter des Bösen« für das Verbrechen gegen den Zaren und gegen die Nation büßen zu lassen. Zu Tausenden strömen die Kosaken diesem neuen Führer zu; mit Heugabeln, Hacken und Sensen bewaffnet scharen sich die Bauern aus dem Ural und aus Südwestrußland, um sich das Recht auf Glück mit Gewalt zu erkämpfen. Glauben sie alle, daß der Mann, dem sie folgen, wirklich der Zar ist? Ganz gewiß nicht! Die unwissenden und abergläubischen Bauern mögen ihn für das vom Tode auferstandene Väterchen Zar halten, aber die meisten Kosaken, die weitaus hellere Köpfe haben, betrachten ihn einfach als einen der Ihren, der stark genug ist, sie zum Sieg zu führen. »Was liegt schon daran, ob er der Zar ist oder nicht«, sagen sie. »Wir können aus einem Stück Dreck einen Fürsten machen. Und wenn es ihm nicht gelingt, Moskau zu erobern, dann werden wir unser Reich eben im Jaik gründen.«[3] Von Oktober 1773 an versammelt Pugatschew also ein in sich sehr uneinheitliches Heer um sich, das teils aus kampftüchtigen Kosaken, teils aus entsprungenen Leibeigenen, teils aus schwärmerischen Bauern, teils aus meuternden Fabrikarbeitern und teils aus Räubern und Wegelagerern besteht. Emporgetragen von der Begeisterung der Menge, weiß er selber schon nicht mehr recht, ob er nur ein geschickter Hochstapler ist oder wirklich einen göttlichen Auftrag hat. Jedenfalls hat er das Talent, mit der Gewalt der Worte die Massen mitzureißen. In der Öffentlichkeit zeigt er sich gern im goldbestickten Kaftan, eine Pelzkappe auf dem Kopf und die Brust mit Medaillen bedeckt. Seine »Offiziere« kleiden sich wie er mit dem Luxus von Barbaren. Mit wehenden Fahnen und gezogenem Säbel ziehen die Anführer übers Land. Mit frechem Hohn gibt Pugatschew seinen engsten Gefolgsleuten die Namen der höchsten Würdenträger des Reiches: Graf Tschernytschew, Graf Woronzow, Fürst Orlow, Graf Panin . . . Er läßt Rubelmünzen mit seinem Bildnis und der Inschrift »Peter III., Zar aller Reußen« prägen. Von Dorf zu Dorf schwillt sein Heer immer mehr an, wird zum reißenden Strom. Eine gewaltige Menge, vom Haß getrieben, wälzt sich über die Straßen und fährt in Booten die Wolga hinauf wie einst zur Zeit Stenka Razins, des berüchtigten Räubers, der hundert Jahre zuvor das Land in Schrecken versetzte. Wenn die Rebellen nahen, flüchten sich die Reichen, von ihrer Dienerschaft im Stich gelassen, in panischer Angst in die hintersten Winkel ihrer weitläufigen Häuser. Ihre Gefangennahme erregt die Grausamkeit des Volkes bis zum Wahnsinn. Die Kinder der Adligen werden niedergemacht, ihre Frauen werden vergewaltigt und dann unter gröhlendem Gelächter aufgeschlitzt, und die Grundherren werden verstümmelt, bei lebendigem Leibe gehäutet, verbrannt und in Stücke gerissen. Jetzt ist der Augenblick der Rache gekommen, wo alles in der Welt auf den Kopf gestellt wird: den Hungernden und Gedemütigten die höchsten Ehren und in Staub und Tod mit den alten Herren! Pugatschew setzt jetzt Prämien aus: hundert Rubel für einen toten Adligen oder ein geplündertes Schloß; tausend Rubel und dazu den Titel General für den, der zehn Adlige umgebracht oder zehn Schlösser niedergebrannt hat. Die Festungen fallen eine nach der anderen. Langsam ergießt sich die tosende Flut nach Norden. Katharina schickt zwar einige Regimenter in die Wolgagegend, aber die Soldaten haben keine Lust, gegen ihre »Brüder« zu kämpfen, deren Aufstand sie nur zu gut verstehen: unter dem Schutz der Nacht laufen sie über. General Karr, auf den die Kaiserin große Stücke hält, kann den Vormarsch der Rebellen nicht aufhalten. Während Katharina mit Diderot plaudert, wird Orenburg belagert. An den Gouverneur der Stadt schreibt Pugatschew: »Wisse, du Lump, daß du nur dem Teufel, deinem Vater dienst, so oft du auch dein jämmerliches Glück versuchst.« Am 10. Dezember 1773 schreibt Katharina an Sievers: »Vor zehn Jahren hatte ich die Pest im Herzen meines Reiches; jetzt habe ich an seinen Grenzen eine politische Pest, die uns zu schaffen macht . . . Mit Gottes Hilfe werden wir den Sieg davontragen, denn es gibt in diesem Bettlerhaufen weder Verstand noch Ordnung noch Fähigkeiten; es sind nur hergelaufene Räuber, an deren Spitze sich ein ebenso frecher wie tollkühner Betrüger gesetzt hat. Das alles wird gewiß mit dem Strick enden. Aber welch eine Aussicht für mich, die ich den Galgen verabscheue! Die öffentliche Meinung Europas wird glauben, wir seien zu den Zeiten des Zaren Iwan Wassiljewitsch zurückgekehrt.« Was Katharina am meisten empört, ist die Tatsache, daß ihr zu Lebzeiten wegen seiner Deutschfreundlichkeit so unpopulärer Gatte nach seinem Tod zum Helden einer typisch russischen Legende geworden ist: der Zar als Befreier und Märtyrer für die gute Sache des leidenden Volkes, der durch ein Wunder wieder auf Erden erscheint, um die Usurpatorin zu vertreiben, die Mächtigen zu entthronen und den Kleinen Gerechtigkeit zu schaffen. Als logisch denkende Frau kann sie diesen Meinungsumschwung der dumpfen Menge nicht begreifen. Mit europäisch geschultem Verstand beurteilt sie die Ereignisse, aber sie hat es mit einem asiatischen Phänomen zu tun. Trotz der Überlegenheit ihrer Armee, trotz ihrer Kanonen und Festungen bemächtigt sich Angst ihrer Seele. Wie lange noch wird dieses lächerliche und erbärmliche Gespenst sie verfolgen? Das Heil des Landes und ihr eigenes Wohlbefinden hängen davon ab, daß Pugatschew niedergeworfen wird. Da Karr eine Niederlage nach der anderen erleidet, beschließt sie, ihn durch Bibikow zu ersetzen. Der führt den Kampf gegen die Aufrührer planvoll und methodisch. Von den regulären Truppen umzingelt, muß Pugatschew den Rückzug antreten. Doch Bibikow stirbt und wird seinerseits durch den untätigen Fürsten Stscherbatow ersetzt. Sogleich hat Pugatschew wieder Oberwasser. Im Sturm nimmt er die Stadt Kasan. In Nischnij-Nowgorod erheben sich die Leibeigenen und überziehen die Gegend mit Mord und Brand. Man erwartet allgemein, daß die Aufständischen bald vor Moskau und St. Petersburg anrücken werden. In Moskau werden bereits außerordentliche Verteidigungsmaßnahmen ergriffen. Die Polizei macht Jagd auf die Abgesandten Pugatschews, die unter der Bevölkerung Flugblätter verteilen, die den Armen Freiheit und Landbesitz verheißen, die bösen Herren aber mit dem Tod und die falsche Zarin mit der Verbannung in ein Kloster bedrohen.

Die Lage erscheint um so gefährlicher, als der Kampf gegen die Türken mit wechselndem Kriegsglück weitergeht und die Emissäre des Großwesirs die muslimischen Stämme im Ural und am Kaspischen Meer auffordern, sich Pugatschew anzuschließen. Katharina möchte so schnell wie möglich mit dem äußeren Feind fertig werden, um sich dann mit voller Kraft der Wiederherstellung der inneren Ordnung widmen zu können.

Ihren Bevollmächtigten gibt sie geheime Instruktionen, den Abschluß eines Friedensvertrages zu beschleunigen. Aber es bedarf erst noch der Siege Suworows bei Kosludschi und Rumjanzows bei Schlumla an der Donau, ehe der Gegner bereit ist, die Waffen zu strecken. Im Juli 1774 wird in Kütschük-Kainardschi nach sechs Kriegsjahren endlich der Friedensvertrag unterzeichnet. Rußland erhält die Festungen am Asowschen Meer, das Protektorat über die Krim, die Kabardiner und die Steppen zwischen Bug und Dnjepr, freien Zugang zum Schwarzen Meer und zum Ägäischen Meer, Reparationen in Höhe von viereinhalb Millionen Rubeln und das Recht, die Glaubensfreiheit der christlichen Untertanen des Sultans zu schützen.
Damit hat Katharina den Traum Peters des Großen wahr gemacht und kann nun ihrer Armee befehlen, sich nach Norden zu wenden und die Banden Pugatschews zu vernichten. Peter Panin[4] wird zum Generalissimus ernannt. Suworow persönlich erscheint auf der Wolga. Angesichts der gewaltigen Truppenkonzentration wird Pugatschew unsicher; er verzichtet auf den Marsch nach Moskau und wendet sich nach Süden. Seine Leute aber verstehen den Rückzug nicht, sie sind enttäuscht und beginnen, sich wegen der Folgen ihrer Rebellion Sorgen zu machen. Die charismatische Autorität des Betrügers schwindet immer mehr dahin. Immer mehr seiner Anhänger desertieren. Nur noch Tagelöhner, Vagabunden und Marodeure folgen ihm. Die Regimenter des Generals Michelson nehmen ihn in die Zange und schlagen ihn am 24. August (4. September) vernichtend bei Sarepta; Pugatschew flieht, doch die Männer seines eigenen Stabes greifen ihn, legen ihn in die Garotte und liefern ihn als Gefangenen aus, um selber straffrei auszugehen. Man führt ihn Peter Panin vor; er fällt vor ihm auf die Knie und bekennt, ein Hochstapler zu sein und sich vor Gott und Ihrer Kaiserlichen Majestät schwer vergangen zu haben. Man legt ihn in Ketten, sperrt ihn in einen eisernen Käfig und führt ihn wie ein wildes Tier auf einem zweirädrigen Karren durch die Provinzen, die ihm einst wie einem siegreichen Feldherrn zugejubelt haben. Aus Sorge vor neuer Unruhe im Volk begleitet ihn eine starke bewaffnete Eskorte. Doch seit man ihn gefangen hat, ist der ganze Aufstand wie durch Zauber zusammengebrochen. Als Pugatschew am Ende dieser langen Reise in Moskau anlagt, ist er nur noch ein gebrochener,

entkräfteter und lebensmüder Mann. Trotz der Schwere seiner Verbrechen wird er nicht gefoltert; Katharina hat die Tortur untersagt. Aber sein Fall ist so tief, daß er seinen Charakter verändert. Mehrmals im Verlauf seines Prozesses wird er ohnmächtig, und die Richter fürchten schon, er könne dem Henker entschlüpfen und vor dem Tag der Hinrichtung den Geist aufgeben. »Der Marquis von Pugatschew[5], den Sie wieder erwähnen, hat als Verbrecher gelebt und wird als Feigling sterben«, schreibt Katharina an Voltaire. Und weiter: »Er kann weder lesen noch schreiben, ist aber ein verwegener und entschlossener Mann. Bis jetzt gibt es keinerlei Indizien dafür, daß er das Werkzeug ausländischer Mächte gewesen sein könnte . . . Es ist zu vermuten, daß Herr Pugatschew sein eigener Räuberhauptmann ist und keiner anderen Seele dient. Seit Tamerlan hat niemand mehr Schaden angerichtet als er. Er bildet sich ein, daß ich ihn seines Mutes wegen begnadigen könnte. Hätte er nur mich persönlich beleidigt, könnte seine Überlegung richtig sein, und ich wüde ihm verzeihen; hier aber geht es um die Sache des Reiches, und die hat ihre eigenen Gesetze.«

Pugatschew wird zur Vierteilung und Enthauptung verurteilt, erfährt aber kaiserliche Milde: man schlägt ihm den Kopf ab, bevor der Leib gevierteilt wird. Katharina legt Wert darauf, menschlicher zu erscheinen, als Ludwig XV. sich gegenüber Damiens zeigte. Die Hinrichtung findet am 10. (21.) Januar 1775 in Moskau vor einer großen Zuschauermenge statt. Die Leute von Stand genießen das Schauspiel, im Volk aber kommt ein Murren auf: hat man nicht schon wieder einmal den wahren Zaren umgebracht? Die Komplizen des Betrügers werden gevierteilt, gehängt oder geköpft. Die Mitläufer werden mit der Knute geschlagen, bekommen die Nasen abgeschnitten und werden zur Zwangsarbeit verurteilt. Die neun Banditen, die ihren Anführer verraten haben, begnadigt die Zarin. Die Ordnung ist wiederhergestellt, Katharina kann aufatmen. Ein Jahr lang hat sie den Boden unter sich wanken gefühlt wie das Deck eines vom Sturm geschüttelten Schiffes. Aber sie hat das Steuer nicht losgelassen. Sie blieb Herrin der Lage. Sie ist zufrieden.

Auf dem Land aber geht die Repression erbarmungslos weiter. Oft spielen die Grundherren selber den Henker. Es ist eine allgemeine Abrechnung im nationalen Maßstab. Kein Dorf, in dem nicht auf dem Anger ein Schafott aufgeschlagen wäre. Es wird gehängt, ausgepeitscht, deportiert. Der Fluß Jaik unseligen Andenkens wird umgetauft und heißt künftig Ural. Den Namen des »furchtbaren Aufrührers« Pugatschew auszusprechen, wird ausdrücklich verboten. 1773 hatte Bibikow geschrieben: »Nicht Pugatschew ist das entscheidende, sondern die allgemeine Unzufriedenheit.« Und in der Tat: Pugatschew ist beseitigt, aber die »allgemeine Unzufriedenheit« ist geblieben. Wie ein Nebel breiten sich Mißtrauen und stummer Haß aus zwischen den besitzenden Klassen und den Armen, zwischen der Kaiserin und ihren Untertanen aus dem niederen Volk. Aber das kümmert Katharina nicht. Sie könnte, durch die Ereignisse gewarnt und hellhörig geworden, den Versuch machen, den Zorn des Volkes durch die Anwendung der edlen Grundsätze ihrer »Instruktion« zu besänftigen. Aber sie setzt lieber auf Härte als auf Versöhnung. Hat sie früher einmal, wenn auch noch so vage, an eine Befreiung der Leibeigenen gedacht, so weist sie diesen Gedanken jetzt mit Abscheu von sich. Zu welchen Gewalttätigkeiten wären diese primitiven Menschen imstande, wenn man sie vollständig frei ließe! In ihren philosophischen Betrachtungen hat sie sie idealisiert; jetzt aber haben sie ihr ihr wahres Gesicht gezeigt. Ebenso gefährlich, davon ist sie nun überzeugt, wäre es, die Gewalt der Grundherren über dieses Vieh in Menschengestalt einzuschränken. Die Adeligen, die Grundbesitzer, sind die Säulen, die das Reich tragen. Die Schismatiker, denen sie anfangs mit einer gewissen Duldsamkeit begegnet ist, haben bewiesen, daß sie den Strick nicht wert sind, mit dem sie gehängt werden, denn sie sind Pugatschew gefolgt. Und von einer Senkung der Steuern kann natürlich keine Rede sein, jetzt schon gar nicht, wo in den von den Aufrührern verwüsteten Provinzen die Hungersnot wütet und die Staatskasse leer ist! Alles muß so bleiben, wie es ist; das Heil Rußlands liegt im Immobilismus. Zumindest noch für einige Zeit. Wenn das Volk einmal reif ist für Reformen, wird man weiter sehen. Einstweilen ist es immerhin statthaft, mit französischen Philosophen darüber zu diskutieren.

Kaum hat Katharina sich Pugatschew vom Hals geschafft, läßt schon wieder eine Betrugsaffäre sie nicht zur Ruhe kommen. Seit zwei Jahren schon, so erfährt sie, macht eine sehr verführerische junge Frau mit aschbraunem Haar und blauschwarzen Augen von sich reden, die sich als Tochter der Zarin Elisabeth I. und ihres Favoriten Alexis Rasumowski ausgibt. Diese angebliche Enkelin Peters des Großen reist in Frankreich, Italien und Deutschland umher und tritt unter wechselndem Namen auf; je nach den Umständen nennt sie sich bald Fürstin von Wlodomir, bald Fürstin von Asow, bald Gräfin Pimberg, bald Fürstin Tarakonowa. Welchen Titel aber auch immer sie sich anmaßt – stets behauptet sie, die legitime Erbin des Throns der Romanow zu sein, den Katharina II. usurpiert hat. In einer Kassette will sie das geheime Testament der Zarin Elisabeth, ihrer Mutter, verwahrt halten, das ihr die russische Krone zuspricht. Ihrer Schönheit wie ihres lockeren Lebenswandels und ihrer politischen Ansprüche wegen wird sie von einigen Kavalieren umschwärmt, die die Galanterie und das Abenteuer lieben. Sie läßt sich mit üppigen Summen aushalten und gibt auf die Frage nach ihrer Vergangenheit zwar immer wieder eine andere, auf die nach Ihrer Zukunft dagegen stets die gleiche Antwort: sie muß die ihr rechtmäßig zustehende Herrschaft zurückerobern. Der Herzog von Limburg und Fürst Radziwill begeistern sich mit kindischer Leichtgläubigkeit für ihre Pläne. Man träumt davon, in die Türkei zu fahren und der polnisch-türkischen Sache mit der Autorität der wahren Zarin Elisabeth II. gegen die falsche Zarin Katharina II. zum Siege zu verhelfen. Die Unterzeichnung des Friedensvertrages von Kütschük-Kainardschi macht diese Hoffnungen Radziwills und seiner Freunde zunichte. Der Plan einer Reise nach Konstantinopel wird aufgegeben. Alexis Orlow, der gerade mit seinem Geschwader vor Livorno liegt, erbittet trotzdem Katharinas Instruktionen, wie mit der »Abenteurerin« verfahren werden soll. Selbstverständlich glaubt Katharina von den Erzählungen der Tarakanova kein Wort. Sie weiß absolut sicher, daß Elisabeth I. nie ein Kind gehabt hat. Und wenn die verstorbene Kaiserin doch eines gehabt hätte, so hätte sie es am Hof erziehen lassen, so wie sie selber es mit Alexis Bobrinski gehalten hat, dem natürlichen Sohn aus ihrer Verbindung mit Grigorij Orlow. Nein, es gibt keinen Zweifel, daß diese Frau, die die Kaiserin aller Reußen herauszufordern wagt, eine Mythomanin ist, eine gewöhnliche »Hochstaplerin«, wie Katharina sich ausdrückt. Ihre Lügenmärchen verdienen nur Verachtung. Aber der Aufstand Pugatschews hat Katharina über alle Maßen empfindlich gemacht. Daß irgend jemand die Rechtmäßigkeit ihrer Herrschaft in Zweifel zu ziehen wagt, und sei es auch eine Halbverrückte, ein exzentrisches Weib, kann sie nicht mehr ertragen. In einem Brief vom 12. November 1774 fordert sie Alexis Orlow auf, sich der »Kreatur« zu bemächtigen, »die sich so frech einen Namen und eine Abkunft beigelegt hat, die ihr nicht im geringsten zukommt«.

Er möge im Falle der Widersetzlichkeit zu Drohungen greifen und notfalls auch Repressalien gebrauchen, beispielsweise die Stadt Ragusa beschießen, wenn die Behörden sich weigern, die Elende auszuliefern. Besser aber wäre es natürlich, behutsam vorzugehen und die Angelegenheit »nach Möglichkeit geräuschlos« zu erledigen. Der gelehrige Alexis Orlow versucht es also mit einer List. Einen teuflischen Plan hat er sich ausgedacht. Er läßt der »Thronprätendentin« melden, daß er von der Echtheit ihrer Ansprüche überzeugt sei und für die Kaiserin nur noch Haß und Verachtung empfinde, seit sein Bruder Grigorij in Ungnade gefallen ist. Er beschwört die junge Frau, ihn in Pisa zu treffen, damit sie gemeinsam überlegen können, wie der Kampf um die Eroberung der Macht am aussichtsreichsten zu führen sei. Sie wittert nicht die Falle, fährt nach Pisa und ist enzückt, von einem so hohen Würdenträger des Reiches mit allen Ehren einer regierenden Fürstin empfangen zu werden. Das »Narbengesicht« weist ihr eine prunkvolle Wohnung an, gibt ihr zu Ehren zahllose Feste und erklärt ihr schließlich seine Liebe: auf den ersten Blick schon, sagt er, war er ihr verfallen. Sie solle einwilligen, ihn zu heiraten, dann will er die Last des Regierens mit ihr teilen. Ganz geblendet, sagt sie ja, folgt ihrem Verehrer nach Livorno und geht mit ihm an Bord des Flaggschiffs, wo ihr die Komödie einer falschen Hochzeitsfeier vorgespielt wird. Ein als Pope verkleideter Marineoffizier gibt das Paar zusammen; dazu dröhnen Geschützsalven, und alles schreit: »Es lebe die Zarin!« Die vermeintliche Braut vergießt Freudentränen. Plötzlich aber ist Alexis Orlow verschwunden. »Ihre Majestät« wird von Soldaten umringt, unsanft in eine Kabine gestoßen und ohne weitere Erklärung eingeschlossen. Das Schiff lichtet den Anker. Es wird befehligt von Admiral Greigh, der den Auftrag hat, die Gefangene nach St. Petersburg zu bringen. Alexis Orlow selber ist von Bord gegangen, nachdem sein Streich gelungen war, und in Livorno geblieben.

Kaum ist das Schiff am 12. (23.) Mai 1775 in Kronstadt angelangt, wirft man die Tarakonowa in ein Verlies der Festung St. Peter und Paul. Feldmarschall Fürst Golitzin hat den Auftrag, die Verhöre zu führen.

Seinem ersten Bericht zufolge sieht die Gefangene sehr gut aus. Sie wirkt wie eine Italienerin, spricht französisch und deutsch, aber kein Wort russisch. Die Ärzte, die sie untersucht haben, halten sie für lungenkrank und sogar einen ziemlich schweren Fall; sie behauptet, Elisabeth zu heißen und dreiundzwanzig Jahre alt zu sein. Später gibt sie nach pausenlosen Verhören zu, daß sie weder ihren Vater noch ihre Mutter, weder ihre Nationalität noch ihren Geburtsort kennt; sie behauptet, in Bagdad und dann in Ispahan gelebt zu haben, verwikkelt sich in Widersprüche und schreibt schließlich einen Brief an Katharina, in dem sie ihr »große Vorteile« verspricht, falls man »alle gegen sie angezettelten Geschichten« niederschlage. Sie unterzeichnet »Elisabeth«. »Das ist mir ein abgefeimtes Luder!« schreit Katharina, als sie das Schreiben liest. Doch unterdessen macht die Schwindsucht, die die Ärzte bei der Tarakanowa festgestellt haben, rasche Fortschritte; die harte Behandlung, die ständige Bewachung bei Tag und bei Nacht, die Kälte und der häufige Nahrungsentzug tun ein übriges. Noch einmal schreibt sie an die Kaiserin und bittet sie, ihr zu verzeihen, daß sie sie beleidigt habe, und sie aus dem Kerker zu entlassen, denn ihr Zustand sei zum Gotterbarmen. Aber Katharina bleibt unerbittlich. Sie kann zu normalen Zeiten durchaus weichherzig, ja liebevoll sein, aber wenn die Staatsräson es fordert, verhärtet sie sich bis zur Grausamkeit. In der Politik, meint sie, fällt jede Nachsicht auf ihren Urheber zurück. Die Tarakanowa hat gespielt und hat ihr Spiel verloren; jetzt muß sie zahlen. Katharina denkt nicht nur nicht daran, ihre Gefangene freizulassen, sondern weigert sich auch, ihr Los zu erleichtern. Die Wochen gehen dahin. Niemand kümmert sich mehr um die lebendig Begrabene in der Festung St. Peter und Paul. Am 4. Dezember 1775 schließlich stirbt sie. Sie ist nicht durch ein plötzliches Hochwasser der Newa ertränkt worden, wie einige gemeint haben, sondern nach Atem ringend, ausgezehrt, blutspuckend in der eisigen Finsternis ihrer Kasematte der Tuberkulose erlegen.[6]

Ein Jahr darauf verhaftet man trotz der Hinrichtung des »furchtbaren Anführers«, der sich als Peter III. ausgab, und trotz der Einkerkerung der »Verrückten«, die sich als Elisabeth

II. ausgab, einen dritten Betrüger. Dieser behauptet, der auf Erden zurückgekehrte Nationalheld Pugatschew zu sein.[7] Katharina kann das nicht begreifen. Was für ein sonderbares Land, dieses Rußland! Legenden gelten hier oft mehr als die Wirklichkeit. Wer dieses irrationale Volk regieren will, hat bald mit Menschen aus Fleisch und Blut und bald mit Gespenstern zu kämpfen.

19. KAPITEL

Potemkin

Unter der Last der politischen Probleme sehnt Katharina sich nach einem Mann, auf den sie zählen kann, an dessen Liebe und Festigkeit sie Rückhalt findet für ihre große Aufgabe. Dazu aber ist der hübsche kleine Wassiltschikow, der »nur Stroh im Kopf« hat, nicht geeignet. Dieser Dutzend-Liebhaber mit seinem ergebenen Lächeln und seiner graziösen Beflissenheit ist ihrer im Grunde nicht würdig. Über nichts kann sie mit ihm reden, nirgend fühlt sie sich so einsam wie in seiner Gesellschaft, und bei ihren tristen Liebesspielen ist das Gefühl unbeteiligt. Mit einem Wort: er langweilt sie, und sie verübelt ihm die Vorrechte, die sie ihm aus Schwäche eingeräumt hat. Immer häufiger muß sie an Potemkin denken, der so stark und mutig ist und so komisch sein kann und jetzt vor Silistria kämpft. Seit langem schon hält sie sich ihn in Reserve. Wiederholt läßt sie ihm durch ihren Sektretär kleine Billette zukommen, die ihn ihrer Sympathie versichern. Am 4. Dezember 1773 schreibt sie ihm eigenhändig:

»Herr Generalleutnant, ich wette, Sie sind so sehr davon in Anspruch genommen, nach Silistria hinüberzustarren, daß Sie keine Zeit finden, meine Briefe zu lesen. Und wenn ich auch bis heute nicht weiß, ob Ihr Bombardement erfolgreich gewesen ist, so bin ich doch gewiß, daß alles, was Sie unternehmen, ganz allein Ihrer glühende Ergebenheit für meine Person und ganz allgemein für das teure Vaterland zuzuschreiben ist, welch beiden Sie freudig dienen. Da ich meinerseits aber sehr darauf bedacht bin, mir eifrige, tapfere, intelligente und tüchtige Männer zu erhalten, bitte ich Sie, sich keiner Gefahr auszusetzen. Grübeln Sie nicht lange darüber nach, in welcher Absicht dieser Brief geschrieben wurde. Darauf will ich Ihnen antworten: damit Sie Gewißheit haben, wie ich über Sie denke, denn ich bin stets ihre sehr wohlwollende Katharina.«

Diese kaum verhüllte Liebeserklärung erfüllt Potemkin mit Freude und Ungeduld. Einst hat er mit dem Gedanken gespielt, Mönch zu werden; so verzweifelt war er, daß er die Gunst der Zarin nicht gewinnen konnte, die damals noch Grigorij Orlow gehörte. »O Gott, welche Qual, eine Frau zu lieben, der ich es nicht sagen darf und die niemals die meine werden kann«, schrieb er damals. »Grausamer Himmel, warum hast du sie so schön gemacht und so groß? Warum ist es mir bestimmt, nur sie allein und keine andere zu lieben?« Und jetzt auf einmal hört er mitten im Schlachtenlärm die sanfte Stimme dieser »Unerreichbaren«, die ihn ruft. Im Januar 1774 bittet er um Urlaub, verläßt das Heer und eilt an den Hof.

Dort erwartet ihn eine herbe Enttäuschung: der Favorit Wassiltschikow übt seine Funktion noch aus und ist ein so gutaussehender junger Mann, daß Potemkin, wenn er sein Spiegelbild erblickt, jede Hoffnung fahren läßt, zum Nachfolger dieses Schönlings ausersehen zu sein. Einst erinnerte er an »Alkibiades«, aber jetzt mit fünfunddreißig sieht er plump und fratzenhaft aus: schwarzes Haar, braune Haut und nur noch ein Auge; die leere linke Augenhöhle verdeckt er nicht mit einer Binde. Seine Züge sind fleischiger geworden und sein mächtiger Körper breit und schwer, doch aus seinem Gesicht sprüht wilde Kraft und so etwas wie noble Phantastik. Er macht Eindruck auf die Frauen. Manche finden ihn häßlich, andere versetzt das Feuer seines einzigen Auges und sein blendendes Gebiß in eine wohlige Erregung. Sie spüren einen Hauch von Leidenschaft in seiner Nähe. Er sieht aus wie ein als Höfling verkleideter Zyklop. »Der Zyklop hat einen reizenden Fehler«, notiert Ribeaupierre. »Er kaut mit verbissenem Ingrimm seine Fingernägel, nagt sie an bis auf die Haut.« Der englische Botschafter Sir Robert Gunning schreibt, der Neuankömmling sei von hünenhafter und keineswegs wohlproportionierter Gestalt und seine Gesichtszüge seien alles andere als einnehmend. Doch er fügt hinzu: »Er scheint ein hohes Maß an Welt- und Menschenkenntnis zu besitzen und ein weit schärferes Urteil, als seine Landsleute im allgemeinen haben.«

Voll Eifersucht auf Wassiltschikow, mit dem er auf dem Feld der Galanterie nicht konkurrieren zu können meint, läßt Potemkin abermals wissen, er werde aus Liebeskummer in ein Kloster gehen. Damit hofft er die Zarin zu rühren, die wie alle Frauen die Ernsthaftigkeit einer Passion wohl danach bemißt, zu welchen äußersten Konsequenzen sie bereit macht. Aber so viel verlangt Katharina gar nicht. Kaum hat ihr Verehrer sich ins Kloster zurückgezogen, schickt sie die Gräfin Bruce mit dem Auftrag zu ihm, ihn in die Welt zurückzuholen, wo er jede Gunst erhalten werde, die er sich nur wünschen könne. Zur Antwort schreibt er einen langen Brief, mit dem er ergebenst die Ehre erbittet, zum Generaladjutanten Ihrer Majestät ernannt zu werden – was letztlich den Griff nach der Position des Favoriten bedeutet. »Das kann für niemanden kränkend sein«, schreibt er; »ich aber würde es als den Gipfel meines Glückes betrachten. Vor allem weil ich, unter dem besonderen Schutz Ihrer Majestät, die Ehre haben würde, ihre weisen Anordnungen zu empfangen, und das Studium dieser Befehle würde mich fähiger machen, Ihrer Kaiserlichen Majestät und dem Vaterland zu dienen.« Katharina erfüllt nur zu gerne seine Bitte und befiehlt Wassiltschikow, die Hauptstadt »aus Gesundheitsgründen« zu verlassen. Als Entgelt für seine Dienste, die er zweiundzwanzig Monate lang treu erfüllt hat, erhält der geschaßte Favorit hunderttausend Rubel, siebentausend Bauern, einen Haufen Diamanten, eine lebenslängliche Rente von zwanzigtausend Rubeln und einen Palast in Moskau, den er nicht verlassen darf. Kaum hat er seine Gemächer im kaiserlichen Palast geräumt, die einst die von Grigorij Orlow waren, so richtet Potemkin sich dort ein. Der Platz ist noch warm. Nur zwei Schritte und eine Wendeltreppe, und er ist im Schlafzimmer der Zarin. Nackt unter dem Schlafrock, findet der zottige und einäugige Riese sich pünktlich in der Nacht dort ein. Trotz seiner entstellten Physiognomie findet Katharina ihn schön. Und stark; stark an Körper und an Geist. Er amüsiert sie, er setzt sie in Erstaunen, er bezaubert sie, er bezwingt sie und wirft sie nieder, er gibt ihr ihre Jugend wieder. An Grimm schreibt sie: »Einen gewissen ausgezeichneten, aber sehr langweiligen Bürger habe ich fortgeschickt; er wurde, ich weiß nicht wie, durch eines der größten, lustigsten und unterhaltsamsten Originale dieses eisernen Zeitalters ersetzt.«

Am Tag nachdem der neue Favorit seine Räume im Palast bezogen hat, schreibt die Frau des Feldmarschalls Rumjanzow an ihren Mann: »Einen guten Rat, mein Schatz: wenn du etwas erreichen willst, dann wende dich an Potemkin.« Die Tochter Kyrill Rasumowskis entrüstet sich: »Wie kann man nur diesem einäugigen Ungetüm den Hof machen! Und warum?« Sir Robert Gunning meldet seinem Vorgesetzten, Lord Suffolk: »Er (Potemkin) darf sich ungescheut der Hoffnung hingeben, sich zu jener hohen Stellung emporzuschwingen, zu der sein grenzenloser Ehrgeiz ihn treibt.« Der Senator Jelagin sagt zu Durand de Distroff: »Sie ist ganz verrückt auf ihn. Sie müssen sich wirklich lieben, denn sie gleichen einander restlos.« Eines Tages begegnet Potemkin auf der Palasttreppe Grigorij Orlow. »Was gibt es Neues am Hofe«, fragt er ihn freundlich, und Orlow erwidert: »Nichts weiter; Sie steigen herauf und ich hinab.«

Potemkin steigt sehr hoch empor. Ganz eindeutig hat niemand vor ihm einen so hohen Grad an Vertrautheit mit der Kaiserin erreicht. Zum ersten Mal in ihrem Leben gibt sie sich völlig einer Liebe hin, die frei, stürmisch und selbstlos ist und sie bereichert. Sie vergißt ihren Rang und ihre Macht, wenn sie sich besorgt fragt, in welcher Stimmung ihr Liebhaber ist. Fünfundvierzig Jahre ist sie jetzt alt, zehn Jahre älter als er. Keine Minute kann sie leben, ohne in Gedanken zu ihm zu fliegen. Wenn er nicht bei ihr ist, dann schreibt sie ihm eilig einen Liebesbrief – in der Nacht oder in der Morgenfrühe, wenn alles im Palast noch schläft, oder auch mitten im Staatsrat. Ein zuverlässiger Diener überbringt sofort das Geschriebene. Und Potemkin antwortet. Sie verbrennt seine Briefe; er verwahrt die ihrigen in einer Tasche seines Wamses direkt über dem Herzen. Es sind hastig hingeworfene Zeilen, ein Sturzbach von Worten ohne Sinn, ein fieberndes Gestammel. Ihre Majestät die Zarin aller Reußen denkt sich für ihren Liebhaber die abgeschmacktesten Kosenamen aus: mein süßer Schatz, meine schwesterliche Seele, mein geliebtes Püppchen, mein liebes Spielzeug, mein Tiger, mein kleiner Papagei, mein Giaur, mein kleiner Grischa, mein Goldfasan, mein Goldhähnchen, mein Löwe im Dschungel, du Wolfskerl und Täubchen . . .

Sie bewundert ihn und schreibt ihm: »Du meine Marmorschönheit, . . . mein Liebling, dem kein König gleichkommt, . . . kein Mann auf Erden kann sich mit dir messen . . .«

Und dann erschrickt sie plötzlich über ihre eigene Leidenschaft und stellt sich, als wolle sie sich eines anderen besinnen: »Ich habe meinem ganzen Leib, ja noch dem kleinsten Härchen streng befohlen, dir nicht das kleineste Liebeszeichen zu geben. Ich habe meine Liebe in meinem Herzen eingeschlossen und zehnfach verriegelt; dort schmachtet sie und ist ganz elend, und ich fürchte, sie wird ausbrechen.«

Dann aber gibt sie sich geschlagen: »Eine wahre Flut von Unsinn entströmt meinem Kopf. Ich verstehe nicht, wie du eine Frau mit so wirren Gedanken ertragen kannst.« Und voll Stolz fügt sie hinzu: »Oh Monsieur Potemkin, was für ein verdammtes Wunder habt Ihr vollbracht, einen Kopf, der einst in aller Welt als einer der besten Europas galt, so aus dem Gleichgewicht zu bringen! . . . Wie schändlich! Wie sündhaft! Katharina die Zweite einer so aberwitzigen Leidenschaft verfallen! Du wirst ihm mit deinem Wahnsinn lästig fallen, sage ich mir.«

Im Sturm der Begeisterung fährt sie ihn manchmal auch barsch an: »Es gibt auf der Welt eine Frau, die Sie liebt und Anspruch auf ein paar zärtliche Worte hat. Potzblitz, du Dummkopf, du Tatar, du Kosak, du Giaur, du Moskowiter!« Und wenn sie im gebräuchlichen Vokabular keine passenden Worte mehr findet, dann verlegt sie sich kühn aufs Improvisieren: »Mein Knopf . . ., mein eifriges Naschwerk . . .« Sie freut sich an den Anekdoten, die ihr »Giaur« ihr erzählt: »Liebling, was hast du mir gestern wieder für Schnurren gebracht! Ich muß immer noch lachen, wenn ich daran denke . . . Vier Stunden bleiben wir zusammen ohne die geringste Langeweile, und immer fällt es mir schwer, dich zu verlassen. Mein liebes Täubchen, ich liebe Sie sehr. Du bist schön, klug und lustig.« Bei anderen Gelegenheiten spricht sie nicht von den Freuden der Konversation mit ihm, sondern von dem vollkommenen Glück ihrer körperlichen Beziehung. Sie ist in Dingen der Lust eine ausgesprochene Kennerin und weiß die Art zu schätzen, wie ihr neuer Favorit sie anfaßt. Die sinnliche Harmonie zwischen ihnen, so meint sie, erhöht noch den Wert ihrer Gefühlsbeziehung. Bescheiden gesteht sie, wie lüstern sie auf diesen mächtigen und wohlriechenden männlichen Körper ist: »Jede Zelle meiner Körpers sehnt sich nach dir, oh Giaur! . . .« – »Ich danke dir für das Geschenk von gestern. Mein kleiner Grischa hat mich genährt und meinen Durst gestillt, aber nicht mit Wein.« – »Mein Kopf ist wie der einer Katze, die in der warmen Sonne liegt.« – »Ich werde dir eine ›brennende Frau‹ sein, wie du oft sagst. Aber ich werde versuchen, meine Flammen zu verbergen.« – »Die Türen sind offen, und es kommt nur auf den Willen und das Können dessen an, dem es zusteht; ich jedenfalls lege mich zu Bett . . .« – »Liebling, ich werde tun, was du befiehlst; soll ich zu dir kommen, oder kommst du zu mir?«

Er ist starken Stimmungsschwankungen unterworfen, launenhaft, eitel, argwöhnisch und eifersüchtig und kann aus der übermütigsten Fröhlichkeit jäh in krankhafte Niedergeschlagenheit fallen. Eines Tages wirft er Katharina vor, sie habe vor ihm schon fünfzehn Liebhaber gehabt. Sie ist tief getroffen und will nur fünf davon gelten lassen. »Den ersten nahm ich nur gezwungen und den vierten aus Verzweiflung«, ruft sie aus. »Was die drei anderen angeht, so ist Gott mein Zeuge, daß es nicht Ausschweifung gewesen ist, zu der ich nie einen Hang gehabt habe.«[1] Wieder spricht er sie auf Wassiltschikow an. Ist sie nicht immer noch in ihn verliebt? Sie antwortet: »Du hast nicht den geringsten Grund zur Sorge. Ich habe mir an diesem Dummkopf Wassiltschikow schön die Finger verbrannt . . . Mein Herz und meine Seele liegen wie ein aufgeschlagenes Buch vor Dir . . . Ich liebe Dich grenzenlos.« Manchmal gibt er sich frech, gelangweilt, grundlos ärgerlich. Weil der Himmel grau ist oder weil er mit dem linken Bein zuerst aufgestanden ist. Dann schilt sie ihn in ihren Briefen herzhaft aus: »Wenn Sie wieder frei sind von dieser dummen schlechten Laune, dann lassen Sie es mich bitte wissen . . . Sie sind ein böser Tatar!« – »Ich komme zu Dir, um Dir zu sagen, wie sehr ich Dich liebe, und finde Deine Tür verschlossen!« – »Du quälst mich um nichts und wieder nichts . . .« – »Gerade wenn ich mich ganz behaglich fühle, stürzt so ein Berg auf mich!« – »Wirklich, es wird Zeit, daß wir in Harmonie miteinander leben. Hör auf mich zu quälen und zu mißhandeln. Dann wirst Du auch keine Kälte an mir finden . . .« – »Mein Seelchen, ich habe einen Faden genommen und an das eine Ende einen Stein und an das andere all unseren Streit gebunden, und das Ganze habe ich in einen bodenlosen Abgrund geworfen . . . Guten Morgen, mein Liebling! Guten Morgen, und keinen Streit mehr, keine Auseinandersetzung, kein Zank . . .«

Sie fühlt sich körperlich so vertraut mit ihm, daß sie ihm auch die intimsten Mißlichkeiten nicht verbirgt:

»Ich werde nicht zu Dir kommen, denn ich habe die ganze Nacht geschwitzt, und all meine Knochen tun mir weh wie gestern . . .« – »Ich habe heute einen leichten Durchfall, aber ansonsten geht es mir gut, mein Idol . . .« – »Mach Dir keine Sorgen wegen meines Durchfalls, so etwas ist gut zur Reinigung der Gedärme.«[2]

Man nimmt an, daß Katharina, von ihrer Leidenschaft getrieben, Potemkin sogar geheiratet hat. Nach gewissen Überlieferungen soll die Hochzeitsfeier gegen Ende des Jahres 1774 in der Samson-Kirche in St. Petersburg stattgefunden haben; Graf Samoilow, ein Neffe Potemkins, der Kammerherr Tschertkow und die treue Kammerfrau Perekusikina sollen dabei gewesen sein. Irgendwelche Dokumente über diese heimliche Ehe sind nicht mehr erhalten. Doch dreiundzwanzig Briefe Katharinas an ihren Favoriten lassen in der Wortwahl erkennen, daß ihre Beziehungen die von Eheleuten waren: »Mein geliebter Gemahl – mein lieber Gatte, zartester und sanftester von allen – mein lieber Gemahl – mein süßer Gatte – Ich bitte dich, mich nicht mehr zu demütigen – Das wäre gegen niemanden sehr freundlich gehandelt und schon gar nicht gegen die eigene Frau – ich umarme Dich von ganzem Herzen und mit meinem ganzen Leib, o lieber Gemahl – Warum Deinen Fieberphantasien eher Glauben schenken als den Tatsachen, die alle die Worte Deiner Frau bestätigen? – Bin ich Dir nicht seit zwei Jahren schon durch die heiligsten Bande verbunden? – Ich bleibe Ihre treue Gemahlin, die Sie liebt mit ewiger Liebe.«

Ob sie nun verheiratet waren oder nicht – jedenfalls bilden Katharina und Potemkin ein Paar von zwei außergewöhnlichen Charakteren: leidenschaftlich und autoritär, voll gesunder Kraft und Intelligenz, in der Lust so unersättlich wie in der Arbeit. Potemkin ist zwar an das Bett der Zarin gebunden, aber er zeigt von Anfang an, daß er aus anderem Holz ist als die üblichen Favoriten, deren Zeit bald um ist. Katharina erliegt seinem Einfluß, fragt ihn bei allen wichtigen politischen Entscheidungen um Rat und unterwirft sich nicht selten seinen Ansichten. Vor der Liebe und nach der Liebe, bei Tag und bei Nacht, manchmal mitten in einer Umarmung diskutieren sie über die Staatsgeschäfte, analysieren die Berichte der Minister und die Depeschen der Botschafter, entwerfen Reformprojekte, planen neue Bündnisse, erneuern in Gedanken Rußland und ganz Europa. »Die Ursache unseres Zwistes ist stets die Macht und niemals die Liebe«, schreibt sie ihm. »Sprechen Sie von sich selber, und ich werde nie zornig werden.« In Wirklichkeit ist sie sogar von ihren Meinungsverschiedenheiten begeistert. Endlich hat sie einen selbständigen Kopf als Gegenüber, der ihr den Ball zurückwirft, und das macht sie glücklich. Endlich muß sie Rußland nicht mehr alleine regieren.

Rasch erklimmt Potemkin die höchsten Positionen. Er wird Mitglied des Geheimen Rates und Vizepräsident des Kriegsrates mit dem Titel eines Kommandierenden Generals, wird mit Ämtern und Ehren überhäuft. Er wird Ritter des Sankt-Andreas-Ordens, Friedrich II. verleiht ihm den preußischen

Schwarzen Adler, der polnische König, der Ex-Geliebte der Zarin, den Weißen Adler, Dänemark den Weißen Elefanten, Schweden den Seraphsorden; Joseph II. gar macht ihn trotz des Einspruchs Maria Theresias zum Reichsfürsten. Zwei Niederlagen muß er auf diesem Feld allerdings einstecken: Frankreich lehnt es ab, dem Favoriten der Zarin den Katholiken vorbehaltenen Heiliggeistorden zu verleihen, England verweigert ihm den Hosenbandorden. Einstweilen hat ihm Katharina den Titel eines russischen Reichsgrafen verliehen und ihm ein mit Diamanten besetzes Medaillon mit ihrem Bildnis geschenkt; wie einst Grigorij Orlow trägt er es auf seinem Gewand. Die zeitgenössischen russischen Dichter rühmen in schwülstigen Versen seine Verdienste. Der Hof liegt ihm zu Füßen. Die ausländischen Diplomaten bemühen sich um seine Gunst. Überall folgt ihm ein Gemurmel der Unterwürfigkeit und Schmeichelei. Seine ganze Sippschaft wohnt jetzt im Palast: seine Mutter, seine Schwester und seine fünf Nichten, die alle so hübsch und so wenig spröde sind, daß er sie eine nach der anderen verführt. Bald wird er Gouverneur der südlichen Provinzen, »Neu-Rußlands«. Wenn er eine schwere Entscheidung zu treffen hat, schließt er sich in seinem Arbeitszimmer ein und spielt auf dem Tisch mit Edelsteinen, die er so lange ordnet und wieder durcheinanderwirft, bis er sich zu einem Entschluß durchgerungen hat, ober aber er reinigt, ganz in Gedanken versunken, unermüdlich die Fassungen seiner Ringe mit einem Bürstchen. Eine Flut von Geschenken ergießt sich über ihn: Geld, Juwelen, Ländereien, Bauern. Er bezieht zwölftausend Rubel im Monat, und die Unkosten seines Haushaltes trägt in vollem Unfange die Staatskasse. Wein und Mahlzeiten gehen auf Rechnung des Hofes. Er hat die Equipagen und die Livreen des Hofes zu seiner Verfügung.

Der kleine arme Offizier, der von der Pike auf gedient hat, schwimmt auf einmal im Überfluß. Er gibt übrigens mit vollen Händen aus, verliert beim Spiel, macht Schulden über Schulden und wendet sich jedesmal an die Kaiserin, die seine Rechnungen lächelnd bezahlt, denn sie ist selber viel zu verschwendungssüchtig, um ihrem Favoriten diesen Fehler zum Vorwurf zu machen.

Und doch hat dieser Mann, dessen Aufstieg alle Welt bestaunt, Anfälle von Verzweiflung und Weltekel. Dann sehnt er sich nach dem Kloster zurück. Er ist hochbegabt auf vielen Gebieten, ist Musiker und Dichter, Kunstliebhaber und Soldat, Verwaltungsmann und Diplomat, Ökonom und Baumeister: alle Probleme packt er mit Feuereifer an; ganz plötzlich aber bricht er zusammen, ist für nichts in der Welt mehr ansprechbar, liegt tagelang halbnackt, ungewaschen und ungekämmt auf einem Diwan herum, ißt Brotkruste und nagt an seinen Fingernägeln. Eines Tages macht sein Neffe Engelhardt, der mit ihm diniert, ihm Komplimente über seine gute Laune. Sogleich verfinstern sich Potemkins Mienen: »Kann es einen glücklicheren Menschen geben als mich?« sagt er. »All mein Wünschen und Begehren ist wie durch Zauber in Erfüllung gegangen. Ich wollte große Aufgaben: Ich habe sie; Orden: ich habe sie alle; ich liebe das Spiel: ich konnte unvorstellbare Summen verlieren; ich liebte es, große Feste zu geben: ich tat es, und sie waren glanzvoll; ich wollte gern Ländereien kaufen: ich besitze so viel, wie ich nur will; ich wollte Häuser bauen: ich habe Paläste gebaut; ich liebte die Juwelen: ich habe die schönsten und seltensten. Mit einem Wort: ich habe den Gipfel des Glücks erreicht.« Darauf zerschmettert er einen kostbaren Teller auf dem Parkett, verschwindet in seinem Schlafzimmer und sperrt sich ein.[3] Er ist ein Mann der Extreme. Slawisch bis auf die Knochen. Abwechselnd zärtlich und aufbrausend, träge und tatendurstig, grob und zartfühlend. Er ißt und trinkt gern viel und schlingt die erlesensten Speisen und Getränke ebenso hinunter wie die gewöhnlichsten. An seiner Tafel in St. Petersburg werden Austern serviert und Sterlets, provenzalische Feigen und Wassermelonen aus Astrachan, zuvor aber verschlingt er mit Behagen Knoblauchzehen und Piroggen, die er mit Kwass begießt. Und während er bei Hofe in goldbestickten Röcken erscheint, die mit Diamanten und Ordenssternen übersät sind, begnügt er sich bei sich zu Hause gewöhnlich mit einem weiten Schlafrock. Darunter trägt er keine Hosen, und in diesem bequemen Aufzug empfängt er nicht nur die Kaiserin, sondern auch Hofdamen, Minister und sogar ausländische Diplomaten. Als der Comte de Ségur ihm nach seiner Ankunft in St. Petersburg einen Antrittsbesuch macht, findet er einen einäugigen Hünen mit langer Mähne, der auf seinem Bett liegt und gar nicht daran denkt, sich zu erheben, um den Abgesandten des Königs von Frankreich zur Audienz zu empfangen. Ségur hat von ihm ein recht anschauliches Bild gezeichnet: »Seine Geisteskraft war so unvergleichlich wie seine körperliche Schlaffheit. Seinen Mut erschreckte keine Gefahr, und vor keiner Schwierigkeit wich er zurück, doch der Erfolg aller seiner Unternehmungen bereitet ihm bittere Enttäuschung . . . Alles war kompliziert bei ihm: die Geschäfte, das Vergnügen, die Stimmung, die Equipage . . . Er war hochfahrend zu denen, die sich servil verhielten, und leutselig mit denen, die ihn im Ton der Vertraulichkeit ansprachen. Er versprach viel und hielt wenig davon, vergaß aber nichts von dem, was er sah oder hörte. Kein Mensch hat so wenig gelesen wie er, aber nur wenige waren so gut informiert . . . Die Unausgeglichenheit seines Charakters gab seinem Wollen, seinem Betragen und seiner Art zu leben eine unbeschreibliche Originalität . . . Diese Seltsamkeiten haben die Kaiserin zwar oft aufgebracht, aber trotzdem fand sie ihn darum nur um so interessanter.«

Durch diese Mischung aus Elan und Gleichgültigkeit, aus Galanterie und Brutalität fesselt Potemkin immer wieder aufs neue die Aufmerksamkeit der Kaiserin. Auch als mit der Zeit das Feuer der sinnlichen Leidenschaft allmählich abklingt, will er ihre stärkste Stütze bleiben. Hat er als erster bei dieser alternden Frau ein wenig Überdruß empfunden? Oder war sie es, die sich, der Launen ihres »Giaur« müde, nach einem neuen und gewöhnlicheren Abenteuer sehnt? Nach zwei Jahren innigster Gemeinschaft schaut er jedenfalls nach jungen Frauen aus, und sie interessiert sich für junge Männer. Weder sie noch er machen aus dieser wechselseitigen Ernüchterung ein Drama. Das Nachlassen der sexuellen Begierde tut der wechselseitigen Liebe und Bewunderung keinen Abbruch. Als Potemkin die Klimaveränderung in ihren Beziehungen bemerkt, ist seine Hauptsorge, seinen Einfluß auf Katharina durch einen Nachfolger seiner Wahl zu behaupten. So wird sie, auch wenn ein anderer sie besitzt, nicht ganz aufhören, ihm zu gehören. Dieser »Andere« wird ein charmanter junger Ukrainer sein: Peter Sawadowski. Kaum ist er als möglicher Nachfolger der Zarin vorgestellt, hat er schon Zutritt bei ihr und wird ausprobiert. Das Ergebnis der Prüfung stellt sie zufrieden. Als die Bettrevolution am Hofe bekannt wird, glaubt alle Welt, Potemkin sei in Ungnade gefallen, und einige freuen sich darüber. »Durch sein hochmütiges Betragen, solange er an der Macht war, hat er sich so viele Feinde gemacht, daß er sich jetzt darauf gefaßt machen kann, daß man ihm in gleicher Münze heimzahlt«, schreibt Sir Richard Oates in einem chiffrierten Bericht. »Es wäre gar nicht verwunderlich und käme nicht ganz unerwartet, wenn er seine Karriere in einem Kloster beendete, denn für diese Lebensform hat er stets eine Vorliebe gezeigt.«

Doch das heißt Potemkin schlecht kennen. Nach einer kurzen Reise nach Nowgorod kehrt er nach St. Petersburg zurück und überläßt seine Dienstwohnung Sawadowski gegen hunderttausend Rubel. Durch dieses sonderbare Geschäft erwirbt der neue Favorit das Zutrittsrecht zum Schlafgemach der Kaiserin; seinem Vorgänger zahlt er eine Provision. Der freilich hat durchaus nicht die Absicht, die Nähe der Vielgeliebten nun zu meiden. Zwar denkt er keinen Augenblick daran, den Platz im Bett Katharinas zurückzugewinnen, aber er wird nicht zulassen, daß ein Eindringling es sich zu mehr als kurzem Zeitvertreib darin bequem macht. Der Geliebte der Kaiserin ist er nicht mehr, also wird er ihr Kuppler sein. Und je kürzer Katharinas Affären dauern, desto größer wird seine Macht bleiben. Er muß sie also zur Abwechslung, zur Unbeständigkeit antreiben. Und groteskerweise muß er gerade seiner Eifersucht wegen wünschen, daß die jungen Männer im Bett der Frau, die er liebt, möglichst rasch einander ablösen. Solange sie bei ihren Galanen nur Lust sucht und sonst nichts, bleibt er der Herr. Und seine Rechnung geht auf. Er hat ein Stadtpalais bezogen, das durch einen überdachten Gang mit dem Kaiserpalast verbunden ist. So kann die Zarin ihn jederzeit unauffällig besuchen. Und sie nimmt diese Gelegenheit reichlich wahr. Mehr denn je fühlt sie sich angewiesen auf die Ratschläge ihres Grischa. Ihr Leben ist säuberlich zweigeteilt: auf der einen Seite die nächtlichen Liebesspiele mit einem Komparsen, auf der anderen der ertragreiche freundschaftliche Austausch mit dem Mann, den sie als ihren Gatten betrachtet. Künftig wird jeder »Auserwählte« der Zarin von Potemkin bestimmt. Und sie bleiben kaum mehr als ein paar Monate im Dienst. Sawadowski wird im Juni 1776 seiner Funktion enthoben. »Er erhielt von Ihrer Majestät fünfzigtausend Rubel, eine Pension von fünftausend und viertausend Bauern in der Ukraine, wo sie viel wert sind«, schreibt der Chevalier de Corberon, der neue französische Geschäftsträger in Rußland, an seinen Bruder. Und er fügt hinzu: »Du mußt schon zugeben, daß dieses Handwerk hier recht einträglich ist.«[4]

Auf Sawadowski folgt Semjon Soritsch, dem die Hofdamen

den Spitznamen »Adonis« gegeben haben. Die Zarin nennt ihn zärtlich »Sima« und findet, daß er einen »erhabenen Kopf« hat. Wiederum schreibt Corberon: »(Potemkin), der besser angeschrieben ist denn je und jetzt die Rolle spielt, die die Pompadour gegen Ende ihres Lebens bei Ludwig XV. hatte, hat ihr (der Zarin) einen Husarenmajor namens Soritsch vorgestellt, den man zum Obersten und Inspekteur der leichten Truppen befördert hat. Dieser neue Favorit hat mit ihr zu Abend gespeist. Es heißt, er soll für seinen Proberitt 1 800 Bauern erhalten haben! Nach dem Diner trank Potemkin auf die Gesundheit der Kaiserin und fiel ihr zu Füßen.«

Der schöne Soritsch, der Abstammung nach Serbe, ist so glücklich über seinen Aufstieg, daß er Potemkin zum Zeichen des Dankes hunderttausend Rubel bietet. Zum Teufel mit allen Skrupeln! Potemkin nimmt tatsächlich an, und so wird es Brauch, daß die »Anwärter« am Tage ihres Dienstantrittes hunderttausend Rubel an den Mann zahlen, der sich bei der Kaiserin für sie verwendet hat. Das ist kein zu hoher Preis für die Gewißheit, eine Zeitlang den Ruhm zu genießen, mit der Kaiserin das Bett zu teilen und danach seine Laufbahn in Reichtum und Ehren zu beschließen. Doch schon ist Soritschs Glücksstern wieder am Sinken. Der neue englische Botschafter James-Howard Harris schreibt in einer Depesche an seine Regierung: »Der derzeitige Favorit, Soritsch, scheint auf dem absteigenden Ast zu sein. Wahrscheinlich wird Potemkin beauftragt, einen Nachfolger für ihn zu finden, und ich habe gehört, daß er schon einen gewissen Acharow dafür ausersehen haben soll.« Und in einem Privatbrief schreibt er: »Soritsch macht sich darauf gefaßt, den Laufpaß zu erhalten, aber er soll entschlossen sein, seinen Nachfolger zur Rede zu stellen. ›Ich weiß wohl, daß ich dran glauben muß‹, sagte er neulich, ›aber bei Gott, ich werde dem, der mich verdrängt, die Ohren abschneiden‹.«[5] Voll Argwohn, sein »Manager« habe schon einen neuen Kandidaten in Bereitschaft, macht Soritsch ihm eine heftige Szene, überschüttet ihn mit Beschimpfungen und fordert ihn sogar zum Duell. Potemkin reagiert auf den Eklat mit Verachtung und legt der Kaiserin nahe, den Störenfried unverzüglich fortzuschicken. Noch am gleichen Abend läßt sie dem jungen Mann ausrichten, daß sie seiner nicht mehr bedürfe und daß er gut daran täte, abzureisen. Wütend stürzt er zu den Gemächern seiner Mätresse, um eine Erklärung zu fordern, findet aber die Türen verschlossen. Der gute Rat Potemkins, die Aussicht auf eine lebenslängliche Rente und die Schenkung einiger guter Ländereien mit siebentausend Bauern beschwichtigen rasch den Zorn des geschaßten Favoriten. Er packt seine Sachen, während schon ein gewisser Rimski-Korssakow, von Potemkin vorgeschoben, schüchtern auf die Zarin zugeht, die ihn ermunternd anblickt. Andere werden ihm folgen.

Von Potemkin in die Freuden der Ausschweifung eingeführt, bekommt Katharina, die brave, treue, bürgerliche Frau, nach und nach Geschmack an der Näscherei. Bei jedem neuen Favoriten meint sie, jetzt den ganz seltenen Fang getan zu haben. Liebestoll und wieder jung geworden und wie elektrisiert, stellt sie ihn am Hof als Übermenschen vor, schleppt ihn in Prunkgewändern zu allen offiziellen Empfängen, gerät bei jedem halbwegs geistreichen Wort, das er spricht, ganz außer sich, verbietet ihm aber jede Vertraulichkeit in der Öffentlichkeit. Rund um die Uhr im Dienst, muß er sich tagsüber als galanter Kavalier betragen und nachts der leidenschaftliche Liebhaber sein. Die Angst, im entscheidenden Augenblick nicht zu können, wird bei einigen zur Obsession. Der junge Lanskoi zum Beispiel greift, krank geworden, zu Aphrodisiaca, um nicht in Ungnade zu fallen, ruiniert damit aber seine Gesundheit vollkommen. Gewiß ist Katharina erfahren genug, um gelegentlich einmal eine momentane Unfähigkeit, die vertraglichen Pflichten zu erfüllen, nachsichtig hinzunehmen. Doch wem das öfter passiert, dem weist sie unweigerlich die Tür. Wenn der Favorit den Ansprüchen nicht mehr genügt, bekommt er reichliche Geschenke und eine üppige Pension; er zieht dann unauffällig aus den Diensträumen aus, während Potemkin sich auf die Suche nach einem neuen Stellvertreter macht. Der »geniale Einäugige« kennt die Vorlieben der Kaiserin besser als jeder andere. Selten weist sie die Ware zurück, die er für sie besorgt hat. Und all diese Geschäfte der Libertinage werden mit einer Offenherzigkeit betrieben, die an Zynismus grenzt. Zur Prozedur der Amtseinführung gehören gewisse elementare Vorsichtsmaßregeln. Nachdem der von Potemkin auserwählte junge Mann das Plazet der Kaiserin gefunden hat, wird er an den Hof gebeten, wo der Leibarzt Ihrer Majestät, der Engländer Rogerson, ihn mit minutiöser Gründlichkeit untersucht. Dann wird er der Gräfin Bruce vorgeführt, die ihn freundlich befragt, um sich ein Bild von seinen Geistesgaben, seiner Bildung und seinem Charakter zu machen. Schließlich aber unterwirft die gleiche Gräfin Bruce (später übernimmt Fräulein Potrassow diese Aufgabe) den Kandidaten einer weit intimeren Prüfung, um seine physischen Qualitäten zu erproben.[6] Die »Eprouveuse« (»Probiererin«) erstattet der Kaiserin einen genauen Bericht, und diese trifft die letzte Entscheidung. Wenn das Ergebnis zufriedenstellend ist, wird der junge Mann in die Dienstgemächer geführt, die sein Vorgänger bereits geräumt hat. Dort findet er in einem Seketär eine Kassette mit hunderttausend Goldrubeln – eine erste Abschlagszahlung und Verheißung künftiger Zuwendungen. Am Abend erscheint er vor versammeltem Hofe an der Seite der Kaiserin, von Potemkin mit Komplizenlächeln beobachtet. Um zehn Uhr, wenn das Spiel zu Ende ist, zieht sich die Zarin in ihre Gemächer zurück, und der neue Favorit folgt ihr unter dem neidvollen Gemurmel der Umstehenden. Aber wohl fühlt er sich nicht in seiner Haut, denn er weiß, daß sich jetzt sein Schicksal entscheidet.

Sich so von Potemkin versorgen zu lassen, ist Katharina deshalb bereit, weil sie viel zuviel zu tun hat, um sich selber um die kleinen Erwerbungen in Herzensangelegenheiten zu kümmern. Bei einem gewissen Maß an geistiger Aktivität, meint sie, muß man die Sorge um die nötigen Lustobjekte einer Person seines Vertrauens überlassen. Aus ihren erotischen Vorlieben macht sie keinerlei Geheimnis. Die sinnliche Befriedigung entspricht in ihren Augen einer natürlichen Funktion, der man sich weder zu schämen noch zu rühmen braucht. Wenigen Frauen sind die dunklen Labyrinthe des Unbewußten, die verschwiegenen Wirrungen, die Anfechtungen aus der Tiefe des Seins so fremd geblieben wir ihr. Sie ist ein Ungeheuer an Klarheit, ein Genie der Tageshelle.

Die ausländischen Diplomaten sind schockiert von der Sittenlosigkeit der Zarin. »Ihr Hof«, schreibt Harris, »ist nach und nach zum Schauplatz der Unzucht und Unsittlichkeit geworden . . . Es ist heute nicht mehr zu hoffen, daß die Kaiserin diesen Sumpf verläßt, und wenn kein Wunder geschieht, so hat man in einem Alter, wo es fast zu spät ist, sich zu bessern, keine Änderung zum Guten in ihrem öffentlichen wie privaten Lebenswandel mehr zu erwarten. Fürst Potemkin beherrscht sie vollständig. Er kennt ihre Schwächen, ihre Wünsche und

Leidenschaften durch und durch und spielt mit ihnen ganz nach Belieben. Außer dem Einfluß, den er dadurch auf sie hat, hält er sie auch noch in ständiger Furcht vor dem Großfürsten und hat ihr eingeredet, daß er der einzige Mensch auf der Welt sei, der jeden gegen sie gerichteten Anschlag von dieser Seite rechtzeitig entdecken und im Falle des Falles sie davor schützen könne.« Harris gibt folgende Analyse des Charakters der Zarin: »Mir scheint, daß die Kaiserin männliche Geisteskraft, Hartnäckigkeit in der Verfolgung eines Planes und Unerschrockenheit im Handeln besitzt. Aber es fehlen ihr die eigentlich mannhaften Tugenden der Umsicht, der Mäßigkeit im Überfluß und der Abgewogenheit im Urteil. Dafür hat sie im höchsten Maße die Schwächen, die man für gewöhnlich ihrem Geschlecht zuschreibt: die Anfälligkeit für Schmeichelei und die damit verbundene Eitelkeit, die Unlust, heilsame, aber unbequeme Ratschläge anzunehmen und zu befolgen, und eine Neigung zur Unzucht, von der sie sich zu Ausschweifungen hinreißen läßt, die jeder Frau gleich welchen Standes Schande bringen würden.« Und der Chevalier de Corberon, der Abgesandte der Versailler Regierung, urteilt noch härter: »Man wird fragen, wie dieser Staat eigentlich regiert wird und was ihn vor dem Zusammenbruch bewahrt? Fast möchte ich antworten, daß er durch den Zufall regiert wird und sich vor dem Zusammenbruch nur durch ein natürliches Gleichgewicht bewahrt, vergleichbar jenen großen Massen, denen ihr gewaltiges Gewicht Widerstandskraft verleiht, so daß sie allen Stößen trotzen und erst unter der unausgesetzten Einwirkung der Zersetzung und der Alterung nachgeben.«

Dieses harte Urteil weicht gewiß erheblich ab von Katharinas eigener Einschätzung ihrer Person und ihres Werkes. Wenn sie zurückblickt, sieht sie eine einzige Kette von Erfolgen. Mit sechsundvierzig Jahren kann sie sagen, daß sie in der Konfrontation mit einem Europa, das ihr feindlich gesinnt war und sie verhöhnte, einen Teil Polens annektiert und dem Rest dieses armen Landes einen König von ihren Gnaden aufgezwungen hat; daß sie die Türkei niedergeworfen, die russischen Grenzen nach Süden vorgeschoben und ihrer Flotte neue Seewege eröffnet hat; daß sie die französische Diplomatie in Schach gehalten hat. Dazu hat sie den Aufstand Pugatschews niedergeschlagen, sie hat die Gefahr für ihren Thron gebannt, die von dem Schatten Iwans VI. ausging ...

Jetzt ist es immer noch ihr Sohn, der ihr die größte Sorge bereitet. Pauls Ehe ist ein Fehlschlag. »Die Großfürstin liebt in allen Dingen das Extrem«, schreibt Katharina an Grimm. »Sie hört auf keinen Rat, und ich kann an ihr weder Geist noch Vernunft noch etwas Verführerisches finden.« Und weiter: «Bei dieser Dame ist alles Exzeß, ist alles ein Herumkreiseln!« Dazu ist diese kleine Pute, die sich weigert, russisch zu lernen, auch noch eine Intrigantin. Sie träumt davon, ihren Mann an die Macht zu bringen. Im Palast zirkuliert eine Liste der Verschwörer. Katharina erfährt davon, bestellt den Großfürsten und die Großfürstin zu sich und wirft das Beweisstück vor ihren Augen ins Feuer. Die beiden Ränkeschmiede haben die Lektion begriffen und schleichen mit gesenkten Köpfen hinaus.

Daß Natalie so versessen darauf ist, auf den Thron zu gelangen, liegt daran, daß sie als Frau völlig unbefriedigt ist. Sie hat ihre Anpassungsfähigkeit überschätzt, als sie den häßlichen, albernen, beschränkten und grausamen Prinzen heiratete. Zum Glück gibt es da ganz in der Nähe auch noch Andrej Rasumowksi, der Pauls bester Freund ist. Sehr rasch hat Natalie sich in ihn verliebt und ist in seine Arme gesunken. Für gewöhnlich geben die beiden Liebenden dem Gatten ein wenig Opium ein, um nach dem Souper »ihr Trio in ein schlichtes Tête-à-Tête« zu verwandeln, wie der Comte d'Allonville sich ausdrückt. Alle Welt am Hof weiß über die Seitensprünge der Großfürstin Bescheid. Die Zarin wünscht Andrej Rasumowski aus dem Palast zu verbannen, aber der nichtsahnende Paul protestiert; niemals ist er bereit, sich von dem Menschen zu trennen, der ihm nach seiner Frau der liebste ist. Katharina könnte ihm den Fehltritt seiner Frau enthüllen. Ein Skrupel hält sie zurück: Natalie ist schwanger. Von Paul oder von Andrej? Darauf kommt es nicht an. Sie trägt unter ihrem Herzen die Verheißung eines Thronerben, und das macht sie unantastbar – so wie Katharina es einst zur Zeit ihrer »offiziellen« Schwangerschaft für Elisabeth gewesen ist. Paul ist ganz trunken vor Stolz bei dem Gedanken, bald einen Sohn zu haben. Katharina läßt ihm seine Illusion.

Als Natalie die ersten Wehen verspürt, bindet sich die Zarin eine große Schürze um und hilft der Hebamme bei der Arbeit. Die Geburt verläuft sehr schwierig; drei Tage lang schreit die junge Frau vor Schmerzen, man muß Ärzte zu Hilfe rufen. »Mir selbst tut der Rücken nicht weniger weh als der Wöchnerin«, schreibt Katharina in einem Billett an Potemkin. »Das kommt sicher von der Angst, die ich ausgestanden habe.« Endlich gelingt es, das Kind dem Mutterleib zu entreißen: eine bläuliche Fleischmasse, die keinen Laut von sich gibt. Es ist ein Sohn. Riesig. Aber totgeboren. Einen Kaiserschnitt hat man nicht vornehmen wollen; Natalie konnte nicht richtig entbunden werden. Sie wird vom Brand befallen. Ein entsetzlicher Gestank erfüllt das Zimmer. Bald darauf, am 15. April 1776 gegen sechs Uhr abends, gibt die völlig erschöpfte junge Frau ihren Geist auf. Katharina ist tief erschüttert, bewahrt aber einen kühlen Kopf. Das ist auch notwenig, denn Paul dreht völlig durch, zerschlägt alle Möbel in seinen Gemächern und versucht, sich aus dem Fenster zu stürzen. Sie bemüht sich, ihm gut zuzureden, aber er will von nichts hören. Man darf seine Frau nicht beerdigen; er verlangt, sie bei sich behalten zu dürfen. Sie lebt noch, die Ärzte haben gelogen! Katharina schreibt an Frau von Bielke: »Es war nicht menschenmöglich, diese Fürstin zu retten . . . Ihr Becken war zu eng . . . Als man nach ihrem Tode die Leiche öffnete, fand man, daß nur vier Zoll breit Raum war, das Kind aber hatte acht Zoll Schulterbreite.« Der Chevalier de Corberon ist völlig anderer Meinung. Bei einem Diner hat er den Chirurgen Moreau befragt, und danach notiert er: »Er (Moreau) hat mir gegenüber versichert, daß er alle Chirurgen und Ärzte am Hofe für Idioten hält. Die Großfürstin hätte nicht zu sterben brauchen. Es ist wirklich erstaunlich, daß man bei einer Großfürstin nicht von Anfang an mehr Sorgfalt walten läßt. Das Volk ist sehr erbittert, es weint und flucht. In den Läden konnte man gestern und heute sagen hören: ›Die jungen Frauen müssen sterben, aber die alten Babas[7] sterben nicht‹.«

Gewiß ist die Kaiserin über diesen Verlust bekümmert, doch mit kaltblütiger Hellsicht und grausamem Realismus beschließt sie ihren Brief an Frau von Bielke folgendermaßen: »Schließlich aber, da nun einmal klar ist, daß sie (Natalie) kein lebendiges Kind haben konnte oder vielmehr es nicht zur Welt bringen konnte, sollten wir weiter nicht mehr daran denken.« Aber dieser seltsame Nachruf ist ihr nicht genug. Wie bei jedem Schicksalsschlag denkt sie an die Gegenreaktion. Sie haßt Trauer und Resignation, die die Willenskraft des Menschen aushöhlen. Leben heißt nach vorne blicken und nicht rückwärts schauen. Das Wichtigste ist jetzt, Ersatz für die Verstorbene zu finden. Und zwar schnell. Noch am Todestag der Großfürstin schickt Katharina einen eilig mit Bleistift hingeworfenen Brief an Potemkin, um ihm ihre Absichten mitzuteilen. Der Plan für die Wiederverheiratung des Großfürsten umfaßt sechs Punkte. Man wird ihn nach Berlin schicken, man wird wieder eine deutsche Prinzessin für ihn aussuchen, man wird sie zur Konversion zwingen, die Verlobung wird in St. Petersburg gefeiert werden. »Still, bis alles im Gange ist!« Noch ist man dabei, den Leichnam zu waschen, als Katharina in Gedanken bereits die möglichen Nachfolgekandidatinnen durchgeht. Sophie Dorothea von Württemberg erscheint ihr auf den ersten Blick als die geeignetste. Freilich müßte sie auch diesem Dummkopf Paul gefallen. Der aber widersetzt sich; er schluchzt und schreit und beschimpft alle, die ihm nahe kommen. Wie es bei schwachen Charakteren häufig ist, hat das Unglück seinen Haß auf seine Mutter noch verstärkt. Ihr gibt er an allem die Schuld. Angesichts dieses Ausbruchs entschließt sich Katharina, ein härteres Mittel zu gebrauchen. Sie bricht Natalies kleinen Schreibtisch auf und findet dort wie erwartet die Liebesbriefe Andrej Rasumowskis an die junge Tote. Aus Liebe zu ihrem Sohn müßte sie diese Briefe eigentlich verbrennen, um ihm die Illusion nicht zu rauben. Stärker aber ist bei ihr wieder einmal der Gedanke an die Staatsräson. Und außerdem möchte sie diesen Wirrkopf mit einem heilsamen Schock zur Vernunft bringen. Mit berechneter Gleichgültigkeit und verwegener Kaltschnäuzigkeit hält sie dem armen Kerl den Beweis seines Unglücks unter die Nase. Er liest, verdüstert sich, wird rot vor Schmerz, Scham und Wut und ist dann, völlig gebrochen, bereit, seiner Mutter zu gehorchen und sie entscheiden zu lassen. Katharina triumphiert. An Grimm, der ihr einen pathetischen Beileidsbrief geschickt hat, schreibt sie trocken: »Auf Jeremiaden pflege ich nicht zu antworten . . . Ich habe keine Zeit verloren. Sofort habe ich meine Eisen ins Feuer geschoben, um den Verlust auszugleichen, und auf diese Weise ist es mir gelungen, die Trauer zu zerstreuen, die uns alle gefangenhielt . . . Und dann habe ich gesagt: ›Die Toten sind nun einmal tot; wir müssen an die Lebenden denken! . . . Wenn man geglaubt hat, glücklich zu sein, und diesen Glauben verloren hat, muß man dann gleich an der Möglichkeit verzweifeln, ihn wiederzufinden? Kurz gesagt also: suchen wir eine andere.‹ – ›Aber wer?‹ – ›O, ich habe schon eine in der Tasche.‹ – ›Wie das, so schnell?‹ – ›Jawohl, und zwar ein Juwel!‹ Und schon ist die Neugier geweckt. – ›Wer ist es? . . . Ist sie brünett oder blond, klein oder groß?‹ – ›Sie ist hübsch, sanft, charmant, ein Juwel, ein Juwel . . .‹ Und schon werden die schweren Herzen wieder etwas leichter.«

Andrej Rasumowski wird nach Reval geschickt. Die Großfürstin wird unter Tränen und Klagegesängen zu Grabe getragen. Der Großfürst trägt Trauer mit einem Stumpfsinn, der an Gleichgültigkeit grenzt. Der Hof übersiedelt nach Zarskoje Selo. Und dort, wo sie sich ganz dem Vergnügen von Landpartien und Picknicks im Grünen hingibt, studiert Katharina zusammen mit Prinz Heinrich von Preußen, der in diplomatischer Mission am russischen Hofe weilt, die Möglichkeiten einer Begegnung des jungen Witwers mit Sophie Dorothea von Württemberg in Berlin. Man schreibt an Friedrich II., in dessen Fischkasten es nur so wimmelt von heiratsfähigen Prinzessinnen. Vergnügt willigt er ein, wieder einmal die Fäden zu ziehen, um das Band zwischen den beiden Ländern noch enger zu knüpfen. Geheime Botschaften gehen zwischen Berlin, Stuttgart und St. Petersburg hin und her. In fiebernder Eile wird die Reise des Großfürsten vorbereitet. Mit großer Equipage und einem Gefolge, das seinem Rang entspricht, bricht er von Zarskoje Selo auf; Prinz Heinrich begleitet ihn. In Riga wird zum ersten Mal Zwischenstation gemacht. Prinz Heinrich erhält einen Brief von Katharina: »Ich glaube, es gibt kein Beispiel dafür, daß eine Angelegenheit dieser Art auf solche Weise behandelt worden wäre. Es geht darum, Freundschaft und innigstes Vertrauen herzustellen. Diese Prinzessin (Sophie Dorothea) wird das Unterpfand dafür sein. Ich werde sie nicht sehen können, ohne daran zu denken, auf welche Weise diese Angelegenheit durch die Königshäuser Rußlands und Preußens begonnen und zu Ende geführt wurde.«[8] Voll Sorge wartet sie auf Nachrichten über die erste Begegnung der beiden jungen Leute. Wenn nur ihr Sohn, dieser Esel, nicht im letzten Augenblick wieder umfällt. Was tun, wenn er Sophie Dorothea ablehnt? Für alle Fälle läßt sie sich schon einmal andere Namen durch den Kopf gehen. Sie klingen alle germanisch.

20. KAPITEL

Katharina die Große

Es wird ein großer Erfolg. Paul sieht die von Friedrich II. nach Berlin beorderte württembergische Prinzessin und ist vor Begeisterung ganz außer sich. Zum dritten Mal innerhalb von zweiunddreißig Jahren hat der Preußenkönig seine Fähigkeiten als Heiratsvermittler in den Dienst der russischen Monarchie gestellt. Zunächst war Sophie Dorothea eigentlich dem Darmstädter Erben bestimmt. Doch was macht das schon? Auf Geheiß Friedrichs II. wird die Verlobung mit dieser zweitrangigen Persönlichkeit aufgelöst, und das nun wieder freigewordene Mädchen steht bereitwilig und sehr aufgeregt – sie ist sechzehn Jahre alt – für die weitaus schmeichelhaftere Partie des Großfürsten von Rußland zu Verfügung. Paul brennt vor Ungeduld und hat darüber seine Trauer und sogar sein Mißgeschick als Ehemann völlig vergessen. Er denkt nur noch daran, daß er Sophie Dorothea im Bett haben will. Die Tatsache, daß Friedrich II. sie ihm empfohlen hat, macht sie für ihn doppelt begehrenswert. Denn wie sein mutmaßlicher Vater Peter III. hegt er für diesen Monarchen und ganz allgemein für alles Preußische eine grenzenlose Verehrung. Friedrich II. seinerseits findet Paul »hochmütig, anmaßend und heftig, was jeden, der Rußland kennt, befürchten läßt, daß er Mühe haben werde, sich auf dem Thron zu behaupten«.[1] Die Festlichkeiten, diverse Zeremonien und Artilleriesalven tun ein übriges, um dem Großfürsten vollends den Kopf zu verdrehen. Zum Dank für die Vermittlerrolle Berlins erneuert Katharina den Beistandspakt mit Preußen. Frohen Herzens empfängt sie die junge deutsche Prinzessin, die unmittelbar nach ihrem Bräutigam mit der gleichen Mischung aus Hoffnung und Ängsten in Rußland anlangt, deren süße Bitterkeit sie selber vor Jahren geschmeckt hat. Entzückt von ihrer künftigen Schwiegertochter schreibt sie an Frau von Bielke:

»Ich gestehe Ihnen, daß ich mich in diese charmante Prinzessin vergafft habe, vergafft im Wortsinne. Sie ist genau so, wie man sie haben möchte: die Taille einer Nymphe, ein Teint wie Lilien und Rosen, die schönste Haut der Welt, groß und kräftig, aber zierlich, und die Sanftmut und Güte ihres Herzens, ihre Treuherzigkeit spiegeln sich in ihrer Physiognomie.«

Im Handumdrehen hat das junge Mädchen sich zur orthodoxen Religion bekehrt, den Titel Großfürstin angenommen und den Namen gewechselt; aus Sophie Dorothea wird Maria Fedorowna. Am Tag nach der Verlobungsfeier schreibt sie an ihren Zukünftigen: »Ich schwöre Ihnen auf diesem Papier, daß ich Sie mein Leben lang lieben und verehren werde und Ihnen für immer zugetan bleibe, und nichts auf der Welt vermag mich Ihnen gegenüber wankelmütig zu machen. So fühlt Ihre für immer zärtliche und treue Verlobte.«

Paul seinerseits schreibt an Heinrich von Preußen: »Sie (die Großfürstin) besitzt nicht nur die Kunst, alle mein Grillen zu verscheuchen, sondern auch mich in eine gute Laune zu versetzen, wie ich sie in diesen unglücklichen drei letzten Jahren nicht mehr gekannt habe.« Und an Sacken schreibt er: »Sie sehen, daß ich durchaus nicht von Marmor bin und kein so verhärtetes Herz habe, wie viele Leute glauben; mein künftiges Leben wird es erweisen.«[2]

Die Vorbereitungen für die Hochzeitszeremonie werden beschleunigt. Noch ist kein Jahr vergangen, seit man Natalie zu Grabe getragen hat, und schon verkündet Glockengeläut die Vermählung des Großfürsten mit Maria.

Anfänglich trägt Maria vollkommene Zufriedenheit mit ihrem Los zur Schau. »Dieser liebe Gatte ist ein Engel, ich liebe ihn wahnsinnig«, schreibt sie an die Baronin Oberkirch. Katharina zählt darauf, daß ihre Schwiegertochter helfen wird, Paul zur Räson zu bringen. Sie macht sogar selber einen letzten Versuch der Aussöhnung und widmet sich, obwohl ihre Zeit so knapp ist, zwei Vormittage in der Woche der politischen Unterweisung ihres Sohnes. Aber er lehnt es ab, sich mit Staatsgeschäften abzugeben. Ihn interessieren nur die kleinen Äußerlichkeiten des militärischen Handwerks. Und darin, so meint er, ist er nicht aus der Art geschlagen. Welch sonderbare Mimikry: ganz gewiß hat er an diesem Hofe, wo jedes böse Wort sich in tausendfältigem Echo verbreitet, immer wieder von dem Gerücht gehört, daß vielleicht nicht Peter III. sondern Saltykow sein Vater sei. Aber er weigert sich, solchem Gerede Glauben zu schenken. Mit allen Fasern seines Wesens betrachtet er sich als Sohn des ermordeten Zaren. Und um es sich selber und den anderen besser beweisen zu können, nimmt er die Eigenheiten des Verstorbenen an. Wie er will er Preuße sein, heftig wie er und Soldat wie er. Und in seinem Verhältnis zur

Armee übertrifft er Peter III. bald noch an Abwegigkeit der Befehle und Grausamkeit der Strafen. Ein schlecht genähter Knopf oder eine unvollkommen ausgeführte Bewegung genügen schon für die Knute oder die Deportation. Unermüdlich läßt er seine Regimenter paradieren oder im Dreck exerzieren; er organisiert simulierte Schlachten, er schreit und tobt und flucht und spielt bald den genialen Feldherrn, bald den kleinen Unteroffizier, der sich an seiner Macht über die Menschen berauscht.

Über den Kummer, ihren Sohn dem militärischen Tick verfallen zu sehen, tröstet sich die Kaiserin mit dem Gedanken, daß er anders als Peter III. wenigstens fähig ist, einer Frau ein Kind zu machen. Und tatsächlich ist Maria schon sehr bald schwanger. Katharina triumphiert. Wäre sie selber schwanger, so könnte ihre Freude nicht größer sein. Der kleine Enkel, der da geboren wird – denn es kann sich nur um einen männlichen Erben handeln –, gehört in Fleisch und Blut und im Geist schon ihr. Er wird ihr Werk übernehmen und weiterführen; er wird sein, was Paul nicht hat sein können. Ja, noch ehe dieses Kind überhaupt zur Welt gekommen ist, keimt im Kopf der werdenden Großmutter schon der Gedanke, die Macht nicht ihrem unwürdigen Sohn zu hinterlassen, sondern ihrem Enkel, den sie noch gar nicht kennt. Schließlich ist sie ja erst achtundvierzig Jahre alt. Sie hat also genügend Zeit, ihren jungen Nachfolger heranzubilden. Sie wünscht sich diesen kaiserlichen Sprößling vollkommen an Leib und Geist. Um sicher zu sein, daß sie ihn richtig erzieht, stürzt sie sich trotz der vielfältigen Aufgaben, die sie beanspruchen, in die Lektüre pädagogischer Abhandlungen. Sie verschlingt den *Emile* von Jean-Jacques Rousseau, informiert sich über die neuesten Forschungen Pestalozzis und eignet sich die Theorien Basedows und Pfeffels an. Als Verehrerin Lavaters empfiehlt die Großfürstin Maria ihrer Schwiegermutter, die *Physiognomischen Fragmente* zu lesen. In einem Papier legt Katharina die Grundsätze der Kindererziehung nieder, an die sie sich halten will; fast durchgängig stehen sie im Widerspruch zu den Gepflogenheiten der Zeit: »Im Winter wie im Sommer ist es besser, die Kinder nicht zu warm anzuziehen oder zuzudecken. Es ist besser, sie nachts ohne Haube schlafen zu lassen. Die Kinder so oft wie möglich in kaltem Wasser baden . . . es wäre gut, ein Kind schwimmen lernen zu lassen, wenn es das rechte Alter dazu hat . . . Lassen

Sie es ohne Hut in Wind, Sonne und Regen spielen . . .« Schon zählt sie die Tage bis zu der bevorstehenden Geburt, die ihr ein fast göttliches Ereignis scheint. Der ganze Hof hängt am Bauch der Großfürstin. Endlich bringt Maria am 12. (23.) Dezember nach wenigen Stunden der Wehen und ohne die geringste Komplikation einen Knaben zu Welt. Er ist groß, kräftig, wohlgebaut und schreit; das ist der künftige Kaiser. Hingerissen fällt Katharina vor den Ikonen auf die Knie und betet. Ihre Augen schwimmen in Tränen. Dann läßt sie den Knirps baden, hüllt ihn ein und preßt ihn krampfhaft ans Herz. Nur ein bedeutender Name kann für diesen künftigen Herrscher in Frage kommen: Alexander soll er heißen. Den Schmerz, den sie einst selber ausgestanden hat, als Elisabeth ihr ihren Sohn wegnahm, hat Katharina vergessen; sie bringt das Neugeborene in ihre Gemächer. Die Eltern werden das Kind von Zeit zu Zeit besuchen dürfen, aber seine Erziehung ist ihre Sache. Einem jungen und unerfahrenen Paar kann man nicht die Aufgabe anvertrauen, für die Erziehung des Zarewitsch zu sorgen. Die Kanonen dröhnen, die Kirchenglocken läuten fröhlich, in der Kathedrale der heiligen Mutter von Kasan wird ein feierliches Te Deum zelebriert, und der berühmte Hofpoet Dershawin dichtet noch am Tage der Geburt ein endloses *Wiegenlied für die Amme des jungen Adlers:*

»Ha! In diesen kalten Zeiten,
Da der Zorn des Boreas
Auf den Fluren wütet,
Ward im Norden jener Knabe
In dem Purpur uns geboren.
Ward geboren, und der Nordwind
Hörte plötzlich auf zu brüllen . . .«

Alexander wird nicht in eine Wiege, sondern in ein kleines Eisenbett gelegt, damit niemand in Versuchung kommt, ihn zu wiegen. Als Amme erhält er die Frau eines Gärtners aus Zarskoje Selo, von der die Ärzte erwarten, daß sie reichlich Milch hat. Stets wird in seiner Gegenwart laut gesprochen, auch wenn er schläft. Das Thermometer in seinem Zimmer zeigt nie mehr als 14 oder 15 Grad an. Im Winter wie im Sommer wird er kalt gewaschen.

»Damit er nicht auf den Arm genommen würde, gab ich

ihm, als er vier Monate alt war, einen Teppich, der in seinem Zimmer ausgebreitet wurde«, schreibt Katharina an den Schwedenkönig Gustav III.[3] »Eine oder zwei Frauen setzen sich dann auf den Boden, und Monsieur Alexander wird auf den Bauch gelegt. Da fängt er dann an, sich zu wälzen, daß es eine Lust ist, ihm zuzuschauen . . . Erkältungen kennt er nicht; er ist groß und dick, gesund und sehr vergnügt, hat noch keinen Zahn und schreit fast nie.«

Bald schon muß sie den »himmlischen Säugling« in der Nähe ihres Arbeitstisches haben. Grimm, den sie scherzhaft ihren »Kummerkasten« nennt, bekommt haarklein alles über den Charakter, die Spiele, die Erziehung und die kindlichen Aussprüche des kleinen Wunders erzählt. »Ich bin ganz närrisch auf das Kerlchen«, schreibt sie ihm. »Nachmittags kommt mein Knirps so oft er will zu mir und bleibt drei oder vier Stunden in meinem Zimmer . . .« Und ein andermal: »Ich mache ein köstliches Kerlchen aus ihm. Es ist erstaunlich, daß dieses Kind, obwohl es noch nicht sprechen kann, mit zwanzig Monaten schon Kenntnisse besitzt, die jedes andre Kind mit drei Jahren noch nicht hat. Großmama macht aus ihm, was sie will. Verflixt, er wird liebenswert sein!« Und wieder ein andermal: »In den letzten beiden Monaten habe ich, ohne meine Arbeit des ›Legislateurs‹ zu unterbrechen, zu meinem Vergnügen für Monsieur Alexander ein kleines ABC von Grundsätzen zusammengestellt, das es in sich hat. Alle, die es zu sehen bekommen, wissen nur Lobendes darüber zu sagen . . . Die Maximen sind wie Perlen aufgereiht, und indem wir sie nacheinander durchgehen, kommen wir auf viele Dinge. Ich habe dabei nur zwei Ziele im Auge: erstens den Verstand zu öffnen für die Wahrnehmung der Dinge, und zweitens die Seele zu erheben und das Herz zu bilden.«

Sie schickt Grimm den Entwurf eines Kostüms für ihren Enkel, das sie sich ausgedacht hat: »Alles das ist zusammengenäht, wird in einem Stück angezogen und hinten mit vier oder fünf Haken geschlossen . . . Das ganze schnürt nirgends ein, und das Kind merkt fast gar nicht, daß es angezogen wird: man steckt ihm Arme und Beine gleichzeitig in das Gewand und schon ist alles vorbei. Dieser Anzug ist wirklkich ein Geniestreich von mir. Der König von Schweden und der Prinz von Preußen haben beide ein Muster des Anzugs von Monsieur Alexander erbeten und erhalten.«

Katharina ist überzeugt, daß die Eltern »Monsieur Alexanders« niemals imstande gewesen wären, so wie sie Seele und Geist des Kindes zu wecken. Es ist ihr Werk, es gehört ihr. Und nur ihr gehorcht es, nur sie liebt es. Eines Tages fragt der kleine Schelm eine Kammerfrau der Kaiserin, wem er ähnlich sehe.

»Von Angesicht Ihrer Mutter.«

»Und in meinem Wesen, meiner Art?«

»Ihrer Großmutter.«

»Das will ich hoffen!« schreit Alexander und fällt der Kammerfrau um den Hals.

Katharina hat ihre Freude an dieser Episode und erzählt sie jedem, der es hören will. Wieder ist es Grimm, an den sie über ihren Enkel folgendes schreibt: »Das wird einmal eine ganz überragende Persönlichkeit, wenn nur die Sekundanterie ihn mir nicht in seinen Fortschritten aufhält.«Sekundant, Sekundanterie: das sind abschätzige Bezeichnungen der Kaiserin für die »Zweitrangigen«, und damit meint sie ihren Sohn und ihre Schwiegertochter.

Aber die »Sekundanterie« ist unterdessen nicht untätig geblieben. Maria ist eine tüchtige Zuchtstute: ehe man sichs versieht, ist sie schon wieder schwanger. Siebzehn Monate nach der Geburt Alexanders bringt sie einen zweiten Sohn zur Welt. Katharina ist überglücklich. Diesem zweiten Enkel gibt sie den Namen Konstantin, und sie hofft dabei, daß er eines Tages über das Reich von Konstantinopel herrschen wird.[4] Eine Medaille, die zu diesem Anlaß geprägt wird, zeigt auf der Vorderseite die Hagia Sophia in Konstantinopel und auf der Rückseite eine Karte des Schwarzen Meeres mit einem Stern darüber. Bei den Festlichkeiten, die Potemkin zur Feier des Ereignisses organisiert, werden Verse von Homer verlesen. Aber das Baby ist von schwächlicher Konstitution. Enttäuscht schreibt die Großmutter: »Für den anderen (Konstantin) gebe ich keine zehn Heller; ich müßte mich sehr täuschen, wenn das auf der Welt bleibt.«

Doch »das« bleibt auf der Welt, »das« wächst und nimmt zu an Kraft und Intelligenz, so daß Katharina vor dem Kinderbett nach und nach Zuversicht gewinnt und wieder von byzantinischer Hegemonie träumt. Dieser neue Monarch, der einmal über das Oströmische Reich herrschen soll, muß mit Milch vom Olymp genährt werden. Also läßt man eine Amme aus

Griechenland kommen. In ihren prallen Brüsten schlummern die Heldenkräfte der Antike. Jetzt also spielen zwei »himmlische Kerlchen« auf dem Teppich des kaiserlichen Arbeitszimmers, und wenn Katharina in Akten blättert, Berichte diktiert oder Ukase unterzeichnet, zerschmilzt sie jedesmal vor Glück, wenn in ihre politischen Sorgen hinein das Lachen ihrer Enkel dringt.

Politische Sorgen aber hat sie mehr denn je. Rundum ist ganz Europa in Bewegung. Wenige Tage nach der Geburt Alexanders erfährt sie, daß der bayerische Kurfürst Maximilian III. Joseph am 30. Dezember 1777 gestorben ist. Im internationalen Kräftegleichgewicht spielen damals die Persönlichkeiten eines regierenden Fürsten, seine Freundschaften und Aversionen, seine Familienbeziehungen und seine geheimen Hoffnungen eine so entscheidende Rolle, daß sein Tod das Geschick einer Nation von Grund auf verändern kann. Jedesmal, wenn ein König starb, hat Katharina die Folgen der zu erwartenden Erschütterungen durchgerechnet, um für Rußland den größtmöglichen Nutzen daraus zu ziehen. Mehrere historische Todesfälle von erster Größenordnung hat sie im Verlauf ihrer politischen Karriere bereits erlebt: die deutschen Kaiser Karl VI. und Karl VII., die Zarin Elisabeth, August III. von Sachsen und Polen und im Jahre 1774 Ludwig XV. von Frankreich.

Dieser letzte Herrscherwechsel war mit einer vollständigen Umkehrung der gefühlsmäßigen Einstellung der Kaiserin gegenüber Frankreich verbunden. Für Ludwig XV. hat sie eine an Haß grenzende Verachtung bekundet; für Ludwig XVI. hegt sie die größte Hochachtung. Der neue französische Botschafter, Marquis de Juigné, notiert darüber schon 1776: »Ich glaube durchaus nicht, daß die Voreingenommenheit Katharinas gegenüber Frankreich unüberwindlich sein sollte. Ich glaube sogar, daß sie in bezug auf die Regierung und in den entscheidenden Punkten abgenommen hat.« Katharina ihrerseits schreibt an Grimm: »Ihr Monsieur de Juigné ist eingetroffen. Ich habe ihn gestern gesehen. Der scheint nicht auf den Kopf gefallen zu sein. Ich bete zu Gott, daß er seinen Geist über die Hirngespinste, die Fieberträume, die groben und plumpen Verleumdungen, die Dummheiten und politischen Delirien seiner Vorgänger erheben möge und ihn vor allem bewahre vor dem Geschwätz des letzten [5] über alle und jedes und vor dem Gallengift und der griesgrämigen schwarzen Hypochondrie der vorangegangenen.« Und weiter: »Ich habe eine so gute Meinung von allem, was unter der Herrschaft Ludwigs XVI. geschieht, daß ich fast diejenigen ausschelten möchte, die etwas daran auszusetzen finden.«

Eine so unvorhersehbare wie mächtige Gegenbewegung führt übrigens dazu, daß auch in der französischen Öffentlichkeit, die anfänglich Rußland feindlich gesinnt war, die Stimmung umschlägt. Alles Russische wird auf einmal naiv bewundert. Das Theater greift nach Themen aus der russischen Geschichte: *Die Skythen* von Voltaire, *Peter der Große* von Dorat, *Menzikof* von La Harpe usw. Überall in Paris entstehen Hotels und Kaffeehäuser, die sich »Hôtel de Russie« oder »Cáfe du Nord« nennen. Eine Modistin eröffnet einen Laden unter dem Namen »Zum galanten Russen«, ein anderer nennt sein Geschäft »Zur Kaiserin von Rußland«. Ein Schneider namens Fagot macht das Geschäft seines Lebens mit Kinderkleidung nach dem Muster, das Katharina Grimm gegeben hat. Noch die ärmsten Pariser Mütter wollen ihr Baby genauso gekleidet haben wie der kleine Alexander. Katharina amüsiert sich darüber. »Ich finde«, schreibt sie, »daß Monsieur Fagot sein Handwerk versteht, aber merkwürdig ist es doch, daß die Mode aus dem Norden kommt, und noch merkwürdiger ist es, daß der Norden und vor allem Rußland in Paris en vogue sind. Wie das! Nachdem man so viel Böses über uns gedacht, gesagt und geschrieben hat!«

Doch wenn der Tod Ludwigs XV. die französisch-russischen Beziehungen ein klein wenig verbessert hat, so ist der Tod des bayerischen Kurfürsten auf der internationalen Ebene ungleich folgenschwerer. Mit dem Hinscheiden Maximilians III. Joseph und dem Erlöschen der bayerischen Linie hat Österreich die so lange ersehnte Chance gewonnen, seinen territorialen Besitzstand auszuweiten. Aber eine Ausdehnung des Einflußbereichs Josephs II. von Habsburg auf Bayern kann keines der übrigen deutschen Fürstenhäuser hinnehmen und schon gar nicht das Haus Hohenzollern. »Lieber ein ewiger Krieg als die Vorherrschaft der stolzen Habsburger«, ruft Friedrich II. Wieder einmal fallen zwischen Österreich und Preußen harte Worte, und man droht einander mit Krieg. Doch keine der beiden Seiten ist sich ihrer militärischen Überlegenheit sicher. Beide sind militärisch und politisch ungefähr gleich stark, so daß sie nur auf einen Krieg rechnen können, bei dem schließlich Ermüdung und Abnützung den Ausschlag geben. Es sei denn, Rußland greift sofort ein und unterstützt eine der beiden Parteien.

Alles weiß Katharina, und seelenruhig beobachtet sie das Anwachsen ihres Prestiges in einer Welt, die sie ursprünglich als eine Abenteurerin behandelt hat. Friedrich II., der ihr eben zum zweiten Mal eine Schwiegertochter besorgt hat, bittet seine »russische Schwester«, den »Schiedsrichter Europas« zu spielen. Von ihr allein, sagt er, hängen jetzt Krieg und Frieden ab. Wenn sie sich bereit erklärt, Preußen und das heißt die deutschen Fürsten zu unterstützen, werden Joseph II. und Maria Theresia nachgeben müssen.[6] Aber Maria Theresia, die Katharina verabscheut, schreibt ihr jetzt ebenfalls freundliche Briefe und bittet sie ihrerseits, den Streitfall zu schlichten – selbstverständlich zugunsten der österreichischen Monarchie. Von den beiden Parteien in Anspruch genommen, weicht Katharina zunächst einer Entscheidung aus. Freundschaft empfindet sie sowohl für Friedrich II. als auch für Joseph II., und außerdem ist sie auf beide angewiesen, wenn sie die Zerstükkelung Polens und die Verjagung der Türken aus ihren europäischen Territorien ungestraft zu Ende bringen will. Nur wenn diese beiden Fürsten ein Auge zudrücken und tatenlos zusehen, kann sie ihre Orientpolitik fortsetzen. Wie aber kann sie Preußen begünstigen, ohne Österreich zu verärgern, und umgekehrt? So stolz sie darauf ist, als Vermittlerin angerufen zu werden, so unbehaglich ist Katharina bei dem Gedanken an die Entscheidung zumute, die das Haus Habsburg wie das Haus Hohenzollern von ihr erwarten. »Wer zum Teufel mag im Recht sein?« schreibt sie an Grimm, »und wer im Unrecht? Wer von beiden lügt? O mein Gott, wenn es nur möglich wäre, die bayerische Erbfolge eindeutig und gerecht zu klären!« Im April 1778 verliert der König von Preußen, der noch immer keine Zusicherung von Katharina erhalten hat, die Geduld und beginnt den Krieg. Katharina wartet noch ab und gibt auf die Fragen, Vorschläge und Pressionsversuche der antichambrierenden Diplomaten nur ausweichende Antworten.

Ohne den bayerischen Erbfolgestreit auch nur für einen Augenblick aus dem Auge zu verlieren, genießt sie unterdessen in vollen Zügen die Freuden ihres Privatlebens. Zu den Befriedigungen der Großmutter kommen jetzt auch wieder die der Geliebten. Der Husarenoffizier Soritsch ist dank der Vermittlung Potemkins durch den russischen Sergeanten Iwan Nikolajewitsch Rimski-Korssakow ersetzt worden, der ebenfalls einem Husarenregiment angehört. Der neue Favorit, der einer adligen Familie aus Smolensk entstammt, ist vierundzwanzig Jahre alt. Als Grimm Ihre Majestät vorsichtig dafür neckt, daß sie sich in einen neuen Favoriten »vergafft« habe, ergießt sie sich mit ihren neunundvierzig Jahren in jugendlicher Begeisterung:

»Vergafft, vergafft! Wissen Sie denn nicht, daß dieses Wort fehl am Platze ist, wenn von Pyrrhus die Rede ist, dem König von Epirus, an dem die Maler zuschanden werden und die Bildhauer verzweifeln? Bewunderung und Begeisterung ist es, mein Herr, was die Meisterwerke der Natur einflößen . . . Wenn Pyrrhus zur Geige greift, dann lauschen ihm die Hunde; wenn er singt, kommen die Vögel zu ihm wie zu Orpheus, um zuzuhören. Keine Geste an ihm, keine Bewegung, die nicht edel oder anmutig wäre; er strahlt wie die Sonne und verbreitet Glanz um sich; und all das hat nichts Weibisches, sondern ist männlich und ganz so, wie man sich wünscht, daß einer sein soll . . . Alles ist Harmonie. Nichts fällt aus dem Rahmen; das ist die Wirkung der köstlichen Gaben der Natur, die in seiner Schönheit vereinigt sind . . .«[7]

Und etwas später: »Sagen Sie uns nur, ob Pyrrhus nicht schön ist, ob er nicht eine edle und stolze Miene hat, und seien Sie versichert, daß Sie weinen würden, wenn Sie ihn singen hörten, wie Sie geweint haben, als Sie die Gabriella bei Jelagin singen hörten.«

Rimski-Korssakow singt tatsächlich, und damit es ihm nicht an Partnern fehlt, werden die ersten Künstler Italiens nach St. Petersburg berufen. Auch zu den Künsten und zur Literatur möchte er Zugang finden. Ein Buchhändler wird beauftragt, ihm eine Bibliothek zusammenzustellen. »Welche Bücher wünschen Ihre Durchlaucht zu besitzen«, fragt der Buchhändler. »Sie wissen schon«, antwortet Rimski-Korssakow, »unten große Bände und oben kleine, wie bei der Kaiserin.«

Der Chevalier de Corberon, der Rimski-Korssakow genau kennengelernt hat, schreibt über ihn: »Das war ein geckenhaftes Püppchen, aber von der ganz kleinen Sorte, die man in Paris nicht einmal dulden würde.« Und wahrscheinlich ist es die strahlende Einfalt dieses jungen Mannes, die Potemkin veranlaßt hat, ihn Katharina in die Arme zu treiben. Er weiß genau, daß ein solcher Zieraffe kein gefährlicher Rivale für ihn werden kann. Wie gewöhnlich versucht er, der Zarin bei anderen Zerstreuung zu verschaffen, um sich selber das beste Teil zu sichern, nämlich Herz und Geist Katharinas. Pyrrhus wird zum Generaladjutanten und zum Ritter des polnischen Weißen Adlers ernannt und wie seine Vorgänger mit Titeln, Ehrenbezeigungen und Geschenken überhäuft. Aber sein Glück steigt ihm zu Kopfe; er beschließt, seinen Alltag mit etwas Abwechslung zu würzen und nimmt vorübergehend die Gräfin Stroganow zur Mätresse. Und dieser Seitensprung ist ihm noch nicht genug; er hat die Gräfin Bruce, die seine »Eprouveuse« (Probiererin) gewesen ist, noch in guter Erinnerung und kehrt zu einer abermaligen Prüfung zu ihr zurück. Katharina überrascht sie beide in wollüstiger Umarmung, und diesmal kann sich die Gräfing Bruce nicht auf Notwendigkeiten des kaiserlichen Dienstes berufen, um ihren erotischen Eifer zu rechtfertigen. Katharina ergeht sich in heftigem Zorn. Aber das Gewitter tobt nur der Form halber. Ihre Majestät meint es nicht ganz ernst; vermutlich war sie ihres Pyrrhus schon wieder ein wenig überdrüssig. Die Gräfin Bruce wird für eine gewisse Zeit nach Moskau relegiert, und Rimski-Korssakow erhält nach fünfzehn Monaten, reich beschenkt, den Laufpaß. Die Zarin zeigt sich ihren ehemaligen Liebhabern gegenüber niemals nachtragend.

Wer ist jetzt an der Reihe? Als Voltaire ihr einst ehrerbietig ihre Flatterhaftigkeit vorwarf, antwortete sie, sie sei ganz im Gegenteil »unbedingt treu«. Und zwar wem? »Aber der Schönheit natürlich. Sie allein lockt mich an.« Wie gerne würde sie jetzt über alle diese Dinge mit dem alten Eremiten von Ferney plaudern. Aber am 30. Mai 1778 ist er gestorben. Schmerzlich empfindet Katharina den Verlust dieses Mannes, dem sie doch nie begegnet ist.

»Ich empfand eine Regung grenzenloser Hoffnungslosigkeit und einen tiefen Ekel vor den Dingen dieser Welt«, schreibt sie an Grimm. »Warum haben denn Sie nicht, nicht Sie den Leichnam an sich gebracht, und zwar in meinem Namen? Sie hätten ihn mir schicken sollen, und, potztausend! . . . Ich versichere Ihnen, daß er das kostbarste Grab erhalten hätte, das man sich denken kann . . . Kaufen Sie seine Bibliothek und alles, was von seinen Papieren noch da ist, einschließlich meiner Briefe. Ich bin gerne bereit, die Erben dafür reichlich zu bezahlen, die, wie ich annehme, den Wert all dieser Dinge gar nicht ermessen können.«[9]

Und weiter: »Seit er tot ist, scheint mir, daß es nicht mehr ehrenhaft ist, bei guter Stimmung zu sein; er verkörperte das Göttliche und die Freude. Im übrigen war er mein Lehrer und Meister; er oder vielmehr seine Werke haben meinen Verstand geformt und meinen Geist gebildet.«

Über Grimm verhandelt Katharina mit den Erben Voltaires über den Erwerb der Bibliothek des Schriftstellers. In der Ermitage gesellt sich diese Bibliothek, deren Bände größtenteils mit eigenhändigen Anmerkungen des Patriarchen von Ferney versehen sind, zu der von Diderot und fällt für lange Zeit völligem Vergessen anheim. Eine Büste Voltaires von der Hand Houdons wird ebenfalls nach St. Petersburg geschickt. Einen Augenblick denkt Katharina sogar daran, in Zarskoje Selo eine Nachbildung des Schlosses von Ferney errichten zu lassen. Aber dann gibt sie den Plan auf. Unterdessen widersetzt sie sich leidenschaftlich der Veröffentlichung ihrer Korrespondenz mit dem Verstorbenen. Sie fürchtet, daß ihre eigenen Briefe zu schlecht geschrieben sind und die von Voltaire zu schmeichelhaft für sie selber und zu respektlos für andere Monarchen.

Inmitten dieser Trauerfälle, Freuden und intimen Sorgen trifft sie schließlich doch eine Entscheidung im preußisch-österreichischen Konflikt. Nach schlaflosen Nächten wird sie energisch. Das Recht, so glaubt sie jetzt, ist auf der Seite Preußens. Maria Theresia und Joseph II. läßt sie ausrichten, daß sie, falls diese auf ihre Ansprüche auf Bayern nicht verzichten, »einem ungerechten Krieg nicht werde tatenlos zusehen können und sich gezwungen sehen werde, Maßnahmen zur Wahrung der Interessen Rußlands und ihrer Freunde, der deutschen Fürsten zu treffen, die sich um Schutz an sie gewandt hätten«. Friedrich II. triumphiert. Maria Theresia aber ist empört. Joseph II., tief enttäuscht, versucht vergeblich, gute Miene zum bösen Spiel zu machen, und denkt sogar daran, einen Freundschaftsvertrag mit Rußland zu schließen, um die Situation zu retten. Sehr geschickt bringt Katharina nun Versailles ins Spiel. Die Botschafter Frankreichs und Rußlands rotieren. Und dieses fieberhafte diplomatische Ballett führt am 13. Mai 1779 zur Unterzeichnung der Teschener Verträge zwischen Preußen und Österreich.[10] Paradoxerweise hat diese ganze Affäre, die Rußland nur indirekt berührte, gerade den Interessen der russischen Politik am allermeisten genützt. Vom Anfang bis zum Ende dieser Verwicklungen hat Katharina einen Scharfblick, einen Realitätssinn und eine Festigkeit bewiesen, die auch ihre Feinde anerkennen müssen. Mit einem Schlag erscheint sie, wie sie es selber ausgedrückt hat, als eine Art »Friedensrichter Europas«, der sich über die verdutzten Herrscher der anderen Länder emporschwingt.

Im gleichen Jahr weigert sie sich, im amerikanischen Unabhängigkeitskrieg zwischen Großbritannien einerseits und Frankreich und Spanien andererseits Partei zu ergreifen, und erklärt, daß sie es nicht hinnehmen werde, wenn die Flotten dieser drei Staaten Handelsschiffe neutraler Länder wie Rußlands aufbrächten. In ihrer »Legislomanie« entwirft sie sogleich eine »Erklärung über die Neutralität der Meere«, mit der den nichtkriegführenden Staaten die Freiheit der Schiffahrt und des Handels gesichert werden soll. An allen europäischen Höfen begrüßt man Katharinas Projekt als ein Meisterwerk der Rechtsordnung. »Unter all den Wundern«, schreibt Friedrich II., »in deren Glanz die Herrschaft Ihrer Kaiserlichen Majestät erstrahlt, zählt die jüngste Seerechtsdeklaration nicht zu den geringsten. Und wer der größten Monarchie Europas so weise Gesetze gegeben hat, hatte das Recht, sie auch auf das Reich der Meere auszudehnen.« Die meisten Staaten treten der Konvention bei. Nur England wütet. Die Verschlechterung der englisch-russischen Beziehungen begünstigt die Wiederannäherung zwischen Rußland und Frankreich.

In den Beziehungen Rußlands zu Österreich und Preußen wiederum kommt es nach dem Frieden von Teschen zu einer, vorsichtig gesagt, eigenartigen Entwicklung. Friedrich II., der doch die Unterstützung Rußlands erfahren hat, ist in St. Petersburg weniger gut angeschrieben als Joseph II., der doch eher Grund hätte, sich über Katharina zu beklagen. Tatsächlich sind die preußischen Bevollmächtigten so ungeschickt, freundschaftliche Beziehungen zum Großfürsten und dem jungen Hof zu unterhalten, und das bringt Katharina auf. Der Kaiser von Österreich wiederum läßt überall hören, daß er sie bewundert, und das schmeichelt ihr. Seit dem Streit über die bayerische Erbfolge denkt er sogar immer ernsthafter an eine Annäherung an St. Petersburg. Zum Ensetzen seiner Mutter meldet er den Wunsch an, Katharina zu besuchen. Maria Theresia ist außer sich: wie, ihr Sohn, der Kaiser des Heiligen Römischen Reiches deutscher Nation und Nachfahre Karls V., will sich in dieses barbarische Land wagen, um die Freundschaft der »katherinisierten Prinzessin von Zerbst« zu erbetteln, dieser Mörderin und Hure, deren erotische Ausschweifungen der Gesprächsstoff aller europäischer Höfe sind? Doch Joseph bleibt hart, und Maria Theresia gibt schließlich nach. An ihre Tochter aber, die Königin Marie Antoinette, schreibt sie, daß sie wegen des »Streiches«, den ihr Sohn plane, sehr besorgt sei. Und ihrem Kanzler Kaunitz gesteht sie gar: »Dies ist ein neuer Beweis meiner Ohnmacht gegenüber den Projekten meines Sohnes. Und doch wird man nachher mir an allem die Schuld geben.« Katharina erklärt, sie fühle sich hochgeehrt durch die Aussicht auf eine derartige Begegnung. In Wirklichkeit ist sie ganz einfach neugierig darauf, von Angesicht zu Angesicht diesem jungen Kaiser gegenüberzustehen, dem man Voltaire'sche Bildung und Rousseau'sche Einfachheit nachrühmt. Als Ort des Treffens wird Mohilew bestimmt. Joseph II. wird unter dem Namen »Graf von Falkenstein« als Privatmann ohne großes Gefolge reisen, nur von zwei Edelleuten begleitet; er will unterwegs in einfachen Herbergen absteigen und bei Bauern einen Schluck Milch, ein Stückchen Brot und die einfachste Nahrung erbitten. Katharina muß unwillkürlich lächeln, als sie von diesen spartanischen Reiseplänen erfährt; sie muß an die Schwester Josephs II. denken, die in den Gärten des Trianon die Schäferin spielt und ihren Lämmern Rosenbänder um den Hals bindet. Wenn der »junge Mann aus Wien« sich weigert, in den Schlössern der russischen Adeligen abzusteigen, so wird man diese demokratische Marotte eben respektieren müssen. Aber wie soll das gehen? »Einfache Herbergen« gibt es in Rußland nicht, allenfalls noch die jämmerlichen Poststationen, die völlig verwanzt sind und gänzlich ungeeignet, einen Habsburger zu logieren, mag er auch noch so sehr seine Vorliebe für das schlichte Land beteuern. Katharina greift schließlich zu einer List: sie läßt private Wohnhäuser für diesen Zweck entsprechend präparieren und mit einem Wirtshausschild versehen. Die Hausbewohner erhalten die Anweisung, sich während des Aufenthaltes des angeblichen Grafen von Falkenstein nicht zu zeigen, und der Dienerschaft wird befohlen, sich ihm gegenüber wie Hausknechte und Zimmermädchen eines einfachen Gasthofes zu betragen.

Katharina selber dagegen reist mit dem größtmöglichen Pomp und macht jeden Einzug in eine Stadt zu einem triumphalen Ereignis. In Mohilew versuchen die beiden Herrscher, einander an Höflichkeit und Liebenswürdigkeit zu überbieten. Katharina ist nicht unbeeindruckt von der Jugend, der Eleganz und der umfassenden Bildung ihres Gesprächspartners. Trotzdem durchschaut sie sofort, daß er ein zwiespältiger Mensch ist, eine Art »Janus«, hinter dessen honigsüßen Worten sich absolute Skrupellosigkeit verbirgt. Er wiederum bewundert das politische Genie der Kaiserin, urteilt aber in menschlicher Hinsicht sehr streng über sie. Die Briefe, die er nach Wien schreibt und von denen er weiß, daß sie von der russischen Geheimpolizei abgefangen und gelesen werden, sind voller schmeichelhafter Äußerungen über Katharina; in den Schreiben, die sein persöhnlicher Bote mitnimmt, schlägt er dagegen einen ganz anderern Ton an. »Man muß wissen«, heißt es dort, »daß man es mit einer Frau zu tun hat, die nur an sich selber denkt und der an Rußland so wenig etwas liegt wie mir; man muß also ihre Eitelkeit kitzeln. Sie ist sich selber zum Idol geworden, verdorben durch maßloses Glück und die übertriebenen Huldigungen, die ganz Europa ihr reichlich dargebracht hat. Jetzt muß man mit den Wölfen heulen: wenn das Gute nur geschieht, so kommt es wenig darauf an, auf welche Weise man es erlangt hat.«

Wenn aber er Katharina bei dieser Begegnung »gekitzelt« hat, so hat sie ihn zumindest ebensosehr »gekitzelt«. Es ist ein Wettstreit wechselseitiger übertriebener Liebenswürdigkeiten. Natürlich wird über Politik geredet, aber rasch kommt die Unterhaltung in ein anderes Fahrwasser, und man lacht aus vollem Halse, »während ganz Europa die Ohren spitzt und wissen möchte, was hier drinnen gesprochen wird«. An Grimm schreibt Katharina: »Manche glauben schon, daß wir einander heiraten werden, wenn sie uns ständig Seite an Seite und einen am Ohr des anderen hängen sehen.« Tatsächlich wird im Verlauf dieser Gespräche unter vier Augen, zunächst in Mohilew und anschließend in Zarskoje Selo, wohin der Kaiser Katharina gefolgt ist, eine Verlobung angebahnt: eine Verlobung auf dem Gebiet der Politik und des Ehrgeizes. Wohlwollend hört sich Joseph II. die Pläne Katharinas für eine Teilung der türkischen Territorien an: sie selber wird sich die griechische Halbinsel, Konstantinopel und natürlich die Krim aneignen, die schon unter ihrem Einfluß ist; Joseph kann dafür Serbien, Bosnien und die Herzegowina haben. Da sagt er nicht nein. Jedenfalls schwört er, daß Österreich künftig nichts unternehmen werde, ohne sich zuvor mit Rußland abgestimmt zu haben.

Katharina schreibt an Potemkin: »Väterchen Fürst! Ich glaube, daß keiner der heute lebenden Herrscher ihm (Joseph II.) an Verdiensten, an Kenntnissen und an Höflichkeit gleichkommt; ich bin entzückt von seiner Bekanntschaft.« Auf dieses in französischer Sprache geschriebene Geständnis folgen noch ein paar Zeilen auf russisch: »Sei versichert, daß meine Freundschaft für Dich ebenso groß ist wie Deine Zuneigung zu mir, die für mich ganz unschätzbar ist. Alexander Dimitrjewitsch (Lanskoi) grüßt Sie; es ist zum Verrücktwerden, wie wir uns nach Ihnen sehnen.«

Potemkin, an den dieses Billett gerichtet ist, hat als engster Ratgeber der Zarin selbstverständlich an den Unterredungen in Mohilew teilgenommen. Kaum hat er seine Herrin verlassen, empfindet sie das Bedürfnis, ihn aus der Ferne ihrer »Freundschaft« zu versichern. Die Liebe bleibt anderen vorbehalten. Schon am 9. Februar 1779 hat Harris dem britischen Kabinett gemeldet: »Nachdem die Kaiserin ihre Absicht bekundet hat, den Favoriten zu wechseln, hat sich eine große Zahl von Bewerbern eingefunden.« Er nennt Namen, wagt Prognosen: Strachow, Lewaskow, Swykoski; alle drei haben die Unterstützung Potemkins und der Gräfin Bruce. »Der Fürst Potemkin ist die höchste Autorität in allen Dingen, den ernsten Angelegenheiten wie den Vergnügungen; die Gräfin dagegen hat nur in Dingen der Lust etwas zu sagen, und zwar aus dem gleichen Grund, aus dem in vergangenen Zeiten ein Adliger den Wein und die Speisen vorkosten mußte, ehe sie dem Herrscher serviert wurden.« Schließlich aber erhält Alexander Lanskoi vor allen anderen Bewerbern den Vorzug – der gleiche Lanskoi, den die Kaiserin in ihrem Brief an Potemkin erwähnt.

»Ein wohlgebauter und gutmütiger junger Mann«, notiert Harris. Nachdem Rimski-Korssakow in Ungnade gefallen ist, wurde Lanskoi zum Generaladjutanten ernannt; jetzt bezieht der die Gemächer der Auserwählten. Joseph II. sieht bei seinem Besuch also die Zarin mit ihrem Geliebten von vorgestern und mit dem von heute. Der von vorgestern ist ein wuchtiger alter Löwe mit mächtiger Schnauze und scheelem Auge, der von heute ein schlanker, schöner junger Mann von fünfundzwanzig Jahren mit höchst eleganten Manieren. Ist er für Katharina wirklich eine Art geistiger Sohn gewesen, wie manche behaupten[11], oder nur der Liebhaber, den sie eifersüchtig hütet, wie andere meinen? Chrapowitzki, Katharinas Privatsekretär, notiert in sein Tagebuch: »Die Beziehungen einer Mutter zu ihrem Sohn könnten nicht vertrauter sein.« Der englische Botschafter dagegen berichtet seiner Regierung: »Herr Lanskoi scheint noch immer im Zenit der Gunst zu stehen. Sogar in der Öffentlichkeit zeigt ihm die Kaiserin ihre Zuneigung und Vorliebe mit einer Deutlichkeit, die zwar mit den strengen Forderungen der Etikette nicht unvereinbar sein mag, aber doch (zumindest auf einen Neuling wie mich) etwas ungewöhnlich wirkt.« Der Chevalier de Corberon macht sich über die wahre Natur der Rolle, die dieser junge Mann für die Zarin spielt, keinerlei Illusionen: »Nichts ist für eine Frau ihres Alters, die von einer solchen Leidenschaft beherrscht wird, natürlicher als derartige Gefühle; nichts aber ist auch ärgerlicher, denn sie führen bei einer Herrscherin zu gewissen kleinen Schwächen. Es wäre zu wünschen, daß sie Liebhaber nur für das Fleisch hätte, aber das ist bei älteren Leuten ziemlich selten, und wenn ihre Einbildungskraft nicht abgestumpft ist, dann machen sie hundertmal mehr Dummheiten als ein junger Mann.«

Mit Gewißheit läßt sich von Lanskoi zumindest sagen, daß er für Katharina eine ungleich größere Bedeutung gehabt hat als ein Rimski-Korssakow oder Soritsch. Bei diesem Epheben sucht sie mehr als nächtliche Wollust. Er spricht ihr Gefühl an, er interessiert sie, unterhält sie, und sie plant für ihn eine große politische Karriere. Sie kennt ihn schon seit langem. Er ist zur gleichen Zeit im Palast aufgewachsen wie Katharinas illegitimer Sohn Bobrinski (1780 ist er 18 Jahre alt) und Potemkins Schützling Platon Subow (der im gleichen Jahr 13 Jahre alt ist). Die drei jungen Männer haben eine sorgfältige Erziehung genossen und sind von den besten Lehrern unterrichtet worden. Ihre Majestät denkt an künftige Minister, wenn sie sie nach ihren Vorstellungen bilden läßt. Lanskoi ist ganz offensichtlich der begabteste, feinsinnigste und anmutigste von ihnen. Welch ein Unterschied zu dem halb närrischen, argwöhnischen und aufbrausenden Großfürsten Paul und dem leichtsinnigen, oberflächlichen Bobrinski, die beide unfähig sind, an den öffentlichen Angelegenheiten Anteil zu nehmen. Enttäuscht von ihren eigenen Söhnen, überträgt Katharina auf Lanskoi ihre unerfüllte Mutterliebe und ihr Verlangen, ein Wesen ganz nach ihrem Sinne zu formen. Sie betrachtet ihn als ihren Schüler und Jünger; eines Tages wird er an die Stelle Potemkins treten können. Aber kann man sich vorstellen, daß diese leidenschafliche Frau, die es normalerweise nicht länger als einen Monat ohne Mann aushält, aus Liebe zu Lanskoi jahrelang keusch geblieben sein soll? Vermutlich hat sie ihn nicht nur wie eine Mutter geliebt, sondern ihm doch auch nachts die Schlafzimmertür geöffnet. Er ist ihr Liebhaber und ihr Sohn zugleich. Das ist eine berauschende Doppelgleisigkeit, bei der das Herz und die Sinne gleichermaßen auf ihre Rechnung kommen, bei der die Grenze zwischen den Generationen fließend wird, und die Freude, ein Kind zu lehren, durch die Wollust gekrönt wird, sich einem Mann hinzugeben.

Am Hof weiß alle Welt über die neue Eskapade der Kaiserin Bescheid. Wie es sich gehört, ernennt Ihre Majestät Alexander Lanskoi zum General, Kammerherrn und Kommandanten ihres Kürassierregiments und verleiht ihm den Polarsternorden. Mit Geschenken wirft sie nur so um sich: Geld, Paläste, Ländereinen, Bauern, Diamanten im Gesamtwert von sieben Millionen Rubeln. Sie gibt Lanskoi einen Französischlehrer, ermuntert ihn zur Lektüre und begeistert sich über die Fortschritte, die er auf allen Gebieten macht: »Er hat zunächst einen Winter lang die Dichter und ihre Verse ›genascht‹ und einen anderen Winter mehrere Historiker«, schreibt sie an Grimm im Juni 1782. »Die Romane langweilen uns . . . Auch ohne studiert zu haben, besitzen wir zahllose Kenntnisse, und wohl fühlen wir uns nur bei allem was edel und gebildet ist. Außerdem bauen und pflanzen wir, sind wohltätig, vergnügt, ehrlich und voll Sanftmut.« Im Grunde aber gleichen sich alle ihre Liebhaber, die sie nacheinander hatte, in den Beschreibungen für Grimm. Mit unermüdlicher Zähigkeit sucht sie in einer Liaison nach der anderen den idealen Gefährten. Liest man ihre Briefe, so könnte man glauben, daß es unter wechselnden Namen immer der gleiche Mann ist, der ihr Bett teilt und um den ihre Gedanken kreisen. Nach allgemeiner Einschätzung ist der neue Favorit übrigens wirklich liebenswert und intelligent. Masson, der der Zarin so wenig wohlgesonnen ist, schreibt in seinen *Geheimen Memoiren* über Lanskoi: »Er ist ein Muster an Güte, Menschlichkeit, Liebenswürdigkeit, Bescheidenheit und Schönheit . . . Er liebt die Künste und die Künstler, ist menschlich und wohltätig . . .« Nach und nach nimmt Katharina die Gewohnheit an, Lanskoi zu sich zu rufen und zwei Stunden lang die Berichte ihrer Minister mit ihm durchzuarbeiten. Er nimmt so unmittelbaren Anteil an all ihren Entscheidungen, daß Potemkin etwas eifersüchtig wird. Diese kurzen Anfälle von Mißgunst des großen Favoriten gegenüber dem kleinen amüsieren Katharina, ohne sie über Gebühr zu beunruhigen.

In Europa hat unterdessen die Begegnung zwischen der Zarin und Joseph II. die preußische Partei in Unruhe versetzt. Friedrich II. weigert sich zu glauben, daß »von dem Duo, das wir gesungen haben, gar nichts geblieben sein soll«, wie sein Botschafter behauptet, und beschließt, seinen Neffen, Kronprinz Friedrich Wilhelm, nach St. Petersburg zu entsenden. Als Joseph II. davon erfährt, schreibt er an seine Mutter: »Der Prinz von Preußen kommt hierher, um alles zu zerstören, was mir an Nützlichem etwa gelungen ist.« Aber sein Mißtrauen ist grundlos. Katharina ändert nicht so leicht ihre Intentionen. Sie empfängt Friedrich Wilhelm mit protokollarischer Kühle, leidet an seinem einfältigen, beschränkten Charakter, langweilt sich in seiner Gesellschaft und gibt das deutlich zu erkennen. Kaum daß sie das Wort an ihn richtet; die Aufgabe, den ungebetenen Gast zu unterhalten, bleibt Potemkin und Lanskoi überlassen. Verärgert, wendet Friedrich Wilhelm sich dem Großfürsten Paul zu und begegnet ihm mit einem freundschaftlichen Interesse, das die Zarin vollends gegen ihn aufbringt.

Wie um die Mission des Prinzen von Preußen zu durchkreuzen, trifft am Hofe, direkt aus Wien, der Fürst Karl von Ligne persönlich ein, der Großmeister kosmopolitischer Eleganz und Hochkultur. Er ist jetzt fünfundvierzig Jahre alt, Kammerherr Josephs II. und mit der Fürstin Franziska von Liechtenstein verheiratet. Seine gewinnenden Gesichtszüge, seine Brillanz und sein scharfer Witz haben ihm in Paris den Beinamen »der charmante Prinz« eingetragen. So hat er sich selber gezeichnet: »Ein Bonvivant, dem's manchmal schlecht geht, fromm, aber nicht devot, Christ, aber kein Katholik, doch bereit, es zu werden; statt des Kyrie murmle ich eine homerische Ode und habe sieben Vaterländer: das Reich, Flandern, Frankreich, Spanien, Österreich, Polen und fast auch noch Ungarn.«[12] Offiziell gilt er als Österreicher, da Belgien damals zu den österreichischen Niederlanden gehörte und weil er in den Diensten des Kaisers

Joseph II. steht, aber in Wirklichkeit ist er überall und nirgends zu Hause. Die Salons reißen sich um ihn, und die Frauen sind ganz närrisch auf ihn. Flüsternd erzählt man von seinen internationalen Erfolgen. Kaum ist er in St. Petersburg, beginnt der Glanz der anderen zu verblassen. Katharina erliegt sogleich seinem Charme. Lakonisch notiert er: »Sie war noch ganz gut.« Natürlich kann sie mit ihren einundfünfzig Jahren nicht mehr mit den jugendlichen Schönheiten konkurrieren, in die er sich sonst zu verlieben pflegte. Aber geistig ist sie so präsent wie nur je. Ihre Unterhaltungen mit dem Fürsten von Ligne sind Florettgefechte. Bei den kleinen Soireen in der Ermitage genießt sie entzückt die Bonmots und Anekdoten ihres Gastes. Um den Überraschungseffekt der schlagfertigen Repliken zu erhöhen, schlägt sie vor, sich zu duzen. Mit unerschütterlicher Ruhe geht der Fürst von Ligne sofort darauf ein: »Was meint Deine Majestät . . .« Die Kaiserin bricht in ein schallendes Gelächter aus, so daß er nicht mehr dazu kommt, seinen Satz zu vollenden. Ein andermal zeigt sie ihm ihren neuen Palast in Moskau und sagt: »Gestehen Sie, daß das eine prächtige Zimmerflucht ist.« Ungerührt erwidert er: »Jawohl, die Schönheit eines Spitals.« Seine Frechheit gefällt ihr. An Grimm schreibt sie: »Wir haben jetzt den Fürsten von Ligne hier, einen der unterhaltsamsten und angenehmsten Menschen, die ich je kennengelernt habe. Das ist ein origineller Kopf, der sehr tief denkt, und dabei macht er dumme Streiche wie ein kleines Kind.« Neben diesem schalkhaften und witzigen Gast wirkt Prinz Friedrich Wilhelm wie ein Trottel. Wenn sie ihn nur ins Gesichtsfeld bekommt, fühlt Katharina sich schon unwohl. Sofort nimmt ihre Miene einen maskenhaft autoritären Zug an. Friedrich Wilhelm bemerkt es, und das macht ihn noch verstimmter, mißtrauischer und ungeschickter. Als er endlich mit dem Gefühl, gescheitert zu sein, abreist, seufzt sie erleichtert auf. »Ich schwöre Ihnen«, schreibt sie an Grimm, »daß er durch die Langeweile, die ich in seiner Gegenwart ausgestanden habe, erheblich dazu beigetragen hat, einen rheumatischen Schmerz in meinem Arm zu verstärken, der abzuklingen begann, als er endlich fort war.«

Friedrich II. wird sich natürlich sehr bald bewußt, welch großen Dienst sein Neffe durch seine Ungeschicklichkeit Österreich geleistet hat. Er gerät in Zorn und erleidet einen Gichtanfall. Unterdessen tauschen Katharina und Joseph II. eigenhändige Briefe aus, die nichts anderes sind als ein Geheimabkommen über die Teilung des osmanischen Reiches.[13] Friedrich II., von diesem widernatürlichen Einverständnis in Kenntnis gesetzt, zieht die Krallen ein und schäumt innerlich vor Wut. Sein Briefwechsel mit der Zarin kommt ins Stocken und schließlich ganz zum Erliegen. Die Verträge zwischen Rußland und Preußen, die 1780 auslaufen, werden nicht mehr erneuert. Der Tod Maria Theresias am 29. November des gleichen Jahres befreit Joseph II. von der strengen Bevormundung durch seine Mutter und gibt ihm die Möglichkeit zu noch weiterer Annäherung an die Zarin. Schon hat Katharina, die sich doch als Schülerin Voltaires versteht, manchmal den Eindruck, daß der Himmel ihr beistehe in ihren kühnsten Unternehmungen. An solchen Vorstellungen ist gewiß nichts Mystisches. Sie verabscheut die unkontrollierbaren Ergüsse der Seele. Aber sie trägt in sich die tiefsitzende, mit Vernunft nicht begründbare Überzeugung, ein Ausnahmemensch zu sein, dem es beschieden ist, erfolgreich zu sein. Wenn Gott existieren sollte, so ist er ganz gewiß auf ihrer Seite. Ist sie von ihm inspiriert in dem Bemühen, das Werk Peters des Großen zu vollenden? Jedenfalls wird es Zeit, sich ernsthaft mit dem Denkmal zu beschäftigen, das sie dem Ruhm ihres Vorgängers errichten will.

Seit Jahren schon arbeitet Falconet, von allen unverstanden, an der Kolossalstatue des Zaren. Um ihm zu helfen, das Pferd im Augenblick des Aufbäumens zu erfassen und darzustellen, wurde ein Stallmeister mit den beiden Lieblingsreittieren der Kaiserin, Brillant und Caprice, zu ihm geschickt und ließ sie monatelang vor ihm tänzeln. Eine Schülerin des Bildhauers, die Französin Mademoiselle Collot, formt den Kopf des großen Herrschers.[14] Im Frühjahr 1770 ist das Denkmal im Modell fertig. Als Diderot bei seinem Besuch in St. Petersburg die gewaltige Form aus Ton erblickte, rief er aus: »Ich wußte, daß Sie ein geschickter Mann sind, aber ich will des Todes sein, wenn ich etwas Derartiges in Ihrem Kopf vermutet hätte.« Aber die Schwierigkeiten und der Ärger fangen jetzt für Falconet erst an. Der alte Betzkoj, der Präsident der Akademie der schönen Künste, betrachtet ihn als einen gewöhnlichen Handwerker, einen »Gießereiknecht«, und nimmt sich das Recht heraus, ihm Ratschläge zu erteilen. Seiner Meinung nach müßte der Blick Peters des Großen zugleich auf den Admiralspalast und auf das Gebäude der Zwölf Kollegien gerichtet sein. Nur mit

Mühe kann man ihm klarmachen, daß der Zar dazu mit beiden Augen schielen müßte. Weil Falconet seinen Helden in der Kleidung eines römischen Imperators dargestellt hat, protestieren die höchsten geistlichen Würdenträger bei Katharina: wie kann sich dieser kleine Franzose erfrechen, den Zar aller Reußen und das Oberhaupt der russisch-orthodoxen Kirche als heidnischen Monarchen wiederzugeben? Und tatsächlich ist auch Katharina selber etwas verwirrt beim Anblick dieses antiken Reiters, in dem sie ihren rauhen, volksnahen und ganz und gar russischen Peter I. nicht wiedererkennt. Aber sie hat Vertrauen zu Falconet und beruhigt die Prälaten; Peter der Große, sagt sie, wie sie ihn da vor sich sähen, sei durchaus nicht heidnisch gekleidet, sondern trage ein »idealisiertes russisches Gewand«. Diese Auskunft jedoch stellt zwar die Geistlichen zufrieden, bringt aber die Adligen auf. Denn wie kann man im »idealisierten russischen Gewand« einen Zaren darstellen, der sein Leben lang darum gekämpft hat, in seinem Land die westliche Kleidung einzuführen? Aber auch hier wieder läßt Katharina die Besserwisser mit einer trockenen Bemerkung abblitzen. Vier Jahre dann, bis 1774, sucht man vergeblich nach einem Spezialisten, der imstande ist, eine Form von so gewaltigen Ausmaßen zu gießen. Außer sich beschließt Falconet schließlich, selber einen Versuch zu wagen. Zweimal nacheinander bekommen es seine Arbeiter plötzlich mit der Angst zu tun und laufen mitten beim Guß davon. Ein Fehlschlag also, vielleicht ein endgültiger. Das Geld wird knapp und Falconet ungeduldig. Monate vergehen in Untätigkeit und Verzweiflung. Schließlich gelingt beim dritten Versuch der Guß. Das Werk steht. Aber Katharina ist anderweitig zu sehr beschäftigt und denkt nicht daran, das Denkmal einzuweihen. Viele können nicht verstehen, warum der Zar in dreifacher Lebensgröße dargestellt ist. Er wirkt weniger »lebensecht«, weil der Künstler ihn zum Riesen gemacht hat. Und das Pferd! Hat man jemals ein solches Pferd gesehen? Der Kritik und des langen Hinhaltens müde, zermürbt von Erschöpfung und Krankheit, verflucht Falconet dieses unwirtliche Land, in dem er jetzt zwölf Jahre zugebracht hat, und bittet die Kaiserin um die Erlaubnis zur Heimreise. Sie weigert sich, ihn zu empfangen, befiehlt, daß man ihn auszahlt, und läßt ihn gehen. Traurig kehrt er nach Paris zurück, wo grauer Alltag, viele Ehrungen und schließlich das Alter auf ihn warten.

Die Einweihung des Standbildes findet erst später statt, am 7. August 1782. Der Künstler ist längst abgereist. Auf dem Senatsplatz, dem verhüllten Monument gegenüber, sind die Garderegimenter aufmarschiert. Katharina, von Ministern, Botschaftern, Höflingen und ausgesuchten Gästen umgeben, gibt ein Zeichen. Eine Artilleriesalve dröhnt, das Tuch fällt, und aus der Menge kommt ein Aufschrei der Bewunderung für diesen erzenen Kaiser, der sein Pferd bändigt, das sich vor dem Abgrund aufbäumt. Mit der linken Hand hält der Monarch straff die Zügel der Macht, mit der rechten macht er eine herrscherliche Geste zur Newa hinüber, dem ungastlichen Strom, an dessen Ufern er sich seine Hauptstadt baute, sein Blick ist in die Ferne gerichtet, und sein Pferd zerstampft mit den Hufen die Schlange des Neides, die sich auf dem Boden windet. Über dieser Apotheose wird der Künstler völlig vergessen. Niemand erwähnt seinen Namen. Das Werk ist wie aus sich selber erstanden, ein Produkt der Natur. Wie der Felsen, auf dem es sich erhebt. Nur noch Peter den Großen gibt es und ihm gegenüber Katharina. Und schon weiß sie, daß dieses Denkmal ebensosehr ihrem eigenen Ruhm geweiht ist wie dem ihres Vorgängers. Als man sie fragt, welche Inschrift sie in den Sockel meißeln lassen will, erwidert sie voll Stolz:
»Peter dem Ersten Katharina die Zweite.«

21. KAPITEL
Lanskoi

Geduldig läßt Katharina ihr »griechisches Projekt« ausreifen. Potemkin baut Befestigungen entlang der türkischen Grenze. Suworow hat in der Gegend des Kuban festes Quartier bezogen. Besborodko, der neue Ratgeber der Kaiserin, schlägt vor, Perekop anzugreifen und die türkische Zitadelle von Otschakow zu neutralisieren. Überall finden militärische Übungen statt, die Generäle halten Besprechungen ab, in den Waffenlagern wird gearbeitet, das Fieber steigt. Immer ernsthafter erwägen Katharina und Joseph II. in ihren Briefen die Möglichkeit, die Türken aus Europa zu vertreiben. Katharina schlägt die Gründung eines Reiches Dakien vor; es soll von einem orthodoxen Herrscher regiert werden und die Moldau, die Walachei, Bessarabien, die Festung Otschakow, das Territorium zwischen Bug und Dnjestr sowie einige Inseln des Archipels umfassen. Die Krim, wo eine Art »glücklicher Anarchie« besteht, betrachtet sie virtuell bereits als russichen Besitz. Joseph II. erklärt sich im Prinzip einverstanden, fordert für sich jedoch Bosnien, Serbien, einen Teil der Walachei, Orsova, Vidin und die venezianischen Besitzungen auf dem Festland. Katharina findet diese Forderungen absolut »unbescheiden« und teilt das ihrem Partner ganz unverblümt mit. Der aber versteift sich. Man streitet schon um den türkischen Kuchen, bevor man überhaupt das Messer in die Hand genommen hat, um ihn zu zerschneiden. Friedrich II., der »alte Fuchs von Sanssouci« freut sich über den Streit und sagt voraus, daß Wien und St. Petersburg sich in der osmanischen Frage niemals einigen werden. Aber Katharina gibt die Hoffnung nicht auf: ein richtiger Krieg wird die Lage schon klären. Und wenn Gott wirklich auf der Seite der Russen steht, dann wird der kleine Konstantin eines Tages den Thron von Dakien besteigen. Und die beiden Enkel der Zarin werden dann nach ihrem Tod über zwei der mächtigsten Reiche der Erde herrschen. Natürlich wird man zuerst einmal die Thronfolge ändern müssen, damit wirklich der reizende Alexander ihr Nachfolger wird und nicht Paul, dieser Verrückte. Insgeheim verfolgt sie schon lange diesen Plan. Und deshalb besteht sie so hartnäckig darauf, die beiden jungen Großfürsten bei sich zu behalten, als ob es ihre eigenen

Söhne wären. Sie weiß genau: würde sie die Kinder ihren Eltern zurückgeben, wie diese es verlangen, so würden sie zum Haß auf ihre Großmutter und zur Geringschätzung ihres politischen Lebenswerks erzogen werden. Die Großfürstin Maria kann sich ja mit den beiden Töchtern trösten, die sie dicht nacheinander nach Konstantin noch zur Welt gebracht hat. Die läßt man ihr gerne. Man ermuntert sie sogar, zu ihrer Zerstreuung noch weitere Kinder zu gebären. Aber sie beklagt sich: »Wir wagen keine Menschenseele zu den Kindern (den Söhnen) zu schicken; noch die letzte Näherin wird von der Kaiserin ernannt.« Paul aber, seiner männlichen Nachkommen beraubt, fühlt sich um seine väterliche Macht betrogen, und sein Groll gegen die Zarin wird zur fixen Idee. Warum erlaubt ihm diese Mutter, die sich nie um ihn gekümmert hat, nicht, sich um seine Söhne zu kümmern? Woher nimmt sie die raffinierte Grausamkeit, ihm ein normales Familienleben verbieten zu wollen? Wohin er sich auch wendet, überall steht sie ihm im Weg. Sein krankes Gehirn malt sie sich als Riesenkrake, mit unentwegt züngelnden Fangarmen. Sie umschlingt ihn, sie lähmt ihn, drosselt ihn und wird ihn vielleicht töten: damit sie das Szepter an seiner Statt Alexander geben kann. Nikita Panin, der mit dreiundsechzig Jahren von der Teilhabe an der Macht ausgeschlossen wird und das Katharina nie verzeihen kann, unterstützt Paul in seiner Auflehnung. Seit man ihn in Pension geschickt hat, hat sich der ehemalige Minister immer stärker dem jungen Hof angenähert. Jetzt redet er dem verrückten Paul nach dem Mund, der sich darin gefällt, sich als den legitimen Thronfolger zu betrachten.

Joseph II. ist bei seinem Aufenthalt in St. Petersburg Zeuge des Zwistes zwischen Mutter und Sohn geworden und hat Katharina geraten, das Großfürstenpaar auf Europareise zu schicken. Wenn Paul, so hat er gemeint, für eine gewisse Zeit in eine andere Umgebung kommt und nicht mehr in der Nähe der Zarin ist, so wird er die Ruhe wiederfinden, die er so dringend braucht, und der Verkehr an ausländischen Höfen wird seinen unausgeglichenen Charakter etwas glätten. Das ist ein ausgezeichneter Plan, denkt Katharina. Aber wie soll man Paul dazu bewegen, ihn anzunehmen? Jeder Vorschlag seiner Mutter ist ihm von vornherein verdächtig. Gefallen hat er nur an Unternehmungen, die sie ärgern. Also benutzt Katharina eine List und beauftragt den jungen Fürsten Repnin, Paul vorzuhalten, daß es allmählich an der Zeit wäre, sich dem Willen seiner Mutter zu widersetzen und von ihr zu verlangen, ihn zusammen mit seiner Frau eine Reise machen zu lassen, damit er die ausländischen Hauptstädte kennenlernen könne. So aufgestachelt, begeistern Paul und Maria sich für den Vorschlag. Schließlich, so meinen sie, erfordert ja ihre künftige politische Verantwortung, daß sie den besten Köpfen der Gegenwart begegnen. Und wenn sie einen kleinen Abstecher nach Württemberg machen, kann die Großfürstin außerdem ihre heißgeliebten Eltern begrüßen. Man wird bis in die Schweiz hinunter fahren und dort Lavater besuchen, dessen verschwommener Mystizismus das junge Paar begeistert und Katharina sehr mißfällt; man wird auch nach Paris gehen und selbstverständlich nach Versailles! Joseph II., Marie-Antoinette, Ludwig XVI., Grimm, Diderot – das Programm ist umfassend. Fiebernd vor Aufregung fordert Paul von seiner Mutter die Erlaubnis zu dieser politischen Bildungsreise, von der er glaubt, er selber habe den Wunsch und die Idee gehabt. Katharina stellt sich, als sei sie verwundert, besorgt und mißtrauisch. Wie kann er, der Thronfolger, auch nur daran denken, St. Petersburg zu verlassen? Er fleht auf Knien, Maria weint, und Katharina tut gerührt und gibt schließlich nach. In freudiger Erwartung werden die Reisevorbereitungen getroffen. Die vorgesehene Route führt durch Polen, Österreich, die Schweiz, Italien, Frankreich bis nach Holland und Belgien. Berlin verbietet Katharina ihrem Sohn, denn sie kennt seine gefährliche Leidenschaft für Friedrich II. Alle ausländischen Höfe werden offiziell über die Reisepläne informiert. Das junge Paar wird incognito reisen, unter dem allerdings ziemlich durchsichtigen Namen Graf und Gräfin von Norden.

Doch inmitten der allgemeinen Vorfreude läßt der alte Nikita Panin plötzlich eine Bombe platzen. Sein Groll auf Katharina hat ihn zum Ränkeschmied gemacht. Um der Kaiserin in die Quere zu kommen, redet er Paul ein, mit den Reiseabsichten sei er seiner Mutter ins Garn gegangen. Ist er erst einmal außer Landes, so wird sie ihn nicht mehr nach Rußland zurückkehren lassen, sondern seine Abwesenheit dazu benutzen, eine Proklamation zu veröffentlichen, die ihn als Thronfolger übergehen und Alexander zum direkten Ereben einsetzen werde. Paul und Maria sind sprachlos und glauben sich schon im Exil, der Krone beraubt und für immer von ihren Kindern getrennt.

Eben erst haben sie die Zarin angefleht, reisen zu dürfen, und jetzt betteln sie, dableiben zu dürfen. Aber sie bleibt hart: die ausländischen Höfe haben schließlich inzwischen ihre Dispositionen getroffen. Schreien, Weinen und Verwünschungen begleiten die Szene. Paul brüllt, er werde sich nicht von der Stelle rühren, Maria fällt vor Schreck in Ohnmacht. Immer wieder versucht Katharina vergeblich, die beiden jungen Leute zur Vernunft zu bringen. Am vorgesehenen Tag der Abreise weigern sie sich, ihre Zimmer zu verlassen. Katharina selber muß ihren Sohn am Arm packen und zu der wartenden Berline schleppen; hinter ihr trägt Fürst Repnin die ohnmächtige Großfürstin. Er setzt die Reglose neben ihren Gatten, der bleich ist wie ein Todgeweihter. Fahr zu, Kutscher! Katharina seufzt erleichtert auf. Muß man, darf man wirklich eines Tages diesem hirnrissigen Sohn die Macht über Rußland anvertrauen?

Die Berichte, die sie von den verschiedenen Stationen der Reise erhält, bestärken sie in ihrer Sorge. In Florenz kritisiert Paul gegenüber Leopold von Toscana die Expansionspolitik seiner Mutter, bekundet seine Bewunderung für den König von Preußen und schleudert Drohungen gegen die Freunde und Ratgeber der Zarin, die alle im Solde Wiens stünden: »Sobald ich etwas Macht habe, werde ich sie absetzen, auspeitschen lassen und davonjagen.« In Brüssel erzählt er in Gegenwart des Fürsten von Ligne Gespenstergeschichten und spricht von seinen Halluzinationen, von denen kein Arzt ihn kurieren kann. In Versailles, wo er freundschaftlich und mit großem Pomp empfangen wird, vertraut er Ludwig XVI. und Maria-Antoinette an, daß die Favoriten seiner Mutter ihn verfolgen und sein Leben die reine Hölle sei. Und als die Königin ihn fragt, ob es denn wahr sei, daß er niemanden habe, auf den er sich verlassen könne, schreit er: »Ich hätte gar nichts davon, einen Pudel bei mir zu haben, der an mir hängt, denn ehe wir Paris verlassen, hätte meine Mutter dafür gesorgt, daß er mit einem Stein um den Hals in die Seine geworfen wird.« Die Soupers im kleinen Kreis, die Opernvorstellungen in Versailles, ein Fest im Kleinen Trianon, ein Ball in der Spiegelgalerie, eine Parade der französischen Gardetruppen auf dem Marsfeld, ein Konzert in Bagatelle, ein Besuch im Institut de France, ein Empfang beim Prinzen von Condé in Chantilly – alles das gibt dem »Grafen von Norden« den Eindruck, in Frankreich viel wichtiger genommen zu werden als in Rußland. Er plustert sich auf, der Kamm schwillt ihm, er kann nicht mehr an sich halten. Zwar versichert der stets zur Schmeichelei neigende Grimm der Zarin, ihr Sohn und ihre Schwiegertochter hätten in Paris einen vollen Erfolg »ohne Wenn und Aber«[1] gehabt, doch scheint es, daß die Durchreise dieses argwöhnischen, rachsüchtigen und geschwätzigen Paares überall die Herrscher, Minister und Höflinge in Verlegenheit gebracht hat. Nach Pauls Aufenthalt im Großherzogtum Baden faßt der dortige Staatsminister Edelsheim die allgemeine Einschätzung so zusammen: »Der Erbprinz vereinigt Wahnsinn und Arroganz, Schwäche und Egoismus; sein Kopf scheint eher dazu bestimmt, die Krone unter der Erde zu tragen.« Und der Fürst von Ligne notiert: »Sein Geist ist falsch und sein Herz starrsinnig, sein Urteil zufallsbedingt. Er ist mißtrauisch und empfindlich. Er intrigiert und spielt dabei den Verfolgten. Wehe seinen Freunden, seinen Feinden, seinen Verbündeten und seinen Untertanen! . . . Er verabscheut seine Nation und hat mir darüber in Gatschina einmal Dinge gesagt, die ich gar nicht wiederholen kann.« Als Paul während seines Aufenthalts in Wien einmal eine *Hamlet*-Aufführung besuchen soll, weigert sich der Schauspieler Brockmann, vor ihm zu spielen, weil er fürchtet, der illustre Zuschauer könne die Verwirrungen des Prinzen von Dänemark als eine Anspielung auf seinen eigenen Zustand verstehen.

Am meisten verärgert Katharina vielleicht die Nachricht, daß ihr Sohn und ihre Schwiegertochter in Zürich mit Lavater zusammengetroffen sind. Sie fürchtet den Einfluß der verschwommenen Theorien des protestantischen Theologen auf einen hysterischen Charakter. Sie bedauert, daß die Großfürstin ihren Gatten in seiner Begeisterung für das Übersinnliche noch bestärkt. Sie verabscheut die Rosenkreuzer, die Freimaurer und all die anderen Schaumschläger des Jenseits. Cagliostro hat sie übrigens einen Auftritt an ihrem Hof verboten. Die Russen neigen sowieso schon viel zu sehr zur mystischen Verzückung. Geistige Verwirrung nährte bei ihnen den Mythos Iwans VI. und den Aufstand Pugatschews. Sie müssen von einem klaren, geordneten, rationalen Kopf regiert werden. Sie brauchen einen Peter den Großen, eine Katharina die Zweite. Und keinen Paul den Ersten.

So ungeduldig sie gewesen ist, ihren Sohn endlich abreisen

zu sehen, so ungeduldig erwartet sie jetzt seine Heimkehr, damit er unterwegs nicht noch mehr Dummheiten machen kann. Als das junge Paar wieder in St. Petersburg eintrifft, empört sie sich über die vielen Dinge, die es im Ausland eingekauft hat, und befiehlt, die dummen Muster der französischen Mode zurückzuschicken, von denen die Koffer überquellen. Es handelt sich, wie Harris schreibt, um »zweihundert Kisten voller Gazestoffe, Pompons und andere Toilettenartikel aus Paris«.
Die berühmte Couturière Bertin zetert vor Wut über diese Zurückweisung. »Sie hat ihren Krimskrams verboten«, notiert Grimm. Als Katharina ihren Sohn näher befragt, muß sie feststellen, daß die schmeichelhaften Empfänge zu seinen Ehren ihn nur noch verrückter und arroganter gemacht haben. Mehr denn je scheint es ihr unerläßlich, ihre Enkel von ihrem Vater zu trennen. Aber sie darf darüber auch ihre Enkelinnen nicht vergessen, die man leider in der Obhut ihrer Eltern gelassen hat. Diese jungen Prinzessinnen brauchen eine ungewöhnlich tüchtige Gouvernante, die durch Sanftmut und Autorität den verderblichen Einfluß des Familienmilieus aufwiegen kann.

Sievers, den Ihre Majestät mit der Suche beauftragte, wirft sein Auge auf Charlotte von Lieven, die Witwe eines Generalmajors, die mit ihren vier Kindern bescheiden in einem Vorort von Riga wohnt. Frau von Lieven freilich will von der Ehre, die sie erwartet, nichts wissen; sie hat gar keine Lust, ihre Zurückgezogenheit aufzugeben und sich den Hofintrigen auszusetzen. Aber eine Kaiserin duldet nicht, daß man sich ihren Befehlen widersetzt. Wenn Frau von Lieven nicht freiwillig nach St. Petersburg kommt, wird man sie eben zwingen. Sie wird in einen Reisewagen geworfen, unter militärischer Bewachung in den Winterpalast gebracht und dort einem Sekretär Ihrer Majestät vorgeführt, der sie einem ersten Verhör unterzieht. Empört und erschöpft spricht sie von ihren Kindern, die sie im Stich lassen mußte, von ihrem Widerwillen gegen den Pomp des öffentlichen Lebens und von ihrem Bedürfnis nach Ruhe und Einsamkeit. Eine weibliche Stimme fällt ihr ins Wort: »Sie sind genau die Frau, die ich brauche. Folgen Sie mir!« Die Kaiserin, die hinter einem Wandteppich verborgen gelauscht hatte, geht auf sie zu, schließt sie in die Arme und schwört, sie allein könne ihre Enkelinnen richtig erziehen. Gerührt gibt Frau von Lieven nach. Ihre vier Kinder wird man ihr bringen.[2]

Während die neue Gouvernante sich um die Zuneigung ihrer Zöglinge bemüht, erlebt Paul den Tod seines letzten Ratgebers und seiner verläßlichsten Stütze: des alten Nikita Panin. Nachdem dieser ehemalige Minister gestorben ist, spürt er eine tödliche Leere um sich. Jetzt weiß er nicht mehr, wo er für seine Extravaganzen noch Zuspruch und Ermutigung finden soll. Aus lauter Wut betrachtet er schließlich sogar noch seine Frau und seine Kinder als Angehörige des gegnerischen Clans.

Noch ein anderer Verrückter macht Katharina jetzt Sorge. Ihr ehemaliger Geliebter Grigorij Orlow hat seine junge Gattin verloren (sie starb am 16. Juni 1782 in Lausanne) und sucht seinen Schmerz zu vergessen, indem er in ganz Europa umherreist. In Karlsbad und Ems und schließlich in Vichy nimmt er Bäder und sucht Erholung, aber sein Zustand bessert sich nicht. Heimweh und Reue zehren an ihm. Als er wieder in St. Petersburg erscheint, erschrickt Katharina über den Anblick dieses lebenden Leichnams mit dem ausgemergelten Gesicht, den weißen Haaren und dem verstörten Blick; der stürmische Kamerad ihrer Jugend ist nicht wiederzuerkennen. Er gibt sich die Schuld an dem Tod seiner Frau, die er, wie er sagt, nicht verstanden hat und nicht lieben konnte. Aber ganz andere Gespenster suchen ihn in seinen Träumen heim. Manchmal sieht er in Zuständen der Verwirrung die Erscheinung Peters III. drohend vor sich aufgerichtet. Er bezichtigt sich als Mörder des Zaren und stammelt: »Das ist meine Strafe!« Katharina läßt ihn im Palast unterbringen und von Ärzten überwachen. Manchmal brüllt er vor Entsetzen. Dann holt ein Diener die Kaiserin; sie setzt sich an das Bett des Kranken und redet ihm sanft und liebevoll zu, bis er sich wieder beruhigt hat. Nach und nach aber nimmt Grigorij Orlows Wahnsinn solche Dimensionen an, daß man ihn in ein geschlossenes Haus nach Moskau bringen muß. Dort stirbt er im April 1783. »Obwohl ich auf das traurige Ereignis gefaßt war, muß ich gestehen, daß ich tiefsten Schmerz empfand«, schreibt Katharina an Grimm. »Man mag mir noch so oft sagen, was man bei solchen Anlässen zu sagen pflegt, und ich selber sage es mir auch, aber meine Antwort ist ein heftiges Schluchzen, und ich leide entsetzlich . . . Fürst Orlow besaß Genie auf so vielen Gebieten . . . Aber bei all seinen großen Vorzügen war er wenig ausdauernd . . . die Natur hatte ihn verwöhnt, und für alles, was ihm im Augenblick gerade nicht einfiel, war er zu träge . . . Eine merkwürdige Bewandtnis hat es mit dem Tod des Fürsten Orlow: Graf Panin ist etwa vierzehn Tage vor ihm gestorben, und keiner der beiden hat vom Tode des anderen gewußt. Diese beiden Männer, die ständig gegensätzlicher Ansicht waren und einander überhaupt nicht mochten, werden sehr erstaunt sein, einander im Jenseits wieder zu begegnen.«

Als Ersatz für die beiden Verstorbenen hat Katharina in ihrer Nähe den jungen Alexander Lanskoi, ihren »lieben Sascha«, der so verführerisch, so klug und so liebenswert ist, und in der Ferne den impulsiven und lässigen Potemkin. Der hat sich in den Kopf gesetzt, ihr die Krim zu schenken. »Die Krim ist allein durch ihre Lage ein Bruch in unserer Grenze«, schreibt er an Katharina. »Ob wir die Türken am Bug oder am Kuban angreifen wollen, immer liegt die Krim dazwischen. Und nun stellen Sie sich vor, daß die Krim Ihnen gehört, daß dieser Riegel vor unserer Nase weggeschoben ist, und sofort ist die Lage an den Grenzen ganz ausgezeichnet.«

Gestützt auf die Truppen des Generals Samailow, nimmt Potemkin im April 1783 Verhandlungen mit dem prorussischen Khan Schagin-Ghirei auf, für dessen Wahl auf der Krim man in der gleichen Weise gesorgt hat wie seinerzeit für die Wahl Stanislaus Poniatowskis in Polen. Und genauso, wie Poniatowski die Zerstückelung seines Landes hingenommen hat, so ist auch Khan Schagin-Ghirei auf Anraten der Tatarenstämme am Kuban bereit, die Krim abzutreten, die damit eine russische Provinz wird. Katharina verfolgt die Angelegenheit sehr genau, denn man muß Sorge tragen, mit dem Schnappen nach diesem fetten Bissen keinen europäischen Krieg auszulösen. Joseph II. beugt sich der vollendeten Tatsache. Frankreich begnügt sich mit einer diplomatischen Geste: es erbietet sich, bei der Türkei zu vermitteln, falls Rußland sich verpflichtet, seinen Vorteil nicht weiter auszunützen. Aber Katharina lehnt es ab, sich die Hände binden zu lassen. »Ich bin fest entschlossen, nur auf uns zu zählen und auf niemanden sonst«, schreibt sie an Potemkin. »Wenn der Kuchen erst fertig ist, haben sie alle Hunger. Sowenig ich mich auf meine Bundesgenossen verlasse, so wenig fürchte und respektiere ich den Donner Frankreichs oder besser gesagt sein Wetterleuchten.« Der Sultan Abdul Hamid, von allen im Stich gelassen, muß erkennen, daß seine Streitkräfte nicht stark genug sind, um den Krieg zu erklären, und damit hat es sein Bewenden. Am 21. Juli 1783 verkündet die Zarin mit einer Proklamation die Annexion der

Halbinsel Krim und beglückwünscht Potemkin zu seinem Erfolg. Damit kontrolliert Rußland nun das Schwarze Meer genauso wie zuvor schon das Kaspische Meer.

Auf der Krim, die er der russischen Krone gewonnen hat, lebt Potemkin wie ein orientalischer Pascha. Als Fürst von Tauris, zu dem die Kaiserin ihn gemacht hat, packt ihn eine leidenschaftliche Wut des Organisierens und Bauens auf diesem noch jungfräulichen Land, das ihm untertan ist. Er baut Städte in der Wüste und trassiert neue Straßen, gründet Universitäten, legt Parks an, pflanzt Weinberge, läßt Hafenbecken ausbaggern und Werften errichten, lockt Siedler an und finanziert ihnen ihre Höfe. Bei sich hat er seinen Harem, seinen »Hühnerhof«, wie er selber das nennt. Er besteht aus seinen fünf hübschen Nichten Engelhardt, die eine nach der anderen seine Mätresse werden. Daß sie seine Verwandten sind, stört ihn dabei ebensowenig wie der Altersunterschied. Als heimlicher Ehemann der Zarin bewahrt er ihr seine unauslöschliche Verehrung, läßt sich dadurch aber nicht abhalten, von frischerem Obst zu naschen. Die Briefe, die er einem seiner Lieblinge, der kleinen Warwara, schreibt, sprechen von glühender Leidenschaft: »Ich liebe Dich, o mein Herz, und zwar wie? Wie ich noch niemals zuvor geliebt habe . . . Ich küsse Dich ganz und gar.« – »Meine Freundin, meine lieben kleinen Lippen, mein Mütterchen, mein Schatz . . « – »Meine zärtliche Geliebte, Du hast mich mächtig und für immer und ewig besiegt.« – »Komm, o meine Geliebte, eile zu mir, meine Freundin, Du unvergleichliches Geschenk, das ich von Gott selber empfangen habe . . .« – »Ich bin fröhlich, wenn Du Dich freust, und satt, wenn Dein Hunger gestillt ist. Ich folge Dir überallhin, sogar auf das Schaukelbrett, auf dem Du Dich so gerne wiegst; nur wenn Du zu hoch fliegst, wird mir schwindlig.« Hat Katharina von ihrem Liebhaber jemals so gepfefferte Liebesbriefe bekommen? Eifersüchtig ist sie jedenfalls nicht. Und wie sollte sie es auch sein? Genießt sie doch selber zur gleichen Zeit, jetzt vierundfünfzig Jahre alt, mit ihrem fünfundzwanzigjährigen Sascha Lanskoi die vollkommene Liebe.

In diesem Jahr 1783 erhält sie von Lanskoi jede Befriedigung, die sie sich nur wünschen kann. Die Verlockungen, mit denen ausländische Fürsten wie Joseph II., der Prinz von Preußen oder König Gustav III. von Schweden ihn für sich zu gewinnen versuchen, lassen ihn kalt. Er ist Katharina völlig ergeben und kennt kein anderes Ziel als das Glück seiner Geliebten und die Größe seines Landes. Durch seinen sanftmütigen Charakter hat er auch das Vertrauen des Großfürstenpaares gewonnen. Mit Verwunderung registriert man am Hof, daß er sich aus allen Intrigen heraushält. Begierig, seine Bildung zu erweitern, steckt er sein ganzes Vermögen in die Vergrößerung seiner Bibliothek. Mit der Zarin begeistert er sich für die Geschichte Rußlands. Zusammen durchstöbern sie die alten Klosterarchive. Seit 1772 braucht Katharina zum Lesen eine Brille, und sie scheut sich nicht, sie auch in Gesellschaft ihres Favoriten zu tragen. Sie sind so innig miteinander vertraut, daß Koketterie gar nicht aufkommen kann. Besteht die größte Lust für sie am Ende überhaupt im Gedankenaustausch? Diese Gleichgestimmtheit wird schlagartig sichtbar, als es darum geht, der unter der Leitung von Domaschnew in Lethargie verfallenen russischen Akademie der Wissenschaften frisches Leben einzuhauchen. Lanskoi macht den Vorschlag, diesen wirrköpfigen Verschwender durch die rührige Fürstin Daschkow zu ersetzen. Diese ist gerade nach Rußland zurückgekehrt und spielt sich als Opfer kaiserlicher Undankbarkeit auf, da Ihre Majestät, so behauptet sie, nicht geruht habe, ihre Verdienste um das Gelingen des Staatsstreiches von 1762 anzuerkennen. Ausgezeichnete Gelegenheit also, dieser Unersättlichen mit einem Leckerbissen den Mund zu stopfen. Und überdies: was für eine Lehre kann die Zarin den aufgeklärten Geistern Europas erteilen, wenn sie eine Frau an die Spitze der russischen Akademie der Wissenschaften beruft!

Katharina billigt den Vorschlag. Die Fürstin Daschkow aber sträubt sich: »Ernennen Sie mich doch zur Oberin Ihrer Waschfrauen!« gibt sie mitten bei einem Hofball der Kaiserin zurück. Vermutlich hofft sie auf einen wichtigeren Posten. Nach Hause zurückgekehrt, schreibt sie sofort, noch im Staatskleid, einen langen Brief an die Zarin, in dem sie ihre Ablehnung mit Furcht begründet, der Aufgabe nicht gewachsen zu sein. Um sieben Uhr in der Frühe schickt sie den Brief in den Palast, und schon eine Stunde später erhält sie als Antwort ein paar freundliche Zeilen, in denen von ihrer Weigerung überhaupt nicht die Rede ist. »Sie wollen sich höher erheben als ich, meine schöne Dame«, schreibt Katharina, »und haben mir zum Frühstück ein Billett geschickt . . . Zuvor: da Sie meinen Vorschlag durchaus nicht abweisen (?), verzeihe ich Ihnen . . .

Seien Sie gewiß, daß es mir jederzeit ein Vergnügen sein wird, Ihnen mit Rat und Tat zur Seite zu stehen.« Und noch am gleichen Abend wird dem Senat ein Ukas vorgelegt, mit dem die Fürstin Daschkow zur Direktorin der Akademie ernannt wird. Sie schäumt vor Wut, aber jetzt kann sie sich nicht mehr wehren. Ein paar Tag später läßt sie sich, halb geehrt, halb immer noch zornig, von dem greisen Euler zur Inauguralsitzung der gelehrten Gesellschaft führen, der sie präsidiert. Ziemlich rasch aber gewinnt sie Geschmack an dieser Arbeit. Nach dem Beispiel der Academie Française ermuntert sie die russische Akademie, das erste umfassende Wörterbuch der Nationalsprache auszuarbeiten und die Regeln der Orthographie, der Grammatik und der Betonung festzulegen. Für den Aufbau des Werks wählen die neuen Lexikographen nicht die alphabetische, sondern die etymologische Ordnung. Katharina ist von dem Ergebnis enttäuscht. »Das Werk ist . . . trocken und dürftig«, schreibt sie an die Fürstin Daschkow. »Beim gegenwärtigen Stand kann ich nicht mehr darin sehen als eine Sammlung von Wörtern, die kaum eingebürgert und nicht allgemein gebräuchlich sind. Ich für meinen Teil muß bekennen, daß ich nicht einmal die Hälfte davon verstehe . . . Die französische Akademie dagegen hat die Nationalsprache gereinigt und all ihre barbarischen Elemente beseitigt.« Die Fürstin Daschkow ist durch die Verständnislosigkeit Ihrer Majestät zwar entmutigt, läßt sich in der Weiterführung der Arbeit aber nicht beirren. Mit dem Furor einer besenschwingenden Hausfrau macht sie sich daran, die Sprache und die Räumlichkeiten zu säubern. Bei der Reorganisation des Museums der schönen Künste entdeckt sie zu ihrem Entsetzen zwei Gefäße mit den in Alkohol konservierten Köpfen der einstigen Mätresse Peters des Großen, Mary Hamilton, die der Untreue überführt und enthauptet worden war, sowie des Liebhabers der damaligen Zarin, William Mons.[3] Seit 1724 stehen diese makabren Dokumente in der Galerie und wecken die Sensationslust der Menge. Die Fürstin Daschkow beschließt auf eigene Faust, sie verschwinden zu lassen. Aber sie kümmert sich auch darum, die historischen Schriften Katharinas in der Druckerei der Akademie drucken zu lassen, und fordert die Zarin zur Mitarbeit an einer Zeitschrift auf, die sie gegründet hat, dem *Sprachrohr der Freunde der russischen Sprache*. Die Kaiserin ist entzückt und schreibt anonym eine ganze Serie von witzigen kleinen Artikeln, karikierende Porträts ihrer Freunde, spaßige Erinnerungen, launige Persiflagen voller Parenthesen und Fußnoten. Lanskoi muß nur die Rechtschreibfehler Ihrer Majestät verbessern; der ironische und scharf pointierte Stil aber ist ganz ihre eigene Leistung. »Sie müssen wissen«, schreibt sie an Grimm, »daß seit vier Monaten in St. Petersburg eine russische Zeitschrift erscheint, in der Fußnoten und Anmerkungen in einer Weise verwendet werden, die oft zum Totlachen ist. Ganz allgemein ist diese Zeitschrift eine Ollapotrida sehr lustiger Dinge.« Sie schreibt auch, ebenfalls anonym, Theaterstücke, die in der Ermitage in Szene gesetzt werden. »Sie fragen mich«, schreibt sie wiederum an Grimm, »warum ich so viele Komödien mache . . . Primo, weil ich Spaß daran habe; secundo, weil ich unser Nationalschauspiel, das aus Mangel an neuen Stücken etwas herabgekommen war, zu neuer Höhe führen möchte; tertio, weil es ganz gut ist, den Visionären, die die Nase hoch zu tragen beginnen, ein wenig auf die Zehen zu treten. *»Der Betrogene und der Betrüger«* hat einen ungewöhnlichen Erfolg . . . Und was das Tollste ist: bei der Premiere rief man nach dem Autor, der aber . . . sein Inkognito vollkommen gewahrt hat.« In *Der Betrogene und der Betrüger* stellt Katharina eine Art Cagliostro im Kreis seiner einfältigen Bewunderer dar. Die meisten ihrer Stücke sind übrigens schwach verkleidete philosophische Satiren mit dürftig gezeichneten Charakteren. Es ist auch nicht ausgeschlossen, daß irgendein am Hofe wohlgelittener Publizist ihr bei der Abfassung geholfen hat. Die Grundrichtung dieser Werkchen läßt sich als eine Mischung aus russischer Überlieferung und Voltaire'schem Geist bezeichnen. Ihrem Brieffreund Grimm, der schüchtern Kritik vorzubringen wagt, erwidert sie vergnügt: »Ach, da sind nun diese dramatischen Werke ganz zu Staub geworden, nicht wahr? Ganz und gar nicht! Ich behaupte: dort, wo es keine besseren gibt, ist das immer noch gut, und da man hingelaufen ist und gelacht hat, da sie die Wirkung gehabt haben, den Eifer der Sektierer zu bremsen, sind es Stücke, die trotz all ihrer Fehler den Erfolg gehabt haben, den man ihnen wünschen kann. Wer kann, soll bessere machen, und sobald das geschieht, werden wir keine mehr schreiben, sondern uns an den seinen erfreuen.« Sogar an Versen versucht sie sich, in russischer, französischer und deutscher Sprache. Aber sie erkennt bald, daß sie dafür wenig begabt ist: »Vier Tage lang habe ich mich mit Reimereien geplagt, ma (aber) man braucht zu viel Zeit dazu, und ich habe zu spät damit begonnen.«

Unter allen literarischen Gattungen bevorzugt sie zweifellos die Kömödie. Sie lacht gerne; freilich auf eine gesunde Weise und ohne Hintergedanken. Von der *Hochzeit des Figaro* ist sie schockiert: »Was die Komödien angeht«, schreibt sie an Grimm, »so wird mir *Die Hochzeit des Figaro* beim Schreiben nicht als Modell dienen . . ., denn noch nie fand ich mich in schlechterer Gesellschaft als bei dieser berühmten Hochzeitsfeier. Offensichtlich um die Alten nachzuahmen, hat man diese Art Geschmack, die man längst überwunden glaubte, wieder aufs Theater gebracht. Molières Ausdrucksweise war frei und entsprang einer natürlichen Fröhlichkeit, aber seine Gedanken waren nie lasterhaft; dagegen ist dieses so bekannte Stück stets doppelbödig auf eine Weise, die nichts taugt, und das dauert dreieinhalb Stunden. Im übrigen ist das ein Intrigengewebe, das nur Kunstfertigkeit enthält und keinen Funken Natur. Ich habe beim Lesen nicht ein einziges Mal gelacht.«[4]

Eigentlich aber – und das sagt sie nicht – stören sie an der *Hochzeit des Figaro* vor allem die subversiven Ideen des Autors, die hinter dem Wortgeklingel durchschimmern. Sie wittert in Beaumarchais einen jener Brandstifter, die sie verabscheut. Im übrigen findet sie jetzt das französische Theater, an dem sie früher so viel Vergnügen hatte, überhaupt langweilig. »Bei den meisten französischen Stücken kommt mir das große Gähnen, denn das ist kalt wie Eis und zum Verzweifeln manieriert«, vertraut sie Grimm an. »In all dem ist kein Leben und kein bißchen Salz; Ich weiß nicht, aber das Feuer und der starke Sinn für das Schöne und Große scheint mir immer mehr aus dieser Welt zu entschwinden . . . O Voltaire, du allein wußtest die Funken in der Asche noch einmal zu entfachen.« Am liebsten – wenn sie nur Zeit dazu hätte! – würde sie all die französischen Stücke umschreiben, die sie so sehr enttäuschen. Sowenig sie bei einer Komödie zu gähnen wünscht, so wenig schätzt sie es, bei einer Tragödie zu weinen. Oft würde es genügen, ein paar Sätze zu ändern, um ein Werk zu retten. Von Respekt vor dem Willen des Autors läßt Katharina sich dabei nicht einschüchtern. Nicht einmal bei ihrem großen Voltaire. Das tragische Ende seines *Tankred* ist ihr dermaßen zuwider, daß sie es für die Inszenierung in der Ermitage zu ändern befiehlt. Nur ja kein »Gemetzel«. Am Schluß des Schauspiels soll Tankred, nachdem er Amenaïde gerettet hat, nicht sterben, sondern sie heiraten. Ist das nicht viel besser so? Übrigens beginnt Katharina um diese Zeit sich überhaupt von der französischen Literatur abzuwenden. Abgesehen von Voltaire, der sie »zur Welt gebracht« hat, von Corneille, bei dem sie stets »das Herz erhoben« fühlte, und von dem unvergleichlichen Molière, lohnt es bei den französischen Schriftstellern nicht einmal mehr, in ihren Büchern zu blättern. Das Heil erwartet sie jetzt von der deutschen Literatur. Mit ihrem gewohnten Ungestüm spricht sie schon davon, die französischen Autoren fallenzulassen und sich eine ausschließlich germanische Bibliothek zusammenzustellen. Sonderbarerweise aber hat sie von Lessing, Schiller und Goethe, ihren berühmten Zeitgenossen, nie etwas gehört und begeistert sich statt dessen für zweitrangige deutsche Schriftsteller. »Diese teutsche Literatur schreitet mit Riesenschritten und läßt die übrige Welt weit hinter sich«[5], schreibt sie.

Was die deutsche Musik angeht, so ignoriert sie sie gründlich. Die Musik anderer Länder übrigens ebenso. Um aber ihrem lieben Sascha Lanskoi gefällig zu sein, der sich als wahren Musiknarren bezeichnet, verpflichtet sie dennoch den berühmten Dirigenten Sarti und veranstaltet Konzerte in der Ermitage. Nur hält sie es leider nicht länger als eine Stunde aus, zu dem lästigen Geschwirr der Töne stillzusitzen. Entschädigt wird sie dafür, wenn Sascha Lanskoi ihr anschließend mit seiner tiefen Stimme den Sinn und den Bau des Stückes erklärt, das sie gerade zusammen gehört haben. Denn alles, was von ihm kommt, bringt ihr Freude und Trost. Auch als es um die Wahl eines Erziehers für die Großfürsten Alexander und Konstantin geht, wendet sie sich an ihn. Sascha Lanskoi empfiehlt ihr mit Nachdruck den neunundzwanzigjährigen César Frédéric de La Harpe, einen Schweizer und eingefleischten Republikaner.

La Harpe stammt aus Rolle am Genfer See. Aufgebracht über die Schikanen der Berner Regierung, war er schon entschlossen, nach Amerika zu gehen und dort an der Gründung einer idealen Gesellschaft mitzuwirken. Sein Studienfreund Ribeaupierre aber, korrespondierendes Mitglied der russischen Akademie der Wissenschaften, rät ihm zu einem anderen Exil: lieber soll er nach Rußland gehen. Und tatsächlich sucht zu dieser Zeit gerade der Favorit der Zarin einen Mentor für zwei junge Leute – nicht für die Großfürstin, sondern für seine beiden jüngeren Brüder, ziemlich mißratene Burschen, die sich in Europa herumtreiben und die nach St. Petersburg zurückgebracht werden sollen. La Harpe zögert lange, nimmt schließlich aber den Auftrag an. Als er aber mit den beiden Flegeln in Italien ist, packt ihn der Überdruß an ihrer Unverschämtheit, ihrer Dummheit und ihren geckenhaften Wesen. Halb verärgert, halb belustigt, schreibt er an Ribeaupierre und erzählt ihm mit so viel überlegener Ironie und gesundem Menschenverstand von seinen Abenteuern, daß dieser den Brief ganz entzückt Sascha Lanskoi zu lesen gibt, und Lanskoi zeigt ihn Katharina. Von diesem Augenblich an verfolgt der Favorit seinen Plan: ein Mann vom Charakter La Harpes sollte Zöglinge von anderem Kaliber haben als diese beiden Strolche, die er jetzt in den Schoß der Familie zurückbringen soll. Man sollte ihm die Erziehung der beiden Großfürsten anvertrauen. Katharina ist einverstanden. Wie könnte sie, die Freundin der Philosophen, der Versuchung widerstehen, ihre Enkel diesem Fanatiker der Freiheit und Gerechtigkeit anzuvertrauen? Als Republikaner, der zwei künftige Alleinherrscher zu erziehen hat, so meint sie, wird La Harpe ihnen die Achtung vor der menschlichen Person einpflanzen, ohne die Rechtmäßigkeit ihrer Herrschaft in Frage zu stellen. In Rom empfängt La Harpe dbs offizielle Schreiben, das ihn, den Feind jeder Despotie, für die Erziehung zweier junger Fürsten gewinnen will, die eines Tages als Despoten über Millionen Untertanen herrschen sollen. In dem Brief heißt es, er solle sich vornehmen, aus diesen Potentaten von morgen »Menschen« zu machen. Begeistert malt er sich schon aus, liberale Monarchen wie aus Wachs zu formen und Rußland damit vom Joch des Absolutismus zu erlösen.

Bei seiner Ankunft in St. Petersburg wird La Harpe von der Zarin mit Wärme empfangen. Sie übergibt ihm eine *Instruktion*, eine Art Erziehungsprogramm, das sie unter Mitwirkung von Sascha Lanskoi ausgearbeitet hat. Mit freudiger Erregung studiert der neue Lehrmeister der Großfürsten dieses Dokument, das ihm eines Ehrenplatzes in der Geschichte der Pädagogik würdig scheint. Es heißt darin: »Die Kinder sollen Tiere und Pflanzen lieben und lernen, sie zu pflegen . . . Nichts verdient strenger verboten und unnachsichtiger unterbunden zu werden als die Lüge . . . Ziel der Erziehung ist es, den Kindern Nächstenliebe einzuflößen . . . Man muß den Geist der Zöglinge daran gewöhnen, auch Widerspruch, auch den eigensinnigsten, ruhig und geduldig anzuhören . . . Die Kenntnisse, die sie sich aneignen sollen, haben nur den einen Zweck, daß sie ihre Aufgabe als Fürsten recht verstehen lernen . . . Ihnen Tugend und gute Sitten einzupflanzen, ist das Entscheidende; haben diese in der Seele des Kindes einmal Wurzel geschlagen, so ergibt sich alles übrige mit der Zeit ganz von selber.«

Diese großartigen Grundsätze sind allerdings schwer sogleich in die Tat umzusetzen, denn die beiden Großfürsten sind erst sechs bzw. vier Jahre alt. Bis Ihre Hoheiten so weit sind, seine republikanischen Lehren würdigen zu können, darf La Harpe ihnen erst einmal ein bißchen Französisch beibringen und sie spazieren führen. Enttäuscht in seinen hochfliegenden Erwartungen, lehnt er sich auf. Unter Umgehung der Vorschriften des Protokolls wendet er sich an den für die beiden Prinzen eingesetzten Erziehungsrat, legt in einem Schreiben sein persönliches pädagogisches Programm dar und fragt, ob man ihn als Erzieher nach St. Petersburg geholt habe oder als Sprachmeister und Kindermädchen. Katharina ist durchaus nicht empört, sondern hat Gefallen an dieser unverblümten Ausdrucksweise. Endlich einmal ein Mann, der weiß, was er will, die Vergünstigungen des Hoflebens verachtet und seine Bedingungen stellt, ohne sich durch den Pomp der kaiserlichen Gewalt beeindrucken zu lassen. Entweder man nimmt ihn, wie er ist, oder er packt seine Koffer und kehrt heim in die Schweiz. Um nichts in der Welt würde sie von diesem genialen Feuerkopf lassen, der mit der freimütigen Direktheit einer eisernen Harke daherkommt. An den Rand des Erziehungsprogrammes von La Harpe schreibt sie eigenhändig den Vermerk: »Wer dies aufgesetzt und niedergeschrieben hat, der ist in der Tat fähig, mehr zu lehren als nur Französisch.«

Im Frühsommer 1784 residiert Katharina in Zarskoje Selo; Sascha Lanskoi und die Prinzen Alexander und Konstantin sind bei ihr, die drei Eckpunkte des magischen Dreiecks, von dem ihr Glück abhängt. Auf den Arm ihres Geliebten gestützt, sieht die noch immer von Liebe erglühende Großmutter gerührt ihren Enkelkindern zu, die sich auf einer Wiese balgen. Es ist schönes Wetter, das Laub des Parkes erglänzt in frischem Grün, an den Rosenbüschen öffnen sich die ersten Knospen, die Wasserspiele murmeln fröhlich vor sich hin, auf der Wiese tummeln sich die englischen Ponys der Großfürsten, man erwartet Potemkin, der im Süden wahre Wunder vollbracht hat und nun zurück ist, Rußland ist stark und mächtig, die Luft ist rein – trotz ihrer fünfundfünfzig Jahre und ihres Embonpoints hat Katharina das Gefühl, Flügel an den Füßen und Sonne im Herzen zu haben. Und dann plötzlich trifft sie der Schicksalsschlag, der alles verfinstert. Am Abend des 19. Juni muß Sascha Lanskoi sich zu Bett legen, vom Fieber geschüttelt, mit entzündetem Hals und zugeschnürter Kehle. Von Stunde zu Stunde wird ihm das Atmen immer mehr zur Qual. Bald kann er nicht mehr sprechen. Die herbeigerufenen Ärzte diagnostizieren Diphterie und beschwören Ihre Majestät, die Nähe des Kranken zu meiden, um sich nicht anzustecken. Sie weigert sich und weicht nicht mehr von der Seite ihres »Kindes«, wie sie ihn nennt. Sie schläft kaum noch, wechselt nicht die Kleidung, vergißt das Essen und geht ganz auf in der mütterlichen Fürsorge für diesen in Fieberglut sich verzehrenden jungen Körper, der mit dem Tode ringt. Am 24. Juni trifft der berühmte Doktor Wickard, den man eilends herbeizitiert hat, in Zarskoje Selo ein; er untersucht Lanskoi und erklärt ihn für verloren. Die Kaiserin will das nicht wahrhaben: »Sie wissen nicht, was für eine starke Natur er hat!« Sie denkt an ihre gemeinsamen Liebesnächte. In seinen Memoiren läßt Wickard durchblicken, daß diese »starke Natur« Sascha Lanskoi dem Cantharidenpulver zu verdanken sei, das er in hohen Dosen eingenommen habe, ehe er als Liebhaber aktiv wurde[6], und diese Gewohnheit habe auch seine Gesundheit zerrüttet. Andere, wie Masson, behaupten, Potemkin habe ihn aus Eifersucht wegen seines Einflusses auf die Zarin vergiften lassen. Wie dem auch sei: am 25. Juni haucht Sascha Lanskoi, der schöne und unersetzliche Sascha, im Alter von sechsundzwanzig Jahren in den Armen Katharinas seine Seele aus.

Er wird im Park von Zarskoje Selo beigesetzt. Nach der Trauerfeier muß auch Katharina, vom Schmerz ganz gebrochen, sich zu Bett legen. Die Ärzte fürchten ein Nervenfieber. Eine Woche lang überläßt sie sich ihrem Überdruß an allem. Am 2. Juli endlich steht sie wieder auf und findet auf ihrem Schreibtisch einen nicht zu Ende geschriebenen Brief an Grimm. Sie nimmt die Feder und fährt traurig fort:

»Als ich diesen Brief begann, war ich voll Glück und Freude, und meine Gedanken eilten so rasch dahin, daß ich ihnen kaum folgen konnte. Jetzt aber ist alles anders; ich bin in bitterstem Schmerz versunken, und mein Glück ist dahin. Ich habe geglaubt, ich müsse selber sterben über dem unersetzlichen Verlust meines allerbesten Freundes, der vor acht Tagen von mir gegangen ist. Ich hatte gehofft, daß er die Stütze meines Alters sein würde. Er war strebsam und erfolgreich und hatte sich alle meine Neigungen zu eigen gemacht. Er war ein junger Mann, den ich formte; er war dankbar, sanftmütig, aufrichtig, teilte meine Sorgen, wenn ich welche hatte, und freute sich mit mir, wenn ich fröhlich war. Mit einem Wort: ich bin so unglücklich, Ihnen unter Schluchzen sagen zu müssen, daß General Lanskoi nicht mehr ist . . . Mein Zimmer, in dem ich mich früher so wohl fühlte, ist mir zur leeren Höhle geworden, in der ich mich wie ein Schatten dahinschleppe . . . Ich kann kein Menschenantlitz sehen, ohne daß mich die Tränen stumm machen. Ich kann weder schlafen noch essen. Das Lesen verdrießt mich und das Schreiben geht über meine Kräfte. Ich weiß nicht, was aus mir werden soll; ich weiß nur, daß ich mein ganzes Leben noch nicht so unglücklich gewesen bin wie jetzt, seitdem mein bester und so liebenswerter Freund von mir gegangen ist. Als ich die Schublade öffnete, fand ich dieses angefangene Blatt; ich habe diese Zeilen darauf geschrieben, und jetzt kann ich nicht mehr . . .«

Ein paar Tage lang erklärt sie sich außerstande, sich um die politischen Angelegenheiten zu kümmern. »Seit dem Tode des Herrn Lanskoi hat sie keinen ihrer Minister empfangen, und auch niemand von ihren persönlichen Freunden«, schreibt der englische Botschafter Fitz-Herbert. Endlich aber faßt sie sich wieder und kehrt mit Eifer an ihre Arbeit zurück. Potemkin ist bei ihr. Er »heult« vor Schmerz mit Ihrer Majestät. Im Grunde aber dürfte ihm das Verschwinden dieses für seinen Geschmack allzu begabten Rivalen nicht gar so ungelegen kommen. Katharina ist froh, die beruhigende Nähe ihres einstigen Geliebten und heimlichen Gatten zu spüren. Er hilft ihr, sich wieder zu fangen. »Glauben Sie trotz der Schrecklichkeit dieser Lage bitte nicht, daß ich die Dinge, die meine Aufmerksamkeit erfordern, auch nur im geringsten vernachlässigt hätte«, schreibt sie zwei Monate später an Grimm. »In den schlimmsten Augenblicken verlangte man von mir Anweisungen für alles und jedes, und ich gab sie mit der nötigen Ordnung und

Klarheit . . . Ich bin ein sehr trauriges Wesen geworden, das nur noch in einsilbigen Worten spricht . . . Alles bekümmert mich, und dabei war es mir stets zuwider, Mitleid zu erregen.«

Im Garten von Zarskoje Selo läßt sie eine Gedenkurne mit der französischen Inschrift »Meinem teuersten Freunde« aufstellen. Später läßt sie eine Grabkapelle für die ganze Familie Lanskoi errichten. Aber nur ihr Favorit wird tatsächlich dort bestattet. Alle seine Verwandten lehnen das Angebot ab, sich eines Tages neben ihn betten zu lassen. In ihren Augen hat er seine Ehre verloren, als er der Geliebte der Zarin wurde. Dies ist das einzige Mal, daß eine russische Familie es als Schande betrachtete, wenn einer ihrer Angehörigen die »Gunst« Katharinas gewann. Der Bruder des Verstorbenen, Jakob Lanskoi, läßt auf seinem eigenen Grund eine Kirche bauen, in der die Heiligen auf den Ikonen die Züge seiner Verwandten tragen, das Gesicht des schönen Sascha hingegen erscheint auf einem Gemälde der Hölle inmitten der ewigen Flammen. Katharina hat von diesen Ressentiments des Lanskoi-Clans keine Ahnung und schreibt am Tag nach dem Tode Saschas einen sehr liebevollen Brief an die Mutter des Verstorbenen. Und noch viele Monate danach »blutet ihr das Herz wie im ersten Augenblick«.

Um ihre Schwermut zu bekämpfen, wirft sie sich auf das vergleichende Studium der Sprachen und verschanzt sich hinter Wörterbüchern. Finnisch, Tscherkessisch, Türkisch, Amharisch – sie läßt nichts aus. Sie korrespondiert mit dem Naturforscher Pallas, sie bittet den Berliner Verleger Nicolai, ihr Dokumente zu beschaffen, sie versucht mit allen Mitteln zu beweisen, daß in allen großen Bewegungen der Weltgeschichte ein slawisches Element wirksam war, und sie tritt schließlich in Briefverkehr mit dem Doktor Zimmermann, einem Schweizer Arzt und Philosophen am Hof von Hannover, dessen Buch *Über die Einsamkeit* ihr geholfen hat, die Tage der Verzweiflung nach dem Tod von Sascha Lanskoi zu überstehen. Zimmermann, ein geistreicher Schriftsteller von beißendem, manchmal zynischem Witz, wird für sie eine Art zweiter Diderot. Sie legt ihm alle ihre Werke vor, sie beauftragt ihn, für sie literarische und künstlerische Schätze zu entdecken, und sie bittet ihn, in ihrem Namen Gelehrte und Ärzte anzuwerben, die nach Rußland kommen und dort ihre Wissenschaft betreiben sollen. Ihr glühendster Wunsch wäre, daß Zimmermann selber nach St. Petersburg übersiedelt. Zimmermann aber macht zur Bedingung, daß ihm ein Gehalt von mindestens achttausend Talern zugesichert wird. »Das ist ein teurer Mann«, seufzt Katharina und verzichtet auf eine Fortsetzung der Verhandlungen. Trotzdem bleibt sie in Briefwechsel mit dem Denker und Mediziner und schneidet mit Feuereifer die unterschiedlichsten Themen an: Geschichte und Mystizismus, Kunst und Moral, Politik und Käseherstellung.

Aber diese bloßen Geistesspiele können ihr die warme Seelennahrung der Liebe nicht ersetzen. Potemkin erfaßt die Situation und bringt, sobald er sie ein wenig empfänglich weiß, behutsam einen neuen Kandidaten ins Spiel: Alexander Jermolow. Er ist einunddreißig Jahre alt, groß und blond, hat mandelförmige Augen und eine etwas plattgedrückte Nase, deretwegen Potemkin ihm den Spitznamen »der weiße Neger« gegeben hat. Im übrigen scheint er weder witzig noch lebenslustig zu sein, doch billigt Minister Besborodko ihm immerhin Bescheidenheit, Ernsthaftigkeit und gute Manieren zu. Was die Zarin von ihm hält, schreibt sie an Grimm: »Ein Wort für hundert: ich habe einen Freund, der sehr tüchtig ist und sehr würdig, es zu sein.« Doch ist sie jetzt, im Abklingen eines überwältigenden Schmerzes, noch nicht wieder bereit zu einer wirklich großen Leidenschaft. Vermutlich nimmt sie diesen Liebhaber aus Gründen der seelischen Hygiene, aus Gewohnheit und aus Verlangen nach einem Bettgenossen. Aber mit dem Gefühl ist sie nicht ganz dabei. Am Hofe versucht man, die Chancen des neuen Favoriten abzuschätzen; man lauert wachsam auf jedes Lächeln, jedes Wort, jedes Verstummen der Zarin in seiner Gegenwart; in der Hoffnung auf Vorteil suchen die Höflinge seine Nähe und meiden ihn wieder, sobald Ihre Majestät ein wenig die Stirn runzelt; die ausländischen Botschafter versuchen zu ergründen, welcher politischen Strömung der Neuling zuzurechnen ist, und kommentieren die geringfügigsten Veränderungen dieser kaiserlichen Liebelei, als handle es sich um eine Staatsaffäre. Die meisten sind der Ansicht, daß Alexander Jermolow seine Rolle nicht lange behalten wird; er hat einfach nicht das Zeug dazu. Schon bald begeht er die Torheit, sich auf die Seite der Feinde des Fürsten von Tauris zu schlagen und damit den Mann zu verraten, dem er seine Stellung verdankt. Feinde hat dieser Mann viele, und sie sind mächtig. Von ihnen angestiftet, macht Jermolow Katharina die

Enthüllung, daß Potemkin Gelder, die für die Kolonisierung Weißrußlands bestimmt waren, für sich selber verwendet habe. Potemkin rechtfertigt sich sofort vor der Zarin: es handele sich lediglich um eine Anleihe, und sobald er ein Grundstück verkauft habe, werde er das Geld der Staatskasse zurückerstatten. Darauf übergibt Alexander Jermolow auf den Rat seiner neuen Freunde der Kaiserin einen Brief des jetzt in Kaluga internierten früheren Khans der Krim, der sich beschwert, die ihm zustehende Pension nicht mehr zu erhalten, da der Fürst von Tauris sie ihm wegschnappe. Damit ist Katharinas Vertrauen nun doch erschüttert, und sie behandelt Potemkin mit einer Kühle, die von allen Höflingen registriert wird. Schon meiden einige ihn wie einen räudigen Hund. Der englische Gesandte Fitz-Herbert schreibt nach London: »Das Vertrauen zu Potemkin hat durch seine hochmütige Art, seine Anmaßung und zahlreiche Fälle von Machtmißbrauch und Eigenmächtigkeit erheblich gelitten. Der Haß auf ihn ist so groß, daß man ernsthaft besorgt sein kann.«

Als man Potemkin aber warnt, er werde wahrscheinlich bald in Ungnade fallen, antwortete er großspurig: »Seien Sie unbesorgt, so ein grüner Junge wird mich nicht zu Fall bringen. Und wer würde das auch wagen?« Und er zieht sich für einige Zeit vom Hofleben zurück, damit man höheren Ortes wisse, daß er gekränkt ist und leidet. Am Jahrestag der Krönung aber ist er plötzlich wieder da, in unerhört prächtigem Aufzug, die Brust mit Orden übersät. Er durchbohrt Alexander Jermolow, der das Spiel schon gewonnen zu haben glaubte, mit seinen Blicken und stürzt unangemeldet ins Boudoir der Zarin. Ihr Friseur ist gerade um sie bemüht. Ohne weitere Umschweife ruft Potemkin ihr zu: »Madame, Sie müssen wählen: entweder Sie jagen Jermolow fort oder mich. Denn solange Sie diesen weißen Neger behalten, werde ich mich nicht mehr bei Ihnen blicken lassen!« Diese Heftigkeit rührt Katharina; an dem farblosen Favoriten, der sich an sie anklammert, hat sie die Lust schon ziemlich verloren, und Potemkins Eifersucht schmeichelt ihr. Ein ganzer Schwall von Erinnerungen kommt ihr. Kann sie ernsthaft schwanken zwischen dem »weißen Neger« und dem »brüllenden Einaug«? Ohne das leiseste Bedauern opfert sie ihren jungen Liebhaber. Dieser, so plötzlich entlassen, verlangt die Erlaubnis, seine kaiserliche Mätresse ein letztes Mal sehen zu dürfen, bevor er den Palast verläßt. Katharina lehnt ab, ihn zu empfangen. Aber wie immer ist sie beim Abschiedsgeschenk auch diesmal nicht kleinlich: hundertdreißigtausend Rubel und viertausend Bauern.

Die Gemächer des Favoriten bleiben leer. Auf den Stufen der Wendeltreppe zum Schlafzimmer Ihrer Majestät sind keine knarzenden Schritte mehr zu hören. Ein Zustand des Mangels, der Entbehrung, der Trauer. Bestürzt über den Sturz Alexander Jermolows, machen die Feinde Potemkins sich auf die Suche nach einem neuen Kandidaten, der die Liebeswünsche der Kaiserin auf sich ziehen könnte. Einen Augenblick scheint es, als hätten sie mit dem Kurländer Mengden die Partie gewonnen, doch die Hoffnung trügt: Katharina lehnt ihn ab. Nach allgemeiner Einschätzung gibt sie sich diesmal wählerischer als gewöhnlich. Aufgedunsen, kurzatmig und vom Alter gezeichnet, wie sie inzwischen ist, verlangt sie immer noch allererste Wahl. An keinem der Bewerber findet sie Gefallen. Schließlich präsentiert Potemkin einen jungen Gardeoffizier. Alexander Mamonow ist sechundzwanzig Jahre alt, ein wohlgebildeter, rassiger, eleganter Mann. Der müßte das Rennen machen, sagt sich Potemkin, und der Übereinkunft mit der Kaiserin entsprechend, schickt er ihr seinen Schützling, ein Aquarell zu überbringen. Katharina gibt vor, in die Malerei vertieft zu sein, während sie mit sachkundigem Blick den Überbringer begutachtet. Dann schreibt sie an den Rand des Papiers: »Die Umrisse sind wohlgelungen, aber die Wahl der Farben ist weniger glücklich«, was heißen soll, daß der junge Mann zwar gut gebaut ist, sein gelblicher Teint aber zu wünschen übrig läßt. Mamonow bringt das Aquarell mit der Randbemerkung der Zarin zurück. Handelt es sich also um einen Fehlschlag? Das nun auch wieder nicht, denn alles in allem findet Ihre Majestät die »Umrisse« so überzeugend, daß sie über die »Wahl der Farben« hinwegsehen kann. Mamonow wird angenommen und bezieht die Dienstwohnung«. Am Hofe herrscht große Aufregung um den neuen Favoriten. Man sagt ihm nach, ein Parteigänger Frankreichs zu sein. Er ist aus gutem Hause, liebt Kunst und Literatur, spricht die Sprache Voltaires fließend und erweist sich in der Konversation als geistreich. Katharina fühlt plötzlich neue Lebensgeister erwachen, vergißt endlich ihre Trauer und strahlt vor Freude an der Seite ihres neuen Geliebten wie eine junge Braut. »Herr Rotrock« nennt sie ihn wegen seiner Uniform. An Grimm schreibt sie:

»Dieser Rotrock ist alles andere als ein gewöhnlicher Mensch; das sprüht von Geist, ohne ihm nachlaufen zu müssen; das kann köstlich erzählen und ist von einer seltenen Aufgeräumtheit. Das ist von Kopf bis Fuß Anstand, Höflichkeit und Geist; mit einem Wort: ›Das ist nicht auf den Kopf gefallen‹!«

Wie kann diese siebenundfünfzigjährige Frau, diese mit allen Wassern des politischen Ränkespiels gewaschene Herrscherin so naiv von dem »Anstand« eines ganz jungen Mannes sprechen, den sie in ihr Bett befohlen hat? Glaubt sie denn im Ernst, daß er ein physisches Verlangen nach ihren verwelkten Reizen empfindet? Müßte sie nicht eher seine Blindheit und seine bloße Kraft bewundern als seine willfährige Seele? In Liebesdingen, zumindest zu Beginn einer Liaison, ist Katharinas Fähigkeit zur Selbsttäuschung schwindelerregend. Sie will glauben, um sich besser hingeben zu können. Die »Rasereien ihres Unterleibs«, um den Ausdruck Massons[10] zu gebrauchen, hüllen sich stets in bunte Schleier der Poesie; sie ist gleichermaßen sinnlich und sentimental. Sie braucht um sich jemand, der jung und schön ist, groß und kräftig und imstande, ihr feuriges Temperament zu befriedigen, zugleich aber auch einen Freund und Ratgeber, einen liebenswerten Gesprächspartner und manchmal sogar ein Kind, das sie wiegen und hätscheln kann. Die Fleischeslust schließt bei ihr Freundschaft, Hingabe und Zärtlichkeit nie aus. Sie ist absolut keine Hysterikerin, keine Nymphomanin. Wunderbar gesund und einfach, wie sie ist; braucht sie ganz einfach einen Mann für ihr physisches Wohlbefinden, aber auch für ihre geistige Entfaltung. Sie liebt die männliche Aura. Frauen findet sie nur selten attraktiv. Dagegen braucht ein Mann nur Geist und Charakter zu haben, und schon fliegt sie auf ihn zu, auch wenn sie überhaupt nicht die Absicht hat, ihn zu ihrem Geliebten zu machen. So war sie einst von dem Fürsten von Ligne fasziniert, und so ist sie es heute von dem neuen französischen Botschafter, Graf Louis-Philippe de Ségur, der soeben am Hof eingetroffen ist.

Dieser zweiunddreißigjährige Mann, weltgewandt, feinsinnig, gebildet, eine verführerishe Erscheinung, ist von Vergennes dazu ausersehen worden, das Verhältnis zwischen Rußland und Frankreich wieder anzuwärmen und künftige Verhandlungen über einen Handelsvertrag atmosphärisch vorzubereiten. Sofort ist Katharina von dieser ungewöhnlichen Persönlichkeit gefesselt. Trotz seines großen Namens hegt Ségur demokratische Überzeugungen und spricht anerkennend von Revolutionären, die doch die Feinde seiner eigenen Kaste sind. Mit zwanzig jungen Adligen hat er sich eines Tages nach Amerika eingeschifft, um an der Seite La Fayettes zu kämpfen. Nach Frankreich zurückgekehrt, wird er als »Held der Freiheit« begrüßt und dient zwar weiterhin dem König, träumt zugleich aber davon, das Volk zu beglücken. Diese Mischung von Gegensätzen ist Katharina durchaus nicht unangenehm. Hat sie nicht selber als Erzieher ihrer Enkel einen republikanisch gesinnten Schweizer ausgewählt? Manchmal hält sie immer noch an der Vorstellung fest, eine Herrscherin mit aufklärerischen Ideen zu sein. Mit der Feder in der Hand wandelt sie auf den Spuren Voltaires. Sie erwacht jedoch sogleich aus ihren Träumereien, wenn einer ihrer Untertanen ein wenig aufmüpfig wird. An den Doktor Zimmermann schreibt sie

»Ich habe großen Wert auf die Philosophie gelegt, weil mein Herz stets auf ganz besondere Weise republikanisch gesinnt gewesen ist. Ich gebe zu, daß diese Seelenart bei der grenzenlosen Macht, die mir meine Stellung verleiht, auffallen mag, aber es gibt in Rußland niemanden, der sagen würde, daß ich diese Macht mißbraucht hätte . . . Bei meinem politischen Handeln habe ich versucht, jene Pläne zu verfolgen, die mir für mein Land am nützlichsten und für die übrigen am erträglichsten schienen . . . Ganz allgemein besitzt die Menschlichkeit in mir einen Freund, der bei keiner Gelegenheit gegen seine Überzeugung gehandelt hat.« Und sie verfaßt in humoristischem Stil auf französisch ihre eigene Grabinschrift:

»Hier ruht Katharina die Zweite, geboren in Stettin am 21. April (2. Mai) 1729. Im Jahre 1744 ging sie nach Rußland, um Peter III. zu heiraten. Mit vierzehn Jahren faßte sie den dreifachen Vorsatz, ihrem Gatten, der Zarin Elisabeth und der Nation zu gefallen. Sie versäumte nichts, um darin erfolgreich zu sein. In achtzehn Jahren des Kummers und der Einsamkeit hat sie viele Bücher gelesen. Als sie auf den russischen Thron gelangt war, wollte sie das Gute und war bestrebt, ihren Untertanen Glück, Freiheit und Wohlstand zu schenken. Das Verzeihen fiel ihr leicht, und sie haßte niemanden. Sie war nachsichtig, umgänglich, von fröhlicher Gemütsart, republikanisch gesinnt, gutmütig und hatte viele Freunde. Die Arbeit fiel ihr nicht schwer, und sie liebte die Geselligkeit und die Künste.«

So also sieht sie sich selber, und so will sie von ihren Freunden gesehen werden. Und vor allem von dem Mann, dessen Urteil ihr am meisten gilt: Ségur. Die Unterhaltung mit ihm bezaubert sie. Sie fragt ihn nach Amerika, nach den puritanischen Siedlern, läßt ihn über seinen Ritt durch die unberührte Landschaft Venezuelas erzählen, auch von Versailles, von Voltaire, der ihm für seine Jugendgedichte Komplimente gemacht hat, über den teuren Diderot, der 1784 gestorben ist, über Friedrich II., der 1786 dahingegangen ist und die Herrschaft seinem tölpelhaften Neffen Friedrich Wilhelm überlassen hat, über Madame du Deffand und über Marie Antoinette. Bald gehört Ségur zu den engsten Vertrauten, ohne die die intimen abendlichen Tafelrunden in der Ermitage unvorstellbar wären. An literarischen Spielereien kann ihn niemand übertreffen. Seine Spezialität sind die kleinen Gedichte über vorgegebene Endreime. Herausgefordert, über die Reime Liebe, Hiebe, Hall und Fall einen Vierzeiler zu improvieren, schreibt er kurz entschlossen nieder:

»Ein glücklich Volk dankt Katharinas Liebe.
Der Ruhm ist ihrer Taten Echohall.
Weh ihrem Feind – er holt sich böse Hiebe,
Und die Geschichte kündet seinen Fall.«

Man applaudiert begeistert, und Katharina schreibt an Grimm: »Frankreichs erster Dichter ist unwidersprochen der Graf Ségur. Ich kenne zur Zeit niemanden, der ihm gleichkäme.« Potemkin empfindet Sympathie für den Franzosen, und Mamonow, der Rotrock, ist gerne in seiner Nähe und holt sich Rat bei ihm. Katharina sieht in Ségur weniger einen Diplomaten als einen Freund. Als Zeichen ihres Wohlwollen läßt sie ein Theaterstück aufführen, das er geschrieben hat: *Coriolan*. Und es ist kein Undankbarer, dem sie ihre Hochschätzung bekundet. Segur findet Mamonow »durch Vorzüge seiner Erscheinung wie seines Geistes ausgezeichnet«, weiß das verworrene Genie Potemkins zu würdigen, der »regelmäßig wieder aufgibt, was er mit Eifer begonnen« hat, und fällt über das Liebesleben Katharinas ein sehr taktvolles Urteil: »Vor den Irrtümern einer Frau, die den Charakter eines großen Mannes hat, kann man die Augen nachsichtig verschließen, wenn sie noch in ihren Schwächen soviel Selbstbeherrschung, soviel Milde und soviel Großherzigkeit beweist. Es ist selten, daß absolute Macht und Eifersucht mit Mäßigkeit gepaart ist, und wer einen solchen Charakter verurteilen wollte, müßte ein Mann ohne Herz oder ein Fürst ohne jeden Fehl und Tadel sein.« Weniger milde urteilt der französische Botschafter über den Großfürsten Paul, dessen »unsteter Charakter« ihm ein böses Omen für die Zukunft Rußlands zu sein scheint. »Noch nie«, so schreibt er, »hat man einen leichtfertigeren, furchtsameren und launenhafteren Mann gesehen, kurz, einen Mann, der weniger fähig gewesen wäre, für sein eigenes Wohl und das der anderen zu sorgen . . . Er war ganz besessen von dem Gedanken an all die abgesetzten und ermordeten Zaren der russischen Geschichte . . . Die Erinnerung daran suchte ihn heim wie ein Phantom, das ihn unablässig verfolgte, das Licht seines Verstandes trübte und seine Vernunft verdunkelte.«

Seit seiner Heimkehr nach Rußland hat Paul sich mit seiner Frau und seinen Töchtern nach Gatschina zurückgezogen. Er behandelt sie rauh, ja brutal und verflucht die Kaiserin, die ihn seine Söhne Alexander und Konstantin nur mit Sondererlaubnis und auch dann nur aus der Ferne sehen läßt. Er selbst begegnet seiner Mutter übrigens fast nur noch bei offiziellen Anlässen. Um den Kontakt nicht ganz zu verlieren, schreiben sie sich Briefe von protokollarischer Kälte: »Meine gute und teure Mutter, der Brief Ihrer Kaiserlichen Majestät hat mich beträchtlich erfreut. Ich bitte Sie, den Ausdruck meines Dankes entgegenzunehmen«, schreibt er. Und sie antwortet: »Ich habe, mein lieber Sohn, Ihren Brief vom 5. dieses Monats mit dem Ausdruck Ihrer Gefühle, denen die meinen vollkommen entsprechen, erhalten. Leben Sie wohl und lassen Sie es sich wohlergehen.«

Seiner militärischen Leidenschaft läßt Paul in Gatschina freien Lauf. Hier hat er seine geliebten deutschen Truppen um sich; er ernennt Offiziere, kleidet die Leute nach seinen eigenen Vorstellungen, unterwirft sie einer eisernen Disziplin und dem Stumpfsinn täglichen Exerzierens. Ganz in seine Träume eingesponnen, hat er den Kontakt zum politischen Leben seines Landes völlig verloren. Katharina hält es immer weniger für angebracht, ihn an ihren politischen Plänen zu beteiligen. Und dabei ist sie gerade mit der Vorbereitung einer friedlichen Expedition beschäftigt, an der logischerweise das Großfürstenpaar teilnehmen müßte. Es handelt sich um die Einladung Potemkins, mit allem kaiserlichem Pomp in die Krim zu reisen, die neuerworbenen südlichen Provinzen zu besichtigen und sich an Ort und Stelle von den verwaltungstechnischen, baukünstlerischen und militärischen Leistungen des Fürsten von Tauris zu überzeugen. Die ausländischen Botschafter, die Ihre Majestät begleiten werden, mögen dann ihrerseits ihre jeweiligen Regierungen von dem russischen Wunder in Kenntnis setzen. Die Türken wiederum werden endlich begreifen, wieviel der Zarin an diesen Territorien liegt und daß sie stark genug ist, sie zu verteidigen, und werden gegen neuerliche Grenzkorrekturen keinen bewaffneten Widerstand mehr leisten. Die Vorbereitungen zu dem ungewöhnlichen Ausflug versetzen den ganzen Hof in größte Aufregung. Katharina lädt Joseph II. und den Fürsten von Ligne ein, sich dem Zug unterwegs anzuschließen. Sie zählt die europäischen Diplomaten auf, die sie begleiten werden: der österreichische Botschafter Graf Cobenzl, der englische Botschafter Sir Fitz-Herbert, der französische Botschafter Graf Ségur.

Russische Minister, hohe Beamte, Hofdamen und natürlich auch der derzeitige Favorit Mamonow werden ebenfalls dem Gefolge der Kaiserin angehören.

Potemkin reist voraus, um alles zum Empfang der Herrscherin zu rüsten. Katharina verspricht sich viel Unterhaltung und Abwechslvng von dieser Luftveränderung. Gerne würde sie auch ihre beiden Enkelsöhne mitnehmen, aber die Eltern protestieren: wieso die Kinder und nicht auch sie? Katharina wagt nicht, ihnen zu antworten, daß ihre bloße Gegenwart ihr schon die Reise vergällen würde, während sie glücklich und stolz wäre, Alexander und Konstantin das Reich zeigen zu können. So schreibt sie an Paul und seine Frau: »Ihre Kinder gehören Ihnen, sie gehören mir, sie gehören dem Staat. Von ihrer frühesten Kindheit an habe ich es mir zur Pflicht gemacht und Freude daran gehabt, auf das innigste für sie zu sorgen . . . Ich habe mir folgendes überlegt: fern von Ihnen werde ich Trost daran finden, sie um mich zu haben. Ihnen bleiben von fünfen[11] noch drei. Soll ich als einzige auf meine alten Tage für sechs Monate der Freude beraubt sein, jemanden von meiner Familie bei mir zu haben?« Schließlich aber werden Alexander und Konstantin doch bei ihren Eltern gelassen, weil man befürchtet, daß sie die Strapazen der Reise nicht gut vertragen würden.

In großer Eile werden die Schlitten hergerichtet, bei den Relaisstationen ganze Herden von Pferden bereitgestellt, die Garderoben ergänzt und Kuriere in alle großen Städte geschickt, in denen man Station machen wird. Ende Dezember 1786 ist alles zur Abreise fertig. Am 1. Januar 1787 nimmt die Kaiserin wie gewöhnlich die Huldigungen des Hofes und des Diplomatischen Corps zum Neujahrstag entgegen. Doch während sie die faden Routine-Komplimente anhört und die Verbeugungen mit einem leichten Neigen des Kopfes erwidert, fliegt sie im Geist bereits über verschneite Straßen den sagenumwobenen Reichtümern des Südens entgegen.

22. KAPITEL

Die Krimreise

Es herrscht eine klirrende Kälte mit 17 Grad unter dem Gefrierpunkt, als sich Anfang Januar 1787 unter dem Dröhnen der Artilleriesalven und den Jubelrufen der Volksmassen vor dem Palast die kaiserliche Reisegesellschaft in Bewegung setzt. Für Ihre Majestät, für die Minister, die hohen Würdenträger und die Diplomaten stehen vierzehn Schlitten zur Verfügung. Es handelt sich um bequeme kleine Häuser auf Kufen, die mit gepolsterten Sitzen, Teppichen, Ruhebänken und Tischen ausgestattet sind und auf jeder Seite Licht durch drei Fenster erhalten: sie sind hoch genug, daß man aufrecht darin stehen kann. Acht bis zehn Pferde ziehen jeden dieser fürstlichen Salonwagen. Das Gefolge und die Dienerschaft drängt sich in einhundertsechzig bescheideneren Schlitten. An jeder Relaisstation stehen sechshundert Pferde bereit. Zur Orientierung für die Schlittenführer im trügerischen Einerlei der weiß verschneiten Landschaft hat Potemkin überall am Wege gewaltige Scheiterhaufen aufrichten lassen, deren Feuer Tag und Nacht unterhalten wird, bis der Zug vorüber ist.

Für die Beherbergung der Reisegesellschaft greift man auf Häuser zurück, die der Krone gehören und die für diese Gelegenheit mit größter Sorgfalt neu möbliert wurden, oder nimmt die Dienste von Privatleuten in Anspruch, die zuvor die nötigen Mittel erhielten, um ihre Häuser gehörig instand zu setzen. Eine Schar von Dienern trifft jeweils schon vor der Herrscherin und ihren Gästen ein, und wenn diese aus den Schlitten steigen, erwarten sie bereits dampfende Schüsseln auf einer reichgeschmückten Tafel. Jedesmal speist man aus neuem Geschirr auf frischen Tischtüchern, die hernach der Hausbesitzer oder, soweit es sich um Häuser in Staatseigentum handelt, jemand aus dem Gefolge zum Geschenk erhält.

Trotz der Ungewißheiten der Reise hält sich Katharina auch unterwegs an eine strenge Zeiteinteilung. Um sechs Uhr in der Frühe steht sie auf und arbeitet bis acht Uhr entweder allein oder mit ihren Ministern, dann ruft sie die kleine Gesellschaft, die gewöhnlich ihren Hof bildet, zum Frühstück. Um neun Uhr bricht man zur Weiterfahrt auf und gleitet bis zwei Uhr nachmittags durch das unendliche Weiß der Schneelandschaft, macht dann in einem eilig errichteten Palast aus Holz zum Mittagessen halt und fährt wieder weiter. Um vier Uhr bleiben die Schlitten auf freiem Feld stehen, die Diener eilen geschäftig hin und her, stellen kochende Samowars in den Schnee, schenken Tee aus und bringen Gläser und Kuchen zu allen Schlitten. Die Reisenden nutzen diesen Aufenthalt, die Plätze zu tauschen, um neuen Gesprächsstoff und neue Sympathien zu finden. Katharina gibt denen ein Zeichen, die sich zu ihr setzen sollen. Meistens ist Ségur darunter, und jedesmal findet er »das verzogene Kind« an der Seite Ihrer Majestät, den »Rotrock«, Mamonow. Wie bei den Abenden in der Ermitage ergeht sich der kleine Kreis in Geplauder und Scharaden, Spielchen und Reimereien auf vorgegebene Reimwörter. Die Kaiserin gibt den Ton an, erzählt komische Geschichten aus ihrer jetzt schon so großen Vergangenheit. Sie hat so viele unterschiedliche Leute kennengelernt, so viele sonderbare Vorfälle erlebt. Und sie kann so herzlich lachen, wenn sie sie zum besten gibt. Sobald aber einer ihrer Reisebegleiter zu einer Zote ansetzt, unterbricht sie ihn. Auch wenn die Etikette sonst auf der Reise zwangsläufig etwas legerer gehandhabt wird – schlüpfrige Reden duldet sie in ihren Schlitten so wenig wie im Palast.

An jeder Provinzgrenze empfängt der Generalgouverneur die Kaiserin und begleitet sie dann auf der ganzen Strecke durch sein Territorium. Ein oder zwei Tage verbringt sie in den bedeutendsten Städten. Überall eilt die Menge ihr entgegen und fällt ihr zu Füßen. Für all diese Leute, die gewöhnt sind, sie als ein unerreichbar fernes, allmächtiges, überwirkliches Wesen zu betrachten, grenzt es an ein Wunder, sie leibhaftig vor sich zu sehen. Sie ist die Himmelskönigin, die auf die Erde herabgestiegen ist.

Am 9. Februar 1787 trifft der Reisezug in Kiew ein; vierhundert Meilen hat er inzwischen zurückgelegt. Hier macht Katharina halt, um sich bis zum Frühlingsanfang auszuruhen. Abgesandte aller Länder treffen bei ihr ein, um ihr zu huldigen. Sogar chinesische und persische, indische und tartarische Würdenträger empfängt sie; sie sind beladen mit Geschenken. Ségur schreibt: »Das erstaunte Auge sah da beieinander einen prunkvollen Hof, eine alles beherrschende Kaiserin, einen reichen und kriegerischen Adel, stolze und eitle Fürsten und Granden, Kaufleute mit wallenden Gewändern und langen Bärten, Offiziere aller Waffengattungen, die berühmten Donkosaken in üppigen asiatischen Gewändern, die Tataren, die einst Rußland beherrschten und sich heute demütig unter das Joch einer Frau und Christin beugen, einen Fürsten Georgiens, der die Geschenke von Kolchis und des Landes am Phasis zu Füßen des Thrones Katharinas niederlegte, mehrere Abgesandte der zahlreichen Kirgisenstämme und schließlich die wilden Kalmücken, das getreue Abbild jener Hunnen, deren mißgestalte Erscheinung Europa einst ebenso in Schrecken versetzte wie das mörderische Schwert ihres grausamen Königs Attila.« Alle diese Abgesandten erhalten Logis und Verpflegung auf Kosten der Zarin. »Sie hatte Anweisung gegeben, daß man uns nichts bezahlen lassen dürfe«, notiert Ségur dankbar.

Sonderbarer Fall: nachdem der Deus ex machina dieser ganzen Glanzentfaltung, nachdem Potemkin seine Gäste in Palästen untergebracht hat, sucht er selber Zuflucht in einer Zelle des Klosters von Petschersk. Wer den Wunsch hat, ihm seine Aufwartung zu machen, muß das Getriebe der großen Welt um die Kaiserin verlassen und die Stille und Sammlung des heiligen Ortes aufsuchen.

»Man hatte den Eindruck, einer Audienz beim Wesir von Konstantinopel, Bagdad oder Kairo beizuwohnen«, schreibt Ségur. »Stille und eine Art Furcht herrschten dort. Entweder aus angeborener Trägheit oder aus affektiertem Hochmut, den er für nützlich und seinen polititschen Absichten dienlich hielt, trug dieser mächtige und launische Favorit Katharinas, nachdem er einige Male in der mit Orden und Diamanten bedeckten, mit Stickerei und Spitzen verzierten Galauniform eines Feldmarschalls und mit gelocktem und gepudertem Haar wie einer unserer altmodischsten Höflinge erschienen war, für gewöhnlich einen schlichten Pelzrock ohne Kragen, hatte Pantoffeln an den halbnackten Beinen und plattes, schlecht gekämmtes Haar und blieb lässig auf einem breiten Diwan ausgestreckt, während eine große Zahl von Offizieren und hochgestellten Persönlichkeiten des Reiches ihn umringte, von denen er selten jemand aufforderte, sich zu setzen . . . Jeder Zwang war ihm verhaßt, und zugleich war er voll unersättlicher Gier nach Wollust, Macht und Reichtum; jede Art von Ruhm wollte er genießen, und Besitz langweilte ihn ebenso, wie er ihn hinriß . . . Einen solchen Mann konnte man reich und mächtig machen, aber unmöglich war es, ihn glücklich zu machen.«

Unter den hohen Persönlichkeiten, die zu Katharinas Gefolge in Kiew gehören, begrüßt Ségur mit besonderer Freude den Fürsten von Ligne, der seinem Herrn, dem Kaiser Joseph II, als Vorreiter vorausgeeilt ist. »Seine Gegenwart«, schreibt er, »belebte jeden Schmachtenden, zerstreute den leisesten Schatten von Langeweile und gab allen Vergnügungen das rechte Feuer. Von diesem Augenblick an glaubten wir zu fühlen, daß die Strenge eines finsteren Winters zu weichen begann und der heitere Frühling bald wiederkehren würde.«

Auch Katharina ist von diesem neuen Gesprächspartner entzückt, dessen Verve und stattliche Erscheinung ihr noch in guter Erinnerung sind. Ihre Wiederbegegnung ist die zweier alter Freunde. Der Fürst von Ligne nennt sie »Katharina *der* Große« und erklärt, sein Genius habe ihn an einen Ort der Verzauberung geführt. Später hat er in der Erinnerung an die Tage in Kiew die Zarin folgendermaßen porträtiert: »Man sah, daß sie eher schön als nur hübsch gewesen war; der majestätische Eindruck ihrer Stirn wurde durch die Lieblichkeit ihrer Augen und ihres Lächelns gemildert, aber diese Stirn sagte alles. Man muß kein Lavater zu sein, um wie aus einem Buch Genie, Gerechtigkeit, Urteilskraft, Mut, Tiefe, Gleichmut, Sanftmut, Ruhe und Festigkeit darauf zu lesen; die Breite dieser Stirn läßt auf die Weiträumigkeit des Gedächtnisses und der Einbildungskraft schließen: man sah, daß Raum darin war für alles. Ihr Kinn war ein wenig spitz, aber nicht wirklich vorspringend. . . . Das Oval war nicht ganz rein gezeichnet, mußte aber unendlich gefallen, denn Freimut und Heiterkeit wohnten auf ihren Lippen. Sie muß einen frischen Teint und einen schönen Busen gehabt haben, aber diesen hat sie nur auf Kosten ihrer Taille bekommen, die einmal spindeldünn gewesen ist, doch nimmt man in Rußland stark zu. Sie war reinlich, und wenn sie die Haare nicht so stark hätte nach hinten kämmen, sondern mehr das Gesicht umrahmen lassen, dann hätte sie noch besser ausgesehen. Man bemerkte gar nicht, daß sie kleinwüchsig war. In gedehntem Tonfall sagte sie mir, daß sie früher überaus lebhaft gewesen sei – etwas, was man sich gar nicht recht vorstellen kann . . . alles hatte bei ihr Maß und Methode. Sie verstand die Kunst des Zuhörens und war so daran gewöhnt, immer geistesgegenwärtig zu sein, daß sie selbst dann zuzuhören schien, wenn ihre Gedanken mit anderem beschäftigt waren. Sie sprach nie um des Redens willen und ließ jeden zur Geltung kommen, der mit ihr sprach . . . Alles, was an Ludwig XV. gut, und das heißt groß, gewesen ist, besaß auch die Zarin. Sie glich ihm in der Freigebigkeit, im Aufwand für Feste, Pensionen, Käufe und Prunk. Sie hielt besser Hof, weil alles Theatralische, Übertriebene ihr fremd war . . . Sie verlangte nicht die äußerliche Ehrerbietung. Man zitterte beim Anblick Ludwigs XV. und fühlte sich sicher, wenn man Katharina erblickte. Ludwig berauschte sich an seinem Ruhm; Katharina suchte den Ruhm und genoß ihn, ohne darüber den Kopf zu verlieren.«

Zwischen dem Fürsten von Ligne und dem Comte de Ségur hat Katharina das Gefühl, als würde ihr ständig auf eine geistreiche Art Weihrauch gestreut. Sie nennt sie ihre »Taschenminister«. Darauf bedacht, ebenso durch Munifizenz wie durch Schlichtheit Eindruck auf sie zu machen, empfängt sie ohne Scheu einfache Bauern in ihrer Gegenwart. Diese Unglücklichen bringen Klagen vor über einen verfallenen Gemeindebackofen, über eine verlorene Ernte oder eine baufällig gewordene Kirche, und sie hört ihnen so aufmerksam zu, als wären sie Abgesandte eines Königs. Am meisten überrascht die ausländischen Diplomaten jedoch die Mischung aus Ehrfurcht und Zutraulichkeit, mit der die Untertanen sich ihrer Herrscherin nähern. Die gleichen Muschiks, die sich vor ihr wie vor einer Ikone in den Staub werfen, sprechen sie danach mit einer unbekümmerten Zwanglosigkeit an, duzen sie und nennen sie »Mütterchen«. Selbst die seit so langer Zeit völlig russifizierte Katharina fühlt sich manchmal noch durch die vielfältigen Widersprüche im Charakter ihres Volkes verwirrt und bezaubert wie am ersten Tag. Dieses Volk ist zugleich mystisch und heidnisch, es begeistert sich an Gott und verfällt dem primitivsten Aberglauben, es erduldet willig die Knechtschaft des Leibes und besingt dabei die Freiheit des Geistes, es ist sanftmütig und kann sich plötzlich von der Grausamkeit hinreißen lassen wie von einem Rausch, es verabscheut Krieg und kann mit wahrhaft tollkühner Tapferkeit kämpfen, es mißhandelt die Frauen und verehrt die Idee der Mutterschaft, es haßt den Adel und kann nicht auskommen ohne einen Herrn . . . Manchmal fragt sich die Zarin nachdenklich, ob sie nicht bei diesen unwissenden Bittstellern mehr über Rußland erfährt als von ihren klugen Ministern. Aber man muß sich an die Regeln des Handwerks halten. Politik wird nun einmal am grünen Tisch gemacht und nicht vor Ort mitten unter dem Volk. Um handeln zu können, muß man von der unmittelbaren, aber bruchstückhaften Wirklichkeit einzelner Gesichter und Seelen absehen. Man muß in großen Blöcken denken, die Einwohner nur nach Millionen zählen, Grenzen neu ziehen, ohne sich um das Schicksal des Individuums zu kümmern. Empfindsamkeit ist keine Eigenschaft, mit der man sich für das Regieren qualifiziert.

Endlich ist der so heiß ersehnte Frühling gekommen; die Luft wird mild, der Schnee schmilzt, und Artilleriesalven verkünden, daß das Eis auf dem »Borysthenes« (dem Dnjepr) gebrochen ist. Potemkin hat beschlossen, daß die Reise der größeren Bequemlichkeit halber zu Wasser fortgesetzt werden soll. Um die Navigation im südlichen Teil zu erleichtern, hat er Felsen sprengen und die Sandbänke beseitigen lassen, die an manchen Stellen die Durchfahrt behinderten. Sieben rot und golden bemalte riesige Galeeren sind der Zarin und ihren vornehmen Gästen vorbehalten. Dreiundsiebzig kleinere Boote sind für den Transport des Hofstaates und der Bediensteten vorgesehen. Die gesamte Mannschaft besteht aus dreitausend Leuten. Wie viele von ihnen sind Galeerensklaven, die an ihre Ruder gekettet sind? Darüber sagen die Memoirenverfasser nichts; das ist ein zu banales Detail, um der Mitteilung würdig zu sein. Voll Freude geht man an Bord. In ihren Kabinen finden die erstaunten Reisenden ein eigenes Toilettenabteil mit Wasserbehälter, ein bequemes Bett, einen mit schiniertem Taft bespannten Diwan, einen Schreibtisch aus Mahagoni und mehrere Sessel. Jedes dieser Luxusschiffe hat einen Musiksaal, einen Salon mit Bibliothek und auf Deck ein Sonnendach, damit man frische Luft schöpfen kann, ohne den Sonnenstrahlen ausgesetzt zu sein. Wenn die Gäste an Bord oder von Bord gehen, begrüßen zwölf Musiker sie mit munteren Weisen. Das Orchester auf dem Schiff der Zarin dirigiert kein Geringerer als Maestro Sarti persönlich. Die engeren Vertrauten nehmen die Mahlzeiten auf der Galeere Katharinas ein, aber für die größeren Empfänge steht ein Spezialschiff zur Verfügung, das einen Speisesaal mit siebzig Plätzen hat. Ein Schwarm von Schaluppen und Kanus umschwirrt ständig dieses Geschwader, das nach den Worten Ségurs »einem Gebilde der Feenwelt« gleicht. Die zwei Doppelbetten, die für jedermann sichtbar in Katharinas Kabine stehen, lassen keinen Zweifel an der Art ihrer Beziehungen zu Mamonow. Eines Abends behält Mamonow einige Leute zum Kartenspiel da, darunter den Prinzen von Nassau, der die Szene folgendermaßen beschreibt: »Wir hatten in dem kleinen Salon der Zarin kaum zu spielen begonnen, als sie eintrat, im Negligé, mit aufgelösten Haaren und im Begriff, die Nachthaube aufzusetzen. Sie fragte uns, ob sie nicht störe, setzte sich zu uns und war höchst vergnügt und von der bezauberndsten Liebenswürdikeit. Sie entschuldigte sich für ihr Negligé, das doch von der galantesten Art war. Es war aus aprikosenfarbenem Taft und mit blauen Bändern verziert . . . Sie blieb bis halb elf Uhr bei uns.«

Die Kabine des Fürsten von Ligne liegt unmittelbar neben der des Grafen Ségur. In der Frühe klopft der Abgesandte Josephs II. an die Zwischenwand, weckt seinen Nachbarn und rezitiert ihm die Verse, die er soeben aus dem Stegreif gereimt hat. Dann schickt er ihm seinen Jäger mit einem Brief hinüber, in dem »Vernunft und Tollheit, Politik und Galanterie, Anekdoten aus dem Soldatenleben und philosophische Epigramme durcheinandergehen«. Ségur anwortet im gleichen Ton. »Nichts war je so folgerecht und treffend wie diese sonderbare Korrespondenz zwischen einem österreichischen General und einem französischen Botschafter, die nicht weit von der Kaiserin des Nordens nebeneinander lagen und auf dem Borysthenes durch das Land der Kosaken schifften, um das der Tataren zu besuchen.«

Wenn die Kaiserin sich langweilt, dann läßt sie am Mast ihres Schiffes ein bestimmtes Signal hissen, und sogleich eilen alle zu ihr, die ihr gewöhnlich die Zeit vertreiben helfen: der geistreiche Graf Ségur, der elegante Fürst von Ligne, der frivole Cobenzl, Fitz-Herbert mit seinem trockenen Humor, der Prinz von Nassau, Mamonow, Leo Naryschkin . . . Im Verlauf dieser ungebundenen Konversation wird die Politik nie ganz ausgelassen. Mitten zwischen zwei witzige Repliken plaziert der eine oder andere Botschafter listig eine Frage, um Katharinas Absichten zu ergründen. Oft ist es aber auch die Zarin selber, die ihren Tischnachbarn plötzlich mit einer beißenden Bemerkung in Verlegenheit bringt. Zu Ségur sagt sie zum Beispiel einmal: »Wollen Sie wirklich nicht, daß ich Ihre Schützlinge, die Türken, vertreibe? Das sind wahrhaftig Leute, die Ihnen Ehre machen! Wenn sie in Piemont oder Savoyen Nachbarn hätten, die Ihre Landsleute zu Tausenden umbrächten oder gefangennähmen – was würden Sie wohl sagen, wenn ich plötzlich auf den Gedanken käme, mich zum Verteidiger dieser Feinde aufzuschwingen?«

Seit Beginnn dieser »unvergleichlichen« Reise grübelt Ségur darüber nach, wie er wohl am besten seinen Auftrag erfüllen kann, einen Handelsvertrag mit Rußland abzuschließen? Fitz-Herbert bemüht sich, die Kaiserin zu überzeugen, daß eine Annäherung an England für sie von großem Vorteil wäre, und Cobenzl predigt die Notwendigkeit einer vollständigen Übereinstimmung der Ansichten zwischen Rußland und Österreich. Zu seinem Glück kann Ségur bei seinen Absichten auf die Sympathie Potemkins zählen. Aber der Fürst von Tauris ist nur selten an Bord. Meistens muß er als Regisseur der triumphalen Reise der kleinen Flotte vorauseilen, um sich um das Bühnenbild zu kümmern. Als er sich eines Tages neben Ségur findet, bittet er ihn, sofort ein Aide-Memoire über die einzelnen Klauseln des vorgesehenen Vertrages aufzusetzen. Man wird es dann noch am gleichen Abend der Zarin vorlegen können. Ségur ist entzückt über die günstige Gelegenheit, die sich ihm bietet, muß aber feststellen, daß sein Diener nicht zur Hand ist und den Schlüssel zu seinem Schreibtisch mitgenommen hat. Aber daran soll die Sache nicht scheitern: er bittet Fitz-Herbert, ihm für einen Augenblick sein Schreibzeug zu leihen, und der tut ihm ahnungslos den Gefallen, so daß Ségur also mit der Feder des englischen Botschafters und auf dessen Briefpapier den Vertrag entwirft, den sein britischer Kollege unter allen Umständen verhindern will. Wenig später wird der Vertrag unterzeichnet, und als Fitz-Herbert erfährt, unter welch merkwürdigen Umständen der Entwurf zustande gekommen ist, lacht er als faierer Verlierer über sein Diplomatenpech.

Langsam und mit großem Pomp gleiten die beflaggten Galeeren stromabwärts. An Bord spielen Orchester aufmunternde Weisen. Oft legt die Flotte am Ufer an, damit Ihre Majestät und ihre Gäste die bunten Volksmassen, die ihrer Herrscherin huldigen, aus der Nähe betrachten können. Die Fassaden der Häuser sind mit Tüchern behängt und mit Girlanden geschmückt. Alles macht einen fröhlichen, anheimelnden und sauberen Eindruck. Es gibt nur noch glückliche Menschen in Rußland. Nirgends ein verfallenes Haus, nirgends ein zerlumpter Bettler. Die schlecht aussehenden Menschen hat man weit vom Ufer weggetrieben, und die ärmlichen Hütten bleiben verborgen hinter leichten Architekturen aus bemaltem Holz. Das sind die »Potemkinschen Dörfer«, bei deren Anblick der Fürst von Ligne sich fragt, ob sie wirklich Dächer, Türen und Fenster haben und ob wirklich Menschen darin wohnen. Echt und nicht nur vorgetäuscht ist auf jeden Fall die grandiose Landschaft, der blaue Himmel, die Sonne, die Steppe voller Blumen. Manchmal tauchen in dieser Wildnis plötzlich Gruppen von Kosaken zu Pferde auf und vollführen wilde Jagden und Reiterspiele von einer Tollkühnheit und Geschicklichkeit, die die Reisenden verblüffen. Aber sind es nicht die gleichen Männer, die man in anderer Verkleidung auch beim nächsten Halt wieder trifft? Während die Schiffe weitergleiten, wandert auch der Dekor. Ganze Dörfer entstehen aus dem Nichts. Während der Nacht legen Scharen von Arbeitern Straßen an, die nur ein einziges Mal benutzt werden, und Gärten, die nur einmal gesehen werden sollen. »Kaum war die Zarin vorüber, so schickte man all diese Unglücklichen wieder nach Hause«, schreibt Langeron. »Viele von ihnen sind an den Folgen dieser Verpflanzung gestorben.«

Potemkin erweist sich als der große Zauberkünstler, als König der Illusion. Und doch besteht sein Werk durchaus nicht nur aus Augentrug. Er hat wirklich eine Kosakenarmee ausgehoben, die Landwirtschaft in Schwung gebracht, Städte gegründet, Nomadenstämme und Siedler aus dem Ausland seßhaft gemacht, Schiffe gebaut und Häfen angelegt. Aber das alles scheint ihm nicht genug; um der Kaiserin würdig zu sein, muß er zur Realität noch die Fiktion hinzufügen. Er erhöht die Gegenwart mit den Farben einer möglichen Zukunft. Katharina ist sich durchaus bewußt, daß in dieser optimistischen Darstellung ihres Landes vieles künstlich ist. Aber sie weiß einen Unterschied zu machen zwischen der Realität und dem, was als Huldigung für sie gedacht ist. An Triumphbögen und Artilleriesalven gewöhnt, findet sie es beinahe normal, daß man die Wirklichkeit ein wenig verschönert. Der Comte de Ségur und der Fürst von Ligne hingegen haben den Eindruck, eine Art Fata Morgana zu erleben. Alles um sie herum ist unecht, die Gegenstände ebenso wie die Gefühle. Und trotzdem sind sie bezaubert. Sie fühlen sich der Gegenwart entrückt, gehören zum Gefolge Kleopatras. Als eine moderne Königin Ägyptens, schreibt der Fürst von Ligne, »verschluckt Katharina zwar keine Perlen, aber sie verschenkt deren viele«. Mit Ligne, Ségur, Cobenzl, Fitz-Herbert und Nassau schleppt sie gewissermaßen ganz Europa – jedenfalls das diplomatische und das der Salons – an Blumengirlanden hinter sich her. Und Potemkin, der Regisseur des ganzen Spektakels, ist von Tag zu Tag mehr davon überzeugt, daß seine Inszenierung gelungen ist. Im Dienste Katharinas dient er auch seinem eigenen Ruhm. Die Dankbarkeit der Zarin ist ihm sicher. Sie ist zugleich stolz auf ihren Gatten und stolz auf ihr Land. Und die Botschafter, die sie begleiten, lassen sich zwar nicht restlos täuschen, erkennen aber die gewaltige Größe Rußlands und berichten darüber ihren besorgten Regierungen. »Riesige Herden bevölkerten die Wiesenflächen«, schreibt Ségur, »die jungen Männer und Mädchen an Bord, die Volkslieder aus ihrer Heimat sangen, wimmelten ständig um uns her; man hatte wirklich an alles gedacht . . . Aber wenn man alles abzog, was an diesem Schauspiel nur schöner Schein war, so entdeckte man doch auch eines, was wirklich war. Als er (Potemkin) die riesige Provinz, die er zu regieren hatte, in Besitz nahm, zählte man nur zweihundertviertausend Einwohner; unter seiner Verwaltung aber stieg die Einwohnerzahl innerhalb weniger Jahre auf achthunderttausend.«

In Kaniew wird die Fahrt für eine ungewöhnliche Begegnung unterbrochen. Stanislaus-August Poniatowski, dem König von Polen und noch immer untröstlichen ehemaligen Geliebten Katharinas, widerfährt die Gnade, sie nach achtundzwanzig Jahren der Trennung wiedersehen zu dürfen. Als er die Galeere der Kaiserin betritt, legt er Wert auf die Feststellung, daß er nicht als Souverän, sondern als Freund kommt, und sagt zu den zu seinem Empfang versammelten Würdenträgern: »Meine Herren, der König von Polen hat mich beauftragt, Ihnen den Fürsten Poniatowski zu empfehlen.« Er hofft, daß zärtliche Jugenderinnerungen das Gespräch unter vier Augen mit der Zarin verklären werden. Aber ein solches Tête-à-Tête kommt nicht zustande. Katharina empfängt ihn in Gegenwart ihres Favoriten Mamonow. Anstelle der schlanken Großfürstin, die er einst kannte, sitzt Poniatowski eine beleibte Matrone mit vorspringendem Kinn, imposanter Büste und gebieterischem Blick gegenüber. Trotzdem ist er sehr gerührt. Mag sie mit den Jahren auch Fett angesetzt haben, so bleibt sie für ihn doch die einzige Frau, die er geliebt hat. Er versucht ihr zu erklären, daß der russische Botschafter in Polen, Fürst Repnin, zum eigentlichen Herrn und Meister des Königreichs geworden ist, daß das Land unter dieser tyrannischen Fremdherrschaft leidet und daß nur sie allein das Los der armen Polen lindern kann. Sie hört ihm unter den wachsamen Augen des »Herrn Rotrock« mit freundlicher Gleichgültigkeit zu. Als Poniatowski von ihr Abschied nimmt, ist er bleich und verzweifelt. Ihre und seine gemeinsame Vergangenheit ist endgültig gestorben. Er hat eine Frau wenn nicht ohne Herz, so doch ohne Erinnerung gesehen. Katharina ihrerseits ist entzückt über die Gelegenheit, die Eifersucht ihres gegenwärtigen Liebhabers zu kitzeln, indem sie ihren früheren empfängt. Und tatsächlich spielt Mamonow den Verärgerten, ja Zornigen. Er wagt es, Ihrer Majestät zaghafte Vorwürfe zu machen, und sie hört sie mit Vergnügen, überglücklich, einen so jungen Mann noch eifersüchtig machen zu können. Ihren engsten Vertrauten erzählt sie, wie sehr der von Eifersucht geplagte Sascha sie daure. Ségur und Ligne sind verblüfft über die Naivität der Zarin. Aber keiner wagt es, ihr die Augen zu öffnen. Und so endet diese Szene für sie mit dem feinen Genuß eines galanten Triumphs. Bei dem Abendessen, das Poniatowski ihr zu Ehren gibt, behandelt sie den König von Polen mit kalter Förmlichkeit und beobachtet dabei zugleich mit diebischer Freude die Reaktionen ihres Favoriten. Als Poniatowski sich von der Tafel erhebt und nach seinem Hut sucht, reicht ihn ihm Katharina. Traurig murmelt er: »Ach, Madame, einst haben Sie mir einen sehr viel schöneren gegeben!« Er fleht sie an, ihm noch einen Tag an Bord ihrer Galeere zu gewähren. Aber sie lehnt ab. Wozu noch in der Asche herumstochern? Diese brüske Zurückweisung erschüttert ihn so sichtlich, daß der Fürst von Ligne ihm ins Ohr flüstert: »Machen Sie nicht ein so bekümmertes Gesicht; Sie geben damit diesem Hof, der Sie verabscheut, nur eine Gelegenheit zum Triumph!« Er geht gebrochen und bereut wahrscheinlich, so schöne Erinnerungen durch eine verunglückte Begegnung verloren zu haben.

Kaum ist er abgereist, wird die Ankunft des am dringlichsten erwarteten Gastes gemeldet: Joseph II. Wie gewöhnlich reist er unter dem Decknamen eines Grafen von Falkenstein und legt Wert darauf, wie ein gewöhnlicher Tourist behandelt zu werden. Er geht in Kaidaki an Bord und erliegt nun seinerseits dem außerordentlichen Zauber dieser Reise. Auch wenn er sich in ironischen Bemerkungen über den theatralischen Charakter des Unternehmens ergeht, so erkennt er im stillen doch an, daß Rußland ihn durch seinen Reichtum und seine unendliche Weite überwältigt. Seine angebliche Freundschaft für Katharina ist mit einem Schuß bitteren Neides gemischt. Auf dem Gelände der geplanten neuen Stadt Jekaterinoslaw (das bedeutet »Katharinas Ruhm«)[1] haben sich der Gouverneur, hohe Würdenträger und die Geistlichkeit zur Gründungsfeier versammelt. Katharina mauert den ersten Stein und bietet Joseph II. an, den zweiten dazuzufügen. Nachdem er die Kelle zurückgegeben hat, wendet er sich zu Ségur und flüstert: »Die Kaiserin hat den ersten Stein gelegt und ich den letzten.« Die Vorraussage erweist sich als irrig, denn die Stadt wird weitergebaut und nimmt einen raschen Aufschwung. »Was hier geschieht, hätten wir in Deutschland oder Frankreich nie zu unternehmen gewagt«, bemerkt Joseph II. bitter. »Hier gelten Leiden und Mühen, ja Menschenleben so gut wie nichts; hier baut man Straßen und Häfen, Festungen und Paläste mitten in den Sumpf; man pflanzt Wälder in der Wüste; und das alles ohne Lohn für die Arbeiter, die ohne Klage Entbehrungen erdulden, die auf dem nackten Erdboden schlafen und oft Hunger leiden . . . Der Herr befiehlt, der Sklave gehorcht . . . Im übrigen kann Katharina so viel ausgeben, wie sie mag, und braucht nicht einmal Schulden zu machen. Ihr Geld ist so viel wert, wie sie haben will, daß es wert sein soll: sie kann aus Leder Münzen prägen.«[2]

Bei Kaidaki machen Wasserfälle den Dnjepr unpassierbar. Die Reisegesellschaft verläßt die Galeeren und setzt die Fahrt zu Lande quer durch die Steppe fort. Angesichts der unendlichen Weite dieser grünen Flächen unter einem glühenden Himmel, die sich in zitternde Horizonte verlieren, kann sich der landfremde Reisende eines Gefühls der eigenen Kleinheit und der Angst nicht ganz erwehren. Das völlige Fehlen jeglicher Spuren menschlicher Besiedelung läßt ihn glauben, daß er die Welt der Menschen endgültig hinter sich gelassen hat. Wehrlos ist er der Macht der Sonne und des Grases, des Windes und des Staubes ausgeliefert. Welche Erleichterung ist es für ihn, wenn in der Ferne ein noch so winziger Hügel, ein noch so ärmliches Dorf auftaucht! Die Ankunft in Cherson empfinden alle mit Genugtuung als einen Sieg über die entnervende Monotonie der südlichen Ebenen. Katharina ist auf dem Gipfel des Triumphes. Erst vor kaum sechs Jahren ist diese Örtlichkeit den Russen in die Hände gefallen, und schon hat Potemkin sie zu einer Stadt ersten Ranges gemacht. Weißgetünchte Häuser, gradlinige Straßen, üppige Vegetation. Über der breiten Flußmündung ragen die Masten von Hunderten von Handelsschiffen, die Lagerhallen am Hafen quellen über von Waren, von allen Kirchtürmen läuten die Glocken, in den Straßen drängt sich ein buntgemischtes Volk, die Geschütze der Festung sind machtvoll ins Weite gerichtet, in den Docks der Werft blähen sich stolz die Rümpfe zweier mächtiger Kriegsschiffe, und Ségur entdeckt beim Stöbern in den Läden verblüfft die neueste Pariser Mode. Die Zarin möchte die Reise bis nach Kinburn fortsetzen, das gegenüber von Otschakow liegt, doch ein kleines türkisches Geschwader ist im Liman nahe bei der osmanischen Festung vor Anker gegangen, und vorsichtshalber verzichtet Katharina auf die Provokation. Es gibt ja auch in den übrigen Teilen des Landes genug zu sehen! Nach einer Erholungspause von einigen Tagen setzt die Karawane sich wieder in Bewegung, jetzt in Richtung Perekop.

Die Nächte verbringt man jetzt mitten in der Steppe in reich geschmückten und mit Möbeln ausgestatteten Zelten. Als Ségur sich über die Monotonie des flachen Landes beklagt, erwidert Katharina pikiert: »Genieren Sie sich doch nicht, Herr Graf! Wenn Sie Sorge haben, sich hier zu langweilen, was hindert Sie dann, nach Paris zu fahren, wo so viele Vergnügungen auf Sie warten?« Ségur ereifert sich: »Madame, das heißt mich blind und undankbar schelten und für einen Mann erklären, dem es an Geschmack fehlt und an Urteilskraft. Ja, ich wage es, hinzuzufügen, daß ich darin auch eben noch einen kleinen Rest von Voreingenommenheit gegen die Franzosen erblicke, die eine so wenig begründete Meinung nicht verdient haben! Nirgendwo sonst werden Sie so hochgeschätzt und bewundert wie in Frankreich!« Katharina besänftigt sich wieder. Als Joseph II. am Abend das Zelt der Zarin verläßt, faßt er Ségur am Arm und führt ihn hinaus in die Steppe. Eine sternklare Nacht von überirdischer Reinheit liegt über der dunklen, silberglänzenden endlosen Weite. Am Horizont zieht wie ein chinesisches Schattenspiel eine Kamelkarawane vorüber. In der unendlichen Stille dieser Nacht klingen die Rufe der Kameltreiber, als kämen sie aus einer anderen Welt.

»Welch eine einzigartige Reise!« seufzt der Kaiser. »Und wer hätte gedacht, mich mit Katharina II. und den Botschaftern Frankreichs und Englands durch die Tatarensteppe irren zu sehen? Das ist eine völlig neue Seite im Buch der Geschichte!«

»Mir scheint eher«, erwidert Ségur, »daß es eine Seite aus ›Tausendundeiner Nacht‹ ist, daß ich Dschafar heiße und mich in Begleitung Harun-al-Raschids finde, der verkleidet ist.«

Ein Stück weiter treffen die beiden Männer auf ein Nomadenlager. »Ich weiß nicht mehr, ob ich wache, oder ob Ihre Worte von ›Tausendundeiner Nacht‹ mich in einen Traum versetzt haben«, ruft der Kaiser. »Schauen Sie nur einmal dorthin!« Zu ihrer größten Verblüffung sehen sie, wie eines der aus Kamelhaar gewirkten Zelte sich auf sie zubewegt. Die Kalmükken, die darin hausen, transportieren ihr Heim, ohne es abzubauen. Ségur und Joseph II. besuchen sie in ihrem tragbaren Haus. Dann kehren sie, überwältigt von unvergeßlichen Eindrücken, zu ihrem eigenen Lager zurück.

Die Zelte der vornehmen Gäste sind mit Silberlitze besetzt. Diejenigen, in denen die Zarin, der Kaiser, Potemkin und die Botschafter wohnen, sind darüber hinaus mit kostbaren Steinen besät, die im Halbdunkeln funkeln. Die geräumigste und höchste dieser Leinwandkonstruktionen trägt an der Spitze eine Krone und einen doppelköpfigen Adler.[3] Unter diesem stolzen Zeichen ruht eine beleibte kleine Frau von unverwüstlicher Gesundheit und regsamem Geist, die noch bis spät am Abend mit ihren Ministern gearbeitet hat. Auch wenn sie irgendwo fern in der Steppe des Südens ist, muß sie ihr Reich mit der gleichen Entschlossenheit regieren, als ob sie in ihrem Palast in St. Petersburg säße. Wo die Zarin weilt, dort ist Rußlands Hauptstadt. An jedem Haltepunkt treffen Kuriere aus allen Himmelsrichtungen bei ihr ein. Mit besonderer Aufmerksamkeit verfolgt sie die Meinungsverschiedenheiten zwischen England und Frankreich über die Eventualität eines Konfliktes Rußlands und der Türkei. Aus Ärger über die Nachrichten, die sie von den Höfen St. James und Versailles erhalten hat, weist sie eines Tages Ségur und Fitz-Herbert ein und dasselbe Zelt zu, in dem es nur einen einzigen Tisch gibt. Einander gegenübersitzend, setzen die beiden Botschafter ihre streng geheimen und vermutlich einander widersprechenden Berichte auf und werfen sich dabei von Zeit zu Zeit argwöhnische Blicke zu. Am Abend beim Souper wird über den gelungenen Streich der Zarin herzhaft gelacht.

Die Ausgelassenheit der Reisenden verwandelt sich in Angst, als der Zug die Halbinsel Krim erreicht. Um der Bevölkerung dieses erst vor kurzem annektierten Landes ihre Sympathie zu beweisen, beschließt Katharina, unterwegs auf einen Schutz durch russische Truppen zu verzichten. Es ist aber erst vier Jahre her, daß der Khan der Krim die Macht an einen von ihr ernannten Botschafter hat abtreten müssen. In diesem streng muslimischen Land haben seitdem christliche Beamte die islamischen Beamten abgelöst, zwischen den Minaretten wuchsen die vergoldeten Kuppeln orthodoxer Kirchen empor, und das Straßenbild wird beherrscht von unverschleierten Frauen, deren Anblick den Zorn der Anhänger der alten Ordnung erregt. Trotz der Gefahr vertraut die Zarin der Loyalität dieser Stämme, die sich »freiwillig« ihrer Oberhoheit unterworfen haben. Sie weiß, daß im Orient das gegebene Wort respektiert wird. Sie verlangt, geleitet von einer Eskorte von Einheimischen ihren Einzug in Bachtschisarai zu halten. Plötzlich sehen die entsetzten Botschafter zwölfhundert berittene Tataren in prächtigen Gewändern und bis zu den Zähnen bewaffnet auf sich zukommen. Wie ist es möglich, daß diese Männer, die die Frauen verachten und die Christen hassen, die Herrschaft einer Frau und Christin dulden können? Der Fürst von Ligne, der im gleichen Wagen fährt wie Ségur, beobachtet die grimmigen Krieger mit dem ockerfarbenen Teint und den vorspringenden Backenknochen, die neben ihnen herreiten, amüsiert durch sein Lorgon. »Sie müssen schon zugeben, mein lieber Ségur«, sagt er lachend, »daß es ein ungewöhnliches Ereignis wäre, das in Europa viel Aufhebens machte, wenn die zwölfhundert Tataren, zwischen denen wir eingeschlossen sind, auf den Gedanken kämen, uns in vollem Galopp zum nächsten kleinen Hafen zu führen, dort die erhabene Katharina und den allmächtigen römischen Kaiser Joseph II. auf ein Schiff zu bringen und sie zum Vergnügen und zur Genugtuung Seiner Hoheit Abdul-Hamids, des Oberbefehlshabers aller Gläubigen, nach Konstantinopel zu verfrachten; und ein solcher Handstreich wäre nicht einmal unbedingt wider die Moral, denn sie könnten wohl ohne Skrupel zwei Monarchen rauben, die soeben unter Verletzung des Völkerrechts und aller Verträge ihr Land geraubt, ihren Fürsten abgesetzt und ihre Unabhängigkeit in Ketten gelegt haben.«

Aber Katharinas neue Untertanen erweisen ihr, wie sie es

vorausgesehen hat, unverbrüchliche Treue. Sie retten ihr sogar das Leben, als auf der steil abfallenden Straße nach Bachtschisarai die Pferde ihrer Karosse durchgehen. In voller Fahrt rast die Kutsche unter heftigen Stößen hin und her geschleudert den Abhang hinab. Unmöglich, sie noch anzuhalten. Einen Augenblick noch, und sie wird an den Felsen zerschmettert werden. Endlich, am Eingang der Stadt, bäumen die Pferde sich auf, werden zu Boden gerissen und von den Rädern überrollt; der Wagenkasten wird umkippen und unter der Gewalt des Stoßes zertrümmert werden, doch die tatarischen Reiter sind herbeigestürzt und halten ihn aufrecht. Die Insassen sind unverletzt. Joseph II., der mit im Wagen saß, gesteht, daß er große Angst gehabt hat. Katharina jedoch, sagt er, »ließ auf ihrem Gesicht nicht die geringste Spur von Furcht erkennen«.

In Bachtschisarai wohnt die Zarin im ehemaligen Palast des Khans. »Als Herrscherin, als Frau und Christin genoß sie es mit besonderem Stolz, jetzt auf dem Thron der Tataren zu sitzen, die einst Rußland erobert hatten und noch bis wenige Jahre vor ihrer endgültigen Niederlage immer wieder brandschatzend in seine Provinzen eingefallen waren«, schreibt Ségur. Gerne erzählt Katharina ihren ausländischen Gästen, daß die wilden Bewohner dieser Gegend mehr als ein Jahrtausend lang die umliegenden Länder geplündert und jedes Jahr Tausende von Weißen als Sklaven nach Kleinasien geschafft haben. Trotz der Vorbehalte, die sie gegen ein stolzes Volk haben könnte, das die Russen noch immer als »Ungläubige« und »Hunde« bezeichnet, hat sie beschlossen, die Religion, die Lebensgewohnheiten und die Sprache der Tataren zu schützen. Und diese Toleranz macht sich bezahlt. Es gibt keine Revolte im Land, nur eine apathische Gleichgültigkeit, ein zur Schau getragenes Phlegma. Die Straßenpassanten, die Händler und Handwerker geben vor, den Pomp der Reisegesellschaft der Zarin überhaupt nicht zu beachten. Sie wenden sich ab oder blicken in eine andere Richtung. »Sie fühlen sich überhaupt nicht gedemütigt und schreiben die Schande des Unglücks, das sie getroffen hat, niemals ihrer Unwissenheit zu, sondern machen allein das Schicksal dafür verantwortlich«, schreibt Ségur.

Geradezu trunken entdecken die Reisenden die Schönheiten der Krim. Sie bewundern die weißen Häuser, die im warmen Licht des Südens wie verschlafen wirken, die Olivenbäume mit dem silbrig zarten Laub, die barock geschwungenen Palmwedel mit ihrem schillernden Lackglanz, die von Rosen, Lorbeer und Jasmin überquellenden Gärten, die violett schimmernden Berge und weit draußen das stählerne Smaragdgrün des Meeres. Ist es denn möglich, daß dieses Paradies des Wohllebens dem gleichen Reich angehört wie die schneebedeckten Ebenen des Nordens? Wahrhaftig, Katharina besitzt offenbar alles, was die Erde zu bieten hat!

Von Bachtschisarai aus macht die Reisegesellschaft einen Abstecher zu dem neuen Hafen von Sewastopol. Als die Gäste zu einem Essen mit Tafelmusik im großen Saal des Palastes sitzen, springen plötzlich die Fenster, die auf einen breiten Balkon gehen, sperrangelweit auf, und vor den Augen der baß erstaunten Zecher liegt mitten in der Bucht eine Flotte stolzer Kriegsschiffe in Schlachtordnung, die aus vollen Rohren Salut schießen. Der Kanonendonner scheint aber gleichermaßen der Einschüchterung Konstantinopels wie der Huldigung für Katharina zu dienen. Die russischen Minister fiebern vor Kriegslust. Nur zwei Jahre hat Potemkin gebraucht, um diese großartige südliche Armada zu bauen und auszurüsten. Ihre Majestät braucht nur ein Wort zu sagen, und die ganze geballte Feuerkraft richtet sich gegen die Türken. Aber Katharina behält einen kühlen Kopf. Noch ist der Augenblick nicht gekommen. Sie läßt die Flotte Revue passieren, nimmt am Stapellauf dreier Schiffe teil und erteilt Bulgakow, dem Botschafter Rußlands bei der Hohen Pforte, den Auftrag, dem Sultan eine in versöhnlichem Ton gehaltene Note zu überreichen. Nachdem sie die neue Stadt Sewastopol besichtigt hat, wo zahllose Arbeiter in den Werften beschäftigt sind, fragt sie Ségur, was er von dieser Stadt, diesem Hafen, dieser Flotte halte. »Madame«, erwidert er, »mit der Gründung von Sewastopol haben Sie im Süden vollendet, was Peter der Große im Norden begonnen hat.«

Zurück in Bachtschisarai, haben Ségur und der Fürst von Ligne wieder ihre Gemächer im Palast des Khans bezogen. Genauer gesagt sind sie im ehemaligen Harem untergebracht. Jeder verfügt über einen weitläufigen Saal mit Marmorwänden und gefliestem Fußboden; rundum läuft ein Diwan, und in der Mitte plätschert ein Springbrunnen in ein flaches Becken. Die Fenster sind halb verdeckt durch ein Pflanzenarrangement aus verrschlungenen Rosen, Lorbeer, Jasmin, Granatapfel- und Orangenbäumchen. In diesem »Kabinett der Lüste« zu wohnen, wie es Ségur nennt, macht die Seele empfänglich für sentimentale Anwandlungen. Der Fürst von Ligne hält es trotz seiner fünfzig Jahre nicht mehr aus. »Ehe wir Tauris verlassen, muß ich doch wenigstens von weitem eine Frau unverschleiert gesehen haben!« sagt er zu Ségur. »Wollen Sie mich bei diesem Abenteuer begleiten?« Ségur willigt ein, und die beiden Jäger machen sich auf den Weg. Nachdem sie lange querfeldein gegangen sind, entdecken sie am Rand eines Wäldchens drei Frauen, die sich in einem Bach die Füße waschen. Hinter einer Baumgruppe verborgen, können sie sie ungestört beobachten. Sie haben den Schleier abgelegt. Aber welche Enttäuschung: sie sind weder jung noch schön. »Mein Gott«, flüstert der Fürst von Ligne, »so unrecht hat Mohammed gar nicht, von ihnen zu verlangen, daß sie sich verhüllen!« Kaum hat er diese Worte gesprochen, drehen die drei Frauen sich um, entdecken die schamlosen Zudringlinge, stoßen gellende Schreie aus und verhüllen ihr Gesicht. Auf ihre Schreie eilen messerschwingend Tataren herbei. Ségur und Ligne flüchten durch das Dikkicht des Waldes. Am Tag darauf erzählt de Ligne, stets bemüht, Ihre Majestät aufzuheitern, den Vorfall im Verlauf eines großen Diners. Einige Gäste brechen in Lachen aus, aber Katharina runzelt die Stirn. »Meine Herren«, sagt sie, »dieser Spaß ist geschmacklos und gibt ein schlechtes Beispiel. Sie befinden sich mitten unter einem Volk, das ich mit Waffengewalt unterworfen habe; ich verlange, daß man seine Gesetze, seine Religion, seine Sitten und seine Vorurteile respektiert. Hätte man mir dieses Abenteuer erzählt, ohne die Namen der Helden zu nennen, so hätte ich gewiß nicht Sie beide im Verdacht gehabt, sondern eher einige meiner Pagen für die Schuldigen gehalten, und ich hätte sie streng bestraft.« Die beiden Frevler senken die Köpfe; die Zarin läßt die Sache großmütig auf sich beruhen.

In euphorischer Stimmung wird die Reise fortgesetzt. Einige der Triumphbögen, die auf der Route der Kaiserin errichtet wurden, tragen die kühne Inschrift »Weg nach Byzanz«. Es gibt so viele Feuerwerke und Festbeleuchtungen, daß der Fürst von Ligne schon fürchtet, »beim Anblick so vieler Lampions selbst einer zu werden«. Zum Lohn für seine eifrigen Dienste als geistreicher Gesellschafter schenkt ihm Katharina ein Stück Land, das so groß ist wie eine französische Provinz. Sie fährt mit ihm im Wagen durch das kniende Volk, damit er Kleingeld unter die Menge werfen kann. Er greift mit vollen Händen in einen Sack voller Münzen neben ihm und sät. »Die Bewohner sind fünfzehn oder auch zwanzig Meilen weit gegangen und haben auf uns gewartet, um die Zarin zu sehen«, schreibt er. »Sobald sie kommt, werfen sie sich flach auf den Boden. Auf diese gebeugten Rücken und die Erde küssenden Häupter streue ich Gold im Vorüberfahren, und das erlebe ich sechsmal am Tage. Zufällig bin jetzt ich der Großalmosenier Rußlands geworden.«

Auch Ségur wird mit Geschenken überhäuft. Von Katharina selbstverständlich, aber auch von Potemkin. Der Fürst von Tauris ist in einer immer launenhafteren Seelenverfassung. Bald flüchtet er zum Fasten und Beten in irgendeine Eremitenhöhle in der Umgebung, bald bittet er, übersprudelnd von Kraft, Heiterkeit und Erfindungsgabe, die Zarin und ihre Gäste zu einem großen Fest, das sie trotz aller Müdigkeit und Übersättigtheit hinreißt. Einmal empfängt er die ausländischen Diplomaten mit zerzausten Haaren lässig auf einem Diwan liegend und jammert mit trübem Blick über die zerrütteten Finanzen des Reiches; ein andermal überreicht er der Zarin bei einem aufwendigen Empfang ein Perlencollier von unschätzbarem Wert. Seine Orginalität, denkt Ségur, grenzt schon an Irrsinn. Eines Morgens, als der französische Botschafter eben das Haus verlassen will, trifft er auf eine junge Schönheit in tscherkessischer Tracht. Er ist sprachlos vor Staunen: bis ins kleinste Detail gleicht die Unbekannte aufs Haar seiner Frau. »Einen Augenblick glaubte ich schon, Madame Ségur sei aus Frankreich gekommen und man habe sich einen Spaß daraus gemacht, es mir zu verheimlichen und diese unerwartete Begegnung zu arrangieren«, schreibt er. Als die Erscheinung sich entfernt, nimmt Potemkin ihn am Arm und fragt: »Ist die Ähnlichkeit denn so vollkommen?« – »Vollendet und unglaublich«, antwortete Ségur. Potemkin bricht in Lachen aus. Gewiß hat er im Zelt des französischen Botschafters das Porträt der Gräfin gesehen. »Nun, Väterchen«, sagt er, »diese junge Tscherkessin gehört einem Mann, der sie mir gern zur Verfügung stellt, und sobald Sie wieder in St. Petersburg sind, mache ich Sie Ihnen zum Geschenk.« Völlig entgeistert stammelt Ségur: »Ich danke Ihnen, aber ich kann das Geschenk nicht annehmen, und ich meine, daß ein solcher Beweis der Anhänglichkeit Madame Ségur sehr befremden müßte.« Potemkin findet die Ablehnung ganz unbegreiflich und ist zutiefst beleidigt. Um die Empfindlichkeit des Fürsten von Tauris nicht noch weiter zu reizen, muß der französische Botschafter ein anderes Geschenk annehmen: einen kleinen Kalmückenknaben namens Nagun. »Eine Zeitlang habe ich mich seiner angenommen«, schreibt Ségur; »ich ließ ihm das Lesen beibringen, aber . . . die Gräfin Cobenzl, die viel Gefallen an ihm hatte, bat mich so inständig, ihn ihr zu überlassen, daß ich einwilligte.«

Endlich macht die Reisegesellschaft sich wieder auf den Heimweg. Seit einer Woche ist Joseph II. besorgt wegen der Nachrichten über Unruhen in den Niederlanden. Er fragt sich, was diese Traumwanderung hier ihn eigentlich angeht. »Man hat uns von Illusion zu Illusion geführt«, sagt er zu Ségur. »Das Innere der Dinge hat hier große Mängel. Aber das Äußere hat ebensoviel Glanz.« Und auf Katharina bezogen fügt er hinzu: »Ich verstehe nicht, wie eine so stolze und eine so sehr auf ihren Ruhm bedachte Frau eine so merkwürdige Schwäche für ihren jungen Generaladjutanten Mamonow zeigen kann, der im Grunde bloß ein verzogenes Kind ist.« In Borislaw verabschiedet sich der Kaiser von der Zarin – nicht ohne ihr noch einmal Vorsicht gegenüber den Türken und Festigkeit gegenüber Preußen empfohlen zu haben.

Ein paar Tage darauf wartet ein von Potemkin arrangiertes grandioses Schauspiel auf die Reisenden, die längst glaubten, alle Kategorien des Wunderbaren schon ausgeschöpft zu haben. Fünfzigtausend Soldaten, die einen in russischen, die anderen in schwedischen Uniformen, vollziehen in allen Phasen die berühmte Schlacht von 1709 nach, die mit dem überwältigenden Sieg Peters des Großen über Karl XII. endete. Der Zar, der Schwedenkönig, Menschikow und Scheremetjew werden von russischen Offizieren dargestellt. Reiterangriffe, heftiges Infanteriefeuer und Kanonendonner – die völlig verblüfften Zuschauer glauben sich mitten im Krieg. »Die Augen Katharinas blitzten vor Freude und Stolz«, schreibt Ségur. »Man hätte glauben können, das Blut Peters des Großen flösse wirklich in ihren Adern.«

Nach dieser militärischen Demonstration setzt der Wagenzug langsam seinen Weg nach Norden fort. In diesem Teil des Reiches bedarf es keines genialen Regisseurs, um die Bühne herzurichten und effektvoll zu beleben. Der Reichtum der Provinzen, die man durchquert, springt in die Augen. Und die Jubelschreie, wenn die Zarin vorüberfährt, kommen aus aufrichtigem Herzen. Selbst der skeptische Ségur schreibt: »Hier empfing man die Kaiserin wie eine Mutter, und das Volk, das in ihr seinen Schutz vor dem Machtmißbrauch der Grundherren sieht, legte eine Begeisterung an den Tag, deren Quelle nichts anderes als Dankbarkeit war.«

In Charkow faßt Potemkin ein plötzlicher Überdruß. Er beschließt, die Zarin nicht weiter zu begleiten, sondern in den Süden zurückzukehren. Katharina ist besorgt, ihn nach seinem großen Triumph als Organisator so niedergeschlagen zu sehen. Er ist doch nicht etwa krank? Sie schreibt ihm: »Bei der großen Hitze, die Sie im Süden haben, bitte ich Sie ganz bescheiden, mir die Freude zu machen, um Gottes und Ihrer selbst willen gut auf sich aufzupassen.« Und weiter: »Sie dienen mir, und ich weiß Ihnen Dank dafür; das ist alles! Was Ihre Feinde angeht, so haben Sie sie durch Ihre Ergebenheit für mich und Ihre treue Arbeit für den Staat auf die Finger geschlagen.« Er antwortet: »Mütterchen Kaiserin . . . Sie sind mehr als eine wirkliche Mutter für mich, denn Ihre Fürsorge für mein Wohl kommt aus einer durch Überlegung gefestigten Neigung . . . Bosheit und Neid haben nicht vermocht, Sie gegen mich einzunehmen, und jede Niedertracht ist erfolglos geblieben . . . Dieses Land wird nicht vergessen, was es für ein Glück hat. Auf Wiedersehen, meine Wohltäterin und Mutter! Möge Gott mir die Gelegenheit gewähren, der ganzen Welt zu beweisen, in welchem Maße ich Ihnen verpflichtet und Ihr bis in den Tod ergebener Sklave bin.«[4]

Über Kursk, Orel, Tula und Moskau und mit vielen Empfängen, Bällen, Schauspielen und Feuerwerken nähert sich die Kaiserin wieder ihrer Hauptstadt. Die Tage sind heiß, die Reise ist anstrengend. Ségur, der zusammen mit Fitz-Herbert im Wagen Ihrer Majestät sitzt, glaubt zu bemerken, daß sie entschlummert ist. Flüsternd setzt er die Unterhaltung mit dem englischen Botschafter fort. Dieser behauptet, daß die amerikanische Revolution, recht besehen, seinem Lande im Grunde mehr Nutzen als Schaden gebracht hat, obwohl es dreizehn Kronkolonien verlor. In kurzer Zeit wird London, statt Geld in die Verwaltung dieser fernen Landstriche stecken zu müssen, am Handel mit ihnen viel Geld verdienen. Das Gespräch geht weiter, ohne daß die mit gesenktem Kopf ruhig atmende Zarin die Lider öffnet. Am Tag darauf nimmt sie Ségur beiseite und sagt zu ihm: »Sie haben gestern mit Fitz-Herbert eine ganz unglaubliche Unterredung gehabt, und ich kann es nicht fassen, daß jemand, der einen so klaren Verstand hat wie er, eine so sonderbare Ansicht vertreten konnte.« Und als Ségur seine Verwunderung äußert, daß sie alles gehört hat, obwohl sie zu schlafen schien, antwortet sie: »Ich habe mich gehütet, die Augen zu öffnen; ich war zu neugierig, das Ende Ihres Gesprächs mit anzuhören. Ich weiß nicht, ob König Georg III. der gleichen Auffassung ist wie sein Minister; aber was mich angeht, so weiß ich, daß ich, wenn ich auch nur eine dieser dreizehn Kolonien verloren hätte und keine Möglichkeit sähe, sie zurückzugewinnen, mir eine Kugel in den Kopf geschossen hätte.« Und noch eine Bemerkung Katharinas setzt Ségur in Erstaunen. Er ist zufällig gerade bei ihr, als ihr die Ankunft eines Provinzgouverneurs gemeldet wird, dem vorgeworfen wird, gegen die Hungersnot nichts unternommen zu haben. »Ich hoffe«, sagt der Minister Besborodko, »Ihre Majestät werden ihm vor aller Öffentlichkeit den strengen Tadel aussprechen, den er verdient.« – »Nein«, erwidert Katharina, »das hieße ihn gar zu sehr zu demütigen. Ich werde warten, bis ich mit ihm allein bin, denn ich lobe und belohne gerne laut und schelte lieber leise«.

Die Reise neigt sich ihrem Ende zu. Katharina verteilt an ihre Weggefährten Gedenkmedaillen, die sie aus Anlaß des Ereignisses hat prägen lassen. Sie zeigen auf der einen Seite den Kopf der Zarin und auf der anderen eine schematische Darstellung des Verlaufs der Krimreise; zwei Inschriften heben hervor, daß die Reise anläßlich des fünfundzwanzigsten Jahrestages ihrer Thronbesteigung stattgefunden und dem »allgemeinen Wohl« gedient hat.

Auf die Frage, welchen Eindruck diese Inspektionsreise bei ihr hinterlassen habe, antwortet Katharina ironisch: »Ich habe, so wahr ich hier sitze, mit eigenen Augen gesehen, wie die Berge von Tauris gemessenen Schrittes auf uns zugingen und sich vor uns verneigten. Wer es nicht glauben will, der braucht sich nur die neuen Straßen anzusehen, die man dort angelegt hat! Überall wird er sehen, wie sich steile Abgründe in sanfte Hänge verwandelt haben.«

Am 22. Juli 1787 zieht Katharina nach mehr als sechsmonatiger Abwesenheit wieder in St. Petersburg ein. Der Zug löst sich auf, und dem Zauberkreis der Märchenwelt entronnen, hat jeder ein wenig Mühe, sich wieder an das graue Einerlei des Alltags zu gewöhnen. »Jetzt hieß es wieder zurückkehren zu den nüchternen Berechnungen der Politik«, notiert Ségur nicht ohne Wehmut. Katharina geht nach Zarskoje Selo, wo sie die Hitzeperiode des August verbringen will. Unterwegs wartet eine besondere Freude auf sie: ihre Enkel Alexander und Konstantin sind ihr mit La Harpe entgegengeeilt und begleiten sie nun zu ihrer Sommerresidenz. Keiner der vielen Triumphbögen hat sie so tief gefreut wie der Anblick dieser vor Neugier fiebernden Kindergesichter. Tausend Fragen nach den Ländern, die sie gesehen hat, muß sie beantworten, und sie selber fragt nicht minder begierig nach den Lernfortschritten der Kinder. Weniger begeisternd ist das Wiedersehen mit dem Großfürsten Paul. Er ist noch immer ebenso griesgrämig und argwöhnisch. Seine Frau, die Großfürstin Maria, erwartet jetzt ihr sechstes Kind.

Im Kessel der Politik brodelt es. Man muß sich sofort darum kümmern. Joseph II. bombardiert Katharina mit Briefen, in denen er sie anfleht, ihre Haltung gegenüber den Türken zu mäßigen. Sie gibt ihm ausweichende Antworten. In dieser Weltgegend riecht es nach Pulverdampf. Zugleich muß sie bei Gustav III. von Schweden, dessen Absichten ihr verdächtig erscheinen, das Terrain erkunden. Und auch England beruhigen, das durch den russisch-französischen Handelsvertrag irritiert ist. Und darüber darf nicht vergessen werden, Preußen zu schmeicheln, dessen neue Ansprüche auf Polen einer genaueren Untersuchung wert sind. »Ich arbeite wie ein Pferd«, schreibt sie an Grimm, »und meine vier Sekretäre sind mir nicht mehr genug.« An ihr hängen alle Entscheidungen. Die Minister um sie her sind nur das schwankende Echo ihrer eigenen Gedanken. Sie allein muß ganz Europa im Kopf haben. Als sie eines Abends von ihrem »Kabinett in St. Petersburg« spricht, vor dem über die großen Fragen der internationalen Politik entschieden wird, sagt der Fürst von Ligne zu ihr: »Es ist das kleinste Kabinett, das ich kenne, denn es ist nur wenige Zoll groß: es reicht gerade von der einen Schläfe zur anderen und von der Nasenwurzel zum Wirbel.«

23. KAPITEL

Kriegswirren

Wie zu erwarten war, hat Katharinas Krimreise in Konstantinopel heftige Empörung ausgelöst, die von den Botschaftern Englands, Frankreichs und Preußens geflissentlich geschürt wird. Allen Friedensbeteuerungen der Kaiserin zum Trotz fühlt sich Abdul-Hamid durch die Manöver der Flotte und der Landstreitkräfte Rußlands in dieser erst jüngst seinem Einflußbereich entrissenen Zone persönlich beleidigt. Die Halbinsel Tauris ist in seinen Augen jetzt nicht mehr die Provinz wollüstigen Behagens, sondern ein Stützpunkt für militärische Operationen, eine Kriegsmaschine, die drohend auf das Herz der Türkei zielt. Eilends mobilisiert er seine Truppen. Der Zarin, die Empörung darüber heuchelt, erwidert Ségur ironisch: »Stellen Sie sich einmal vor, der Sultan habe sich, umgeben von seinen Würdenträgern, begleitet von einem mächtigen Verbündeten und dazu mit einer gewaltigen Flotte und hunderttausend Mann in Otschakow gezeigt. Würde man sich dann wundern, wenn Sie vorbeugende Maßnahmen ergriffen?« Ségur hat von seiner Regierung die Weisung erhalten, gegenüber der Zarin eine nachdrückliche Warnung auszusprechen. Sie hört ihn geringschätzig an, mokiert sich über seine Sympathie für die bärtigen Turbanträger und gibt ihm den Spitznamen »Ségur-Effendi«.[1] Für sie ist es unbegreiflich, daß die meisten westlichen Staaten sich auf die Seite der asiatischen Muselmanen schlagen, statt die christlichen Völker Europas zu verteidigen. Haben denn alle diese angeblich zivilisierten Länder eine solche Furcht vor der russischen Vorherrschaft, daß sie sich dem Teufel verschreiben würden, um sie zu verhindern? Auf jeden Fall ist das Frankreich Ludwigs XVI. politisch viel zu geschwächt, als daß man auf seine Stimmung Rücksicht nehmen müßte. England und Preußen werden im Konfliktfall die Zähne zeigen, aber nichts unternehmen. Wenn nur Österreich endlich der Schwierigkeiten in den Niederlanden Herr würde, um Rußland entschieden unterstützen zu können! Klüger wäre es, noch abzuwarten und nicht gleich den Funken zu legen. Um so mehr, als in den östlichen Provinzen eine Hungersnot wütet und die russische Armee und Flotte zwar bei der Parade imponierend wirken, aber noch nicht kampfbereit sind. Man muß sie umorganisieren, neu ausrüsten, disziplinieren, trainieren, mit Vorräten versehen ... Einstweilen arbeiten französische Offiziere an der Modernisierung der türkischen Armee, und russische Agenten unterwandern die Balkanländer, Ägypten und Syrien und versuchen, dort für Geld Bündnispartner zu finden. Katharina hofft, daß der Sultan unter dem einschüchternden Eindruck der russischen Machtdemonstration auf der Krim seinen Zorn hinunterschlucken, auf einen Angriff verzichten und so Potemkin die Möglichkeit geben wird, seinen Feldzug in aller Ruhe gründlich vorzubereiten. Abdul-Hamid aber, der offenbar gut informiert ist, übergibt Bulgakow, dem russischen Botschafter in Konstantinopel, ein Ultimatum, das von Rußland die Herausgabe der Krim fordert. Bulgakow lehnt natürlich ab und wird in den Sieben Türmen eingekerkert. Das bedeutet die Kriegserklärung! England und Preußen ergreifen offen Partei für die Hohe Pforte, Frankreich erklärt seine Neutralität, Schweden, das mit Rußland verfeindet ist, verhält sich »in Erwartung einer günstigen Gelegenheit« zunächst einmal abwartend. Joseph II. jedoch, dieser prächtige Reisegefährte, schreibt an Katharina: »Ich bedaure unendlich, daß wir jetzt nicht mehr in Sewastopol sind. Man könnte mit großen Kanonenschlägen den Großherrn und seinen unverschämten Beratern guten Tag wünschen.«

Trotz dieser Freundschaftsbekundung macht Katharina sich Sorgen. Ihr Sekretär Chraprowitzki findet sie oft den Kopf in die Hände vergraben, ermattet und mit abwesendem Blick. Sie ahnt, daß dieser Krieg nicht leicht zu gewinnen sein wird. Für die Türken handelt es sich um einen heiligen Krieg gegen die Ungläubigen. Der Großwesir ist mit der Fahne Mohammeds durch die Straße Konstantinopels gelaufen und hat das Volk aufgerufen, sein Blut für den Sieg der guten Sache zu vergießen. Auf russischer Seite kommt zu den Unzulänglichkeiten der Organisation und Ausrüstung der See- und Landstreitkräfte noch die Uneinigkeit des Kommandostabes hinzu. Erfahrene Generäle wie Suworow, Repnin oder Rumjanzow sträuben sich dagegen, Befehle von Potemkin entgegennehmen zu sollen, der seine Fähigkeiten auf dem Schlachtfeld noch nicht erwiesen hat. Von ihm jedoch hängt der Kriegsausgang ab. Durch Beschluß der Zarin vereinigt er in seiner Person die Ämter des Generalfeldmarschalls und des Großadmirals. Aber er macht gerade eine Krise der Depression und des

Zweifels durch. Es sieht aus, als habe die Vorbereitung der Krimreise alle seine Energien aufgezehrt und als habe er nach all den schmeichelnden Illusionen nicht mehr die Kraft, sich den Kämpfen der rauhen Wirklichkeit zu stellen. »Das Theater ist gespielt, der Vorhang gefallen, der Direktor schläft«, schreibt der Fürst von Ligne.

Als die fanatisierten Türken die Festung Kimburn bedrängen, rät Potemkin der Zarin brieflich zum Abschluß eines Friedensvertrages, ehe es zu spät sei. Erschrocken über dieses schmähliche Zurückweichen vor den Schwierigkeiten, versucht sie, ihm aus der Ferne Mut zuzusprechen. »Wappne Deinen Geist und Deine Seele gegen alle Gefahren und sei gewiß, daß Du sie überwinden wirst, wenn Du nur Geduld hast«, schreibt sie ihm. »Es wäre aber eine wirkliche Schwäche, wenn Du, wie Du mir schreibst, Deine Fähigkeiten verleugnen und die Flinte ins Korn werfen würdest.« Im Oktober 1787 schlägt Suworow die Türken vor den Toren von Kinburn. Der Feind erleidet empfindliche Verluste. Katharina atmet erleichtert auf: wäre Kinburn gefallen, so wäre es unmöglich gewesen, Cherson zu halten. Der ganze Süden wäre dem Ansturm des Gegners wehrlos preisgegeben gewesen. Aber die russische Schwarzmeerflotte ist durch einen fünftägigen Sturm in Mitleidenschaft gezogen. Und abermals verzagt Potemkin. Wieder einmal muß Katharina ihn aufrütteln: »Ich verstehe Dich ganz und gar nicht: warum sollen wir auf die Vorteile verzichten, die wir errungen haben? Wenn ein Mann erst einmal zu Pferde sitzt, wird er dann wieder absteigen und zu Fuß gehen?« Und als er weiterhin daran denkt, sich mit der Flotte zurückzuziehen und die Krim aufzugeben, wird es ihr zu arg: »Was soll denn das heißen? Wahrscheinlich ist Dir dieser Gedanke im ersten Augenblick gekommen, weil Du glaubtest, die ganze Flotte sei untergegangen! Aber was soll nach der Räumung aus dieser Flotte werden? Und wieso sollte man einen Feldzug mit der Räumung einer Provinz beginnen, die überhaupt nicht bedroht ist? Besser wäre es, Otschakow und Bender anzugreifen und aus der Defensive, die nach Deinen eigenen Worten uns weniger gut ansteht, in die Offensive überzugehen. Im übrigen hat der Wind wohl nicht nur bei uns geblasen, möchte ich annehmen. Also Mut! Und noch einmal Mut! Ich schreibe Dir alles dies als meinem besten Freund und Schüler, der manchmal mehr Entschlußkraft zeigt als ich selber. Jetzt freilich habe ich mehr Mut als Du, weil ich gesund bin, während Du krank bist . . . Mir scheint, Du bist ungeduldig wie ein fünfjähriges Kind. Aber die Dir anvertrauten Geschäfte erfordern in diesem Augenblick eine unerschütterliche Geduld.«

Trotz dieses aufmunternden Zuspruchs, der bei allem Verständnis nicht ohne Nachdruck ist, verhält sich Potemkin weiterhin unschlüssig. Befangen in einer Art Winterschlaf, sieht er seine Hauptaufgabe nicht darin, Otschakow zu erobern, sondern die Verluste an Menschenleben so gering wie möglich zu halten. Er kümmert sich ausgiebig um das Wohlergehen seiner Soldaten, lockert die Disziplin, gibt den Offizieren Anweisung, weniger Prügelstrafen zu verhängen, und ändert die Kleiderordnung radikal. Die alten unbequemen Uniformen, die hohen Schaftstiefel und schweren Helme werden durch legere Umhänge, Halbstiefel und leichtere Helme ersetzt. Er befiehlt seinen Leuten auch, die »Rattenschwänze« genannten Zöpfe abzuschneiden, das Haar kurzgeschnitten zu tragen und nicht mehr zu pudern. »Die Haare kräuseln, pudern und zu Zöpfen flechten, ist das vielleicht eine Beschäftigung für Soldaten?« sagt er. »Sie haben keine Diener für ihre persönlichen Bedürfnisse. Was taugen ihnen Lockenwickler? Jeder wird verstehen, daß es gesünder für sie ist, den Kopf zu waschen und die Haare zu kämmen, als sie mit Puder, Ruß und Mehl vollzustreichen und mit Nadeln und Zöpfen zu bestecken. Die Frisur des Soldaten muß so beschaffen sein, daß er beim Aufstehen sofort fertig ist.« Dieses neue Reglement wird von der Armee begeistert aufgenommen, und die Zarin veröffentlicht eine Proklamation, in der sie ihre Befriedigung zum Ausdruck bringt. Dafür beklagt sie weiterhin den mangelnden militärischen Angriffsgeist ihres Generalfeldmarschalls. Mit aberwitziger Verbohrtheit hindert Potemkin Suworow daran, seine ersten Erfolge voll auszunützen. Seine eigene Strategie lautet nicht auf Angreifen, sondern Auf-der-Stelle-treten. Er spielt auf Zeitgewinn, setzt auf Ermüdung des Gegners. Suworow erwidert ihm empört: »Man erobert eine Festung nicht durch bloßes Hinschauen.« Katharina ist außer sich und bestürmt den Fürsten von Tauris: »Was wird mit Otschakow?« – »Nehmen Sie Otschakow?« – »Wann fällt Otschakow?« Hat er denn vergessen, wofür dieser Krieg geführt wird? Will er riskieren, daß die Krim eingenommen wird? Von Sorgen geplagt, behauptet sie, man müsse all ihre Kleider enger machen. Aber weiterhin bleibt sie besorgt um die Gesundheit des tatenlosen großen Mannes. »In diesem Augenblick sind Sie, mein lieber Freund, nicht nur ein Einzelmensch, der sein Leben lebt und tut, was ihm gut dünkt«, schreibt sie ihm. »Sie gehören dem Staat, sie gehören mir. Sie müssen auf Ihre Gesundheit achten, und ich befehle es Ihnen.« Oder ein andermal: »Ich schikke Dir von meinen Mittelchen eine ganze Apotheke voll und wünsche aus ganzem Herzen, daß Du sie nie brauchen wirst . . . Die zweite Sendung enthält einen Mantel aus Fuchspelz und eine Fellmütze aus Zobel, damit die Kälte Dir nichts anhaben kann . . . Der Lorbeerkranz wird erst in vierzehn Tagen fertig sein.«

Im Juni 1788 endlich, nachdem die türkische Flotte nacheinander in zwei Schlachten schwere Verluste erlitten hat, kann ein russisches Geschwader die Stadt Otschakow von der See her abriegeln, während Potemkin sie von der Landseite her unter massiven Artilleriebeschuß nimmt. Aber obwohl es ihm jetzt möglich sein müßte, die Festung im Sturm zu nehmen, bleibt er taub für die beschwörenden Ermahnungen Suworows und setzt die Belagerung fort.

Im Augenblick aber ist der Blick Katharinas auf eine andere Ecke der russischen Landkarte gerichtet: nicht mehr auf den Süden, sondern auf den Westen. Gustav III. von Schweden hat die Zarin, seine Nachbarin, für hinreichend durch die Türken gebunden gehalten, um von der Gelegenheit zu profitieren; im rechten Augenblick hat er sich seines Bündnisses mit der Hohen Pforte erinnert und Rußland den Krieg erklärt. Durch militärische Erfolge hofft er der schwedischen Aristokratie zu imponieren, die seine Herrschaft im Lande noch nicht unangefochten gelten läßt. Preußen und England bestärken ihn in seinen kriegerischen Absichten; Frankreich mißbilligt sie. Das Ultimatum des schwedischen Königs, den Katharina spöttisch »Bruder Gu« nennt, ist in einem so unverschämten Ton gehalten, daß Ségur ihn als vollkommen »irrsinnig« betrachtet. »Er kommt mir vor«, sagt er zu Katharina, »als habe dem Schwedenkönig ein Traum trügerisch vorgegaukelt, daß er schon drei große Schlachten gegen Ihre Majestät gewonnen habe.« – »Und hätte er auch drei große Schlachten gewonnen, Herr Graf«, erwidert Katharina feurig, »und hätte er selbst St. Petersburg und Moskau in seiner Hand, so würde ich ihm immer noch beweisen, wozu eine charakterstarke Frau an der

Spitze eines tapferen und ergebenen Volkes fähig ist, die auf den Trümmern eines großen Reichen sich erhebt.«

Um ihrem Gegner ihre Verachtung zu zeigen, läßt sie auf dem Theater der Ermitage unter dem Titel *Der ungeschickte Krieger* eine selbstverfaßte burleske Oper spielen, in der Gustav III. als ein Zwergenprinz auftritt, der bis zum Gürtel in viel zu großen Stiefeln steckt und den der mächtige Helm bis zum Bauch herab bedeckt. In dieser Aufmachung wird er von einem invaliden russischen Festungskommandanten mit der Krücke in die Flucht geschlagen. Verlegen wohnen die ausländischen Diplomaten dem Schauspiel bei, und hinter ihren faden Komplimenten wittert Katharina die Enttäuschung, die sie ihnen mit ihren albernen Späßen bereitet hat. Aber sie mußte einfach einmal ihre Galle loswerden – jetzt wo ihr Land unter den mißgünstigen Blicken der großen europäischen Nationen an zwei Fronten kämpfen muß. Um den Feldzug im Süden mit Nachdruck zu führen, hat sie den Norden von ihren besten Truppen entblößen müssen, so daß ihre Hauptstadt jetzt den Schweden als leichte Beute erscheint. Glücklicherweise hat die neue Flotte, die sie um ganz Europa herum ins Schwarze Meer hat schicken wollen, die Ostsee noch nicht verlassen. Katharina beauftragt den Prinzen von Nassau, der in russische Dienste getreten ist, mit der Organisation der Flottenbewegungen in diesem Sektor. Der ihrem unmittelbaren Befehl unterstellte, überaus tatkräftige Admiral Greigh wird versuchen, das schwedische Geschwader zu zerstreuen. In dieser Hinsicht also ist die Lage nicht hoffnungslos. Zu Lande dagegen sieht es schlimm aus. Die russischen Truppen werden vernichtend geschlagen, die Festung Nyschlod fällt dem Feind in die Hände, Gustav III. marschiert auf Frederikshamm zu. Damit steht der Weg nach St. Petersburg offen. Seines Erfolges sicher, verkündet Gustav III., er werde für die Damen seines Hofes in Peterhof einen großen Ball geben, in der Kathedrale Sankt Peter und Paul ein Te Deum feiern und das Standbild Peters des Großen schleifen lassen. Die Hauptstadt wird von Panik erfaßt. Während Werber in aller Eile Dienstboten und Arbeiter zusammentrommeln und zu Soldaten ausbilden, kursieren in den Salons die finstersten Gerüchte. Die Stadt wird aufgegeben werden, heißt es, und die Schweden werden ein Gemetzel veranstalten. In den Büroräumen der Staatsverwaltung sind hohlwangige Beamte damit beschäftigt, das Archivmaterial einzupacken.

Wertgegenstände werden in Kisten verpackt und auf Wagen verladen. Der Hof wartet nur noch auf ein Wort der Zarin, um sich nach Moskau zurückzuziehen. Wer nicht durch sein Amt zum Bleiben verpflichtet ist, macht sich unter chaotischen Umständen schon auf den Weg. Reiche und Arme fliehen zu Pferde, im Wagen oder zu Fuß vor der gleichen Gefahr. Katharina hält niemand zurück. Sie spottet sogar: »Man muß ja zugeben, daß Peter der Große seine Hauptstadt etwas nahe an Schweden errichtet hat!« Hat auch sie die Absicht, die Stadt zu verlassen? Schließlich darf sie es nicht riskieren, sich gefangennehmen zu lassen. Aber wie könnte sie, die Erbin Peters des Großen und Vollenderin seines Werks, es über sich bringen, vor diesen Schweden zu weichen, die er bei Poltawa besiegt hat? Ratlos, was die Kaiserin wohl vorhaben mag, fragen sich die ausländischen Botschafter, ob sie mit ihren Akten das Weite suchen oder bis zur Übergabe der Stadt ausharren sollen. Als ihr Abgesandter begibt sich Ségur in den Winterpalast, um ein wenig zu sondieren, was Ihre Majestät plant. Als sie ihn fragt, welche Gerüchte über sie in Umlauf seien, ist er kühn genug, zu antworten: »Man ist nahezu allgemein überzeugt, daß Ihre Majestät heute oder morgen abend nach Moskau abreisen werden.« Unbeirrt fragt sie weiter: »Haben Sie das geglaubt, Herr Graf?« Ségur erwidert: »Madame, die Quellen dieses Gerüchtes geben ihm einen hohen Anschein von Wahrscheinlichkeit, und nur Ihr Charakter läßt mich daran zweifeln.« Mit erhobenem Haupt und stolzem Blick setzt Katharina der Nervosität ihres Gegenübers eine unerschütterliche Ruhe entgegen, die ihn sprachlos macht. Die schlechten Nachrichten der letzten Tage haben ihren Glauben an den Endsieg nicht im mindesten ins Wanken gebracht. Wenn sie an jeder Poststation auf dem Weg nach Moskau fünfhundert Pferde hat bereitstellen lassen, so geschah das, wie sie versichert, lediglich zu dem Zweck, den Nachschub für die Verteidigung St. Petersburgs zu beschleunigen. »Melden Sie also Ihrem Hofe, daß ich in meiner Hauptstadt bleibe und sie allenfalls zu dem Zwecke verlasse, dem König von Schweden entgegenzugehen.«

Ségur nimmt diese Haltung für eine Weigerung, die Realitäten zu erkennen. Aber die Ereignisse geben der Kaiserin recht. Admiral Greigh hat die schwedische Flotte eingeholt, in den Hafen von Sveaborg getrieben und dort eingekesselt. In der schwedischen Aristokratie bricht Unwillen aus. Die enttäuschten Offiziere werfen Gustav III. vor, den Krieg erklärt zu haben, ohne zuvor die Stände befragt zu haben. Diese Opposition, bekannt geworden unter dem Namen Konföderation von Anjala, bremst den Vormarsch des Eroberers. Der ehrgeizige Traum Gustavs III. scheint mit einem Schlage ausgeträumt.

Katharina freut sich vorbehaltlos über den Verrat in den Reihen des Gegners. »Wäre der König ein anderer, so könnte man Mitleid mit ihm haben. Aber was soll man machen? Da man es kann, muß man die Gelegenheit nutzen und den Feind zwingen, die Waffen zu strecken.« Ihrem Sohn, dem das Vorbild Friedrichs II. keine Ruhe läßt, hat sie erlaubt, an den militärischen Operationen gegen Schweden teilzunehmen. Aber sie hat ihn der Autorität und Wachsamkeit des Generals Mussin-Puschkin unterstellt, und diese Abhängigkeit ist Paul so zuwider, daß er bald nach St. Petersburg zurückkehrt. Wieder einmal hat er vor aller Welt seine Unfähigkeit bewiesen. Wie immer gibt er seiner Mutter die Schuld an seinem Mißerfolg. Er verdächtigt Potemkin, durch Intrigen dafür gesorgt zu haben, daß er an die Nordfront geschickt werde, weil er ihn an der Südfront nicht habe neben sich dulden wollen.

An der Südfront aber kommt es gerade eben zu neuen Aktivitäten. Nachdem er den ganzen Sommer 1788 mit folgenlosen Scharmützeln vergeudet hat, entschließt sich Potemkin endlich, zum Generalangriff auf Otschakow zu blasen. Suworow wird im Kampf schwer verwundet. Eine Epidemie bricht aus. Voll Kampfeswut setzt Potemkin selber sich mit der Tollkühnheit eines ruhmsüchtigen jungen Offiziers ein. Um seine Soldaten anzufeuern, verspricht er ihnen die Plünderung. Am 6. (11. Dezember) der Sturmangriff: im Geschützhagel werden die Mauern erstiegen, man kämpft Mann gegen Mann und erobert Haus für Haus die Stadt, macht die Einwohner nieder, raubt, vergewaltigt, steckt alles in Brand. Sechzigtausend Türken und zwanzigtausend Russen finden bei dem Gemetzel den Tod. Die Beute ist gewaltig. Das schönste Stück ist ein Smaragd von der Größe eines Hühnereis, den Potemkin der Zarin schickt. Oberst Bauer erhält den Auftrag, ihr die gute Nachricht zu überbringen. Als er mitten in der Nacht eintrifft, liegt Ihre Majestät krank im Bett. Bauer übergibt die Depeschen dem Favoriten Mamonow, und dieser weckt tief erschüttert seine Mätresse. Sie weint vor Freude. Am nächsten Morgen erklärt sie beim Lever: »Ich war krank, aber die Freude hat mich geheilt.« Der Bote, der Fürst von Tauris, die Offiziere und die Soldaten werden überreichlich belohnt. Der Dichter Derschawin verfaßt eine Ode:

»Dröhne, Donner des Sieges,
Juble, tapferes Rußland!«

Der italienische Maler Francesco Casanova erhält den Auftrag, die Großtat in einem Gemälde zu verewigen. Und Katharina schreibt an Potemkin: »Mit beiden Händen fasse ich Sie an den Ohren und küsse Sie in Gedanken tausendmal.«

Die Türken jedoch denken trotz ihrer Niederlage bei Otschakow durchaus nicht daran, die Waffen zu strecken, und der Schwedenkönig hat die Meuterei in seinem Heer erstickt, die Konföderation von Anjala aufgelöst und die Feindseligkeiten wiederaufgenommen. Zugleich kann Joseph II. wegen des Aufstandes in den Niederlanden gegen die österreichische Herrschaft nicht vollen Beistand gegen die Türken leisten. Trotzdem beginnt das Jahr 1789 mit schönen Erfolgen. Der Prinz von Nassau bringt als Kommandant einer neuen Galeerenflotte bei Swenksund den Schweden eine schwere Niederlage bei; Rumjanzow triumphiert bei Galatz; Suworow und der Prinz von Coburg schlagen die Türken in der blutigen Schlacht von Focsani in die Flucht . . . Aber alles das genügt nicht. Von England und Preußen aufgestachelt, kämpft der Feind im Norden wie im Süden weiter.

Frankreich aber ist viel zu sehr mit seinen inneren Problemen beschäftigt, um im internationalen Kräftegleichgewicht noch eine bedeutende Rolle zu spielen. Dieses demokratische Theater in Frankreich ärgert Katharina. »Ihr dritter Stand erhebt ja gewaltige Ansprüche«, sagt sie zu Ségur. »Er wird damit nur das Ressentiment der beiden anderen Stände wecken, und diese Zwietracht kann ebenso lang anhaltende wie gefährliche Folgen haben. Ich fürchte, der König wird sich zu allzu großen Opfern gezwungen sehen, ohne damit die Leidenschaften beschwichtigen zu können.« Trotzdem versichert sie Grimm: »Ich gehöre nicht zu denen, die glauben, daß uns eine große Revolution bevorsteht.« Und dann kommt plötzlich der Donnerschlag: die Bastille wird genommen. Katharina erfährt davon durch Simolin, ihren Botschafter in Paris. Diesmal läßt sie ihrem Zorn freien Lauf. »Wie können Schuster sich in die öffentlichen Angelegenheiten einmischen wollen!« schreit sie. »Ein Schuster kann nur Schuhe machen.« Gegen diese stumpfsinnige Masse, die sich untersteht, das monarchische Prinzip anzufechten, empfindet sie einen tiefsitzenden animalischen Haß. »Der Ton, der jetzt bei Ihnen herrscht, ist der Ton der Gosse«, schreibt sie an Grimm. Sie erklärt, Frankreich liege »in den Wehen« und gebäre einen »stinkigen Wechselbalg«. – »Die Nationalversammlung ist nur ein Haufen von Stänkerern . . . Würde man ein paar davon hängen und allen ihre achtzehntausend Franken Diäten nehmen, dann kämen die anderen vielleicht wieder zur Vernunft.« Sie schilt auf das »System der Hydra mit zwölfhundert Köpfen«, die man alle abschneiden müsse, damit das Land wieder zur Ruhe komme. Als der arme Grimm sie für Bailly, den neuen Bürgermeister von Paris, um ihr Bildnis bittet, wogegen Bailly ihr das seine zukommen lassen werde, antwortet sie brüsk: »Für den Hausmeier, der Frankreich entmonarchisiert hat, ziemt es sich ebensowenig, das Bildnis der aristokratischsten Kaiserin Europas zu besitzen, wie es sich für diese schickt, ihr Porträt dem entmonarchisierenden Hausmeier zu schicken. Der entmonarchisierende Hausmeier und die aristokratischste aller Kaiserinnen träten damit in Widerspruch zu sich selbst und zu ihren vergangenen, gegenwärtigen und künftigen Funktionen.« Alle ihre Wünsche richten sich auf einen neuen Cäsar, der Gallien unterwerfen wird. »Wann kommt dieser Cäsar? Oh, er wird kommen; hütet euch und zweifelt nicht daran!« Und dann prophezeit sie: »Wenn die Revolution ganz Europa erfaßt, dann wird ein neuer Dschingiskhan oder Tamerlan es zur Vernunft bringen. Dies wird sein Schicksal sein, darauf können Sie sich verlassen. Aber das wird nicht zu meinen Lebzeiten geschehen, und ich hoffe, auch nicht zu denen von Monsieur Alexander.« Daß sie eben diesen Monsieur Alexander einem republikanisch gesinnten Lehrer, La Harpe, anvertraut hat und daß sie sich stets auf ihre liberalistischen Überzeugungen etwas zugute hielt, hat sie vergessen. Manche großherzigen Ideen lassen sich zwar sehr angenehm hegen, aber der Erprobung durch die rauhe Wirklichkeit halten sie nicht stand. Man kann sich für das Wohl seiner Untertanen interessieren, sich bemühen, das Los der am meisten Benachteiligten zu verbessern, man kann auch hier und da ein paar Freiheiten gewähren, zugleich aber den Aufstand der Kanaille auf keinen Fall dulden. Es ist die Aufgabe des Herrschers, zu regieren; das Volk aber hat zu gehorchen. Dieses Kräfteverhältnis umzukehren, hieße ein Land in das sichere Verderben zu führen. Die verschwommenen Theorien der Revolutionsphilosophen werden nichts daran ändern, daß die Dinge so sind, wie sie sind. Im Grund hat Katharina Frankreich nie geliebt, dieses Land des Leichtsinns, der Unruhe und Unordnung. Sie hat nur die französische Kultur geliebt. Und plötzlich wird sie von Angst gepackt: sind nicht die großen französischen Schriftsteller, die sie so sehr bewundert, sind nicht Montesquieu, Voltaire, Diderot, Rousseau und d'Alembert mitverantwortlich für das entsetzliche Chaos, in dem dieses Land nun versinkt? Haben sie mit ihrer Kritik nicht den Anstoß gegeben zu den Verirrungen einer Nation, die die Orientierung verloren zu haben scheint? Sie wird Grimm danach fragen: »Sie sagen, daß Sie eines Tages Voltaire von dem Vorwurf reinwaschen wollen, er habe dazu beigetragen, die Revolution auszulösen, und daß Sie die wahren Urheber nennen wollen. Ich bitte Sie, nennen Sie sie mir und sagen Sie mir, was Sie darüber wissen . . . Ich warte auf den Augenblick, wo Sie so gütig sein wollen, die Philosophen und ihre Schüler in meinen Augen von der Teilhabe an der Revolution zu exkulpieren.«[2] Zu Ségur, der aufgrund seiner demokratischen Überzeugung die Abschaffung der Feudalherrschaft begrüßt, bemerkt sie trocken: »Ich mache Sie darauf aufmerksam, daß England nach Rache für sein Mißgeschick in Amerika dürstet. Falls sie Ihr Land angreifen, würden sie ihm mit diesem neuen Krieg einen Dienst leisten, weil das Feuer, das im Inneren wütet, nach außen abgeleitet würde.«

Ségur brennt darauf, nach Frankreich heimzukehren, um sich an Ort und Stelle von den Segnungen der Freiheit zu überzeugen. Außerdem schwebt er paradoxerweise im Ungewissen über das Schicksal seiner Familie in den Wirren der Revolution. Katharina läßt ihm seine Pässe übergeben und gewährt ihm eine Abschiedsaudienz. »Sagen Sie dem König, wie sehr ich ihm Glück wünsche«, erklärt sie ihm. »Mit Kummer sehe ich Sie scheiden; Sie täten besser daran, bei mir zu bleiben und sich nicht Gewitterstürmen auszusetzen, deren volles Ausmaß Sie vielleicht gar nicht übersehen. Ihre Schwäche für die neue Philosophie und für die Freiheit wird Sie wahrscheinlich verleiten, sich der Partei des Volkes anzuschließen; mich wird das verdrießen, denn ich werde Aristokratin bleiben: das ist mein Metier. Denken Sie daran: Sie werden Frankreich von Fieber geschüttelt und sehr krank finden.« – »Ich fürchte es auch, Madame«, erwidert er, »aber das ist genau der Grund, warum ich es für meine Pflicht halte, dorthin zurückzukehren.«

Mit Gefühlen der Trauer und der wechselseitigen Hochachtung wird Abschied genommen. Schon bald aber verhärtet sich unter dem Eindruck der Entwicklung der französischen Innenpolitik Katharinas Einstellung gegenüber Ségur. Einmal schreibt sie über ihn: »Es gibt da einen Mann, dem ich seine Streiche nicht vergessen kann; das ist Ségur. Pfui über ihn, er ist so falsch wie Judas.«[3] Und weiter: »Bei den einen will er als Demokrat gelten, bei den anderen als Aristokrat . . . Als er hier ankam, sahen wir in ihm den *Grafen* Ségur . . . Jetzt ist *Louis* Ségur von der nationalen Krankheit befallen.«

Auf jeden Fall muß dafür gesorgt werden, daß Rußland von dem französischen revolutionären Aussatz nicht angesteckt wird. Schon am 3. November 1789 bemerkt Genet[4], der neue französische Geschäftsträger in St. Petersburg, in einer Depesche an den Grafen Montmorin: »Man trifft hier die weisesten Vorkehrungen, um eine Übertragung der Gärung zu verhindern, die Frankreich erschüttert und den gewaltsamsten Zukkungen ausliefert. In die Zeitungen werden nur ausgesuchte und äußerst knappe Meldungen über unsere inneren Angelegenheiten eingerückt, und man sorgt streng dafür, daß das Verbot, in der Öffentlichkeit über Politik zu reden, strikt eingehalten wird. . . . Diese Vorsichtsmaßnahmen sind ebenso zum Wohle des Staates wie zur Aufrechterhaltung der Autorität des Herrschers gedacht. Sollten die russischen Bauern, die keinerlei Besitz haben und alle Leibeigene sind, jemals ihre Ketten sprengen, so würden sie als erstes die Aristokratie abschlachten, der aller Grund und Boden gehört, und dieses blühende Land würde wieder in die finsterste Barbarei zurücksinken.«

Im Augenblick braucht sich Katharina des Volkes wegen noch keine Sorge zu machen. Die verderblichen Theorien der französischen Philosophen sind in die schwerfälligen Gehirne dieser Analphabeten noch nicht eingedrungen. Die jahrhundertelange Gewöhnung an die Sklaverei ersetzt ihnen das Ideal. Die Russen arbeiten und kämpfen. Und das mit Erfolg. Potemkin erobert Bender und Ackerman, Suworow erringt die Siege von Martineschti und Rimnik, die Österreicher besetzen Belgrad, Repnin nimmt das kleine Fort Hadschibej, das später Odessa wird. Aber die Türken sind zäh und sind noch immer nicht bereit, um Frieden zu bitten. Das Jahr 1790 beginnt für Katharina mit einem Trauerfall, der sie gefühlsmäßig und politisch gleichermaßen trifft: erschöpft und krank ist Joseph II. im Februar sanft entschlafen. Sein Bruder Leopold von Toscana, der nun Kaiser wird, hat durchaus nicht die Absicht, die freundschaftliche Haltung seines Vorgängers gegenüber Rußland beizubehalten. Er nähert sich wieder mehr Preußen an und erwägt sogar separate Friedensverhandlungen mit der Hohen Pforte. Wird Rußland im Kampf gegen die Türkei und Schweden ganz auf sich allein gestellt sein? Und jetzt erleidet auch noch der Prinz von Nassau eine schreckliche Niederlage in der Seeschlacht bei Swenksund – an der gleichen Stelle, an der er ein Jahr zuvor gesiegt hat. Preußen braucht nur anzugreifen, und St. Petersburg ist verloren. Verzweifelt bittet der Prinz von Nassau, seines Kommandos enthoben zu werden, und schickt der Kaiserin die Auszeichnungen zurück, die sie ihm seinerzeit verliehen hat und deren er sich jetzt nicht mehr würdig fühlt. Sie nimmt weder seine Demission an noch die Orden. »Mein Gott«, schreibt sie ihm großmütig, »wer hätte in seinem Leben nicht große Fehlschläge erlitten? Auch die fähigsten Führer haben ihr Mißgeschick gehabt. Der weiland König von Preußen war wahrhaft groß nach einer großen Niederlage . . . Alle Welt hielt ihn schon für verloren, und genau in diesem Augenblick besiegte er aufs neue den Feind.« Mit diesen Worten sucht sie ebensosehr sich selber wie dem Empfänger des Briefes Mut zuzusprechen. Eines Morgens findet Besborodko, der sich bei ihr melden will, sie bei der Plutarch-Lektüre. Sie will sich »Seelenstärkung« holen, sagt sie. Oft verbringt sie schlaflose Nächte. Die Niederlage ihrer Flotte bei Swenksund scheint ihr für die Zukunft ein böses Vorzeichen. Aber seltsamerweise erweist sich dieses Unheil als glückbringend: die stolze russische Flotte gedemütigt zu haben, bereitet Gustav III. so große Genugtuung, daß er sich zur Versöhnung bereit erklärt. Die Wahrheit ist jedoch, daß sämtliche politische Parteien in Schweden ihn bedrängen, mit diesem unsinnigen Krieg endlich Schluß zu machen. Katharina ist bereit, über die Bedingungen eines ehrenvollen Friedens zu verhandeln. Sie wird keinen Zollbreit ihres Territoriums abtreten, aber die neue Regierungsform Schwedens anerkennen. Der Vertrag über diese Abmachung wird am 3. (14.) August 1790 in Werelä unterzeichnet. Von Rußland als absoluter König in seinem

Land anerkannt, kann Gustav III. einen unbestreitbaren moralischen Pluspunkt verbuchen; er ist also siegreich aus diesem sehr riskanten Streit hervorgegangen. In einem Brief an seine gewesene Feindin bittet er sie, ihm wieder ihre Freundschaft zu gewähren und diesen Krieg zu vergessen »wie einen Gewitterschauer«. Dieser »Gewitterschauer« hat immerhin zwei Jahre gedauert. Mit hellsichtiger Heiterkeit zieht Katharina Bilanz: »Das eine Bein haben wir heraus aus dem Sumpf«, schreibt sie an Potemkin, »und wenn wir auch das andere herausgezogen haben, werden wir Hallelujah singen.«

Das andere »Bein« steckt aber noch tief im Schlamm. Es gibt keinen Sieg zu feiern. Seit Monaten belagern die russischen Truppen vergeblich die türkische Zitadelle Ismail. König Friedrich Wilhelm von Preußen schürt die nationalistische Agitation in Polen. Katharinas Schwierigkeiten ausnutzend, verspricht er den polnischen Patrioten, ihnen zu helfen, die russische Hegemonie abzuschütteln, ihnen Galizien zurückzugeben, das bei der Teilung an Österreich gefallen ist, und ihnen militärischen Beistand zu leisten, wenn Polen angegriffen wird. Ein Verteidigungsbündnis zwischen Preußen und Polen wird im März 1790 geschlossen. Dieser Vertrag richtet sich ganz unzweideutig gegen Rußland. Katharina nimmt alle diese Herausforderungen hin. Sie fühlt sich jetzt nicht in der Lage, zurückzuschlagen. Erst muß sie mit den Türken zu einem Ende kommen. Endlich ein Lichtblick: nach drei blutig abgeschlagenen Sturmangriffen kann Suworow Ismail nehmen. In den Gräben der Festung verfaulen fünfzehntausend Russen. »Das stolze Ismail liegt zu Ihren Füßen«, schreibt Suworow an die Kaiserin. Katharina jubiliert. Ist das jetzt endlich das Ende? Nein, die Kämpfe gehen weiter. Sie ist müde geworden. Sechzig Jahre ist sie jetzt alt. An die Verwirklichung ihrer Griechenlandpläne glaubt sie nicht mehr. Ihr Enkel Konstantin wird wohl nie Kaiser von Dazien werden. Wenigstens aber wird ihr anderer Enkel Alexander ein erweitertes, geeinigtes und gefestigtes Rußland regieren. Und das ist ihr zu verdanken. Schließlich werden in Jassy zögernd Friedensverhandlungen eingeleitet. Auf beiden Seiten läßt man die Gespräche nur schleppend vorankommen. Jeder versucht, den Gegner durch Zähigkeit und Anmaßung zu zermürben. So vergehen die Tage. Und immer noch müssen Menschen sterben. Die Bevollmächtigten gehen auseinander, treffen sich erneut. Katharina ist entschlossen, nicht das kleinste Fleckchen eroberten Landes wieder herauszugeben. Sie ist kein Ludwig XV., der auf Louisiana und Kanada verzichtet, kein Georg III., der seine Besitzungen in Amerika preisgibt. Sie fühlt sich mit Haut und Haaren mit Rußland verwachsen; ein Stück davon wegnehmen wollen, hieße, ihr ins Fleisch zu schneiden. Schon lange hat sie vergessen, daß sie eine gebürtige Deutsche ist. Ihre Legitimität beruht nicht auf der blutsmäßigen Abstammung, sondern auf Entscheidung, Liebe, Arbeit und Ausdauer. Sie hat sich selbst ein Vaterland und fast auch Vorfahren geschaffen. Wenn sie träumt, dann heißt ihr Vater nicht mehr Christian August von Anhalt-Zerbst. Er heißt Peter der Große.

24. KAPITEL

Subow gegen Potemkin

Mehr als sechzig Jahre ist Katharina jetzt alt. Arbeit und Sorgen haben an ihr gezehrt. Sie wirkt klein und dick, die Haltung ist steif, die Haare werden grau, der Blick ist hochmütig. »Ich war zunächst aufs höchste erstaunt, sie sehr klein zu finden«, notiert die Porträtmalerin Elisabeth Vigé-Lebrun nach einem Besuch am Hof. »Ich hatte sie mir wundervoll groß vorgestellt, so groß wie ihr Ruhm. Sie war sehr fett, hatte aber noch ein schönes Gesicht . . . Ihre breite und sehr hohe Stirn schien der Sitz des Genies zu sein. Ihre Augen waren sanft und edel, die Nase ganz griechisch geformt, der Teint sehr frisch, und die ganze Physiognomie überaus lebhaft . . . Ich sagte, daß sie klein von Wuchs war, aber an den Tagen offizieller Empfänge gaben ihr das hocherhobene Haupt, der Adlerblick und jene stolze Haltung, die jemand erwirbt, der zu befehlen gewöhnt ist, etwas derart Majestätisches, daß sie mir wie die Königin der ganzen Welt vorkam.«

Sogar der ausgesprochen böswillige Masson, der Mathematiklehrer der Großfürsten, räumt in seinen *Mémoires secrets sur la Russie* ein, die Kaiserin habe es verstanden, Korpulenz mit Eleganz und ein ausgeprägt aristokratisches Auftreten mit viel Liebenswürdigkeit zu verbinden. Sie gehe langsam und mit kleinen Schritten einher, mit »hoher, heiterer Stirn« und hellem Blick, grüße mit einem leichten Neigen des Kopfes, reiche den Höflingen ihre weiße, weiche Hand zum Kuß und lasse dabei ein paar freundliche Worte fallen. »Aber gerade in solchen Augenblicken«, bemerkt der Memoirenschreiber, »konnte man sehen, wie die Harmonie ihres Gesichtes verfiel, und für einen Augenblick vergaß man, daß man die große Katharina vor sich hatte, und sah nur noch die alte Frau; denn wenn sie den Mund öffnete, sah man keine Zähne mehr, und ihre Stimme klang heiser und nuschelnd. Die untere Gesichtshälfte hatte etwas Rohes und Grobes und die hellgrauen (?) Augen etwas Falsches, und eine gewisse Falte an der Nasenwurzel gab ihr ein etwas finsteres Aussehen.«

Ihre Kleidung ist außer bei feierlichen Anlässen stets höchst einfach: ein graues oder violettes weitgeschnittenes Seidenkleid nach moldauischer Art, kein Schmuck und bequeme

Schuhe mit flachem Absatz. All ihre Koketterie wendet Katharina an ihre Frisur: nach hinten gekämmt und leicht gepudert, lassen ihre Haare die hohe und breite Stirn frei. Für die großen Empfänge setzt sie ein Diamantendiadem auf und vertauscht das Kleid »nach moldauischer Art« gegen eines »in russischer Mode« aus hochrotem Samt. Um den übertriebenen Aufwand der Toiletten zu verhindern und den Einfluß der Pariser Mode zu bekämpfen, befiehlt die Zarin allen Damen des Hofes, sich an die gleiche wenig vorteilhafte Kleiderordnung zu halten. Sogar auf die Frisuren »à la Reine« und »à la Belle Poule« müssen sie verzichten, seitdem ein Ukas vom 22. Oktober 1782 verboten hat, die Haare mehr als zweieinhalb Zoll hoch aufzutürmen. Strenge Schlichtheit ist vorgeschrieben. Das ist Versailles auf russische Art. »Hier gleicht alles mehr einer hübschen Skizze als einem vollendeten Werk«, schreibt der Graf von Damas. »Die Häuser bestehen nur aus Fassaden, und die Leute hier kennen ihre Rolle nicht recht . . . Die Kleider, asiatisch für das Volk, nach französischer Art für die bessere Gesellschaft, scheinen nicht ganz zu Ende ausgeführt . . . Die Charaktere sind nur gezügelt, aber nicht verfeinert . . . Es gibt am Hofe Schürzen in Fülle, die ohne Widerstreben wieder in ihr Dorf zurückkehren könnten, und manch glatt rasiertes Kinn, das noch immer findet, daß ein Bart besser wärmt.«

Aber trotz aller Ukase, die mehr Nüchternheit in den Hoftoiletten empfehlen, entfaltet die Aristokratie in der Hauptstadt und auch in der Provinz einen Pomp und eine Leichtlebigkeit, die die ausländischen Beobachter in Erstaunen versetzt. Nach dem Beispiel der Kaiserin bauen die Adligen nach Herzenslust überall im Lande Schlösser, Landsitze, Gewächshäuser, Manegen und Privattheater, legen »französische« oder »englische« Gärten an mit künstlichen Seen und Grotten, geben Feste und Bälle und brennen Feuerwerke ab. Die Residenzen der Kaiserin wie Zarskoje Selo, Peterhof und Gatschina sind die beliebtesten Schauplätze solcher Lustbarkeiten. Über seine Verhältnisse zu leben, hat man sich zur Regel gemacht. Die Garderoben sind von maßloser Üppigkeit. Marschall Apraxin besitzt mehr als dreihundert Anzüge. Kleine Edelleute, deren Adel erst neueren Datums ist, legen ihren Stolz darein, Hunderte von Strümpfen und Schuhen zu haben. Bei Karossen, Pferden und Geschirr sucht man einander an Glanz zu überbieten. Viele Junker stürzen sich in Schulden und ruinieren sich, um ihren aufwendigen Lebensstil beizubehalten. Um wieder liquide zu werden, verkaufen sie einen Teil ihrer Besitztümer oder belasten sie mit Hypotheken. Hauptsache, man kann seinen Rang wahren und Eindruck machen. Es ist Mode, eine zahlreiche Dienerschaft zu halten. Das Ansehen einer hochgestellten Persönlichkeit bemißt sich danach, wieviel Leute sie unter Livree hat. Bei den Reichen schwankt die Zahl der Domestiken zwischen dreihundert und achthundert. Für einen Mann mittleren Ranges ist einhundertfünfzig eine schöne Zahl. Arme Edelleute müssen sich mit zwanzig begnügen. Die meisten dieser Domestiken sind leibeigene Bauern, die ihr Besitzer vom Dorf hat kommen lassen. Oft kennt er weder ihre Namen noch ihre Gesichter, und über ihre Faulheit klagt er aus Gewohnheit. Sie erhalten Nahrung und Unterkunft, aber keinen Lohn und haben die unterschiedlichsten Arbeiten zu verrichten. Es gibt darunter Haushofmeister, Lakaien, Laufburschen, Kammerfrauen, Köche, Küchenjungen, Zuckerbäcker, Bäcker, Heizer, Geschirrspülerinnen, Wäscherinnen, Schneiderinnen, Stickerinnen, Kutscher, Stallknechte, Pferdeknechte, Vorreiter, Reitknechte, Pförtner, Wächter, Nachtwächter; in den größeren Anwesen auch Schneider, Schuster, Sattler, Apotheker, Hofnarren, Musiker, Schauspieler, Sänger und Maler. Ja, sogar die Künstler holt der Grundherr aus seinem Besitz an hörigen Menschen. Lehrer aus dem Ausland unterrichten und bilden die begabtesten dieser Muschiks. Sobald sie ihr Können entwickelt haben, benutzt der Herr sie, um sich und seine Gäste zu unterhalten. Der Graf Kamenski läßt sich eine Gala-Vorführung auf seinem Theater dreißigtausend Rubel kosten. Der Graf Scheremetjew hat in seinem Dorf Kuskowo eine Sänger- und Schauspielertruppe, um die Katharina ihn beneidet. Zur Feier der Unterzeichnung des Friedensvertrages mit der Türkei läßt Leo Naryschkin auf seinen Ländereien die wichtigsten Schlachten dieses Krieges von uniformierten Darstellern spielen. Der Melomane Skawronski verlangt von seinen Domestiken, daß sie ihn mit Opernrezitativen ansprechen.

Im allgemeinen genießen diese Spezialisten-Sklaven ein gewisses Wohlwollen ihres Herrn, denn sie sind für ihn einerseits Kapital, andererseits ein Ausweis seines Ranges. Die anderen sind, wehrlos wie Vieh, gnadenlos der Willkür ihres Eigentümers ausgeliefert, der sie bis zur Erschöpfung arbeiten lassen, nach Gutdünken verheiraten, der Prügelstrafe unterwerfen und für das geringste Vergehen deportieren kann. Nur das Recht über Leben und Tod steht ihm nicht zu. Aber selbst die gutmütigsten Grundbesitzer, jene, die ihre Bauern »patriarchalisch« behandeln, können sich nicht dazu entschließen, sie als vollwertige Menschen zu betrachten. Für die besitzende Klasse stellt die leibeigene Landbevölkerung eine zoologische Spezies eigener Art dar, die vermutlich mit einer Seele ausgestattet, aber ohne jede Rechte ist. Ohne die geringsten Skrupel verkaufen auch die aufgeklärtesten Leute ihre Leibeigenen oder nehmen Hypotheken auf sie auf. Die Zeitungen in St. Petersburg und Moskau veröffentlichen Anzeigen mit sonderbarem Inhalt: »Friseur zu verkaufen, dazu vier Bettstellen, ein Federbett und anderes Mobiliar.« Oder: »Sechzehnjähriges junges Mädchen von guter Führung und wenig gebrauchter Wagen zu verkaufen.« Die Preise für das Durchschnittsangebot sind nicht sehr hoch. Ein Rassehund kostet zweitausend Rubel, ein Bauer dagegen nur dreihundert und ein Landmädchen nicht einmal hundert. Ein Kind kann man sogar für ein paar Kopeken kaufen. Ein guter Koch wiederum oder ein guter Musiker kann leicht auf achthundert Rubel kommen. Dieser Handel mit lebendigem Fleisch steht seit dem Regierungsantritt Katharinas in besonders hoher Blüte. Trotz all ihrer herrlichen liberalen Ideen ist sie darüber absolut nicht empört. Im Gegenteil, sie selbst verschenkt gern ganze Dörfer, wenn es politische, militärische oder erotische Verdienste zu belohnen gilt. Mehr als achthunderttausend »Seelen« hat sie auf diese Weise schon verteilt. Der Favoritismus kommt teuer. Aufgrund von zeitgenössischen Ausagen »gut unterrichteter Persönlichkeiten« hat der französische Diplomat J. Castéra eine Aufstellung der geschätzten Kosten kaiserlichen Bettvergnügens gemacht. Demnach erhielten in Form von Bargeld, Bauern, Ländereien, Palästen, Juwelen, Geschirr oder Pensionen:

die fünf Brüder Orlow	17 000 000 Rubel
Wysozki (ein Komparse, der nicht ganz zählt)	300 000 Rubel
Wassiltschikow	1 110 000 Rubel
Potemkin	50 000 000 Rubel
Sawadowski	1 380 000 Rubel
Soritsch	1 420 000 Rubel
Rimski-Korssakow	920 000 Rubel

Lanskoi	7 260 000 Rubel
Jermolow	550 000 Rubel
Mamonow	880 000 Rubel
Die Brüder Subow	3 500 000 Rubel
laufende Ausgaben aller Favoriten seit Katharinas Herrschaftsantritt	8 500 000 Rubel
Summe	92 820 000 Rubel

Nach dem damaligen Wechselkurs entspricht diese Summe 464 Millionen Livres[1] in französischem Geld. Der schwindelerregende Betrag entspricht in etwa der Schätzung, die der englische Botschafter Harris zum gleichen Zweck 1782 in einer Note an seine Regierung angestellt hat. Fast wie eine Entgegnung auf diese Listen, die ihre kostspieligen Amouren denunzieren, wirkt die Bilanz ihres politischen Wirkens, die Katharina in einem Brief an Grimm zieht:

Nach der neuen Regelung errichtete Gouvernements	29
Erbaute Städte	144
Abgeschlossene Verträge und Übereinkünfte	30
Errungene Siege	78
Wichtige Edikte, die sich auf Gesetze oder Stiftungen beziehen	88
Edikte zur Erleichterung der Lage des Volkes	123
Summe	492

Diese Summe setzt sie der anderen stolz entgegen. Was zählen angesichts der gewaltigen Vorteile, die Rußland tagtäglich aus ihrer Regierungstätigkeit zieht, schon die paar Ausgaben, die sie sich für ihr persönliches Vergnügen gönnt! Ihr Charakter läßt es nicht zu, daß sie jemals gesteht, im Unrecht zu sein. Die bloße Tatsache, daß sie regiert, genügt schon, um jede ihrer Entscheidungen zu rechtfertigen. »Es ist durchaus nicht erstaunlich, daß unter den russischen Herrschern so viele Tyrannen gewesen sind«, schreibt sie in ihren *Aufzeichnungen*. »Die Nation ist von Natur aus widerspenstig, undankbar und voller Verräter und voller Leute, die sich dienstfertig stellen, um das, was ihnen aufgetragen wird, zum eigenen Vorteil zu wenden.«

Ein »Tyrann« ist sie nicht, aber sie erwartet, daß man ihr blind gehorcht. Und das nach Möglichkeit mit freundlicher Miene und mit französischen Manieren. Sie führt ein sehr offenes Haus. Nach dem Bericht eines schwedischen Reisenden, des Grafen Sternberg, herrscht im Audienzsaal kurz vor dem Erscheinen der Kaiserin ein lärmendes Gedränge. Alle Sprachen Europas und Asiens verschmelzen zu einem einzigen brausenden Dröhnen. Aber französisch, russisch und deutsch dominieren. Jeder kann sich unter die Menschenmenge mischen. Es genügt, einen Degen zu tragen, um bis zur Tür des Thronsaales zu gelangen. Sie wird von zwei Gardeoffizieren in Gala-Uniform flankiert; im silbernen Harnisch, in den der Kaiseradler geprägt ist, und im Silberhelm mit schwarzem Federbusch stehen sie mit strengem Blick Gewehr bei Fuß. Einlaß findet nur, wessen Name auf einer besonderen Liste steht. Aber die Liste ist lang. In Gegenwart der Kaiserin verstummt das Gemurmel, und die Rücken krümmen sich. Über dem Gewand »nach russischer Mode« trägt sie am Band das Kreuz des St. Alexander-Newski-Ordens, des St. Wladimir- und des St. Katharinen-Ordens; dazu Kordon und Plakette des St. Andreas-Ordens und des St. Georgs-Ordens, der bedeutendsten Orden des Zarenreiches. Die meisten ihrer Besucher sind ihr bekannt. Rasch fliegt ihr Blick von einem Gesicht zum anderen. Noch immer liebt sie die Gesellschaft junger Männer. Nach Engelhardt, einem Neffen Potemkins, haben noch nie so viele Gecken in der Hoffnung auf eine gute Pfründe ihr schöngetan. Wo sie geht und steht, in den Salons, im Garten, in der Kapelle, drängen diese Laffen sich um sie und bieten ihr ihr Lächeln wie einen Blumenstrauß. Fast alle entstammen dem Kleinadel, und alle haben sie große Ambitionen. Jeder hofft darauf, daß sein hübsches Gesicht die Aufmerksamkeit der alternden und noch immer unbußfertigen Sammlerin erregen wird. Aber sie denkt durchaus noch nicht an einen Nachfolger für ihr »verzogenes Kind«, den »Rotrock« Mamonow. Hingegen empfindet Mamonow selber nach vier Jahren eifriger Dienste einen gewissen Überdruß an seiner kaiserlichen Mätresse, den er nicht einmal mehr zu verbergen versucht. Sosehr sie ihren jungen Geliebten auch mit Geschenken und Aufmerksamkeiten überhäuft, seine Leidenschaft für Kunstgegenstände fördert, ihn zum Direktor des Theaters der Ermitage ernennt und an ihren politischen Entscheidungen teilhaben läßt – nichts vermag ihn abzulenken. Er leidet an unheilbarer Schwermut, hat Unpäßlichkeiten, klagt über Beklemmungen, fällt bei dem geringsten ein wenig harten Wort in Ohnmacht und hält sich für unglücklicher als einen Gefangenen in seinem Kerker.

Eines Tages wirft Mamonow Katharina ihre »Kälte« vor und spricht noch eindringlicher als sonst von der krankhaften Traurigkeit, die an ihm zehrt. Was soll er nur tun? Er bittet die Architektin seines Glückes um Rat. Und sie begreift, daß er sich nach Freiheit sehnt. »Da die Trennung notwendig geworden ist, werde ich an deine Pension denken«, sagt sie. Wie immer entscheidet sie sich für Klarheit in den menschlichen Beziehungen. Nichts findet sie häßlicher als eine altgewordene Liaison, die aus Gewöhnung noch unter Tränen fortgeschleppt wird. Sie denkt eine Nacht darüber nach und schickt Mamonow dann ein Billett mit der Versicherung, daß er sich zurückziehen dürfe und sie ihm eine »glänzende Existenz« schaffen werde. Sie habe sogar daran gedacht, ihn die Tochter des sehr reichen und sehr prominenten Grafen Bruce heiraten zu lassen: »Sie ist zwar erst dreizehn Jahre alt, aber schon vollkommen entwickelt; ich kenne mich darin aus.« Doch statt sich zu freuen, antwortet Mamonow Ihrer Majestät mit einem Brief: »Die Hände zittern mir, und wie ich Ihnen schon schrieb, bin ich ganz allein, habe ich hier niemanden außer Ihnen . . . Ich werde mich nicht vom Reichtum verlocken lassen und will niemandes Schuldner sein außer der Ihrige, aber nicht der von Bruce. Wenn Sie den Wunsch haben, mein Leben auf eine feste Grundlage zu stellen, so erlauben Sie mir, die Fürstin Stscherbatow zu heiraten . . . Gott allein kann richten über die, die uns dahin gebracht haben, wo wir nun sind . . . Ich küsse Ihre kleinen Hände und Ihre kleinen Füße und kann selber nicht sehen, was ich da schreibe.« Und nachdem er sich schriftlich ausgesprochen hat, stürzt er zu der Kaiserin, wirft sich ihr zu Füßen und gesteht unter heftigem Schluchzen, daß er schon seit einem Jahr in die Ehrendame Daria Stscherbatow verliebt ist und ihr die Ehe versprochen hat. Katharina ist tief getroffen. Die grausamste Kränkung liegt für sie aber nicht in dem Geständnis, daß Mamonow sie nicht mehr liebt, sondern in dem Bewußtsein, von einem Mann, dem sie vertraute, so hinters Licht geführt worden zu sein. All diese Beklemmungen und Schwächezustände waren also reines Theater, nur Vorwände, die er brauchte, um zur Stscherbatow ins Bett zu schlüpfen! Ach, und dieser sechsundzwanzigjährigen Gans braucht Herr Rotrock keine solchen Zustände vorzuspielen!

Sie bekommt alles von ihm, was er der Kaiserin von Rußland seit Monaten vorenthält! Aber was hilft es. Nachtragend ist sie nun einmal nicht. Mögen sie also heiraten, wenn sie Gefallen aneinander haben. Am Abend des übernächsten Tages zitiert sie ihren Liebhaber mit seiner Erwählten zu sich und gibt öffentlich ihre Verlobung bekannt. Die beiden jungen Leute knien vor ihrer Herrscherin nieder, empfangen ihren Segen und weinen vor Rührung, als sie ihnen Glück und Gedeihen wünscht. Es heißt sogar, Mamonow und die Ehrendame seien von den Worten der Zarin so bewegt gewesen, daß sie fast ohnmächtig wurden. Katharina betrachtet sie mit mütterlichem Wohlwollen und verspricht ihnen wie üblich reichliche Geschenke. Doch ein paar Tage später läßt sie in Gegenwart ihres Sekretärs Chrapowitzki ihrer Verbitterung als altgewordene, alleingelassene Mätresse freien Lauf. Chrapowitzki hat den Wortlaut des Gesprächs in seinem Tagebuch minuziös festgehalten. Mitten beim Lesen eines Berichtes unterbricht sich Katharina plötzlich und ruft: »Seit acht Monaten hab ich es geahnt! . . . Er wich mir aus . . . Immer war es ein Druck auf der Brust, der ihn in sein Zimmer bannte! Dann hat er sich in den letzten Tagen auf Gewissensbisse besonnen, die ihn angeblich quälten und es ihm unmöglich machten, das Zusammensein mit mir fortzusetzen. Dieser Verräter! Es war diese andere Liebe, und es war sein Doppelleben, an dem er erstickte! Aber wenn er sich schon nicht bezwingen konnte, warum hat er es dann nicht wenigstens freimütig eingestanden? . . . Er ist unfähig, sich vorzustellen, wie ich gelitten habe!« – »Alle Welt ist verwundert, daß Ihre Majestät dieser Heirat zugestimmt haben!« wirft Chrapowitzki ein. – »Gott sei mit ihnen!« erwidert sie. »Ich wünsche ihnen, daß sie glücklich werden . . . Aber Sie sehen ja: ich habe ihnen vergeben, ich habe ihre Verbindung abgesegnet, sie müßten also entzückt sein. Und was tun sie? Sie weinen alle beide. Ach, die frühere Zärtlichkeit für mich ist bei ihm noch nicht erloschen! Seit einer Woche und mehr verfolgt er mich überall mit seinen Blicken!«

Überstürzt wird in einer Kapelle im Palast die Vermählung gefeiert. Wie es bei Hochzeiten von Ehrendamen üblich ist, wird die Einkleidung der Braut in Gegenwart der Kaiserin persönlich vorgenommen. Mamonow erhält eine Summe von einhunderttausend Rubeln und neuen Landbesitz mit dreitausend Bauern. Und zu diesem Landgut bricht das junge Paar sogleich nach der Einsegnung auf. Die Ex-Ehrendame, die der fleißige Ex-Favorit bereits geschwängert hat, wird dort niederkommen.

Noch ganz unter dem frischen Eindruck dieser unseligen Liebesangelegenheit bekennt Katharina in einem Brief an Potemkin: »Ich bin niemals irgendeines Menschen Tyrann gewesen und verabscheue jeden Zwang.« Potemkin bezeugt aus der Ferne sein Mitgefühl. Gewiß war er es, der der Kaiserin dieses »verzogene Kind« zugeführt hat. Aber schon bald hat er ihr geraten, »darauf zu spucken«. Mamonow verdient nur Verachtung, da er nicht imstande war, seinen »Posten« zu wahren. »Ich habe mich nie von ihm täuschen lassen«, schreibt der durchlauchtigste Fürst von Tauris. »Er ist eine Mischung aus Trägheit und Egoismus und als solcher im höchsten Grade ein Narziß. Er denkt nur an sich und verlangt alles ohne jede Gegenleistung.«

Ein wenig später schildert sie in einer Botschaft an Grimm ihre Gemütsverfassung folgendermaßen: »Da die Schülerin von Fräulein Cardel[2] befunden hat, daß Herr Rotrock eher Mitleid als Zorn verdient und bereits auf Lebenszeit genugsam gestraft ist durch die abgeschmackteste aller Leidenschaften, mit der er die Lacher durchaus nicht auf seiner Seite hat und die ihn als einen undankbaren Menschen bloßstellt, hat sie diese Angelegenheit zur Zufriedenheit aller Beteiligten so schnell wie möglich zu einem Ende gebracht . . . Es hat sehr den Anschein, daß es in dieser Ehe ganz und gar nicht zum besten steht.« Und tatsächlich muß Mamonow sehr bald erkennen, daß er die Beute hat fahren lassen, um nach ihrem Schatten zu schnappen. Die Freuden der Ehe können ihm das gewaltige Prestige nicht ersetzen, das er am Hofe genoß, solange er noch offizieller Favorit der Kaiserin war. Und so schreibt er an Ihre Majestät, daß er seit ihrer Trennung tausend Tode gestorben sei und keinen größeren Wunsch habe, als nach St. Petersburg zurückzukehren, um in ihrer Nähe die Wärme wiederzufinden, die ihm jetzt so entsetzlich fehle. Wie gewöhnlich in Liebesdingen, wiegt sich Katharina, die doch in politischen Angelegenheiten so weitblickend ist, in Illusionen. Mit ihren sechzig Jahren hat sie noch immer die Einbildungskraft und Treuherzigkeit eines jungen Mädchens. Obwohl ein Blick in den Spiegel genügen müßte, um ihr die Augen zu öffnen, glaubt sie allen Ernstes, ein Mann könne sie trotz ihrer Runzeln, ihres zahnlosen Lächelns und ihres Hängebusens noch immer seiner jungen Gattin vorziehen. Gerührt sagt sie zu Chrapowitzki: »Ich weiß, er kann nicht glücklich sein.« Trotzdem lehnt sie eine Wiederaufnahme der Beziehungen ab. »Mit ihm im Garten zu spazieren und ihn für ein paar Stunden zu sehen oder aber mit ihm zusammenzuleben, sind zwei Paar Stiefel.«[3] Auf sein sonderbares Drängen antwortet sie brieflich mit dem Rat, ein Jahr zu warten, ehe sie sich wiedersehen.

Als sie diese Zeilen schreibt, fühlt Katharina sich durchaus nicht alleingelassen. Noch ehe Potemkins Schützling Mamonow seine Funktion offiziell niedergelegt hat, war die Potemkin feindlich gesinnte Clique – die Tschernytschews, Rumjanzows und Saltykows – eifrig bemüht, einen Nachfolger für ihn zu finden. Man muß Serenissimus diesmal zuvorkommen und einen Favoriten installieren, der nicht von ihm abhängig ist. Und da der Platz sehr begehrt ist, herrscht an Kandidaten kein Mangel. Im Nu ist es so weit, und der glückliche Auserwählte wird von Katharinas Vertrauter Anna Naryschkin in die Gemächer der Kaiserin geleitet. Er heißt Plato Alexandrowitsch Subow, ist zweiundzwanzig Jahre alt und Leutnant in einem Garderegiment. Katharina kennt ihn schon lange. Sie hat sich seiner schon angenommen, als er noch ein elfjähriger Schüler war. Später hat sie ihn zur Fortsetzung seiner Ausbildung ins Ausland geschickt. An diesem Abend nun sieht sie ihn in einem neuen Licht. Er gefällt und wird angenomen, speist im Kerzenschein mit der Herrscherin zu Abend und erhält anderntags zehntausend Rubel und einige Ringe. Einer dieser Ringe wandert sogleich weiter zum Kammerdiener der Kaiserin, dessen Wohlwollen sich zu sichern nützlich scheint. In der Woche nach seiner Amtseinführung wird Subow zum Generaladjutanten der Zarin ernannt. Anna Naryschkin, die ihm in den Steigbügel geholfen hat, schenkt er eine kostbare Uhr. Und schon sieht man ihn, wie Masson schreibt, »seiner Fürstin vertraulich den Arm reichen, herausgeputzt in seiner neuen Uniform und einen mächtigen Federbusch am Hut, und die Großen des Reiches gehen hinter ihm mit gezogenem Hut. Und dabei hat er noch gestern bei ihnen antichambriert. Abends nach dem Spiel kann man sehen, daß Katharina ihren ganzen Hofstaat fortschickt, und nur der Favorit folgt ihr, wenn sie ihr Schlafzimmer aufsucht«. Sie ist so zufrieden mit ihm, daß sie an Potemkin schreibt: »Ich bin ins Leben zurückgekehrt wie eine Fliege, die in der Kälte ganz starr geworden war.« Diese Fliege ist jetzt sechzig Jahre alt und dick geworden, brummt und surrt umher und giert nach Fleisch. Diesmal hat sie einen besonderen leckeren Bissen erwischt. In der Reihe der jungen Favoriten der Zarin ist Subow zweifellos der schönste. Aus seinem Gesicht mit den edlen Zügen, dem feingeschnittenen Mund, dem weichen braunen Haar und den tiefen Blicken spricht eine Art aristokratischer Harmonie und eine selbstsichere Unbekümmertheit. Er ist nur mittelgroß, aber, wie Masson notiert, »von geschmeidigem, rassigem und ebenmäßigem Wuchs«.

Eine sonderbare Laune der Natur will es, daß ausgerechnet dieser so zart und liebenswürdig aussehende junge Mann von einem rastlosen Ehrgeiz, einer zynischen Unverschämtheit und einer Lust am Intrigieren besessen ist, die sich sofort bemerkbar machen, kaum daß er die neue Funktion übernommen hat. Sehr rasch macht er sich alle Mittel der Einflußnahme zunutze, setzt in den unterschiedlichsten Angelegenheiten seinen Willen durch und verlangt schamlos Vorteile für sich und seine Verwandten. Ein Schwarm von Schmeichlern umringt ihn stets. »Sein Vorzimmer«, schreibt Langeron, »war alle Tage von acht Uhr in der Frühe an voll von Ministern, Höflingen, Generälen, Ausländern, Bittstellern und Anwärtern auf Posten und Vergünstigungen. Meistens wartete man vier oder fünf Stunden und wurde nicht vorgelassen . . . Endlich wurden beide Flügel der Tür geöffnet, die Menge stürzte hinein. Man fand den Favoriten vor dem Spiegel, er ließ sich frisieren und hatte gewöhnlich ein Bein auf einen Stuhl oder die Kante des Toilettentisches gelegt. Nachdem die Höflinge sich ihm zu Füßen geworfen hatten, nahmen sie in einer Wolke von Puder in zwei oder drei Reihen vor ihm Aufstellung und wagten weder zu sprechen noch sich zu rühren.« Masson trägt noch dicker auf: »Die alten Generäle und die höchsten Würdenträger des Reiches schämten sich nicht, seinen niedrigsten Dienstboten zu schmeicheln. Und dieser junge Mann, der sich im schamlosesten Negligé in einem Sessel lümmelte, mit dem kleinen Finger in der Nase bohrte und mit kaltem, hochmütigem Ausdruck gelangweilt zur Decke blickte, ließ sich kaum herab, die Umstehenden zu beachten.« Plato Subow besitzt ein kleines Äffchen, das sich von Möbel zu Möbel schwingt, sich am Lüster festkrallt, Pomadendöschen leert und manchmal einem

Besucher auf den Kopf springt und ihm das Toupet herunterreißt. So der Aufmerksamkeit des Affen gewürdigt zu werden, ist eine große Ehre, und niemandem fällt es ein, zu protestieren. Katharina aber nimmt die Extravaganzen ihres neuen Favoriten als unschuldige Kindereien. Mit den Jahren hat sie in Dingen der Liebe den klaren Blick völlig verloren. Sie sieht alles durch eine rosarote Brille. Ganz geblendet, ja berauscht, ergeht sie sich in ihren Briefen an Potemkin in ständigen Anspielungen auf ihr Glück. Sie versichert ihm, das »Kind«, ihr »Schwarzkopf«, habe »eine ganz unschuldige Seele«, sei »völlig frei von Bosheit und Verrat, bescheiden, anhänglich und im höchsten Grade dankbar«; er sei von dem Wunsch beseelt, jedermann zu gefallen, und zeige ihr gegenüber einen Eifer und sogar Forderungen, die einer Frau nur schmeicheln könnten: »Er weint wie ein Kind, wenn man ihn nicht zu mir einläßt.« Ist er nicht gar so zartfühlend, auch noch die Liebe des fernen Gatten seiner Mätresse erlangen zu wollen? »Lebewohl, mein Freund«, schreibt sie an den Fürsten. »Liebkose uns, damit wir restlos glücklich sein können.« Und weiter: »Wenn er Gelegenheit hat, Ihnen zu schreiben, so tut er das mit unverkennbarem Eifer, und sein liebenswerter Charakter macht auch mich noch liebenswürdiger.« Tatsächlich aber schreibt der »kleine Schwarzkopf« nur so salbungsvoll an Potemkin, wenn er ihn bitten will, ihm ein Patent als Gardeoffizier auszustellen oder seinen Bruder Valerian Subow in seinen Generalstab aufzunehmen. Und selbstverständlich unterstützt Katharina die Bitte mit einer wahren Flut von Lobeshymnen, die den Fürsten geneigter machen sollen, dieses »Kind«, »unser Kind«, zu lieben. Potemkin kann da kaum etwas abschlagen. Katharina dankt ihm überschwenglich: »Das Kind findet, daß Sie gescheiter, amüsanter und liebenswerter seien als alle Menschen um Sie her, aber darüber bewahren Sie mir bitte Stillschweigen, denn er weiß nicht, daß ich das weiß.«

Valerian Subow hat sich also dem Heer Potemkins angeschlossen und schickt seinem Bruder böswillige Berichte über die Fehler und Versäumnisse des Oberbefehlshabers. Diese vertraulichen Aufzeichnungen kreuzen sich mit den nicht minder vertraulichen Mitteilungen über den Favoriten, die sich Potemkin von seinen Freunden aus St. Petersburg schicken läßt. Nach diesen Informationen ist Katharina so vernarrt in ihren »kleinen Schwarzkopf«, daß sie erwägt, ihn zum Minister zu ernennen. Potemkin ist außer sich vor Wut. Zum ersten Mal hat die Zarin ihr Herz an einen jungen Springer gehängt, der nicht eine Kreatur Potemkins ist. Und schon droht dieser Emporkömmling am Hof und in der Regierung eine erdrückende Vormachtstellung zu erlangen. Aus der Ferne gesehen scheint dieser steile Aufstieg den Niedergang des Einflusses des Fürsten von Tauris einzuläuten. Das aber kann Potemkin auf keinen Fall hinnehmen. Nach dem Fall von Ismail hat die Armee ihr Winterquartier bezogen; trotzdem kann er sich nicht entfernen, weil er die Friedensverhandlungen führen muß, an deren Erfolg er nicht glaubt. Bis er diese lästige Verpflichtung endlich abschütteln kann, schickt er einstweilen Valerian Subow mit dem Auftrag nach St. Petersburg, der Kaiserin wörtlich zu melden, daß an der Front alles zum besten stehe, der Oberbefehlshaber aber an einem bösen Zahn leide und hoffe, bald in die Hauptstadt kommen und ihn sich ziehen lassen zu können. Zahn aber heißt auf russisch »sub«, und mit diesem etwas billigen Wortspiel gibt Potemkin der Zarin zu verstehen, daß er einen lästigen Rivalen mit ihrer Hilfe loszuwerden wünscht. Katharina jedoch gibt vor, nicht zu verstehen, und rühmt weiter in ihren Briefen die außerordentlichen Qualitäten Platos.

Da hält Potemkin es nicht mehr aus; er verläßt Hals über Kopf seine Offiziere und macht sich auf den Weg. Ein gewaltiges Gefolge, darunter auch viele Frauen, begleitet ihn. Als die Nachricht seiner Abreise in St. Petersburg eintrifft, zeigt die Kaiserin nach außen große Freude, im stillen aber ist sie besorgt. Schon weit draußen auf dem Land läßt sie die Straßen mit Holzfeuern erleuchten, die in regelmäßigen Abständen entzündet werden und eine ganze Woche lang Nacht für Nacht brennen, da der genaue Termin der Ankunft des Fürsten nicht bekannt ist. Jeden Tag wird den Reisenden ein Bote entgegengeschickt, der der Kaiserin mit verhängten Zügeln Nachricht von Seiner Durchlaucht bringt. Endlich trifft er selber ein. Der einäugige Mann ist groß, füllig, sonnengebräunt, sieht gealtert aus und strahlt. Auf den ersten Blick scheint es ihm blendend zu gehen, so daß Katharina an Grimm schreiben kann: »Vor vier Tagen ist Fürst Potemkin hier eingetroffen: noch schöner, noch liebenswürdiger, geistreicher und brillanter als je und in der denkbar fröhlichsten Stimmung; das eben ist die Wirkung eines glorreichen Feldzuges: er versetzt in gute Laune.«

Diese Vergnügtheit hält jedoch nicht lange an. Gleich bei seinen ersten Auftritten am Hof wird Potemkin klar, daß er durchaus Ursache hat, den wachsenden Einfluß Plato Subows zu fürchten. Selbst die höchsten Würdenträger lassen sich von dem überaus prächtig gekleideten, mit Juwelen behängten neuen Favoriten beeindrucken. Alle zittern sie davor, den Zorn der Zarin auf sich zu ziehen, falls sie sein Mißfallen erregen. Sogar Großfürst Paul läßt sich die unverschämten Reden Subows widerspruchslos gefallen. Eines Abends beim Souper stimmt der Thronerbe laut einer politischen Bemerkung des Liebhabers seiner Mutter zu, und sogleich schreit der auf: »Ja wie denn? Sage ich vielleicht jemals etwas Dummes?« Verlegenes Schweigen breitet sich an der Tafel aus; niemand wagt es, diesem jungen Gockel den Kopf zurechtzurücken. Katharina himmelt ihn mit verliebten Augen an. Potemkin kann den Anblick dieser senilen Leidenschaft nicht mehr ertragen. Gewiß, auch er hat eine sehr junge und sehr hübsche Mätresse, seine Nichte Alexandra Engelhardt, Gräfin Branicka. Aber er verliert darüber nicht den Kopf. Freundschaftlich, aber mit Festigkeit versucht er, Katharina den Star zu stechen: Sie habe sich in einen dummen, eitlen und arglistigen Gecken vergafft; je mehr Einfluß sie ihm lasse, desto mehr werde ihr eigenes Ansehen Schaden nehmen; auf keinen Fall dürfe sie ihn an der Lenkung der Staatsgeschäfte beteiligen. Doch all diese klugen Ratschläge prallen an der strahlenden Naivität einer verliebten alten Frau einfach ab. Völlig unter dem Bann von Plato Subow, vermag Katharina an ihrem Favoriten keine Fehler zu entdecken und wiegt sich in Träumen. Immerhin nimmt sie Potemkin seine eindringlichen Mahnungen wenigstens nicht übel. Sie hält sie für die Ausgeburt einer nur zu verständlichen Eifersucht. Wie auch sollte Potemkin nicht darunter leiden, daß er im Herzen Ihrer Majestät nicht mehr den ersten Platz einnimmt? Um seinen Groll zu beschwichtigen, behandelt sie ihn mit viel Achtung und Liebe. Aber trotz aller Aufmerksamkeiten, die ihm zuteil werden, hat er bald begriffen, daß er verspielt hat. Dieser Plato Subow ist stärker als er. Da beschließt Potemkin in einem Anfall von rasendem Stolz, diese Fürstin, die sich von ihm abwendet, mit einem Fest von einer Großartigkeit zu blenden, wie sie es noch nie zuvor erlebt hat.

Eine barbarische Verschwendungssucht, ein Rausch der Verzweiflung und ein durch und durch slawisches Bedürfnis, über sich selbst hinauszuwachsen, die Absurdität des Nutzlosen bis zum Exzeß zu treiben, beflügeln Potemkin bei den Vorbereitungen für den großen Tag. Monatelang üben Hunderte von Künstlern – Schauspielern, Tänzern, Musikern – im neuen Palast von Tauris unter den wachsamen Augen des von seinem Plan besessenen Organisators. Wie bei der Krimreise kümmert er sich um jedes kleinste Detail des Dekors und der Darstellung. Um die Luft im Hauptsaal milder zu machen, läßt er im Inneren der Säulen, die das Gewölbe tragen, Rohre verlegen, durch die warmes Wasser fließt. Der Fußboden wird mit Rasen ausgekleidet. Zwischen den Marmorwänden breiten sich tropische Gewächse im Überfluß aus. Nicht nur die Kaiserin und die Großfürsten, auch der gesamte Hof, das gesamte Diplomatische Corps und alle Vertreter des Landadels sind für den 28. April 1791 geladen. Offizieller Anlaß: es gelte, den russischen Sieg über die Türken zu feiern.

Als Katharina um sieben Uhr abends mit ihrem Wagen vor dem Palast von Tauris anlangt, gerät sie in ein so heftiges und lärmendes Volksgedränge, daß sie schon einen Aufstand fürchtet. Aber das ist nur die natürliche Lebhaftigkeit der kleinen Leute, die die mit Speisen bedeckten Tische und die Weinfässer stürmen, die der Fürst rund um seine Residenz aus Freigebigkeit für sie aufstellen ließ. Die Kaiserin steigt aus dem Wagen und schreitet durch eine lange Doppelreihe von Lakaien in weißen und silbernen Livreen mit Kandelabern in den Händen. Tausend Kerzen blenden ihr Auge. Sie weiß: Potemkin verabscheut Unschlittkerzen und hat aus allen Nachbarprovinzen sämtliches Wachs zusammengekratzt, um eine seiner Herrscherin würdige Festbeleuchtung zu erhalten. Eine triumphale Melodie, von dreihundert Musikern gespielt, dringt ihr ans Ohr. Dreitausend Gäste sinken huldigend auf das Knie, als sie nähertritt. Und dann kommt der Hausherr auf sie zu. Er trägt ein goldbesticktes scharlachrotes Gewand und darüber einen schwarzen Mantel, der mit Diamanten an die Schultern geheftet ist. Sein Hut ist so schwer von Edelsteinen, daß er ihn nicht auf dem Kopf behalten kann; ein Page muß ihn ihm nachtragen. Die Kaiserin ist als alte russische Bojarin gekleidet. Über ihrem müden Gesicht funkelt das Diadem. Erhobenen Hauptes steht sie da. Potemkin kniet vor ihr nieder, heißt sie willkommen, reicht ihr die Hand und führt sie zum Tanzsaal. Dort nimmt sie auf einem Thron Platz, um der Darbietung zuzusehen. Vor ihr tanzen mit graziösen Bewegungen die Großfürsten Alexander und Konstantin – sie sind jetzt vierzehn und zwölf Jahre alt – in einer Schar von 48 Knaben und Mädchen vom Hofe, alle rosa und himmelblau gekleidet und mit Juwelen bedeckt. Der berühmte Le Picq beschließt das Ballett mit Figuren von höchster Eleganz. Man applaudiert und wechselt in einen anderen Saal. Hier ist eine Bühne aufgeschlagen mit einem mit Smaragden und Rubinen geschmückten künstlichen Elefanten im Hintergrund. Wieder gibt es ein Ballett zu sehen; darauf folgt eine kurze Komödie und schließlich ein Defilee in asiatischem Stil mit Vertretern aller von Katharina unterworfenen Völker in ihrer Nationaltracht. Im Wintergarten, in den die zahlreichen Gäste anschließend strömen, ist inmitten eines Rundtempels ein Standbild der Zarin aus parischem Marmor aufgerichtet. Eine Ode des Dichters Derschawin wird verlesen, die in pathetischen Versen die Heldin des Festes feiert. Hinter ihr plätschern Springbrunnen und funkeln Gemmen aus dem dichten Laub exotischer Gewächse. Die Wände eines anderen Saales sind mit Tapisserien aus Beauvais geschmückt, auf denen die Geschichte Esthers dargestellt ist. Wieder an anderer Stelle ragt aus einem Rasenstück ein Obelisk aus Achat mit den Initialen der Zarin. Zum Souper werden in fünf Reihen je sechshundert Gedecke für die Höflinge aufgetragen. Potemkin stellt sich hinter die Kaiserin und will sie persönlich bedienen. Aber sie duldet es nicht, sondern nötigt ihn, neben ihr Platz zu nehmen. So präsidieren sie gemeinsam dem Mahl wie ein Kaiserpaar. Nicht weit von ihnen sitzt Plato Subow, prächtig anzusehen in seinem himmelblauen Anzug, und beobachtet mit Argusaugen jede Geste des Paares. Aber beunruhigt ist er durchaus nicht. Er weiß genau, wie Katharina im tiefsten Herzen empfindet. Die Aufmerksamkeiten, mit denen sie jetzt dem Fürsten von Tauris huldigt, haben für die Zukunft keine Bedeutung. In dem Blick, den sie ihm zuweilen zuwendet, liegt keinerlei Verheißung, sondern nur eine Art trauriger Teilnahme. Am laufenden Band werden Trinksprüche ausgebracht. Man trinkt auf den Ruhm Ihrer Majestät und ihres Gastgebers, der Großfürsten und Großfürstinnen, der Armee und der Flotte. Man speist von goldenem und silbernem Geschirr. Das über alle Maßen üppige Mahl setzt sich aus den erlesensten Gerichten Europas und Asiens zusammen. Die 140 000 Laternen und 20 000 Kerzen, die die Säle erleuchten, entwickeln eine Hitze, die bald unerträglich wird. Jeder Gast wird königlich beschenkt. Mit einem Gefühl der Bitterkeit genießt Potemkin seinen Triumph. Die verblüfften, vom Lärm der Musik und der Reden ganz betäubten ausländischen Diplomaten sehen in diesem rot gekleideten, mit Orden gespickten Riesen eine Art Genie, wie nur Rußland es hervorbringt: unermeßlich reich und von einer Sprunghaftigkeit, die schon an Verrücktheit grenzt. Um zwei Uhr nachts zieht Katharina sich zurück. Plato Subow folgt ihr wie ein Schatten. Das Orchester intoniert eine Hymne, die eigens zu Ehren Ihrer Majestät komponiert worden ist. Sie spricht ein paar freundliche Worte, um Potemkin für diesen wunderbaren Empfang zu danken. Er beugt das Knie, küßt die Hand, die sie ihm hinhält, und bricht in Schluchzen aus. Sie hat nicht ausgesprochen, was sie im Innersten denkt, aber er weiß auch so, daß er soeben seinen Abschied von ihr gefeiert hat.

Nachdem die Lichter gelöscht sind und die Gäste sich in alle Windrichtungen zerstreut haben, fühlt Potemkin mit einem Schlag die Nutzlosigkeit seiner Existenz. In St. Petersburg ekelt alles ihn an, und doch entschließt er sich nicht, wieder in den Süden abzureisen. Dort hat jetzt Fürst Repnin, ein mutiger und erfahrener Mann, den militärischen Oberbefehl übernommen. Er überschreitet die Donau, umzingelt mit vierzigtausend Mann das dreimal so starke Heer des Großwesirs und schlägt es bei Matschin vernichtend. Katharina jubelt, und Potemkin, rasend vor Eifersucht, bereut bitter, den Waffenruhm einem anderen überlassen zu haben. Unter dem Eindruck der jüngsten russischen Siege zeigen die Türken sich etwas weniger unnachgiebig. Der Augenblick scheint also außerordentlich günstig für einen ehrenvollen Friedensschluß. Plato Subow und seine Anhänger treten entschieden für Verhandlungen ein. Das allein ist für Potemkin schon Grund genug, sich zu widersetzen. Alles, was von diesem Stutzer kommt, versetzt ihn in Rage. Für den Fürsten von Tauris muß der Krieg bis zum totalen Zusammenbruch der Türkei fortgesetzt werden. Und an dieser Ansicht hält er hartnäckig fest, so nachdrücklich Katharina auch auf die zerrütteten Staatsfinanzen, die Erschöpfung der Armee und die inneren Schwierigkeiten verweist. Sie scheut sich etwas, ihm in aller Form zu befehlen, nach Jassy zurückzukehren und die Feindseligkeiten zu beenden. Bei dem inneren Aufruhr, in dem er sich befindet, fürchtet sie, daß er ihr den Gehorsam verweigern könnte. So begnügt sie sich damit, ihm zu sagen, daß er ihr mit der Unterzeichnung des Friedensvertrages nach vierjährigen blutigen Kämpfen das schönste Geschenk ihrer ganzen Regierungszeit machen würde.

Und plötzlich eine abermalige Kehrtwendung. Hat er von den Unterredungen Wind bekommen, die Repnin mit den türkischen Unterhändlern begonnen hat? Oder bildet er sich ein, seine kriegerischen Intentionen in Jassy eher durchsetzen zu können als in St. Petersburg? Jedenfalls erklärt er sich plötzlich bereit abzureisen. Katharina ist von dieser unerwarteten Fügsamkeit so gerührt, daß sie sich persönlich um die Ausstattung der Staatskarosse kümmert, die Seine Durchlaucht in den Süden bringen soll. Traurig, enttäuscht, voll dunkler Vorahnungen und bis über beide Ohren verschuldet, nimmt er Abschied von ihr. Allein die Rechnung für Blumen macht schon 38 000 Rubel aus.

In Charkow erwartet den Reisenden wieder eine böse Nachricht. Prinz Alexander von Württemberg, der in seinen Diensten stand, ist gestorben. Potemkin nimmt fast in einem Zustand der Bewußtlosigkeit an der Trauerfeier teil, und als er wieder in seinen Wagen steigen will, stellt er zu seinem Entsetzen fest, daß er versehentlich zum Leichenwagen gegangen ist und beinahe eingestiegen wäre. Da er im höchsten Grade abergläubisch ist, sieht er in dieser Fehlleistung ein übles Vorzeichen. In seiner Umgebung erschrickt man über den Ausdruck von Verwirrung in seinen Gesichtszügen. Hat er noch Kraft genug, die Verhandlungen zu einem guten Ende zu führen?

Als Potemkin im Juli 1791 in Jassy eintrifft, erfährt er, daß Repnin während seiner Abwesenheit die Präliminarien zum Friedensvertrag bereits unterzeichnet hat. In einem Anfall von Raserei überschüttet er den General mit den wüstesten Beschimpfungen und zerreißt das Dokument. Repnin aber erwidert, er habe im Geheimauftrag Ihrer Majestät gehandelt. Potemkin ist tief gekränkt: Katharina hat ihn in einer Angelegenheit, in der ihre Meinungen auseinandergingen, einfach ausgeschaltet. Diesen Mangel an Vertrauen seitens seiner Herrscherin kann er nicht hinnehmen. Und während die Verhandlungen auf einer anderen Ebene wiederaufgenommen werden, fühlt er, wie Schwäche ihn übermannt und die Unsicherheit zunimmt. Ein infektiöses Fieber zehrt an diesem mächtigen Körper, den

Ausschweifungen aller Art unterminiert haben. Noch einmal ein letztes Aufbäumen seiner Energie, dann nimmt er an den Treffen mit den Türken kaum noch teil. Sein Interesse für die Politik schwindet. Die Dinge dieser Welt berühren ihn nicht mehr. Als eingensinniger Patient weigert er sich, den Anweisungen der Ärzte Linnan und Massot zu folgen, die ihn behandeln, und von einer Diät will er nichts wissen. »Der Fürst hat sich selber zerstört«, notiert Langeron. »Ich habe gesehen, wie er während eines Fieberanfalls einen Schinken, eine eingepökelte Gans und drei oder vier Hähnchen verzehrte, und dazu trank er Kwass, Kliukwa, Met und alle möglicien Sorten Wein.« Zwischen den Mahlzeiten knabbert er rohe Rüben, für die er eine besondere Vorliebe hat. Wenn er fühlt, daß seine Temperatur steigt, läßt er sich in großen Mengen Kölnisch Wasser über den Kopf gießen und besprengt sich selber mit einem Wedel mit eiskaltem Wasser. Seine Nichte Alexandra Engelhardt, Gräfin Branicka, die zugleich seine Mätresse ist, wacht über das Befinden des wankenden Kolosses. Er begreift nicht, was mit ihm geschieht. Die Briefe der Zarin sind sein einziger Trost. Weinend liest er sie immer wieder. Schon kostet es ihn eine schier übermenschliche Anstrengung, eine Antwort zu diktieren und seine Unterschrift mit zitternder Hand auf das Blatt zu kritzeln. »Ich bin sehr geschwächt«, meldet er der Kaiserin. »Bitte suchen Sie einen chinesischen Morgenrock für mich aus und schicken Sie ihn mir, ich brauche ihn dringend.« Und als ein Kurier den chinesischen Morgenrock bringt, behauptet er, jetzt fühle er sich besser. Alles, was von Katharina kommt, ist heilsam für ihn.

Anfang Oktober 1791 verläßt er urplötzlich die Friedenskonferenz und geht nach Nikolajew, einer Stadt an der Bugmündung, die er selber gegründet hat. Warum dieser Ortswechsel? Er weiß es selber nicht. Es ist die Laune eines Kranken. Gesundheit und Glück – das ist, wo er nicht ist. Er sucht nach beidem und kritzelt, ehe er in den Wagen steigt, ein verzweifeltes Billett für die Kaiserin: »Mütterchen, huldreiche Kaiserin, ich kann meine Leiden nicht mehr ertragen. Die einzige Hoffnung, die es für mich noch gibt, besteht darin, diese Stadt zu verlassen; ich habe deshalb befohlen, mich nach Nikolajew zu bringen. Ich weiß nicht, was aus mir werden wird. Dein treuester und dankbarster Untertan – Potemkin. Abzureisen ist meine einzige Rettung.«

Seine Nichte Alexandra setzt sich neben ihn in den Wagen. Ein Arzt und drei Sekretäre begleiten Seine Durchlaucht. Die Straße ist miserabel, von Wagengeleisen tief durchfurcht. Bei jedem Stoß wimmert der Kranke. Nach ein paar Werst bittet er, anzuhalten und ihn aufs Gras zu legen: »Es ist genug. Wir brauchen nicht weiterzufahren. Ich sterbe. Ich möchte auf freiem Feld sterben.« Man legt ihn am Fuße eines Baumes auf einen Teppich. Der Arzt bemüht sich um ihn. Alexandra weint. Gegen Mittag gibt der allgewaltige Potemkin, Herr über so viele Länder und Paläste, wie ein obdachloserr Vagabund am Straßenrand seinen Geist auf. Man sucht nach einer Goldmünze, um ihm nach russischem Brauch sein einziges Auge zu schließen. Ein Kosake aus der Begleitmannschaft kramt in seinen Taschen und bietet ein kupfernes Fünfkopekenstück, und das wird dann vorsichtig auf das Lid des Verstorbenen gelegt.

Am 12. Oktober 1791, fünfeinhalb Monate nach dem Fest im Palast von Tauris, überbringt ein schwarzgekleideter Kurier in St. Petersburg die Nachricht von diesem Ende. Katharina fällt in Ohnmacht, man läßt sie zur Ader, sie schließt sich ein in ihrem Zimmer und will niemanden sehen. Nicht einmal ihre Enkel läßt sie ein. Am Hofe wird strikteste Trauer vorgeschrieben. Ganz in ihren Schmerz vergraben, empfindet die Kaiserin von Tag zu Tag mehr den unermeßlichen Verlust, den sie mit dem Tod dieses Mannes erlitten hat, der für sie Liebhaber und Gatte, Freund, Ratgeber, Vertrauter, Minister und Armeechef in einer Person gewesen ist. Auch wenn sie weit voneinander entfernt waren, haben sie stets miteinander Rat gehalten. Er hat ihr Reich um ein Drittel seiner Fläche vergrößert, er hat ungenützten Ländern neuen Wert gegeben, er hat Städte gegründet und Häfen angelegt, Schiffe gebaut, Schlachten gewonnen, Frauen geliebt, mit den bedeutendsten Herrschern seiner Zeit verkehrt, Reichtümer verschleudert und dabei in allen Dingen eine große Seele bewiesen, die zart sein konnte und wild, toll und bedächtig. Und nun also, mit zweiundfünfzig Jahren, ist diese Naturkraft, ist dieser Vulkan der Leidenschaften nur noch ein lebloser Körper, der weit weg am Ende der Welt in Cherson verscharrt worden ist. »Wie soll ein solcher Mann jemals ersetzt werden können!« sagt Katharina zu ihrem Sekretär Chrapowitzki. »Er hat mich nie an andere verkauft, und man konnte ihn nicht kaufen. Nichts wird je wieder sein wie zuvor. Wer hätte geglaubt, daß er uns vor Tschernytschew und den anderen Alten verlassen würde? Jetzt werden diese wie die Schnecken wieder ihre Köpfe hervorwagen! Aber auch ich bin alt geworden!« Und was tut sie? Sie greift zur Feder. Wo ihr Schmerz am größten ist, muß sie schreiben. Rasch ein Blatt von jenem goldgeränderten Papier, das sie für ihre Korrespondenz benutzt. Und wie gewöhnlich wendet sie sich an ihren »Kummerkasten«, ihren treuen Grimm, der immer alles versteht:

»Ein furchtbarer Keulenschlag hat mich wieder aufs Haupt getroffen. Gegen sechs Uhr nachmittags brachte ein Kurier mir die höchst traurige Nachricht, daß mein Freund und Jünger und fast mein Abgott, der Fürst Potemkin von Tauris, nach ungefähr vierwöchiger Krankheit in der Moldau gestorben ist. Sie können sich das Ausmaß meines Kummers nicht vorstellen. Er hatte ein wunderbares Herz, ein seltenes Verständnis und war ungewöhnlich weitherzig; er dachte in allem groß und edel, war stets sehr menschlich, reich an Kentnissen, unvergleichlich liebenswürdig und voll neuer Ideen. Kein Mensch verfügte über solch eine Gabe des Witzes und der Schlagfertigkeit wie er . . . Er war mit einem Wort ein Staatsmann, der nicht nur Rat wußte, sondern seine Pläne auch in die Tat umsetzen konnte. Mit Leidenschaft und Eifer hing er an mir. Er murrte und grollte, wenn er meinte, daß man etwas hätte besser machen können. Mit zunehmendem Alter und wachsender Erfahrung hat er seine Fehler abgelegt . . . Seine hervorragendste Eigenschaft war die Entschlossenheit des Herzens, des Geistes und der Seele, die ihn vor allen anderen Menschen auszeichnete, und das war der Grund, warum wir uns so glänzend verstanden und die weniger Verständigen einfach plappern lassen konnten, soviel sie wollten. Ich betrachte den Fürsten Potemkin als einen wahrhaft großen Mann, der kaum die Hälfte dessen vollbracht hat, wozu er die Möglichkeiten besaß.«

Als Katharina wieder am Hofe erscheint, befleißigen sich alle einer geheuchelten tiefen Trauer. Aber hinter den schicklichkeitshalber umdüsterten Mienen verbergen Subow und seine Freunde ein Triumphgefühl. Schon wird geflüstert, Plato habe Potemkin vergiften lassen. Jedenfalls dringt er in die Kaiserin, dem Tod des Fürsten nicht diese maßlos übertriebene Bedeutung beizulegen. Aus Liebe zu dem neuen Favoriten ringt sie sich dazu durch, den Kummer über den Tod des früheren Favoriten etwas zu dämpfen. Weil Plato es verlangt, verzichtet sie darauf, eine Proklamation über den Tod des großen Mannes zu veröffentlichen und zu seinen Ehren ein Denkmal zu errichten. Schon stellen die zahllosen Feinde Potemkins voller Gier Mutmaßungen über die Aufteilung seines politischen Erbes an. Und am 25. Dezember 1791, wenige Wochen nach dem Hinscheiden des Fürsten, kann Graf Rostoptschin schreiben:

»Noch sind die Ländereien des Fürsten nicht aufgeteilt worden. Er hat zwar auch Schulden hinterlassen, auf der anderen Seite aber siebzigtausend Bauern in Polen, sechstausend in Rußland und Diamanten im Wert von eineinhalb Millionen Rubel. Das Allererstaunlichste ist, daß man ihn bereits vollkommen vergessen hat. Die künftigen Generationen werden ihm nicht nachweinen. Er besaß im höchsten Maße die Kunst, Gutes zu wollen und Böses damit zu bewirken, mit offener Hand Wohltaten auszuteilen und sich damit überall Haß zuzuziehen. Man hätte glauben können, sein höchster Lebenszweck sei stets gewesen, alle anderen um sich herum zu erniedrigen, um sich selbst desto höher über sie erheben zu können. Seine größte Schwäche war es, sich in alle Frauen zu verlieben und durchaus als Wüstling gelten zu wollen. Und damit, so lächerlich der Wunsch auch war, hatte er vollen Erfolg. Die Frauen bemühten sich mit der gleichen Ausdauer um seine Gunst wie die Männer um eine Anstellung in seinen Diensten. Als er St. Petersburg verließ, hatte er achthundertfünfzigtausend Rubel ausgegeben, die die Zarin für ihn bezahlte, nicht zu reden von den übrigen Schulden.«

In Cherson, wo der Fürst in der Sankt-Katharinenkirche beigesetzt worden ist, errichtete seine Nichte und Geliebte Alexandra ihm ein Mausoleum. Aber von all den vielen, die sich zu Lebzeiten vor Potemkin niederwarfen, verneigt keiner sich mehr vor dem toten Potemkin.

25. KAPITEL

Polen und Frankreich

Potemkins Ausscheiden führt zu einer Neuverteilung der Rollen am Hof Katharinas. Zum Nachfolger des Fürsten in der Konferenz von Jassy bestimmt sie Besborodko. Er reist unverzüglich mit dem Auftrag, sich entgegenkommend zu zeigen, in die Moldau. Man soll jetzt so schnell wie möglich ein Ende machen! Am 29. Dezember 1791 (9. Januar 1792) wird der Friedensvertrag unterzeichnet. Er beläßt Rußland das gesamte Territorium zwischen Bug und Dnjestr, erkennt die Krim und Otschakow in aller Form als russischen Besitz an und bestätigt im übrigen die Verträge von Kütschük-Kajnardschi. Damit gehört nun zwar die ganze Nordküste des Schwarzen Meeres zu Rußland, aber das Meer selber bleibt weiterhin abgeriegelt, weil die Türken den Bosporus beherrschen. Vierjährige blutige Kämpfe und unerhörte Verluste haben also nicht mehr eingebracht als einen ziemlich bescheidenen Landgewinn. Konstantinopel hat Katharina nicht erobern können; ihr Enkel Konstantin wird nicht in dieser Stadt gekrönt werden. Aber das Ansehen Rußlands konnte gewahrt werden. Plato Subow, der diesen übereilten und wenig erträglichen Friedensschluß verlangt hat, triumphiert. Anstelle Besborodkos, den die Verhandlungen im Süden in Anspruch nehmen, ernennt Katharina ihn zum Präsidenten des außenpolitischen Rates. Sie vertraut ihm grenzenlos. Mit seinem hübschen Aussehen und seinem Eifer befriedigt er in ihr zugleich den pädagogischen Drang, den Mutterinstinkt und die Sinnlichkeit einer alternden Frau. Er ist ein »guter Schüler«. Zu ihrem Sekretär Chrapowitzki sagt sie begeistert: »Was er tut, tut er gut, und wissen Sie, warum? Weil er unparteiisch ist und keine eigensüchtigen Interessen verfolgt.«

Aber Plato Subow ist ehrgeiziger als sein charmanter Vorgänger. Mit dem Vorsitz im außenpolitischen Rat nicht zufrieden, erlangt er von der Zarin auch noch den Vorsitz im Kriegsrat und kontrolliert damit die gesamte Außenpolitik. In ihrer überquellenden Dankbarkeit stellt Katharina ihm die ehemaligen Gemächer Potemkins in einem Seitenflügel der Ermitage zur Verfügung, überhäuft ihn mit Geschenken, verleiht ihm das Großband des Alexander-Newski-Ordens und den St.-Andreas-Orden und zeichnet ihn wie einst den Fürsten von Tauris durch das Recht aus, ihr Bildnis als Medaillon zu tragen. Plato Subow ist mit Orden so übersät, daß er nach den Worten Massons aussieht »wie ein Kurzwarenhändler«. Seine engsten Mitarbeiter sind betreten angesichts seiner geistigen und moralischen Kleinkariertheit, aber die Kaiserin bestaunt ihn wie ein Wunder an Begabung. »Potemkin verdankte seine hohe Stellung fast ausschließlich sich selber«, schreibt Masson, der diesen einzigartigen Aufstieg miterlebt hat; »Subow dagegen verdankte die seine nur der Altersschwäche Katharinas. Je mehr Katharina an Tatkraft, Stärke und Genius einbüßte, desto mehr gewann Subow Macht, Einfluß und Reichtum . . . Er hatte die Manie, alles tun zu wollen oder sich wenigstens den Anschein zu geben . . . Sein Hochmut wurde nur noch durch die Erbärmlichkeit derer übertroffen, die begierig waren, sich vor ihm in den Staub zu werfen . . . Alles kroch zu seinen Füßen; er aber stand aufrecht und hielt sich für groß.«

Als Stütze ihres sonderbaren Ministers beruft Katharina den aus Jassy zurückgekehrten Besborodko. Könnte er nicht mit weisen Ratschlägen diesen ideenreichen, aber etwas unerfahrenen jungen Mann ein wenig lenken? Besborodko kann gerade noch ein paar Mißgriffe verhindern und überläßt seinen Platz als Mentor dann einem gewissen Markow. Der kümmert sich nur um die laufenden Geschäfte. Die weiterreichenden Pläne bleiben die Domäne Plato Subows und der Zarin. Beide sind in allem einer Meinung. Vor allem über die Notwendigkeit, die Grenzen Rußlands weiter hinauszuschieben. Die Größe eines Landes bemißt sich nicht nach der Zufriedenheit seiner Bewohner, sondern nach der Fläche seines Territoriums. Nachdem jetzt der Krieg gegen die Türkei zu Ende ist, kann man sich ernsthaft mit Polen beschäftigen. Völlig kaltblütig schätzt Katharina die Lage dieses unglücklichen Landes ab, in dem noch immer ihr zarter und treuer Ex-Geliebter Stanislaus Poniatowski regiert. »In politischen Angelegenheiten«, sagt sie gerne, »muß man sich entweder von den Grundsätzen der Menschlichkeit oder aber vom Interesse lenken lassen . . . Für einen Herrscher kommt es stets darauf an, daß er sich ganz klar im einen oder anderen Sinne entscheidet. Ein Schwanken zwischen beiden Möglichkeiten kann nur dazu führen, daß die Regierung schwach ist und nichts bewirkt.« Im vorliegenden Fall neigt sie zum Interessenstandpunkt. Noch nie hat sie sich auswärtigen Mächten gegenüber von Skrupeln hemmen lassen. Plato Subow denkt ganz wie sie: lieber ein unmoralischer Erfolg als ein gutes Gewissen ohne Gewinn. Und er bereitet den neuen Schlag gegen Polen vor.

Nach dem Abschluß des Schutzbündnisses zwischen Preußen und Polen im März 1790, der Katharina so sehr irritiert hat, haben die polnischen Patrioten und der König eine tiefgreifende politische Reform beschlossen. Am 3. Mai 1791 billigt der Landtag in Abwesenheit zahlreicher dem Kleinadel angehörender Abgeordneter die Polnische Konstitution, nach der nach dem Tode von Stanislaus Poniatowski der polnische Thron im kursächsischen Hause erblich wird und das *liberum veto* und das Recht zu dissidentischen Konföderationen abgeschafft wird. Das läuft auf die Errichtung einer konstitutionellen Monarchie von demokratischem Zuschnitt hinaus und bedeutet eine Verringerung des Risikos von Unruhen in einem Staatswesen, dessen Anarchie Katharina sehr gelegen kommt. Ohne mit der Wimper zu zucken, erklärt sie, die Konstitution vom 3. Mai sei eine Ausgeburt »revolutionären Geistes«, die Reformpläne des Königs seien »von den Jakobinerclubs in Paris ausgeheckt«, Frankreich exportiere seine eigene Fäulnis jetzt nach Polen, und alles das widerspreche den Bestimmungen des ersten Teilungsvertrages. Also kann sie sich weigern, der preußisch-österreichischen Koalition gegen die französische Nation beizutreten, und trotzdem behaupten, sie kämpfe gegen die »revolutionäre Hydra«; sie tut es eben auf einem Territorium, das ihren Interessen näher liegt. Während Preußen und Österreich in Frankreich die alte Ordnung wiederherstellen, wird sie, so sagt sie, das gleiche in Polen tun. Das ist freilich eine fadenscheinige Ausflucht, denn während die Französische Revolution auf eine Schwächung, ja sogar Beseitigung der Monarchie abzielt, strebt die polnische Konstitution vom 3. Mai 1791 ganz im Gegenteil eine Festigung des Königtums an und will damit der inneren Zwietracht den Boden entziehen. Aber so vernünftig Katharina von Natur aus und aus Überzeugung sonst ist – wenn es um ihren Vorteil geht, kann sie mit bemerkenswerter Hartnäckigkeit offenkundige Tatsachen ignorieren. Für die Teilung Polens kann man ruhig in Kauf nehmen, daß Wahrheit und Gerechtigkeit ein wenig Schaden nehmen.

Während die Österreicher in Belgien einmarschieren und

sich mit den französischen Truppen schlagen, fallen vierundsechzigtausend russische Soldaten in Polen ein und zweiunddreißigtausend in Litauen. Einige Polen, die die Konstitution ablehnen, gründen die Konföderation von Targowica und suchen die Unterstützung Rußlands. Die anderen, die »Widerständler«, rufen Preußen gemäß dem Schutzbündnis von 1790 zu Hilfe. Aber Friedrich Wilhelm II. hat in Belgien und in der Schlacht von Valmy Verluste erlitten und glaubt nun, sich dafür an Polen schadlos halten zu dürfen. Er verleugnet glatt seine Verpflichtungen und erklärt, er sei nicht gehalten, eine Konstitution zu verteidigen, die die Polen sich hinter seinem Rücken gegeben hätten. Statt seinen Freunden zu Hilfe zu kommen, möchte er sich eher auf ihre Kosten bereichern. Österreich seinerseits hat nach der Eroberung Belgiens durch Dumouriez auf seine ursprünglichen Pläne verzichten müssen, Belgien gegen Bayern auszutauschen, und sucht nun ebenfalls Ersatz auf Kosten Polens. Im Januar 1793 einigen Preußen und Rußland sich auf eine zweite Teilung und unterzeichnen eine entsprechende Vereinbarung. Stanislaus Poniatowski bittet und bettelt, sein Land nicht abermals zu amputieren. Doch Katharina lehnt kategorisch ab, ihn auch nur anzuhören. Der Reichstag wird nach Grodno einberufen und ratifiziert angesichts der Kriegsordnung einen neuen Vertrag. Rußland nimmt sich die Gebiete um Wilna, Minsk und Kiew, Wolhynien und Podolien, insgesamt 4.550 Quadratkilometer und drei Millionen neue Untertanen. Preußen erhält Posen mit der dazugehörigen Provinz, Thorn, Danzig und einen Geländestreifen entlang der schlesischen Grenze, im ganzen eintausend Quadratkilometer mit eineinhalb Millionen Einwohnern. Österreich kommt nicht ganz so gut weg, holt sich aber ebenfalls sein Teil. Und nach der Teilung schließt Rußland mit dem völlig ausgebluteten Restpolen einen Vertrag, der ihm jede politische Unabhängigkeit nimmt: nicht nur die Außenpolitik, sondern auch die Innenpolitik des Landes wird künftig von St. Petersburg diktiert. Katharina berauscht sich an ihren neuen Eroberungen und behauptet, sie habe »in Osteuropa der Revolution Einhalt geboten«.

Aber damit ist die polnische Frage noch nicht ausgestanden. Unter der Führung des Generals Thaddäus Kosciuszko, der zuvor die polnischen Truppen gegen die Russen befehligt hatte, sammeln sich im Untergrund die patriotischen Verbände.

Moralische Unterstützung finden sie bei Robespierre und allem, was die rote Mütze trägt. Das genügt, um Katharina zu der Überzeugung zu bringen, daß dieser Ableger des revolutionären Paris endgültig vernichtet werden muß. Kosciuszko ist zum Volkshelden geworden, dem immer mehr Freischärler zuströmen. Die Begeisterung seiner Anhänger wächst ihm über den Kopf, so daß er sich gezwungen sieht, die Führung eines Aufstandes zu übernehmen, für den nach seinem Urteil die Zeit noch nicht reif ist. Angesichts des Aufruhrs verläßt die völlig überraschte russische Garnison Warschau. Die Aufständischen berauschen sich an ihrem Erfolg. Doch der Gegenschlag läßt nicht auf sich warten. Preußen schickt Truppen, Österreich verspricht, das gleiche zu tun, verlangt als Gegenleistung dafür aber, daß ihm Krakau und Sandomir zufallen. Katharina beauftragt Suworow, Warschau zu nehmen. Bei Maciejowice wird Kosciuszko geschlagen, verwundet und gefangengenommen. Am 22. Oktober (2. November) 1794 nimmt Suworow Praga ein, eine Vorstadt von Warschau, die Hauptstadt kapituliert, und die aufgebrachten russischen Soldaten richten ein Blutbad an. Weinend dankt Stanislaus Poniatowski nach einunddreißig Jahren erbärmlicher Herrschaft ab. Auf Geheiß der Kaiserin wird er nach Grodno gebracht. Empfindet er nicht sogar eine gewisse Erleichterung, endlich die Krone ablegen zu dürfen, die er nie gewollt hat, und nur noch ein Gefangener der russischen Regierung zu sein?
Die drei Sieger dieses unrühmlichen Handels machen sich jetzt daran, die Beute aufzuteilen. Weil sie Österreich und Preußen ermuntern will, den Krieg gegen Frankreich energisch fortzusetzen, ohne sich selber am Feldzug beteiligen zu müssen, erklärt Katharina sich bereit, ihre Verbündeten durch ein bedeutendes Stück vom polnischen Kuchen für ihre antirevolutionären Anstrengungen zu entschädigen. Allerdings müssen diese Stücke auch wieder gleich sein. Das Schachern und Feilschen der drei Fürsten zieht sich monatelang hin. Katharina lächelt über die Habgier Friedrich Wilhelms und Leopolds und spielt beide gegeneinander aus. Aber im Grunde ist sie die begehrlichste von allen dreien. Sie beugt sich über die Karte Polens und schneidet immer wieder neu ins lebende Fleisch. Und keinen Augenblick hat sie das Gefühl, sich eines Verbrechens schuldig zu machen. Sie zieht die Bilanz ihres »kleinen Haushaltes«, wie sie selber das nennt: zwanzig Millionen Unterta-

nen hatte sie, als sie den Thron bestieg; jetzt sind es sechsunddreißig Millionen. Wer von den europäischen Monarchen kann sie da überbieten? Weil sie die Macht ihres Landes vermehrt hat, kann sie erhobenen Hauptes vor dem Richterstuhl der Geschichte erscheinen. Und wenn es hier und da im Ausland ein Protestgeschrei gegen die Teilung Polens gibt, dann ist das nur Neid und Unverstand. Sie hat sich nichts vorzuwerfen und kann also über das Gekeif hinweggehen. Im übrigen ist Polens Zerstückelung nur der logische Abschluß eines jahrhundertelangen Kampfes, der begann, als das osteuropäische Slawenreich die asiatischen Moskowiter angriff und die römische Kirche ihre Gläubigen gegen die griechisch-orthodoxe Kirche zu den Waffen rief. Katharina glaubt also nur den Schlußstrich unter eine Entwicklung gezogen zu haben, die lange vor ihrem Regierungsantritt begann. Am 13. (24.) Oktober 1795 wird der dritte Teilungsvertrag unterzeichnet. Rußland verleibt sich Kurland und das restliche Litauen bis zum Njemen ein, Österreich erhält Krakau, Sandomir und Lublin, wie es gefordert hatte, und der Nordwesten des Landes mit Warschau fällt Preußen zu. Damit ist alles vorbei; ein Polen gibt es nicht mehr. Die Besiegten lassen resigniert die Köpfe hängen. Alles, was ihnen bleibt, sind »nutzlose Klagen, quälende Erinnerungen und Verzweiflung«.[1]

In der Zeit der Auseinandersetzungen um Polen hat Katharina Tag und Nacht gearbeitet. Grimm vertraut sie an: »Vier Postwagen, die durch widrige Verhältnisse aufgehalten wurden, treffen gleichzeitig ein, dazu drei oder vier Kuriere aus allen Weltgegenden, so daß neun ziemlich große Tische kaum ausreichen für all den Plunder und vier Personen drei Tage lang beschäftigt sind, mir abwechselnd von sechs Uhr früh bis sechs Uhr abends vorzulesen.«

Die kleinsten Details der Angelegenheit will sie selber prüfen. Doch als Kosciuszko als Gefangener nach St. Petersburg gebracht wird, weigert sie sich, den glücklosen Anführer des polnischen Freiheitskampfes zu empfangen, und erklärt mit grausamen Hochmut: »Er hat sich als ein Dummkopf im vollen Sinne des Wortes erwiesen, der der Sache durchaus nicht gewachsen war.« Sie verstümmelt seinen Namen und nennt ihn spöttisch nur »mein armer dummer Kostjuschka«. Stanislaus Poniatowski wird auch nicht mit mehr Achtung behandelt. Einst hat sie ihn gegen seinen Willen zum König gemacht, jetzt macht sie ihn mit der gleichen unbekümmerten Seelenruhe zum Gefangenen. Schon damals auf dem Schiff bei der Krimreise sah sie ihn nur noch als Unterworfenen. Daß sie, die an einem Mann vor allem Charakterstärke schätzt, sich in diesen Waschlappen einmal hat verlieben können, versteht sie selbst nicht mehr. Nicht einmal Mitleid hat sie mit ihm, sie empfindet nur noch Verachtung. Mag er also seine Tage wehleidig in Gefangenschaft beschließen. In Grodno hat er zwar einen lachhaften kleinen Hof um sich, aber keinen Schritt kann er tun, ohne einen russischen Wachtposten vor der Nase zu haben. Er ist jetzt über fünfzig, ein gebrochener und verbitterter Mann, der von der Zukunft nichts mehr erwartet und nur noch den einen Trost kennt, unablässig in der Erinnerung an die glücklichen Augenblicke zu kramen, die er an der Seite Katharinas erlebt hat. Die Memoiren, die er schreibt, um sich die Zeit zu vertreiben, sind nur eine wehmütig rückwärtsgewandte Huldigung an die Herrscherin, die ihn einst glücklich gemacht hat und heute nur noch verachtet. Sein wahres Königtum fand er nicht, als er auf dem polnischen Thron saß, sondern als Katharina ihn in ihrem Schlafgemach empfing.

Aber während sie die große russische Familie durch Annexionen erweitert, sorgt sich Katharina auch aktiv um ihre persönliche kleine Familie. Sie will sicher sein, daß ihr Nachfolger nicht zerstört, was sie aufgebaut hat. Deshalb ist sie mehr denn je entschlossen, ihren Sohn Paul zugunsten ihres Enkels Alexander von der Thronfolge auszuschließen. In Gatschina, wo er sich verschanzt hat, gibt sich Paul mit wachsender Verbissenheit seiner »Soldatomanie« hin. Alles um ihn herum ist stumm, steif und furchtsam. Ruhe findet sein Herz nur im Anblick seiner preußisch uniformierten Truppen, die er bei jedem Wetter bis zur völligen Erschöpfung exerzieren läßt. »Das Schlimmste«, schreibt die Prinzessin Augusta von Sachsen-Coburg, »sind diese schönen russichen Soldaten, die durch vorsintflutlich geschnittene preußische Uniformen aus der Epoche Friedrichs Wilhelms I. völlig entstellt werden. Der Russe muß russich sein, und das fühlt er; alle wissen sie, daß sie in kurzer Tunika und mit rundgeschnittenem Haar unendlich besser aussehen als mit Zöpfen und diesen engen Uniformen, in denen sie sich, in Gatschina, so unglücklich fühlen . . . Es schmerzte mich, diese Veränderung zu sehen, denn ich liebe dieses Volk im höchsten Grade.«[2]

Pauls Extravaganzen schrecken auch jene ab, die er als seine Ratgeber gewinnen möchte, wie den Grafen Rostoptschin.[3] Dieser schreibt an Graf Woronzow, der jetzt Botschafter in London ist: »Außer der Schande ist mir nichts so verhaßt wie das Wohlwollen Pauls. Der Großfürst hat den Kopf voller Gespenster und umgibt sich mit Leuten, von denen der anständigste noch den Galgen ohne Gerichtsurteil verdient hätte.« Er stellt ihn als einen Mann dar, der mit jedermann Streit sucht, überall Haß und Furcht weckt und in seinem Wahn ganz den Spuren Peters III. folgt. »Nur mit Mitleid und Abscheu kann man mit ansehen, was der Großfürst tut«, fährt Rostoptschin fort. »Man möchte meinen, daß er sich das alles ausdenkt, um sich verhaßt zu machen. Er hat sich in den Kopf gesetzt, daß man ihn verachtet und ihn herabzusetzen versucht, und von dieser Annahme ausgehend, nimmt er an allem Anstoß und teilt aufs Geratewohl Strafen aus . . . Bei der geringsten Verspätung und dem kleinsten Widerspruch regt er sich maßlos auf und gerät völlig außer Rand und Band . . .« Graf Adam Czartoryski ergänzt das Bild: »Alle haben Angst vor Paul. Um so mehr bewundert man Kraft und Fähigkeiten seiner Mutter, ihn von sich abhängig zu machen und vom Thron fernzuhalten, der ihm doch rechtmäßig zusteht.« Und der schwedische Botschafter Graf Stedingk meldet nach Stockholm in einer chiffrierten Depesche: »Der Großfürst Paul fährt fort, sich übel aufzuführen und nicht nur in der Meinung der Großen, sondern auch in der des Volkes an Wertschätzung zu verlieren.«

Mehr denn je fühlt Paul sich isoliert, abgeschoben, in die Ekke gedrängt. Seinen Söhnen Alexander und Konstantin kann er nicht verzeihen, daß sie ihre Großmutter bewundern, und so verfolgt er alle drei mit dem gleichen Haß. In dieser vergifteten Atmosphäre des Familienzwists steht der Erzieher La Harpe vor einer schwierigen Aufgabe. Seinem republikanischen Ideal getreu predigt er seinen Zöglingen weiter die Segnungen der Freiheit und die Pflichten des Herrschers gegenüber seinem Volk. Den liebenswürdigen Alexander begeistern diese Lehren. Konstantin hingegen bäumt sich auf. Er ist jähzornig und heftig wie sein Vater und läßt sich eines Tages dazu hinreißen, seinen Lehrer schmerzhaft in die Hand zu beißen. Ein andermal schreit er ihn an, sobald er an der Macht sei, werde er mit seiner gesamten Armee in die Schweiz einfallen und das Land zerstören. La Harpe erwidert unerschütterlich: »Wir haben in meinem Land unweit des Städtchens Murten ein Gebäude, in das wir die Knochen all derer werfen, die uns solche Besuche abstatten.«

Trotz der Empörung, mit der Katharina auf die Nachrichten von der Französischen Revolution reagiert, hat sie diesem charakterfesten und aufgeschlossenen Erzieher ihre Hochachtung bewahrt. Denn sie macht einen Unterschied zwischen den Grundsätzen sozialer Gerechtigkeit, für die sie sich in ihrer Jugend begeisterte und von denen sie auch ihren Enkel Alexander durchdrungen sehen möchte, und der Zerrüttung, in die ein Land verfällt, wenn der stumpfsinnige Pöbel zur Macht kommt. Die Großfürstin in ihr ist für die Freiheit, die Zarin dagegen für die Alleinherrschaft. So entschieden sie die grausamen Rasereien der Pariser Plebs verurteilt, so gerne hört sie andererseits vernünftige Reformvorschläge. Einen Pugatschew enthauptet man, einen La Harpe hingegen hört man an. Für sie ist das eine Art intellektueller, sozusagen musikalischer Genuß. Und sie hegt keinen Zweifel, daß Alexander dank all der segensreichen Worte, die er in sich aufgesogen hat, bestens gerüstet ist, ein großer liberaler Herrscher zu werden.

Um die Zukunft dieses außergewöhnlichen Enkels besser abzusichern, beschließt sie, ihn zu verheiraten, und lädt die beiden hübschen jungen Prinzessinnen von Baden an ihren Hof ein. Luise, die ältere, ist fünfzehn Jahre alt, Alexander jetzt sechzehn. Nur eine Deutsche kann seine künftige Frau werden. Welche andere Nation könnte für eine gute Ehe die gleichen Garantien bieten? Die russiche Dynastie braucht zu ihrer Kräftigung germanisches Blut. Selbstverständlich läßt Katharina Alexander über den wahren Grund des Besuchs der beiden Schwestern im unklaren. Sie stellt seinem Herzen eine Falle. »Ich spiele ihm einen diabolischen Streich«, gesteht sie Grimm, »denn ich führe ihn in Versuchung.«

Die Prinzessinnen treffen nachts in St. Petersburg ein, bei Sturmwind, der sie ängstigt. Als die Kaiserin sie empfängt, küssen sie den Saum ihres Kleides und ihre Hände, bis sie sie aufhebt. Am folgenden Tag verleiht sie ihnen nach eingeführtem Brauch das Band des Sankt-Katharinen-Ordens, schenkt ihnen Juwelen und Stoffe und läßt sich ihre Garderobe zeigen. »Meine Freundinnen«, sagt sie, »ich war nicht so reich, als ich in Rußland ankam!« Sie findet, daß die Mädchen halten, was ihre Bildnisse versprachen. Vor allem die ältere sieht verführerisch aus. »Zierlicher Wuchs, aschblonde Haare, die in Locken in den Nacken fallen, milchweißer Teint, Rosen auf den Wangen, sehr angenehmer Mund«, notiert die Gräfin Golowin. Luise und Alexander werden ein schönes Paar abgeben. Als er in Begleitung seines Bruders Konstantin erscheint, ist Luise ganz geblendet. Dieser wunderbare Jüngling ist »mit allen Gaben der Natur gesegnet«. Er ist hochgewachsen und schlank, aber athletisch breit in den Schultern und schreitet einher wie ein Erzengel, das Gesicht ist edel, ebenmäßig geschnitten und sanft mit tiefen blauen Augen und einem gewinnenden Lächeln, das Haar hellbraun und seidig glänzend. Aus seinen Zügen sprechen Kraft und Anmut, Leutseligkeit und etwas Geheimnisvolles. Nach dieser ersten Begegnung mit den beiden Mädchen sagt Alexander anerkennend, Luise sei bezaubernd. »Ach was, ganz und gar nicht!«, schreit Konstantin, »sie sind es alle beide nicht. Man soll sie nach Riga zu den Prinzen von Kurland schicken, für die sind sie gut genug!«[4] Alexanders lobende Worte werden seiner Großmutter hinterbracht, und sie freut sich darüber. Sie hat richtig gesehen: Er beißt schon an. Als die beiden jungen Ausländerinnen dem Hof vorgestellt werden, macht Luise eine falsche Bewegung, stolpert über die Ecke der Stufen zum Thron und schlägt der Länge nach hin. Man richtet sie auf und tröstet sie, Alexander lächelt ihr zu, und bald ist der Zwischenfall vergessen. Die jüngere der beiden Schwestern wird, da Konstantin nichts von ihr wissen will, mit einer Wagenladung voll Geschenke an den Rhein zurückgeschickt.[5] Die ältere dagegen lernt Russisch, schwört ihrem Glauben ab, läßt sich orthodox taufen, wird zur Großfürstin proklamiert und erhält den neuen Vornamen Elisabeth Alexejewna. »Der Großfürst ist sehr verliebt in seine Zukünftige«, notiert Stedingk, »und man kann kein schöneres und interessanteres Paar sehen als dieses.« Die neue Elisabeth aber, erstaunt und verschreckt über die ersten Kühnheiten Alexanders, schreibt an ihre Mutter: »Als wir allein in meinem Zimmer waren, hat er mich geküßt, und jetzt glaube ich, daß er das immer tun wird. Sie können sich nicht vorstellen, wie lustig mir das vorgekommen ist.«

Da Rußland gerade drei Kriege glücklich hinter sich gebracht hat, erscheinen zur Verlobungszeremonie zahlreiche ordensgeschmückte Generäle. Auch viele schwedische Bewunderer Katharinas sind da, »ganz ergebene« polnische Magnaten,

Tataren-Khans, türkische Paschas und Abgesandte von der Moldau. Katharina sitzt zum Diner auf einem Thron, der die übrigen Tische überragt. »Mit Gold und Diamanten bedeckt und gekrönt«, schreibt Masson, »ließ sie das Auge heiter über diese gewaltige Versammlung schweifen, in der alle Nationen vertreten waren, und schien sie im Geiste alle zu ihren Füßen liegen zu sehen . . . Ein Dichter hätte sie für Juno halten können, die inmitten der Götter thront.«
Doch Juno ist nicht frei von Sorgen. Die Ereignisse in Frankreich verdüstern ihr den Glanz des Verlobungsfestes ihres Enkels. Schon lange hat sie den Eindruck, daß dieses Land an einem Anfall von Wahnsinn leidet. Und sie fürchtet die Ansteckung. Als sie erfährt, daß Ludwig XVI. geflohen und in Varennes verhaftet worden ist, packt sie die Verzweiflung. Man munkelt, der russische Botschafter in Paris, Simolin, habe insgeheim an der Vorbereitung dieser unseligen Flucht mitgewirkt. Nur wie durch ein Wunder ist der Diplomat der Rache der aufgebrachten Menge entgangen, die sich vor dem Palais Royal und dann auf den Champs Élysées versammelt hat. »Sie wollten mich ergreifen und mich als einen Komplizen des Fluchtversuchs des Königs umbringen«, schreibt er an Katharina.

Die ersten französischen Flüchtlinge treffen in St. Petersburg ein und werden überaus zuvorkommend empfangen. Der Republikaner La Harpe sieht Aristokraten wie die Sénac de Meilhan, die Saint-Priest, die Bombelles, die Esterhazy, die Choiseul-Gouffier aufmarschieren – lauter Entwurzelte, die sich mit ihrem aufgeregten Geschwätz sehr wichtig nehmen, sofort überall Fuß fassen und zu intrigieren beginnen. »Madame Vigée-Lebrun wird bald glauben, sie sei in Paris, soviel Leute kommen zu ihren Soireen«, schreibt der Fürst von Ligne. Und Rostoptschin bemerkt bitter: »Wenn man die Franzosen genauer beobachtet, findet man in ihrem Wesen etwas dermaßen Leichtes, daß man kaum versteht, daß diese Leute nicht davonfliegen. Die Schurken und die Dummköpfe sind zu hause geblieben, die Narren aber haben ihr Vaterland verlassen und vermehren nun überall in der Welt das Heer der Scharlatane.« Angesichts dieses Zustroms von Emigranten fühlt sich der französische Geschäftsträger Genet als Anhänger einer maßvollen Revolution gar nicht wohl in seiner Haut. Vergebens versucht er entgegen dem Anschein zu behaupten, Ludwig XVI. genieße doch eine gewisse Freiheit. Katharina betrachtet ihn als einen »enragierten Demagogen« und weigert sich, ihn am Hofe zu empfangen. Sie nimmt es Ludwig XVI. übel, daß er die Konstitution angenommen hat. »Nun denn, da setzt Ihnen doch gar dieser Herr Ludwig XVI. seine Unterschrift unter diese absurde Konstitution und beeilt sich, einen Eid abzulegen, den er durchaus nicht zu halten wünscht und den obendrein kein Mensch von ihm verlangt!« schreibt sie an Grimm. »Aber wer sind denn diese unverständigen Leute, die ihn drängen, all diese Dummheiten zu machen? . . . Wenn Sie zurück in Paris sind, und sie sind noch nicht alle gehängt, so nehmen Sie eine Rute und hauen Sie diese Schulbuben, die Ratgeber des Königs von Frankreich sein wollen, tüchtig durch.« Die in Frankreich lebenden Russen erhalten die Anweisung, unverzüglich in ihre Heimat zurückzukehren. Simolin, der russische Botschafter in Paris, packt seine Koffer. Der »Moniteur« bezeichnet die Kaiserin als »Messalina des Nordens«. Ihre Antwort darauf ist, daß sie den Russen verbietet, Pariser Krawatten zu tragen, und die Büste Voltaires auf den Dachboden verbannt. Er ist der Schuldige, das weiß sie jetzt ganz genau. Der Beweis dafür? Am 11. Juli 1791 haben die französischen Revolutionäre die Asche des Philosophen feierlich ins Pantheon gebracht. Bewaffneter Pöbel soll dem Leichenwagen das Geleit gegeben haben. Eine Delegation von Schriftstellern und Schöngeistern mit Beaumarchais an der Spitze stellte die »Familie Voltaires« dar. Nun gut, wenn er in Paris im Pantheon ruht, so soll er in St. Petersburg unter dem Dachstuhl ruhen. Jawohl, diesmal haben die teuren Enzyklopädisten ihren Kredit in den Augen Katharinas vollständig eingebüßt. Einst hat sie sie über alles bewundert, und jetzt sieht sie in ihnen nur noch wahre Ungeheuer an intellektueller Unredlichkeit. Freiheit, Gleichheit und Brüderlichkeit haben sie gepredigt, aber sie sind damit Wegbereiter der Intoleranz, des Hasses, des Massenmordes geworden. Utopisten mit blutbefleckten Händen. Ihre gesammelten Werke sind der Sockel, auf dem die Guillotine steht. »Ich empfehle allen protestantischen Mächten, die griechische Religion anzunehmen, um sich vor der irreligiössen, unmoralischen, anarchischen, verbrecherischen, teuflischen Pest zu bewahren, die ein Feind Gottes und der Throne ist«, schreibt sie. Und Grimm gegenüber erklärt sie: »Ich behaupte, daß man nur zwei oder drei jämmerli-

che Festungen zu nehmen brauchte, und alles übrige würde ganz von selbst zusammenstürzen ... Man bräuchte keine zwanzigtausend Kosaken, um von Straßburg bis Paris alles niederzumachen.« Sie hütet sich allerdings, diesen zwanzigtausend Kosaken den Marschbefehl zu geben.
Die Nachricht von der Hinrichtung Ludwigs XVI. trifft sie Anfang 1793 so hart, daß die Ärzte um ihre Gesundheit fürchten. Sie hat eine zu hohe Meinung von der Institution der Monarchie, um es ohne Schauder ertragen zu können, daß ein Monarch ein so schmähliches Ende unter dem Fallbeil findet. Sie ist es, die von der Menge beleidigt wird, ihr Hals ist es, auf den die Schneide niederfährt. »Als die Nachricht von der verbrecherischen Hinrichtung des Königs von Frankreich kam«, schreibt Chrapowitzki, »legte Ihre Majestät sich krank vor Gram zu Bett. Gott sei Dank geht es heute schon besser. Sie sprach zu mir über die Barbarei der Franzosen und die offenkundige Gesetzwidrigkeit der Stimmenzählung (nämlich jener Stimmen, die den König schuldig sprachen) und sagte: ›Das ist ein himmelschreiendes Unrecht, selbst gegenüber einem gewöhnlichen Menschen ... Die Gleichheit ist ein Ungeheuer, das König sein will‹.«

Von nun an ist Katharina stachlig wie ein Igel. Genet zittert vor ihren beißenden Ausfällen. La Fayette wird in ihren Aussprüchen zu »Hanswurst der Große«, Paris zur »Räuberhöhle«, die Revolutionäre zu »Lumpen«. »Man muß die Franzosen ausrotten bis auf ihren Namen.« Für sie ist jetzt nicht mehr Paris die Hauptstadt Frankreichs, sondern Koblenz, das Hauptquartier der Emigranten. Sie kündigt den Handelsvertrag auf, den sie während der Krimreise mit Ségur geschlossen hatte, verbietet den französischen Schiffen das Anlaufen russischer Häfen, bricht die diplomatischen Beziehungen mit Frankreich ab und schickt Genet als unerwünschte Person nach Hause. »Man sagt, er habe sich bei der Abreise aus St. Petersburg eine wollene rote Mütze auf den Kopf gestülpt«, schreibt Katharina an Grimm. »Das ist so verrückt, daß ich in Lachen ausbrach, als man es mir erzählte.« Schließlich erläßt sie einen Ukas, der von allen in Rußland lebenden Franzosen bei Strafe der sofortigen Ausweisung einen Eid mit dem folgenden Text verlangt: »Ich schwöre vor Gott dem Allmächtigen und beim heiligen Evangelium, daß ich weder im Geist noch in der Tat jemals den gottlosen und verruchten Grundsätzen angehangen habe, die jetzt in Frankreich verkündet werden, daß ich die jetzige dortige Regierung als Usurpation und Bruch aller Gesetze betrachte und den Tod des allerchristlichsten Königs Ludwig XVI. als ein abscheuliches Verbrechen verurteile . . . Infolgedessen verspreche ich, da ich den Schutz genieße, den Ihre Majestät die Zarin aller Reußen mir in ihrem Reich zu gewähren geruht, daß ich dort gemäß den Lehren der Religion, unter der ich geboren bin, und in völliger Unterwerfung unter die von Ihrer Majestät erlassenen Gesetze leben werde, daß ich jeden Briefverkehr mit Franzosen in meinem Vaterland, die die jetzige abscheuliche Regierung anerkennen, abbrechen und ihn erst wieder aufnehmen werde, wenn ich nach der Wiederherstellung der rechtmäßigen Ordnung die ausdrückliche Genehmigung dazu von Ihrer Kaiserlichen Majestät erhalten habe.«

Denn Katharina hegt keinen Zweifel, daß nach soviel blutigen Wirren und widersinnigen Gesetzen die Alleinherrschaft in Frankreich wiederhergestellt werden wird. Mit bemerkenswerter Hellsicht schreibt sie 1794: »Wenn Frankreich glücklich davonkommt, dann wird es stärker sein als je zuvor . . . Es bedarf nur eines großen Mannes, der seinen Zeitgenossen, vielleicht dem ganzen Jahrhundert überlegen sein müßte. Ist er schon geboren? Wird er bald erscheinen? Alles hängt davon ab!« Geboren ist dieser »überlegene große Mann« schon und zwar im Jahre 1769 in Ajaccio. Er ist vierundzwanzig Jahre alt und hat sich soeben bei der Belagerung von Toulon hervorgetan.

Einstweilen leisten die Franzosen in Rußland pflichteifrig den geforderten Eid. Schon betrachtet Katharina sie nicht mehr als Gäste in ihrem Land, sondern als neue Untertanen, die ihr Gehorsam schulden. Die Ankunft des Grafen von Artois bereitet ihr Freude. Vor Varennes hatte sie davon geträumt, Ludwig XVI. selber Asyl zu gewähren. »Das wäre die bemerkenswerteste Tat meiner ganzen Regierungszeit«, sagte sie. Daß eine Prinzessin von Zerbst dem Enkel ihres geschworenen Feindes Ludwig XV. und der Tochter Maria Theresias von Österreich, die sie mit soviel Verachtung behandelt hat, Zuflucht und Schutz gewährt – was wäre das für eine herrliche Rache! In Ermangelung eines Besseren empfängt sie den Grafen von Artois sehr zuvorkommend und mit großem Pomp. Viele gute Worte und so wenig aktive Unterstützung wie möglich, lautet ihre Devise. In ihrer echt weiblichen Eitelkeit legt sie vor allem großen Wert darauf, daß der Luxus im Winterpalast sich mit dem in Versailles messen kann. Katharina und Plato Subow behandeln ihren Gast als Sproß des französischen Königshauses und Statthalter der Krone. Er erweist sich als vollkommene Null in politischen Dingen, aber ansonsten liebenswürdig, einfach und »ohne Prahlerei«. Trotz aller Bemühungen gelingt es ihm nicht, die Zarin zu der militärischen Unterstützung zu bewegen, auf die er gehofft hat. Sie begnügt sich damit, ihm als Beitrag zu den Kosten des Feldzuges eine Million Rubel auszuzahlen, und räumt ihm bei der russischen Botschaft in London einen Kredit bis zur Höhe von vier Millionen Rubeln ein. Und um ihn zum heiligen Krieg gegen die Französische Revolution anzuspornen, überreicht sie ihm einen reichverzierten Degen, den sie zuvor hat segnen lassen und auf dessen Klinge die Worte eingraviert sind: »Für den König von Gott gegeben«. Enttäuscht nimmt der Graf von Artois diese symbolische Waffe entgegen, mit der er nichts anfangen kann, und bedankt sich nach den Worten eines Zeugen »mit zu wenig Ausdruck«. Katharina schreibt ganz unverblümt an den Vizekanzler Ostermann: »Ich zerbreche mir den Kopf, wie ich den Wiener und Berliner Hof zum Engagement in der französischen Angelegenheit bringen kann, um selber die Hände frei zu behalten. Ich habe vieles in Angriff genommen, was nicht abgeschlossen ist. Es kommt darauf an, daß Preußen und Österreich mich nicht dabei stören.« Später sucht sie, noch immer in Sorge wegen des Ausgangs der »französischen Angelegenheit«, eine Verständigung mit Großbritannien. Es kommt zur Unterzeichnung eines Verteidigungspaktes zwischen den beiden Ländern. Aber Katharina mißt ihm keine besondere Bedeutung bei. Am 26. April 1793 reist der Graf von Artois nach England weiter.

Am 28. September des gleichen Jahres wird die Hochzeit des Großfürsten Alexander gefeiert. Das junge Paar wirkt so anmutig, daß man es »Amor und Psyche« nennt. Katharina hofft, bald Urgroßmutter zu werden. Das wäre, so meint sie, eine zusätzliche Garantie für die Zukunft des Landes. Sie hätte dann nicht nur im Raum gebaut, sondern auch in der Zeit. Zunächst muß sie sich vergewissern, was für Pläne Alexander hegt. Durchdrungen von den schönen Ideen La Harpes hält er während eines Empfanges begeisterte Reden über die Menschenrechte, die seine Zuhörer schockieren. Katharina hält das für jugendlichen Überschwang, den man nicht ganz ernst nehmen muß. Die schändliche Hinrichtung Marie Antoinettes nach der Ludwigs XVI. macht den Schweizer Liberalen und seinen Schüler schon sehr bald stumm. Das schreckliche Ende läßt zweifeln, daß das Prinzip richtig war. Das Heil liegt eben doch nur in der Monarchie. Davon will Katharina Alexander überzeugen, und sie will ihn zugleich informieren, was für Pläne sie mit ihm hat.

Schon bei den ersten Gesprächen ist sie entsetzt. Alexander hat überhaupt nicht den Wunsch, zu regieren. Er behauptet, der Despotismus, die Gewalt und die Hofintrigen seien ihm zuwider. Sein sanftes und weich gestimmtes Gemüt fühlt sich mehr zur Ruhe und Stille, zum einfachen Leben, zur schlichten Häuslichkeit hingezogen. Ein Haus auf dem Land, eine treue Frau und liebe Kinder, die Geborgenheit im Kreis der Familie, die bescheidenen Freuden und Sorgen ganz gewöhnlicher Menschen – das ist es, wonach er sich sehnt. Statt des künftigen Zaren, auf den sie gezählt hat, findet sie einen kleinen Schweizer Spießbürger. Also ruft sie La Harpe zu sich, von dem sie weiß, daß er großen Einfluß auf Alexander hat, und befiehlt ihm, seinem Schüler wieder das Gefühl der Verantwortung als künftiger Kaiser einzuflößen. Der junge Großfürst muß nicht nur sein Schicksal akzeptieren, sondern sich auch als den direkten Erben Katharinas betrachten, da sein Vater von der Thronfolge ausgeschlossen werden soll. Hier jedoch lehnt La Harpe sich auf. Er glaubt sich eines schweren Vergehens mitschuldig zu machen, wenn er einen jungen Mann dazu verleitet, seinem Vater die Stellung streitig zu machen, die ihm von Rechts wegen zusteht. Schließlich hat er Alexander nicht darum zur Ehrfurcht vor den Eltern und zur Nächstenliebe erzogen, um ihn nun zu einer solchen Schändlichkeit zu drängen. Mit einem Wort, er lehnt es ab, sich als politischer Handlanger der Zarin mißbrauchen zu lassen. Sie insistiert nicht weiter, denn sie hofft, anstelle La Harpes Alexanders einfältige junge Frau für diese Rolle gewinnen zu können. Doch La Harpe bemüht sich jetzt um eine Aussöhnung zwischen Paul und seinem Sohn. Er geht sogar so weit, seinem Zögling den Inhalt des vertraulichen Gesprächs mit der Kaiserin zu verraten. Tief erschüttert behandelt Alexander seinen Vater jetzt noch zuvorkommender als vorher und läßt keine Gelegenheit aus, ihm seine Ehrerbietung zu bekunden und ihm zu schmeicheln. Er nennt ihn sogar jetzt schon »Kaiserliche Majestät«, als wolle er damit zum Ausdruck bringen, daß er die legitime Thronfolge respektiert. Als man Katharina von dieser neu erwachten Sohnesliebe berichtet, beordert sie La Harpe zu sich und teilt ihm seine Entlassung mit. Als er in die Studierstube der Großfürsten zurückkehrt – auch nach seiner Heirat lernt Alexander weiter –, ist La Harpe leichenblaß. Mit Tränen in den Augen berichtet er von seiner Audienz bei der Zarin. Alexander beginnt zu schluchzen und fällt seinem Lehrer um den Hals. Und nachdem dieser gegangen ist, schreibt er ihm einen erschütternden Brief: »Leben Sie wohl, mein teurer Freund! Ach, wie schwer es mir fällt, dieses Wort niederzuschreiben! Vergessen Sie nicht, daß Sie hier einen Menschen zurücklassen, der Ihnen völlig ergeben ist und gar nicht weiß, wie er Ihnen jemals genug danken soll, weil er außer der Geburt Ihnen alles schuldet . . . Leben sie glücklich, teurer Freund; dies ist der Wunsch eines Menschen, der Sie zärtlich liebt, Sie ehrt und über alle Maßen achtet. Zum letzten Male: Leben Sie wohl, mein bester Freund. Vergessen Sie mich nicht! Alexander.« Später wird er sagen: »Einem Schweizer verdanke ich alles, was ich bin.«

Nach La Harpes Abreise hat der jedes geistigen Rückhalts beraubte Alexander ein Gefühl der Verlassenheit, der Orientierungslosigkeit, der tragischen Einsamkeit. Bei aller Ehrerbietung, mit der er seinen Vater behandelt, ist er doch schockiert von dessen exzentrischem Verhalten, seiner Dummheit und kleinlichen Bosheit. An seiner Großmutter bewundert er zwar die Arbeitsenergie, die Intelligenz und Autorität, aber die senile Schwäche, die sie gegenüber ihrem jungen Liebhaber Plato Subow an den Tag legt, ist ihm peinlich. »Ich fühle mich unwohl in der Gesellschaft von Menschen, die ich nicht einmal als Domestiken haben möchte«, vertraut er seinem Freund Kotschubey an. Dennoch – und das ist kennzeichnend für seinen nachgiebigen Charakter – gibt er klein bei vor dem Favoriten, ja er duldet es sogar, daß dieser, die Unverschämtheit auf die Spitze treibend, seiner jungen Frau ausdauernd den Hof macht. Wie kann man einem Mann von so einflußreicher Stellung die Stirn bieten? Wie kann man eine Frau daran hindern, durch ihre bloße Schönheit die Herzen zu entflammen? Elisabeth Alexejewna hat sich nichts vorzuwerfen. Plato Subow ist ihr mit seinen Huldigungen vor aller Öffentlichkeit sogar äußerst lästig. Er scheint es im übrigen ernst zu meinen. Der junge Draufgänger ist der Zarin überdrüssig und glüht für die Großfürstin. Alles würde er dransetzen, diese Leidenschaft zu kühlen. Ein Skandal liegt in der Luft, und Alexander fürchtet ihn mehr als alle anderen. Er ist der direkten Konfrontation immer ausgewichen, er ist kein Mann des klaren Ja oder Nein. Seinem getreuen Kotschubey vertraut er an: »Meine Frau beträgt sich wie ein Engel. Aber Sie müssen schon zugeben, daß uns Subow in eine verdammt heikle Lage bringt . . . Behandelt man ihn gut, so sieht das nach Billigung seiner Liebe aus; behandelt man ihn aber frostig, um ihn dafür zu tadeln, so könnte die Kaiserin, die den Zusammenhang nicht kennt, es vielleicht übel aufnehmen, daß man einen Mann, für den sie große Zuneigung hegt, so wenig achtet. Die goldene Mitte einzuhalten, wie man wohl tun muß, ist da äußerst schwierig, erst recht einem Publikum gegenüber, das so boshaft und intrigant ist wie unser Hof.«[6]

Das klägliche Abenteuer wird Katharina gemeldet, und sie schluckt die bittere Pille, ohne das Gesicht zu verziehen. Kann man es dem hübschen Plato übelnehmen, wenn er seine Aufmerksamkeit hin und wieder einer jüngeren Rivalin zuwendet? Mit der Wahl eines so jungen Liebhabers ist sie das Risiko eingegangen, gelegentlich zumindest in der Phantasie betrogen zu werden. Aber wie konnte er nur darauf verfallen, sein Auge ausgerechnet auf die Großfürstin zu werfen! Wahrhaftig, diese Russen werden nie aufhören, Katharina in Erstaunen zu versetzen: das Irrationale ist ihr Element. Da ist also dieser Mann, Plato Subow: sie liebt ihn über alles, sie hat ihn zu den höchsten Ehren erhoben und ihm die heikelsten politischen Aufgaben übertragen; er aber ist drauf und dran, alle seine Chancen aufs Spiel zu setzen und sich von einem ebenso verdammenswerten wie aussichtslosen Gefühl hinreißen zu lassen. Und da ist dieser andere Mann, Alexander (auch er hat russisches Blut in den Adern): sie verspricht ihm den glorreichsten Thron der Welt, und er schreckt davor zurück, behauptet, er wolle lieber in Frieden leben und mit den Aufregungen der Staatsgeschäfte nichts zu tun haben. Sie denkt wieder an Potemkin: auf dem Gipfel des Ruhms träumte er davon, sich in ein Kloster zurückzuziehen. Man muß endlich ein bißchen deutsche Vernunft in diesen slawischen Irrwitz bringen. Katharina hält ihrem Liebhaber und ihrem Enkel eine Gardinenpredigt. Und es gelingt ihr schließlich, den einen zu überreden, die Großfürstin nicht mehr zu umwerben, und den anderen, wegen einer so aussichtslosen Verliebtheit keinen Argwohn zu schöpfen.

Ungelöst aber bleibt die Frage der Thronfolge. Katharina gibt nicht nach. Sie nimmt all ihre Willenskraft und all ihre zärtliche Liebe zusammen, um auf das Gemüt des leicht beeinflußbaren Alexander einzuwirken. Sie stellt ihm vor Augen, daß Paul, falls er zur Macht gelangen sollte, jede liberale Reform blindwütig verhindern werde, während er selber, Alexander, als ihr unmittelbarer Nachfolger sein Volk von den weisen Lehren La Harpes profitieren lassen könnte. Im Gegensatz zu der blutigen Revolution in Frankreich wird er so der Welt beweisen können, was in einem großen Land der Wille eines aufgeklärten Monarchen vermag. Seine Herkunft und seine Erziehung bestimmen ihn für diese große Aufgabe, und er hat nicht das Recht, sich ihr aus eigennützigen Gründen zu entziehen. Er soll endlich einwilligen, damit sie ihre Tage in Frieden mit sich selber beschließen kann. Diesmal ist Alexander wankend geworden. Wie gewöhnlich, gibt er keine eindeutige Antwort. Aber intuitiv ahnt Katharina, daß die Sache auf gutem Wege ist.

Auch von seiten Plato Subows erlebt sie Sonnenschein nach dem Regenguß. Nachdem er sich von der Großfürstin gelöst hat, setzt er sich in den Kopf, das Griechenlandprojekt in neuer Form wieder aufzugreifen, an dem Katharina so hängt. Er will es Potemkin gleichtun und das Reich durch eine kühne Eroberung vergrößern, die mit seinem Namen verbunden bleibt. Warum zum Beispiel nicht Persien? Von dort aus kann man weiter vorstoßen bis Indien. Valerian Subow, Platos Bruder, der den Polen-Feldzug als einfacher Leutnant mitgemacht und dabei ein Bein verloren hat, soll die Expedition anführen. Suworow soll unterdessen über den Balkan nach Konstantinopel marschieren. Die russische Flotte wird in den Bosporns eindringen und die türkische Hauptstadt von der See her angreifen. Um die Matrosen richtig zu begeistern, könnte man das Geschwader von der Zarin persönlich kommandieren lassen. In der Umgebung Katharinas reagiert man betreten. Eine Unternehmung dieser Art scheint allen als eine gefährliche Chimäre. Selbst Alexander kann seine Skepsis nur mühsam verbergen. Seine Großmutter wird sich doch nicht schon wieder von einem Hirngespinst blenden lassen. Aber doch, sie wird! Müde geworden und in ihrem Urteil nicht mehr so klar wie einst, vermag sie ihrem geliebten Plato nichts abzuschlagen. Wenn es ihn nach einem Krieg verlangt, warum sollte sie so grausam sein, ihm das Vergnügen nicht zu gönnen!

Ende Februar 1796 eröffnet Valerian Subow mit zwanzigtausend Soldaten den Feldzug. Im September, so verkündet er, will er in Ispahan einmarschieren. Aber nach der Einnahme von Derbent und Baku – beide Städte leisten kaum Widerstand – kommt der Vormarsch ins Stocken. Als der Sommer zu Ende geht, ist er immer noch sechshundert Werst von der persischen Küste entfernt. Dazwischen liegt Wüste, in die er nicht vorzudringen wagt. Aus St. Petersburg schickt man ihm einen Ingenieur mit geographischen Unterlagen und neuen Instruktionen. Über die Karten gebeugt, beginnt er zu begreifen, wie aberwitzig das Unternehmen ist, und beschließt, in Baku zu bleiben.

Wieder einmal verflüchtigt sich für Katharina der Traum einer russischen Vorherrschaft im Vorderen Orient. Trotzdem gibt sie die Hoffnung nicht auf, den Fall von Byzanz noch zu erleben. Sie ist jetzt siebenundsechzig Jahre alt, ihre Kräfte schwinden, das Herz schlägt unregelmäßig, und ihre Beine sind so angeschwollen, daß sie nur mit Mühe drei Stufen steigen kann und manche Höflinge, wenn sie zu ihnen kommt, in ihren Häusern die Treppen in sanft abfallende Rampen verwandeln lassen. In ihrem aufgedunsenen Gesicht sind nach den Aussagen von Augenzeugen die »sicheren Anzeichen des Verfalls und der Wassersucht« zu lesen. Aber sie will nicht wahrhaben, daß sie alt und gebrechlich geworden ist. »Ich bin frisch und munter wie ein Wiesel«, schreibt sie an Grimm. Wenn sie sich unpäßlich fühlt, geht sie der Sache auf den Grund und kuriert sich auf ihre eigene Art. »Ich glaube, die Gicht hat sich in meinem Magen festgesetzt«, erzählt sie einem ihrer engsten Vertrauten. »Ich verjage sie daraus mit Pfeffer und einem Glas Malaga, das ich regelmäßig jeden Tag trinke.«

Wie in früheren Zeiten, so ist auch jetzt noch ihr Tageslauf durch eine strenge Disziplin festgelegt. Sie arbeitet mit geradezu zwanghafter Verbissenheit. Aber Plato Subow ist immer bei ihr. Keine Entscheidung wird mehr ohne ihn getroffen. Und nachts findet sie ihn wiederum in ihrem Schlafgemach. Sie weiß, daß er ihr letzter Liebhaber bleiben wird. Und um so dankbarer ist sie ihm für seine Bemühungen, sie zu befriedigen. Der schwedische Botschafter macht in seinen Depeschen einige Bemerkungen über diese Gemeinschaft, die zugleich politischer und sinnlicher Art ist: »Was den Einfluß des Favoriten angeht«, schreibt er, »so ist die Kaiserin offenbar entschlossen, nie wieder zu wechseln . . . Subow geht bei der Kaiserin zu jeder Tageszeit ein und aus. Bei ihm finden alle Beratungen statt. Er ist die Kanzlei, in der die meisten Angelegenheiten erledigt werden. Bei sich selbst hält die Kaiserin überhaupt keine Ratsversammlung mehr ab . . . Die Gunst, in der Subow steht, steigt noch immer und nimmt im gleichen Maße zu, in dem die Achtung abnimmt, die man ihm entgegenbringt. Zum Namenstag Platos verfertigt der Hofdichter Derschawin eine Ode, in der er ihn mit Aristoteles vergleicht, und die jungen Elevinnen des Smolny-Instituts überreichen ihm eine selbstgeschaffene Stickerei mit der Inschrift: Monseigneur, des Vaterlandes Freude, Ihr Wohlergehen ist das Glück unserer Herzen.«

Für Katharina bringt das Jahr 1796 noch ein bemerkenswertes Familienereignis: im Juni bringt die Großfürstin Maria Fedorowna, die Gattin Pauls, ihr neuntes Kind zur Welt. Es ist wieder ein Sohn: Nikolaus. Es ist der dritte männliche Sprößling dieser fruchtbaren Frau. Katharina spielt die glückliche Großmutter. Im Grunde ihres Herzens aber ist sie wütend. Viel zu spät für sie kommt dieses Kind, als daß sie noch hoffen dürfte, es wie Alexander und Konstantin aufziehen zu können. Es wird ganz dem verderblichen Einfluß seines Vaters überlassen bleiben. Welches Unheil für Rußland verkündet die Gestalt dieses Verrückten in preußischer Uniform, der sich jetzt wieder einmal über die Wiege eines neuen Kindes beugt?[77]

26. KAPITEL

Das Ende

Wenn nur die Revolutionsseuche in die Grenzen von Frankreich gebannt bleibt! Nichts fürchtet Katharina an der Schwelle des Greisenalters so sehr, als daß die freiheitlichen Ideale, von denen sie einst durchdrungen zu sein behauptete, auch Rußland erfassen könnten. Nachdem der schreckliche Aufstand Pugatschews ihr vor Augen geführt hat, daß das russische Volk ebenso zu blutiger Gewalt fähig ist wie das französische, kann sie keinerlei Ansichten dulden, die das gesellschaftliche Gleichgewicht zu erschüttern oder auch nur die Geister in Unruhe zu versetzen drohen. Als Hüterin der Ordnung verfolgt sie mit eiserner Strenge alle Bürger, die sich in ihren Augen des »Jakobinismus« schuldig gemacht haben. Selbst ihre einstigen Freunde finden keine Gnade vor ihren Augen, wenn sie nur ein klein wenig nach »links« tendieren. Eine Zeitlang hat sie dem Journalisten, Buchhändler und Verleger Nikolaus Niwokow so nahegestanden, daß sie sogar anonym an seiner Zeitschrift *Der Müßiggänger* mitarbeitete; jetzt aber verübelt sie es ihm, daß er sich zu entschieden für die Leibeigenen einsetzt, und macht ihm bald auch seine Mitgliedschaft in der Freimaurerbewegung zum Vorwurf. Ursprünglich war diese Bewegung in Rußland von absoluter Loyalität gegenüber dem Zarenhaus getragen; bald jedoch verband sie sich mit Illuminatentum, und diese mystische Strömung beunruhigte Katharina als ein erster Angriff gegen ihre Herrschaft. Sie denkt da ganz nüchtern: eine Ausbreitung von Sekten neben der Kirche scheint ihr dazu angetan, das ungebildete und leicht entflammbare Volk in Unruhe zu versetzen; außerdem versuchen Nowikow und seine Anhänger angeblich, Pauls Faible für okkulte Lehren auszunützen, man hat ihm sogar angeboten, ihn zum Großmeister der Moskauer Freimaurer-Loge zu machen. Das geht denn doch zu weit. Ein Vaterland, ein Glaube, ein Monarch – so lautet die richtige Lehre. Man hat ja inzwischen deutlich genug gesehen, wohin die Ideen der französischen Aufklärungsphilosophen ihr unglückseliges Land geführt haben! Solange Katharina am Leben ist, werden die russischen Philosophen nicht das Recht haben, in den Logen, in den Salons oder auf der Straße ihren Unsinn zu verkünden. Im Jahre

1792 wird Nowikow verhaftet, und die Ermittlungen werden in seinem Fall mit ungewöhnlicher Strenge geführt; Katharina selbst diktiert die Fragen, die die Richter dem Beschuldigten stellen. Das Urteil ist hart: fünfzehn Jahre Festungshaft in Schlüsselburg, Verbrennung alles subversiven Bücher und Schließung aller Freimaurerlogen in Rußland. Viele Jahre zuvor hatte sie in ihrer Zeitschrift *Buntes Allerlei'* geschrieben: »Wir wollen auf der Erde wandeln und nicht in den Lüften schweben und noch weniger den Himmel erklimmen.« Und sie hatte hinzugefügt: »Auch lieben wir die schwermütigen Schriften nicht.«

Die gleiche unerbittliche Strenge gegenüber humanitären Träumen zeigt sie auch, als Alexander Nikolajewitsch Raditschew sein Buch *Reise von St. Petersburg nach Moskau* veröffentlicht. Das Buch, Dokument und Streitschrift, Zustandsbeschreibung und kritische Reflexion in einem, brandmarkt die Mißbräuche der Leibeigenschaft und fordert die sofortige Befreiung der Bauern durch einen großherzigen Erlaß der Regierung. Weiß Gott: von der Befreiung der Muschiks hat einst auch Katharina selber geträumt! Aber ihre Regierungspraxis hat sie, so meint sie, gelehrt, wie gefährlich es wäre, dieses an Knechtschaft gewöhnte Volk unvermittelt in die Unabhängigkeit zu stürzen wie in einen lichterfüllten Abgrund. Muß es nicht, nachdem ihm jahrehundertelang jede Verantwortung und jede Eigeninitiative genommen war, im Wahnsinn versinken, wenn man ihm die Emanzipation predigt? Wird es sich nicht nach der Geborgenheit zurücksehnen, die es unter der Zuchtrute eines allmächtigen Herrn genoß? Auf jeden Fall muß man Grundherren und Bauern sehr behutsam auf eine künftige Veränderung ihres Verhältnisses vorbereiten. Raditschews Buch kommt zur Unzeit. Bei seiner Lektüre können schwache Hirne, deren es in Rußland so viele gibt, ins Delirieren kommen. Alles in allem ist der Verfasser, gerade weil er so begabt ist, nach dem Urteil Katharinas »noch gefährlicher als Pugatschew«. Raditschew wird zum Tode verurteilt, von der Kaiserin dann aber zu zehnjähriger Verschickung nach Sibirien begnadigt.

Kniaschnin wiederum, Autor der erfolgreichen Komödien *Der Prahlhans* und *Die Sonderlinge*, muß noch postum den Zorn der Zarin über sich ergehen lassen. Die Fürstin Daschkow hat als Präsidentin der russischen Akademie eine Tragödie aus dem Nachlaß des Schriftstellers mit dem Titel *Vadim von Nowgorod* drucken lassen; Katharina erfährt davon, findet das Werk republikanisch angehaucht und befiehlt, sämtliche Exemplare zu beschlagnahmen und zu verbrennen. Als dies der Fürstin Daschkow mitgeteilt wird, ruft sie vor der Kaiserin aus: »Was kann es mir ausmachen, Majestät, wenn das Werk durch den Henker verbrannt wird? Nicht ich muß darüber erröten!«[2] Durch diese Warnung läßt sich die Zarin jedoch nicht von ihrem Entschluß abbringen; die Verbrennung findet statt, und die Asche von *Vadim von Nowgorod* wird in alle Winde verstreut. Nach dieser Brüskierung legt die Fürstin Daschkow demonstrativ ihr Präsidentenamt nieder und beschließt, St. Petersburg zu verlassen und sich nach Moskau zurückzuziehen. Zuvor jedoch bittet sie Katharina um eine Abschiedsaudienz. Sind sie nicht alte Freunde? Ihre Majestät läßt die Besucherin eine Stunde lang im Vorzimmer warten, bevor sie sie empfängt. Endlich stehen die beiden Frauen einander gegenüber. Katharina ist eisig. Als die Fürstin Daschkow sich stumm vor ihr verneigt, sagt sie trocken: »Gute Reise, Madame!« Das ist alles, was sie der Ex-Akademiepräsidentin noch zu sagen hat. Anderen gegenüber aber äußert sich Katharina etwas näher über die Gründe ihrer Strenge in Fragen der Zensur. »Das Theater ist die Schule der Nation«, sagt sie. »Es muß unbedingt unter meiner Aufsicht bleiben; ich bin der erste Lehrmeister in dieser Schule, denn ich bin vor Gott für die Moral meines Volkes verantwortlich.«[3]

Im ganzen begegnet sie bei allem Interesse, das sie aus Neigung und kraft ihres Amtes am Aufstieg der russischen Nationalliteratur nimmt, der kleinen Welt der einheimischen Schriftsteller mit einer Autorität, in der geringschätzige Herablassung mitschwingt. Als glühende Verehrerin der französischen und deutschen Kultur sieht sie für die Kultur ihrer Wahlheimat das Heil allein in der Nachahmung westlicher Vorbilder. Zu den Berühmtheiten der Ära Elisabeths wie Lomonossow (gestorben 1765), der die russische Literatursprache begründete, oder Sumarokow (gestorben 1777), der Fabeln, Satiren und Theaterstücke in der Nachfolge Racines und Voltaires verfaßte, sind während ihrer eigenen Regierungszeit kaum große Namen hinzugekommen. Gewiß, da ist der offizielle Hofpoet Derschawin mit seinen überschäumenden Lyrismen, aber sein langes Gedicht *Feliza* ist nur ein Auftragswerk, das die Huldigung an die Kaiserin mit Kritik an ihren Höflingen verbindet. Und mit der Zeit sinkt Derschawin so weit herab, daß er sogar das Lob Plato Subows singt. Cheraskow seinerseits äfft in seiner gereimten *Russiade* noch die Franzosen nach, besonders Voltaire, und Bogdanowitsch versucht seine *Duschenka* mit Anleihen bei La Fontaines *Amor und Psyche* aufzuputzen. Um wieviel origineller ist da Fonwisin, den man auch den »russischen Molière« nennt; in seiner Komödie *Der Unteroffizier* verspottet er die Gallomanie der Moskauer Dichterlinge, in *Der Tölpel* schildert er das rauhe und untätige Leben der Landjunker. Der Grundgedanke des letztgenannten Werks lautet, daß die russische Gesellschaft untergehen wird, wenn es ihr nicht gelingt, die Geistes- und Herzensbildung zu verbessern. Das sind Vorstellungen ganz und gar im Sinne Katharinas. Und doch hat Fonwisin mit der Zensur zu kämpfen, die die Aufführung seiner Komödie zunächst einmal verbietet. Diesmal schaltet der Großfürst Paul sich ein, und *Der Tölpel* wird mit überwältigendem Erfolg gespielt. Aber danach schreibt Fonwisin nichts mehr. Er stirbt im Alter von erst achtundvierzig Jahren an einer heimtückischen Krankheit, und dieser Tod macht Katharina weit weniger betroffen als der von Voltaire oder Diderot. All diese russischen Autoren sind in ihren Augen bloß Lehrlinge. Weder scheint sie das Genie eines Karamsin zu ahnen, dessen *Briefe eines russischen Reisenden* und empfindsame Erzählungen zahlreiche Leser zu entzücken beginnen, noch die außerordentlich vielversprechende Begabung eines Krylow, der seine ersten satirischen Versuche veröffentlicht und bald mit seinen Fabeln zeigen wird, wieviel er kann.

So wenig wie den russischen Schriftstellern traut Katharina den russischen Architekten etwas Rechtes zu. Sie ist von einer wahren Bauwut besessen und verkündet, daß sie mehr Baudenkmäler errichten wolle, als jemals von einem Erdbeben vernichtet werden können. Mit Leidenschaft widmet sie sich der Verschönerung St. Petersburgs und seiner Umgebung. In der Hauptstadt selber erbaut sie die Kleine Ermitage, das Smolny-Institut, die prächtige Fassade der Akademie der Schönen Künste, den Marmorpalast und für Potemkin den Tauris-Palast; außerdem baut sie die alte Dreifaltigkeitskathedrale um. In Gatschina errichtet sie das Große Schloß, in Peterhof baut sie das Schloß Peters des Großen aus, ohne seinen »Versailler« Charakter anzutasten; in Zarskoje Selo bringt sie tausend Verbesserungen an und errichtet den neuen Alexander-Palast. Die meisten dieser Bauten sind das Werk italienischer oder französischer Architekten. An russischen Baumeistern wären nur Starow, Baschenow und Kasakow zu nennen. In jedem Falle hat der Stil dieser Schöpfungen absolut nichts Nationalrussisches an sich, sondern hält sich ohne jedes Zugeständnis an die einheimischen Verhältnisse und Gewohnheiten strikt an das Vorbild der italienischen und französischen Schule. Während Iwan III. im 16. Jahrhundert die aus Bologna und Mailand nach Moskau berufenen Architekten zu eigenständigen Lösungen ermunterte, die sich in die russische Tradition einfügten, verpflanzte Katharina, darin eine gelehrige Schülerin Peters des Großen, zwar bewundernswerte, aber doch für eine ganz andere Umgebung konzipierte Bauformen an die Newa.

Auch die unverkennbar russischen Maler, Bildhauer und Wissenschaftler bleiben am Hofe Katharinas eine Minderheit. Die Zarin fördert sie durchaus nicht, sondern behandelt sie mit einer an Verachtung grenzenden Herablassung. Falconet empört sich während seines russischen Aufenthalts über die rüde Art, in der sie mit dem ausgezeichneten Maler Lossjenko umspringt. »Der arme brave Kerl kam mir sein Leid klagen«, schreibt er; »man hat ihn gedemütigt und brotlos gemacht, und er wollte nun St. Petersburg verlassen und anderswo sein Auskommen suchen.« Ein Reisender (es ist Fortia de Piles) wundert sich, daß Ihre Majestät einen so begabten Bildhauer wie Schubin ohne Aufträge, ohne Schüler und ohne Modell in einem engen Raum verkümmern läßt. Während ihrer ganzen Regierungszeit hat Katharina nur sehr wenigen russischen Künstlern Aufträge oder Unterstützung zukommen lassen und sich großzügig nur im Ankauf ausländischer Werke gezeigt.

Auch die Wissenschaftler, die sich ihrer Gunst erfreuen, stammen aus dem Ausland. Sie heißen Euler, Pallas, Böhmer, Storch, Kraft, Müller, Bachmeister, Georgi, Klinger . . . Abgesehen von den berühmten Reisen des Naturforschers Pallas, den historischen Untersuchungen Müllers und einigen biologischen Arbeiten scheint der Aufenthalt all dieser Gelehrten bei der Akademie der Wissenschaften in St. Petersburg jedoch kaum zur Vermehrung der menschlichen Erkenntnis beigetragen zu haben. Das Hauptverdienst Katharinas dürfte darin bestanden haben, daß sie die Veröffentlichung zahlreicher alter Chroniken über die Vergangenheit des Landes wie des berühmten *Berichts vom Feldzug Igors* gefördert hat. Auch die ersten Balladen, die bis dahin von Generation zu Generation mündlich überliefert worden waren, werden nun gesammelt und gedruckt. Um ihr Interesse an der nationalen Geschichte zu bekunden, verfaßt Katharina sogar *Memoiren über das russische Reich.* Diese eilig zu Papier gebrachten Aufzeichnungen wimmeln nur so von Fehlern; sie erfinden »Könige von Finnland«, verheiraten sie mit hypothetischen Prinzessinnen von Nowgorod, lassen Rurik auf die abenteuerlichste Weise in die unmöglichsten Konflikte eingreifen und versuchen, den weltweiten Einfluß des alten Moskowiterreiches zu beweisen. In bezug auf ihre historischen und sprachwissenschaftlichen Untersuchungen schreibt Katharina: »Ich habe eine Fülle von Kenntnissen über die alten Slawen zusammengetragen und werde in Kürze beweisen können, daß sie den meisten Flüssen, Bergen, Tälern und Landschaften in Frankreich, Spanien, Schottland und anderen Regionen den Namen gegeben haben.«

Im übrigen verliert sie bald wieder die Lust an diesen Arbeiten und überläßt es lieber professionellen Wissenschaftlern wie Stscherbatow oder Golikow, ernsthafte Forscherleistungen von bleibendem Wert zu erbringen. Im vorgerückten Alter schließlich und unter dem Eindruck der Französischen Revolution betrachtet sie alle Gelehrten mit Argwohn. Einst hat sie von einem Kreis von Akademikern geträumt, die harmlos und freundlich über abstrakte Themen diskutieren. Jetzt auf einmal erscheinen sie ihr als Brandstifter. Diese einstige Schülerin der Enzyklopädisten fürchtet sich jetzt vor jedem neuen Gedanken. Im Jahre 1795 stellt sie fest, daß die Veröffentlichungen der St. Petersburger Ökonomischen Gesellschaft, von denen »eine dümmer ist als die andere«, sie viertausend Rubel pro Jahr kosten; sie wird wütend, beschimpft die Mitglieder der geehrten Versammlung als »Lumpen« und streicht ihnen die Gehälter.

Zu dieser Zeit hat sie bereits La Harpe entlassen und versucht mit allen Mitteln, Alexander zu überreden, sich krönen zu lassen. Lange Zeit hat der junge Großfürst davon geträumt, seine Tage fern vom Hof, vielleicht am Ufer des Rheines, in Glückseligkeit zu verbringen; nach und nach aber gibt er dem Drängen seiner unbeugsamen Großmutter nach. Im Sommer des Jahres 1796 treibt er ausgiebige Gewissenserforschung und schreibt dann an seinen einstigen Lehrer: »Sie kennen meinen Wunsch, mein Vaterland zu verlassen. Im Augenblick sehe ich keine Möglichkeit, diese Absicht zu verwirklichen. Die unglückliche Lage meines Vaterlandes lenkt meine Gedanken jetzt in eine ganz andere Richtung.« Diese »andere Richtung« meint natürlich den Thron. Doch ist Alexander zusammen mit seinem Bruder Konstantin neuerdings ständiger Gast in Gatschina, wo der Großfürst Paul ihn im militärischen Handwerk unterweist. Angetan mit preußischer Uniform und langschäftigen Stiefeln, begeistert sich der junge Mann für die Rekrutenausbildung, für Märsche und Gegenmärsche, für Artillerieübungen und den Umgang mit Degen und Muskete. Aber sosehr die martialische Atmosphäre dieser kleinen Garnison ihn in ihren Bann schlägt, so ist er doch erschrocken, als er feststellt, daß der Großfürst in weitem Umkreis um das Schloß die Häuser zerstören, die Wälder abholzen und das Gelände planieren ließ, damit seine Wachtposten das Umland besser unter Kontrolle halten können. Polizeikordons riegeln die Residenz ab und lassen nur Leute passieren, die ausdrücklich als Freunde des Großfürsten in bestimmten Listen verzeichnet sind. Er wittert Spione hinter jeder Tür. Nicht zu Unrecht hält die Kaiserin ihn für verrückt. Aber dieser Verrückte wirkt anziehend. Alexander schwankt zwischen dem Vergnügen, mit seinem Vater Soldat zu spielen, und dem nicht geringeren Vergnügen, mit seiner Großmutter den Thronerben zu spielen. Aber er ist weit davon entfernt, ihre Politik zu billigen. Die Erinnerung an La Harpe prägt all sein Denken. Und seinem neuen Freund, dem jungen Polen Adam Czartoryski, wagt er bei einem langen Spaziergang seine Gewissensqualen zu gestehen. »Der Großfürst sagte mir«, schreibt Czartoryski in seinen Memoiren, »daß er durchaus nicht mit den Ansichten und Denkweisen des Hofkabinetts übereinstimme, daß er weit davon entfernt sei, die Politik und das Verhalten seiner Großmutter gutzuheißen, sondern ihre Grundsätze verwerfe . . . Er gestand mir, daß er den Despotismus verabscheue, wo und auf welche Weise auch immer er sich zeige; daß er die Freiheit liebe und daß sie allen Menschen in gleicher Weise zukomme; daß er den lebhaftesten Anteil an der Französischen Revolution genommen habe und die schrecklichen Auswüchse zwar verurteile, der Republik aber Erfolg wünsche und sich darüber freue . . . Als ich ging, war ich, wie ich gestehen muß, ganz außer mir, tief aufgewühlt und wußte nicht, ob dies Traum war oder Wirklichkeit. Wie denn: ein Prinz aus dem russischen Zarenhaus, der Nachfolger Katharinas, ihr Enkel und über alles geliebter Schüler, von dem sie wünschte, daß er unter Umgehung ihres Sohnes nach ihrem Tode regieren sollte, und von dem es hieß, er werde das Werk Katharinas vollenden – dieser Prinz verabscheute die Grundsätze seiner Großmutter und sagte sich von ihnen los, verurteilte die schändliche Politik Rußlands, liebte leidenschaftlich die Freiheit und Gerechtigkeit, beklagte das Schicksal Polens und hatte den Wunsch, das Land glücklich zu sehen. Grenzte das nicht an ein Wunder? . . .«

Katharina weiß genau Bescheid über Alexanders republikanische Träume. Sie hat genauso gedacht, als sie so alt war wie er. Das ist jugendlicher Überschwang und wird sich geben. Genau wie bei ihr. Ihr Instinkt sagt ihr, daß er das Zeug zu einem echten Monarchen hat. Und im übrigen bleibt ihr gar keine Wahl. Alles, nur nicht diesen gräßlichen Paul mit seinem Preußen-Tick und seinen Verrücktheiten! Es muß jetzt rasch gehandelt werden, wenn man nicht riskieren will, von den Ereignissen überrollt zu werden. Nichts darf dem Zufall überlassen bleiben. Es muß ein schriftliches Dokument geben. Schwarz auf Weiß. Unwiderlegbar. Mit Besborodkos Hilfe bereitet sie insgeheim eine Proklamation vor, die ihren Sohn Paul zugunsten ihres Enkels Alexander von der Thronfolge ausschließen soll. Zu Beginn des kommenden Jahres will sie diese Proklamation veröffentlichen; bis dahin verwahrt sie sie in ihrer Geheimschatulle. Zuvor noch will sie nämlich auf Plato Subows Rat ihre älteste Enkelin, Alexandra Pawlowa, mit Gustav IV., dem blutjungen König von Schweden, verheiraten. »Bruder Gu« – König Gustav III. – ist vier Jahre zuvor ermordet worden, und seitdem haben sich trotz aller Bemühungen der Diplomaten die Beziehungen zwischen Stockholm und St. Petersburg kaum verbessert. Käme jetzt eine Heirat zwischen dem erst achtzehnjährigen neuen schwedischen König und der dreizehnjährigen Alexandra zustande, so würde man damit viele politische Probleme auf Familienbasis lösen. Die Angelegenheit stellt sich um so aussichtsreicher dar, als es von Gustav heißt, er habe »eine hübsche Physiognomie, auf der Geist und Anmut sich malen«, und Alexandra die reizendste, kindlichste und sanftmütigste aller europäischen Prinzessinnen im Heiratsalter ist. Da sie noch ein wenig zu jung ist, um als Gattin aufzutreten, wird man mit der Vermählung noch zwei Jahre warten, kann aber jetzt schon die Verlobung feiern. In seiner Eigenschaft als Außenminister führt Plato Subow die Verhandlungen. Sie lassen sich, gelinde gesagt, zäh an. Der schwedische Hof betrachtet es als unabdingbare Voraussetzung, daß die künftige Königin zum protestantischen Glauben übertritt; Katharina wiederum beharrt darauf, daß ihre Enkelin zu hoch im Rang steht, um sich einer derartigen Bedingung zu beugen. Alexandra ist immerhin kaiserlichen Geblüts; sie muß bei ihrer Religion bleiben und kann erwarten, in Stockholm eine orthodoxe Kapelle und orthodoxe Priester zur Verfügung zu haben. Will die Zarin mit dieser unnachgiebigen Haltung in der Frage der Konfession zum Ausdruck bringen, wie weit sie es gebracht hat, seitdem sie selber als kleine deutsche Prinzessin dem Luthertum hat abschwören müssen, um den russischen Thronerben heiraten zu können? Welch eine großartige Rache an der Vergangenheit! Plato Subow und sein Ratgeber Markow versuchen zu lavieren. Die Verhandlungen mit den Schweden schleppen sich zwischen Spannung und Versöhnung dahin und enden beiderseits mit vagen Versprechungen, die die Lage kaum klären. Jeder rechnet im stillen darauf, im letzten Augenblick einen Umschwung erzielen, den Widerstand der Gegenseite überwinden und die Verlobungsfeier »festmachen« zu können, wie Markow sich ausdrückt.

Der junge Schwedenkönig und sein Onkel, der Herzog von Södermanland, der die Regentschaft führt, treffen im August 1796 in Rußland ein. Die Unterhändler begegnen einander noch mit Argwohn, aber zwischen Gustav und Alexandra ist es Liebe auf den ersten Blick. Gustav erscheint dem jungen Mädchen wie ein Märchenprinz aus den Erzählungen ihrer Kindheit. Die Gräfin Golowin bestätigt diesen Eindruck: »Der schwarze Anzug des schwedischen Königs und das bis auf die Schultern herabfallende Haar gaben ihm zu der edlen Erscheinung noch etwas Chevalereskes . . .« Katharina geht in einem Brief an Grimm noch weiter: »Das ist ein ganz kostbarer junger Mensch, und gewiß kann heute kein anderer Thron in Europa sich so schöner Hoffnungen rühmen.« Und ein paar Tage später schreibt sie: »Alle, ob groß oder klein, sind ganz verrückt auf den jungen König. Er ist von ausgesuchter Höflichkeit, spricht sehr gut und plaudert allerliebst. Er hat eine bezaubernde Figur, seine Züge sind schön und ebenmäßig, die Augen groß und lebhaft; er ist ziemlich groß gewachsen, aber schlank und gewandt und hält sich majestätisch; er springt und tanzt gerne, liebt alle Leibesübungen und vollführt sie mit Geschicklichkeit und Anstand. Es scheint, daß es ihm hier gefällt . . . Und es hat auch den Anschein, daß dem Fräulein der besagte Herr keineswegs zuwider ist: sie hat eine gewisse Verlegenheit, die sie anfangs zeigte, gänzlich verloren und scheint sich in der Nähe ihres Verehrers höchst wohl zu fühlen. Und man muß zugeben, daß sie ein außerordentliches Paar sind.«

Unter den erwartungsvollen Blicken des ganzen Hofes verschlingen die beiden jungen Leute einander mit den Augen, sprechen ganz aufgeregt miteinander und suchen ständig nach Gelegenheit, zusammen zu sein. Katharina reibt sich die Hände. »Die Liebe kommt mit fliegenden Fahnen«, sagt sie. Noch ein paar Tage, und die Sache ist geregelt. Nach einem Ball in der österreichischen Botschaft schreibt sie an Grimm: »Dieser Ball verlief sehr vergnügt, denn es ging ein Gerücht um, daß alles mündlich bereits endgültig beschlossen sei. Ich weiß nicht, wie es kam, ob aus Übermut oder aus anderer Ursache, daß unser junger Liebhaber beim Tanz die Hand seiner Zukünftigen ein wenig heftiger drückte. Sie wird sogleich leichenblaß und sagt zu ihrer Gouvernante: ›Ich bitte Sie, stellen Sie sich nur vor, was er tut! Er hat mir beim Tanzen die Hand gedrückt. Ich wußte nicht, wie mir wird.‹ – ›Und was taten Sie?‹ fragte die andere. Sie antwortete: ›Ich erschrak so sehr, daß ich in Ohnmacht zu fallen glaubte.‹«

Hingerissen von so viel Naivität, eilt Gustav spornstreichs zur Kaiserin, ohne auch nur den Regenten um Rat zu fragen, und erklärt leidenschaftlich, daß er Alexandra liebe und um ihre Hand anhalte. Katharina ist außer sich vor Freude; die Liebe ist eben doch stärker als alle Diplomaten zusammen. Offiziell abgesegnet, beginnt nun das Idyll erst richtig zu erblühen. Die Großfürstin-Mutter schreibt ein Billett nach dem anderen an ihren in Gatschina gebliebenen Gatten, den Großfürsten Paul, um ihn genau auf dem laufenden zu halten, was die lieben Kleinen treiben: »Unsere beiden Versprochenen sitzen Seite an Seite und flüstern miteinander, und immer ist es seine Stimme, die ich heraushöre.« Der König von Schweden ist dermaßen verliebt, daß er den Hochzeitstermin vorverlegen möchte. Die Großfürstin-Mutter sichert ihm ihre Unterstützung zu:

»Vertrauen Sie nur mir, Herr Gustav (sic!). Wollen Sie, daß ich mit der Zarin rede?« Er stimmt zu und scheut sich abends beim Souper nicht, »vor aller Welt zärtlich mit der Kleinen zu tun«. Am nächsten Morgen gibt es neuen Grund zur Genugtuung, und wieder wandert ein Billett von der Mutter zum Vater: »Mein lieber guter Freund, preisen wir Gott: die Verlobung ist auf Montagabend festgesetzt . . . Der Metropolit wird die Zeremonie vornehmen . . . Im Thronsaal ist Ball.«
Am Montag den 11. September um sieben Uhr abends füllt sich der große Saal mit Höflingen. Die bedeutendsten Würdenträger des Reiches, das gesamte Diplomatische Corps, Vertreter der höheren Geistlichkeit und vornehme ausländische Gäste sind gekommen. Es sieht aus, als habe der Himmel alle seine Sternbilder über die Röcke dieser illustren Versammlung ausgeschüttet: nichts als Kreuze, Sterne, Plaketten und funkelnde Diamanten. Mit Krone und Szepter, den Hermelinmantel über die Schultern geworfen, sitzt die Zarin, unerschütterliche Ruhe ausstrahlend, auf dem Thron, den ein Baldachin mit dem doppelköpfigen Adler krönt. Zu ihrer Rechten sitzt der Großfürst Paul, der offizielle Thronfolger, zu ihrer Linken ihr Liebling Alexander, zu ihren Füßen auf dem Schemel die bleiche Braut, in ein silberbesticktes weißes Festkleid geschnürt. Auf der Tribüne wartet das Orchester nur noch auf das Zeichen zum Einsatz, um jubelnde Fanfaren schallen zu lassen. Man wartet nur noch auf den jungen König, der gerade in einem Nebenzimmer mit Plato Subow den Heiratskontrakt überprüft. Natürlich enthält dieser Vertrag eine kleine Klausel, derzufolge Alexandra nach der Heirat ihren orthodoxen Glauben beibehält. Dieses Zugeständnis hat Gustav nach Katharinas Überzeugung bei seinem verliebten Geplauder mit dem jungen Mädchen indirekt gemacht. Es handelt sich also jetzt nur noch um eine Formsache. Und eine Unterschrift braucht schließlich nicht viel Zeit. Was also geht dort hinten nur vor? Wenn Plato Subow nur nicht auf unvorhergesehene Schwierigkeiten gestoßen ist!

Schwierigkeiten hat es tatsächlich gegeben und zwar von beträchtlichem Ausmaß. Als er den Vertrag gelesen hat, gerät der schwedische König in Rage, behauptet, man habe ihm eine Falle gestellt, schwört, daß er niemals bereit sei, seinem Volk eine orthodoxe Königin zu geben, und schleudert das Dokument zu Boden. Erschrocken stellt Plato Subow ihm vor

Augen, daß die Zarin in diesem Punkt niemals nachgeben könne, daß es im übrigen zu spät sei und kein Zurück mehr geben könne, daß hinter der Tür zum Saal nebenan nicht nur eine reizende Prinzessin nach ihm schmachte, sondern auch der ganze Hof, ganz Rußland, ja ganz Europa atemlos auf das Ja der Brautleute warte. Welche eine Blamage wäre es für Seine Majestät, wenn er jetzt auf seinem Nein beharre!

Während Plato Subow sich abmüht, den Fehler wiedergutzumachen, den er begangen hat, als er die Bedingungen dieser Heirat nicht von Anfang an klarstellte, schlägt im Thronsaal die Verwunderung in Unruhe um. Wie hilfesuchend blickt die Braut immer wieder zu der Kaiserin empor. Katharina bleibt unbeweglich wie Marmor, aber wer sie gut kennt, ahnt hinter dieser äußeren Ruhe den drohenden aufsteigenden kaiserlichen Zorn. Die Minuten gehen dahin, dehnen sich endlos; es scheint, als sei die Zeit stillgestanden und die Welt müsse für immer in Reglosigkeit verharren. Endlich öffnen sich die beiden Flügel der Tür. Ein Seufzer der Erleichterung geht durch den Saal. Endlich wird das Fest beginnen können. Der Dirigent erhebt den Stab. Doch ach! Plato Subow erscheint allein, ohne den König, und sein aufgewühltes, kreidebleiches Gesicht verkündet Unheil. Durch ein Spalier von Höflingen mit versteinerten Mienen geht er auf den Thron zu, steigt die Stufen empor und flüstert der Zarin etwas ins Ohr. Die maskenhafte Starre der aufgedunsenen, welken Gesichtszüge Katharinas läßt keine Bewegung erkennen. Nur das Auge wird hart. Sie bewegt die Lippen. Man hört sie murmeln: »Ich werd' ihn lehren, diesen Rotzlöffel!« Alexandra blickt flehend zu ihr auf. Grabesstille liegt über der Versammlung. Katharina ist tief getroffen. Dieser Schimpf im Salon ist für sie demütigender als jede Niederlage auf dem Schlachtfeld. Ihr Diener Sotow reicht ihr ein Glas Wasser. Sie trinkt es aus. Und nach langem, quälendem Schweigen sagt sie mit tonloser, kaum vernehmlicher Stimme: »Seine Majestät der König von Schweden Gustav IV. ist von einer plötzlichen Unpäßlichkeit befallen. Das Verlobungsfest wird verschoben.«

Dann erhebt sie sich mühsam und verläßt, gestützt auf ihren Enkel Alexander, mit schleppendem Schritt und schlaffem Gesicht keuchend den Saal. Hinter ihr sinkt die junge Braut in Ohnmacht; man trägt sie hinaus. Flüsternd zerstreut sich die Menge der Gäste.

In der Nacht empfindet Katharina ein Schwindelgefühl, das einem leichten Schlaganfall gleicht. Sie erholt sich rasch wieder und beschließt schon am Tag darauf, die Verhandlungen mit dem Ziel eines Kompromisses wiederaufzunehmen. Sie hat es noch nie ertragen können, sich besiegt zu geben. Da müßten schon andere kommen als dieser Fant, um ihr die Beute wieder abzujagen. Man wird einen Ball geben, auch Gustav wird sich einfinden, und wenn er die hübsche Alexandra erblickt, wird er aus Liebe auf seine lächerliche Anmaßung als protestantischer Monarch verzichten. Aber das junge Mädchen, ganz krank vor Kummer, bittet seine Großmutter, ihr das Wiedersehen mit einem Mann zu ersparen, der es öffentlich gedemütigt hat. Sogleich schickt Katharina ihr ein zornig hingeworfenes Billett: »Warum weinen Sie? Aufgeschoben ist nicht aufgehoben. Waschen Sie sich die Augen mit Eis aus und auch die Ohren . . . Krank bin gestern ich gewesen. Sie sind nur verärgert über den Aufschub, und das ist alles.«

Nach dieser Ermahnung ist Alexandra bereit, zum Ball zu gehen. Sie erscheint mit rotverweinten Augen und weichen Knien. Auch Gustav ist da und läßt es an Galanterie nicht fehlen. Aber die Beziehung zwischen den beiden jungen Leuten ist nicht mehr die gleiche wie zuvor. Auf den ersten Blick sieht Katharina, daß nichts mehr zu retten ist. Kein verliebter Bräutigam geht an Alexandras Seite, sondern ein unduldsamer Lutheraner mit dem Hochmut eines Königs. Ein Schwede, der an eine Großfürstin von Rußland Ansprüche stellen will! Er wird seine Entscheidung nicht mehr umstoßen. Und auch Katharina ihrerseits kann nicht nachgeben, ohne das Gesicht zu verlieren. Nicht dafür hat sie vierunddreißig Jahre lang mit Glanz und Gloria regiert, um heute in die Knie zu sinken! Schade für die »Kleine«[4], aber nicht zu ändern. Zu beklagen ist in dieser Angelegenheit nicht so sehr dieses in seiner Eigenliebe und vielleicht auch seiner Liebe gekränkte Kind, als sie selber, die Kaiserin, die zum ersten Mal in ihrem Leben hinnehmen mußte, daß ihr Ansehen besudelt und ihre Autorität geschwächt wird. Manchmal scheint es ihr, als habe die menschliche und politische Niederlage dieses Septemberabends sie an den Wurzeln ihrer Kraft getroffen. Aber Schluß damit, die Sache muß ein Ende haben! Der russisch-schwedische Beistandspakt wird begraben. Von Verlobung ist nicht mehr die Rede. Mit vielen Entschuldigungen, Bücklingen und Komplimenten nehmen der schwedische König und der Regent Abschied und reisen nach Stockholm zurück.

Alexandra ist erschöpft vom vielen Weinen und wird krank. Katharina umhegt sie mit zärtlicher Sorge. Aber sie klagt auch selber über häufiges Unwohlsein. Die Koliken, die sie schon immer nach heftigen Emotionen bekam, lassen sie nicht mehr zur Ruhe kommen. Auf den Beinen hat sie eiternde Wunden. Ein Arzt empfiehlt ihr Fußbäder in eiskaltem Meerwasser. Eines Abends beim Spaziergang mit Frau Naryschkin im Garten von Zarskoje Selo sieht sie eine Sternschnuppe und seufzt: »Das bedeutete Tod.« Ihre Freundin gibt zu bedenken, daß Ihre Majestät doch früher nie bereit war, an Vorzeichen zu glauben, und den Aberglauben verurteilte. »Ja, früher!« antwortet sie traurig. Und sie fügt hinzu, sie fühle, wie es »sichtlich zu Ende gehe«. Einst hat sie sich geschworen, achtzig Jahre alt zu werden; jetzt ist sie siebenundsechzig und am Ende ihrer Kräfte. »Katharina die Zweite folgt auf Peter den Ersten«, hat Diderot ihr im Jahre 1774 geschrieben. »Aber wer wird Katharina die Zweite ersetzen? Dieser außerordentliche Mensch folgt ihr vielleicht unmittelbar nach, vielleicht aber muß man auch Jahrhunderte auf ihn warten.« Mehr denn je erfüllt sie die Sorge um die Thronfolge. Paul ist für sie endgültig aufgegeben. An seiner Stelle wird der strahlende und großherzige Alexander den Thron besteigen und den revolutionären Stürmen die Stirn bieten, ohne seinem Ideal der Gerechtigkeit untreu zu werden. Ursprünglich sollte die Proklamation über die neue Regelung der Nachfolge zu Beginn des Jahres 1797 veröffentlicht werden. Aber warum eigentlich so lange warten? In plötzlicher Ungeduld beschließt Katharina, schon am 24. November 1796, ihrem Namenstag, ihre Absichten zu verkünden.

In Erwartung dieses großen Ereignisses schont sie ihre Kräfte. Nur noch am Sonntag bekommt der Hof sie zur Messe und zum Diner zu sehen. Sie hat zunehmend Schwierigkeiten beim Gehen und muß sich auf einen Stock stützen. Am 4. (15.) November findet Sir Charles Whithworth sie »vergnügter und warmherziger denn je«. Der besser informierte Rostoptschin jedoch schreibt: »Sie ist bei schlechter Gesundheit. Ein Gewitter, um diese Jahreszeit in dieser Gegend ein seltenes Ereignis und von einer Stärke, wie man es seit dem Tode der Zarin Elisabeth nicht mehr erlebt hat, hat einen tiefen Eindruck auf sie gemacht. Sie geht nicht mehr aus.« Doch verfolgt sie den Gang der Politik in Europa weiterhin mit der größten Aufmerksamkeit. So freut sie sich zum Beispiel über die Nachricht, daß der General Moreau sich über den Rhein zurückziehen mußte. Das Direktorium ist ihr nicht minder verhaßt als der Konvent. Sie träumt davon, das Frankreich der Königsmörder niederzuwerfen. Mit zitternder Hand schreibt sie ein paar Zeilen an den österreichischen Diplomaten Cobenzl: »Ich beeile mich, Ihrer exzellenten Exzellenz mitzuteilen, daß die exzellenten Truppen Ihres exzellenten Landes die Franzosen vollständig geschlagen haben.« Am gleichen Abend noch versammelt sie ihre engsten Freunde in der Ermitage um sich und amüsiert sich über die Späße des unverbesserlichen Hanswurstes Leo Naryschkin. Er hat sich als fliegender Händler verkleidet und bietet ihr mit der Suada eines Marktschreiers Meere, Berge und Flüsse, Kronen und Völker zum Kauf. Sie lacht so herzhaft über den Scherz, daß sie, wie sie sagt, Koliken bekommt und sich in ihre Gemächer zurückziehen muß.

Am nächsten Morgen steht sie wie gewöhnlich sehr früh auf, plaudert freundlich mit ihrer Kammerfrau, sagt, sie habe eine ausgezeichnete Nacht verbracht, macht ungesäumt ihre Toilette, indem sie sich das Gesicht mit einem Stück Eis einreibt, trinkt ihren glühendheißen schwarzen Kaffee, empfängt Plato Subow, der ihr von den laufenden Geschäften berichtet, beordert ihre Sekretäre zu sich, arbeitet mit ihnen ohne das geringste Anzeichen der Ermüdung und entläßt sie schließlich, um sich in ihre Garderobe zurückzuziehen. Als sie nach längerer Zeit immer noch nicht wiedergekommen ist, beginnt man unruhig zu werden. Der Diener Sotow und die Kammerfrau Perekuskina verschaffen sich Zugang zu ihrem Zimmer, dann zum Umkleideraum. Es ist niemand darinnen. Sie klopfen an die Tür des Klosetts. Keine Antwort. Mit frommer Scheu stoßen sie die Tür auf. Gräßlicher Anblick! Reglos ist die Zarin halb auf den Teppich hingestreckt, gegen den Nachtstuhl gelehnt; die Beine stoßen gegen die Tür, so daß sie sie nicht ausstrecken konnte. Sie hat die Augen geschlossen und röchelt schwach; das Gesicht ist verkrampft, Schaum steht vor dem Mund. Auf Sotows Rufe eilen andere Diener herbei. Mit vereinten Kräften gelingt es ihnen, den massigen Körper aufzuheben. Stolpernd und ungeschickt tragen sie die Kranke in ihr Schlafgemach und legen sie zu Füßen ihres Bettes auf ein Lederkissen, das sie von einem Sofa genommen haben. Mit ausgerenktem Unterkiefer bleibt sie dort auf dem Rücken liegen. Ein Schlaganfall. Plato Subow, den man als ersten benachrichtig hat, eilt herbei, bricht in Jammern aus und befiehlt, den Leibarzt Ihrer Majestät zu rufen, den Engländer Rogerson. Der stellt Lähmung fest, läßt die Kaiserin ohne rechte Überzeugung zur Ader und behandelt die Füße mit Senfpflaster. Andere Ärzte, die zur Verstärkung gekommen sind, unterstützen ihn dabei. Sie sind zwar überzeugt, daß die Zarin verloren ist, legen aber Wert darauf, alle Mittel ihrer Kunst versucht zu haben.

Draußen vor dem Fenster fällt in dichten Flocken der Schnee auf St. Petersburg. Katharina liegt jetzt in ihrem großen Himmelbett. Die hilflosen Ärzte überlassen den Priestern das Feld. Rund um die Sterbende werden Gebete gemurmelt. Sie hat die Augen nicht mehr geöffnet. Unberührt von der Aufregung um sie her atmet sie schwer, mit einem bedrohlich klingenden Knacken in der Tiefe der Brust. Das Keuchen wird immer stärker. Man hört es sogar noch im Vorzimmer. Plato Subow sitzt neben dem Bett und wird von krampfhaftem Schluchzen geschüttelt. Was soll aus ihm werden, wenn die Zarin tot ist? All der Haß, den er sich als Favorit zugezogen hat und der sich bisher nicht hervorwagte, wird ihm jetzt offen gezeigt werden. Von heute auf morgen wird man ihn beschimpfen, auslachen und davonjagen. Wenn er wenigstens wüßte, an welche Richtung er sich jetzt halten soll. Aber man kennt ja nicht einmal den Thronfolger. Wie kommt es, daß Alexander noch nicht da ist? Man sucht ihn überall. Er hat mit seinem Bruder Konstantin eine Schlittenpartie gemacht. Endlich führt man ihn herein. Er wirkt niedergeschlagen. Die Gräfin Golowin allerdings behauptet, er sei ganz zufrieden, »nicht mehr einer alten Frau gehorchen zu müssen«.

Er hat schon einen eigenartigen Charakter, dieser Alexander! Ganz gewiß kennt er das Dokument in der Kassette der Zarin. Er bräuchte diese Proklamation nur vorzuweisen, und man würde ihn als Kaiser aller Reußen ausrufen. Er aber kann sich nicht aufraffen zu dieser Tat, die die Sterbende mit letzter Kraft von ihm erwartet. Ein paar Tage noch, dann hätte sie selber ihn an ihrem Namenstag, dem 24. November, offiziell zu ihrem Nachfolger bestimmt. Er hätte sich nur ihrem Willen zu beugen brauchen; die Qual der Entscheidung wäre ihm erspart geblieben. Doch die Zarin fiel zu früh, knapp vor ihrem Ziel.

Wenn er jetzt ihre Willenserklärung vorweist, kränkt er seinen Vater, und dazu fehlt ihm der Mut. Immer braucht er, um handeln zu können, eine tatkräftige Persönlichkeit hinter sich: La Harpe, seine Großmutter . . . Auf sich allein gestellt, zieht er es vor, die Dinge in der Schwebe zu lassen und keine klare Haltung einzunehmen. Da die Situation für ihn ungünstig ist, läßt man den Dingen am besten ihren Lauf. Schließlich hat er sich ja nicht danach gedrängt, Kaiser zu werden.

Im Winterpalast rumort es wie in einem Bienenstock. Mit vor Schreck verzerrten Mienen rennen die Höflinge umeinander. Nicht das Los Katharinas ist es, das sie bekümmert, sondern ihr eigenes: was wird aus ihnen, wenn sie nicht mehr ist? Während sie auf ihren letzten Atemzug warten, stellen sie hastig Besprechungen an, spekulieren über künftige Bündnisse, fürchten sich vor alten Feindschaften, spielen in Gedanken mit den Möglichkeiten von Gunst und Ungnade. Bei jedem Regierungswechsel werden am Hof die Karten des Spiels neu gemischt. Nachdem Plato Subow sich von seinem ersten Schreck etwas erholt hat, schickt er seinen Bruder Valerian, den »Perser«, der kürzlich ziemlich geknickt aus Baku heimgekehrt ist, den Großfürsten Paul zu benachrichtigen. Durch diese Geste hofft er sich das Wohlwollen des künftigen Herrschers zu erkaufen. Rostoptschin seinerseits macht sich ebenfalls auf den Weg. Denn dem Thronerben diese wichtige Nachricht zu überbringen, kommt, wie er meint, nur ihm als seinem Freund und Vertrauten zu.

Paul sitzt mit seiner Frau und ein paar engen Freunden einige Werst vom Schloß in der Mühle von Gatschina beim Frühstück. Der Großfürst und die Großfürstin erzählen einander tief beeindruckt von einem Traum, den sie beide in der Nacht zuvor gleichzeitig geträumt haben: eine gewaltige Hand riß sie mit unwiderstehlicher Kraft zum Himmel empor. Kaum ist Paul mit seinem Bericht zu Ende, als ein Bote gemeldet wird, der aus St. Petersburg schlechte Nachricht über den Zustand Ihrer Majestät bringt. Sogleich läßt er einen Schlitten anspannen und wirft sich auf die weißverschneite Straße zur Hauptstadt. Welchem Schicksal eilt er entgegen? Er kann es nicht wissen. Er ist von so vielen Intrigen umgeben! Die Hälfte seiner eigenen Familie hat er gegen sich. Vielleicht ist das ganze nur eine Falle? Man wird ihn verhaften und in eine Festung einschließen – im Namen der Zarin, aber vielleicht auch im Namen Alexanders! Hundertmal schon hat Paul mit angehört, wie in Ansspielungen von der Wahrscheinlichkeit seiner Absetzung die Rede war. Zwischen ihm und seinem Sohn steht das Spiel auf Messers Schneide. Einen Augenblick denkt er schon daran, wieder umzukehren. Aber neue Kuriere, die ihm unterwegs begegnen, beruhigen ihn wieder: die Kaiserin hat wirklich einen Schlaganfall erlitten. Und endlich kommt auch Rostoptschin mit verläßlichen Nachrichten. Paul schließt ihn in die Arme. Wie also stehen die Dinge in St. Petersburg? Kein Grund zur Furcht, antwortet Rostoptschin; der Großfürst kann unbesorgt an das Krankenbett seiner Mutter eilen. Der ganze Hof wartet schon auf ihn. Paul heißt Rostoptschin zu sich in den Schlitten steigen und gegenüber der Großfürstin Maria Fedorowna auf der Bank Platz nehmen; dem Kutscher befiehlt er, die Fahrt zu beschleunigen. Die Glöckchen klingen. Der Großfürst scheint in Ekstase zu sein. Auf dem Gipfel eines Hügels kurz vor St. Petersburg läßt er anhalten, steigt vom Schlitten und steht tränenüberströmt und grimassierend im unwirklichen Mondlicht, ganz verloren in den Anblick der verschneiten Landschaft. »Sire, welch ein Augenblick für Sie«, murmelt Rostoptschin. »Warten Sie, mein Lieber, warten Sie«, erwidert Paul und drückt ihm die Hand. »Zweiundvierzig Jahre bin ich jetzt alt. Bis hierher hat Gott mir geholfen. Vielleicht gibt er mir auch Kraft und Verstand zu dem Amt, zu dem er mich bestimmt hat. Erhoffen wir alles von seiner Güte!«

Und weiter geht die Fahrt. Je mehr er sich St. Petersburg nähert, desto fester ist Paul überzeugt, daß jetzt die Stunde gekommen ist, die ihn für alles entschädigt. Nach all den Jahren der Zurücksetzung und Demütigung wird er jetzt endlich den Glanz der Macht kosten. Es sei denn, daß irgendein Zwischenfall noch in letzter Minute den Gang der Ereignisse aufhält. Bei einer so autoritäten Mutter wie Katharina muß man auf alles gefaßt sein. Noch als Sterbende kann sie Furcht einflößen. Paul fährt geradewegs auf den Winterpalast zu.

Als er dort gegen halb neun Uhr abends eintrifft, erkennt er auf den ersten Blick, daß die Lage für ihn günstig ist. Bei seinem Erscheinen verneigen sich die versammelten Würdenträger bis zum Erdboden. Plato Subow, der mit einem Schlag nur noch ein kläglicher Hampelmann ist, und der Vizekanzler Besborodko, der um seine Stellung bangt, fallen vor ihm aufs Knie. Er hebt sie auf, umarmt sie, geht quer durch die Menge der Höflinge, die Segenswünsche hinter ihm her murmelt, in das Zimmer der Sterbenden, wirft einen kühlen Blick auf dieses gedunsene, verkrampfte, fleckige Gesicht, wirft sich vor dem Bett nieder, erhebt sich wieder und befragt die Ärzte. Nach ihrem Urteil ist das Ende nahe. Man möge also den Erzbischof Gabriel zum Austeilen der Sterbesakramente rufen.

Paul hat sich in das anstoßende Arbeitszimmer zurückgezogen. Hier empfängt er einen Besucher nach dem anderen: man arbeitet schon an der Zukunft. Der Vizekanzler Besborodko beschwört Rostoptschin, bei dem künftigen Herrscher Rußlands ein Wort für ihn einzulegen. Die Großfürsten Konstantin und Alexander begegnen ihrem Vater mit einer Ehrerbietung, die ihn entzückt. Alle beide haben sie ihm zuliebe die Uniform nach preußischer Art angezogen, die die Bataillone von Gatschina tragen. Nie hätten sie es zu Lebzeiten der Zarin gewagt, in diesem Aufzug im Palast zu erscheinen. Damit ist klar: Alexander hat auf den Thron verzichtet. Er wird nicht die Garde mobilisieren, um seinen Anspruch durchzusetzen. Unmißverständlicher, als Worte es vermöchten, bringt dieser Anzug aus grobem grünem Tuch seine Unterwerfung zum Ausdruck. Doch hinter der Wand ringt Katharina immer noch mit dem Tode. Immer noch klammert sie sich an Rußland und kann es nicht loslassen. In die Unterredungen derer, die wenige Schritte von ihr entfernt über die Zukunft beraten, tönt ihr rauhes, stoßweises Röcheln. In einer gespannten Atmosphäre angstvoller Ungewißheit und finsterer Erwartungen geht die Nacht dahin.

Am Morgen des 6. (17.) November ist die Kaiserin immer noch nicht tot. Ihr Gesicht, notiert Rostoptschin, wechselt häufig die Farbe, ist bald kreidebleich, bald purpurrot: »Bald stieg ihr das Blut zu Kopf und entstellte ihre Züge, bald floß es wieder zurück und ließ ihnen ihr natürliches Aussehen.« Von Zeit zu Zeit nähert sich der Arzt Rogerson oder der Diener Sotow oder die Kammerfrau Perekusikina der Sterbenden, um ihr die Kissen zu richten oder den rötlichen Speichel abzuwischen, der von ihren Lippen tropft. Mit hohlem Blick sieht Plato Subow ihnen zu. Nach Augenzeugenberichten sieht er aus wie ein Mann, »dessen Verzweiflung mit nichts zu vergleichen ist«. Man fürchtet, daß er verrückt werden könnte. Die Perekusikina weint laut und schreitet dabei um das Bett ihrer Herrin, »als ob sie erwartete, daß sie aufwachen möge«.

Paul bleibt von diesen Klagen unbeeindruckt. Er muß jetzt rasch handeln. Besborodko und dem Generalprokureur Samoilow gibt er den Auftrag, alle Papiere in den Arbeitsräumen der Zarin und Plato Subows zu sortieren und zu versiegeln. Alle Schubladen werden ausgeleert, Briefe und Berichte werden zu Päckchen verschnürt, das kaiserliche Siegel wird in heißes Wachs gedrückt. Befindet sich unter diesen Dokumenten auch die Proklamation über die Thronfolge? Nach zeitgenössischen Berichten ja. Besborodko lenkt die Aufmerksamkeit auf einen verschlossenen Umschlag, um den ein schwarzes Band geschlungen ist und der die Aufschrift trägt: »Nach meinem Tod im Staatsrat zu öffnen«. Wortlos greift der Thronerbe nach dem Papier, und als Besborodko ihn mit Blicken auf den Kamin weist, in dem ein Holzfeuer brennt, wirft er es in die Flammen. Jetzt gibt es keinen Beweis mehr für Katharinas letzten Willen.[5]

Um neun Uhr betritt Doktor Rogerson das Zimmer Pauls, um ihm zu melden, daß das Ende nahe ist. In Begleitung seiner Frau, Alexanders, Konstantins und mehrerer hoher Würdenträger begibt sich der Großfürst an das Sterbelager seiner Mutter, die noch für wenige Augenblicke die Kaiserin von Rußland ist. Mit einem schrecklichen Keuchen hebt und senkt sich noch einmal die Brust der Sterbenden; ihr bleiches Antlitz verkrampft sich, im halbgeöffneten Mund krümmt sich die Zunge.

»Dieser Augenblick wird mir bis an das Ende meiner Tage unvergeßlich bleiben«, notiert Rostoptschin. »Rechts standen der Großfürst und Thronerbe, die Großfürstin und ihre Kinder, am Kopfende ich und Plestschejew, links die Ärzte und alle mit der Bedienung und Pflege der Kaiserin beschäftigten Personen . . . Das Schweigen aller Anwesenden, ihre starren Blicke, die alle auf den gleichen Gegenstand gerichtet waren, das Halbdunkel im Zimmer – alles wirkte zusammen, um Furcht einzuflößen und die Nähe des Todes spürbar zu machen. Es schlug ein Viertel nach neun, als Katharina die Große ein letztes Mal aufseufzte und, wie es allen Sterblichen beschieden ist, vor dem Richterstuhl Gottes erscheinen mußte.«

Kaum ist das Leben aus Katharinas Leib gewichen, nimmt ihr Gesicht wieder einen Ausdruck majestätischer Gelassenheit an. Paul kniet nieder, bekreuzigt sich, steht wieder auf. Draußen vor der Tür brodelt die Menge der Höflinge. Der Generalprokureur Samoilow geht auf sie zu und verkündet: »Meine Herren, die Kaiserin Katharina ist tot, und ihr Sohn, Zar Paul, hat den Thron bestiegen.« Alle befleißigen sich einer schicklichen Miene. »Es schien«, sagt wiederum Rostoptschin, »als befänden alle sich in der Lage eines Reisenden, der seinen Weg verloren hat; doch hoffte jeder, ihn bald wiederzufinden.« Feierliche Freude ist angezeigt. Weinend umarmt man einander. Rußland besteht weiter. Befehl, sich sofort zur Eidesleistung in die Hofkapelle zu begeben. Es ist zwölf Uhr mittags. Gedränge und allgemeines Durcheinander. Eilig hat man einen Thron in das Heiligtum geschafft. Ganz trunken von einem Glück, auf das er sich keine Hoffnung mehr gemacht hat, nimmt Paul mit dem ganzen Gewicht seiner Person den Platz seiner Mutter ein. Auf seinem äffischen Gesicht mit der Plattnase, der hängenden Unterlippe und den vorspringenden blaugrünen Augen liegt ein Ausdruck anmaßender Genugtuung. Und dann beginnt die Huldigung. Den Anfang macht die Kaiserin. Sie küßt erst das Kreuz und die Bibel; dann nähert sie sich dem Zaren und küßt ihn dreimal auf Mund und Augen. Dann sind der Großfürst Alexander und seine Frau an der Reihe, gefolgt von Großfürst Konstantin und Frau[6] und den Großfürstinnen Alexandra, Helene, Maria und Katharina, den Töchtern Pauls. Alle lesen sie die Eidesformel, beugen dazu das Knie bis zur Erde vor Seiner Majestät und berühren seine rechte Hand flüchtig mit den Lippen. Nach der kaiserlichen Familie leisten der Metropolit Gabriel, die Geistlichkeit und die hohen Würdenträger des Hofes dem neuen Zar den Treueschwur. Er wird nicht müde, seinen Triumph auszukosten. Nachdem die Zeremonie vorüber ist, geht er einen letzten Blick auf die sterbliche Hülle seiner Mutter werfen, die ganz in Weiß gekleidet ist, nimmt die Parade eines Garderegiments ab, bringt seine Unzufriedenheit mit der schlechten Haltung der Truppe zum Ausdruck, indem er laut pfeift und mit dem Fuß aufstampft, und zieht sich dann in sein Arbeitszimmer zurück, um mit seinen engsten Vertrauten Rat zu halten. Jetzt zum Herrn über Rußland geworden, ist er besessen von dem einen Gedanken: alles zu annullieren, was seine Mutter geschaffen hat, und die Geschichte dort neu beginnen zu lassen, wo sie durch den Mord an seinem Vater unterbrochen worden war.

Als dem Fürsten von Ligne der Tod der Zarin gemeldet wird, ruft er aus: »Katharina *der* Große – und ich hoffe, Europa wird den Namen, den ich ihr gab, bestätigen – ist nicht mehr! Das sind schreckliche Worte! . . . Der glänzendste Stern in unserer Hemisphäre ist untergegangen!« Dieser Nachruf kann dem Ruhm der Entschlafenen nichts mehr hinzufügen. Sie hat die aberwitzigsten Lobsprüche schon zu Lebzeiten ausgekostet. Freilich auch die wüstesten Beschimpfungen. Sie war »Semiramis« und »Messalina«. Ihr Leben lang hat sie an ihrem eigenen Ruhm gearbeitet. Gewiß hat sie das russische Volk aufrichtig und leidenschaftlich geliebt. Aber hat sie nicht, wenn sie einen Bündnisvertrag unterzeichnete oder einen Krieg erklärte, zu allererst an ihre persönliche Legende gedacht? Die Erfolge sind unleugbar: Zerstörung der türkischen Vormachtstellung, Annektion der Krim und der Schwarzmeerhäfen, die Teilung Polens . . . Alles das im Namen des Rechts, des internationalen Gleichgewichts und der geheiligten Interessen des russischen Reiches. In Wahrheit aber dienten alle diese Eroberungen der Größe Katharinas. Dieser Fels an Willenskraft ist von komplexer innerer Struktur. Ihre großherzigen philosophischen Ideale haben sie nicht daran gehindert, die Leibeigenschaft in Rußland noch zu verschärfen, indem sie Ländereien und Bauern an ihre Getreuen verschenkte zum Lohn für Verdienste um den Thron oder um ihr Bett. Tausendmal hat sie in Anspruch genommen, freisinnig zu denken; sie hat den »Jakobiner« La Harpe zum Erzieher ihrer Enkel gemacht, doch hat sie stets als Alleinherrscherin gehandelt, und die geringste Bewegung im sozialen Gefüge erregte bei ihr ein Stirnrunzeln. Allem Subversiven, der Revolution und dem Konvent galt der ganze Haß dieser republikanisch gesinnten Fürstin. Ostentativ förderte sie die ausländischen Schriftsteller und Künstler, aber das geschah weniger aus echter Liebe zu ihnen als aus Gründen der Propaganda in Europa. Sie hat viel gelesen, aber ziemlich wahllos, »aufs Geratewohl«, wie sie selber sich ausdrückte, und ihre Bildung erwies sich als ein Sammelsurium von Kenntnissen, die der Mode entsprachen. Sie gab sich als Oberhaupt der orthodoxen Kirche und huldigte zugleich einem Skeptizismus in der Art Voltaires. Sie beanspruchte die Alleinherrschaft und stützte sich doch auf den Adel, der es ihr verdankt, daß er sowohl im politischen als auch im wirtschaftlichen Bereich zur herrschenden Klasse wurde. In ihrem Liebesleben war sie sittsam in Worten, aber hemmungslos in der Praxis. Von sanguinischem, ungestümem Temperament, hat sie sich doch nie vom Laster hinreißen lassen, sondern stets nur von einem natürlichen Trieb. Männer waren in ihren Augen Mittel zur Lust. Sie wählte sie jung, schön und kräftig und nach Möglichkeit nicht allzu dumm. Einige sind zusätzlich auch ihre Freunde und Ratgeber geworden. Aber selten hat sie sie wirklich Einfluß gewinnen lassen. Für sie war das Leben letztlich stets ein Machtkampf zwischen Einzelnen. Die Schwachen müssen untergehen; die Zukunft gehört den Ehrgeizigen, den Tatkräftigen, den Eigenwilligen, den Mannhaften. Diese Mannhaften können übrigens durchaus auch das verführerische Äußere einer Frau haben. Ist sie selber nicht der lebende Beweis dafür? Von Zeit zu Zeit konnte sie auch sanftmütig, zart und gefühlvoll sein; das ist die deutsche Mondscheinromantik. Doch sehr rasch hat sie sich dann wieder entschlossen in die Hand genommen. Was hat sie nicht alles zu schätzen gewußt im Leben: das Lachen, die Bücher, die Männer, die Tiere, die Bäume, die Kinder . . . Aber nichts davon konnte sie der Politik abspenstig machen. Sie war eine verbissene Arbeiterin und konnte zugleich kokett und verspielt sein. Die Reize ihres Geschlechts wußte sie mit der Autorität des Mannes zu vereinen. Alles, was sie erstrebte, hat sie durch Geduld, Klugheit, Härte und Mut zu erreichen gewußt – unter unglaublichen Risiken, wenn es sein mußte, und häufig mit plötzlichem Richtungswechsel, wenn sie dadurch sicherer ans Ziel zu kommen glaubte. Als die kleine deutsche Prinzessin hat sie sich nicht damit begnügt, russisch zu lernen und zu konvertieren, um der Herrschaft über ihr neues Vaterland würdig zu werden; nein, sie hat sich auch die Seele dieser eigenartigen Nation zu eigen gemacht. Sie, die keinen einzigen Tropfen russischen Blutes in den Adern hatte, wollte die Verkörperung Rußlands sein. Und dieser Gewaltstreich bleibt vielleicht ihre ungewöhnlichste Leistung, die selbst ihre hartgesottensten Verächter nicht wegdiskutieren können. Kaum ist ihr Tod bekanntgemacht, versammelt das Volk sich unter den Fenstern des Winterpalasts. Zu Hunderten knien die einfachen Menschen im Schnee. Alles in allem hat man doch nicht allzu schlecht gelebt unter der Herrschaft von »Mütterchen Katharina«! Wie aber wird die Zukunft aussehen – unter diesem Paul I., der mehr teutonisch als russisch sein soll?

Schon marschieren die preußisch uniformierten Truppen aus Gatschina in der Hauptstadt ein. Am Hof, der unter Katharina so heiter und verfeinert war, herrscht kaum vierundzwanzig Stunden nach ihrem Tod schon Kasernenhofatmosphäre. »Man hörte nur noch Sporenklirren, Säbelrasseln und Stiefeltritt, und wie in einer eroberten Stadt waren alle Wohnungen von Kriegsleuten eingenommen, die einen ohrenbetäubenden Lärm machten«, schreibt Derschawin. Ein anderer Zeitgenosse, Schischkow, notiert: »Unbedeutende Leute, die gestern noch niemand kannte, machten sich wichtig, rempelten jedermann an und erteilten herrisch Befehle.« Und der Fürst Golitzin fügt hinzu: »Der Palast ist zur Kaserne geworden . . . Schon beim Eintreten muß man die übertriebene Vorliebe des Zaren für alles Militärische bemerken, vor allem für die Exaktheit und Gleichmäßigkeit der Bewegungen, ganz nach dem Vorbild des Preußenkönigs Friedrich, dessen Haltungen der Zar zu kopieren versucht.«

Alles muß jetzt nach preußischer Art sein. Den runden Hüten, den Umlegekrägen, den Westen und Röcken nach französischer Mode, den Stulpenstiefeln wird der Krieg erklärt. Die ruhmreichen Fahnen des Dragonerregiments von Jekaterinoslaw werden von dem neuen Generalmajor Araktschejew als die »alten Lumpen Katharinas« abgetan. Keine Gelegenheit läßt man aus, das Andenken der Kaiserin zu verfluchen oder zu verhöhnen.

Plato Subow hat bei seiner Schwester, Frau Gerebzow, Zuflucht gefunden und stellt sich krank. Voll Angst erwartet er die Entscheidung des neuen Herrschers über sein künftiges Geschick. Dann plötzlich eine sensationelle Wende: während Plato schon in Erwartung der Prügel den Rücken krümmt, erfährt er, daß Paul I. ihm ein luxuriös möbliertes Palais mit Hausrat, Dienern, Kutschen und Pferden zum Geschenk macht. Noch mehr der Ehre: Das Kaiserpaar besucht ihn sogar in seinem neuen Haus, kaum daß er sich dort eingerichtet hat. Und als er sich dem Monarchen zu Füßen wirft, beruhigt ihn dieser mit einem russischen Sprichwort: »Wer vergangene Kränkungen nachträgt, der verdient, ein Auge zu verlieren.« Darauf ergreift der Zar ein Glas Champagner und fährt fort: »Soviel Tropfen in diesem Glas sind, soviel Glück und Reichtum wünsche ich dir!« Plato Subow schwebt auf den Höhen einer trügerischen Euphorie. Aber seine Freude ist von kurzer

Dauer. Paul hat ihn nur so hoch erhoben, um ihn desto tiefer stürzen zu können. Ein paar Tage nach diesem Besuch werden dem Ex-Favoriten alle Funktionen genommen, sein Grundbesitz wird beschlagnahmt, und er erhält die »Erlaubnis«, das heißt den Befehl, ins Ausland zu reisen. Das ist eine milde Strafe, aber Paul findet seinen Spaß daran. Wie um die tote Kaiserin noch in ihrem letzten Schlaf zu ärgern, läßt er den Freimaurer Nowikow in Freiheit setzen, der auf ihren Befehl in der Festung Schlüsselburg eingekerkert ist, und ruft den berühmten Publizisten Raditschew, den Autor der *Reise von St. Petersburg nach Moskau*, aus der Verbannung zurück. Mehr noch, er geht in den Marmorpalast, wo der polnische Patriot Kosciuszko gefangengehalten wird, überhäuft ihn mit Geschenken und erlaubt ihm, nach Amerika zu reisen. Einem anderen polnischen Gefangenen, Potocki, den er ebenfalls freiläßt, erklärt er zuvor: »Ich weiß, Sie haben viel gelitten und wurden lange Zeit mißhandelt, aber unter dem vormaligen Regime sind alle ehrlichen Leute verfolgt worden, ich selbst am allermeisten.« Auch Stanislaus Poniatowski läßt er aus seiner Zuflucht in Grodno hervorholen und mit großem Pomp in St. Petersburg unterbringen.

Aber damit ist sein Racheinstinkt noch lange nicht befriedigt. Er fühlt sich vom Allmächtigen dazu berufen, alle Fehler und Verbrechen seiner Mutter wiedergutzumachen. Nachdem er die lebenden Opfer rehabilitiert hat, beansprucht er, auch im Reich der Toten auf seine Art für Gerechtigkeit zu sorgen. Auf seinen Befehl wird der Sarg seines Vaters in den Katakomben des Alexander-Newski-Klosters ausgegraben, mit den Insignien der kaiserlichen Gewalt geschmückt, mit großem Gepränge zum Winterpalast gebracht und neben dem Sarg Katharinas im Säulensaal zur Schau gestellt. Eine Art sinistres eheliches Stelldichein führt so die Leiche der vor wenigen Tagen gestorbenen alten Frau wieder mit dem Skelett ihres seit vierunddreißig Jahren modernden jungen Gatten zusammen. Ein Spruchband über dem Paradebett trägt in russischer Sprache die Inschrift: »Im Leben getrennt, im Tode vereint«. Nach den Höflingen, Diplomaten und hohen Würdenträgern dürfen die Einwohner von St. Petersburg vor den sterblichen Hüllen vorbeidefilieren, die der Wille eines Sohnes, die Vergangenheit auszulöschen, zusammengeführt hat. »Was soll man dazu sagen«, schreibt der Baron Stedingk, »daß diese stolze Frau, die den Herrschern ihren Willen aufzwang, jetzt an der Seite ihres Gatten, den sie töten ließ, den Blicken und dem Urteil der Öffentlichkeit preisgegeben ist! Das ist eine schreckliche Warnung der Vorsehung an die Sittenlosen.« Beim Anblick des doppelten Katafalks empfindet Paul eine Art makabres Delirium: er hat das Gefühl, die Geschichte zu korrigieren. Das Sühnezeremoniell, das er bis ins kleinste Detail ausgefeilt hat, findet seine Fortsetzung mit der Überführung der Leichen Peters III. und Katharinas II. in die Kathedrale St. Peter und Paul, wo die Obsequien gefeiert werden sollen. Bei klirrender Kälte – achtzehn Grad minus – durchquert der Trauerzug die verschneite Stadt. Von den Kirchtürmen läutet die Totenglocke. Mit diabolischer Tücke hat Paul die wenigen Überlebenden des Komplotts von 1762 dazu ausersehen, dem ermordeten Zaren die letzte Ehre zu erweisen. Das soll ihre Strafe sein. Alexis Orlow, das »Narbengesicht«, marschiert an der Spitze des Zuges und trägt auf einem Kissen die Krone seines Opfers; Passek und Bariatinski, seine Komplizen von damals, halten die Enden des Bahrtuches. Alle drei sind inzwischen stark gealtert. Unter der Menschenmenge, die herbeigeströmt ist, um das Schauspiel zu sehen, sind nur wenige, die je von diesem Peter III. reden hörten, der jetzt ein zweites Mal zu Grabe getragen wird. Nicht er ist es, dem die Tränen des Volkes gelten, sondern Katharina, das »Mütterchen«. Überall vernimmt Paul lautes Schluchzen. Voll Verachtung für dieses Getue schreitet er erhobenen Hauptes hinter den beiden Särgen, gefolgt von der Kaiserin Maria Fedorowna, den Großfürsten und dem ganzen Hof. Er ist erfüllt von dem Bewußtsein, mit der Vereinigung eines Vaters, den er bewundert, obwohl er ihn kaum kannte, und einer Mutter, die er verabscheut, weil er sie allzu gut kannte, eine heilige Pflicht zu erfüllen.

Drinnen in der Kathedrale zelebrieren die Popen in ihren silberdurchwirkten schwarzen Meßgewändern das doppelte Leichenbegängnis mit all dem feierlichen Pomp, der von ihnen erwartet wird. Stundenlang huldigen beiden Teilen des wiedervereinigten Kaiserpaares die gleichen Weihrauchschwaden, die gleichen hymnischen Gesänge. Man könnte von einer Hochzeit nach dem Tode sprechen. Die Kirche empfiehlt der Barmherzigkeit des Himmels die Seelen zweier russischer Herrscher, die Vettern zweiten Grades waren, als halbe Kinder aus Kiel und Zerbst nach Rußland kamen und dazu bestimmt waren, ein Land zu regieren, dessen Sprache sie anfangs nicht verstanden und dessen Religion nicht die ihre war. Die Herrschaft des einen dauerte sechs Monate, die der anderen vierunddreißig Jahre. Aber für ihren Sohn zählen die sechs Monate mehr als die vierunddreißig Jahre. Er verabscheut, er verwirft Katharina und wünscht sich, lange genug zu leben, um alles zu zerstören, was sie aufgebaut hat.

Nachdem die kirchliche Zeremonie vorüber ist, legt Paul den Trauermantel ab und läßt die Truppen paradieren, die auf der Millionaja aufmarschiert sind. Doch auch die militärischen Übungen können seinen unsteten Geist nur vorübergehend zur Ruhe bringen. Stets verfolgt ihn der Gedanke an Katharina und Peter. In langer Reihe ziehen die Liebhaber seiner Mutter vor seinem inneren Auge vorüber. Und erneut packt ihn die Raserei. Alles das muß ausgelöscht werden! Plötzlich fällt ihm ein, daß Potemkin, der protzige Verschwender, in der St. Katharinenkirche in Cherson beigesetzt wurde. Der war nicht nur Liebhaber seiner Mutter, sondern, wie behauptet wird, sogar ihr Gatte. Eine ganz unmögliche Situation und eine Beleidigung des Andenkens Peters III., des einzigen wahren Gatten Katharinas. Man öffne das Grabmal des »Serenissimus« und verstreue seine verfluchten Gebeine! In aller Hast befolgen zitternde Totengräber den Ukas des Zaren. Nachdem er seine Eltern im Grab vereint und den Fürsten von Tauris aus dem seinen vertrieben hat, fühlt Paul I. sich besser. Er hat die Vergangenheit bereinigt und kann sich nun der Zukunft zuwenden.

Viereinhalb Jahre später stirbt er von Mörderhand wie Peter III. Lange genug hat er das Land durch seine Launen in Schrecken versetzt. Plato Subow, rechtzeitig heimgekehrt von seiner Reise, um an der Verschwörung teilzunehmen, gehört zu den Anführern des Mordkomplotts. In stillschweigendem Einverständnis mit den Verschwörern besteigt der Sohn Pauls I., der schwankende, undurchschaubare Alexander, den russischen Thron. Und noch einmal hat gegen alle Widerstände der Wille Katharinas der Großen sich durchgesetzt.

Anmerkungen

1. KAPITEL

[1] Einige Historiker haben behauptet, Sophie, die spätere Katharina II., sei in Wirklichkeit eine natürliche Tochter Friedrichs II. von Preußen gewesen, der damals noch Kronprinz und erst 16 Jahre alt war! Andere machten, nicht weniger kühn, den Grafen Iwan Betzkoj zu ihrem Vater. Derartige Hypothesen können sich auf keinerlei ernst zu nehmende Quellen stützen und gehen von der etwas einfältigen Annahme aus, eine so einzigartige Persönlichkeit wie Katharina II. könne keine mittelmäßigen Eltern gehabt haben.

[2] Ihr ältester Bruder Wilhelm Christian Friedrich, 1730 geboren, stirbt 1742, der zweite, Friedrich August, geboren 1734, stirbt 1793, ihre Schwester Elisabeth Augusta Christine kommt 1742 zur Welt und stirbt schon 1745.

[3] Katharina begann die Niederschrift der ersten Fassung ihrer Memoiren in französischer Sprache am 21. April 1771 im Alter von 42 Jahren. Weitere Fassungen folgten. Mit den Ereignissen von 1759 bricht der Text unvermittelt ab.

2. KAPITEL

[1] Es handelt sich um das Winterpalais Peters I., das an der Stelle der heutigen Ermitage stand, und nicht um das Winterpalais, das man noch heute sehen kann; dieses wurde auf Befehl Elisabeths von Rastrelli errichtet.

[2] So nannte man diejenigen, die wegen ihrer Verwandtschaft mit der Zarenfamilie oder wegen besonderer Verdienste das Recht hatten, auf ihrem Hofgewand ein in Diamanten gefaßtes Bildnis Ihrer Majestät zu tragen.

3. KAPITEL

[1] Die Tochter Iwans, des älteren Bruders Peters des Großen.

4. KAPITEL

[1] Ein Goldrubel von damals entspricht etwa der Kaufkraft von 30 heutigen Mark.

[2] Iwan Betzkoj war der Schwager des Prinzen von Hessen.

[3] Er war nach Rußland gekommen, um die Hochzeit des schwedischen Thronfolgers Adolf Friedrich, eines Onkels von Katharina, mit der Prinzessin Ulrike von Preußen anzukündigen.

[4] Der Text dieses Essays ist leider nicht erhalten. Katharina behauptet, ihn im Jahre 1758, als sie eine Durchsuchung ihres Appartements befürchtete, zusammen mit anderen Dokumenten verbrannt zu haben.

5. KAPITEL

[1] Zitiert bei W. Bilbassow: Geschichte Katharinas II. Berlin 1892-1897. Band I. Kapitel 19.

[2] Katharina II.: Memoiren.

6. KAPITEL

[1] Katharina II.: Memoiren.
[2] Katharina nennt sich zwar »groß«, doch ein paar ihrer Kleider, die erhalten geblieben sind, lassen darauf schließen, daß sie nicht mehr als 1,50 Meter maß.
[3] Katharina II.: Memoiren.
[4] Katharina II.: Memoiren.
[5] Katharina II.: Memoiren.

7. KAPITEL

[1] Brief der Prinzessin Anhalt vom 1. September 1758 an Herrn de Pouilly.
[2] Katharina II.: Memoiren.
[3] Katharina II.: Memoiren.
[4] J. Castéra: Vie de Catherine II.
[5] Katharina II.: Memoiren.
[6] Katharina II.: Memoiren. Der Bericht über die Unterredung Katharinas mit Madame Tschoglokow schien der Akademie der Wissenschaften in St. Petersburg so kompromittierend, daß sie ihn 1907 nicht in die Gesamtausgabe der Werke der Zarin aufnahm.
[7] Katharina II.: Memoiren.
[8] Nach einer anderen Hypothese, für die ebenso wenig spricht, soll Katharina absichtlich den Anschein erweckt haben, Paul sei der Sohn Saltykows, um nach der Ermordung Peters III. behaupten zu können, dieser habe den Vater ihres Kindes umbringen lassen.
[9] Katharina II.: Memoiren.
[10] Katharina II.: Memoiren.
[11] Nachdem sie Kaiserin geworden ist, ernennt Katharina Saltykow zum Botschafter in Paris. Dort erweist er sich als Schürzenjäger und Schuldenmacher. Ein paar Jahre später schlägt Graf Panin vor, ihn nach Dresden zu versetzen. Katharina vermerkt am Rand der Vorlage: »Hat er nicht schon genug Dummheiten gemacht? Wenn Sie für ihn bürgen können, dann schikken Sie ihn nach Dresden, aber er wird immer nur das fünfte Rad am Wagen sein.« Sergej Saltykows diplomatische Karriere endet glanzlos.

8. KAPITEL

[1] Katharina II.: Memoiren.
[2] Memoiren von Stanislaus Poniatowski.
[3] Memoiren von Stanislaus Poniatowski. Das Porträt enthält zwei Irrtümer: Katharina stand damals an der Schwelle ihres 27. Lebensjahres, und sie war eher klein als groß.
[4] Katharina II.: Memoiren.
[5] Katharina II.: Memoiren.
[6] Stanislaus Poniatowski: Memoiren.
[7] Stanislaus Poniatowski: Memoiren.
[8] Katharina II.: Memoiren.
[9] Katharina II.: Memoiren.
[10] Es handelt sich um den Beginn des Siebenjährigen Krieges.
[11] Katharina II.: Memoiren.

[12] Katharina II.: Memoiren.
[13] Katharina II.: Memoiren.
[14] Katharina II.: Memoiren.

9. KAPITEL

[1] Katharina II.: Memoiren.
[2] Katharina II.: Memoiren.
[3] Katharina II.: Memoiren.
[4] Katharina II.: Memoiren.
[5] Katharina II.: Memoiren.
[6] Katharina hat die Niederschrift ihrer Memoiren bei der Schilderung der zweiten, offenherzigen Aussprache mit der Kaiserin Elisabeth abgebrochen.

10. KAPITEL

[1] Peter Schuwalow war ein Vetter des Geliebten der Zarin, Iwan Schuwalow.
[2] Über den Beginn der Beziehungen zwischen Katharina und Grigorij Orlow gibt es weder von ihnen selbst noch von ihnen nahestehenden Personen ein unmittelbares Zeugnis. Die hier mitgeteilte Episode entstammt mündlicher Überlieferung, die vor allem bei Helbig (*Russische Günstlinge*) bezeugt ist.
[3] Memoiren der Fürstin Daschkow.
[4] Am 25. Dezember 1761 nach dem julianischen Kalender; nach dem gregorianischen also am 5. Januar 1762.

11. KAPITEL

[1] Depesche des Barons de Breteuil vom 29. Juni 1762.
[2] Chiffrierter Bericht vom 8. März 1762.
[3] Dieses illegitime Kind wird auf den Namen Alexis getauft. Es wird später Graf Bobrinski und damit zum Ahnherrn einer der bedeutendsten Familien Rußlands. Der Name Bobrinski ist von dem russischen Wort für Biber (Bobre) abgeleitet.

12. KAPITEL

[1] Katharina hat ihnen später verziehen, aber Woronzow mußte seinen Abschied nehmen, wurde zum Botschafter in London ernannt und lebte dort »in einer Art ehrenhafter Verbannung«.
[2] Ropscha ist etwa 27 Werst von St. Petersburg entfernt.
[3] Elisabeth Woronzow wird tatsächlich in Moskau unter Hausarrest gestellt. Später aber hat Katharina ihr verziehen und sie sogar verheiratet, nämlich mit dem Senator Polianski.
[4] Die verläßlichsten Quellen für die Einzelheiten des Staatsstreichs sind Katharinas eigene Version (Briefe an Poniatowski), die der Fürstin Daschkow und Panins sowie die Darstellung von Bilbassow.
[5] Nach der Darstellung der Fürstin Daschkow hat Paul I. diesen Brief im Jahre 1796 in einer Kassette gefunden, die Papiere seiner Mutter enthielt. Das Original wurde vernichtet. Eine Kopie wurde im Woronzow-Archiv publiziert.
[6] Gräfin Golowin: Erinnerungen.
[7] Fürstin Daschkow: Memoiren.
[8] Depesche vom 12. (23.) Juli 1762.

13. KAPITEL

[1] Vgl. K. Waliszewski: Le Roman d'une Impératrice, ferner Brian-Chaninow: Cathérine II.

[2] Brief vom 2. Juli 1762.

[3] Nicht zu verwechseln mit seinem Bruder Kyrill Rasumowski, dem Hetman der Ukraine.

14. KAPITEL

[1] Sein Vater stirbt 1776 an der Eismeerküste, wohin er noch immer verbannt ist.

[2] Matsjewitsch verbringt vier Jahre in einem Kloster; dann wird er abgesetzt und unter dem Namen Wral (Lügner und Schwätzer) in der Zitadelle von Reval eingekerkert. Dort ist er 1772 gestorben – verhungert und erfroren.

[3] Vgl. Waliszewski: Le Roman d'une Impératrice.

[4] Vgl. Zoé Oldenbourg: Katharina die Große, München 1969.

[5] Brief vom 15. Oktober 1763.

[6] B. V. Bilbassow: Geschichte Katharinas.

[7] Mary Lavater-Sloman: Katharina und die russische Seele.

15. KAPITEL

[1] Vgl. Olga Wormser: Katharina II.

[2] Die Familie dieses Namens hat später in Rußland eine bedeutende Rolle gespielt.

[3] Vgl. Mary Lavater-Sloman: Katharina und die russische Seele. Die Lebensgeschichte Katharinas II. von Rußland. Zürich und Stuttgart 1938.

[4] Vgl. Waliszewski: Le Roman d'une Impératrice.

16. KAPITEL

[1] Brief vom 21. April 1766. Vgl. Daria Olivier: Catherine la Grande.

[2] Waliszewski: Autour d'un trône.

[3] Vgl. Jean Orieux: Voltaire.

[4] Waliszewski: Le Roman d'une Impératrice.

[5] Also dreimal so viel wie der größte der nach Rom gebrachten Obelisken.

[6] Curtius wurde der Sage nach zur Rettung des Vaterlandes in einen Abgrund gestürzt.

17. KAPITEL

[1] Vgl. Waliszewski: Autour d'un trône.

[2] Depesche von Sabatier de Cabre vom 30. November 1772.

[3] Burlak: Treidler; im übertragenen Sinne roher Kerl.

[4] Der Sohn Kyrill Rasumowskis.

18. KAPITEL

[1] Das Haus des Barons d'Holbach in Paris.

[2] Der heutige Ural.

[3] Zitiert bei Gaissinowitsch: Der Aufstand Pugatschews.

[4] Bruder des Ministers Nikita Panin.

[5] Der Titel ist ironisch gemeint.

[6] Die Überschwemmung, auf die diese Überlieferung sich bezieht, ereignete sich erst 1777, also zwei Jahre nach dem Tod der Tarakanowa.

[7] Bericht des französischen Botschafters Marquis de Juigné vom 24. Februar 1777 (Archiv des französischen Außenministeriums).

19. KAPITEL

[1] George Soloweytschik: Potemkin. Stuttgart/Zürich 1951.
[2] G. Ouduard (Hersg): Lettres d'amour de Catherine II à Potemkin. Paris 1934.
[3] Waliszewski: Autour d'un trône.
[4] Chevalier de Corberon: Un diplomate français à la cour de Catherine II.
[5] Brief und Depesche sind vom 13. Februar 1778.
[6] Byron spielt in einer berühmten Strophe seines *Don Juan* darauf an:

»As also did Miss Protassoff then there
Named from her mystic office l'Eproveuse
A term inexplicable to the muse.«
Vgl. Waliszewski, a. a. O.

[7] Anspielung auf Katharina.
[8] J. Castéra: Vie de Catherine II.

20. KAPITEL

[1] Friedrich II.: Memoiren.
[2] Vgl. Constantin de Grunwald: L'Assassinat de Paul Ier, tsar de Russie.
[3] König Gustav III. war durch seinen Vater Adolf-Friedrich von Holstein-Gottorp ein leiblicher Vetter Katharinas.
[4] Paul und Maria hatten insgesamt zehn Kinder: den künftigen Zaren Alexander I. (1777 – 1825), Konstantin, den späteren Vizekönig von Polen (1779 – 1831), Alexandra (1783 – 1801), Helene (1784 – 1803), Maria (1786 – 1859), Katharina, die spätere Königin von Württemberg (1788 – 1819), Olga (1792 – 1795), Anna, die spätere Königin der Niederlande (1795 – 1869), den späteren Zar Nikolaus I. (1796 – 1855) und Michael (1798 – 1849).
[5] Dieser letzte war Durand de Distroff.
[6] Joseph II. war seit dem Tod seines Vaters Franz I. im Jahre 1765 Kaiser und in den österreichischen Ländern Mitregent seiner Mutter Maria Theresia.
[7] Brief vom 1. Oktober 1778.
[8] Brief vom 7. Mai 1779.
[9] Brief vom 21. Juni 1778.
[10] Der Friede von Teschen sprach Österreich das bayerische Innviertel und Preußen die Anwartschafft auf die Markgrafschaften von Ansbach und Bayreuth zu und bestätigte den kurpfälzischen Kurfürsten Karl Theodor (gestorben 1799) als Nachfolger seines Vetters Maximilian III. Joseph.
[11] Diese These hat vor allem Mary Lavater-Sloman vertreten.
[12] Vgl. Henry Vallotton: Catherine II.
[13] Zwei Briefe Katharinas unter dem Datum des 12. April 1781 und zwei Briefe Josephs unter dem Datum des 18. Mai 1781.
[14] Sie heiratete später den Sohn Falconets.

21. KAPITEL

[1] Brief vom 7. Juni 1782.
[2] Frau von Lieven bleibt fast ein halbes Jahrhundert am Hofe. Mit Würde, Festigkeit und Maß überwacht sie die Erziehung der Enkeltöchter und zum Teil auch der Enkelsöhne Katharinas. Alexander und Nikolaus behandeln sie

später wie die eigene Großmutter. Von allen geliebt und geachtet, zur Gräfin und schließlich zur Fürstin erhoben, stirbt sie im Jahre 1828. Sie war die Schwiegermutter der berühmten Prinzessin von Lieven, die Metternich verführte, in Paris Salon hielt, die Ratgeberin Guizots wurde und den Beinamen »Sibylle Europas« erhielt.

3 Marie Hamilton wurde 1719 enthauptet, William Mons 1724.

4 Brief vom 22. April 1785.

5 Vgl. K. Waliszewski: Le Roman d'une Impératrice.

6 Vgl. K. Waliszewski: Autour d'un trône.

7 Brief vom 17. Dezember 1786.

8 Brief vom 2. Januar 1787.

9 Brief vom 2. April 1787.

10 C. F. Masson: Mémoires secrets sur la Russie. Masson war Mathematiklehrer des Großfürsten Alexander.

11 Die dritte Tochter des Großfürstenpaares, Marie, war 1786 geboren worden.

22. KAPITEL

1 Heute Dnjepropetrowsk.

2 Vgl. Henry Vallotton: Catherine II. Vgl. auch das weiter oben zitierte Urteil Possoschkows.

3 Vgl. Mary Lavater-Sloman: Katharina und die russische Seele.

4 Vgl. Daria Olivier: Catherine la Grande.

23. KAPITEL

1 Effendi: Türkischer Titel, der »Herr« bedeutet.

2 Briefe vom 5. Dezember 1793, 11. Februar und 31. März 1794, 6. April 1796. Vgl. Henry Vallotton: Catherine II.

3 Brief an Grimm vom 2. Mai 1791.

4 Genet war ein Bruder von Jeanne-Louise Campan.

24. KAPITEL

1 Mit anderen Worten: 5 569 000 000 französische Franken in heutiger Währung (etwa 25 Milliarden D-Mark).

2 So nennt sie sich manchmal in ihren Briefen.

3 K. Waliszewski: Autour d'un trône.

25. KAPITEL

1 Brief der Fürstin Lubomirska an Maurice Glayre, den Ratgeber Poniatowskis. Vgl. Daria Olivier: Catherine la Grande, Paris 1965.

2 Constantin de Grunwald: L'Assassinat de Paul Ier.

3 Graf Rostoptschin soll später im Jahre 1812 als Gouverneur von Moskau die Bevölkerung veranlaßt haben, die Stadt beim Einmarsch der Franzosen in Brand zu stecken. Seine Tochter wird Gräfin von Ségur.

4 Masson: Mémoires secrets sur la Russie.

5 Sie heiratet später den König von Schweden.

6 Vgl. Daria Olivier: Catherine la Grande.

7 Nikolaus I. (1796-1855) besteigt den Thron im Jahre 1825 nach dem Tod seines älteren Bruders Alexander und nach der Niederwerfung des Dekabristenaufstandes.

26. KAPITEL

[1] Wsiakaja Wsiatschina.
[2] Memoiren der Fürstin Daschkow.
[3] Ettore Lo Gatto: Storia della letteratura russa. Flozenz 1950.
[4] Alexandra heiratet später den Erzherzog Joseph von Österreich und starb bei der ersten Niederkunft im Wochenbett.
[5] Unter den Papieren, die in Katharinas Arbeitszimmer gefunden wurden, soll sich nach gewissen Aussagen auch der berühmte Brief befunden haben, mit dem Alexis Orlow sich der Ermordung Peters III. bezichtigte.
[6] Konstantin hatte inzwischen eine Prinzessin von Sachsen-Coburg geheiratet.

Bibliographie

(Die Literatur über Katharina II. ist unübersehbar. Ich begnüge mich damit, auf die wichtigeren der Werke hinzuweisen, die ich für diese Biographie herangezogen habe.)

I. QUELLEN

Katharina II.: Werke. Herausgegeben von Pypin. Petersburg 1907 (12 Bände (russisch).
: Memoiren. 2 Bände. Petersburg 1907 (russisch).
deutsch: Leipzig 1913 (2 Bände).
: Briefe an Grimm, herausgegeben von Grot, St. Petersburg 1878.
: Briefe an Stanislaus Poniatowski, 1762-1764.
Paris 1914 (französisch; Lettres de Catherine II à Stanislas-Auguste Poniatowski, roi de Pologne).
: Liebesbriefe an Potemkin, herausgegeben von Georges Oudard, Paris 1934 (französisch; Lettres d'amour de Catherine II à Potemkine).
Weitere Briefwechsel Katharinas in den Bänden der Sammlung von Dokumenten zur russischen Geschichte der Kaiserlichen Historischen Gesellschaft.

Archiv des Französischen Außenministeriums:
Correspondance politique de Russie. Vo. LXVIII bis CXXXIX.

Archiv des Fürsten M. L. Woronzow. Moskau 1870-1895 (russisch).

Sammlung von Dokumenten zur russischen Geschichte der Kaiserlichen Historischen Gesellschaft. (Sbornik Imperatoskogo russkago istorzeskogo obscestva). Vol. I-LXXII (russisch).

La Cour de Russie il y a cent ans. (Sammlung von Briefen und Depeschen) Berlin 1864.

Allonville, Graf von: Mémoires secrets. Paris 1838.

Castéra, J. H.: Vie de Catherine II. Paris 1797 (drei Bände).

Choiseul, Herzog von: Mémoires. Paris 1790.

Chrapowitzki: Tagebuch. Hrsg. von Barsakow. Petersburg 1873.

Corberon, le Chevalier de: Un diplomate français à la cour de Catherine II. Paris 1901.

Daschkow, Ekaterina Romanowna: Memoiren zur Geschichte der Kaiserin Katharina II. Herausgegeben von Alexander Herzen. Zwei Bände, Hamburg 1851 und München 1970.

Engelhardt, L. N.: Memoiren. Moskau 1863.

Esterhazy, Valentin Graf von: Memoiren. Paris 1905.
: Lettres. Paris 1907.
: Nouvelles Lettres. Paris 1909.

Falconet, Etienne Maurice: Correspondance avec Catherine II. Paris 1921.

Friedrich II.: Oeuvres – Friedrich der Große: Les Oeuvres de Frédéric le Grand. Hrsg. v. J. D. E. Preuß. 30 Bde, Berlin 1846-57.
: Werke – Friedrich der Große: Die Werke Friedrichs des Großen. 10 Bde, Berlin 1912-14.
: Denkwürdigkeiten zur Geschichte des Hauses Brandenburg. München 1975.

Golovin, B. N. Gräfin von: Souvenirs de la Comtesse Golovine, née Princesse Galitzin. Paris 1910.
Ligne, Ch. Prince de: Mémoires. Paris 1860.
Masson, C. F.: Mémoires secrets sur la Russie. 3. Bde. Paris 1802.
Oberkirch, H.-L. Baronne de: Mémoires. 2 Bde. Paris 1853.
Poniatowski, Stanislaus: Die Memoiren des letzten Königs von Polen, Stanislaus II. August Poniatowski. München 1917.
Raditschew, A. N.: Reise von Petersburg nach Moskau. Aus dem Russischen von Arthur Luther. Leipzig 1882.
Ribeaupierre, Comte de: Mémoires. In: »Archives russes«, 1877.
Rulhière, C. C. de: Histoire ou anecdotes sur la Révolution de Russie en 1762. Paris 1797. Neuausgabe 1937.
Sabatier de Cabre: Catherine II, sa cour et la Russie en 1772. Berlin 1861.
Ségur, Louis Philippe Comte de: Mémoires. Paris 1859.
Sherer, Jean-Benoit: Anecdotes intéressantes et secrètes sur la cour de Russie. Paris 1792.
Tschitschagow, Paul: Mémoires. 2 Bde. Paris 1862.
Tooke, William: Mémoires secrets. Amsterdam 1800.
Vigée-Lebrun, Elisabeth: Souvenirs. 3 Bde., Paris 1835-37.

II. WERKE ÜBER KATHARINA UND IHRE ZEIT

Bilbassow, V. A.: Geschichte Katharinas II. (russisch) 3 Bde., Berlin 1892-1897.
Brian-Chaninov, Nicolas: Catherine II, impératrice de Russie. Paris 1932.
: Alexandre Ier. Paris 1934.
: Histoire de Russie. Paris 1929.
Brückner, A.: Katharina II. Berlin 1883.
Dubrowin: Pugatschew und seine Komplizen. Paris 1938.
Gaissinovitch, A: La Révolte de Pougatchev. Paris 1938.
Gaxotte, Pierre: Ludwig XV. und sein Jahrhundert. München 1954.
: Friedrich der Große. Frankfurt/M 1973.
Grey, Ian: Katharina die Große. Tübingen 1963.
Grunwald, Constantin de: L'Assassinat de Paul Ier, tsar de Russie. Paris 1960.
: Alexandre Ier, le tsar mystique. Paris 1955.
: Trois siècles de diplomatie russe. Paris 1945.
Haslip, Joan: Catherine the Great. London 1977.
Henri-Robert: Les grands procès de l'histoire. IIIe série. Paris 1924 (deutsch: Die großen Prozesse der Weltgeschichte, Berlin 1928).
Kaus, Gina: Katharina die Große. Esslingen a. N. 1977.
Krakowski, Edouard: Histoire de Russie. Paris 1954.
Larivière, Charles de: Catherine II et la Révolution française. Paris 1895.
Lavater-Sloman, Mary: Katharina und die russische Seele. Die Lebensgeschichte Katharinas II. von Rußland. Zürich und Stuttgart 1963.
Leroy-Beaulieu, A: L'Empire des tsars et les Russes. Paris 1883-89.
Lortholary, Albert: Le mirage russe en France au XVIIIe siècle. Paris 1951.
Melgunowa: Russische Sitten zur Zeit Katharinas II. nach Berichten von Zeitgenossen (russisch). Moskau 1922.
Michel, R.: Potemkine. Paris 1936.
Milioukov/Seignobos/Eisenmann: Histoire de Russie. 3 Bde. Paris 1932/33.

Morane: Paul Ier de Russie. Paris 1907.
Oldenbourg, Zoé: Katharina die Große. Die Deutsche auf dem Zarenthron. München 1975.
Olivier, Daria: Catherine la Grande. Paris 1965.
Orieux, Jean: Das Leben des Voltaire. Frankfurt/M 1978.
Pascal, Pierre: Histoire de la Russie. Paris 1961.
: La Révolte de Pougatchev. Paris 1971.
Pingaud, Léonce: Les Français en Russie et les Russes en France. Paris 1889.
Platonov, S. F.: Geschichte Rußlands vom Beginn bis zur Jetztzeit. Leipzig 1927.
Polvtsoff, A.: Les Favoris de Catherine la Grande. Paris 1939.
Rambaud, A.: Histoire de Russie. Paris 1913 (sechste Auflage).
Russische Kultur in Frankreich (russisch). 3 Bde., Moskau 1937.
Saint-Pierre, Michel de: Le drame des Romanov. Paris 1967.
Schidler, N.: Histoire anecdotique de Paul Ier. Paris 1899.
Ségur, A., Comte de: Vie du comte Rostopchine. Paris 1871.
Soloweytschik, George: Potemkin. Stuttgart und Zürich 1951.
Solowjew, S. M.: Geschichte Rußlands. Petersburg o. J.
Tchoulkov: Les derniers tsars autocrates. Paris 1928.
Tegny, Edmond: Catherine II et la princesse Dachkov. Paris 1860.
Vallotton, Henry: Catherine II. Paris 1955.
Waliszewski, K.: Le roman d'une impératrice. Paris 1893.
: Autour d'un trône. Paris 1894.
Wormser, Olga: Catherine II. Paris 1962.

Zeittafel

	LEBEN KATHARINAS	RUSSISCHE GESCHICHTE
	21. April (2. Mai): Sophie Friederike Augusta von Anhalt-Zerbst, die künftige Katharina II, wird in Stettin geboren.	Die Leibeigenschaft wird durch einen Ukas verschärft.
1730		29. Januar: Tod des Zaren Peter II., Regierungsantritt von Anna Iwanowna. Chinesisch-russischer Vertrag von Kiachta. Russisch-persischer Friedensvertrag.
1731		Aufhebung des Schutzzolles. Der Hohe Rat wird durch das aus drei Mitgliedern bestehende Kabinett ersetzt, die Geheimkanzlei wird geschaffen.
1732		Russisch-österreichisch-preußisches Bündnis von Loewenwolde. Die Russen verzichten auf die Eroberungen Peters des Großen am Kaspischen Meer.
1733		Russisch-sächsischer Einfall in Polen. August III. wird in Warschau zum König gemacht.

WELTGESCHICHTE	KULTURGESCHICHTE
Aufstand der Natchez in Louisiana. Vertrag von Sevilla. In Paris wird das erste Kabarett eröffnet.	Bach: *Matthäuspassion*. Montesquieu in England. Goldoni: *Il gondoliere veneziano*. Gray entdeckt die elektrische Leitfähigkeit, Bouguer die Photometrie. Haller: *Die Alpen*. Tod Congreves. Geburt von Lessing, Écouchard-Lebrun und Monsigny. Voltaire: *Geschichte Karls XII.*, *Brutus*, *Lettres philosophiques*.
Abdankung von Victor-Amadeus II. von Savoyen. Walpole übernimmt die Regierung. Tod Benedikts XIII. Beginn des Pontifikats von Clemens XII. Absetzung Achmeds III. Tod Friedrichs IV. Regierungsantritt Christians VI. von Dänemark. Jean Orry wird mit der Reorganisation der spanischen Finanzen beauftragt.	Glanzzeit des Salons der Madame du Deffand. Hamilton: *Erzählungen*. Rollin: *Histoire ancienne*. Marivaux: *Spiel von Liebe und Zufall*. Buffon in England. Goldoni: *Don Juan*. Metastasio: *Alexander*. Der Sextant kommt in Gebrauch. Geburt Gessners.
Die englische Sprache verdrängt das Lateinische an den englischen Gerichtshöfen. Gründung der Académie de Chirurgie in Paris.	Holbergs dänische Komödien. Marivaux: *Das Leben Mariannes*. Abbé Prévost: *Manon Lescaut*. Fielding: *Die Tragödie der Tragödien*. Tod von Defoe und Houdart de la Motte.
Gründung der englischen Kolonie Georgia. Vertrag von Warschau. Geburt Washingtons und Neckers.	Berkeley: *Alcyphron*. Metastasio: *Demetrius*. Montesquien schließt sich in England der Freimaurerei an. Voltaire: *Zaire*. Gründung des *London Magazine*. Lesage: *Don Guzman d'Alfarache*. Marivaux: *Die indiskreten Schwüre*. Boerhaave: *Elemente der Chemie*. Maupertuis: *Discours sur la figure des astres*. Bach: *Kaffeekantate*. Tod Boulles. Geburt von Fragonard, Haydn und Beaumarchais.
Beginn des Polnischen Erbfolgekriegs. Einführung der Konskription in Preußen. Feldzug von Villars in Italien. Vertrag von Turin. Gründung der spanischen Kolonie auf den Philippinen. Einführung der Zehntsteuer in Frankreich. Vertrag zwischen Frankreich und Bayern	Die Benediktiner von St. Maur beginnen mit der Veröffentlichung der *Histoire littéraire de la France*. Rameau: *Hippolyte und Aricia*. Bach: *h-moll-Messe*. Pope: *Versuch vom Menschen*. Voltaire: *Temple du Goût*. Franklin: *Poor Richard's Almanack*. Pergolesi: *Die Dienerin als Herrin*. Kay erfindet

	LEBEN KATHARINAS	RUSSISCHE GESCHICHTE
1734		Die Russen belagern und erobern Danzig. Englisch-russisches Handelsabkommen. Die Ukraine kommt unter russische Kontrolle. Gründung einer Ballettschule.
1735		Ein Ukas ordnet die Gründung von Volksschulen an. Russisch-türkischer Krieg.
1736		Die Russen marschieren in der Krim ein und besetzen Asow.
1737		Die Russen müssen die Krim wieder räumen. Ergebnislose Friedensverhandlungen. Die Russen richten einen Stützpunkt in Astrachan ein. Der Deutsche Biron, der Favorit der Zarin, wird Herzog von Kur-

und zwischen Frankreich und Holland.

den schnellen Schützen. Tod Couperins. Geburt von Priestley, Wieland, Mesmer, Ducis, Malfilâtre, Zoffany, Borda, H. Robert.

Der Kaiser erklärt Frankreich den Krieg. Schlacht bei Parma. Zinzendorf: Herrnhuter Brüdergemeine. Gründung der Universität Göttingen. Haftbefehl gegen Voltaire, der sich in Cirey bei Madame du Châtelet verborgen hält; der Herzog von Holstein, der designierte russische Thronfolger, schlägt ihm vor, ihn in seine Dienste zu nehmen.

Montesquieu: *Betrachtungen über die Ursachen der Größe und des Verfalls der Römer.* Hogarth: *Leben einer Kurtisane.* Bach: *Weihnachtsoratorium.* Réaumur: *Histoire des insectes.* Goldoni: *Belisar.* Tartini: *Violinsonaten.* Geburt von Restif de la Bretonne, Dorat, Rulhière und Romney.

Waffenstillstand zwischen Österreich und Frankreich. La Bourdonnais wird Gouverneur der Jle de France. Erlaß über das Erbrecht in Frankreich.

Dom Calmet: *Histoire universelle.* Hogarth: *The Rake's Progress.* Salvi: *Fontana di Trevi* in Rom. La Condamine und Maupertuis messen den Erdumfang. Du Halde: *Beschreibung des chinesischen Reiches.* Uraufführung von Voltaires *Der Tod Cäsars.* Lemoyne stattet das Hotel Soubise aus. Bach: *Italienisches Konzert.* Stradivari gestorben. Geburt des Fürsten von Ligne.

Indianeraufstand in Louisiana. Gründung der Bank von Kopenhagen. Bau des Sommerpalasts in Peking. Erste Aufführungen der italienischen Oper in St. Petersburg. Französisch-österreichisches Abkommen.

Marivaux: *Das Vermächtnis.* Lesage: *Der Jüngling von Salamanca.* Voltaire: Uraufführungen von *Alzire* und *Der verlorene Sohn,* Brief an Madame de Châtelet über die Verleumdung. Pergolesi: *Stabat mater.* Gründung der Glashütte von Murano. Hull meldet sein Patent für ein Dampfschiff an. Pergolesi stirbt, Lagrange und Watt werden geboren.

Erstmals Theater in Prag und Stockholm. In Frankreich fällt Chauvelin in Ungnade.

Salon im Louvre. Linnés System der Pflanzen. Marivaux: *Falsche Vertraulichkeiten.* Goldoni: *Weltmann Girolamo.* Rameau: *Castor und Pollux.* Gluck in Italien. Walpole in Frankreich. Lemoyne stirbt, Bernardin de Saint-Pierre und Parmentier werden geboren.

	LEBEN KATHARINAS	RUSSISCHE GESCHICHTE
		land. Brandkatastrophe in St. Petersburg.
1738		Auftreten des falschen Zarewitsch Alexis Petrowitsch
1739	Die Prinzessin Sophie, die künftige Katharina II., lernt in Kiel Peter Ulrich von Holstein-Gottorp kennen.	Türkischer Sieg bei Krotzka. Die Russen erobern Jassy zurück. Friedensvertrag von Belgrad: die Russen behalten die Festung Asow. Im Dezember trifft der neue französische Botschafter La Chétardie in St. Petersburg ein.
1740		17. (28.) Oktober: Tod der Zarin Anna Iwanowna; Iwan VI., erst wenige Monate alt, besteigt den Thron, zunächst unter der Regentschaft des Ministers Biron, dann seiner Mutter, Anna Leopoldowna.
1741		Im August erklärt Schweden Rußland den Krieg. Am 25. November (6. Dezember) stürzt Elisabeth, die Tochter Peters

Der Friedensvertrag von Wien besiegelt das Ende des Polnischen Erbfolgekrieges. Stanislaus Leszczinski wird Herzog von Lothringen. England tritt dem Wiener Vertrag bei. Französisch-schwedisches Bündnis. Arbeiteraufstände in England. Die Predigten Whitefields. In Frankreich Erlaß über den Frondienst. Vollendung des Crozat-Kanals in der Picardie.

Piron: *La métromanie.* Salon im Louvre. Paul erfindet die Spinnmaschine. Händel: *Israel in Ägypten.* Rollin: *Histoire romaine.* Crébillon: *Die Verirrungen des Herzens und des Geistes.* Bernoullis Hydrodynamik. Cassini, Thury, Maraldy und La Caille messen die Schallgeschwindigkeit. In Vincennes wird die später nach Sèvres verpflanzte Porzellanmanufaktur gegründet.

Gründung der französischen Handelsniederlassung in Karikal. Philipp V. tritt dem Wiener Vertrag bei. Walpole erklärt Spanien den Krieg. Gründung der Akademie der Wissenschaften in Stockholm. Buffon wird in Frankreich Intendant der königlichen Gärten.

Madame de Tencin: *Die Belagerung von Calais.* Hume: *Traktat über die menschliche Natur.* Bouchardons Brunnen in der rue de Grenelle in Paris; Tocqués Bildnis des Dauphin. Deluze bedruckt zum ersten Mal Stoffe. De Brosses: *Vertrauliche Briefe aus Italien.* Voltaire: *Das Leben Molières, Pièces fugitives en vers et en prose.* Clairauts Untersuchungen über die Integralrechnung. Händel: *Susanna.* La Harpe wird geboren.

Am 31. Mai stirbt der »Soldatenkönig«, Friedrich II. von Preußen besteigt den Thron und fällt in Sachsen ein. Clemens XII. stirbt, das Pontifikat Benedikts XIV. beginnt. Karl VI. stirbt, Maria Theresia wird Königin von Österreich: der Österreichische Erbfolgekrieg bricht aus. Erste griechische Zeitung. Ludwig XV. stellt England ein Ultimatum; es kommt zum Bruch zwischen beiden Ländern. Voltaire besucht Friedrich II. zum ersten Mal in Kleve.

Gründung der Druckerei Pellerin in Épinal. Salon im Louvre. Der Bildhauer Coustou schafft die berühmten Pferde von Marly. Chardin malt das *Benedicite.* Richardson: *Pamela.* Crébillon: *Le Sopha.* Voltaire: *Zulime.* Marivaux: *L'epreuve.* Abbé Goujet: *Bibliothèque française.* De Sade und Oberlin geboren.

Bündnis zwischen Frankreich und Preußen. Wahlniederlage Walpoles. Bündnis zwischen Frankreich und Bayern. Pakt zwischen Frankreich

Händel: *Messias.* Zerstörung der Glasfenster von Notre-Dame in Paris. Gabriel wird erster Baumeister des Königs. La Tour: Bildnis des Prä-

	LEBEN KATHARINAS	RUSSISCHE GESCHICHTE
		des Großen, den kleinen Zar Iwan und besteigt den Thron.
1742	Im Juli wird der Vater Sophies (der künftigen Zarin Katharina II.) von Friedrich II. von Preußen zum Feldmarschall ernannt.	Peter Ulrich von Holstein-Gottorp, von der Zarin Elisabeth eingeladen, trifft im Februar in Moskau ein und wird am 7. November zum Thronfolger proklamiert. Am 22. Dezember schließt Rußland mit England einen Verteidigungspakt. Die Zarin Elisabeth heiratet heimlich Alexej Rasumowski.
1743		17. August: Vertrag von Abo zwischen Rußland und Schweden: Rußland behält einen Teil Finnlands.
1744	10. Januar: Sophie und ihre Mutter reisen über Berlin nach Rußland und treffen am 3. (14.) Februar in St. Petersburg ein. Am 20. Februar kommt Sophie in Moskau an, am 28. Juni tritt sie zum orthodoxen Glauben über und wird zur Großfürstin Katharina Alexejewna. Am 29. Juni wird ihre Verlobung mit dem Großfürsten Peter gefeiert.	Im Juni muß der französische Botschafter La Chétardie Rußland verlassen.

und dem Haus Hannover. Heimlicher Waffenstillstand zwischen Österreich und Preußen. Karl Albert von Bayern läßt sich zum König von Böhmen ausrufen. Neue Auseinandersetzungen in Frankreich um die Bulle »Unigenitus«.

sidenten de Rieux. Hume: Essays über Moral und Politik. Abbé Prévost: *Histoire d'une grecque moderne.* Voltaire: *Mahomet.* Tod J.-B. Rousseaus, Vivaldis und Rollins. Lavater, Laclos, Houdon, Chamfort und Füßli geboren.

Benedikt XIV. verurteilt die Politik der Jesuiten in China. Die Österreicher erobern Linz zurück. Karl Albert, Kurfürst von Bayern und König von Böhmen, wird unter dem Namen Karl VII. zum Kaiser gewählt. Walpole tritt zurück. Bündnis zwischen Frankreich und Dänemark. Friede von Breslau. Prag fällt. In Frankreich beginnt die Herrschaft der Mätressen Ludwigs XV.

Salon im Louvre. L. Racine: *Die Religion.* Fielding: *Joseph Andrews.* Young: *Nachtgedanken.* Piranesi: *Carceri.* Tresaguet entwickelt das Macadam. Tod Massillons.

Krieg Frankreichs gegen Sardinien. Zweiter Familienpakt. Friedrich II. reorganisiert die Berliner Akademie der Wissenschaften, die später seine Arbeiten in französischer Sprache veröffentlicht. Gründung der dänischen Akademie. Die La Verendrye entdecken die Rocky Mountains. Tod des Ministers Fleury. D'Argenson, ein Freund Voltaires, wird Kriegsminister. Jeanne Bécu, die künftige Madame Dubarry, wird geboren.

Erste Auftritte der Demoiselle Clairon in der Comédie Française. Händel: *Joseph und seine Brüder.* Salon im Louvre. Fielding: *Jonathan Wilde.* D'Alembert: *Traité de Dynamique.* Tod von Vivaldi, Grécourt, Fra Ghislandi, H. Rigaud, Desportes, Lancret und Lorrain. Cagliostro, Lavoisier, Condorcet und Jacobi geboren.

Erste Generalkonferenz der Methodisten. Friedrich II. nimmt Prag ein. Bau des Schlosses Schönbrunn. Am 28. November wird D'Argenson französischer Außenminister. Ludwig XV. erklärt England und Österreich den Krieg, fällt in Piemont und in den Niederlanden ein und erobert Freiburg. Ein Gesetz erklärt alles, was unter der Erde ist, zum Staatseigentum.

Symphonien von Albinoni. Der Merkur von Pigalle. Gluck: *Sophonisbe.* Friedrich II.: *Fürstenspiegel.* Hénault: Chronologischer Abriß der Geschichte Frankreichs. Metastasio: *Antigone.* Vico, Pope und Campra gestorben. Herder und Lamarck geboren.

	LEBEN KATHARINAS	RUSSISCHE GESCHICHTE
1745	21. August: Hochzeit Katharinas und des Großfürsten Peter. 28. September: Abreise der Mutter Katharinas, der Prinzessin von Anhalt. Der Arzt Lestocq fällt in Ungnade.	
1746		Anna Leopoldowna, die Mutter des Zaren Iwan VI., stirbt im Gefängnis. 22. Mai: Vertrag zwischen Rußland und Österreich. Ein Ukas befiehlt Nichtadligen den Verkauf ihres Landbesitzes und verbietet ihnen den Kauf von Leibeigenen.
1747	Tod Christian Augusts von Anhalt-Zerbst, des Vaters von Katharina.	Das englisch-russische Bündnis wird im Juni geschlossen.
1748		Neutralitätspakt zwischen Rußland und der Türkei.

Abkommen von Aranjuez. Karl Stuart landet in Schottland. Tod des Kaisers Karl Albert. Franz III. von Lothringen, der Gatte Maria Theresias von Österreich, wird als Franz I. zum neuen Kaiser gewählt. Am 11. Mai: Schlacht bei Fontenoy. Beginn des Einflusses der Pompadour. Machault wird Generalinspektor der Finanzen.

Morelly: *Versuch über des Menschen Herz.* Voltaire: *Die Schlacht von Fontenoy.* Servandoni schafft das Portal von Saint-Sulpice in Paris. Tiepolo malt die Fresken im Palais Cornaro. Salon im Louvre. Gluck: *Hippolytos.* Destouches: Werke. Rameau: *Pgymalion.* Swift, Guarneri und J. B. Vanloo gestorben. Volta, Goya und Huet geboren.

Die Franzosen nehmen Brüssel ein. Schlacht bei Piacenza. Tod Philipps V. von Spanien, Ferdinand VI. besteigt den Thron. Kapitulation Genuas. Schlacht bei Raucoux. Gründung der Universität Princeton. Christophe de Beaumont wird Erzbischof von Paris. Torey gestorben. Voltaire wird am 25. April in die Académie française gewählt und wird am 28. Juni Mitglied der Akademie von St. Petersburg; im November wird er zum Gentilhomme ordinaire de la Chambre du Roi ernannt.

Salon im Louvre. Rousseau gibt sein erstes Kind ins Findelhaus. Diderot: *Pensées philosophiques.* Vauvenargues: *Betrachtungen und Maximen.* Abbé Prévost: *Histoire générale des voyages.* Marivaux: *Le préjugé vaincu.* Händel: *Judas Makkabäus.* Walpole, Largillière und Coustou gestorben. Monge und Pestalozzi geboren.

Aufstand der Anhänger Oraniens in Seeland. Krieg Frankreichs gegen Holland. Die Franzosen erobern Berg-op-Zoom. D'Argenson fällt in Ungnade. Louis-Philippe von Orleans (der spätere Bürgerkönig) geboren.

Der Buchhändler Le Breton überträgt Diderot und D'Alembert die Leitung der Enzyklopädie. Bach: *Musikalisches Opfer.* Salon im Louvre. Franklin erfindet den Blitzableiter. Trudaine gründet in Paris die Ecole des Mines. Gresset: *Le Méchant La Tour:* Bildnis des Marschalls von Sachsen. Johnson: Wörterbuch der englischen Sprache. Gluck: *Le Nozze d'Ercole e d'Ebe.* Nivelle de la Chaussée: *L'Amour castillan.* Vauvenargues, Lesage und Solimena gestorben. Galvani geboren.

Frieden von Aachen: Ende des Österreichischen Erbfolgekrieges. »Herrschaft« der Henriette de France.

Crébillon: *Catilina.* Händel: *Samson.* Erste Opernauftritte von Vestris. Bau des Markgräflichen Opernhauses in Bayreuth. Salon im Louvre. Grimm kommt nach Paris. Diderot: *Die ge-*

	LEBEN KATHARINAS	RUSSISCHE GESCHICHTE
1749		
1750		
1751		Bestuschew in Ungnade gefallen. Aufstieg von Peter Schuwalow.

schwätzigen Kleinode. Montesquieu: *Der Geist der Gesetze.* Hume: Essays. Richardson: *Clarissa Harlowe.* Klopstock: *Der Messias.* Voltaire: Uraufführung der *Semiramis,* Huldigung an Ludwig XV. Euler: Arbeiten zur mathematischen Analysis. Needham: Theorie der Urzeugung. Entdeckung der Ruinen von Pompeji. Die *Venus* von Pigalle. La Tour: Bildnis Ludwigs XV. La Mettrie: *L' Homme-machine.* Berthollet, David, Jussieu, Bentham und Corais geboren.

Italienische Liga gegen die nordafrikanischen Korsaren. In Frankreich Aufstand wegen der fünfprozentigen Grundsteuer. Maurepas fällt in Ungnade.

Huntsmann gelingt es, Stahl zu schmelzen. Der Salon der Madame Geoffrin wird berühmt. Bach: *Die Kunst der Fuge.* Salon im Louvre. Buffon: *Naturgeschichte.* Fielding: *Tom Jones.* Swedenborg: *Arcana coelestia.* Tournefort: Studien in vergleichender Anatomie. Diderot schreibt den Brief über die Blinden und wird in Vincennes gefangengesetzt. Magnasco, J. van Huysum und Clérambault gestorben. Goethe, Alfieri, Mirabeau (d. J.) und Subleyras geboren.

Tod Johanns V. von Portugal; Joseph I. wird König; Ministerium Pombal. Auflösung der Stände des Languedoc. Aufruhr in Paris. Machault wird Minister.

Goldoni: *Das Kaffeehaus.* Rousseau: *Diskurs über Kunst und Wissenschaft.* Der Prospekt der Enzyklopädie erscheint. Pigalle: *Das Kind mit dem Vogelkäfig.* Marmontel: *Kleopatra.* Bach, Muratori und Oudry gestorben. Berquin und Valenciennes geboren.

Die portugiesische Regierung verbietet Autodafés. »Herrschaft« der Madame Adelaide in Frankreich.

Salon im Louvre. Diderot: *Brief über die Taubstummen.* Burlamaqui: Prinzipien des Staatsrechtes. Händel: *Jephta.* Gozzi: *Rime burlesche.* Fielding: *Amelia.* Hume: *Inquiry concerning the principles of moral.* Duclos: *Considérations sur les moeurs de ce siècle.* Voltaire: *Das Jahrhundert Ludwigs XIV.*

	LEBEN KATHARINAS	RUSSISCHE GESCHICHTE
1752	Katharinas Affäre mit Sergej Saltykow.	
1753		Aufhebung der Binnenzölle.
1754	Am 20. Februar wird Katharinas Sohn Paul Petrowitsch, der spätere Zar Paul I., geboren.	In Rußland werden Kreditinstitute geschaffen. Projekt eines Katasters und eines neuen Gesetzbuches.

WELTGESCHICHTE	KULTURGESCHICHTE
	Der erste Band der Enzyklopädie mit der Einleitung d'Alemberts erscheint. La Mettrie gestorben, Sheridan, Gilbert und Jouffroy d'Abbans geboren.
Stanislaus Leszczinski läßt in Nancy den nach ihm benannten Platz bauen. Beichtzettelaffäre in Frankreich. Letzte Protestantenverfolgung.	Réaumur: Untersuchungen über die Verdauung. Rousseau: *Der Dorfwahrsager*. Erste Verurteilung der Enzyklopädie. Maupertuis: *Gesammelte Werke*. Wieland: *Über die Natur*. Gainsborough: Bildnis von Lord und Lady Sandby. J.-F. de Troy und Ch. A. Coypel gestorben. Filangieri geboren.
Französisch-englischer Kolonialkrieg in Nordamerika. Londoner Konferenz über die indische Frage. In Frankreich Konflikt zwischen Regierung und Parlament.	Favart: *Bastien und Bastienne*. Holberg: *Das Geisterhaus*. Salon im Louvre. La Tour: Bildnis Rousseaus und d'Alemberts. Grimm beginnt mit seiner *Corespondance littéraire*. Akademierede Buffons: *Discours sur le style*. Gabriel beginnt mit dem Bau der Oper in Versailles. Richardson: *Sir Charles Grandison*. Liguori: Moraltheologie. Der dritte Band der Enzyklopädie erscheint mit einer Vorrede von d'Alembert. Berkeley gestorben. J. de Maistre, Parnay und Rivarol geboren.
Dupleix verläßt Indien. Das King's College in New York wird gegründet. Vertreibung der Jesuiten aus Brasilien. Am 23. August wird der Dauphin, der spätere König Ludwig XVI., geboren. Machault bemüht sich um die Flotte.	Rousseau: *Diskurs über die Ungleichheit unter den Menschen*. Frérons *Année littéraire* beginnt zu erscheinen. Condillac: *Traktat über die Empfindungen*. Diderot: *Pensées sur l'Interpretation de la Nature*. Gabriel beginnt mit dem Bau der Place de la Concorde (früher Place Louis XV.) in Paris. Hume: Geschichte Englands. Goldoni: *Der Philosoph auf dem Lande*. Winckelmann in Italien. Boucher: Bildnis der Demoiselle O'Murphy. Falconet: Milon von Kroton. Holberg, Fielding und Piazetta gestorben. Bonald geboren.

	LEBEN KATHARINAS	RUSSISCHE GESCHICHTE
1755	Liaison Katharinas mit Stanislaus Poniatowski.	Gründung der Universität Moskau. Abkommen zwischen England und Rußland.
1756		Iwan VI. heimlich in der Festung Schlüsselburg eingekerkert. Ukas über die Gründung eines Theaters in St. Petersburg.
1757	Am 9. Dezember wird Katharinas Tochter Anna geboren.	2. Februar: Österreichisch-russisches Bündnis. 15. Juli: die Russen nehmen Memel ein. August: Russischer Sieg über die Preußen bei Groß-Jägersdorf. Gründung der Akademie der Künste.
1758		Verschwörung Apraxins, Verhaftung Bestuschews. Die Russen erobern Königsberg. 25. August: Verlustreiche Schlacht zwischen Preußen und Russen bei Zorndorf.
1759	Die kleine Großfürstin Anna stirbt im März.	Russischer Sieg bei Kunersdorf. Die Russen nehmen Frankfurt an der Oder.
1760	Beginn der Affäre Katharinas	Die Russen besetzen Pommern.

WELTGESCHICHTE	KULTURGESCHICHTE
Bruch zwischen England und Frankreich. Am 1. November: Erdbeben in Lissabon. Vertreibung der Jesuiten aus Paraguay. Bau des Schlosses von Compiègne. Hinrichtung Mandrins.	Salon im Louvre. Band 5 der Enzyklopädie erscheint. Black erfindet die Kohlevergasung. Morelly: *Code de la nature.* Lessing: *Miß Sarah Sampson.* Greuze: *Le Père de famille.* La Tour: Bildnis der Madame Pompadour. Montesquieu, Saint-Simon, Gentil-Bernard und Maffei gestorben.
Ausbruch des Siebenjährigen Krieges. Montcalm in Kanada. Pitt wird Premierminister. Unruhe im Dauphiné.	Rousseau: *Lettre sur la Providence.* Voltaire: *Essai sur les moeurs.* Lacépède und Mozart geboren.
5. November: Friedrich II. schlägt die Franzosen bei Roßbach vernichtend. Am 4. Januar begeht Damiens ein Attentat auf Ludwig XV.	Salon im Louvre. Diderot: *Der natürliche Sohn.* Helvétius: *De l'Esprit.* Madame Leprince de Beaumont: *Le magasin des enfants.* Rameau: *Les surprises de l'amour.* Burkes Werke über die europäischen Siedlungen in Amerika. Fontenelle, Réaumur, Vadé und R. Carriera gestorben. William Blake geboren.
Tod Benedikts XIV. Clemens XIII. neuer Papst. Die Engländer erobern Frontenac, Gorée und Saint-Louis im Senegal. Lally-Tollendal in Indien. In Frankreich wird Choiseul Außenminister.	Rousseau: *Lettre à M. d'Alembert.* D'Alembert scheidet aus der Leitung der Enzyklopädie aus. Diderot: *Der Hausvater.* Voltaire schreibt seine Geschichte Rußlands. Swedenborg: *Himmel und Hölle.* Prudhon und C. Vernet geboren.
Vertreibung der Jesuiten aus Portugal. Schlacht bei Minden. Quebec kapituliert. Die Engländer in Guadeloupe. In Frankreich reformiert Silhouette das System der Abgaben.	Salon im Louvre, über den Diderot schreibt. Das Parlament verurteilt die Enzyklopädie und ordnet ihre Verbrennung an. Wieland: *Cyrus.* Sterne: *Tristram Shandy.* Gründung des British Museum. Händel und Montcalm gestorben. Schiller, Burns und Wilberforce geboren.
Tod Georgs II. von England. Georg	D'Alemberts Differentialgleichun-

	LEBEN KATHARINAS	RUSSISCHE GESCHICHTE
	mit Grigorij Orlow. Am 16. Mai stirbt die Prinzessin von Anhalt-Zerbst, ihre Mutter.	Im Oktober: Russen und Österreicher verwüsten Berlin.
1761		Im Dezember: die Russen erobern Kolberg.
1762	25. Dezember 1761 (5. Januar 1762): Die Zarin Elisabeth stirbt, Peter III. besteigt den Thron. Am 11. April wird Alexej Bobrinski, Katharinas natürlicher Sohn mit Grigorij Orlow, geboren. 28. Juni (9. Juli): Peter III. wird von Orlow gestürzt, Katharina wird als Zarin ausgerufen. Am 6. (17.) Juli wird Peter auf Befehl Orlows ermordet. Am 22. September wird Katharina in Moskau gekrönt.	Abschaffung der Geheimkanzlei. Säkularisierung der Kirchengüter. Der geheime Hohe Rat tritt an die Stelle der Senatsversammlung. Friedensschluß mit Preußen. Im Juli Ukas zum Schutz der adligen Grundbesitzer. Im Oktober/November Verschwörung in der Armee gegen Orlow; drei Offiziere werden verhaftet und hingerichtet.
1763		Katharina bestätigt die Privilegien des Adels. Der Senat wird durch einen Ukas in sechs Abteilungen aufgegliedert. Deutsche Siedler werden in die Ukraine und an die Wolga gerufen. Im September fallen die Russen in Litauen ein.
1764	Im Oktober läßt sich Katharina gegen Pocken impfen.	26. Februar (8. März): Beschlagnahmung der Kirchengüter. Im März: Verteidigungspakt mit Friedrich II. 4. (15.) Juli: Ermordung Iwans VI. Gründung des

III. wird König. Montreal kapituliert. Belagerung von Pondichéry. Stadtpost in Paris. In Frankreich steigen die Steuern.

gen. Macphersons *Ossian*. Aufführungen von Voltaires *Tankred* und *L'Ecossaise* in Paris. Spallanzani veröffentlicht seine neuen physiologischen Untersuchungen. Gainsborough: Bildnis des Admirals Hawkins. Palissot: *Les philosophes*. Cherubini, Saint-Simon und Hokusai geboren.

Pondichéry kapituliert. Der Pastor Rochette wird am 18. Februar hingerichtet. Am 13. Oktober begeht Marc-Antoine Calas Selbstmord. Choiseul wird Kriegsminister. Verhandlungen in Versailles führen zum zweiten Familienpakt.

Salon im Louvre, über den Diderot schreibt. Rousseau: *Die neue Heloise*. Gozzi: *Der Rabe*. Greuze: *L'accordée de village*. (»Die Dorfbraut«) Richardson gestorben. Boilly geboren.

Jean Calas wird am 10. März in Toulouse hingerichtet. Das Parlament ordnet die Auflösung des Jesuitenordens in Frankreich an und verbietet Rousseaus *Emile*. Die Engländer in Manila und Havanna. Vorverhandlungen zum Friedensschluß zwischen England, Frankreich und Spanien.

Rousseau: *Emile* und *Der Gesellschaftsvertrag*. Pfarrer Meslier: *Mon testament*. Lord Chesterfield: *Letters to his son*. Gluck: *Orpheus*. Pigalle schafft seine Porträtbüste Ludwigs XV., Gabriel erbaut das Petit Trianon. Fichte und André Chénier geboren.

Friedensverträge von Paris und Hubertusburg.

Salon im Louvre, über den Diderot schreibt. Voltaire: Zweiter Band seiner Geschichte Rußlands, Traktat über die Toleranz. Beccaria: *Dei delitti e delle pene*. Reynolds: Bildnis der Miss O'Brien. Marivaux, Abbé Prévost und Louis Racine gestorben.

Wilkes-Affäre. Erzherzog Joseph wird zum Kaiser gewählt. Am 18. Mai stirbt der Marschall von Luxemburg. Prozeß gegen Sirven, der mit seiner Verurteilung endet. Madame

Rousseau: *Lettres de la montagne*. Voltaire: *Dictionnaire philosophique*. Soufflot erbaut das Pantheon in Paris. Winckelmann: *Geschichte der Kunst des Altertums*. Houdon: Hl. Bruno. H.

LEBEN KATHARINAS		RUSSISCHE GESCHICHTE
		Smolny-Instituts zur Erziehung adliger Fräulein.
1765		Katharina befiehlt die Vermessung des gesamten Grundbesitzes. Die gesellschaftlichen Privilegien des Adels werden bestätigt. Der Dichter und Gelehrte Michael Lomonossow gestorben.
1766		Katharina schreibt ihren *Nakaz* (Instruktion über ein neues Gesetzbuch). 22. Juni: Freundschafts- und Handelsvertrag mit England. Bestuschew gestorben.
1767		Die »Große Kommission« tritt zusammen, um über das Reformprojekt zu beraten.
1768		Der Reichsrat wird geschaffen. Im Dezember wird die »Große Kommission« aufgelöst.

WELTGESCHICHTE	KULTURGESCHICHTE
Pompadour gestorben. Stanislaus Poniatowski zum König von Polen gewählt.	Walpole. *Schloß Otrante*. Erste Ausgabe des Gotha. Hogarth und Rameau gestorben, M.-J. Chénier und A. Radcliffe geboren.
Friedrich II. gründet die Berliner Bank. In Frankreich Handelsfreiheit für alle französischen Untertanen. Calas wird rehabilitiert.	Salon im Louvre, über den Diderot schreibt. Abschluß der Enzyklopädie. Greuze: *Der väterliche Fluch*. Sedaine: *Der Weise in der Tat*. Voltaire: *La philosophie de l'histoire*. Der russische Botschafter sucht Voltaire in Ferney auf. Turgot: *Réflexions sur la formation et distribution des richesses*. Cavendish: Untersuchungen über die Zusammensetzung des Wassers. Caylus, Pannini und Vanloo gestorben.
Verurteilung der Jesuiten in Spanien. Lothringen fällt an Frankreich. Der Chevalier de La Barre wird hingerichtet.	Rousseau besucht Hume in London. Gründung der Veterinärschule in Alfort. Saint-Lambert: *Die Jahreszeiten*. Goldsmith. *Der Landpfarrer von Wakefield*. La Tour: Bildnis der Belle de Zuylen. Bougainville beginnt seine Weltreise. Nattier und Aved gestorben. Germaine Necker (die spätere Madame de Staël), Malthus und Maine de Biran geboren.
Dänemark erwirbt Schleswig und Holstein. In Frankreich: Revision im Prozeß gegen Sirven.	Salon im Louvre, über den Diderot schreibt. Watt erfindet die Dampfmaschine. Rousseau: *Dictionnaire de musique*. Priestley: Geschichte der Elektrizität. Lessing: *Minna von Barnhelm*. Holbach: *Le christianisme dévoilé*. Voltaire: *L'Ingénu*. Malfilâtre gestorben. Benjamin Constant, A. W. Schlegel, Wilhelm von Humboldt, Girodet und Isabey geboren.
Bostoner Abkommen. Maupeou wird Kanzler von Frankreich. Beginn des Einflusses der Madame du Barry. Frankreich erwirbt Korsika.	Cooks erste Weltreise. Quesnay: *La Physiocratie*. Carmontelle: *Proverbes dramatiques*. Voltaire: *L'homme aux quarante écus, Précis du siècle de Louis XV., La princesse de Babylone*. Diderot

	Leben Katharinas	Russische Geschichte
1769		Ausbruch des russisch-türkischen Krieges. Sieg Rumjanzows bei Chotin. Die Russen besetzen die Donau-Fürstentümer. In Rußland wird Papiergeld ausgegeben. Im April verläßt die russische Flotte Kronstadt, um über die Meerenge von Gibraltar in das Ägäische Meer zu fahren.
1770		Rumjanzow siegt bei Kagul. Am 5. Juli Seesieg über die Türken bei Tschesme in der Meerenge von Chios.
1771		Die Russen erobern die Krim. Die Pest in Moskau.
1772		Im Januar (Februar) Unterzeichnung des Abkommens mit Preußen und Österreich über

und Madame d'Epinay übernehmen Grimms *Correspondance littéraire*. Euler: Untersuchungen zur Integralrechnung. Monge entwickelt seine darstellende Geometrie. Gainsborough: Bildnis der Elisa Linley. Winckelmann, Canaletto und Sterne gestorben. Chateaubriand und J. Crome geboren.

Clemens XIII. gestorben, Beginn des Pontifikats von Clemens XIV. Die Compagnie française des Indes verliert ihr Privileg.

Salon im Louvre, über den Diderot schreibt. Voltaire: *Histoire du Paris*. Cuvier, Alexander von Humboldt, Napoleon Bonaparte und Thomas Lawrence geboren.

Dumouriez in diplomatischer Mission in Polen. Der Dauphin heiratet Marie Antoinette. Konflikt zwischen Ludwig XV. und dem Parlament. Am 24. Dezember wird Choiseul gestürzt.

Rousseau beendet seine *Bekenntnisse*. Saint-Lambert in die Académie française gewählt. Holbach: *Le système de la Nature*. Raynal: *Histoire des établissements européens dans les Indes*. Goldsmith: *Das verlassene Dorf*. Gainsborough: Knabe im blauen Anzug. Tiepolo, Boucher, Moncrif und Hénault gestorben. Beethoven, Hölderlin, Wordsworth, Gérard und Hegel geboren.

In Savoyen wird die Leibeigenschaft abgeschafft. In Schweden wird Gustav III. König. In Frankreich wird der Herzog von Aiguillon Außenminister.

Salon im Louvre, über den Diderot schreibt. Bougainville: *Voyage autour du monde*. Lavoisier erforscht die Zusammensetzung der Luft. Houdon: Porträtbüste von DIderot. Goya malt in der Kathedrale von Saragossa. Helvétius, L.-M. Vanloo gestorben. Bichat, Walter Scott und Gros geboren.

Warren Hastings Gouverneur von Indien. In Frankreich partieller Staatsbankrott.

Lagrange: *Addition à l'algèbre d'Euler*. Priestley: Beobachtungen über die Luft. Goldsmith: *Sie läßt sich herab,*

	LEBEN KATHARINAS	RUSSISCHE GESCHICHTE
		die Teilung Polens. Am 30. Mai Waffenstillstand von Focsani im Krieg gegen die Türkei. 25. Juli (5. August): Erster polnischer Teilungsvertrag.
1773	Orlow gestürzt. Wassiltschikow wird Favorit. Am 29. September (10. Oktober) Hochzeit des Großfürsten Paul, des Sohnes Katharinas, mit Wilhelmine von Hessen, wird Großfürstin Nathalia.	Im Juni flammt der Krieg gegen die Türken wieder auf. Rumjanzow siegt bei Schumla. Beginn der Aufstandes von Pugatschew. Russische Niederlage in Rumänien. Im Oktober kommt Diderot nach Rußland.
1774	Potemkin wird Favorit Katharinas.	Im März: Pugatschew belagert Orenburg. Neue russische Offensive im Balkan. 21. Juli Frieden von Kütschük-Kainardschi mit den Türken. 24. August (4. September): Niederlage Pugatschews.
1775		10. (21.) Januar: Pugatschew hingerichtet. Ein Erlaß über die Gouvernements führt zu Neugliederung des russischen Reiches. Die Bukowina an Österreich abgetreten. Im Mai wird die angebliche Tochter der Zarin Elisabeth, die Fürstin Tarakanowa, eingekerkert.
1776	Februar: Ende der Liaison mit Potemkin, Peter Sawadowski wird Favorit. Katharinas Schwiegertochter, die Großfürstin Nathalia, stirbt nach einer Totgeburt. 26. September: zwei-	

WELTGESCHICHTE	KULTURGESCHICHTE
	um zu siegen. Cazotte: *Der verliebte Teufel.* Wieland: *Der goldene Spiegel.* Diderot vollendet seinen Roman *Jakob und sein Herr.* Voltaire: Ode zum 200. Jahrestag der Bartholomäusnacht. Cooks zweite Weltreise. Swedenborg, Duclos und Tocqué gestorben. Novalis, Coleridge, Broussais, Ricardo, Fourier und Geoffroy-Saint-Hilaine geboren.
Clemens XIV. löst den Jesuitenorden auf. Bau der ersten Eisenbrücke bei Coalbrookdale. Gründung der Loge Grand Orient de France. Affäre Beaumarchais-Goezman.	Salon im Louvre. B. de Saint-Pierre: *Voyage à l'Ile de-France.* Goethe: *Götz von Berlichingen.* Meister löst Diderot in der Leitung der *Correspondance littéraire* ab. Piron gestorben. J. Mill geboren.
Clemens XIV. und (am 10. Mai) Ludwig XV. gestorben. Ludwig XVI. besteigt den Thron. Maurepas wird engster Ratgeber, Vergennes Außenminister. Turgot wird für die Marine und die Finanzen verantwortlich: Freier Handel mit Getreide, Reduzierung der Privilegien der Steuerpächter, Wiedereinsetzung des Parlaments.	Wieland: *Die Abderiten.* Goethe: *Werther.* Voltaire: *Der einäugige Lastträger.* Untersuchungen Priestleys über den Sauerstoff. Scheele entdeckt das Chlor. Herschel baut sein großes Teleskop. Goldsmith, Quesnay und La Condamine gestorben. Southey und Caspar David Friedrich geboren.
Beginn des amerikanischen Unabhängigkeitskrieges; Washington wird Oberbefehlshaber. Beginn des Pontifikats von Pius VI. Hungersnot in Paris.	Salon im Louvre, über den Diderot schreibt. Gentil-Bernard: *L'art d'aimer.* Beaumarchais: *Der Barbier von Sevilla.* Diderot: *Der Traum d'Alemberts.* Sheridan: *Die Nebenbuhler.* Voisenon und Drouais gestorben. Ampère, Turner, C. Mayer, Boieldieu und Schelling geboren.
4. Juli: Amerikanische Unabhängigkeitserklärung. Gründung der ersten Gewerkschaft in England. Vorläufige Aufhebung der Frondienste und der Zünfte in Frankreich. Rücktritt von Malesherbes. Turgot gestürzt. Nek-	Jouffroy läßt auf dem Doubs ein Dampfschiff fahren. Cooks dritte Weltreise. Die vier Supplementbände der Enzyklopädie beginnen zu erscheinen. Restif de la Bretonne: *Der verunglückte Bauer.* Gibbon: *History of*

	LEBEN KATHARINAS	RUSSISCHE GESCHICHTE
	te Ehe des Großfürsten Paul mit Sophie Dorothea von Württemberg, jetzt Großfürstin Maria Fedorowna.	
1777	Der Serbe Simon Soritsch wird Favorit. Am 12. (23.) Dezember wird Katharinas Enkel Alexander Pawlowitsch, der spätere Zar Alexander I., geboren.	2. April: Bündnis mit Preußen. Schwierigkeiten in der Krim.
1778	Rimski-Korssakow wird Favorit.	
1779	Katharinas zweiter Enkel, Konstantin Pawlowitsch, geboren (8. Mai).	Katharina führt in Rußland die Gewerbefreiheit ein. 31. März: zweiter russisch-türkischer Vertrag.
1780	Bruch mit Rimski-Korssakow. Lanskoi wird Favorit. Seit September ist der Fürst von Ligne am Hof von St. Petersburg.	Erste Begegnung zwischen Katharina und Joseph II. in Mohilew. Prinz Heinrich von Preußen in St. Petersburg. Absetzung des Ministers Panin.

ker stellvertretender Finanzminister. Franklin in Paris.

the Decline and Fall of the Roman Empire. Holbach: *La morale universelle.* Mably: *Principes des lois.* Adam Smith: *Inquiry into the Nature and Causes of the Wealth of Nations.* Hume und Fréron gestorben. Constable und Avogadro geboren.

La Fayette in Amerika. Abstimmung über die Schweizer Bundesverfassung. Necker Finanzminister. Gründung der Ecole de guerre in Frankreich. Bündnis Frankreichs mit der Schweiz.

Salon im Louvre. Mit dem *Journal de Paris* erscheint die erste französische Tageszeitung. Lavoisiers Theorie der Verbrennung. Sheridan: *Die Lästerschule.* Houdons *Diana.* Pigalles Denkmal des Marschalls von Sachsen. Gresset und Natoire gestorben. Gauß, Kleist und Dupuytren geboren.

Cook in Hawai. Friedrich II. fällt in Böhmen ein. Gründung der Pariser Diskontbank.

Rousseau beendet die *Träumereien eines einsamen Spaziergängers.* Parny: *Poésies érotiques.* Buffon: *Les Epoques de la Nature.* Mozart in Paris. Lamarck: *La flore française.* Houdon: Porträtbüste von Molière. Piranesi, Linné, Pitt und Voltaire gestorben. Foscolo, Gay-Lussac und Bretonneau geboren.

Bündnisvertrag von Aranjuez zwischen Frankreich und Spanien. Friede von Teschen zwischen Österreich und Preußen, durch Katharinas Vermittlung zustande gekommen. Provinzialversammlung in der Guyenne. Aufhebung der Leibeigenschaft auf den Ländereien der französischen Krone.

Goethe: *Iphigenie.* Lessing: *Nathan der Weise.* Reynolds: Bildnis der Herzogin von Devonshire. Gluck: *Iphigenie auf Tauris.* Falconets Standbild Peters des Großen. Chardin gestorben. Berzelius geboren.

Richembeau in Amerika. Schlacht bei Camden. Ende der Belagerung von Gibraltar. Abschaffung der Folter in Frankreich.

Burkes Schrift über die Reform der Wirtschaft. Wielands *Oberon.*

	LEBEN KATHARINAS	RUSSISCHE GESCHICHTE
1781	Europareise des Großfürsten Paul und der Großfürstin Maria Fedorowna.	Beistandspakt zwischen Österreich und Rußland.
1782		
1783	Grigorij Orlow gestorben (12. April). La Harpe trifft in St. Petersburg ein. Großfürstin Alexandra (Katharinas Enkelin) geboren.	Die Russen besetzen die Krim. Panin gestorben.
1784	Juni: Lanskoi gestorben. Geburt von Katharinas Enkelin Helene. Jermolow wird Favorit.	Januar: Die Krim von den Russen annektiert. Private Druckereien werden durch einen Erlaß zugelassen.
1785	Jermolow in Ungnade gefallen. Mamonow wird Favorit.	Statut über die Rechtsstellung des Adels und der Städte.

Toleranzedikt in England. De Grasse in Martinique. Aufstand Tupacs in Peru. Aufhebung der Einschränkung des bäuerlichen Besitzrechtes in Österreich. Rücktritt Neckers. Der Offiziersrang wird durch ein Edikt den Adligen vorbehalten. Maurepas gestorben. Gründung der Eisenindustrie von Le Creusot.

Herschel entdeckt den Planeten Uranus. Kant: *Kritik der reinen Vernunft*. Rousseaus *Bekenntnisse* erscheinen. Schiller: *Die Räuber*. Mozart: *Die Entführung aus dem Serail*. Lessing, Turgot und Soufflot gestorben. Laënnec geboren.

Joseph II. führt die Freiheit der Arbeit ein und säkularisiert die Klöster. Französisch-spanische Niederlage vor Gibraltar. Vorgespräche zu den englisch-amerikanischen Friedensverhandlungen. Suffren in Indien. Die Steuer des Zwanzigsten wird in Frankreich wiedereingeführt.

Choderlos de Laclos: *Gefährliche Liebschaften*. Gabriel und Metastasio gestorben. Paganini und Lamennais geboren.

Regierung des jüngeren Pitt. Bauernaufstand in Böhmen. Calonne wird Finanzminister in Frankreich. Versailler Vertrag.

Lavoisier untersucht die Zusammensetzung des Wassers. Cort und Onions erfinden das Puddeln des Eisens. Ballonflüge Montgolfiers und Pilâtre de Roziers. Kant: *Prolegomena zu einer jeden künftigen Metaphysik*. Mably: *De la Manière d'écrire l'histoire*. David: *Andromache*. Beaumarchais: *Der tolle Tag oder die Hochzeit des Figaro*. Gainsborough: Bildnis der Familie Bailey. D'Alembert und Euler gestorben. Stendhal und W. Irving geboren.

Gründung der spanischen Kolonie auf den Philippinen. Gründung der Bank of New York.

Haüy entdeckt die Struktur der Kristalle. B. de Saint-Pierre: *Etudes de la nature*. Herder: *Ideen zur Philosophie der Geschichte der Menschheit*. Schiller: *Kabale und Liebe*. Diderot und S. Johnson gestorben. Rude geboren.

Bauernaufstand in Ungarn. Verordnung über den Landverkauf im amerikanischen Westen. W. Hastings abberufen. Expedition und Untergang

Berthollet untersucht die Zusammensetzung des Ammoniak. Cartwright erfindet den mechanischen Webstuhl. In Nottingham entsteht

	LEBEN KATHARINAS	RUSSISCHE GESCHICHTE
1786	Geburt von Katharinas Enkelin Maria.	Statut für die Volksschulen.
1787		Katharinas Krimreise. 11. Januar: Handelsvertrag zwischen Rußland und Frankreich. August: neuer Krieg gegen die Türkei. Letzte Begegnung Katharinas mit Stanislaus Poniatowski. Begegnung Katharinas mit Joseph II. in Cherson.
1788	Geburt der Großenfürstin Katharina, Enkelin der Zarin.	Im Mai zwingt Rußland Polen unter sein Protektorat. Schwedisch-russischer Krieg; die Schweden bedrohen St. Petersburg. Dezember: Belagerung und Einnahme von Otschakow.

von La Pérouse. Neugründung der Compagnie française des Indes durch Calonne. Vertrag von Fontainebleau. Cagliostro in Paris.

die erste mit Dampfkraft betriebene Baumwollspinnerei. Blanchart überquert im Freiballon den Ärmelkanal. Lamarck: *Dictionnaire de botanique*. Mozart: *Figaros Hochzeit*. David: *Der Schwur der Horatier*. Kant: *Grundlagen zur Metaphysik der Sitten*. Necker: *Traité de l'administration des finances*. Pigalle und Mably gestorben. Jacob Grimm, August Böckh und Manzoni geboren.

Steuerstreik in Belgien. Friedrich II. gestorben. Mexico für den Welthandel geöffnet. In Frankreich Calonnes Projekt der Finanzreform. Mirabeau in Geheimmission in Berlin. Erstbesteigung des Mont Blanc.

Arago und Wilhelm Grimm geboren.

Abstimmung über die amerikanische Verfassung. Warren Hastings angeklagt. Die Engländer in Australien. In Frankreich: Vergennes gestorben; Versammlung der Notabeln; Calonne gestürzt; Loménie de Brienne Finanzminister; Auflösung der Versammlung der Notabeln; das Parlament in die Verbannung geschickt; Aufruhr in Paris; Rückberufung des Parlaments. Ein Edikt räumt den Protestanten bürgerliche Rechte ein. Einrichtung von Gemeindeverwaltungen auf dem Land.

Lagranges analytische Mechanik. Bernardin de Saint-Pierre: *Paul et Virginie*. Schiller: *Don Carlos*. David: *Der Tod des Sokrates*. Mozart: *Don Giovanni*. Gluck gestorben. Ohm und Uhland geboren.

Die amerikanische Verfassung tritt in Kraft. Prozeß gegen Warren Hastings. König Georg III. wird wahnsinnig. Regentschaft des Prinzen von Wales. Der polnische Reichstag einberufen. Krieg zwischen Österreich und der Türkei. Verträge von Berlin und den Haag. Sidney gegründet. In Frankreich: Aufruhr in der Provinz. Einberufung der Generalstände. Staatsbankrott. Brienne in Ungnade gefallen. Wiedereinsetzung von

Gründung der *Times*. Kant: *Kritik der praktischen Vernunft*. Bentham: *Introduction to the Principles of Moral and Legislation*. Monge: *Traité de statistique*. Goethe: *Egmont*. Houdon: Porträtbüste von Washington. Cherubini: *Ifigenia in Aulide*. Gainsborough, Quentin de la Tour gestorben. Byron, Fresnel und Schopenhauer geboren.

	LEBEN KATHARINAS	RUSSISCHE GESCHICHTE
1789	Mamonow wird Katharina untreu. Plato Subow neuer Favorit.	Juli: Suwarow besiegt die Türken bei Focsani. Potemkin erobert Bender, Ackerman und Kilia. 14. Juli: die Seeschlacht bei Bornholm zwischen der russischen und der schwedischen Flotte bleibt unentschieden.
1790		März: Beistandspakt mit Polen. Juni: Niederlage der russischen Flotte bei Svenksund. 14. August: Frieden von Werelä zwischen Rußland und Schweden. Dezember: Suworow nimmt Ismail.
1791		August: Beginn der Verhandlungen mit der Türkei. Plan einer Expedition nach Indien. Oktober: Potemkin stirbt.

Necker. Lamoignon in Ungnade. Wiedereinberufung des Parlaments. Neuerliche Versammlung der Notabeln.

Der Abbé de Fontbrune in diplomatischer Mission in Madrid. Aufstand in Belgien. Selim III. neuer türkischer Sultan. Washington Präsident der Vereinigten Staaten. In Frankreich: Hungersnot und Aufruhr. Die Generalstände tagen. Schwur im Jeu de Paume. Abberufung Neckers. Sturm auf die Bastille. Necker wieder eingesetzt. Abschaffung der Privilegien. Erklärung der Menschenrechte. Kriegsrecht verhängt. Das Kirchengut verstaatlicht. Gründung des Jakobinerclubs. Bankrott der Diskontbank. Ausgabe von Assignaten.

Jussieu: *Genera plantarum.* Lavoisier: *Traité de Chimie.* Holbach und Vernet gestorben. F. Cooper, S. Pellico und Cauchy geboren.

Bruch des Familienvertrages. In Spanien: Karl III. gestorben; ihm folgt Karl IV. auf dem Thron. Unabhängigkeitserklärung Belgiens. Kaiser Joseph II. gestorben; ihm folgt Leopold II. In Frankreich: Danton, Marat und Desmoulins gründen den Club der Cordeliers. Mirabeau verkauft dem Hof seine Dienste. Bildung der Kommission für Maße und Gewichte. Verkauf des Kirchengutes. Wahl regionaler Versammlungen. Abstimmung über die Constitution civile diu clergé, mit der Klerus und Kirche staatlicher Neuordnung unterworfen werden. Reorganisation der Justiz. Neues Steuersystem.

Jussieu legt den Botanischen Garten in Paris an. Priestleys Untersuchungen über die Luft. Kant: *Kritik der Urteilskraft.* Burke: *Reflections on the Revolution in France.* Goethe: *Torquato Tasso.* Mozart: *Cosi fan tutte.* Adam Smith und Ch.-N. Cochin gestorben. Lamartine geboren.

Der Papst verurteilt die *Constitution civile du clergé.* Erklärung von Pillnitz. Neue polnische Konstitution. Erste Ergänzungen zur amerikanischen Verfassung. Kentucky in die Vereinigten Staaten aufgenommen. Autonomie für das französische Kanada.

Lenoir gründet das Musée des Monuments français. Volney: *Les ruines.* Mozart: *Die Zauberflöte.* Thomas Paine: *Die Menschenrechte.* Le Chatelier entdeckt das nach ihm benannte Gesetz. Mozart gestorben. Meyerbeer, Faraday und Grillparzer geboren.

	LEBEN KATHARINAS	RUSSISCHE GESCHICHTE
1792		29. Dezember 1791 (9. Januar 1792): Friede von Jassy zwischen Rußland und der Türkei. Mai: Die Russen marschieren in Polen ein. Juli: Der Vertreter Frankreichs, Genet, wird ausgewiesen.
1793	28. September: Großfürst Alexander Pawlowitsch, Katharinas Enkel, heiratet die Prinzessin Luise von Baden.	23. Januar: Zweite Teilung Polens. Februar: Bruch mit Frankreich. Gründung Odessas.

In Frankreich: Abschaffung der Zünfte. Mirabeau gestorben. Entwertung der Assignaten. Ludwig XVI. flieht und wird in Varennes verhaftet; die Nationalversammlung setzt den König ab. Gründung des Klubs der (am Königtum festhaltenden) Feuillants. Erschießungen auf dem Champs-de-Mars. Erhöhung des Zensus. Ludwig XVI. leistet den Eid auf die Verfassung. Spaltung der Nationalversammlung, die Gesetzgebende Versammlung tritt zusammen. Erlasse gegen Auswanderer, Fürsten und Verräter. Narbonne wird Kriegsminister. Avignon fällt an Frankreich.

Französisches Ultimatum an Österreich und Kriegserklärung. Kanonade von Valmy. Die Franzosen nehmen Chambéry, Nizza, Speyer und Mainz. Schlacht bei Jemappes. Dumouriez erobert Belgien. Frankreich annektiert Savoyen. Unruhen in England. Godoy wird in Spanien Premierminister. König Gustav III. von Schweden ermordet. Gustav IV. besteigt den Thron. Unruhen in Frankreich. Girondistische Regierung Dumouriez. Die *Marseillaise* von Rouget de Lisle. Erlaß gegen Konterrevolutionäre. Sturz der Regierung Dumouriez. Absetzung des Königs. Verfolgung Verdächtiger. Abfall La Fayettes. Aufhebung aller Feudalrechte. Septembermorde. Aushebungen für die Armee. Der Konvent tritt zusammen. Laisierung des Personenstandwesens. Einführung der Scheidung. Abschaffung des Königtums. Prozeß gegen Ludwig XVI.

Galvanis Arbeiten über die Elektrizität. Fichte: *Versuch einer Kritik aller Offenbarung*. Goethe: *Römische Elegien*. Schiller: *Geschichte des Dreißigjährigen Krieges*. Reynolds gestorben. Shelley, Pradier, V. Cousin und Rossini geboren.

Frankreich erklärt England, Holland und Spanien den Krieg. Erste Koalition gegen Frankreich. Frankreich annektiert Belgien und das Rhein-

Gründung des Musée d'histoire naturelle in Paris. Einführung des metrischen Systems. Whitney erfindet die Maschine zur Entkörnung der

1794		März: Aufstand in Polen; die Russen aus Warschau und Krakau vertrieben. Oktober. Niederlage und Gefangennahme des polnischen Anführers Kosciuszko. Niederwerfung des Aufstandes.

land. Schlacht bei Neerwinden. Friedrich von Sachsen-Coburg erobert Condé und Valenciennes. Mainz fällt. Belagerung von Landau und Perpignan. Schlacht bei Hindschoote, Belagerung von Maubeuge, Schlacht bei Wattignies. Verurteilung und Hinrichtung Ludwigs XVI. Einsetzung des Revolutionstribunals. Aufstand in der Vendée. Der Verrat von Dumouriez. Einsetzung des Wohlfahrtsausschusses. Prozeß gegen Marat endet mit Freispruch. Verhaftung der Girondisten. Abstimmung über die neue Verfassung. Robespierres Kampf gegen die »Enragierten«. Ermordung von Marat. Embargo gegen Kapitalbewegungen und Exporte. Schließung der Universitäten. Massenaufstand. Schaffung der Revolutionsarmee. Prozeß gegen Marie-Antoinette und ihre Hinrichtung. Hinrichtung der Girondisten. Abschaffung des Christentums und Einführung der Vernunftreligion. Blutige Niederwerfung des Aufstandes in der Vendée. Schließung der Kirchen. Einführung der Schulpflicht und der unentgeltlichen Grundschule. Rückeroberung des von den Engländern besetzten Toulon und Annektierung von Nizza.

Baumwolle. Fichte: *Beitrag zu Berichtigung der Urteile des Publikums über die französische Revolution.* Herder: *Briefe zur Beförderung der Humanität.* Goldoni und Guardi gestorben. Chasles und Lobatschewski geboren.

Skandinavien erklärt seine bewaffnete Neutralität. Friede von den Haag. Die Franzosen in Katalanien. Fuenterabbia, Antwerpen, Köln und Koblenz gefallen. Friedensverhandlungen zwischen Frankreich und Preußen. Die Franzosen in Holland. Die Habeas-Corpus-Akte in Schottland aufgehoben. Gemetzel im Warschauer Vorort Praga. Die Engländer annektieren Lahore. In Frankreich: Verhaftung und Hinrichtung der Anhänger Dantons und Héberts. Gründung der École polytechnique.

Fichte: *Wissenschaftslehre.* Condorcet: *Esquisse d'un tableau historique des progrès de l'esprit humain.* Dupuis: *De l'origine de tous les cultes.* Beccaria gestorben. Lavoisier, Chénier und Condorcet gestorben. Raspail geboren.

	LEBEN KATHARINAS	RUSSISCHE GESCHICHTE
1795	Katharinas Enkelin Anna geboren.	Januar: Vertrag zwischen Rußland und Österreich. Oktober: Dritte Teilung Polens.
1796	Auflösung des Verlöbnisses von Katharinas Enkelin, der Großfürstin Alexandra, mit dem schwedischen König Gustav IV. Juni: Geburt von Katharinas Enkel Nikolaus, dem späteren Zaren Nikolaus I. 6. (17.) November: Katharina stirbt. Ihr Sohn Paul I. besteigt den Thron.	Russischer Feldzug am Kaspischen Meer und Einnahme von Baku.

Revolutionskult. Attentate auf Robespierre. Fest des höchsten Wesens. Neuorganisation des Revolutionstribunals. Gründung des Nationalarchivs. 9. Thermidor: Robespierre gestürzt. Trennung von Staat und Kirche. Gründung des Conservatoire des arts et métiers und der École normale supérieure. Der Jakobinerclub geschlossen. Prozeß gegen Carrier, Hinrichtung Carriers.

Pichegru erobert Holland. Friede von Basel. Waffenstillstand zwischen Frankreich und Österreich. Aufruhr in Dublin und London. Revolte in Ungarn. In Frankreich: Verhandlungen mit der Chouanerie. Die Girondisten kehren zurück. Tage des 12. Germinal und des 1. Prairial. Der Faubourg St. Antoine entwaffnet. Aufhebung des Revolutionstribunals. Weißer Terror. Die Kirchen wieder geöffnet. Aufstand Charettes in der Vendée. Abwertung der Assignaten. Abstimmung über die Verfassung des Jahres III. 13. Vendemiaire: Bonaparte schlägt die Royalisten vernichtend. Lakanals Gesetzgebung über das Unterrichtswesen. Gründung des Institut de France. Spaltung des Konvents. Einsetzung des Direktoriums.

J. de. Maistre: *Considérations sur la France*. Turner: *Die Abtei von Tintern*. Cagliostro gestorben. Keats, A. Thierry, Carlyle, Barye und Ranke geboren.

Feldzug Bonapartes in Italien. Pariser Vertrag. Moreau und Jourdan fallen in Deutschland ein. Abkommen von Bologna mit dem Papst. Hoche versucht in Irland zu landen. Gründung der Cispadanischen Republik. Unabhängigkeit Montenegros. Tennessee in die Vereinigten Staaten aufgenommen. In Frankreich: Ramel Finanzminister. Die Assignatenpresse wird zerstört. Niederwerfung der Chouanerie. Verschwörung Babeufs. Babeuf verhaftet.

Jenners Arbeiten über die Impfung. Senefelder erfindet die Lithographie. Laplace: *Exposition du système du monde*. Bonald: *Théorie du pouvoir*. Fichte: *Grundlage des Naturrechts*. Goethe: *Wilhelm Meisters Lehrjahre*. Burns und Raynal gestorben. Corot geboren.

Personenregister